2017年台湾发展情势分析文集

陈元勇 主 编

九州出版社 全国百佳图书出版单位

图书在版编目（CIP）数据

2017年台湾发展情势分析文集 / 陈元勇主编. -- 北京：九州出版社，2019.6
ISBN 978-7-5108-8110-7

Ⅰ．①2… Ⅱ．①陈… Ⅲ．①区域发展－调查研究－台湾－2017－文集 Ⅳ．①F127.58-53

中国版本图书馆CIP数据核字(2019)第112154号

2017年台湾发展情势分析文集

作　　者	陈元勇　主编
出版发行	九州出版社
地　　址	北京市西城区阜外大街甲 35 号（100037）
发行电话	(010)68992190/3/5/6
网　　址	www.jiuzhoupress.com
电子信箱	jiuzhou@jiuzhoupress.com
印　　刷	北京九州迅驰传媒文化有限公司
开　　本	720 毫米×1020 毫米　16 开
印　　张	31
字　　数	516 千字
版　　次	2019 年 9 月第 1 版
印　　次	2019 年 9 月第 1 次印刷
书　　号	ISBN 978-7-5108-8110-7
定　　价	85.00 元

目　录

1

台湾经济情势

台湾社会历史

台湾文化教育

闽台交流形势

台湾政治情勢

蔡英文掌控"中华文化总会"的意图分析

陈元勇

2017年2月15日，吵闹了数月之久的台湾"中华文化总会"（简称"文总"）人事案，终于暂告段落。据台媒报道，"中华文化总会"当日召开第六届执行委员会通过包括蔡英文在内的258名新会员入会。由于蔡英文办公室曾说"文总"惯例是由台湾地区领导人担任会长，意味蔡英文将在第七届的会员大会上由新的执委、咨委推选并出任新会长。对此，台湾各界忧心，未来台当局或借此进行"偏差性动员"，推动事实上的"去中国化"。

一、"中华文化总会"通过蔡英文等新会员入会案

2月15日下午，"中华文化总会"在晶华酒店举行第六届第十次执行委员会会议，会中讨论包括蔡英文等新会员入会案。"中华文化总会"有35位执委（理事）、11位咨委（监事），先前两次流会的都是执委咨委一起开会，因此需达到二分之一、23人才能成会，而3位执委已请辞，所以只需16人即可成会。出席会议成员有"中华文化总会"秘书长杨渡、刘吉人、台积电董事长张忠谋、前台北市副市长欧晋德、远东集团总裁徐旭东、集邦科技股份有限公司董事长刘炯朗、华南金控副董事长林明成、前全台对外贸易发展协会董事长王志刚、台湾教育大学系统总校长吴清基、前东元集团会长黄茂雄、全台工业总会理事长许胜雄、耐斯董事长陈哲芳、美吾发董事长李成家、前台北市电脑商业同业公会理事长黄崇仁、新光金控董事长吴东进等人。

"中华文化总会"自政党轮替后风波不断，马英九任内任命的"文化总会"会长刘兆玄2016年底已请辞。因执行委员会出席人数不足流会三次，会员名单迟迟无法确认，包括蔡英文入会案，使会长难产。此次会中终于通过包含蔡英

文、陈建仁，以及被外界认为将接任秘书长的林锦昌等共 258 位新会员的入会案，以及确定 276 位旧会员的资格。

"文化总会"秘书长杨渡表示，会议通过 3 项议案，首先确认 258 名新会员入会，包括蔡英文、"副总统"陈建仁；接着确认 276 名旧会员资格；最快 15 天后开第 7 届会员大会，由这 534 名新旧会员推举出 35 名执行委员、候补 6 名执委、11 名咨询委员、候补 2 名咨委，再由这些新选出的执委、咨委中，推举出新任会长。3 月 9 日，"中华文化总会"举行大会，蔡英文正式接下会长职务。

"文总"代理会长刘吉人在会后向媒体宣布辞代理会长一职。不过，台当局"内政部合作及人民团体司"筹备处社会团体科长陈永福表示，刘吉人虽辞代理会长，据"人民团体法规定"，下届会长选出前依然具代理会长资格。

前"立法院长"、中国国民党籍"立法委员"王金平在会议结束后才到场说，对会议能召开很满意，而"总统府代理秘书长"刘建忻拜托他担任下次会议召集人，但他认为政治不该介入文化，因此婉拒。

杨渡指出，执委名单由民进党当局所建议，名单除了蔡英文外，也包含来自企业界、文化界等各方共 35 位正式执行委员，以及候补 6 名执委名单，咨委则有 11 名。下次会员大会要成会选出会长的话，至少要 267 名会员。届时，蔡英文也将到场。

"总统府"在"文化总会"执委会召开结束后发布新闻指出，对于"文化总会"顺利召开临时执委会，并依惯例完成新会员入会案等议案，相关交接事务的推动预期可顺利展开，"府方"表示感到欣慰，也感谢本届执委们的协助与付出。有鉴于"文化总会"是全民资产，未来也期待在全体会员共同努力下，继续协助当局与民间合作，推动各项文化发展与交流。

国民党主席洪秀柱受访时说，"不知道他们的意欲何为啊？大家都知道这个政府整天就是在去'中国化'、去'中国化'，你想，中华文化复兴的重责大任，放在他们的肩膀上，可能吗？我真的怕，以后总会会变成什么样？不要面目全非了！我们非常地担忧。"

二、蔡英文要掌控"中华文化总会"的原因

原因分析之一：想借文化推动两岸交流、争取中华文化支持者认同？

台湾中兴大学 EMBA 上海班创办主任、财务金融系教授陈美源表示，蔡英文应该明白短期内推动两岸经贸发展是不切实际，但因为有过半台湾民众都认

同中华文化，远大于认同日本文化，所以蔡想借文化推动两岸交流、争取中华文化支持者认同，这是蔡当局想控制"中华文化总会"的主因。

陈美源认为，蔡当局想先用文化交流来推动两岸交流，这也是唯一能做的事情，尤其两岸文化交流在绿营内，是最能够被各派系都接受的事情。虽然绿营内有群人，希望将台湾意识跟日本意识画上等号，但从日前亲绿的台湾智库民调显示，有过半的台湾民众都认同中华文化，远大于日本文化，这也代表中华文化认同，相较日本殖民主义，是台湾民众都能接受的事，民进党为了选票考量，也要重视这一块，所以蔡英文上任之后，一直想要当"中华文化总会"会长，就是要争取中华文化支持者认同她的做法。而且大陆重视如何让台湾民众以"当中国人为傲"，一直强调如何复兴中华民族，推行一系列国民待遇的政策。在这样的角度下，从人民的方便性、从文化来推动交流似乎是最佳方式。吊诡的是，蔡当局想主导两岸交流，却又要尽量避免去"凸显"当局是两岸交流的推动者，这也是在蔡英文任内，两岸交流的速度都不会快的原因，因为双方都必须要找的新的磨合方式，让两岸都可以接受。所以未来会从两岸共同文化、从人民互动中找到新共识。

原因分析之二：蔡英文想强占"文化总会"以行"文化台独"之实？

国民党"国家发展研究院"院长林忠山表示，蔡英文为何要强占"中华文化总会"会长，其目的及意图为何？"总统府"仅表示"文化总会"是"全民资产"，未来也期待在全体会员共同努力下，继续协助当局与民间合作，推动各项文化发展与交流。对此，台湾各界及媒体关注与质疑者并不多，使刘兆玄等之努力及护盘终因缺少奥援而落败。其中，国民党主席洪秀柱表示担忧，质疑"去中国化的民进党，如何掌舵中华文化总会"，又可能会利用公器"假传承、真破坏"，另有些媒体人士指出蔡英文拿下"文化总会"，一方面当然是想搞"文化台独"，但同时也希望借此开拓两岸的"第三轨道"。蔡英文是肯定历史路径中的政治高位指挥文化运作的模式，但其本质是不肯定以中华文化之复兴为主轴的文化内涵。依民进党路径的基调，将"中华文化总会"更名为"国家文化总会"或台湾文化总会等相雷同的名称，是其遂行"文化台独"之必然。另在"文化总会"是公产或"全民资产"的认知下，民进党或将会把此民间性组织，变更为准官方组织，视其是最有利且快速推动"去中国化"及"倾日媚日"的机制，固可借此强势地先将机关及学校的中华文化及"中华民国"精神符号排拒在外，再植入"倾日台独"的文化价值。

前民进党"中国事务部"副主任，现任两岸政策协会研究员张宇韶表示，"中华文化总会"新任会长由蔡英文接任，未必要从推动"文化台独"来思考，反倒是蔡英文不断提到"中华民国宪政体制"，文化与历史是厚实民进党"中华民国"的内容。显示民进党在处理两岸关系，希望从中华文化找另外切入点。民进党最欠缺就是处理台湾跟"中华民国"是什么关系，蔡英文上台最大建设是处理台湾跟世界是什么关系，台湾与大陆关系反而呈现"中空"与"缺位"的状态。蔡英文接"中华文化总会"，相对于蔡当选之后，只能透过"中华民国法理"的路径，尝试去弭平民进党过去所断裂的"中国连结"，"文化总会"是多了一种管道。民共欠缺足够政治互信，要建立制度性的协商对话机制有难度，但不意味蔡当局丧失两岸关系的战略主动权，文化就是尝试的方向，就看蔡当局怎么去做。

三、"中华文化总会"何去何从？

"中华文化总会"曾是两岸文化融合的"推手"。1967 年 7 月，台湾当局成立了"中华文化复兴运动推行委员会（简称文复会）"，以发扬传统中华文化与伦理道德为宗旨，鼓励公私立文化学术机构从思想上、学术上弘扬中华优良文化，并推行各项深入民间的文化建设与活动历史的路径，蒋介石担任会长。1990 年 12 月，"文复会"改组为"中华文化复兴运动总会（简称文化总会）"，李登辉担任会长，并立案转型为社团法人民间团体，以推动社会艺文、伦理道德、礼仪习俗等文化的发展，建立起祥和社会。2000 年 9 月因第一次政党轮替，"文化总会"推选陈水扁为会长，当时揭示"文化台湾 + 世纪维新"，作为"文化总会"发展愿景方向，并于 2006 年 12 月更改会名为"国家文化总会"。2008 年 11 月，因第二次政党轮替，推选马英九为会长，揭示了"活力·创意·向前行"为"文化总会"发展方向。2010 年 1 月，"国家文化总会"选出前"行政院长"刘兆玄为新任会长，原会长马英九、副会长萧万长分别转任为名誉正、副会长，并于当年 12 月更改会名为"中华文化总会"。

刘兆玄出任该会会长适逢两岸大交流、大发展、大合作之际，"文总"在新的历史阶段找到了用武之地。马英九上台后，曾在其"文化政策白皮书"中提出过"两岸合编中华大辞典"的构想。"中华文化总会"成为这一构想的实际执行者。2012 年，"中华语文知识库"云端网络版在两岸同步开通，同时发布的还有《两岸常用词典》。这是刘兆玄在"文总"会长任内推动"中华语文知识库"计划的初步成果。2016 年，两岸合编的《中华语文大词典》(试印本) 面世，它是在 2012 年的《两岸常用词典》和《两岸通用词典》基础上扩充字头和词条编成的。词典共收字头 11000 多个，其中包括大陆《通用规范汉字表》中的 8105 个字和台湾《国字标准字体母稿》中的常用字和次常用字。

2016 年 11 月，"中华文化总会"会长刘兆玄任期届满，围绕新会长人事问题，发生了一场旷日持久的"绿化"与反"绿化"的风波。外传蔡当局为"拿下"该会，动员了 600 多位"人头"入会，企图让"文总"变天。此举招来国民党激烈反弹，认为蔡英文当局不仅要"整碗捧去"，还想"锅底打包"。蔡英文当局还强势迫使原属蓝营的官商人士，包括"立法院前院长"王金平、美吾华集团李成家、新光金吴东进、华南金控林明成、耐斯集团陈哲芳、南侨集团陈飞龙、工总许胜雄、联电曹兴诚、台泥辜成允、东元集团黄茂雄、力晶半导体黄崇仁、富邦金控蔡明忠等 12 位现任"文化总会"执行委员，弃蓝保绿，共同发表公开声明，呼吁"文化总会""应依法定程序，审议确认新会员名单，广纳各界贤达，依循历届惯例完成交接"。11 月底，刘兆玄宣布辞去会长职务。当时，正值"世芳扯铃"与"自自冉冉"等"去中国化"议题沸沸扬扬之际，刘兆玄痛批蔡英文不要一边"去中华文化"，一边又费尽力气争取"中华文化总会"会长，"这是很荒谬的现象"。而"总统府发言人"黄重谚指出，"文化总会"最早是由"政府资源"创立，过去都是由"总统"担任会长，如今也应该依例来推动会务。

在民进党执政的大背景下，"中华文化总会"的"绿化"似乎只是时间问题。对于"变天"后的"中华文化总会"将往何处去，海基会前董事长洪其昌期待"文总"的各项两岸交流能够延续，但林忠山直言，蔡当局的"去中国化"路线与"文总"宗旨相左，可以预期许多两岸交流活动将被喊停，蔡当局或许还会利用该会进行"偏见性动员"。

必须让蔡英文知道，其接掌"文总"是"中华文化总会"，而不是"台湾文化总会"，蔡英文应当记住自己的职责是推动中华文化的发展，而不是走歪了；蔡英文更不能以此搞"文化台独"，当前两岸关系处在一个非常重要的时期，搞"文化台独"会让两岸关系进一步倒退，会产生非常坏的影响。会让台湾年轻人，台湾的社会气氛、政治气氛越来越向"独"的方向走，不利于两岸关系的稳定和发展。如果蔡英文要当"中华文化总会的会长"，就应该推动中华文化发展，弘扬中华文化，不能搞"文化台独"那一套。要让蔡英文想清楚搞"文化台独"的后果。

（原载《福建社科情报》2017 年第 1 期）

多人参选党主席对国民党形象的影响分析

李　超

2016 年 12 月 19 日，中国国民党宣布，党主席改选规划提前到 2017 年 5 月 20 日进行，比以往早两个月。这让有意角逐党魁者最晚须在 4 月初表态。依据规定，新征党员或恢复党籍者须于 2017 年 1 月 20 日前完成手续并在 3 月 31 日前缴交党费，才能符合党章"需满 4 个月才有投票权"的规定。

虽然党主席提前改选一度引起争议，但在国民党中常会通过并经过国民党中央的多次沟通解释后，国民党主席选举一事也已按提前后的议程铺开，各有意角逐主席大位者纷纷酝酿参选动作。

一、多路人马陆续表态参选国民党主席

在经过一段时间的缄默、不表态之后，随着主席改选时间的临近，除早已表态争取连任的现任党主席洪秀柱之外，各有意大位者开始陆续在社交平台、记者会等宣布参选党主席。

先是时任国民党副主席郝龙斌 1 月 7 日在脸书表示"与其等待，不如起而行"，以"只求一场无私的党主席选举"为题发表公开信，表明参选决心。接着，台湾地区前副领导人吴敦义在 9 日召开记者会，表示受到各方鞭策、鼓励，下定决心、不计成败在党困难时参选党魁。12 日，名不见经传的台北农产运销股份有限公司总经理、前"立委"韩国瑜召开发布会表示，只要给他一个机会，就可以改造整个国民党，给台湾一个健全的政党政治，宣布参选党主席。23 日，另一位请辞国民党副主席的国光生技董事长詹启贤在台湾地区前副领导人萧万长的助阵下，以"终结仇恨，找回台湾最美的风景"为题发表参选声明，投入国民党主席选举。除此之外，也有传言，前国民党籍"立委"潘维刚、前"交

通部长"叶匡时等人也有可能参选,另有部分国民党党内人士拱时任国民党籍民意代表江启臣代表年轻一代参选党主席。国民党党员当中,每一个人心中都有一个党魁人选,而每一个党魁人选也都有着令人诟病的地方,这使 5 月 20 日的国民党主席改选一时间出现了史上少有的热闹场面。

二、参选人谈本次主席选举及竞争对手

国民党一改往日,一下子涌出多位参选人,使这次党魁选举引爆了各方眼球。对于多人参选,国民党主席洪秀柱参加座谈会时希望大家对主席选举放心,至少她个人认为,任何人在党最艰困时愿意出来,都应给予肯定。参选人之一的郝龙斌也表示,这次党主席选举是国民党 122 年来参选人最多的一次,这代表国民党虽然身处危机,但也激起大家对党的责任以及渴望改变党的决心。他期待大家彻底打破国民党长久的大佬文化,用开放、民主、辩证、路线等来争取党员以及社会的支持,重新让国民党的价值活在社会之中。

虽然参选人纷纷表示多人参选是好事,不过,在选举过程中,参选人之间却存在相互攻讦的现象。先是洪秀柱为争取黄复兴党部铁票支持,在党内以庶民自居,强调这是一场庶民对权贵的战争。后有吴敦义反驳洪秀柱,称洪秀柱房子有好几栋而自己只有一栋才是真正的庶民。吴敦义还批评洪秀柱掌握党机器,路线错误造成党中央与"立院"党团难以沟通协调。郝龙斌则在电台节目左批洪秀柱党务运作太独断独行、行政历练不够、党务上有缺失、支持度低影响政党形象,认为她在信任人跟团结党的部分很多可以加强;右批吴敦义年龄较高,且在黄复兴党部支持度很薄弱。韩国瑜则指其他候选人都是假黄复兴,并拜托洪秀柱不要再脱假发,让选举回归党员理性思考。

三、参选人相互攻讦引大佬发声

参选人之间相互攻讦,加上选举过程中不时爆出人头党员、黑帮入党等传闻,不少党内人士担心本次选举会使国民党更加走向分裂,跌入万劫不复的深渊,党内大佬纷纷出来灭火。

中国国民党副主席胡志强在出席活动时表示,他已感受到有一点点要互相攻击了。他希望这次党主席选举真的能做到无私、团结、救台湾,救台湾才能救国民党,不要彼此互相攻击。他呼吁党内同志,哪一个参选人去责骂任何一个参选人时,骂得刀刀见骨时就扣骂的人 10 分,少投这个票,因为国民党经不

起这样攻击，要愈选愈团结，而非愈选愈分裂。中国国民党前主席吴伯雄也举自己 2009 年为配合马英九整合党政、促进党内团结和谐放弃竞选连任，告诫参选人在选举过程中必须是谦谦君子之争，多考虑"大我的成败"，放下"小我的盘算"，因为竞争对手是同志，选后仍要共同为党的生存与发展而努力。党主席洪秀柱也发声呼吁各阵营支持者在网路上不要互相攻击、党内互打，希望能树立君子的典范，不论 5·20 后是谁当选党主席，最终都希望为 2018 的布局打好基础，不要等到选举结果出来后还把当选人过去骂人的话全集中起来，开始骂选出来的这个领导人，让领导人威信、权威、信赖感全丧失，否则这个党无法整合。郝龙斌则表示，这次党主席选举只要是在背后放冷箭、泼粪的方式选举的人，就不要支持。国民党"立委"林德福则说，党有党的机制，从每一位参选人的角度出发，都希望以公平的方式阐述党领国民党的理想与概念，这才是重要的。竞争不要用各种手段打击对手，未来也不应该再发生针对性的攻击方式，这不宜又不妥。

四、国民党选后难见团结

与国民党主席选举在党内激烈开跑相比，岛内普通民众对于本次选举的热情，却只能用很冷来形容。这可能是因为台湾民众对整个时局不抱希望，也许是蔡英文的执政让大家对政治更加冷漠。但首要的原因，与国民党败选以来的纷纷扰扰不无关系，这让原来支持国民党的人心灰意冷，认为国民党持续分裂内斗，让人看不到其再起的信心。现今台湾政局诡谲多变，民众厌恶唾弃民进党，对国民党也不满意不支持不期待，甚至许多人指望大陆早点统一，好强力清除"台独"恶势力。国民党本应把握此次党主席选举，展现正确的战略路线，并放大胸怀与用人格局，拒绝再作美日强权的棋子马前卒，展现令人耳目一新的中兴气象。然而现在看起来，情势发展已事与愿违，令人深切痛心。

在国民党在台湾地区领导人选举中惨败后，党内重量级人物，也就是所谓大咖，纷纷退避三舍低调退隐。现在看到蔡英文执政造成民怨沸腾，又觉得国民党有希望重新执政而跃跃欲试，党主席之争就成为权力竞逐的最佳舞台。然而，多人竞逐党主席本是好事，但若施展权谋，用斗争手法攻击对手，甚至恶言相向或大贴标签，就显出"内斗内行，外斗外行"的酱缸文化了。这种恶性竞争，极易在选后因旧恨难消而造成分裂。国民党的选举，应将炮火集中指向蔡英文与民进党，并积极提出政策面的对应版本。对国民党现今因党产会清算斗争所引发的财务危机，也应共谋解决之道，不应冷眼旁观，甚至幸灾乐祸，或暗施手脚权谋，阻挠党中央对企业界的募款行动。

近期国民党主席选举又传出人头党员、黑道入党、酒店小姐入党等多项负面新闻，损伤国民党形象。人头党员将成为国民党的"附骨之蛆"，让国民党进入"劣币驱逐良币"的恶性循环，一方面，大量的人头党员渗入并改变党员结构，根本地将国民党变质为财权交易的政治牛肉场，尔后国民党的政策决定乃至于选举提名等游戏规则，都将被人头大户绑架，没有财力、不愿玩这种党员购买游戏的政治参与者，很难在这样的劣质文化中出线。国民党主席爆炸参选，表面看起来热热闹闹，但看在社会大众眼里，却是臭不可闻。民进党上台后固然施政倒错、尽失民心，但国民党主席选举竟荒腔走板至此，有这么一个不争气的国民党，也难怪蔡英文老神在在，民进党肆无忌惮。

五、国民党应努力放大正面效应，减小负面影响

这一次国民党主席选举，对于国民党是否能够再振雄风，具有关键性的意义，它可以产生正面效应，让国民党谷底翻身，也可以造成负面冲击，让国民党奄奄一息。如何创造正面效应，避免负面冲击，是所有参选人的共同责任，也唯有他们都认清这一点，这一次的党主席选举才有意义。

先谈正面效应。首先，这一场选举应该让民众清楚的认识民进党的真面目，并且能有效地呈现国民党与民进党的区别。这一场选举不仅要让党员有感，更要让民众有感。从 2016 年 5·20 以来，民进党执政的缺失可谓罄竹难书，民众对蔡英文及民进党的支持度直线下滑，然而这些并没有转换成对国民党的支持度。因此，几位候选人应该透过这个机会，看谁更能让民众对国民党有感，并对国民党抱持希望。其次，选举难免竞争，但应该记取过去的教训，攻击对方切记不要刀刀见骨，剑剑刺喉。几位候选人应像设计师比赛竞图一样，每一个人都拿出自己让国民党浴火重生的路线图，然后让党员裁判那一张路线图最有效，最能得到党员的支持。以马英九和王金平竞选党主席为例，以黑金打击王金平的结果，就种下了后来马王之间的心结，最后是亲者痛，仇者快。而最重要的正面效应是团结，也就是选举的结果尽管只有一人当选，但所有的人都支持当选人，共同为国民党的再起而奋斗。老实说，这是国民党唯一的出路。所有的候选人都应有此一认识，并共同签署一份声明，让民众看到一个团结的国民党。

至于负面冲击，最可怕的就是分裂与失望。这次选举，如果让民众感受到的是"内斗内行、外斗外行"的表现，那即使蔡英文的民调支持度掉到10%以下，国民党依旧没有希望。所谓哀莫大于心死，一旦党员以及民众对国民党失望，那就是神仙再世也难救命了。

蔡英文执政后，人民怨声载道，仅仅半年多，"怀念马英九"之声在民间普遍出现；过去八年，两岸关系和平稳定，经济发展有上升趋势，"外交"方面"邦交国"情势稳定，屡获美国官员肯定。这些荣景，全毁在蔡英文手里。这正是国民党东山再起的好时机，但国民党不能再犯不团结的老毛病，五根手指合起来成拳头的故事大家都听过，若只图自己这根手指的利益，国民党尽管人才济济，还是强大不起来。

洪秀柱称赞吴敦义是"极品"、郝龙斌"优秀"，自己则谦称"不错"；她说："选举后，谁赢就帮谁。"她的磊落态度，令人尊敬，因为，"谁赢就帮谁"正是国民党一向所欠缺的，倒是常见每经一次选举，内部便分裂一次，同志变成敌人，人民看在眼里，因失望而纷纷离去。个别竞选人有自己理念，对于解决问题有自己看法，将主张说出来争取大家支持，这是民主政治的基本态度，所以选战激烈不是坏事，坏事是输了还不认输，把竞选时的对手当作政治敌人，分裂由而产生。"谁赢就帮谁"，这是一个团体凝聚力量的基本态度，如此，选举时是个别手指，选后才能成为一个拳头。

六、未来国民党主席的挑战

无论谁当选党主席，以及出任2020年候选人，都很难给外界以期待。一般认为，2020年台湾地区领导人选举，多半是民进党内的争斗决定地区领导人，而非蓝绿两党的斗争。同时，国民党候选人年事已高，青黄不接，党内中生代除朱立伦外，难言他人。即使是一直宣示要完成世代接替的洪秀柱，也只敢说在下下届党主席选举时能看到年轻人的影子，言外之意，要支持者们再等八年再交替？七十多岁的大咖们，在蓝营的舞台上还要表演到几时？

2018年县市长选举是国民党止跌回稳的关键。上任党主席朱立伦布局由"不分区"转战县市长的规划可能会被部分实现，比如张丽善战云林，徐榛蔚战花莲，但屏东、高雄、嘉义、台南等地几乎"提名即落败"，国民党要怎么选？岛内名嘴姚立明就曾讥笑国民党，台南高雄就输一百万票，要从哪里填补回来？正如韩国瑜所言，国民党在南部，就是"天地会对满清"，几乎没有胜算可言。若 2018 不能挽回颓势，尤其是在"六都市长"中没法取得突破，2020 就相当于提前告输。高雄、台南国民党自不必想；桃园尚无强棒可挑战郑文灿，即使是蓝营都对郑称赞有加；台中江启臣、卢秀燕有一战空间。胜算最大的在双北，但倘若丢失一个，届时的党主席或盟友出征 2020 的可能性都在走低。若是不能取得大的突破，连自身的党主席都难保。民进党的民调在走低，国民党的民调却没有相应走高，而是几乎毫无变化，成为近期的一大趋势。

国民党主席原本依靠党产掌握金脉、中央党部主管和地方党部主委掌握党机器、提名权控制各级候选人。但如今党产冻结，中央反倒需要地方募款，有些候选人的桩脚比党中央还强，"攻守之势异也"。地方合起来指挥中央的因子超过了中央控制地方的可能性，除非遇到王金平、吴敦义此种广结善缘或者手腕强硬，而又善于募款者，否则国民党主席不过是党内派系对外的代表人而已。

最为重要的是，国民党的核心论述除两岸部分外，与民进党都趋同。在民进党强大的文宣操作下，民进党的主张成为台湾的"共识"，如"台湾人公投决定台湾未来"，国民党内都被牵着走。当国民党推动两岸交流，就被扣上"亲中卖台"的帽子，蓝营却无可奈何。民进党有媚日行径时，国民党也反击无力，让大陆民众以为"台湾民众对民进党很包容"。其实不然，乃是因为国民党"无能"而已。

吴敦义在各候选人中媒体界经历最深，然而自身都被扣上了"白贼"的帽子而拔不掉，其他候选人谁又能改变国民党羸弱的文宣？韩国瑜虽勇，但缺乏整体谋划，能胜一局一隅而全党不能。在两岸论述部分，除洪秀柱外都抱守马英九时期的方针，一般老百姓很难看出来两党的区别，国民党又怎么去区隔民进党，以两岸论述为优势，重演 2012 年的胜仗呢？"化独渐统"已经成为老一辈国民党人的标签，如今台面上的国民党人，在两岸政策上，大多只是另一个马英九而已。当年"望大陆"有家不能回的国民党元老们"山之上，国有殇"的呼喊，恐怕已经成为 20 世纪的绝响。

（原载《福建社科情报》2017 年第 1 期）

国民党党主席选举分析

程 光

新一任国民党党主席选举将在 2017 年 5 月 20 日举行。2 月 24 日，随着潘维刚宣布投入党主席选举，国民党出现了前所未有的六个人竞选党主席的热闹局面。然而，尽管破天荒的有多达六人参与竞选，但无论参选者本人以及他们的观点，鲜有亮点，反倒是选举过程的内斗让人触目惊心。人们不禁担忧，在 2014 年县市长选举大败和 2016 年"二合一"选举惨败之后风雨飘摇的国民党，能否经得起再一次的动荡。

国民党在 2016 年大败之后，一开始没人愿意出来带领其重新站起来，甚至有人用"弃婴"来形容国民党，到了这次党主席选举，却出现了参选人爆棚的状况，外界调侃——"蜀中无大将廖化当先锋"，后来发现廖化也当不了先锋，就开始大家都冲锋。

虽然参选人都表示，多人竞选不是坏事，代表大家认为国民党还有希望。但是相互攻防，党内互打，加上近期传出的"人头党员""黑道入党""酒店小姐入党"多项负面新闻，也让外界担心，国民党经过主席选举将陷入更为分裂的境地！有学者认为国民党"内斗内行"的风气再不节制，选后国民党恐怕不只是分裂，而是俗称"五马分尸"的车裂。

一、党主席选举中的种种乱象

党主席选战尚未开打，种种乱象便纷至沓来。先是因为选举时间变更的问题，中常委内"拥洪"派和"反洪"派撕破脸。风波好容易平息，又传来黑帮集体入党、参选人之间互相攻讦，真可谓杀的刀刀见骨。面对民进党步步紧逼赶尽杀绝，国民党还不团结一致抗争，反而对自己的同志痛下杀手，委实让人唏嘘。

（一）黑帮集体入党和"人头党员"惹争议

在几名党主席候选人激战正酣之际，突然传出黑帮集体入党。据称包含信义区夜店杀警案主嫌万少丞在内，多达307位黑道背景人士新入党。外界质疑选战已"染黑"。

2017年1月20日是国民党新党员入党截止日，在此之前，2017年才短短20天，新入党以及恢复党籍的送件人数竟高达53828人，而2016年一整年新入党和恢复党籍的党员也才16711人。因此，"人头党员"之说并非空穴来风。

针对黑帮入党和人头党员问题，前"总统府副秘书长"罗智强指出，人头党员问题将为国民党带来三大败坏，让国民党万劫不复。2013年，民进党曾发生人头党员暴增以及黑道入党的重大争议。难道国民党要重复民进党的争议吗？罗智强剖析，人头党员将败坏国民党并分裂，第一，败坏国民党的纳才血管，形成逆淘汰。让国民党沦为特定山头与党员大户的禁脔，国民党将变成资源雄厚者的天堂，被恶质政客把持。对不愿意加入这恶质的"党员购买"游戏者，形成悲惨的"逆淘汰"。第二，败坏国民党的形象，为人民唾弃，更无望重返执政。第三，败坏党主席选举的公平性与公正性，就算选举结束，也会留下无穷质疑，甚至成为司法事件，埋下国民党分裂的引线。

他提出三大呼吁：第一，国民党党中央应严格把关，尤其对类似民进党2013年黑影事件，所谓"整箱送件"情况加强审查，若确认有人头党员情事，就算"整箱退"也在所不惜。第二，所有党主席候选人，应郑重自清，绝对没有撒钱买人头党员情事，若有，立刻退选。第三，党主席选举不比公职选举。重要性低，如果公职选举的党内初选，都有选罢法规范，甚至绳以刑责，党主席选举，也应考虑纳入法制规范，对于贿选等重大违规事项，课以刑责。

（二）国民党主席选战刀刀见骨

六强逐一，国民党出现党史上竞争最激烈的党主席之争，本应是打破党内腐朽选举文化之利事，但自党主席选举起跑以来各位参选者之间明争暗斗、绵里藏刀，国民党有可能又陷入一场内部搏杀，只是结果尘埃落定之后，新任党主席如何收拾残局、弥补创伤，恐怕是更大的考验。

因竞争白热化，几方势力暗潮涌动，国民党党员人数暴增，当中有多少是真正认同国民党理念之人且放下不谈，竟有黑道嫌犯被算作"人头党员"试图浑水摸鱼，被岛内媒体曝光后瞬间掀起一番波澜。几位候选人忙着切割、谴责，以撇清关系，寻求连任的党主席洪秀柱亦急上火线，抬出四条"帮规"灭火，以终止入党乱象。但按下了葫芦又起瓢，距离投票日日近，可以肯定的是，这场拉锯大战的好戏只会更精彩，绝不会平淡收尾。

（三）从主席选举程序看国民党权斗

国民党主席选举进入正式程序后，参选者为程序问题吵吵嚷嚷，从地方党部主委直选，到党主席参选人的联署门槛，再到人头党员充斥，几个争议挤迫在一起。表面看，争议各方是为了追求程序正义，其实都是为了便利于自己的参选和当选，各方都是依据自己的实力和弱项所在，提出诉求来为自己挪火煮食。

党主席参选人必须缴交党员联署，这本来并无问题。但联署基数是多少，却大有学问。门槛过高，确实是不利扩大参与，将某些本身资质较高，但缺乏组织能力的人拒于公职选举的大门之外，不利于选贤举能；但门槛过低却又起不到汰弱留强的作用，令庄严的选举变成一场鱼龙混杂、泥沙俱下的闹剧。国民党主席选举的联署门槛，根据《国民党主席选举办法》第三条规定，曾担任过国民党中评委或是中央委员的党员，"有百分之三具党权之党员联署支持"，才可以申请登记成为国民党选举的候选人。并且采取两轮决选制，由具投票资格党员一人一票，得票数过半者胜；若第一轮投票没人过半，那么只有第一轮票数最高的前两名，才能进入到第二轮投票，同样由全体党员投票决定。

这就导致国民党党主席选举要连闯三关，第一关要过联署，第二关要缴交200万元保证金，如果必须举行第二轮投票，参选的前两名还要再次缴交1000万元的参选金。这就难怪其中一名参选人韩国瑜批评，"这比去美国留学修博士还要贵"，并认为国民党扩大参与比什么都重要，国民党应该开大门走大路，若继续故步自封、画地自限设下高门槛，聪明还是愚蠢，大家可以判断出来。

还有人头党员问题，参选人之一的国民党副主席郝龙斌指出，2016年一整年新增及恢复党籍党员共16700余名，这已较2015年增加63%；但2017年至1月20日止，新申请入党的党员包括尚在审核中者，竟高达7万人，这还不包含到三月底恢复党籍的人数，这样增加的党员数目究竟是异常或正常，大家当然会质疑。另外媒体也报道，国民党新入党名单出现犯下夜店杀警案的主嫌！这就难怪郝龙斌会质疑，这些被动员入党的"人头党员"，真的认同国民党理念吗？而若真的有人意图操作人头党员来影响选情，不但是败坏选风，更重重伤害国民党形象，形同作弊选举，"靠作弊当选的党主席不但不具备党意，更不可能具备民意，如何能带领国民党？"郝龙斌的矛头所指，显然是吴敦义。吴敦义的支持者就是"本土派"，如姚江临、江硕平等，与马英九、洪秀柱及黄复兴党部是对立面。因此这次党主席选举的"本土派"与黄复兴党部之争的态势，就更明显。但似乎就是在黄复兴党部的内部，也分成了支持洪秀柱和郝龙斌两派。至于其他几个人选，看来是"陪跑"的成分较多。

二、参选者的两岸观点

此次参选国民党主席的六人对两岸关系的看法不尽相同，引人关注。

（一）马英九提两岸论述　确立国民党主席选举主轴地位

马英九在出席副主席郝龙斌竞选办公室成立茶会时，再次提到"九二共识、一中各表"的两岸论述，确立这次国民党主席选举的主轴即为两岸论述，更重要的是，往后该用什么方式、什么说法，让这个论述更能深入地促进两岸关系的发展，而非造成两岸思维的隔阂。

国民党的两岸论述向来主张"九二共识"，后面一句从"一个中国各自表述"简化成"一中各表"，经过马英九执政八年，台湾的年轻一代对"一中各表"的内涵，已经发生不知道、不想知道，甚至可能解读错误的现象，导致外界忧心两岸关系愈走愈远，而非愈走愈近。

马英九提到洪秀柱 2016 年"习洪会"提出"求一中原则之同，存一中涵义之异"委婉地说出了"一中各表"主要是想强化他的"一中各表"功能性与代表性，但这 14 个字看起来像文言文、读起来却很白话，确实完整扼要地阐述了"一中各表"的意思，也说明了台湾方面对"九二共识"的诠释，更能完整衔接国民党十九全会过的"和平政纲"。

如果真想避免马英九 2015 年 11 月 7 日在新加坡"习马会"强调"我们不会乱表，不会表到两个中国、一中一台、台湾独立"，这次参选国民党主席的六个人，就不宜只会强调"一中各表"而不加以解释说明两岸论述，更不宜借此去质疑其他参选人的路线，换言之，起码得明确指出"一中"就是"中华民国"，才能如马英九所期望。借这次党主席选举的时机，党内在两岸关系上有共识，也才会"自己有了共识，才能去说服别人"。

目前为止，参选人都认同"九二共识、一中各表"，洪秀柱更进一步希望以十九全会通过的"和平政纲"作为未来两岸关系发展的基础。

（二）几位候选人的两岸观点

两岸论述决定国民党存在价值，政治承担力决定国民党兴衰的命运；前者涉及大陆如何回应，后者关乎民进党打压的力道，六位参选人日后必须面对且难以回避。

六位参选人中，洪秀柱的两岸主张更进一步，她强调两岸不能"只经不政"，时间不在台湾这边，要用和平协议取代两岸敌对状态。应以"和平政纲"为主轴，在"中华民国宪法"基础上深化"九二共识"，积极探讨以和平协议结束两岸敌对状态，扮演推动两岸和平制度角色。这些主张或可澄清过去提"一中同表"所遭到的误解，也推动过去马英九不敢再提的主张，但亦无法避免对手继续质疑她的"旧调"。

而吴敦义、郝龙斌的两岸观点基本仍停留在"九二共识、一中各表"，并把重点放在"各表"上。其中吴敦义的"各表"又比郝龙斌更强调"自主"，更接近国民党本土派的两岸观点。吴敦义在走访台中眷村拜票时，表示主张"九二共识、一中各表"，称自己是最忠于中国国民党，暗指洪秀柱将"一中各表"改变是走错路的方向。由于过于强调"各表"有可能使"一中"的主张更为模糊，因此，吴、郝的观点能否继续获得基层党员认同接受有待检验。

詹启贤提出"中华民国宪法"的"九二共识"来维护两岸和平，虽然这部"宪法"是"一个中国"的"宪法"，但得以回避提"一中"，这样的基础下求得两岸稳定的发展，也是恢复马英九执政八年的"维持现状"。詹启贤还主张在"九二共识"基础上做前瞻性探讨，表示用统"独"省籍等来标签"本土派"并不尽然，因为本土派里面希望统一的也不少。

韩国瑜想以"九二共识、一中各表"为基础，提出随时代变化更为精致的两岸论述，但他曾用"男女关系"比喻两岸关系，问题是民进党当局搞砸两岸关系的当下，这种充满趣味的说法能否让基层有耐心加以领悟，会是问题。

最后宣布参选的潘维刚在提到两岸观点时明确表示就是"九二共识、一中各表"。她称国民党不能再被民进党抹红、抹黑，应该主动出击，不要回避。两岸和平是台湾最大的利益，两岸动荡是台湾最大的威胁，全世界最能够维持台海稳定的，绝不会是民进党，而是国民党！不过她紧接着的一句话表明"怎么让两岸红利能为全民共享，又不危害台湾的民主法治，是国民党应该背负的责任"。话锋中似乎又有站队之嫌。

三、参选人实力分析

党主席选举六抢一，党内合纵连横不断。在六位候选人中，目前看来实力分三个层次，首先是吴敦义、洪秀柱两人，其次是中间的郝龙斌，最后则是韩国瑜、詹启贤和刚宣布参选的潘维刚，所以可以看得出第一个层次打到刀刀见骨，好像在打敌人。

（一）洪秀柱占据"主场"优势

洪秀柱作为现任国民党主席，仍有主场优势，也因此仍然有一定的胜算。而之所以出现"五人联合反洪"的观感，关键在于六人中，关于国民党未来的路线尤其是两岸的政策，只有洪秀柱的论述和其他人有些微的不同，其他五人都是延续现有的"九二共识"，而洪秀柱认为这不够用，她主张从"一中各表"走向她此前提到的"一中同表"，这自然引起了绿营的大做文章，给洪秀柱贴上"深红"的标签，这样有心的标签，让洪秀柱在代表国民党出战 2016 的时候遭遇了"换柱"。但洪秀柱对自己的信念硬度非常高，当她出任党主席后，她对自己的信念只有更巩固、没有更松动，只有更强硬，没有更柔软，她提出深化"九二共识"的主张，在对未来推进两岸进程的力度、目标、方向上面与其他五人出现了比较明显的差异。

（二）挺吴力量大集结

吴敦义 2 月 8 日晚间出席前高雄市议会议长许昆源与里长的新春联谊酒会，席间包括前副议长蔡松雄，中常委侯彩凤，蓝委黄昭顺，党团总召曾俊杰，市议员陈丽娜、刘德林、李眉蓁、王耀裕、黄石龙、陈玫娟、刘馨正、柯路加、李顺进等人皆踊跃出席，力挺吴敦义之心不言而喻。许昆源更公开赞扬吴敦义担任高雄市长期间政绩优秀且清廉，他公开力挺吴敦义上位拼大位。许替吴敦义拉票表示，支持吴敦义就是支持许昆源。

中常委侯彩凤、前副议长蔡松雄皆在现场被拱上台讲话，侯彩凤与蔡松雄双双表示，吴敦义是优秀人选，现场议员要一起帮吴敦义拼下去。2018 年国民党在高雄议会才有可能重新把议长宝座拿回来，发挥监督市政的力量。

吴敦义表示，国民党 35 席"立委"人数虽少，但只要跟党中央及"立院"党团充分配合，一定能发挥相当的制衡功能。但现在的国民党无法达到这样的功能。党中常委、中央委员跟党代表、小组长以及国民党同志都是国民党中央很重要的左右手，如果他能够担当国民党主席，一定让左膀右臂充分有力。国民党有了左膀右臂才能够监督制衡，国民党必须团结重新追求执政的机会。看现在这个氛围，契机已经出现，蔡英文现在推行的政策遭受到劳资双方怨声载道，包括同婚政策使得绝大多数台湾民众觉得会影响数百万户的家庭伦理与道德，引发很大反弹。国民党既然有重新执政的机会就要好好把握、大步迈进，奔向重新执政的目标，未来他将会重视基层，因为里长村长就是地方基层的守护神。

吴敦义虽然在参选人中资历最为完整，参选以来勤跑基层，但他的本土票面临詹启贤瓜分，整合状况不如预期，"马金派"和他也保持距离。毕竟他的竞选团队，不但找陆委会前副主委张显耀、台大哲学系教授林火旺、前"立委"李庆华，还找了实践大学讨论教授江岷钦等人，不是"亲王"，就是和"马、金"有嫌隙，要"马金派"怎么接近？

（三）郝龙斌奋起直追

选战进入白热化后，郝龙斌持续出手选战团队与布局，在军系部分郝成立中兴后援会，由号称"老爹"的"中华民国陆军二级上将"许历农担任荣誉会长，同样是二级上将的王文燮担任竞选办公室主任，再加上自己的老爹"中华民国陆军一级上将"郝柏村力挺，在兵家必争之地军系黄复兴党部，郝龙斌至少可以稳居不败之地。

其次是郝龙斌邀请同样是国民党副主席的前台中市长胡志强出任另一位竞选办公室主委，胡志强在台中担任市长长达13年，深耕台中多年可以将郝龙斌从台北市带往中部地区；另一方面，胡志强目前也担任台湾公教军警暨退休人员联合总会总会长职务，可以强化军公教对郝龙斌的支持。

而原本被视为可能支持吴敦义的马英九，在马办担任发言人的草协发起人徐巧芯兼任郝龙斌发言人，2月18日晚间在台北市举办的后宪新春团拜郝龙斌与马英九也同场出席，2月19日更是直接参加郝龙斌竞选总部的成立活动，被认为是马英九力挺郝龙斌的象征。

新北市长朱立伦方面，郝龙斌在竞选第二任台北市长时，与正要竞选第一任新北市长的朱立伦打出双北合作、共创双赢的政见，并在多项市政议题上都有紧密合作，近期媒体也传出朱立伦阵营也私下邀请郝龙斌与会，意向十分明显。

竞选总部成立大会上也宣布属于彰化地方派系的中常委萧景田，以及云林张荣味之子张镕麒，出任分区总干事出任，显示中南部地方派系的奥援；在各县市长部分，活动上客家籍的新竹县长邱镜淳、无党籍的花莲县长傅崐萁也出席力挺。

国民党籍"立委"中，除了原本就与郝龙斌交郝的北市"立委"赖士葆、费鸿泰担任副主任委员外，国民党"立院"党团总召廖国栋、书记长王育敏、首席副书记长林为洲与其他十多位"立委"也都到场支持。

目前郝龙斌竞选团队中，有国民党天王马立郝强连线成型力挺，本土地方派系奥援，年轻的徐巧芯当发言人，军公教团体拥护，区域上也涵盖北中南东各区域，"立院"党团干部到齐，从省籍上做区分郝团队也包含本省、外省与客家籍，可以说是面面俱到，当洪秀柱与吴敦义阵营为了人头党员议题打得天昏地暗时，郝龙斌的选情可以说越来越值得期待。

四、国民党党主席选情展望

中国国民党主席选举六强争霸，争取连任者、资深老将各有优势，是国民党主席直选以来参选人数最多、竞争最激烈的一次；一般预料首轮过半不容易，恐要进入第二轮投票。

根据规划，国民党主席选举 3 月 31 日公告，4 月 5 日到 6 日办理选举领表，即日起连署到 4 月 15 日，4 月 17 到 18 日参选人登记，4 月 18 日到 20 日审查连署人资格，4 月 21 日党主席候选人资格审查与号次抽签，5 月 20 日投票。

国民党主席洪秀柱宣布竞选连任，国民党副主席郝龙斌、前"副总统"吴敦义、台北农产运销股份有限公司总经理韩国瑜、前国民党副主席詹启贤与前国民党籍"立法委员"潘维刚等人都宣布参选，但仍须跨过具党权党员 3% 以上连署门槛，才能成为候选人。

以 2016 年党主席补选为例，扣除重复连署，有效连署至少要超过 9600 份才能成为候选人；洪秀柱当时送交查核数为 80875 份，合格数为 308407 份。

六人各有优势，洪秀柱接任党主席后，两岸政策与领导方式、路线屡遭非议，选务公正与否也遭放大镜检视，一般认为洪秀柱在深蓝、黄复兴基本盘较占优势。

郝龙斌有军系背景，之前推动核灾地区食品公民投票，全台走透透，蓄积能量；表态参选后，主动出击，宣布不选 2020 年"总统"，全力抬轿，并誓言 2018 年选举拿下台北市与新北市，也猛攻人头党员问题，要求党中央积极作为。

吴敦义党政资历完整，人脉与动员能量强，但日前受杀警案主嫌万少丞入党案波及，近日集中火力，将炮火对准洪秀柱，要求党机器负责人要做到公平、公正、公开。

韩国瑜曾任"立委"，自称是"真正的黄复兴"，因忧心台湾未来，不愿再看见政党恶斗，决定参选，甚至表态愿代表国民党到台南市、高雄市艰困选举区参选。

詹启贤从医界到政界，具社会声望；这次参选率先承诺带领国民党选2020年"总统"，却因"三一九"枪击案屡遭党内质疑，为证明清白，喊出如有不法或对不起国民党，愿退党、退选。

最晚宣布参选的潘维刚是黄复兴成员，一般认为，潘维刚的参选将瓜分洪秀柱黄复兴票源，可能有利吴敦义选情，但潘维刚认为这些都是阴谋论。

国民党章规定，党主席选举，候选人以得投票数过半数者当选，否则得票第一名与第二名就重行投票，票数高者当选。这次参选者众，分散得票情况下，一般预料可能进入第二轮投票。

2月7日委托艾普罗民调公司针对第一波五位参选人进行支持度调查，结果显示，前"副总统"吴敦义与副主席郝龙斌以20.1%、17.4%支持度分居前两名，遭吴、郝夹杀的现任党主席洪秀柱则以16.8%紧追在后。洪秀柱阵营的发言人游颢则表示，洪办委托民调公司所做民调显示，洪秀柱居于领先。因此，不出意外的话，第一轮胜出的两人将在洪秀柱、吴敦义和郝龙斌中产生。

尽管党主席参选者多达六人，但仔细分析，每位参选者的高度和格局都稍嫌不足，不见"成功不必在我"的磊落襟怀。目前洪秀柱有"执政优势"，可握有党员名册按图索骥，但仍以掌握黄复兴为主，对各地基层党员究竟关心多少大家心里都有数，而且洪秀柱因提出"一中同表"被污为极统，恐难获本土派支持。而吴敦义在前几次重要关键时刻按兵不动，惹人议论，此番却"破釜沉舟"，颇让人觉得突兀。况且助选团体并不出色，也使他面临苦战。至于郝龙斌虽然行情看涨，但其父郝柏村的实力和影响毕竟今不如昔，而他从政以为一直在北部经营，且顶着"外省人"和"军二代""官二代"的身份，要想获得南部党员以及本土派的支持恐怕很难。

国民党现在有效党员大概是33万人，2016年党主席补选投票人数约13万多人，国民党主席洪秀柱拿了其中7.8万多票，当时的国民党代理主席黄敏惠拿了4.6万多票，而2017年加入的党员数大约5万多人。但郝、詹、韩和潘四人在新入党党员内关系较低，所以第二与第三层次的人，必须要争取过去没有出来投票的国民党员，冲高投票率才有机会。

这些没有出来投票的 19 万人是这次选举的关键，这群人过去从对党失望转为绝望，但目前也没有看到国民党参选人能够催出这些支持者；大家寄望这些党员因为蔡英文做得烂，出来再支持国民党，但也有人认为过去陈水扁也做得很烂，"中华民国还是一样存在"，大家日子也照过，年终慰问金也不是民进党砍的。

国民党目前选票分为三大块，5 万多新入党员、19 万没出来投票的党员以及 13 万 2016 年有出来投票的党员，要第一轮就过关可能需要到 10 万票。但洪秀柱可能无法维持 2016 年 7.8 万票的票数，毕竟基层也有传出当初"换柱"的公道已经在补选还了，给了洪机会也没有把国民党领导好，与国民党"立院"党团不合，郝、詹、胡三位副主席也与洪不同调，显示洪秀柱没有团结国民党。

至于黄复兴党部的影响力，恐怕也不如大家所说的铁板一块，其实内部也各有想法，至于新入党党员就是看谁出力多谁占优势，但现在因为可投票的有效党员也还不确定，所以会需要等到 3 月底后态势会更明显。

（原载《福建社科情报》2017 年第 1 期）

国民党败选一周年情势及未来展望

陈文杰

2016 年台湾地区领导人选举最终以国民党惨败而尘埃落定。如今距离国民党败选已过去一周年，一年来台湾政坛风云四起，两岸关系急转直下、国民党这个百年老店更在民进党的追杀下风雨飘零，摇摇欲坠。

一、国民党败选后内忧外患

（一）党主席补选"深蓝"与"本土"对决

国民党在 2016 年 1 月的"大选"遭遇惨败，时任国民党主席朱立伦为表担责，即刻宣布辞去党主席。遭遇惨败的国民党迎来党主席补选，前"立法院副院长"洪秀柱、国民党代理主席黄敏惠、现任台北市议员李新、现任"立委"陈学圣最终成为党主席补选候选人。3 月 26 日，国民党党主席补选结果揭晓，台前"立法院副院长"洪秀柱以超过 56% 的得票，成为国民党首位女性党魁。然而纵观这场党主席补选，可以发现，除了党内正常竞争外，更多是"挺柱"与"防洪"之争，"本土"与"非本土"之斗。国民党没有因败选而团结，反而是党内不同派系间的持续内斗。

（二）国民党部分人要改名"去中国化"

中国国民党 2016"大选"惨败，青工会、青年团等系统出身的党内新生代串联组成"草协联盟"推动党内改革建言，其中朱玄竞选总部发言人、国民党议题中心主任徐巧芯，青年团执行长李正皓等人主张将"中国国民党"的党名，去掉"中国"二字，更正为"国民党"。此举引来国民党内大咖跳出纷纷表态。洪秀柱表示，"我非常不以为然，而且甚至非常反对"。她指出，中国国民党在中国大陆有历史背景，"中国"这两个字要怎么去掉？吴敦义发表声明指出，自己的立场十分清楚，"中国国民党"不应改名，"这是吴敦义从未动摇的坚定信仰"。"中国二字是资产，不是负债"。虽然中国国民党并没有因此改名，但是每逢选举盛事或败选归因时，改名一事总会被提及，凸显国民党内存在一批欲将国民党隔断与中国的联系，进而彻底本土化的"去中国化"势力。

（三）泛蓝阵营持续缩减

亲民党原本属于蓝营，是泛蓝阵营中的重要一员。但从近年来政党互动关系来看，亲民党或已脱离蓝营。"在'太阳花学运'期间，民进党与亲民党签字同意民间版的'两岸协议监督条例'"。而该版"条例"对两岸的定位即是"两国论"立场。在"反课纲"活动，宋楚瑜与亲民党也公开支持。而"反课纲"问题的核心是，他们否认日本对台湾实行殖民统治，认为慰安妇不是被迫的而是自愿的，这直接涉及殖民地史观与统"独"史观等重大问题。"立法院"7月25日三读通过"不当党产处理条例"，国民党拟声请"释宪"因应，但因35席"立委"不足"释宪"连署门槛的38席，需要亲民党3席相助。亲民党则声明表示，不会连署国民党的"释宪"。亲民党主席宋楚瑜在蔡英文上台执政后，成为民进党当局的"总统府资政"，并作为蔡英文的特使出席在秘鲁举行的APEC会议。事实上，亲民党与民进党早已相互合作，建立了另类"战略同盟"关系。时常可以见到亲民党与民进党一起，共同强烈批判、攻击国民党，甚至火力猛烈程度不亚于民进党。大量事实说明，亲民党"绿化"或已不再是传统的蓝营。

（四）"不当党产条例"生效，国民党惨遭追杀

台湾"政党及其附随组织不当取得财产处理条例"于2016年8月12日正式生效，条文规定政党自1945年后取得的财产扣除党费、政治献金等后，推定为不当取得，应移转为"国有"，"行政院"将设"不当党产处理委员会"。"主委"顾立雄表示要在年底就让国民党"党产归零"目标实现。所谓的党产问题，是如何处理台湾光复后，国民党在党国体制下，通过非法和当时合法的手段积累的庞大资产。"不当党产条例"生效后，"党产会"即冻结国民党在多家银行的资产。国民党瞬间被斩断经费，无力支付党工薪酬，只能通过紧急动员党内大佬募捐、向鸿海董事长郭台铭母亲借款以及效仿孙中山，由洪秀柱率队到东南亚募款，来维持党内运行。党产是国民党赖以生存的重要资源，不仅是凝聚各山头的筹码，也是投机者对其信任的基础。民进党此举是要趁国民党败选后内部纷争不断，对国民党进行政治、财产大清算。将国民党的党产充公，造成国民党经费短缺，运行停摆，进一步诱发国民党的分离，让国民党在选举上没

有组织动员的粮草，欲要让国民党彻底趴下，无东山再起的机会。

（五）基层农会遭民进党蚕食

民进党在铲除国民党根基上毫不手软，继"党产会"出手将国民党党产收归"国有"后，绿营又将矛头对准了农会选举，企图掌握过半县市农会。所谓的基层农会，狭义的只有农会系统，广义的还要加上渔会、水利会。以往这三个系统都是由国民党在经营，搭配地方派系，推举理事长、指派总干事，形成农会、渔会及水利会，跟地方派系密不可分的关系。民进党吸纳基层农会势力，主要是当选县市长后，透过资源分配、职位安排等分赃或交换方式，逐步掌握了一小部分乡镇农会。直到嘉义县林派出身的陈明文，从国民党带枪投靠民进党，才有了县市级地方势力的转变。民进党介入农会选举后，不啻找到了通往基层政治动员大门的钥匙，并能建构取得地方政权的支撑力量。民进党若成功挖角国民党农会、水利会组织，国民党在地方长久的组织战力会有很大挫败，未来不管 2018 年县市首长选举，或是蔡英文要寻求"总统"连任，国民党没钱、没人很难打得赢。

（六）新政纲引发党内两岸路线之争

国民党 2016 年 9 月 4 日通过新版政策纲领，不同于在前国民党主席朱立伦任内通过的政策纲领明确纳入"九二共识，一中各表"，新版政策纲领只提"在'中华民国宪法'的基础上，深化九二共识"。这一新党纲引发党内关于要不要在"九二共识"后重提"一中各表"的口水仗。不仅有蓝营大佬持续为"一中各表"声援，更有党籍"立委"在内部会议上发难，要求重新检讨"深化九二共识"的两岸论述。吴敦义表示，"九二共识、一中各表"早已写入国民党的党纲，两者是不容切割的。而国民党副主席郝龙斌在美国波士顿全美台湾同乡联谊年会上，也质疑洪秀柱只提"九二共识"，却无"一中各表"。马英九 10 月 24 日晚间邀请国民党主席洪秀柱与其任内副主席、秘书长聚餐。会中马洪几乎"摊牌"，马英九表示，为避免对国民党核心政策理念有误解，甚至曲解，希望大家以后再提"九二共识"，就要提"一中各表"。洪秀柱回呛道："'九二共识'的内涵有很多，其中还有两岸要共同追求统一，为什么马'只讲各表，不讲统一'"？一时，国民党内不团结的迹象再度涌现。蓝营在两岸关系的基本立场上仍内耗不断，无法统一口径，着实要为其今后的形势捏一把汗。

（七）党主席提前改选引发党内纷争

国民党在 2016 年 12 月 19 日提出党主席等四项党职的选举及就职日期、国民党"军队退除役人员"党部代表选举改革等方案，交由中常会讨论通过；21日，国民党中常会通过上述方案，其中，确定党主席及党代表选举于 2017 年 5月 20 日举行。然而，一些国民党中常委质疑中常会决定的有效性，认为会议在出席人数不足的情况下通过相关决定，违反相关程序，甚至有中常委到法院提告。经党内各方沟通，28 日举行的国民党中常会提出三点建议的折中方案，包括 2017 年党主席及党代表等选举时程不变、"军队退除役人员"党部党代表选举的改革延后等。最终，中常会以复议上次会议议事录的形式通过折中方案。虽然最终通过折中方案，确定党主席 2017 年 5 月 20 号举行选举。但是，这次党主席提前改选案，却打破党内表面和谐，使党内斗争台面化，凸显国民党内各个派系都有自己的如意算盘，难以凝聚共识，派系斗争暗潮涌动。

（八）黑道、人头党员入党使国民党陷丑闻

国民党党主席选举投票按照国民党章及选举相关规定，必须至少 4 个月党龄的党员，才有 5·20 党主席暨党代表投票权，因此各方人马都在 1 月 21 日前号召支持者入党。然而国民党在审查这些入党申请时，却查出大批黑帮人士入党情事。其中包括 2014 年台北市信义区夜店杀警案主嫌之一万少丞等 300 多名黑帮分子的集体入党申请。因推介万少丞等黑道入党的是台北市议员叶林传的服务部主任，而叶林传支持吴敦义，外界揣测这次黑道入党是吴敦义阵营所为，引发党内各方激烈交锋。一时间，国民党内斗、分离迹象再现。国民党黑道、人头党员事件若是处理不好，将会严重影响国民党的形象，党主席洪秀柱希冀通过这次党主席选举打造一个"公平、公正、公开""君子之争"的国民党新形象，从而争取民众信赖，重返执政的愿景也将会破灭。

二、国民党的在野表现及其两岸交流

（一）国民党在野后的改革与抗争

国民党败选后，党内人心涣散，又惨遭民进党当局追杀。但百年老店虽岌岌可危，却依然屹立不倒。一年来，国民党也积极开展党内整顿和改革，面对民进党的执政不力与追杀也勇于抗争。其在野后的表现可圈可点。

一是国民党成立"议会党团联谊会"。国民党主席洪秀柱为加强党中央与地方的联系和沟通，于 2016 年 4 月 20 日邀集全台各县市议会党团重要干部举行会议，会中成立"议会党团联谊会"，并选出高雄市议会党团书记长黄绍庭担任总召兼任中央政策会副执行长。洪秀柱在会中说明集会目的，有鉴于现在全台大部分县市均由民进党执政，她期许各县市议会未来要扮演好监督问政的角度，重新打好国民党在地方的形象。

二是备战 2018 国民党拟推"预选制"。中国国民党在最近两次选举中大败。为审慎应战 2018 县市长选举、培育党内新生代人才，国民党在 9 月全代会通过《党务革新与党的发展》方案，有意在党内初选前先实施"预选制"。凡是参与预选者，皆能获得党部提供的各项活动资讯，并参加党部的政策说明会以提高知名度。如想了解自身实力，也可自费参加党部举办的四次民调。预选人选则规划以推荐方式产生。国民党组发会主委张雅屏表示，"预选制"目的在鼓励新人、培育人才，借此解决派系磨合等问题。

三是花莲市长补选，国民党胜民进党。2016 年 8 月 27 日，花莲县第 17 届花莲市长缺额补选结果揭晓，国民党提名的魏嘉贤以得票率 53.8%、近 4000 票的差距，击败民进党征召、前市长田智宣的遗孀张美慧，成功让民进党执政六年的花莲市蓝天再现。这是国民党自败选来，在选举上的一次重大胜利，有效挫败了民进党的嚣张气焰，也对国民党的士气有很大提升。凸显民进党当局上台执政百日，在各方面的表现已经引起民众不满。对此，洪秀柱在脸书发文感谢花莲市让魏嘉贤有机会代表国民党为花莲市乡亲服务。洪秀柱表示，这次选举，国民党无不上下一心、齐力辅选，令她感动与感恩，但国民党绝不能忘记每一张选票所代表的意义与价值，绝不能忘记此刻的感动和选民的寄托，珍惜民众给予国民党再次的机会，国民党更要用加倍的诚意，加倍的努力，实践诺言、追逐理想，一点一滴找回人民的信赖。

四是国民党党产官司行政诉讼三连胜。自"不当党产条例"生效以来，国民党惨遭"党产会"的各项粗暴清算与追杀。严重影响到党工领薪及生活安定，文传会新媒体部主任周柏吟、传播部主任刘潜如、青年中常委、青年团总团长吕謦炜等 36 人共同成立党工自救会，12 月 16 日赴"党产会"抗议，提出"立即解冻、还我薪资；没有真相、没有正义；还权法院、拒绝不公"等三项诉求，争取合法权益。这是中国国民党史上头一次出现小党工为老党工及退休党工争权益露宿街头。针对"不当党产"的诉讼，经过不断的抗争和努力，台北"高等行政法院"裁定停止执行中投、欣裕台收归公有的行政处分。国民党党产官司行政诉讼迎来三连胜。这是对"党产会"处理国民党党产不按基本程序，骄横粗暴的三次打脸。

五是国民党抗议蔡当局开放"美猪"。蔡英文上台后，民进党当局欲要开放含有瘦肉精的"美猪"引起国民党的强烈不满。国民党"立法院"党团召开"民进党又再演变脸，开放美猪诈骗台湾"记者会强烈谴责，痛骂民进党以前强力反对美猪，一执政态度就一百八十度转变，怀疑蔡英文在选前赴美就是跟美方进行利益交换，已同意美猪进口换取美国的礼遇及支持。国民党书记长林德福形容民进党对于美猪的态度简直是比川剧变脸还快，王贵敏痛斥蔡英文是无能"总统"、林全是黑心"内阁"，李彦秀更比喻曹是引美猪入关的"民进党的吴三桂"。

六是"军公教"大游行抗议年金改革。民进党当局上台推行年金改革，但是却对利益攸关的"军公教"进行污名化并制造世代对立，引发民众强烈不满。2016 年 9 月 3 日，监督年金改革行动联盟决定发起"反污名、要尊严；抗议蔡英文，霸凌军公教"号召 10 万人游行。这是岛内社运史上首次由军警、公务员、教师、劳工团体共同结合的街头抗争。从下午一点半起，兵分四路集结，徒步抵达凯道会师。主办单位表示，活动共 25 万人参与。市警局保安科统计，游行人数在下午 4 时 30 分到达最高峰，共有 14.5 万余人。对此，中国国民党全体倾巢而出，党主席洪秀柱亲自率队加入游行声援。洪秀柱说，今天到场来跟大家加油打气，年金改革需要的是理性讨论，而不是要用斗争、贴标签与撕裂式的方式来进行。

七是反日核食，蓝营向民进党当局宣战。2011 年福岛核灾后，台"卫福部"禁止福岛、枥木、茨城、千叶、群马等五县的食品进口。蔡英文上台后，民进党当局欲要解禁日本核灾食品，打算开放除福岛县外其余四县的食品进口，仅管制"高风险产品"，日本其他地区则不再要求检附"辐射安全证明"。对此，众多学者专家及民众都质疑核灾食品的安全性，反对开放进口。但是，蔡当局执意在 11 月 12 日至 14 日三天内共举办 10 场过程草率的日本食品输台公听会，其中 13 日下午在台北场农粮署的公听会发生疑似黑道追打反对开放日本核灾食品入台的民众，造成社会哗然。国民党以民众反对核灾食品的情势不断扩大，决定拉高战线，18 日由党中央组发会、文传会、"国发院"、青年团、各地方议会党团发起到"行政院""向日本核灾食品说不"活动，透过现场公听会、演行动剧方式表达抗议诉求。国民党副主席郝龙斌 12 月 7 日结合公卫、食安、环保及国民党民代，正式成立"守护食安公投联盟"。国民党主席洪秀柱也在新北行动中常会宣布"挥罢免之剑，斩核食之官"行动，发起罢免赞成日本核灾食品进口的"立委"。反对日本核灾食品进口，蓝营正式向民进党当局宣战。

八是民进党强行通过新"劳基法",国民党强烈抗议。2016 年 10 月 5 日,民进党团用"一分钟"强行通过"一例一休""删除七天法定假期"的劳工休假"法案"。"劳基法"修正草案引发国民党党团强烈抗议,更引致包含工斗青年产业后备军、反教育商品化联盟与高教工会青年行动委员会等 59 个学生会、异议性社团、工会和青年团体,发动"青年争劳权,围攻资进党"游行。12 月 6 日,"立法院"内民进党以人数优势,夺回被国民党"立委"蒋万安等人一早就抢占主席台,双方爆发推挤冲突。最终民进党当局不顾场外劳团绝食抗争以及国民党的强烈反对,在"立法院"上以人数优势强行表决,三读通过砍劳工七天假和确定为"一例一休"的"劳基法"修正案。新的"劳基法"规定,未来"内政部"所定应放假的纪念日、假日、劳动节才要放假,原本的孔子诞辰(9月 28 日)、孙中山诞辰(11 月 12 日)、蒋介石诞辰(10 月 31 日)、革命先烈纪念日(3 月 29 日)、台湾光复节(10 月 25 日)、"行宪"纪念日(12 月 25 日)、"开国"纪念日之次日(1 月 2 日)等七日,全部被删除。民进党再次以野蛮粗暴的方式,不顾民意,强加政令,展现民进党当局"最会沟通政府"的丑陋形象。

九是国民党力挺"反同性婚姻修法"游行。2016 年 11 月 17 日,民进党故伎重施,挟人数优势,不顾多数声音,强行修改"民法"第 972 条让同性婚姻合法化。这引起国民党"立委"及反同性婚姻联盟的强烈不满。"立法院"外反同性婚姻联盟组织 2 万名白衫军包围"立院"长达 12 小时,下午 6 时近百人突破警力封锁,闯入"立法院"攻占议场。多名国民党"立委"到场力挺,反对修法同性婚姻。国民党要求进入逐条审查前要先开公听会,被民进党人数优势否决,民进党"立委"尤美女更宣布要继续审查完成,此举让国民党团总召廖国栋与国民党"立委"孔文吉感到不满,冲上主席台,两人与民进党"立委"段宜康与蔡易余发生推挤,廖国栋痛骂,"外面多少民众在抗议,民进党不知道在急什么,执意要完成审查,完全不顾社会责任!"

(二)国民党积极开展两岸交流

民进党当局上台执政后,因拒不承认"九二共识",两岸关系急转直下,两岸间的官方往来接连中断。对此,国民党积极开展两岸交流,欲要打造两岸交流第二轨。

国民党副主席林政则 2016 年 6 月 22 日受邀担任 2016"海峡两岸共祭中华人文始祖伏羲祭典"主祭官,礼成后受访表示两岸在文化、教育、宗教各方面多交流，对两岸关系都是加分的。副主席郝龙斌就曾讲过，两岸间的第二轨沟通是有必要的，国民党也认为两岸需要第二轨，彼此还是需要有沟通的管道。9月18日，应北京市台办邀请，由台湾新北市、新竹县、苗栗县、南投县、花莲县、台东县、金门县、连江县八个泛蓝阵营县市负责人组成的台湾县市长参访团抵达北京，这是两岸分隔50多年后首个登陆抵京的台湾县市长访问团。11月1日下午，备受瞩目的"习洪会"在北京召开，双方对两岸关系进行了交流。洪秀柱呼吁为了避免两岸长期累积的互信基础土崩瓦解，国共两党沟通机制应该得到强化。这都展现国民党在两岸官方交流机制停摆下，寻求加强国共交流，打造两岸交流第二轨积极态势。

三、国民党主席选举态势及未来走向

中国国民党将于5月20日举行党主席选举投票，2月13日开始连署，连署门槛仍维持有党权3%的原规定。目前表态参选的有包括党主席洪秀柱、国民党副主席郝龙斌、前"副总统"吴敦义、台北农产运销公司总经理韩国瑜、前国民党副主席詹启贤，加上24日刚宣布参选的前国民党籍"立委"潘维刚，此次国民党主席选举已呈现六强争霸的激烈局面，可谓参选爆炸。

随着党主席选举日期的临近，国民党主席选举竞争目前已经白热化。各参选阵营都勤走基层、拜访党内大咖，全力争取认同与支持。六位参选人各有各的基本盘，党主席洪秀柱得到黄复兴系统及党内深蓝人士支持，且手握党内机器方便运作呼声最高。但是此次潘维刚加入参选，因其在政界耕耘已久，熟悉党政军情，人脉宽广又手握北部、黄复兴、本土、女性选票，恐将瓜分洪秀柱的票源，对洪构成威胁。本来洪还可能在第一轮低空飞过50%当选，此番恐怕是要进入第二轮选举。

吴敦义实力不可小觑，吴敦义担任过台湾地区前副领导人，在党内耕耘多年，辈分最高，政治资历最完整、党政经验也最丰富，深得本土派人士拥护。目前又手握当初马吴竞选团队，恐将成为洪秀柱谋求党主席连任的最大拦路虎。

国民党前首席副主席詹启贤则有前"副总统"萧万长与马萧竞选团队奥援，台北农产公司总经理韩国瑜通过其个人风格与魅力囊括年轻人的选票。

而郝龙斌目前动作频频，不断在党内抛出各项具体建议，向其他候选人讨教，被视作务实人选。且近期马英九借将郝龙斌，其办公室发言人徐巧芯以兼任方式出任郝龙斌竞选办公室发言人，外传马英九最挺郝龙斌。同时，郝龙斌

争取到前黄复兴主委、退役上将、中华战略学会理事长王文燮，国民党副主席胡志强出任其竞选办公室主任。此二者可以强化黄复兴及军公教对郝龙斌的支持。若郝龙斌再争取到朱立伦系统，将出现"郝立强"连线，可以说是竞选团队面面俱到，实力剧增。当洪秀柱与吴敦义阵营为了人头党员议题打得天昏地暗时，郝龙斌的选情可以说越来越值得期待。

在两岸关系上，六位参选人都认同"九二共识"。吴敦义、郝龙斌都主张延续马英九的"一中各表"，但都过于强调"各表"；吴的"各表"又比郝更为强调"自主"。吴、郝的观点能否继续获得基层党员认同接受是一大考验，毕竟不少党内人士认为"各表"长期模糊了"中华民国"就是"一中"的主张；两人提"两岸和平"就是指维持过去蓝营执政八年状态。潘维刚2月24日宣布参选后，当天接受电台主持人周玉蔻提问其两岸论述为何时表示，当然是"九二共识、一中各表"，其具体两岸论述与其他参选人有何不同要待其后期对此进一步表述。詹启贤提出"中华民国宪法"的"九二共识"来维护两岸和平，虽然这部"宪法"是"一个中国"的"宪法"，但得以回避提"一中"，这样的基础下求得两岸稳定的发展，也是恢复马英九执政八年的"维持现状"，是否符合当前基层党员的想法，也有待考验。韩国瑜想以"九二共识、一中各表"为基础，提出随时代变化更为精致的两岸论述，但他曾用"男女关系"比喻两岸关系，问题是民进党政府搞砸两岸关系的当下，这种充满趣味的说法能否让基层有耐心加以领悟，会是问题。洪秀柱以"和平政纲"为主轴，要在"中华民国宪法"基础上深化"九二共识"，积极探讨以和平协议结束两岸敌对状态，扮演推动两岸和平制度角色。足以澄清过去提"一中同表"的误解，也推动过去马英九不敢再提的主张，但无法避免对手继续质疑她的"旧调"。

两岸关系决定着国民党的未来走向。若国民党继续过分强调"一中各表"恐会被外界继续质疑其为"独台""华独"等分裂论述，进而逐渐被边缘化。国民党唯有进一步深化"九二共识"，才有可能在两岸关系上打开一个康庄大道，维护两岸和平，造福于两岸人民。

但是，不论5·20党主席选举哪位当选，都无法回避的是目前被绑手绑脚、四分五裂的国民党。党主席当选人最迫切的是要对国民党进行整顿和制度改革，凝聚党内共识，团结一致，甩掉包袱，打造一个全新的国民党形象。用实际行动争取人民的认同，从而希冀在未来的2020年乃至2024年领导人选举中取得胜利，重返执政。

四、2018 县市长选举国民党重振的几点要素

2018 年台湾地区将举行县市长选举，国民党在经历几次选举大败，并遭民进党追杀党产后，2018 年选举的成败就变得至关重要，其决定着国民党能否重新再起。而国民党想要在 2018 年县市长选举中取得转机，应当要注意以下几点要素。

（一）凝聚党内最大共识，停止内斗，团结一致

纵观国民党历史，可以发现国民党内派系林立，团体众多，利益不同。每到关键时候总是共识不足，内斗不断。无法团结一致，甚至分裂出走。国民党想要东山再起，首要因素就是要凝聚党内最大共识，推动制度改革，建立新机制，逐步摆脱党内大佬及分裂文化的影响，停止持续不断的内斗，团结一致。

（二）正视并解决"不当党产"问题

自"不当党产条例"生效以来，国民党资金严重匮乏，只能通过募款和精简人员，维持党内运行。"不当党产条例生效"民进党绝不会轻易放过国民党，对国民党的清算在所难免，国民党目前应该正视"不当党产"风波，除了继续积极进行抗争外，国民党应当在"不当党产"风波中找到重塑国民党形象的契机。长久以来，"不当党产"是国民党选举背负的重大包袱，国民党可以趁此次解决"不当党产"问题，重塑国民党形象。

（三）注重世代交替扎根青年

国民党接连失败一个重要的原因是失去年轻人的支持。国民党长久以来缺乏与青年的沟通，给人一种高高在上的形象。相反民进党则是从民间成长起来，给人以草根形象，并且始终耕耘于年轻人，获得年轻人的支持。国民党应当进行制度层面的改革，改变年轻人难以在党内有出头天的情况，多与年轻人交流，让年轻人正确认识国民党。注重世代交替，扎根青年，从而赢得年轻人的支持。

（四）立足民意，争取民心，切实做好在野党的监督责任

立足民意，把握风向，方能争取民心。国民党在野期间，应当更加关注民生民情，勤走基层，了解民情，把握民意，并通过各种渠道向人民阐明自己的执政理念与政策，特别是在民进党当局执政不力、人民不满的方面要坚决与人民站在同一战线，积极参与人民发起的各项抗争活动，阐述自己的政策方针，从而与民进党形成鲜明对比。让人民看到国民党的新形象，切实感受到国民党是个能为人民争取权益，替百姓着想，真正给人民带来红利的政党。这一年来，国民党在开放"美猪"、反日核食、"一例一休"等这些攸关民生的议题立场明

确、态度强硬、动作积极，显示国民党在洪秀柱治下展现了新的战斗面貌。

（五）深化"九二共识"，打好两岸牌

"九二共识"是两岸开展各项交流的政治基层，民进党上台后拒不承认"九二共识"，两岸关系直转急下。而手握"九二共识"王牌的国民党，近年来，在"九二共识"上因惧怕得罪民进党而畏手畏脚，不敢继续深化"九二共识"。甚至出现在国民党执政期间，岛内只准热议"台独"却不能讲统一的怪异现象。国民党不管执政还是在野，始终被民进党牵着鼻子走，其在两岸关系的论述，被称为"华独""独台"，使本该属于国民党选举利器的"九二共识"优势逐渐丧失。国民党九月确定的新政纲提出要深化"九二共识"，并未刻意提及"一中各表"却引发党内强烈争议，甚至相互摊牌。说明国民党在两岸关系路线上还需要进一步的认知和凝聚党内的共识。下一步，国民党在"九二共识"上，要不怕得罪民进党，敢于突破，深化"九二共识"，打好两岸牌。让民众切实看到，两岸关系和平发展带来的红利。

最后，国民党应在教育议题上有所作为。纵观近年来，民进党当局不断推行"去中国化"，意在通过教育培养"天然独"一代，让台湾年轻一代全面绿化；通过"切香肠"方式最终达到"台湾独立"。国民党应在教育议题上有所作为，阻止民进党的进一步"去中国化"。若再次执政，应该要大胆拨乱反正，废除"台独"课纲，还历史和真相于青年，才能巩固自己的蓝营阵地，才能让自己的信仰和理念后继有人，才能给国民民党这家百年老店注入青春血液，东山再起。

（原载《福建社科情报》2017年第1期）

岛内关于特朗普就任美国总统的观点综述

党　俊

美国总统特朗普 1 月 21 日凌晨正式就职。对于特朗普就职后的台美关系、中美关系，以及对外经济政策未来的发展和走向如何？台湾各界热议。

一、蓝营观点

中国国民党主席洪秀柱表示，相信特朗普上任后，一定会有新的作法，其他作法姑且不论，最主要关心的是，台湾有没有特别的影响，不管如何朝野需要注意的是，台湾不要变成人家的筹码。

前台北市长、国民党副主席郝龙斌指出，特朗普强调美国优先，台湾在美国眼中将扮演什么角色？大量高额军购、含瘦肉精美猪进口，会不会成为当局"输诚"方式？作为商人，特朗普习惯"交易式的思考"，但台湾一定要注意不能成为"被交易"工具或筹码。期待未来特朗普团队与大陆谈判与做决定时"心中有台湾"，但心中的台湾，希望是"友谊"而非"筹码"。"两大之间难为小"，未来在美中关系的变化之中，要保持小心与忧虑，不要因一些形式上的甜头就沾沾自喜，"口惠"不一定是"实惠"；要知道从商人手上拿任何东西，都有"代价"。

前"行政院长"陈冲表示，其实有两个特朗普，一个是保护主义，包括关税提升、反对自由贸易协定等，这是保护主义的特朗普；另外一个经济成长的特朗普，则说要减税，法规要简化、要投资在基础建设等，等于一个是短空一个长多。而特朗普既然是一个商人，加上他正式上任后，经过内部的整合，不管是心理或是部会的整合，应该最后希望经济成长的特朗普，会打败保护主义的特朗普。特朗普很明显是把台湾当成筹码，特朗普和未来的国务卿都说，"一中"政策是拿来谈判用的，这跟北京的态度是不一样，北京认为不能谈判，但特朗普的言论是在表达他可以尊重"一中"政策，但要看你中国给我什么。就台湾来讲，变成筹码是很奇怪，但另一方面角度来看，台湾也是有相当分量才能当筹码，没有筹码是不值钱的。台湾利益很可能被牺牲，所以台湾要当的筹码，不能像是赌场里的筹码是死的，要当活的筹码才有价值。

台中蓝营黑派大佬、国民党前"立委"郭荣振表示，台湾跟大陆、美国、日本至少要等距交往，最好是"偏中"，因为两岸是一海之隔，蔡当局如果聪明，应该致力维护两岸关系发展，一方面维持台海和平稳定，另一方面又改善台湾经济发展，这才是正确方向。美国将台湾当成棋子，台湾主政者却把"美中对抗"当成是台湾的机会，这是很危险的事情。台湾在面对内忧外患局势下，外在的最大威胁就是中美关系变化会直接影响台湾，因为特朗普比较没有脉络可循，他是政治素人，又是精于算计的商人，在这样的状况下，美国跟大陆的博弈，很有可能把台湾当成筹码放弃掉，以维护美国的利益，这比起台湾的对外经贸危机的伤害还更大。

二、绿营观点

"独派"民进党台南市议员李文正认为，虽然到目前为止，特朗普看来对台湾友善，但台湾还是要有自己的立场，否则还是会重蹈历史，成为强权政治下的牺牲品。日前维基解密公布美国大选落败的希拉里，她在 2011 年的一封私人邮件中，认同"拯救美国经济，放弃台湾"的论点，希望借此抵销中国持有的 1.14 兆美债。这就是真实的强权政治，美国政治人物对"一中"问题，最后的考虑还是美国自己的国家利益。特朗普时代来临，他和支持者还是会继续要求蔡当局走向台湾"正名"；在军事方面，台湾居于西太平洋关键的战略位置，与美、日加强军事合作是必然，美国提供台湾必要的武器是需要的；但在经济上，也不能太倚重某个国家市场，大陆、美国皆然，台湾要放眼世界，不能全依赖美国。

"独派"团体、台湾客社社长张叶森表示，自从特朗普跟蔡英文通完电话，让"台湾"在国际社会消失 37 年之后，重新成为国际社会讨论议题，当然在台湾也引发很多讨论，很多人认为这是台湾迈入"独立建国"好机会，但也有人忧心台湾可能被美国出卖。他们认为美国不会"出卖台湾"，理由有两点：第一，台湾国际战略地位；第二台湾民主精神跟美国立场一致。"美国过去为了制衡苏俄，才跑去跟中国大陆建交，签署所谓三个公报，把台湾一直压下去；美国想要再度强大，需要台湾这个盟友，不会把台湾出卖。台湾现在只要跟美国好好配合，当局未必要强势与大陆抗衡，不过民间在推动"正名制宪"以及加入联合国要继续，因为这是天赐良机，要把握机会，让台湾成为正常的'国家'。而美国为了维护台湾战略地位，应该派兵进驻台湾，台湾也该出点军费，确保台湾海峡还是公海，让大陆不要太嚣张，蔡英文是应该低调，民间要把握机会。"

桃园深绿企业家、国际仓储物流协会联盟前会长黄仁安表示，特朗普就职上任，忙着以"一中"原则跟大陆进行谈判，目前还是存在许多不确定因素，中美双方也还在相互测试，过程中得到自己本身最大利益。这过程可能有矛盾、有冲突、有妥协，可能互相让步，最后会让到怎样程度？不知道，但以美国立场来看，拿"一中"原则当筹码，跟大陆处境不太一样，因为美国跟欧盟关系好，即使在英国"硬脱欧"之后，美英关系还是维持良好，若中美真的爆发贸易战，美国还有欧盟、脱欧后的英国，美国贸易伙伴还有。而美国跟大陆发生贸易摩擦，冲突对立严重甚至中断，可能损害日本利益，日本当然不乐见，会想办法联系澳洲等周边国家，促成联盟力量影响美国，不至于让美中"硬碰硬"，姿态放软些。若掀起中美贸易大战，台湾情形很难讲。美国过去 30 年立场，也就是三个公报底下的"一个中国"，美国以往立场都是"我知道"，但"知道"不代表"接受"，这次为了谈判，美国可以推翻先前论述，认为台湾不是大陆，大陆会反弹，双方会沟通。美国这种把价码抬高，利用台湾当筹码换取利益，只要抬高后拉回原点，台湾没什么损失，若过度接受美国意见，拉高拉回太多，就可能会有损失，只要"恢复原状"就好。

民进党前"立委"王幸男表示，美国总统特朗普会以"一个中国"做筹码，不会真的去冲撞"一中"，但台湾要小心，大人打架，小孩在一旁，如果不慎被拳风扫到，一下就会翻掉的。特朗普会用"生意人""美国优先"的角度来处理台湾与大陆、美国的关系。先看美中关系，如果中国愿意让步、美国认为有赚钱，台湾很可能因此被丢弃，所以台湾要很小心。目前，看到特朗普和蔡英文通了电话，很多人就很高兴，但实在不要高兴得太早，应该要看以后的变化，要看世界经济秩序重新整理后的新发展。如果奢望美国去突破"一个中国"，那是不切实际、也是不可能的。美国只会以"一个中国"做筹码，但不会去冲撞"一中"的；因为"一中"是客观事实，全世界只有一个中国，这有什么好辩论的呢？特朗普现在声称"一个中国"不一定要遵守，那是行不通的，所以台湾要小心。特朗普就职后，从台湾的角度看，有好处，也有坏处；有危机，也有转机。

三、媒体观点

（一）《中国时报》：在翻转的国际新秩序中务实定位

特朗普决心颠覆过去数十年来由美国所领导的全球化进程，改弦易辙高举保护主义，并鼓励欧洲极右派跟随，习近平主席则破天荒首度出席世界经济论坛，发表专题演讲，高唱自由贸易与全球化的好处。在习近平以强化的语气，对着经济论坛上3000名全球最有实力的企业界人士说，"搞保护主义，如同把自己关进黑屋子，看似躲过了风吹雨打，但也隔绝了阳光和空气，打贸易战的结果只能是两败俱伤。"国际舆论认为，中国已经从美国手中，接棒领导21世纪的全球化。

在此秩序翻转白热化竞争的阶段，各国和地区也要调整因应新局。然而，除了紧盯对手与外界变化，更重要的是随时自我审视、与时俱进。就美、陆、台而言，美国在万箭齐发、寻找各种理由、攻击他国贸易不公之外，真正需正视的，是自身经济底气不足、所得分配恶化、社会分裂的事实。而中国在企图改造世界经贸秩序、扩大影响力的同时，不能忽略内部经济发展下的各种债务问题、社会变迁，与因而可能出现的体制改革压力。

台湾则需要诚实地盘点政经实力，作为海岛型经济体，若寄望保护主义意识形态高涨的美国，将筹码押注在美国的反中战略上，无异于拿台湾全体人民身家为赌注。台湾从来就没有自立于国际经贸市场之外的本钱，"制造"是台湾经济的根基，必须持续创新制造能力，巩固台湾在全球产业链的既有地位。权力者当本着良知，思考如何在两岸政治僵局中，为台湾的经济前景留下生机。

（二）"中央网路报"：中美关系三部曲摩擦、冲突、妥协

大体而言，中美在贸易与金融方面是最可能发生摩擦的领域，特朗普就任前屡次抨击中国操纵汇率，并且扬言要对大陆出口到美国的商品课以重税。不过，他的政策能否落实仍有很大疑问。当然，中美之间最关键的，也是外界最关切的，莫过于台湾问题。外界原本以为特朗普就任后，台湾问题不会成为热点，却没有想到"特英通话"和"一中筹码论"使得台湾问题再度变成焦点，特朗普虽然将大陆在货币与贸易上有无让步作为他是否维持一个中国政策承诺的先决条件，但大陆已断然拒绝，未来如何演变自然更值得注意。

四、学者观点

（一）刘复国：中美之间不太可能出现战争

台湾政治大学国际关系研究员刘复国表示，美国退出 TPP 让大陆可以趁此真空时机扩展 RCEP 的影响力；另一方面，美国可能会将南海议题与打台湾牌一样，作为跟大陆经贸谈判的筹码之一。从过去奥巴马关心的伊朗核武问题、全球气候变迁议题，到特朗普攻击朝鲜问题、美中经贸纠纷与韩国萨德导弹系统争议，都需要美中合作解决，双方要坐下来谈，所以未来特朗普也会遇到更高更复杂的议题攻防，不论如何中美一定会谈、双方会妥协。美国重返亚太策略目标很明确，但因美中需要合作的议题太多，让奥巴马在推动重返亚太的态度上不敢太激烈，无法展现美国老大哥的气势。但目前轮回到共和党的特朗普当选，又会把注意力抽离亚太区域，转回到美国国内经济上。

刘复国表示，目前两岸关系完全停滞，两岸间各说各话没有聚焦，若美国总统特朗普再出台湾牌新招，恐会让美中与两岸关系更冷冻。但当美中两国未来互动磨合一段时间有信赖后，难保美中不会签署对台更不利的文件，因此目前的台美关系算是短多长空。民进党当局有释出善意的提案应该是有其内政考量。蔡英文执政以来，最让民众担心的议题之一就是两岸关系没有进展，特别是大陆军机与辽宁舰航母接连绕台，对民众都会有负面观感，毕竟过去都不会出现这种状况，也让海基会甚至是陆委会都有要打开两岸沟通管道的急迫感。对于两岸关系的发展，现在两岸关系还是在各说各话、没有聚焦的状况，大陆要求要有"九二共识"的政治基础后再会谈，民进党当局却说先来谈看看再讨论共识。以理论上来说，美台关系与两岸关系确实可以平行发展，但在实际的国际政治操作中恐怕难以实现。目前两岸关系在双方没有互信基础下已经完全停滞，根本不能称与美台关系是平行发展，美台关系在特朗普频频打出台湾牌的状态下，大陆一定会插手其中，所以还是回归美陆台三角关系。过去美陆台三角关系，大陆是一直期望三角关系有所改变，而在陈水扁执政时期也希望改变台海现状，当时大陆透过美国修理台湾一番，形成美中共管台海的局势，美中双方同时把"台独"力量压制住。现在特朗普要改变"一中"框架，等于是美国都想要改变美陆台三角关系，遇到敏感的"一中"原则大陆必然出手，美中一对上手，台湾是不太可能把美中双方架开，脱离三角关系的框架。

（二）李毓峰：台湾需防中美第四公报出现

台湾彰化师范大学公共事务与公民教育学系助理教授李毓峰表示，以特朗普唯利是图的性格现在对中国的贸易、南海及"一中"问题的叫阵跟喊价都是策略性战术运用，不至于贸然对中国采取贸易战，也不会跟中国在南海硬碰硬，或有意推翻一个中国政策；相反的，特朗普会采取谈判与交易的手段以求达到美国经济利益的最大化。大陆若能在经贸问题上做出让美国满意的让步，那么特朗普不但会确认"一中"政策，甚至在北京的要求下加码，届时恐怕有可能出现中美第四个联合公报。对此，台湾必须要有避险措施和防范准备。

目前特朗普政府对南海议题也只是战术性作为，就是对中国高调叫牌作为双方博弈的筹码。北京应对特朗普的做法，在贸易问题跟汇率问题上会和美国进行广泛的、合理的且坚持底线的谈判，因为中美贸易逆差的确呈现着结构性失衡的状态。北京可以在经贸领域做出让特朗普感到满意的让步，换取美国在台湾及南海问题上的妥协；只要能达到特朗普所谓的"买美国货物、雇用美国劳工"的目标，其他都是美国可以交易的筹码，包括台湾问题跟南海议题，美国不会因此跟中国硬碰硬。特朗普在乎是利益，尤其是经济利益。目前来看，特朗普在全球地缘战略和亚太战略上并没有完整的思考跟规划，所以台湾问题跟南海问题对特朗普而言都是对中国谈判的筹码，只是战术面的策略性应用，不会为了这两个问题，而伤害到美国根本的经济利益。若中美出现第四个联合公报，预期会比前三个公报更加严格规范台湾的定位，以及"一中"的定义，让台湾的空间更缩小。

（三）邱毅：特朗普把台湾变筹码鸡飞狗跳

台湾经济研究院董事、前国民党"立委"邱毅指出，特朗普一上任即宣布退出 TPP 等经济政策，一定程度上打乱了美国想主导世界经济秩序的目标，综合国力会下跌，这在中美大国博弈中对美国极为不利。如果再贸然对中国开启贸易战或汇率战，不可能捡到便宜，若特朗普还要打台湾牌，台湾就会成为砧板上的鱼肉，成最大受难户，中美与台湾三角关系已经被毁了，台湾成中美交易的筹码，随时可能被牺牲掉或成为弃子。一旦 TPP 没了，台湾有三条路，一是特朗普释出美国会走双边关系，也就是蔡英文提出想与美国签双边 FTA。但现实来看，此路漫长崎岖且艰巨，台湾要付出极大牺牲，如果开放瘦肉精的美猪将会引发重大政治灾难，台湾还有和美国签 FTA 的可能吗？二是台湾加入大陆主导的 RCEP，问题是蔡英文不承认"九二共识""一个中国"，所以此路不通。而且 16 个国家中的 15 个正好是蔡英文新南向的标的国，这些国家会顺势堵住蔡的南向政策，且蔡现在民调只有 30% 多，等于只剩深绿、"独派"支持，如果现在承认"九二共识"会祸起萧墙。三是有人提出把台湾变成东向与南向，吸引外资去经略亚太国家的跳板。问题是台湾已是个麻烦地，高度不确定，投资者根本不会来，所以台湾会成亚太经济的孤儿，笃定被边缘化。台湾的经济困境会愈来愈严重，内部矛盾会愈来愈凸显，劳资矛盾、年金改革带出的阶级矛盾、世代矛盾都会扩大、凸显，当局财政愈来愈困难，蔡英文会交不出特朗普开出的巨额保护费，台湾内斗一定愈来愈严重，朝野斗争也会愈来愈剧烈，2017 年是鸡年，2018 年是狗年，所以叫"鸡飞狗跳"，至 2018 年 12 月县市选举前的 10 月间，可能会有百万人上街头倒蔡，最后就会随主浮沉。

（四）晏扬清：两岸近在咫尺比美国重要

台湾义守大学中国问题与两岸关系研究中心执行长晏扬清表示，台湾处理好近在咫尺的两岸关系，比起远在天边的美国关系还要重要。台湾需要的是智慧处理两岸关系，而不是没事跑去戳人家。民进党就是赌中共不会动武，还认为时间站在民进党这一边，最后是不是如民进党所想？只有交给时间来检验了。蔡英文当局上台后，两岸关系急冻，大陆对台，最初还希望蔡当局做完"未完成的答卷"，后来的发展索性把答卷都收回去了，按着大陆对台既定政策走。现在再加上特朗普当选的折腾下，未来，在美中两国的博弈中，台湾只会是一颗棋子的命，先前的"特蔡通话"，台湾就已经预缴了头期款，美陆台三方关系的演变，成就了蔡英文，却要苦了百姓。蔡英文上台以来，两岸关系无法处理，新南向政策一片空白，经济不见起色，各种族群的抗争一波接着一波，情况如果无法改善，在台湾没有商机、不利投资的环境下，产业出走将是必然。走不出去的，由于台湾与世界各国几乎没有贸易协定，加入区域经贸组织都有困难，经济如何能够看好？

（原载《福建社科情报》2017 年第 1 期）

美国陆战队员拟驻守 AIT 的情况分析

陈元勇

一、美国陆战队员拟驻守 AIT

2017 年 2 月 16 日，美国智库全球台湾研究中心举办研讨会，探讨美国总统特朗普执政下的美国对台政策，前"美国在台协会"台北办事处处长杨苏棣透露，"美国在台协会"（AIT）台北新址 2017 年在内湖落成启用后，美国将派陆战队负责 AIT 在内湖新办公地点安全维护，他说这是美国对台湾朋友的承诺"具象征性的表示"，设计 AIT 办公新大楼时就希望能打造非常好的陆战队之家，这不只是美国派驻台湾人员应得的对待，走遍美国在世界各国的"外交"馆舍院落也都有这一设施，那是当地工作人员的社交中心，"台北也会有"。

AIT 同日以新闻稿回应表示，"美国在台协会"会继续维持深化对台承诺，但不就维安细节进行公开讨论。前"美国在台协会"台北办事处处长司徒文、台湾清华大学亚洲政策中心主任司徒文 2 月 17 日表示，将来驻守 AIT 编制不是人数上百军队而是 10 到 12 人的防卫小组，驻守人员或许不会在办事处以外的地方着军服。美国按惯例派陆战队当卫兵保护海外使领馆安全，不过，台美"断交"后，AIT 办公地点即无陆战队员驻守，美国也一再强调和台湾维持的是"非官方关系"、AIT 则是非营利性民间机构。美国 2005 年即派武官人员进驻 AIT 现在的台北办事处地点，但相当低调，AIT 新址若真由美军陆战队驻守，形同美国将 AIT 台北办事处视同驻外使领馆，对美台关系具重大象征意义转变。

蔡英文办公室发言人黄重谚表示，这个信息他们也是从媒体得知，当局尊重美方在相关事务的安排，他们没有评论。

台"外交部长"李大维表示，"这件事要请 AIT 来说明"。

"总统府"及"外交部"虽然都低调回应，不做评论，但民进党"中国事务部"主任、"立委"罗致政表示，"这不到驻军程度"，海军陆战队只是维护美国使馆安全为主，不到驻军的层次。但"这是断交之后，象征官方意义提升"，"这显示出长期稳固、成长中的台美关系，某个角度来讲是台美关系的提升"，台美双方有很大的发展空间。

中国国民党主席参选人、副主席郝龙斌表示，几位美国陆战队员驻守 AIT 没什么好紧张的，要看美国给了台湾什么？这件事并不代表美台之间有较强的军事合作，反而要担心的是美国总统特朗普上任后，是否把台湾当成筹码或棋子？这件事对台湾有什么利益？

AIT 内湖新址如果真由美军陆战队驻守，形同美国将 AIT 台北办事处视同驻外使领馆。美方派遣陆战队员驻守"美国在台协会"，提升了武官层级，意味着今后台美关系特别是军事交流部分会更加明显，甚至浮出台面。陆战队驻守 AIT，大陆是一定有反应的，至于反应大小，看北京对此事如何定性，以及战术和战略考虑。中美三个公报中的上海公报明确美国不得在台湾有任何形式驻军。美军过去只在驻外使馆配备陆战队，美军陆战队驻守 AIT，是否意着美军重返台湾、变相驻军？或是驻军的前奏？美军陆战队驻守 AIT，将成为中美关系一个新的摩擦点，远不只有学者所称"让大陆感觉不太舒服"那么简单，大陆是一定会做出回应的，对此不能等闲视之。为此，岛内学者议论纷纷，部分学者也认为这意味台美关系的"一大步"。

二、台学者对美陆战队拟驻 AIT 看法不一

（一）陈一新、黄奎博：美国"一中"政策不变

台湾中国文化大学政治系特聘讲座教授陈一新表示，美国如在 AIT 新址加派海军陆战队使馆警卫队，应是美国全球加强反恐的需要，此外，也象征着台美关系的"一小步"进展。台美在官方层面的交流其实一直都在增加，美国前总统奥巴马之前签署将台美军事交流入法的"国防授权法"，首度将台美资深军事将领与官员交流章节入法，就是一例。而 AIT 官员作为美国正式公务员，本来就可以有各种应得的保障。不过，美国总统特朗普日前与中国国家主席习近平通话时重申美方"一中"政策，代表虽在实务方面有些改变，但美陆台方三方关系不会有太大影响。

政治大学外交系副教授黄奎博则认为，AIT 有美国陆战队戍守，类似美国在其他使馆做法，应是台湾乐见的，但"还是只有一半"，毕竟"中华民国驻美

国代表处"目前仍不能享有同等待遇。美国长期来都持续检讨提升对台交流的层级，如以前台湾官员不能进入美国部分机关，但现在都有"小小的放松管制"。AIT 驻陆战队一事仍在美国"一中"政策之下，虽然大陆会对此例行提出抗议，但不致影响美陆台局势。

（二）王高成：违反"一中"政策

台湾淡江大学国际研究学院院长王高成表示，此举对于台美双边关系提升没有太多实质意义。美国陆战队若真的进驻 AIT，加上队员若又是穿着"军服"，这就违反"一中"政策与原则。AIT 现在本来就有美国武官，在台期间都是穿便服，保持低调。未来美国海军陆战队使馆驻卫队若真的进驻 AIT 内湖新址，大家也可观察，届时是穿军服或穿便装？这都代表不同意涵。陆战队员若穿便装，可以降低军方色彩。若穿军服势必会引起大陆抗议，因为这是美国军人再度穿美国军服来台。总体而言，美国海军陆战队使馆驻卫队进驻 AIT 象征意义大于实质。因为来台人数必定是非常有限，且队员官阶必定非常低。美国陆战队进驻 AIT，目的不是要来"协防台湾"，是为了保卫 AIT 这栋建筑物安全，以及人员安全，不是为台湾服务。

（三）黄北豪：可视为外国势力介入

台湾中山大学企管系副教授黄北豪指出，从政治意义上分析，美国派 1 名陆战队跟派 1 万名陆战队来台的意义都是一样的，是在向大陆示威。台美"断交"以后就没有陆战队进驻台湾，大陆是无法接受的，若更严重一点看待，甚至可拉高层级到"外国势力的介入"。大陆若进一步对此发动经济制裁，台湾经济将受很大影响。但美军驻台一事，蔡当局应是没有权力说话，假设蔡当局不希望美国派陆战队驻台，恐怕也挡不住。

（四）蔡明彦：不会有大冲击

台湾中兴大学国际政治研究所教授蔡明彦指出，当初美国在 2005 年派武官进驻台北 AIT 时大陆有抗议，这次若美陆战队真的派驻 AIT，大陆也会有抗议动作，但不至于冲击到美陆台关系。

（五）李毓峰：不利两岸关系

台湾彰化师范大学公共事务与公民教育学系助理教授李毓峰表示，陆战队驻守台北办事处等同将 AIT 视为驻外使馆，美方明显提升对台"外交"层级，但美国总统特朗普最近才表态遵循"一中"政策，美中双方应会审慎协商此事。虽然美国此举会受到蔡当局欢迎，但此事恐不利于两岸关系正向发展。目前两岸关系是僵滞及冷冻，而且还看不出来未来有转好的迹象，所以有任何负面的信息都是不利于两岸关系正向发展，但这个问题，应当还不至于引起太大的风波，预期蔡当局应该会低调处理。不过对台湾而言，美国这样的做法是受到蔡当局欢迎，这个动作可预期未来美台关系会在"外交"、军事、军售、安全合作各个层次逐步提升，更加紧密，目前已经有这样的趋向。

（六）何耀光：剑指中国大陆

台湾义守大学通识中心副教授何耀光表示，美国剑指中国的意图太明显。台湾在面对这个议题时反而要注意，勿掉入台美关系升级的幻影。有很多人认为台美关系似乎好上加好了，但他认为抱持这样想法的人其实还蛮 LOW 的。美国派遣陆战队员进驻 AIT 不是大新闻，现在 AIT 里面就有退役的陆战队员，他们回到美国本土马上转成现役军职，这是台美多年默契。这起事件另层意义在于，双橡园是否也会有台湾"宪兵"进驻？台湾"宪兵"若可驻美那意义上就真的不同。

（七）郭正亮：美若在台驻军两岸会开战

民进党"立委"郭正亮指出，美国会去持续找灰色地带，"特朗普讲白了就是把台湾拿来当筹码"，未来可能哪位官员可以进到国务院，或是支持台湾参与国际组织，如果中国大陆要抗议，美方就会反问那中国大陆要拿什么来换。美方不可能在台湾驻军，如果驻军两岸就要开战。美国陆战队若派驻台北 AIT，有两层意义，主要是凸显象征性，美国有保护台湾的承诺，第二是美方认为台湾是"准国家"的地位，只有大使馆才有这样配置，如果只是经贸办事处不需要武官人员。特朗普要落实提高和台湾交流级别，除了不用主权挑衅中国大陆，其他都可能会做，这是两岸典型擦边球，大陆一定会生气。

（八）王宏仁：蔡要小心接招

台湾成功大学政治经济学研究所助理教授王宏仁表示，美方比照驻外使节规格的做法，政治意涵大于 AIT 维安问题。美国共和党许多人都已表达对台湾要有"应有的对待方式"，但如何能够展现出来，又不去挑衅中国大陆，此次传出美陆战队将驻守 AIT 内湖新址，或许是方式之一。AIT 内湖新址是否真有维安考量而需要派驻美军陆战队，外界并不知道。但一般而言，台湾的维安状况称良好，派美军陆战队驻守 AIT，政治意涵恐怕是大于 AIT 维安问题，但美方或可从维安、反恐等的角度合理化解释。表面上看，美国这么做是更重视台湾，台美关系有加分，但进一步观察，从特朗普与蔡英文通电话之后、蔡英文出访过境美国，蔡都保持低调，蔡当局的表现也都是战战兢兢，没有被冲昏头脑的现象。因为，蔡当局体认到，美国恐怕不是真心对台湾好，反而顾虑台湾有成为工具的可能。

三、如何看待美陆战队拟"驻台"

美国将派陆战队驻守 AIT 负责安全维护的消息传出，引起各方高度关注。结合 2016 年底 2017 年初甚嚣尘上的美军驻台传言，"美国""陆战队""台湾"，三个关键词挑动中美关系与两岸关系的敏感神经。综合看来，美国陆战队驻守 AIT 的象征意义大于实质意义，但也放出了一个非常危险的信号。

（一）美陆战队驻 AIT 象征意义大于实质意义

陆战队拟驻守 AIT 后续发展固然还有待观察，但可以断言，其象征意义远远大于实质意义。美国自 1946 年即立法通过法案，请海军派遣陆战队进驻外馆；1948 年该单位成立，命名为陆战队安全卫队，主要任务在驻馆保护美国政府有关"国家安全"的机敏资料与装备，及美国政府与公民财产，目前大约有 1000 人，总部位于弗吉尼亚州，全球划分 9 个地区指挥部，派驻在 135 个国家和地区，共计 174 个驻处。不过，这虽然是美国外馆的标准编制，但陆战队通常只有 6—7 人，或是 12—15 人，最多 25 人；即使真的到了台湾，估计只有 10—15 人，连两个班的兵力都不到，纵使荷枪实弹，又有何值得大惊小怪之处？ AIT 前处长司徒文就明白指出，目前外界所指的"美军进驻 AIT"说法并不正确，有误导嫌疑，会来的只是小型护卫队，并非大规模部队。

其次，这些陆战队进驻，主要是要保护美国政府和人民的资产以及反恐，而非从事军事行动；真正值得重视的，毋宁是特朗普的外交政策顾问，前美国驻联合国大使波顿所说"美国恢复在台驻军并部署军备"，会不会实现？如果真的付诸行动，那就是美国和中国大陆之间的重大危险信号，大陆一定会将其视为严重的挑衅，绝对不会等闲视之，大陆对台采取军事行动的急迫性也会随之提高。

再者，以美国在台部署陆战队维护 AIT 安全，就引申为台美关系提高，未免言之过早。因为这涉及台湾的"宪兵"是否也能进驻双橡园，而这个部分，美方至今并未表态，在考量大陆可能的反弹下，美方同意的可能性不大。

但是，美军陆战队驻守 AIT，同时意味着美国给予 AIT 等同于驻外使馆标准配套规格的安保团队，有学者认为，这一举动"剑指中国"的意图太过明显，很可能意味着美台关系的升级。首先，AIT 新址在设计建造时就是比照一般的美国驻外使馆规格。这座办公大楼建了快二十年，赶在特朗普上任、局势尚未明朗之时"及时"竣工，或多或少显示出总统对这位予取予求的军火客户的拉拢。而且，杨苏棣也表示将在 AIT 大楼开设"陆战队之家"，以像在世界其他地方的美国外交使团那样，成为美方人员在台北的社交中心。用美方的说法，这是美国对台湾 21 世纪承诺的"象征性表达"。另外，2 月 15 日，美国国务院大楼接待了由 8 位台湾"立委"组成的庞大代表团，这是罕见的，被外界解读为美国支持提升美台交往的表现。杨苏棣解释说，这么做，是美国对台湾朋友的"承诺"具有"象征性"的表示。这种"象征性的承诺"就是通过重返驻军，哪怕只一兵一卒，来给台湾当局撑腰打气。这招看似军事上的闲棋冷子，但政治意义截然不同。而民进党当局上台以来，"亲美友日"变本加厉，美国正好借机营造事实，以方便向中国大陆开口要价。

（二）美陆战队进驻 AIT 是一个危险信号

美国陆战队将会进驻 AIT 台北办事处新址将会形成怎么样的效应，值得关注。中美建交前，美国就已经逐步从台湾撤军。中美建交时，曾经有陆战队维安的"美国大使馆"撤出台湾，美国也已经基本完全从台湾撤军。后来进驻台湾的 AIT，其办公地点即无陆战队员驻守，美国也一再强调和台湾维持的是"非官方关系"、"美国在台协会"则是非营利性民间机构。现在却又以"维安"的理由，让美国军队"卷土重来"，尽管派遣到美国驻各国各地区的陆战队与正式军队并不完全相等，任务只是保护美国使领馆的安全，并不执行其他军事任务，但却是军队的象征，这是否违反《中美联合公报》？AIT 新址建设的规划完全按照美国正式的使领馆规格来设计及建造，而且还派驻海军陆战队，尽管据说只是一个班的规模，但也已形同美国将 AIT 台北办事处视同驻外使领馆，而且既然连陆战队都已经即将进驻 AIT 了，那么，美国是否已经或即将向 AIT 派驻武官？如果答案是肯定的，那 AIT 就差不多等于是一个"完整的大使馆"了。这是否意味着美国将其与台湾当局的关系升级到"变相外交关系"或"准外交关系"，至少也是比照"外交"关系？因此，这项举动，可能预兆着美台关系将发生重大象征意义转变。

据资料显示，美方自 2005 年起就已派遣武官进驻 AIT 台北办事处，但保持低调，这些武官不得穿军服。而此时正好是全国人大通过《反分裂国家法》之际，因而显得特别敏感。在陆战队正式进驻 AIT 之后，这些目前尚未敢身穿军装的武官，是否将会以《国防授权法》来撑腰，并以陆战队已经进驻 AIT 为借口，正式穿起军装？因此，美国将向 AIT 台北办事处派遣陆战队的事态，极为敏感。尤其是现在台湾地区在台上的是拒绝承认"九二共识"的民进党，因而此举也就在客观上含有"以武力为民进党政权撑腰"的意涵，将会成为中美建交后的一个严重冲突事件。

台湾是美国推行亚太再平衡战略必须借重的一环。所以，对台军售隔三岔五就蠢蠢欲动，"对台六项承诺"向前迈了一大步，特朗普上任后台美关系势必加强。主要是 2016 年 12 月 23 日，美国总统奥巴马签署"2017 财政年度国防授权法"生效，明定五角大厦应推动美、台间高阶军事将领及资深国防官员交流，以改进双方的军事关系与防务合作；再加上蔡英文上任以来，就一心一意想要"联美抗中"，在防卫安全上势将更加倚赖美国，不仅会增加对美军购，而且可能配合美国在亚太防卫战略部署。当然，美国对台湾当局的各种要价和交易思路也会满天飞。也就是说，美国在提升台美关系方面，跟民进党的渐进"台独"一样，采取了切香肠的战略，妄图绵绵用力，久久为功。以此来理解，这次驻军传闻不管真假，以后类似的小动作肯定还会再有。最近就传出台湾有意购入传统起降 150 架 F-35A 与 60 架垂直／短场起降的 F-35B 隐身战机，以汰换现役的幻影 2000 与 IDF 战机，并可能在台部署萨德导弹系统。可以断言，如果事态发展真是如此，势将加速大陆武统一的决心，其实这才是台湾最大的危机！

（原载《福建社科情报》2017 年第 1 期）

"时代力量"崛起的原因、问政表现和发展趋势

党　俊

在 2016 年台湾"大选"中，传统的政治格局出现翻转，由之前的"蓝大绿小"变成"绿强蓝弱"，由过去的"二元对立"变成"两大多元"，第三势力强势崛起，"时代力量"党作为第三势力的重要代表，在"立法院"中获得 5 席，一跃成为岛内第三大政党。作为"台独"势力的新代表，"时代力量"将在两岸关系发展中产生重要的影响。

一、"时代力量"崛起的原因

（一）台湾青年由政治冷漠转向政治热情

根据过往数据显示，在台湾的历届选举中，青年族群的投票率约为 30%，20—30 岁的青年投票率比 40—60 岁的族群约低 15%。2003 年 4 月，台湾 TVBS 的民意调查发现，"首投族"（年满 20 岁、首次获得选举权的选民）表示不会去投票的比例占 17%，高出一般选民约 10%；"首投族"表示一定会去投票的比例占 49%，低于一般选民 23%。青年群体的政治冷漠可见一斑。

但近五年来这种状态悄然发生改变。以青年为主体的学生运动和社会运动风起云涌，青年政治参与意识不断增强，政治参与行为日益增多。比较典型的有 2013 年 7 月的台陆军士兵"洪仲丘案"，十余万"白衫军"集会游行；2014 年 3 月的"太阳花学运"，学生占领"立法院"议事机构二十余天；2014 年底的"九合一"选举中选民的投票率接近 68%，这也得益于青年群体的积极参与；2015 年 7 月的"反课纲微调"运动，部分中学生闯入"教育部"抗争。经过"太阳花学运""九合一"选举等运动，台湾青年"政治冷漠"的标签已被"政治热情"所替换。

台湾人口 2300 多万，青年族群约有 550 万票，20—39 岁年轻人的投票率介于 75%—78% 之间。台湾"内政部户政司"的最新统计显示，2016 年"大选"投票当日"首投族"为 1290406 人，比四年前多出 10 万人，创历史新高。这一群体占选民总数的 6.9%，被称为左右选战胜负的"关键少数"。"首投族"人生中的第一次投票，既影响选举结果，也影响其未来的政治偏好，并进而影响未来台湾的政治生态。

"时代力量"的异军突起，正是得益于青年的政治参与。该党主要由年轻人组成，除党主席团需由具有较丰富政治经验和人生阅历的年长者掌舵外，青年世代在"时代力量"中占据相当大的比重。其 15 岁以上皆可自由入党的低年龄门槛，有力增强了"时代力量"对年轻人的号召力。

"时代力量"宣称将始终与台湾民众站在一边，追求社会的公平正义，努力成为岛内最基层民众与边缘群体的政治发声人。这种政党目标，恰好与"太阳花学运"之后，青年希望获得参政权利、实现正义的氛围相契合，令年轻族群产生共鸣，其"庶民路线"贴合青年心声。

（二）民众对国民党与民进党长期恶斗不满

长久以来，国民党与民进党在两岸关系、省籍身份和族群问题上恶斗不断，严重的撕裂了台湾社会，人为制造了阶级对立和世代矛盾，严重制约了台湾经济的健康发展与转型升级。同时，台湾近年来所得分配不均的病症未见好转，"世代剥削"加重、贫富差距拉大，这就逐步酝酿滋生了强大的社会不满情绪。这股情绪首先宣泄的对象是当时尚在执政的国民党，并在民进党的操弄下将矛头指向国民党的两岸政策，指责"两岸交流红利被特定阶层享受"，"让台湾深陷对大陆的依赖"。随着岛内"反中"情绪发酵，加之保守主义与"小确幸"思潮在岛内兴起，使得"维护台湾主体性，维护公平正义"成为社会流行的政治正确，也成就了"时代力量"的乘势崛起。反映在 2016 台湾"大选"上，不论是在地区领导人选举中还是在政党票方面，国民党和民进党的得票率均呈下降趋势，体现出岛内民众对两党的不满。在"国民党老化，民进党僵化"的背景下，选民抱着"换人试试看"的心理，将选票投给新兴势力，因此，在 2016 年岛内超越蓝绿政党偏好的中间选民和青年选民增多的情况下，"时代力量"等小党的政党得票率最终超越了 5% 的门槛。

（三）分离主义趋势加剧

在 2016 年台湾"大选"中，对选举结果起重要作用的"首投族"约有 129

万。在岛内低投票率的前提下，20—29 岁的年轻族群投票率高达 74.5%，他们长期接受的是"去中国化"教育，深受"台湾主体意识"影响，被称为"天然独"。他们普遍对"自由、民主、独立、自主"等价值有较高的期待，在面对两岸关系时，他们因台湾"国家地位"的"压抑与委屈"所产生的愤懑与不满，转而衍生成一种"抗中"情绪。而"时代力量"则以其"台独""抗中"主张，成为"天然独"一代的新选择。"刚性台独"的"台联党"被"柔性台独"的"时代力量"所取代，选票总数减少约 87 万，政党得票率仅为 2.51%，相比2012 年减少约 6.45%。而民进党减少的选票中有一部分也流向了"时代力量"。

此外，竞选过程中民进党的辅选和礼让席位、"柯文哲现象"的刺激、自身的新媒体动员能力等均是"时代力量"最终崛起的重要原因。"时代力量"成为岛内"台独"势力新代表的发展轨迹得益于岛内近年来的政治文化变迁。尤其是社会运动的风起云涌，不仅打击了台湾当局的权威，而且使"素人政治""草民力量"持续发酵，助推"时代力量"从幕后走向了台前。

二、"时代力量"的问政表现

（一）推出迎合选民需要的政策措施

"立法院"自 2016 年 3 月开议以来，"时代力量"表现抢眼。以追求"转型正义"为目标，推出了一系列迎合选民需要的政策措施。（1）坚持让一切事物都摊开在阳光下。打造专业透明的新"立法院"被"时代力量"定为进入"立法院"后优先推动的法案之一。其中心诉求是要打破党团协商的密室黑箱操作，建立以委员会为中心的专业法案审查制度，倡导建立"立法院"听证制度。"时代力量"坚称阳光才是最好的防腐剂，注重所谓的"程序正义"，以保障民众的知情权。在岛内一些具有争议性的事件中，如关于宪兵搜索魏姓民众家索要档案资料事件和士兵在军营中是否遭受虐待身亡事件等，"时代力量"均要求相关部门站出来向民众解释事件的完全真相。"时代力量"主张对两岸签署的协议逐条审查，要使民众知晓各项协议的具体内容并取得大众认可。（2）重视民生议题。"时代力量"在民生议题上非常重视，政策主张着眼于岛内弱势群体的不佳处境、损害社会的基本公共秩序和民众生存发展权利等事件。"不分区立委"高潞·以用提出了许多保障少数民族权益的法案，包括取消山地与平地少数民族的区分等。同时，"时代力量"对妇女权益保障、社会托儿服务、医疗请托病床、绿能环境永续发展、改善台湾空气污染、劳工"一例一休"等和普通民众密切相关的社会问题也表现出很高的关注度。（3）突出强调"台湾意识"与"台湾主体性"。"时代力量"获选以来，一直十分注重争取台湾的"国际空间"，在涉及"对外关系"上强调"台湾主体性"。在"冲之鸟礁"事件中，"时代力量"力挺马英九向日本政府表达严正立场，多次抨击日本之举是明显违反国际法的行为。在"美猪"进口事件中，"时代力量"多次强调坚持瘦肉精的零检出，以保护相关业者和消费者权益。在南海仲裁案后，"时代力量"发表声明，否认仲裁的合法性，坚称太平岛是"岛"非"礁"。此外，"时代力量"版的"两岸协议监督条例"和其在台湾电信诈骗、台湾"护照"贴纸等事件中的表现，也显示出强烈的"台湾意识"，拒不承认"一个中国"，对抗大陆。

（二）以极端意识形态建立本土激进政党形象

"时代力量"在成立初期被视为民进党的"近卫军"和"侧翼团体"，但从其近一年多来的表现看，它并不仅仅满足于做民进党的附庸，而是要利用台湾社会本土意识与民粹情绪抬头的氛围，建立自身的意识形态阵地与基本盘群体。民进党作为执政党，"屁股决定脑袋"，以"维持现状"路线争取中间选民，而"时代力量"则反其道而行，在政治光谱上更靠左，诉诸比民进党更"独"、更绿、更激进、更民粹、更本土的路线。"时代力量""立法院"党团总召徐永明表示，"'时代力量'是较为年轻的政党，在许多议题上会更加纯粹、坚持"，会与"逐渐偏向中间的民进党有所区别"。"时代力量"对民进党延缓推动"公民投票法""集会游行法"表示不满，称将与公民团体会商后再决定下一步骤。而在更为敏感的"修宪"议题上，"时代力量"也不顾蔡英文当局上台后不愿碰触敏感议题的现实考虑，呼吁蔡英文"召开修宪委员会，落实由下至上的全民参与模式"，对民进党形成强大压力。党主席黄国昌还在美国公开呼吁，"台湾应有一个自下而上的'宪政'改革讨论，以跨出建立'正常国家'的重要一步"。

（三）消费民进党增加自身政治资本

"时代力量"出于自身利益考虑，为尽快发展壮大，在选后处理与民进党关系上，更多从现实利益出发，通过凸显与民进党的不同，展现坚持理念、捍卫民生的形象，甚至不顾及与民进党曾经的"战略同盟""提携之恩"，刻意消费民进党来增加本党的政治资本，这也让双方关系产生了裂痕。一是在"一例一休"等劳工权益问题上，与民进党为难，凸显比执政党更加照顾劳工利益，批评民进党做法不符合程式正义，呼吁劳工认清"谁挺砍假，谁挺劳工"。二是在岛内民众较为关心的食品安全问题上，指责民进党从执政利益出发，对日本福岛等核灾害地区食品输台把关不严，举办公听会过于草率，宣称"'时代力量'严格把关的立场，绝对不会改变"。三是在"立法院"议事过程中，与民进党杯葛不断。"时代力量"不断攻击民进党党团总召柯建铭，指控其与"立法院长"苏嘉全跟国民党密室协商，背弃"国会"改革理念。在民进党谴责抗议学生突袭柯建铭办公室时，"时代力量"又背后拆台，肯定学生行动有合理性。

（四）推进组织建设向下扎根

"时代力量"现已建成台北、新北、台中、新竹、花东和高雄六个地方党部，外加中南部的云林县以及后山的苗栗县二个地方办公室。在近日出席新竹党部周年庆活动中，执行党主席黄国昌宣示改革地方政治的决心，积极备战2018，瞄准包括县市长、县市议员在内的地方公职选举。在布建基层组织的同时，"时代力量"以多种手段开展政党品牌行销，持续加强对青年群体的经营力度。通过举办"挑战'时代力量'杯"大学生辩论赛，向大学生宣扬政党理念，鼓动学生们"不要流于辩论的形式，要为实践理念做准备"。

（五）积极拓展国际空间提升政党影响力

"时代力量"抓住"立法院第三大政党"的招牌与骨干成员年轻有魅力、知名度高等优势，打着为台湾开创"国际空间"的招牌，积极开展"政党外交"，以"走出去"的方式提升影响力。"时代力量"核心成员赴美国及欧洲活动，拜会美众议院外交委员会主席、部分议员，以及参议院外交委员会相关幕僚。"时代力量"表示，其对美国议员除介绍本党基本情况外，最重要的是要传递"台湾人民并不接受一个中国的政策，而是要尽力达成国家正常化"。在美召开国际记者会，呼吁美国"重新思考并松绑一个中国政策"，并期盼美国支持台湾加入国际组织。在第71届联大会议期间，黄国昌、徐永明及林昶佐等人在纽约参加了"台湾加入联合国游行"，并发表演说"呼吁世界各国支持台湾成为联合国的一员"。

（六）串联"藏独""港独"人士挑衅大陆

"时代力量"成员黄国昌、林昶佐、徐永明等人以"民主斗士"自居，黄国昌早在2012年就参与"反旺中"行动，并成为"岛国前进"等"太阳花学运"发起团体的重要领袖；林昶佐曾任国际特赦组织台湾分会理事长，与海外"藏独"团体关系密切，获得"西藏行政中心"颁发的"最佳国际援藏艺人奖"；徐永明则长期以大学教授身份，对大陆以及国民党进行较为偏激的批评。在取得"立法院"席位后，"时代力量"进一步利用西藏及香港议题加大打"民主牌"力度。林昶佐及民间团体"西藏台湾人权连线"前往印度达兰萨拉，拜访达赖喇嘛，并邀请达赖访台。林昶佐还牵头成立"台湾国会西藏连线"，表示未来将继续在"难民法""移民法"修正和废除"蒙藏委员会"上发挥作用，在涉藏问题上要更多发声、关注"西藏人权"，以此对大陆施压。"时代力量"与香港泛民主派及本土派也保持密切联系，相互呼应。"时代力量"邀请香港泛民主派及本土激进势力派员赴台湾观选，又在香港立法会选举后发表声明称，"恭喜支持香港人民前途自决的泛民主派及本土派在席次上大有斩获"，"支持港人一路以来追求民主与自决的努力"。黄国昌还在脸书发文，"欣见香港年轻世代，进入立法会实践理想，改变香港政治"。徐永明表示，香港议员选举不少"本土派"当家，是受到台湾选举的影响，未来香港有关"民主""认同"议题仍会持续发烧。

三、"时代力量"的未来走向

（一）"时代力量"继续发展的优势

"时代力量"源于学运，年轻化是其特征，组织构成、政党文化都以年轻人为导向，比民进党更懂青年世代，更容易获得青年群体的支持。由于所关注议题涉及社会生活的各个细节，其主张必定可以获得与相关领域存在密切利益关系的民众的支持。外界一直希望"时代力量"能成为台湾政治中的"一股清流"，真正能如其选前承诺的那样在"立法院"中为基层选民代言，始终将民众权益放在首位。"时代力量"确实代表了台湾社会中的一部分利益，拥有坚实的民意基础。未来如果"时代力量"坚持严格监督当局又不谋求上台执政，在"台独"方面坚守激进立场，迎合"天然独"世代的心意、符合年轻人冲动的特征，在相当长的时间内基本盘将可能越做越大。

（二）"时代力量"未来发展的隐忧

台湾的简单多数制的"立委"选举制度并不利于小党，目前，小党只能依靠政党票来进入"立法院"，在缺乏母鸡、地方没有绵密的组织的情况下，小党介于当选边缘的可能性非常高。下次选举"时代力量"获得民进党礼让的可能性不高，维持"立委"席次就成问题。民进党选举对策委员会已经表示，2018年县市议员选举中将征召35岁以下的年轻人代表民进党参选，此举被指针对"时代力量"，很明显，在复数席次的县市议员部分，"时代力量"不和民进党协调好，容易导致配票不当而落选。

　　同时，"时代力量"也未必是深绿"极独"的当然代言人，老一代"台独"人士的政治光谱偏右，"时代力量"则偏左，双方仅能在"台独"立场部分达成一致，其余情况如何合作值得观察。如今第三势力分散且众多，若不能有效整合为一股势力，对于"时代力量"而言也有分票效果。整合与自己立场相近的政党，形成较为一致的政党或者政党同盟，也是"时代力量"走向关键少数的重要一步。

　　缺钱也是制约"时代力量"发展的重大因素，在执政无望的情况下，获得政治献金的困难度也在增加："时代力量"既没有在针对支持者的小额募款方面取得足够成绩，也因两岸议题的极端立场而少获台商奥援，经济实力颇强的"老台独"有可能在大绿、小绿分家后支持民进党。金脉问题的解决，是如今"时代力量"的老大难问题。

　　"时代力量"推出来的候选人往往在乡民中颇有号召力，对于大众则非是，将"小众影响力"发展为"大众影响力"也是"时代力量"近期要考虑的问题。相对而言，年轻人加入民进党有非常多的政治可能性，加入"时代力量"就小了很多，有政治企图心的青年参加民进党的可能性相对高。对此，"时代力量"未必需要过度紧张，但是热心公民运动而又有论述能力、选民服务能力的年轻人应是关注的重点。毕竟，成为一个民代政党，而不谋求行政首长，是短期内"时代力量"的发展重点。

　　更危险的是，"时代力量"表面上打着公民意识觉醒的旗帜，实际却在操弄统"独"、营造岛内政治敌对气氛，在岛内抗争有理，对外则"逢中必反"。例如，"时代力量"在面对两岸经济合作时，反对"服贸、货贸"和大陆产业对台企的并购、参股，将作为台湾经济支柱的半导体产业视为大陆"不可碰触的禁区"，"反对开放中资参股台湾 IC 设计产业"，甚至不惜让观光业萎缩，也要限缩象征大陆崛起的大陆观光客进入台湾，并将"反中"情绪一直带进"立法院"。因为特殊历史原因，国民党在台湾一直被视为带有大陆因素的政党，反对国民党也是"时代力量""反中"的一部分。"时代力量"常借"转型正义"之名对国民党进行政治清算。如在"二二八事件"纪念日和"不当党产处理条例"事件中，"时代力量"的言行更多是在制造仇恨。当选民认为"时代力量"仍是意识形态挂帅的"旧"政党而非真正可惠及民众的"新"政党时，它终将被民众抛弃。台湾民众真正需要的是提高生活质量。唯有让普通民众体会到"时代力量"上台以后，无论是给台湾政局还是给社会生活都能带来切实改变与红利时，它才不会成为台湾政治发展中的过眼云烟。"时代力量"想要彻底跳脱"蓝绿"和"二元对立"的社会结构，突破岛内根深蒂固的政治传统，成为中立、客观的第三势力或取代国民党成为台湾第二大党还有很长的路要走。

（原载《福建社科情报》2017 年第 2 期）

马英九被控"教唆泄密案"

陈文杰

台北地检署 3 月 14 日宣布，马英九 2013 年 9 月掀起的"马王政争"涉及泄密等情事已侦结，认定马涉泄密，依违反"通讯保障法及监察法"及泄密罪，起诉马英九。

全案源于 2013 年间"最高检察署"特别侦查组侦办案件监听时，意外听到当时的"法务部长"曾勇夫、台湾"高检署检察长"陈守煌、当时的"立法院长"王金平涉及为民进党总召柯建铭关说司法案件，希望检方针对柯建铭被告涉嫌违反全民电通背信案获判无罪一事放弃上诉，让案件无罪定谳。当时"检察总长"黄世铭 8 月 31 日夜奔"总统"官邸报告案情，马要向时任"行政院长"的江宜桦及前"总统府副秘书长"罗智强说明状况，并指示秘书叫黄隔天再赴官邸二度报告，还向江宜桦透露部分案情；9 月 4 日时马又指示黄再向江宜桦等人报告此事。当时特侦组认定柯建铭、王金平关说只涉行政不法，签结全案，但黄世铭因泄漏侦办秘密遭判刑定谳。柯则陆续向北检与台北地方院提告马涉泄密及加重诽谤等罪。

一、案件相关方回应

（一）北检：马有不法作为

台北地方检察署表示，马英九明知"总统""行政院长"对检察官侦查并无指挥监督之权，"检察总长"也没有向"行政院长"报告侦查中的刑事个案义务，却在 2013 年 9 月 4 日中午从"总统府"打电话给黄世铭，教唆他向江宜桦报告，导致黄世铭本来没有向江宜桦泄漏侦查秘密、监察通讯得到的秘密资料及柯建铭个资，却因受到马的教唆，而当面交付专案报告给江。马英九为了撤销王金平党籍及丧失"立法院长"职位，有不法作为。

（二）马英九：公务处理和危机处理不构成犯罪

马英九回应表示，关说司法个案的"立委"没事，但处理司法关说丑闻的人却被起诉，这真是公理何在。当时的情形是涉及"立院"高层、"立委"，并涉及相关"部会"，一旦曝光是世界级丑闻。这可能会影响"行政院""立法院"未来的关系，也会影响"行政院"送法案的进度，因此必须请江宜桦来一趟。其次，涉案有部会首长，将来若有政治责任，会有异动的发生，这又是"行政院长"和"总统"共同的权责。马英九强调，找江宜桦、罗智强到场，主要是做危机处理，这是一般公务处理的过程，完全不涉及犯罪，而且他们两位都不是不应该知道的人，公务处理和危机处理是不构成犯罪的。他对自己的清白有信心，一定会到法院为公理奋斗到底，也希望法院能够秉持公平正义，真正的公平审理。

（三）王金平：尊重司法心中坦然

前"立法院长"王金平表示，对于马被起诉，没有过多的说法，还是平常心，尊重司法处理，公平、公正就好。至于国民党说这是政治黑手，他表示尊重。蓝绿各说各话，人民自有感受，他一直都是心中坦然，处之泰然。

（四）柯建铭：台湾"宪政"重生！吁马俯首认罪

民进党"立法院"党团总召柯建铭表示，一个"民主国家""总统"和"检察总长"串通违法监听，进行司法斗争，这在任何一个"国家"，领导人早就下台。从"九月政争"到现在三年多，终于看到马英九被起诉了，这是台湾"宪政"重生的时候，希望挥别旧时代，迎接新时代来临。未来后续司法途径上，呼吁马俯首认罪，要了解什么是大是大非，面对这样事情要大智大勇，俯首认罪，才有历史地位，得到人民掌声。回顾台湾政治史上，没有影响这么久、这么深远的案子。当时"九月政争"就提到要终结特务"治国"、捍卫"宪政"体制，"马英九应该是有罪难逃"，"天子犯罪与庶民同罪"。法院判马英九有罪，是对马最大惩罚，这是台湾很好的民主教材。

（五）江宜桦：检察官预设立场

前"行政院长"江宜桦表示，台北地检署检察官以马英九与前"立法院长"王金平理念不合、意图撤销王金平党籍，而使其丧失"立法院院长"职位为预设前提，推论整份起诉书内容，漠视客观证据及证人证词，有违法律专业精神。他在出庭做证时已明确说明相关事实如下：一是马英九与黄世铭在向他说明该司法关说案时，都清楚表示该案已经完成侦查，认定相关人士涉嫌行政不法，但非刑事不法，因此并非刑事侦查中的案件，可以依职权向长官报告。但此一关键证词，在起诉书中完全没有提及或受到尊重。二是起诉书中指称，马英九当晚召集江宜桦及罗智强讨论，是为进行后续政局安排。事实上，当晚讨论重点在于关说案涉及王金平、柯建铭、曾勇夫等人，对政局冲击极大，而"立法院"开议在即，必须评估其可能影响。当晚并未讨论王金平"院长"的去留问题，仅提及先进国家"国会议长"若涉及司法关说，大部分情形是议长自行请辞。

江宜桦强调，马英九处理重大政策或事件时，通常会征询"行政院长"及重要幕僚意见。同样地，对于一个已完成侦查，认定性质为行政不法且可能涉及政局动荡的事件，马英九找来"行政院长"及"总统府"主要幕僚一起讨论，亦属同样征询模式，与泄漏刑案机密无涉。马英九秉公办事，而检察官却从政治斗争的角度解读，将马英九对"行政院长"及幕僚的征询，曲解成出于政治动机的斗争行为，而以泄密罪起诉之，令人痛心遗憾。期待进入司法审理后，法官能秉持司法专业精神，还给马英九一个公道。

二、蓝营盼还马公道

（一）郝龙斌：相信司法会还马公道

国民党副主席郝龙斌表示，对于检察官选择起诉马英九，深表遗憾，尤其是在"监察委员"被提名人陈师孟大张旗鼓说要惩罚办绿不办蓝的法官后，寒蝉效应是否发酵？台湾民主政治的基础——法治，是否已被民进党的恐吓、威胁侵蚀？马英九清廉自持、谨慎守法的作风，这么多年来，民众都看在眼里。马英九两次被起诉都是民进党执政期间，而起诉的事由都并不充足，相信这次跟当年特别费案起诉案一样，最后司法会还他公道。呼吁司法界能展现道德勇气、捍卫司法尊严，公开抵挡执政者权力的入侵，为台湾司法尊严奋斗。

（二）吴敦义：法院应会还马清白

国民党主席参选人吴敦义表示，马英九没有泄密，只是依"国家元首"基本的职责，采取一些言行反对关说，反对一切马认为违法的事情。马英九之前也曾被检察官侯宽仁以违反特别费起诉，最后法院还马清白。这次检察官起诉马英九，未必不是冤枉的，相信马是一个持身很正的人，将来法院也应会还马清白。

（三）罗智强：马被起诉是黄钟毁弃兆端

前"总统府副秘书长"罗智强表示，对马英九被起诉，深感遗憾，如果马在知道一件动摇"国政大局"的司法关说案时，竟连和"行政院长"，和一位"总统府"幕僚咨商意见，都能以泄密罪起诉，那从李登辉、陈水扁、马英九到蔡英文，他们无时无刻不在置身于"泄密"风险中。只要"总统"向任何人咨商，就是泄密！不要以为马英九被起诉是马英九一个人的事情，这是黄钟毁弃的兆端，是瓦釜雷鸣的伊始。

（四）国民党团召开"宪政往生"记者会为马抱不平

国民党"立法院"党团3月15日召开"宪政往生"记者会为马抱不平。

廖国栋表示，国民党团认为，马英九执政八年或者是他在任其他职务时的道德高度，是全民都知道的。今天马遭起诉的不是贪渎，而是泄密，但"国家机密保护法"里就规范，"总统"为稳定政局，有解密的权力，那泄密从何而来。

王育敏表示，大多数民众看到马英九遭起诉是悲愤的，因为关说者没事，处理关说的人却有事，这不符大家的见解。离谱的是，民进党穷尽洪荒之力就是要起诉马，检方起诉书虽多达88页，但内容就是要入人于罪，起诉书开宗明义就说全案是因马要撤销王金平的党籍而起，这是先射箭再画靶，司法人员不要为政治服务，只有超然公正才能赢得尊敬。此案件因当时的"法务部长"和最大在野党党鞭关说，难道当时的"总统"马英九不用找人咨商讨论，检察官已建立好心证跟立场来办这案子，司法被操作成这样，只会让台湾人民看不下去，司法威信荡然无存。

赖士葆表示，在"监察委员"提名人陈师孟说要拉下办绿不办蓝的不肖法官，赤裸裸地恐吓司法界后，绿营透过司法对蓝营全面追杀的戏码已拉开序幕。

费鸿泰表示，马英九最大的错就是打开关说天堂的潘多拉盒子，民众都在问，司法是不是死了。检察官只听单一方面的陈述，就说全案是政治斗争、是个阴谋，但马英九跟江宜桦的陈述检方有采信吗？只听柯建铭单方面的话，就认定马在搞政治斗争，对马并不公平。

三、媒体评析马英九被起诉

（一）法院果然变成民进党开的

《中国时报》发表社论指出，前"总统"马英九被检察官依教唆泄密、违反

61

通讯保障罪名起诉，引发社会争议。其中一个主要争议在于马英九被起诉，是否与民进党执政，检察机关变色有关。也就是"民进党执政，法院就变成民进党开的"问题。第二个主要争议在泄密案的秘密主体，"立委"向检察官关说没有犯罪，听取关说案报告的马英九却被认为犯罪，也就是马英九的不服"关说无事，公理何在"，检察官起诉是否有刑事追诉失衡问题，需要审慎斟酌。

谈马英九被起诉，必须先了解其缘由及背景。起诉本身是法律案件，却又包含太多政治性、情绪性诸多因素。不可否认，台湾许多偏绿人士，对于民进党籍"总统"陈水扁下台后官司缠身，被判刑入狱，迄今一直主张是国民党利用执政权的司法追杀、迫害行为。因此在民进党执政后，也要把国民党籍"总统"马英九判刑入狱。但这两位前"总统"所涉案件完全无法对比，陈水扁所涉案件是贪渎，马英九目前被起诉的只是泄密。陈水扁案有好几亿的贪污所得为证据，马英九的案件不涉金钱，只涉及马英九个人对"总统"职权、法律的认知问题。两者间，社会非难性差异甚大，绿营若企图借此把马英九"陈水扁化"，既缺乏正当性，也不道德。

不论法院最终审判结果如何，柯建铭都最不具资格喊"这是台湾很好的民主教材""迟来的正义还是正义"。毕竟柯建铭在这案件中的地位，是一个司法案件的被告，却透过"立法院长"王金平，向"法务部长""检察长"关说。柯建铭为己利关说司法，无论如何解释，都具有高度社会可责性及非难性，毫无社会正义可言。他和王金平之所以在这件关说案当中未被司法追诉，并非他们没有司法关说，而是他们的关说行为一是没有刑事处罚的法律可供诉追，二是检察机关没有查到他们的关说过程，有其他涉及不法的事证。简单地说，就是柯建铭他们有关说，但没有法律可以办他们。

因此，社会在讨论马英九被起诉泄密案的时刻，除了谈到"总统"的"宪法"职权，是否可以与闻检察机关尚未侦结的案件，还必须同时检视"立法委员"，或者执政当局司法关说的严肃课题。检察官指控马英九所犯的罪，包括泄露"国防"以外秘密罪、泄露通讯监察秘密罪、违反"个人资料法"等三罪，而检察官认定马英九是以一接续行为犯这三罪，为想象竞合犯，请法院从一重之"通讯保障及监察法"第27条第1项规定处断，该法条的刑罚为有期徒刑三年以下，应属一般通称之轻微刑罚案件。

未来，马英九在法院的审判中，是否会被论罪判刑，法院自会就相关事证斟酌。依司法实务上，这种轻微案件，即使法院认为罪责成立，即使不引用

"刑法"第61条免除其刑，也只可能判处六个月以下徒刑，得易科罚金。所以在马英九被起诉的事件上，社会更应该关注的是关说司法案件这个问题。社会上讲的"有钱判生、无钱判死"，不是说有了钱就能判生，而是指有钱的人就能透过钱财，找到或结合有权有势的人，出面关说司法案件，让法院做出有利自己的判决。柯建铭请托王金平向"法务部长""检察长"关说的案件，就是有权有势者关说司法个案的最明显例证。但是，最可悲的是，台湾当前的法律对这种特权关说行为没有任何规范，只能无奈坐看关说者柯建铭一身轻松无事，还能笑谈正义。

（二）马英九遭起诉禁得起法理考验吗

马英九因涉教唆泄密遭诉，但本该究理论法的起诉书，劈头却是告诉民众马、王因"激烈角逐"党主席、理念差异，让马认为对方无法贯彻政策，遂做出犯行。该篇书类政治语言凿痕甚深，甚至自行定义被告犯意，令人分不清这到底是检方起诉书？名嘴政治评论？抑或政治正确所做出的政治起诉？

该件引发"九月政争"且重击司法的泄密案，前"检察总长"黄世铭在侦查不公开原则下，将检方侦办案件告知他人，而触犯违反"通讯保障及监察法"及"刑法"泄密罪。但从北检起诉马的内容来看，有两件事必须厘清。

首先是"宪政"问题。"宪政"运作属偏"总统制"的双"首长"制，"部会首长"由"阁揆"提名、"总统"任命。因此，面对"法务部长"涉关说，负责任命的"总统"，某种程度难道没有介入了解的责任与义务？同时，"行政院长"既是"法务部长"直属上级，"总统"找"阁揆"讨论，不也合乎常理？单就法律而言，面对"总统"将侦查中的案件告知他人，乍看当属违法。问题是"宪政"权责不清，"总统"对处理重大事务的管辖范围要如何界定，所谓侦查不公开的法益是否高于"国家安全"？恐怕不宜仅以单纯法律文字解释，实有必要由大法官"释宪"，将"总统"权责做更明确的范围界定，避免未来台湾发生类似重大事件时，让"总统"因寒蝉效应，而不知或不敢有积极作为。

第二，这份起诉书毫不避讳地写到，马英九从政期间与王金平因理念差异，认为施政政策无法贯彻，为图撤销王金平的党籍使其丧失"立院院长"职位，依次从事下列犯行，甚至完整重现"马王政争"过程。试问，检察官若认定马英九犯罪，理应论理清楚、提出具体证据，怎是把政治问题当成马英九构成犯罪的主观犯意？更甚者，就算马、王真的不合，这种"政治事"岂是检察官能处理、该处理的吗？把起诉书当政治评论写，若非捞过界，就是政治正确拍马屁。

或许，民众很难期待检方能对这种品质的起诉有一丝检讨。但，接下来蔡当局与社会是该深思，马英九泄密案暴露出"宪政"权责不清的问题，否则这次被起诉的是国民党，难保下次不会换成民进党。

（三）有权者合法关说　是比铜像更可怕的威权

《联合报》发表社论指出，此案始于司法关说，如今枝节被放大处理，反而是司法关说的核心议题遭到淡忘。如此，司法究竟追求了什么正义，令人质疑。

蔡英文曾说，台湾司法"有钱判生，无钱判死"，因此需要司法改革。此话颇有争议，若改成"有权判生，无权判死"，可能更接近事实。政治人物赤裸裸介入司法，已到了明目张胆的地步。每每有政治人物涉案，即有同党同志为其喊冤、护航，才有"监委"被提名人陈师孟大刺刺点名个案，扬言要为司法界"除垢"。这样的司法，可谓尊严尽失。

台湾的司法关说恶风，王、柯并非特例。2005 年底县市长选举前夕，桃园地检署检察官意欲传唤疑似散发"非常光盘"的民进党候选人郑宝清，郑宝清不从，反而率众至桃检静坐抗议。当时身兼郑宝清竞选荣誉主委的民进党不分区"立委"蔡英文前往声援，找来时任"检察总长"吴英昭和桃园地检检察长沟通，最后达成共识，承办检察官"声请回避"，选前不再传唤郑宝清。比起此案，王柯关说案还是偷偷摸摸进行，仅小巫与大巫之别。这两个案子，都没有人受到道德谴责，也无人付出政治代价，主要原因，是台湾司法制度中并无明确的"妨碍司法公正罪"，因此无法受法律追究。

久而久之，积弊成习，"司法关说无罪"非但成了惯例，甚至成为社会大众默许的某些人的特权。王柯司法关说案后，呼吁"妨碍司法公正罪"入法的声音始终不断。但蓝绿政党投鼠忌器，加上政治人物似乎也乐于继续享受此一特权，始终不去碰触限制关说的立法。

民进党执政后大力推动"转型正义"，却不断遭到社会质疑。主要原因，就在于它一直采取限缩人权与清算历史两种处理手段。不论是针对国民党的"不当党产条例"，或者牵连更广的"促进转型正义条例"，乃至"两岸关系条例"之退将条款、"保防法"、"反渗透法"等，皆是如此。要追求"转型正义"，真的只能靠限缩人权和清算历史吗？当然不是！转型正义的积极意涵，应该在打破威权时代的制度和思维，让"国家"成为真正民主、保障人权的体制。事实上，以台湾的情况，不论是有权有势者可以合法关说，或者"国家机器"允许强凌弱、众暴寡，其实才是台湾迈向民主必须移除的"威权象征"。修法让司法关说成为陈迹，弱势及少数可以得到保护，比移除几个铜像有意义得多，当然也比以"国家安全"为借口限制人民自由正当得多。

马英九遭到起诉，可提醒现任者要小心权力的界限。但是，关说无罪的祸根未除，则暴露政治与司法的不相称对应，必将贻害台湾民主。当绿营忙着拆铜像，殊不知，铜像事实上连象征作用都已不存在；然而，有权者可以合法关说之威权为害，要远甚于铜像。

（四）检察官办案不能先射箭再画靶

"中央网路报"发表报道指出，根据北检的起诉书，起诉的罪名是泄密及教唆泄密罪，而所谓的动机则是马英九与王金平政治理念不合。尽管起诉书中详列了起诉的事实与理由，但检察官难免有先射箭再画靶之嫌。

这件案件的荒谬之处不仅在于关说者无罪而马英九被起诉，而是马英九在其任内极其自制，未将检警调作为政治侦防的工具，这是他的一贯信念，没想到最后却被起诉。以台湾的政治生态判断，王柯两人是国民党与民进党两党在"立法院"内最有分量的人物，两人给外界乔事的观感早已不是新闻。如果说王柯二人关说仅此一次，恐怕相信的人绝无仅有，但这一次因涉及全民电通案而被监听到关说，结果反而是马英九被起诉，究竟是"宪政"重生，还是"宪政"悲剧，相信公道自在人心。

马英九当时身为"国家元首"，其行为不论有无违背法律，也都是为了澄清政治风气，并非个人利益。何况根据其说法，是为了处理"法务部长"也涉及其中的情形，因此必须知会"行政院长"。这样的观点，在检察官的眼中却是一文不值，难道不是先射箭再画靶吗！

四、案件进展及其社会反响

马英九遭民进党籍"立委"柯建铭指控，教唆前"检察总长"黄世铭泄密，以及加重诽谤。台北地方法院3月28日审结，北院合议庭根据"无罪推定原则"，认为柯建铭的自诉内容，以及相关证人的证词，均无法确认马英九在2013年9月1日凌晨的一通关键电话中，曾交待黄世铭提供任何与特侦组侦办机密相关资料，因此不构成教唆泄密。至于马英九抨击柯建铭涉及关说司法案件部分，法院认定马英九的言论属于对可受公评的公众事务，提出善意评论，亦不触犯加重诽谤罪，一审判处马英九无罪，全案可上诉。此外，台北地检署

3 月 14 日认定马英九将关说案报告泄漏给前"行政院长"江宜桦、前"总统府副秘书长"罗智强，并教唆前"检察总长"黄世铭将报告交付江宜桦，将马英九提起公诉，台北地院也已分案，于 4 月 14 日首次开庭，马英九也亲自出席，并以 3500 字的答辩书向法官陈述自己无罪。

对此，民进党"立委"柯建铭引述佛经表示，"大悲无泪、大叹无声，上诉到底"。他表示，马英九罪证确凿，但法官却判无罪。法官说因为无法证明马英九泄密，在枝微末节上替马英九解套，但是忽略"宪政"上马违法的部分，这是见树不见林的判决。民进党发言人王闵生表示，就算一审获判无罪，也无法掩盖马英九干预司法、"毁宪乱政"的事实。马英九为了发动政争，涉入特侦组违法监听、"检察总长"拿个案向"总统"报告、"总统"及"总长"侦结前泄漏个资给第三人等"违法毁宪"的行为，让台湾的民主陷入危机，是最坏的示范，民进党还是期待司法勿枉勿纵、公正办案。民进党团书记长李俊俋表示，从这个判决结果看出"司法碰到马英九就会转弯"，显示司法不彻底大改革不行，哪有"小弟泄密有事，大哥叫他泄密却没事"的道理，但这不会影响公诉部分，还是会照公诉程序走。柯建铭已表示会上诉到底，就等柯建铭上诉。"时代力量""立法院"党团总召徐永明表示，"总统"违法滥权叫"检察总长"来报告侦查中的案件，其实很明显，但法官却视而不见，恐怕会引起更多社会纷扰。亲民党"立法院"党团总召李鸿钧则说，尊重司法。

国民党方面则赞赏法院还马公道。王育敏表示，司法审判可以维持其独立性，根据事实审理还给马英九应有的公道，他们尊重且乐于见到这样的判决，还给马英九在司法上应有的公道。国民党文传会副主委胡文琦表示，尊重司法判决结果，也对于司法能还给马英九清白感到欣慰，并呼吁柯建铭应适可而止，不要再做无谓的政治抹黑与栽赃，浪费司法资源。胡文琦强调，不要忘记柯建铭自己才是黑箱政治与司法关说的始作俑者，千万不要企图模糊焦点想要当圣女贞德，这是最可耻与错误的示范行为。国民党主席洪秀柱受访表示，"公道回来了"。党主席参选人郝龙斌则在脸书发文表示，认同法院的判决！民进党的"一党独霸"已经到了无法无天的程度。捍卫司法公正、力挺不畏强权的法官，需要社会更多中道力量的支持。"邪，不能胜正！"马英九办公室发言人徐巧芯表示，感谢台北地院承审本案的法官厘清事实，做出适法适当的判决。

马英九过去任内八年被告案件高达 300 件，检方已签结 200 多件，还有 20余件未侦结，包括侵占国民党党产案、"国发院"土地弊案，以及"习马会"演讲泄密案等。预计未来马英九将继续深陷案件审理的纷争中，这也将持续考验着台湾司法的正义性。

（原载《福建社科情报》2017 年第 2 期）

从最新民调看下届台北市长选举

程 光

一、台北市长最新民调 柯文哲领先

"美丽岛电子报"2017年4月8日前公布台北市长初选民调，针对几个传闻中有意参选者进行调查。在不限项复选时的适合度各为柯文哲44.6%、朱立伦44.4%、赖清德40.4%、张善政26.3%、姚文智23.2%、蒋万安19.6%，另有14.2%未明确回答。整体而言台北市民众对现任市长柯文哲、新北市长朱立伦、台南市长赖清德的适合度评价居前且相近。

至于与柯文哲进行一对一支持度调查结果，柯文哲35.2%、赖清德32.3%，赖清德输2.9%；而在"适合度"调查结果，柯文哲44.6%、赖清德40.4%，也落后给柯文哲4.2%。

调查结果显示，选民对柯文哲的整体施政满意度，已确定进入死亡交叉，不满意度47.6%，比满意度41.2%多了6.4%；原本最挺他的中间选民，也有4成1的人不满意他的施政，比认为满意的更多。

如果2018年市长选举国民党和民进党各自推出人选与现任市长柯文哲竞选，在此情形下23.0%表示会投票支持无党籍的柯文哲、23.4%会投给国民党候选人、10.0%会投给民进党候选人，34.6%表示不一定或看情形，另9.0%未明确回答。经交叉分析得见泛蓝民众有60.3%表示会支持国民党候选人，泛绿民众则有38.3%表示支持柯文哲、33.6%支持民进党候选人，可见在三方竞选的态势下泛绿民众选票将面临分裂，至于分裂比率与流向则端视国民党与民进党推出的候选人而定。显见不同政治立场的台北市民众对于现任市长柯文哲存有程度不一的接受度，而且可见对民进党的影响明显大于国民党。

二、民进党内对柯文哲连任的态度

2018台湾"九合一"地方选举，民进党内已如火如荼拼初选，其中最激烈的是党提名即几乎当选的高雄市与台南市，最纠结的是现非民进党执政的台北市与新北市。尤其是无党籍柯文哲主政的台北市，既是台湾"首善之区"，2014国民党又选得灰头土脸，部分民进党人即主张不要再与柯文哲合作，应自己上阵把台北市拿回来。然而，这份民调显示，民进党拿回台北市的前景并不乐观。

（一）吴子嘉：柯文哲恐无法连任台北市长

"美丽岛电子报"董事长吴子嘉发表"柯P民调小赢赖、朱，却露出败象"评论指出，柯文哲虽然民调领先，却因本身政绩问题、与民进党间的矛盾及北市选民结构等因素综合评判，很有可能成为继陈水扁之后，第二位无法连任台北市长的人。从台北市长初选民调来看，柯文哲在"适合度"评比，及与可能竞争对手的"支持度对比式民调"对比，都暂居领先。柯文哲可望成为整合泛绿阵营唯一候选人，但各项因素交叠，让连任之路挑战重重。

吴子嘉分析，两年前愿意替柯文哲卖命辅选功臣，不是跳船，就是渐行渐远，甚至是公开唱衰；更可悲的是，目前台北市政府仍然看不到一个完整的执政团队，整个市府一盘散沙，还留在柯文哲身边的，绝大多数是为混口饭吃的"打工仔"，毫无向心力，真正能打仗的是屈指可数。对蓝军而言，"光复台北市"本就扮演关键战略意义，无论绿营由谁披挂上阵，台北市都将成为追求重返执政的桥头堡，在蔡英文当局政策不满意度高达58%之际，台北市蓝绿板块已悄悄发生变化，恢复到蓝大于绿的局面，更增加蓝军胜选机会。

原先被媒体视为国民党北市长大热门的张善政，其支持度并未如想象高，与柯文哲一对一PK，张善政以28.1%落后柯文哲43.6%，超过15个百分点；但是，一旦由朱立伦对上柯文哲，柯文哲以40.0%领先朱立伦37.6%，幅度立刻缩小至仅领先2.4%。

国民党终究是百年老店，基层组织始终存在，尤其是在蓝军大本营：台北市，这项优势更是不容忽视。反观柯文哲，过去虽拿下逾80万票的支持，但主要原因是，承接"太阳花运动"风潮，诉求"世代正义"催出大量年轻的"空气票"。目前支持柯文哲的主要特征为男性、20至49岁、大学以上教育程度或自认中立选民。当对手换成政绩斐然的朱立伦，左握新北政绩、右拿组织铁票来势汹汹，柯文哲恐怕无法再靠着相对剥夺感"阶级矛盾"的抽象诉求，仰赖说错话、装可爱来博取选票。

（二）郭正亮：选柯 P 不选两党情绪仍在

民进党不分区"立委"郭正亮发表评论指出，2016 年 12 月，台北市长柯文哲民调惨跌至倒数第二，时隔不到四个月，最近柯文哲民调继续领先群雄，不但打败国民党最强的朱立伦，甚至还打败民进党最强的赖清德，显见当年的"宁选柯 P、不选两党"情绪仍存在。

郭正亮认为，尽管柯文哲执政两年多，历经五大案乌龙和大巨蛋破局，还有未来岌岌可危的世大运，足以称道的政绩寥寥可数，加上饱受抨击的口不择言，施政满意度早已落后不满意度，但吊诡的是，相对于受创更重的民、国两大党，台北市民对柯文哲的失望，却还远不及对两大党的反弹！美丽岛民调发现，台北市民（尤其是 20—39 岁市民）眼看民进党始终受困于执政不力，国民党始终受困于空前内斗，至今仍然充满了 2014 年"宁选柯 P、不选两党"的赌烂情绪，即使国、民两党分别推出最强棒朱立伦和赖清德，柯文哲 2014 年游走蓝绿、同时批判两大党的中立策略，如今竟然继续有效。

由于民进党身为执政党，台北市民对民进党执政不力的反弹，高于对国民党持续内斗的失望。"如果国民党和民进党都要推出自己的候选人，去和无党籍柯文哲竞选"时，亦即不指名特定候选人、只标举政党的三足鼎立竞争，国民党以 23.4% 小赢无党籍柯文哲 23%，民进党支持度竟然只有 10%！"选人不选党"的不表态市民，则高达 34.6%！这个残酷的民调，凸显出民进党在执政低迷的压力下，不但已经造成国民党势力的重新集结，同时也造成民进党在台北市面临空前挑战。

国民党的重新集结，具体表现在柯文哲对决国民党朱立伦，柯朱两人支持度合计高达 77.6%，显示蓝绿大多归队表态，泛绿集中挺柯，泛蓝集中挺朱。不过，柯只以 40% 领先朱 37.6%，差距 2.4% 在误差范围；深入分析挺柯选民年龄，20—29 岁高达 68.9%，30—39 岁也高达 57.3%，但 20—39 岁选民的投票率向来偏低，未来，朱立伦显然还有后来居上的拼搏空间。

反观当柯文哲对决民进党赖清德，台北市民的弃权比例高达 18%，柯赖两人支持度合计只有 67.5%，显示不但泛绿分裂投票，也有不少泛蓝选民不愿表态。尽管柯也只以 35.2% 微幅领先赖 32.3%，差距 2.9% 也在误差范围内，但深入分析柯赖两人的政党倾向支持，却发现三个不利民进党赖清德的民调现实：一是国民党选民挺柯 26.8% 与挺赖 25.7% 差距很小，但泛蓝选民挺柯 37% 则大幅领先挺赖 17.3%，亲民党挺柯更高达 80.6%，遥遥领先挺赖 22.5%。二是民进党选民挺柯 60.3% 与挺赖 72.7% 也相去不远，但泛绿选民挺柯 61.9% 更接近挺赖 67%，时代力量选民挺柯更高达 90.1%，遥遥领先挺赖 64.8%。三是看人不看党的中立选民，挺柯高达 45%，挺赖只有 37.6%。

就此而言，标举非蓝非绿的无党籍柯文哲，显然相对不受困于民进党执政不力的冲击，不但能瓜分不少民进党选民，还能赢得绝大多数亲民党和"时代力量"选民的支持，开拓中立选民的潜能也较大。这对弃权比例高达 18% 的柯赖对决来说，显然对不得不背负民进党执政包袱的赖清德不利。

这份台北市长民调无疑跌破了不少人眼镜，其中被低估的最大变数，显然是民进党"中央"执政不佳对首都选情的影响，包括三种政治冲击：一是民进党执政不力，不但导致蔡英文民调迅速下滑，同时也提供国民党东山再起的政治动力，尤其在原本就是泛蓝大本营的双北地区，只要国民党候选人够强，就相对容易重新集结泛蓝兵马展开反攻。二是即使推出民进党最强棒赖清德参选，仍将受困于"中央"执政不佳的压力。2017 年 1 月 13 日，"美丽岛电子报"曾针对新北市长选举民调，当时国民党侯友谊就以 50% 微幅领先民进党赖清德 47.6%，让不少人大呼意外。时隔三个月，这次台北市长选举民调，仍然继续凸显类似的残酷现实，显然不管民进党候选人有多优秀，都将因为"中央"执政不力饱受连累。三是民进党"中央"执政不力，导致 2016 年支持蔡英文的"时代力量"、中立选民，乃至部分泛蓝选民迅速离去。展望未来一年多，如果民进党不能强力推出亮眼政绩，2018 年地方选举选票恐怕会大幅萎缩，甚至不排除退回到政党基本盘，尤其在原本就蓝大于绿的各县市，县市长和县市议员候选人都将面临艰巨挑战。

三、国民党能否重回台北执政？

针对 2018 县市长选举情势，实践大学企业管理学系讲座教授江岷钦表示，在 2018 地方选举，高雄市、台南市、台中市因国民党找不到愿意在中南部蹲点的人和民众搏感情，中南部仍会是民进党天下，而国民党也有望守住新北市。台北市部分，若蓝营支持者与军公教都归队，柯文哲讨到便宜可能性不高，丁守中胜出机率高。

就台北市来说，他认为民进党是否会礼让台北市长柯文哲还有待观察。国民党部分，新北市长朱立伦参选意愿不高，国民党前"立委"丁守中是所有台面上最有可能和希望代表国民党参选的。若是如此，届时就会是丁守中对决柯文哲。

江岷钦认为新北市长朱立伦参选台北市长意愿不高，要参选的话要在选前四个月入籍台北市，他要辞新北市长，剩余任期就要由"中央"决定人选接任，朱立伦肯定不愿意。再者，新北市与台北市属性接近，人数却比台北市多，如果他角逐 2018 台北市长选举的话，会使他直攻 2020 和信守承诺间左右为难。因此朱立伦参选意愿不高，并且朱现在主要工作是把新北市市政做到最好，让外界对他有好观感。

摒除了朱立伦，台面上常被媒体提及的前"行政院长"张善政、丁守中、国民党"立委"曾铭宗等人中，曾铭宗过去在"金管会"是事务官，没有建树，在政治算是初试啼声的新手，出来机率最低。而张善政是半路出家，来自科技业，没有政治性格，蓝绿对他也没有偏见，而当台南需要帮助时，他也给予很多帮忙让绿营对他没有恶感。但张与国民党渊源不深，可横跨领域有科技业、商业、生技医疗业、政治界，因此选不选对张善政而言并不是破釜沉舟的事情。况且，张善政也曾说过，"自己最不想选的就是走上政治这条路"。除去上述两位后，最后剩下的就是丁守中。丁守中自己也多次对外表示过，过去他礼让太多次了，把自己的青春都让掉了，因此江岷钦认为丁守中这次绝对不会礼让。综合上述条件和其它方面来看，江岷钦认为国民党会由丁守中出征台北市。

因此，就丁守中和柯文哲比较的话，丁守中做得平平稳稳、大家不容易讨厌他，不容易找到缺点，属细火慢炖型。若蓝营支持者全部归队包括军公教都出来投票的话，柯文哲讨到便宜可能性不高，丁守中胜出机率高。

四、国、民两大党赢下台北市长困难重重

根据这份民调，至少就目前而言，国民党和民进党推出的各位可能候选人都不是柯文哲的对手。民进党受困于"中央"执政不彰的负面影响以及台北市蓝大于绿的基本盘现状，而国民党则受党内不团结的拖累，形象继续向下沉沦，难以凝聚泛蓝民众的信心。

（一）民进党挑战台北市长的天花板

2018 选举，民进党有两个选择，第一个是继续与柯文哲合作，第二是自己推人。传出柯文哲和蔡英文有默契，将延续 2014 年的合作；但有意挑战台北市长大位的民进党人很不以为然，质疑堂堂执政党不提自家人，面子挂不住。于是，2018 的台北市长选举，绿营就纠结在要不要继续挺柯文哲之上。柯因争议

施政不少，之前又出言反对去蒋化，更加深了绿营内部的质疑，特别是"独派"批柯火力之猛，过去少见。

绿营想拿下台北市，却故意看不到民进党在台北市的天花板。两岸关系就是民进党在台北市的天花板。柯文哲执政虽跌跌撞撞，也常说话惹争议，至少他的两岸关系处理得很稳，表达了解和尊重"九二共识"是两岸关系和平发展基础后，延续了国民党郝龙斌执政时的台北、上海双城论坛，一年在台北办，一年在上海办，还有许多常态性双城交流都渐次推展，全面性铺开。台北、上海密切来往，台北每年一度的元宵灯节上海都热烈响应，上海官员也亲自来台主持开灯。

在蔡当局的两岸僵局下，两岸官方往来已终止多时，民进党执政县市与大陆城市交流也随之卡住。台北市若换由民进党执政，来了一个不认同"九二共识"的新市长，双城论坛势必也要卡关，连带的还有其它大大小小交流也会受影响。以台北市这样的政经中心、金融中心，若变成是两岸交流的绝缘体，对台北市的企业、市民何其沉重。绿营内一直传出，台南市长赖清德不排除转战台北市，暂且不谈赖的政绩，他要接受的第一道挑战就是，选民能否接受一个没有两岸官方交流的台北市？

2014国民党连胜文在台北市只拿到四成选票，柯文哲五成七的选票是结合所有的泛绿和所谓的白色力量。传出民进党2018可能继续与柯文哲合作，除了胜选考虑，绿高层也不无两岸关系考虑。柯非绿但也非蓝，相较之下，柯在绿营的朋友还多些。柯文哲的沪台双城记隐约帮民进党开了一道口，至少让台湾还有一个城市可维持较高层次的两岸关系，让两岸可以通通气。民进党内一些主张台北市长选举应自行提名的人，或没有看到此一战略考虑。

（二）赖清德对蔡英文不构成威胁

就在民进党内外都聚焦于蔡英文为防遏赖清德向自己的"2020卫冕战"发动逆袭，因而有意将他绑死在自己的身边，委以"总统府秘书长"或征召其参选新北市长，以便于就近看管，但党内支持赖清德的人士却主张赖不要在作为2020前哨战的2018县市长选举中缺席，而必须参选台北市长以继续保持热度和能见度，以利于在2020年"总统大选"中替代民调一直低落上不去的蔡英文之际，"美丽岛电子报"民调结果颇出乎意外，尽管民众对柯文哲市长这几年的整体施政表现，满意比例也不高，但其民调仍然继续领先群雄，不但打败国民党最强的朱立伦，甚至还打败民进党最强的赖清德！而被民进党人看好的姚文智，却是几乎叨陪末席（输给国民党的蒋万安）。因而做出结论，台北市民（尤其是 20 至 39 岁市民），至今仍然充满了 2014 年"宁选柯 P、不选两党"的赌烂情绪，即使国、民两党分别推出最强棒朱立伦和赖清德，但柯文哲 2014 年游走蓝绿、同时批判两大党的中立策略，如今竟然继续有效。

有一点情况是必须注意的，那就是民进党即使推出最强棒赖清德参选台北市长，仍将受困于蔡英文"中央"执政不佳的压力，将难以逃脱仍然继续凸显类似的残酷现实，显然不管民进党候选人有多优秀，都将因为"中央"执政不力饱受连累。

其实，赖清德无论是屈从于蔡英文的征召，勉为其难地出战台北市长，或是新北市长，都未必会重展其"战神"的威风。而且，他现在有心冲击蔡英文的宝座的动机，好像有点虚幻，因为只有辜宽敏等"独派"在叫嚷。似乎党内还是支持蔡英文继续连任，哪怕她的民调再低，也将是奉行维持现状策略，因为国民党已经无人可以挑战她。既然如此，一动不如一静，何况还有可能是"两岸最大公约数"——尽管蔡英文拒绝承认"九二共识"及其"两岸同属一个中国"的核心内涵，但她毕竟也没有像陈水扁那样刻意冲击挑战，制造麻烦。倘是赖清德替代蔡英文出战"总统"选举，其"独派"背景和所为将令对岸真正的头痛。实际上，年前赖清德访问上海，居然在当地公开宣扬"台独"理念，那才是北京所不愿见到的。

赖清德面临的窘境是，一方面，如果投入县市长选举并当选，就将被绑死于此，不利于 2020 年的出战"总统大选"。因为届时他的市长任期尚未过半，将会遇到必须进行市长补选，导致劳民伤财的问题，在对手的质疑下损害选情。另一方面，倘为避免受绑而弃选，却又将会遇到缺乏政治舞台的问题。在台湾地区，新闻是三分热度，很多曾经知名度很高的政治人物，一旦没有政治舞台，就必会从人们的视线中淡出，无法维持较高的知名度和民意支持度。

还有，如果赖清德为了避免发生后一种情况，必须去参选一个直辖市的市长，而又不愿屈从于蔡英文，那就只有参选台北市长一途。但是，一来按照"美丽岛电子报"的民调结果，他不一定能战胜柯文哲，"赖神"输掉选战将是一宗多么窝囊的事，今后就不要再在民进党内以至社会上混了。二来他必须提前四个月将户籍迁到台北市，这就将会导致其台南市长职务必须由别人代理，让人们产生落跑的印象，更不利于其实现冲刺 2020 的大计。

五、结语

距离 2018 年底的县市长选举不到两年时间，台北市长选举的前景依然混沌不清，民进党和国民党各有包袱在身，无党籍的现任市长柯文哲犹如过山车一样的民调数字也使他的连任前景不被看好。但就目前情形而言，柯文哲有可能在蓝绿的夹缝中再次求生。

（原载《福建社科情报》2017 年第 2 期）

吴敦义胜选原因及国民党未来走向分析

党 俊

5 月 20 日，国民党党主席选举结果揭晓。前台湾地区副领导人吴敦义得到 144408 票，以 52.24% 的过半得票率，当选国民党主席。现任党主席洪秀柱获得 53063 票、得票率 19.2%，连任失利；副主席郝龙斌获得 44301 票、得票率 16.03%；前台北农产运销股份有限公司总经理韩国瑜获得 16141 票、得票率 5.84%；前副主席詹启贤获得 12332 票、得票率 4.46%；前"立法委员"潘维刚获得 2437 票、得票率 0.88%。

这一结果出人意料，此前岛内各界普遍预估选战会延到第二轮才能分出胜负，认为吴敦义虽有本土派的巨大优势，但在党内铁票部队黄复兴党部没有多少支持度，导致在第一轮投票中呈现吴、洪、郝三足鼎立之势，很难过半胜出。但投票结果显示，吴敦义在全台加上连江县共 22 县市里全部获胜，只有海外党员得票些微落败。而在高雄左营以黄复兴为主的眷村，吴敦义也以压倒性优势获胜。吴敦义的顺利当选势必在国民党内、台湾岛内和两岸之间造成重大影响，研究吴敦义何以在首轮胜出以及当选后国民党的未来走向具有现实意义。

一、吴敦义胜选原因分析

（一）吴敦义是现阶段唯一有可能打败民进党的人成为党内共识

蔡英文上台执政一年以来，挟全面执政之威，通过"立法院"，以"转型正义"之名，"清算党产"、开展军公教年金改革，对国民党及其社会支持基础进行大肆打击，以达成民进党即使施政不佳也能长期执政的目标。面对如此困境，谁能带领国民党对抗民进党超越了意识形态，成为决定党员投票的首要原因。相较其他五位候选人，吴敦义历练完整，曾在地方、"中央"、"立法"、党务等系统担任要职，是国民党内少有经历过多场选战的"战将"，兼有"本省人"身份，在意识形态上走中间路线，是民进党长期执政最大的障碍，一直被视为"眼中钉、肉中刺"。吴的"民进党最怕的对手"的形象迎合了党内大部分选民的期盼，使党内达成共识，避免了第二轮投票的出现，第一轮即过半胜出。这从不少"深蓝"的黄复兴党部党员投票给吴可见一斑。吴敦义有强大的地方派系支持和巨大的募款能力，在未来党产被清缴的情况下，只有吴有能力解决党的运作经费问题，维持党的生命力。此次主席选举出现的党内互打和恶意攻击现象，也让选民深恶痛绝，为了维持党内团结，选民集中选票，让吴得以高票胜出。

（二）吴敦义强大有效的选战宣传吸引了大部分中间选民

吴把这次党主席选战的规格提高到"总统"等级，花费巨量资金在新闻广告文宣，发挥组织优势在各地开展造势活动，每到一处均有地方议员为其站台固票，充分体现了其强大的基层动员能力。相较于民进党内的派系明显，国民党内更多的是"西瓜派"，看哪边声势大就靠到哪边。吴敦义选举期间所造成的强大声势，让党内民代、地方派系不论是从党的团结角度，抑或是利己的角度最后都倒向吴阵营。而投票前一两天，吴敦义竞选团队推出的前"立法委员"朱高正、沈富雄认为吴敦义是"民进党最怕的人""最能对付民进党的人"的言论也被视为临门一脚，为吴争取到不少选票。

（三）洪秀柱的执政表现令人失望

洪秀柱在这次选举中只获得不到二成选票，作为现任党主席，这是非常失败的。而竞选人中郝龙斌和詹启贤曾是洪所任命的副主席，也可看出洪秀柱的领导能力欠缺和凝聚力不够造成党内核心出现松动，各方人马认为都有机会，可以奋力一搏。洪秀柱执政一年以来，在政策理念上主张"一中同表"，这与国民党内本土派所坚持的"一中各表"有巨大冲突，本土派认为洪的主张不符合岛内大多数民意，不利于国民党2018和2020的选举。洪秀柱内与中常委矛盾重重，因地方党部主委直选和黄复兴党部党员并入地方党部议题而彼此反目，选前在32位选任中常委中，确定选边"挺吴"的就有25位，其中不乏过去反对"换柱"、积极"挺洪"者。对外与国民党"立法院"党团不同步，洪的政策理念无法获致党团支持，党团要求自主，导致党的战力减弱，在不利于国民党的法案审理过程中，无力为党发声。在吴当选后，国民党"立法院"党团总召廖国栋公开表示，"党团理念和吴完全契合，不再有鸿沟"。洪秀柱的糟糕表现令其失去党中央、国民党"立法委员"和基层党部的支持，党员转而投票给"最能对付民进党的人"。

（四）多位非本土派参选人竞争导致票源分散

洪秀柱执政无能，导致多人出来竞选党主席。在六位候选人中，郝龙斌、韩国瑜和潘维刚瓜分了洪不少选票。郝龙斌以自己过去两任台北市长的资历，联合胡志强在地方和父亲郝柏村在军中的影响力在黄复兴党部和北部分得不少选票。韩国瑜有眷村背景，在新北市中和永和抢占洪秀柱票仓。潘维刚出身眷村，在黄复兴党部、北部和女性选民中也有一定影响力，也分去洪一部分票源。最终的选举结果也证实，这三人的参选对洪秀柱的影响巨大。三人总共获得62879 票，得票率累加达到 22.75%，若加上洪的 53063 票，计为 115942 票将与吴的 14 万票形成对抗之势，不至于输得太惨。

二、吴敦义当选后的国民党未来走向分析

吴敦义作为胜利者，身上所负的重担相当艰巨，不容片刻骄纵与得意忘形。吴要想让国民党这座"百年老店"起死回生，必须在三个面向上给出令人满意的答案。即如何凝聚共识革新国民党、如何形成战力斗争民进党和如何提出新论述处理好两岸关系。

（一）在如何凝聚共识革新国民党方面

吴敦义当务之急是要抚平因选举而造成的各候选人之间的创伤，团结党内力量，防止分裂。吴敦义虽然这次主席选举拿到 52% 选票一轮过半，但其得票率却是党主席开放直选以来的历史最低。检视其结构，吴大获全胜，有派系、党代表选举、"团结牌"等因素。本土蓝抬头是事实，但从得票率来分析，本土蓝并没有获得压倒性胜利。国民党一直存在分裂传统，从过去的主流与非主流之争到连宋之争再到马王政争，几次政争分裂出三个新政党，"内斗内行"早已植入其 DNA。但因选举制度改变，从大选区改为小选区，单一选区两票制，"立委"席次减半。在此选制下，极不利小党生存，曾叱咤风云的新党、"台联党"都已无"立委"席次，亲民党也只剩三席"立委"。未来，国民党非本土派出走组党的可能性微乎其微，但也因此将加剧党内路线斗争。吴敦义如何调和深蓝和本土关于两岸路线的统"独"之争，如何处理挺洪派至关重要。诚如吴敦义自己所说，"团结都不一定能振兴国民党，如果不团结，就没任何机会"。

其次，吴敦义领导下的国民党必须积极获取青年认同，大胆进用青壮世代。

这次角逐主席者皆是坐六跨七之龄，凸显国民党的老态龙钟，国民党与年轻世代之间的隔阂，已远远超过想象。国民党在"太阳花学运"后几已被年轻世代抛弃。两次"大选"的惨败也充分反映了它在新世代眼中的评价，这是国民党最深的危机。一方面，积重已久的"大佬"思维与"家长"结构，让年轻人对这个党感到不屑或敬而远之。另一方面，国民党经济挂帅的右派色彩，让它不断受到崇尚左倾思潮的新世代的无情奚落。如果要扩大国民党的社会支持，革新国民党的老旧形象，吴敦义必须要打开思维的硬壳，打破论资排辈及各种条条框框，自我超越，给那些没有背景的年轻人机会，才能真正解决国民党的人才危机和世代交替问题。

最后，吴敦义必须大力改造国民党，使其成为一个合乎台湾社会脉动的现代政党。蔡英文上台一年以来，利用"党产会"直取国民党的要害，在"转型正义"的大旗下，国民党毫无招架之力，党产几被清零。吴敦义与其耗费心力守护党产，不如借此为改革契机，彻底清理国民党的朱门形象，将国民党改造成依赖党费和合法募款而运作的政党组织。在废墟上重建，彻底洗脱民进党赋予国民党的"原罪"，给台湾民众一个阳光、积极奋进的政党形象，方能重拾民众对国民党的信心。

（二）在如何形成战力斗争民进党方面

首先，吴敦义必须做出改变以显示国民党和民进党的政党区隔。过去，在台湾多数民意倾向"独立"的基础上，马英九时期的国民党为迎合民意，在选举中争取选民认同，在政策理念上越来越趋同于民进党，丢掉了国民党的创党党魂。事实证明，这种拿香跟拜民进党的行为，并没有获得预期效果，不但中间选民仍然将选票投给更本土的民进党，而且也失掉了"深蓝"民众的支持。台湾现阶段的主流民意已经有所改变，既不是"统"也不是"独"，而是"维持现状"——"不统、不独、不武"。而且据台湾各种民调显示，认同台湾民众属于中华民族的高达86%以上。相对于民进党排斥中华民族这些两岸共同的联结，国民党却是高度认同这些的，这是国民党最大的优势，吴敦义作为新任的党主席完全可以举起"中华民族"旗帜，对抗民进党的"台独"旗帜，在选民群体中获取更广泛的支持。吴敦义在最近的专访中明确表示，坚决反对"台独"，他所主张的"一中各表"的"九二共识"不会表成"两个中国""一中一台"。他还表示，"中国国民党不会改姓不会改名，只会改性格。不管国民党未来如何进行本土化运作，必须坚持自己的优势，凸显与民进党的区隔，才能维持自己的生命力，在台湾政坛上有所作为"。

其次，吴敦义治下的国民党必须充分发挥在野党的优势。蔡英文执政一年来，在两岸、经济、民生方面的表现令人失望，民调屡创新低。而两岸和经济牌正是国民党的强项。国民党必须利用在野党不受各方利益羁绊的有利条件，加强"立院"党团的杯葛作用，提出契合台湾民众利益的政策法案，让人民重新对国民党有感。

最后，打赢2018地方选举是重中之重。在台湾这样的选举社会，选举胜负不仅决定权力与资源分配，而且代表是否合乎民意。选赢代表政策立场得到民意支持，选输似乎就是政策不得民心。所以如何打好2018年底的县市长选战，将之打成国民党的"翻身仗"，为国民党未来的卧薪尝胆、励精图治、发奋图强、雪耻报仇吹响"集结号"，成为吴能否巩固在国民党内领导地位的最重要的"试卷"，也是检验吴是否是"民进党最怕的人"的一把标尺。而在其中，又以收复台北市、守住新北市，最为关键。分析指出，吴敦义倘能守住新北、夺回台北，即使另"四都"未能胜选，都将能促使国民党士气大振，而吴敦义本人的党魁位子也将会更为巩固。在二都的争夺中，国民党现有的主力战将都将登场奋力一搏。新北市有侯友宜和周锡玮，台北市除了朱立伦外，则有曾任"行政院长"的张善政、江宜桦，以及"立委"赖士葆、费鸿泰、蒋万安、李彦秀和连胜文。这场选举是吴敦义展现其战力及组织能力的好机会，许赢不许输，若打输了这一仗，按照惯例，就必须辞党主席职，到2020年"总统大选"时，国民党的处境就将更艰难。

（三）在如何提出新论述处理好两岸关系方面

首先，吴敦义需要更清晰的表述国民党的两岸路线，深化和大陆方面的政治互信基础。吴敦义5月20日晚当选中国国民党主席之后，中共中央总书记习近平发去的电文，除表达祝贺，更提出四点期待：第一，坚持"九二共识"；第二，坚定反对"台独"；第三，把握两岸关系和平发展正确方向；第四，同为中华民族伟大复兴而奋斗之。但是吴敦义的复函除了表达感谢，对于习近平贺文中提及的期待，要么打折扣，要么回避不谈，甚至提出语意不明、可能预留伏笔表述，引起两岸专家学者的广泛讨论、关注和疑虑。第一，对于"九二共识"的表述打了折扣，增加了各表的意涵，突显差异，并且在此基础上提出"深化'九二共识'"，是要往一个中国方向深化，还是往"各自表述"方向深化？引发质疑。第二，对于习近平提出的"坚定反对'台独'"，只字不提。对于习提出的第三、第四点期待，同样避而不谈。

因此，整个两岸路线表述，只有技巧性的、打了折扣的"九二共识"和一个中国原则，对两岸关系的发展没有方向，或者不敢指明方向。而吴敦义对于两岸关系未来发展的表述，主要有两点：一是"推动两岸和平制度化"。二是"互相尊重和包容"。这里面有相当大的模糊空间，让人看不清其未来的两岸路线方向，让中共对吴敦义的两岸路线走向充满疑虑，不利于国共两党政治互信。最近国台办发言人在记者会上专门阐述了中共方面对"九二共识"的核心意涵，除了告诉蔡英文带领下的民进党之外，也有对吴敦义表达中共在"九二共识"核心意涵上的坚持。

吴敦义明白大陆方面的这种对"九二共识"核心意涵的坚持，所以国共两党未来要深化政治互信，必须要在核心意涵上达成共识，只有这样，吴敦义才能带领国民党在两岸关系方面往更深层的方向拓展。反之如果在各自表述这个问题上越走越远，在一个中国问题上处处躲避，那么吴敦义就很有可能成为国民党的掘墓人。

其次，发挥国民党在两岸上的优势，打好两岸牌。自2005年连战前主席"和平之旅"达成国共正式和解以来，有效处理两岸政策、有力促成两岸关系和平发展，一直是国民党相对于民进党的强项。而国民党继续展现两岸政策强项、扮演两岸当局对立中的缓冲角色，将攸关国民党能否赢取2018年县市长选举及2020年的"总统大选"及"立法委员"选举。

2008至2016年马英九执政期间，两岸基于"九二共识"重启半官方的制度化协商，进而建立官方的陆委会、国台办交流沟通管道，更于2015年举行了史上空前的"习马会"。这八年处在和平发展正轨的两岸关系，为台湾创造了前所未有的"和平红利"，包括经贸效益增加、国际空间扩大、台海局势稳定等等。而这一切又于2016年因民进党再度上台而告明显倒退。新任国民党主席吴敦义有责任为了台湾的安全与繁荣，积极展现和民进党在两岸关系上的政策区隔，透过在民众眼前的鲜明对比来重新赢取民众信任和支持。

再次，坚定加强反"台独"。很多大陆民众和台湾深蓝人士都认为吴敦义是"蓝皮绿骨"，是李登辉第二，这是对吴敦义的误解。李登辉任内撕裂国民党，大力推动"两国论"，用国民党的奶水喂大了弱小的民进党，是"台独"分子们的"台独"教父，彻彻底底背叛了一手提携他走上政坛的蒋经国。而吴敦义是蒋经国的忠实信徒，他对国民党的改造的一切出发点都是让国民党能重新执政，在台湾的如今的政治生态下，要有策略才能让国民党赢回人心。

国民两党两岸政策的差异在于一方推翻"九二共识"，一方坚持"九二共识"；一方订有"台独党纲"，一方反对"台独"。国民党唯有坚定十二年来的立场，才能维持和中共之间的政治互信，也才能促使民众相信一旦国民党又赢回政权，两岸关系必能重回和平发展、互利双赢。

马英九执政的八年时间在反"台独"方面是软弱无力，不大力利用行政资源优势纠正陈水扁推动的"台独课纲"，在执政末期失去民心之后才使用了仍然有两岸"一边一国"大框架的微调课纲；不大力在社会领域引导社会舆论，纠正李登辉、陈水扁"台湾主体意识教育"，仍然拿香跟拜，导致了台湾民众在马英九执政期间对中国认同越来越低，对台湾本土认同大增。马英九当局这种在反"台独"方面的不作为，对"台独"势力的纵容，让国民党越来越失去广大蓝营民众的支持，最后在快卸任的时候，成了只有9%的史上最低支持率的台湾地区领导人。

政协主席俞正声近日在台企联成立十周年大会上表示，任何企图改变"九二共识"和支持"台独"政治立场的行为都是不可接受的，任何变相的"台独"最终都会失败。可谓是对蔡当局推动的文化"台独"、柔性"台独"、渐进"台独"、迂回"台独"、历史"台独"、民族"台独"、经济"台独"等各种形式的"台独"的强烈警告。其实这种对变相"台独"的警告也有对长期拖延政治谈判进程，只经不政的"独台"路线有威慑警示之义。吴敦义带领下的国民党已经在野，就要大胆地通过选举、"立法院"、创造议题、手机与网络、街头等五大战场，对蔡当局推动的这形形色色的各种形式的"台独"进行强有力围剿，那样就会赢得蓝营基本盘的重新支持，更能让大陆对吴敦义带领下的国民党有了基本好感。

最后，深化和平政纲，释出善意。和平政纲是洪秀柱提出的蓝营共同的两岸和平路线图，旨在论述国民党成为在野党之后，如何进行角色转换，促进两岸交流，深化"九二共识"，积极探讨以和平协议结束两岸敌对状态可能性，扮演推动两岸和平制度化角色，确保台湾民众福祉。

和平政纲是2016年全代会，包括此次的党主席候选人、中常委等在内的全体与会党代表无异议通过的，也获台湾多数民众支持，据当时的国民党民调，有超过五成受访民众同意国民党新政纲，国民党支持者有超过八成二、民进党支持者也有三成五同意和平政纲。

吴敦义接任后，如何处理和平政纲，必须谨慎思考。党内有人质疑和平政纲，认为"一中各表"才符合现阶段各方利益，也能被中共认可。马英九近日到台湾东吴大学演讲称，"一中各表"是好设计，让台湾有呼吸空间，可以发展关系，对大陆也好。"九二共识"香港开会虽然没有交集，但事后双方的电函，展现充分尊重与接受。但事实是"一中各表"从来没被大陆接受过。大陆方面之所以不接受"一中各表"，是因为在达成"九二共识"的过程中，双方各自用口头方式表述是达成共识的方法，并非共识的内容本身。方法与内容是不同的概念，把表述的方法说成表述的内容，并刻意强调"各表"这个方法，来虚化"一中"这个内容，这好比一个人昨天戴过一顶帽子，今天就认定这顶帽子就是那个人一样不合逻辑。

"九二共识"的核心是"海峡两岸均坚持一个中国原则"，而将"九二共识"说成"一个中国，各自表述"，或者在"九二共识"前面或后面硬要带上"一中各表"，不但将表述方式变成表述内容，也容易混淆两岸均坚持"一中"原则与双方对一中涵义不同认知的区别，从而造成双方同意就"一中"涵义"各说各话"的假象。正是由于"一中各表"留有被刻意解读的空间，当年李登辉就企图将"特殊国与国关系"塞进"一中各表"。

国民党有些人将"一中各表"当作通天长梯，以为有了"一中"，就比民进党强，就可融通两岸；而有了"各表"，便可打开国际空间，安慰台湾民众，这未免有点如盲人摸象，刻舟求剑。刻意将各表内涵化、神格化，说穿了，无非是要制造出这样的语境："你表你的中华人民共和国，我表我的'中华民国'，大路朝天，各走半边。"正是这个"一中各表"与"不统、不独、不武"三不政策，构成了国民党八年执政时期的核心论述。

2008年马英九执政时，两岸关系刚从法理"台独"引发的战争边缘上缓过劲来，大陆方面为顾全大局，只要台湾坚持"九二共识"，对"九二共识"后面捎带的"其他论述"也就暂且睁只眼闭只眼。但这不表示大陆默认或接受"一中各表"。

经过2014、2016两次选举的挫败，事实已证明马英九"一中各表、只经不政、不统不独"的政策，使得台湾民众意识形态滑向"台独"的比例和速度，并不亚于扁时代。反而在马英九卸任一年后，支持"台独"的比例下降了五个百分点，创下10年新低。这10年来正反两方面刻骨铭心的经验教训表明，如果国民党不能很有智慧地提出两岸政策新思路，在国家认同上有新的论述和表态，如果依然还是开口闭口不离"一中各表、不统不独"，国民党必将重蹈马英九的覆辙。

吴敦义只有继续深化和平政纲，才能真正对大陆释出善意，才有助于改善台湾的经济、民生和国际空间，才能团结泛蓝民众。吴敦义近日也表示，中国国民党不会改姓，也不会改名，只会改性格。所谓改变国民党的性格，就是去官僚、去陈腐、去老旧作为，改为新气象、新作风，而不是路线的改变。

三、应对国民党党主席改选后新变局的举措

（一）坚持一个中国原则不动摇，坚定反"台独"。

当前吴敦义的两岸路线模糊不清，有滑向"独台化"的趋势，大陆应把握和平统一的大方向不改变，坚持一个中国的原则不动摇，坚决打击任何形式的"台独"言行，对吴敦义领导下的国民党，听其言、观其行，对"变相台独"的行为，不分蓝绿，坚决打击。

（二）做好两手准备，明确政策区隔，加大对台民间交流力度。

不能将和平统一的希望都寄托在某个政党之上，应该掌握话语主动权，在对台政策上，针对对象，进行区分，对付"台独"分子，政策要愈来愈紧，对待台湾人民，则要愈来愈松。要加强与台湾人民的交流，以及给予台胞国民待遇等，以厚植两岸关系和平发展的民意基础。推出更具体的对台工作，以"一代（青年一代）一线（基层一线）"新政策，取代以往的"三中一青"（中小企业、中低收入、中南部和青年）政策，协助台湾各界的劳工与青年，搭上"一带一路"的列车，创造更美好的未来。

（三）加强民族认同。

在"台湾意识"在今后一段时期内仍将占据岛内主流价值观的情势下，如何求同存异，用"中华民族意识"来推动"中华人民共和国意识"，考验着我党的执政智慧。"民族意识"作为一种集体意识，具有天然的凝聚力和团结力，两岸人民同根同源，在面对当今复杂多变的世界局势下，更因以一个中华民族的集体观念，因应机遇和挑战。要"形成一套共享的价值观念，即统一之后，我作为中国人代表的是什么价值、什么意义"，最终实现"国族认同"与"国家认同"的有机结合。

（原载《福建社科情报》2017 年第 3 期）

吴敦义当选中国国民党新一任党主席

陈文杰

5月20日，中国国民党举行党主席选举，当日晚间开票结果显示，吴敦义共获144408票、得票率52.24%，首轮过半当选为新一任中国国民党主席。此番选举结果，引发岛内各界对吴敦义的热议。

一、蓝营评价吴敦义

（一）黄绍庭：深蓝党员应多些耐性看吴敦义

国民党政策会副执行长黄绍庭表示，吴敦义在角逐党主席过程中确实跟洪秀柱的两岸路线存在差异，但他相信吴敦义的两岸路线在未来接任党主席之前，仍会聆听多方意见。不论如何，吴敦义毕竟是国民党员，跟拥有"台独党纲"的民进党不同，大陆或深蓝党员应该多些耐性去看待吴敦义的阐释与解释。

（二）杨正中：吴敦义应续推两岸和平协议

国民党台中市议员杨正中表示，从吴敦义当选后回复习近平的贺电来看，吴基本上就是依循"一中"原则的"九二共识"。而选前各阵营争执国民党改名确实是假议题，其实各位党主席候选人只要在"九二共识、一中各表"的前提下，都没有违背国民党的两岸政策。关键在于国民党是否能重返执政，能不能跟中国大陆展开对话，两岸能不能因此和平共处，这才是检视国民党主席的重点。未来如果有"习吴会"，两党领导人应持续推动两岸和平协议，这是台湾2300万人的共同期盼，相信也是大陆13亿人民期待，毕竟两岸都是同文同种。

（三）黄馨慧：吴敦义不能只偏重本土派

国民党台中市议员黄馨慧表示，吴敦义在选举时有些"过度的语言"，就是想得到本土选票的支持，但是现在已经选上党主席，就不能只听本土派的意见，必须整体为国民党的利益考量。两岸关系及国共互动都是必须发展的大方向，修补两岸关系无论在哪个时候都需要再执行，国民党内还是有很多人跟大陆沟通很顺畅，这么多人才，不要因为新主席出现，就全部都赶到历史洪流，吴敦义也可以开始派人沟通，传达吴的意志。所以 2017 年如果有机会举行"习吴会"是好事，早沟通总是好事。

（四）廖国栋：党团理念和吴完全契合　不再有鸿沟

国民党"立法院"党团总召廖国栋表示，过去是因为基本理念差异，导致当时党团要求自主，未来这样的状况已经解除，党团基本核心理念和吴是完全契合，不会再有鸿沟。吴敦义也必须尽快构思未来怎么带领国民党，赢得民众的支持，甚至重返执政。这题目非常大，所以这段时间应让吴安静一下，好好思考这题目。

（五）朱挺玗：吴整合党内能力令人佩服

洪秀柱竞选发言人、国民党中央委员朱挺玗表示，吴敦义一轮过半的关键在于他有能力、有效率地整合国民党内的旧资源，这些资源包括地方山头与"议会系统"。吴敦义把这次党主席选战的规格提高到"总统"等级，各县市都有人马在帮吴负责，这样的整合能力令他不得不佩服。希望吴敦义统合派系是一股理念力量的结合，而非利益。

（六）高扬升：吴敦义搞好两岸与经济，国民党可重返执政

前国民党"立委"高扬升表示，吴敦义能够争取到中间选民，甚至挖走浅绿选票，靠的就是经济，吴敦义只要把两岸处理好，浅蓝浅绿都认同，就有机会击败民进党，继而重返执政。中国大陆对中国国民党主席当选人吴敦义再不放心，也比民进党还放心，两岸关系就是脐带关系，大陆还是寄望在国民党，吴敦义自然会婉转地以"九二共识"为前提，好好处理两岸关系。

（七）张显耀：吴敦义绝不可能是李登辉第二

吴敦义竞选办公室执行长的张显耀表示，吴敦义的两岸政策路线绝对符合过去以来，两岸所建立的"九二共识、一中各表"、反对"台独"的共同政治基础。吴敦义绝对不可能是李登辉第二，吴过去所言"深化九二共识"也绝非外界臆测的"深化两国论"之说，这些话语都是有心人操弄为之。正因吴敦义是台湾本土籍，他对台湾情感毋庸置疑，但吴同时也是中国国民党长期以来培养的政治精英，是中国国民党内非常罕见且具备上述两种性质个性的领导人物。

（八）萧景田：吴敦义必须要有更务实的两岸论述

国民党中常委萧景田表示，吴敦义就任国民党主席后，必须要有更深层、更精准、更务实的两岸论述，这样才能取得大陆的信任。相信对岸也在"听其言，观其行"，只是讲"九二共识，一中各表"这是不够，要取得对方信任不能只靠虚无的语汇，必须务实谈两岸关系及国共两党关系的进展。

二、绿营看吴敦义

民主进步党发言人张志豪表示，民进党秘书长洪耀福代表民进党恭贺并祝福新当选中国国民党主席的吴敦义，期待吴敦义未来为台湾，不分朝野共推完成台湾各项重大改革。

"台联党"也恭贺吴敦义当选，并期许吴敦义能带领国民党走向民主化、本土化，改变过去马英九担任主席时的"一中"原则路线，以台湾为中心看世界，共同为台湾人民的幸福打拼。国民党目前仍为第一大反对党，对台湾政局及政策走向有一定的影响力。站在人民的立场，需要一个能够以台湾利益优先的国民党。因此期盼新任主席能带领国民党扎根于台湾这块土地，改变过去"媚中路线"，成为真正爱台湾的本土政党。

"时代力量""立委"徐永明表示，台湾年轻世代不再期待国民党能有所改革，只求国民党不扯台湾后腿。相信就算这次国民党选出表情丰富、浑身"戏胞"的党主席，也很难骗台湾人民了。所谓不期不待，免受伤害。

民进党"立委"庄瑞雄表示，现在蓝营支持者在期待吴敦义如何重新带领国民党东山再起，但国民党有太多内部问题要处理，"想要起死回生，可能要跟神仙借点力量"。

民进党"立委"赵天麟称，国民党现在还处于本土、非本土之争，"路线混乱，不管谁当选都一样"。国民党要决定清楚路线，蓝绿交手时才有交集。

民进党"立委"郑运鹏表示，吴敦义经历国民党的威权、兴盛到衰败，他身上有许多标签，却始终看不出特定路线，更不是一股清新的力量，是难以发挥的主因。而县市长选举毕竟是团体战，国民党战力如何，还有待观察。

民进党英系"立委"陈明文直言国民党除了换党主席，其他都没有改变，大环境没有改变。

民进党"立委"黄国书则认为，虽然社会各界对吴敦义早有定位，年轻人多半不喜欢，但仍不可小觑吴的"老国民党经营模式"。由于吴是本省籍，只有他能整合蓝营传统的地方派系，加上民进党若未来施政不利，民怨发酵下，"国民党不必推明星级候选人，民进党可能也招架不住"。民进党"立委"吴思瑶也表示，吴敦义是政坛老手，对于选战操盘颇有经验，2018 年选举千万不能大意，要严加备战。

三、学者点评吴敦义

（一）范世平：吴敦义将把中国国民党"台湾化"

台湾师范大学政治所教授范世平认为，吴敦义将把"中国国民党"带往"台湾国民党"转变。此外，统派与深蓝随着洪秀柱落选，宣告完全结束。以前李登辉就曾想把中国国民党"台湾化"，成为另类"台湾国民党"，但后来在连战接任党主席时停止。未来本土派吴敦义会秉持这信念，但不会真正将中国国民党改名，而是从内部慢慢改造。吴敦义如果能让国民党在 2018 年县市长选举有所突破，2020 年他就有可能直攻大位。此外，他如果主动把党产交出，重新募款，也能让人觉得耳目一新。但吴敦义仍是老派政治人物，说起话来拐弯抹角，难获年轻人喜欢。

（二）庞建国：大陆对吴敦义不反感但疑虑

台湾中国文化大学国家发展与中国大陆研究所教授庞建国表示，吴敦义的两岸路线若仍与马英九一样主张"不统、不独、不武"，不进入两岸政治协商，将无法获得大陆的善意与谅解，台湾的国际发展空间无法扩大，大陆对于台湾官方的态度将是"不冷不热"。两岸关系不好造成台湾经济困顿，国民党在台湾占三成的绿营选民板块不会扩张，更不会票投国民党或吴。国民党本土派无法抢到绿营选票，不会变成台湾国民党。吴当选党主席，深蓝党员未来也不至于出走国民党或国民党发生分裂。因为国民党现在已是在野党，蓝营支持者现在希望蓝营整合，若力量分家，则国民党 2020 年更难执政。吴应该会寻找两岸关系的平衡点，在处理两岸关系上会更加弹性与灵活，大陆也会再观察吴一段时间。

（三）郑又平：吴敦义的当务之急是什么？

台北大学公共行政及政策系副教授、政治经济研究中心主任郑又平表示，吴敦义当选党主席意味着国民党支持者，对他的实际执政绩效、广泛人脉、与地方的连接和丰富的选战经验具有相当深厚的期待。也非常期待吴敦义可以在 2018 年带领国民党在台湾地方选举中有所斩获，只有完成这一步才有可能在 2020 年"大选"中夺回执政。吴敦义是传统型政治人物，他和年轻世代的连接并不深厚，但和地方派系和利益集团之间的连接却相当深厚。因此除非吴敦义能够大破大立地打破固有框架，摆脱过去包袱，才有可能带领国民党重新执政。但现在来看吴敦义周边围绕的还是旧的国民党政治人物，所以目前只能期待吴敦义下一步会做什么。

（四）王凤生：吴敦义这个党主席不好当

高雄大学讲座教授王凤生表示，吴敦义这个党主席并不好当，首先他必须弭平党主席选举所造成裂缝，凝聚各山头势力，备战即将到来的2018地方选举。吴敦义当家，新北市一定要保住并挑战台北市，接着必须想办法缩小蓝绿在浊水溪以南的差距。2018地方选战马上就到，时间不等人。2018地方选举过后，国民党的路线要改就不容易了。现在，支持国民党的力量正在老化，吴敦义虽一轮过半掌握主席大位，但国民党必须想办法吸引年轻人支持，试图让蓝军在2018年地方选举产生钟摆效应，尤其是浊水溪以南，如果国民党在浊水溪以南无法缩小跟绿军的差距，吴敦义或者国民党就别想2020"大选"。

（五）袁鹤龄：吴敦义应速明确宣示两岸政策

台湾中兴大学国家政策与公共事务研究所教授袁鹤龄表示，吴敦义并不是大陆民众认定最佳的国民党主席，最主要的意识形态，大陆可能会比较偏好洪秀柱。国民党主席选后，习近平致贺电与吴敦义的回复，为国共两党将来互动带来相当好的开始。吴必须在未来最短的时间内，对两岸政策做出最明确的宣示，无论是有别洪秀柱论述，或深化"九二共识"，都必须为将来国民党的两岸政策来定调，争取台湾人民支持与大陆的认可。

五、媒体评析吴敦义

（一）《中国时报》：你还不认识的吴敦义

《中国时报》5月23日发表文章表示，吴敦义当选国民党主席，并不令人意外，而是他竟能在一片混沌中首轮即过半，这就有点拍案惊奇了。此一结果，是这两年泛蓝阵营与支持者们不断委顿、心冷以来的明显止血、一大振奋，当然有助于建立吴敦义的领导威信，也更能顺势促成党的团结。不过，国民党不必、不能嗨过头，因为这不过是从加护病房转送到一般病房，整个党痼疾缠身，绝非一时的兴奋剂就可疗治。

很多人说吴敦义是"绿惧人"，是民进党最怕的国民党政治人物，这话既说得对，也不对。吴敦义从政数十年来，除了连任高雄市长一役败选，可谓无敌战将；尤其他主要都是民选"行政首长"，口才便给、机智灵敏不在话下，包括"行政院长"任内政绩不俗，深谙地方民情，民进党那套民粹花招根本奈何不了他。但相对地，吴敦义的好辩与好斗，甚至有时会流于狡智油滑，也容易树敌遭忌，更给了民进党见缝插针的机会，从他在高雄市长任内开始，针对他的许多市井流言、精巧设计的打击，使他的形象逐渐毁坏直至今日。

现在看吴敦义，不少人会觉得他只是一个老谋深算、瞻前顾后的老政客，但其实，从他踏入政坛以来，一直是个博闻强记、敏于民意的改革新锐。他是蒋经国后期栽培的台籍才俊，深谙老派政治玄机，又英年早发，自视甚高且志在大位，在50岁之前即已完成台北市议员、南投县长、高雄市长等丰富历练，之后又历任"立委"、党秘书长、"阁揆"与"副总统"，大概能选、该坐的位置全给他坐完了。民选出身，当然广结善缘、人脉丰沛，但过去所谓政坛"孤鸟"，主要在于他精于权谋算计，不易与同侪亲近交心，却也是不媚俗搅和。平心而论，他在过去党内政争内斗时，并未向当权派输诚，甚至因同情林洋港、宋楚瑜而得罪当道之李登辉、连战；就其言行观察，基本上还是站在改革与自由派的观点，且能敏锐掌握民意脉动。

吴敦义喜好历史与诗词小说，且常引以为喻，政治眼光精到、博闻强记，听他论起历代兴亡故事、月旦古今人物优劣，颇有兴味。近年来，他对邓小平、习近平的改革开放，从思维到作为更是多所研究。事实上，如果要找一个如吴敦义般具备中华文化情怀，又能承接台湾本土地气，精通谋略与现实的省籍人物，除吴敦义还真不好找。

政治人物的风格个性，往往是奇正相生、祸福相倚，吴敦义终究必须面对如今他社会形象不佳的事实，以及他未能在党危机之时挺进、却在如今出手意欲攻取"总统"大位的质疑；这些批判其来有自，是他将来必须努力克服和突破的挑战。

（二）《苹果日报》：吴敦义的挑战

台湾《苹果日报》5月26日发表资深媒体人赵少康的文章表示，吴敦义以52%的得票率一举在首轮就当选国民党的党主席，可能连他自己都没想到。除了他党政资历完备，他竞选党主席的诉求"民进党最怕的国民党主席"的确鼓舞了众多党员，而放出他民调45%只差一点就过半的讯息，也替他争取了不少临门一脚的选票。

吴敦义的能力强、口才好，但口才太好恐怕也是他的弱点，他如何把国民党从一个行礼如仪、暮气甚重的老八股党转变成有朝气有活力令人耳目一新的政党，是他很大的挑战。而党产不应该是问题，如果党产有用，国民党就不会两次"大选"都败的那么惨，但国民党想变成一个以募款为主的现代化政党，就必须有崇高的理想与打动人心的号召，孙中山当年就用"驱逐鞑虏、恢复中华、建立民国、平均地权"清清楚楚明明白白的16个字，鼓动风潮、造成时势，国民党今天要拿什么跟人民交心？

民进党执政不得民心，民调直直落，但在选举时民进党有一利器，就是"骂中国"，随便扯开喉咙一骂，就有35%选票的进账，管你干得多烂都没关系，"骂中国"是最好的保护伞。而且现在的下一代年轻选民，不论本省外省，更是认为"台湾是台湾，中国是中国"，国民党面临的难题是理智上知道台湾不能和大陆闹翻，闹翻倒霉的是台湾，但选民投票时是用心而不是用脑决定的，国民党要如何跟大陆维持良好关系却又不会让选民觉得在"亲中卖台"？是高难度的政治表态。国民党的另外一难是经济，经济要好一定要鼓励资本家、企业家多投资，要给他们诱因及优惠，但整个台湾气氛是反商的，你要发展经济就会得罪那批广大的选民，你要讨好那些广大的选民就搞不好经济，你要往哪个方向去？这也正是蔡英文左支右绌的原因。怎样调和"两岸""经济"两大支柱理性与情绪的矛盾，是吴敦义能否让国民党再起的关键。

（三）《联合报》：吴敦义如何超越他的三座大山

《联合报》5月24日发表社论指出，吴敦义在党主席选举一举过半，选战中的波诡云谲，如今都化成了党员的声声呼唤。然而，这次选举不只关系着国民党一党的浮沉，它还攸关着台湾民主的前景，以及两岸的祸福。酣战之后，前路仍满布荆棘。吴敦义作为胜利者，身上所负的重担相当艰巨，不容片刻骄恃或得意忘形。挡在他面前的，是雄关漫道的三座大山，一座难于一座。

首先，这次选举的主要焦点，是它反映了党的路线一次严重的分歧，洪秀柱标举的"一中同表"，与吴敦义赓续的"一中各表"，在党内外许多社群都进行了剧烈的辩论和交锋。这项争辩，其实也反映了国民党求生的焦虑与挣扎。尤其在"中央"与地方政权皆失落的困境下，要如何让这个党找到起死回生之路，是一个复杂的重建工程。对此，吴敦义必须有"置之死地而后生"的决心。

其次，这次角逐主席者皆是坐六跨七之龄，显示了国民党的老态龙钟，国民党与年轻世代之间的隔阂，恐远远超过其想象。如果要扩大国民党的社会支持，革新国民党的老旧形象，吴敦义必须要打开思维的硬壳，打破论资排辈及各种条条框框，自我超越，大胆进用青壮世代，并且改变与巨室富贾间的暧昧交往。这是他必须征服的第二个严苛考验。

第三，国民党要如何从一个曾经挥金如土的大宅门，蜕变成为一个合乎台湾社会脉动的现代政党，改变自己的精神面貌，重新号召选民？过去一年，蔡英文利用"党产会"直取国民党的要害，在转型正义的大旗下，国民党毫无招架之力。吴敦义与其耗费心力护守党产，不如化敌人的围剿为改革助力，清理国民党的朱门形象，将国民党改造成依赖党费和合法募款而运作的政党组织。主动改革出击，而不是消极等待被宰割，才是国民党重振之道。

因此，吴敦义的首要任务，是要重新凝聚党的共识，重新站稳党的制衡地位，重新整理党的核心价值，重新发展符合台湾社会需要的公共论述，以便对民进党粗暴、轻率、自私的决策准确地发动批判和攻击。国民党从来不缺陈腔滥调，缺少的是新形象、新思维。

（原载《福建社科情报》2017 年第 3 期）

台湾当局未能参加 2017 年 WHA 会议

陈元勇

一、台湾当局无缘 2017 年 WHA 会议

第 70 届世界卫生大会（WHA）于 5 月 22 日至 31 日在日内瓦召开。台湾当局最终没能等到世卫邀请函，无缘 WHA 会议。

WHO 有关涉台的协议，是中国卫生部部长与 WHO 总干事于 2005 年 5 月 14 日签订的《谅解备忘录》，其施行细则于当年 7 月 12 日公布。《谅解备忘录》的主要内容是，WHO 必须严格遵守联合国第 2758 号决议，及 WHO 根据联合国第 2758 号决议所通过的《WHA 第 25.1 号决议》。这些文件要求 WHO 秘书处将台湾视为中国的一省，并且必须避免任何会造成认定台湾在 WHO 内有单独地位的行为，任何涉及这个《谅解备忘录》规范下的事物，都必须透过 WHO 总部的联络窗口，先行与中国在日内瓦的常驻代表团以及 WHO 的总干事办公室和法律顾问办公室咨商。据台湾媒体报道，大陆日前致函各国常驻日内瓦代表团的文件中，提及"中国政府决定'中国台湾省'不应参加这次于瑞士日内瓦举行之第 70 届世界卫生大会"。

但台当局"卫福部部长"陈时中仍率"世卫行动团"前往日内瓦开展一系列活动。先是与美国卫生部长普莱斯会谈，促成普莱斯在 WHA 正式会议中公开发言挺台湾，然后所谓台湾"WHO 宣达团"在日内瓦中国使馆前抗议，却被瑞士警方驱离。由台湾医学生联合会发起的"世卫台湾青年团"试图在现场换旁听证也遭到拒绝，"青年团"持续纠缠直至世卫工作人员声称要叫警察方作罢。最后台湾透过其所谓"邦交国"向 WHO 提案，要求将"邀请台湾以观察员身份参与 WHA"列入大会议程，也遭总务委员会否决。这是意料之中的事，也说明台当局在拒不接受"九二共识""一中"原则的情况下，无论当局如何出

尽洪荒之力，被排斥在 WHA 大门之外的现实是无法改变的。

二、台当局对未能参加 WHA 大会反应强烈

针对台湾无法参与 2017 年 WHA，台当局"总统府发言人"黄重谚表示，"中华民国是主权独立国家"，"台湾不是中华人民共和国治下的一省"。对大陆"以政治理由排除 2300 万人于健康体制之外，他们不会认同，也不会接受。大陆这样不当做法会失去国际社会的支持，也会引起全台湾人民极度反感。卫生防疫不该有国界，世卫组织是全世界的卫生组织，关切与服务的是全体人类的健康，而不是特定国家的立场。台湾身为社会一分子，台湾民众有权享有与世界上其他成员一样的健康权利，理应被一视同仁，没有被排除的理由。台湾民众坚定参与并贡献国际社会的决心，当局会持续努力并推展和深化各国的合作，确保民众的健康权益"。

陆委会副主委兼发言人邱垂正表示，台当局从未接受大陆主张的"一中"原则，对于大陆"施压各国及 WHO 阻挠台湾参与 2017 年 WHA、以'中国台湾省'矮化台湾地位，及违反新闻自由阻挡台湾记者进入 WHA 采访的作法，再次表达强烈的抗议与不满。台湾过去以观察员身份参与 WHA，是基于当局与民间多年来共同努力、国际社会对台湾医疗卫生实力及全球防疫贡献的肯定与支持，并非大陆所宣称的基于'一中'原则。大陆必须面对现实，只有台湾当局才能为 2300 万台湾人民的健康负起责任。北京方面以政治理由排除台湾参与，不但违反 WHO 宪章，也剥夺台湾人民的基本权利。大陆打压以达政治目的不可能成功，呼吁大陆要严肃省思，停止对台负面作为。如一再无视台湾人民参与国际社会的权益，只会使两岸关系渐行渐远。呼吁大陆不要一再伤害台湾人民的权益与情感，要为自己造成的后果负起责任"。

台湾地区领导人蔡英文在脸书上表示，健康不应该有除非的前提，特别是政治上的除非。感谢台湾的"友邦"及世界各国的朋友对台湾的支持，台湾能够为世界的公卫防疫网做出更多贡献，更不该被排除在全球防疫体系之外。

台湾当局"卫福部部长"陈时中表示，大陆不断用一个中国原则，强调不让台湾参与的正当性，这在台湾以及世界对自由、对健康人权有认识的人来看，"这很明显把政治的污染带进 WHA 健康的殿堂，这是不对的"，他为健康人权被政治污染到这个程度感到失望与不满。台湾会持续发声，表达不满情绪及说明台湾对健康的贡献。

民进党国际部主任、"立委"罗致政在出席国际自由联盟大会上表示，由于大陆施压台湾未能参与 WHA，WHO 是全世界的 WHO，其成立宗旨是服务全体人类健康，不区分国籍、地区和人种，更不是特定国家的政治利益，台湾身为国际社会的一员，不应被排除在 WHO 之外。大陆的说法对于两岸关系没有任何帮助，大陆过去态度比较模糊，现在比较严格，用中国一省来称呼台湾，是大陆条件在改变，不是台湾有改变，是大陆不让台湾参加 WHA 才严加条件。

台"驻英国代表"林永乐投书英国《金融时报》，指出台湾 2017 年被排除在 WHA 之外，未来可能对台湾及国际社会都造成风险。WHO 若要处理传染疾病带来的全球性挑战，绝对必须将台湾纳入全球卫生防护。林永乐以台湾于 2003 年遭受 SARS 肆虐为例，强调台湾被排除在 WHO 之外为一灾难。由于台湾当时并非 WHO 成员，因此无法及时收到 SARS 病毒等相关信息，而仅能独力防止疫情扩散，直到 WHO 最后派遣专家赴台，疫情逐渐缓和。而台湾在 2009 年 H1N1 新型流感病毒大流行期间，透过与 WHO 间所建立的直接沟通管道，得以有效推动控制措施、生产疫苗并进一步防止病毒向岛内外扩散，更加证明台湾参与 WHO 的重要性。将台湾排除在 WHO 之外，等于重复过去错误，也使多年进步倒退。呼吁 WHO 新任秘书长未来不应屈服于个别国家的政治压力，并应依据 WHO 章程运作，确保所有人皆能参与 WHO，因为"疾病不分边界，惟有透过合作，不排除任何人，才能充分因应全球疾病控制之挑战"。

三、一个中国原则是台湾当局绕不开的现实

蔡英文 5 月 27 日接见台湾"世界卫生大会（WHA）行动团"时，除了称"中国大陆在 WHA 这件事上，对台湾无理的打压，已经造成两岸关系一定程度的伤害"；也向大陆喊话表示，"新的时代已经来临，两岸领导人共同维持两岸和平繁荣这才是我们共同新课题"；并强调她的"承诺不变、善意不变，不会走回对抗老路，但绝对不会在压力下屈服"。同时希望 WHO 日前改选新秘书长，能够成为台湾下一次参与 WHA 的新契机。从蔡英文的讲话中可以感受到，她一年来有关两岸关系的态度立场，没有因参与 WHA 受挫而转趋强硬。但也没有从不能出席 WHA 事件中吸取教训，或得到有益启示，还把希望寄托在新的 WHO 秘书长及盟友支持之上，显然仍未正视关键的问题。

所谓关键问题，当然是指台湾要先回应大陆关切的对两岸关系性质的确认，并在此基础上恢复两岸的对话协商，就台湾参与 WHA 等国际活动问题做了适

当安排。其中，一个中国原则是台湾回避不了的现实。WHO 新当选的总干事特沃德罗斯·阿达诺姆日前受访时也重申了一个中国原则，表示在 WHO 所有涉台问题上都将遵守联合国大会和 WHA 决议所体现的一个中国原则。显然，台湾应从此次无法出席 WHA 一事中得到启示，正视问题的关键，从改善两岸关系入手，通过对话协商就台湾参与国际活动问题做出安排才是正途。

蔡当局选择和大陆对抗的一大原因，就是认为他代表了台湾新民意。但台湾新民意真的希望和大陆对抗吗？毕竟蔡英文选前提出的两岸政策是要维持现状，台湾民众投票前可能不知道不承认"九二共识"是无法维持现状，既然现状已经无法维持了，民意还是蔡当局的后盾吗？这需要打上一个大问号。这次台湾无法参加 WHA 是大陆坚持体现一中原则的"九二共识"讯号之一，而"九二共识"只是一个名词，陆方最看重的仍是有无"一中"原则，因此蔡当局应该正视现实，不论是台湾内部的现实状况，或是国际的现实状况，赶紧提出一个能体现"一中"原则的新论述，才是解决两岸僵局的良方。

（原载《福建社科情报》2017 年第 3 期）

国民党主席选后态势及未来展望

陈文杰

中国国民党 5 月 20 日举行党主席选举，吴敦义获 144408 票、得票率 52.24%，首轮过半当选为新一任主席。吴敦义首轮过半当选党主席，打破外界原以为此次选举六强相争，首轮难以有候选人过半，要进行第二轮投票方可选出党主席的预测。如今国民党主席选举尘埃落定已近 3 月，观察和分析国民党主席选后态势发展，对于了解和掌握国民党在新局面下的党内运作、在野表现、两岸论述等方面的情况和未来态势发展有着重要意义。

一、国民党主席选后态势

（一）党主席交接陷僵局

国民党主席选举 5 月 20 日落幕，但依党内规定，党主席当选人吴敦义须等到 8 月 20 日第 20 次全党代表大会才能宣誓就职。中常委廖国栋对外放话表示，外界对国民党的改造有很深期待与迫切需求，党主席交接空窗期长达三个月实在太久，太煎熬，党的内规又无法突破，除非现任主席洪秀柱提前离职，提早进行党主席交接。一时间党主席是否提前交接引起党内巨大争议，洪秀柱与吴敦义在国民党中央委员选举是否该如期 7 月 8 日举行，以及谁决定 210 位中央委员提名互信不足，出现重大争议，双方僵持不下，党主席交接陷入僵局。后经协商双方达成共识，原定 6 月 14 日要提出的中央委员候选提名单，由洪秀柱与吴敦义协商后密封，直到 820 全代会大会主席团拆封公布名单。7 月 8 日中委选举改 9 月 9 日举行、7 月 29 日中常委选举改 10 月 1 日举行。洪秀柱也已于 6 月 30 日辞去党主席之职。然而，吴敦义却坚持要在 8 月 20 日才上任，由此国民党在"8·20"到来之前将形成空窗期，主席职务暂由副主席林政则代理。

在任期结束前，洪秀柱接连两天强化"九二共识、和平政纲"等政治主张，并提出两岸和平协商的法理基础，欲为继任者吴敦义在两岸论述上定调，巩固国民党两岸优势，避免偏离"一中"轨道，开历史倒车。

（二）吴敦义两岸论述备受考验

虽然洪秀柱在 6 月访问大陆期间时提到"国民党坚持'九二共识'的互信基础不变，反'台独'立场也是一致的，不会因为主席选举而改变，纵然选举有继任者，相信也必定会保持同样的立场"。希望继任者要继续巩固国民党两岸优势，避免偏离"一中"轨道。但是从目前来看国民党主席当选人吴敦义的两岸论述则备受考验。

吴敦义当选国民党主席，中共中央总书记习近平发去电文，除表达祝贺，更提出几点期待：第一，坚持"九二共识"；第二，坚定反对"台独"；第三，把握两岸关系和平发展正确方向；第四，同为中华民族伟大复兴而奋斗之。吴敦义稍晚以国民党主席当选人身份回复致谢，并表示"在 1992 年双方达成'两岸都坚持一个中国的原则，但是对于它的涵义，双方同意用口头声明方式作各自表达'的共同基础上，历经多年努力，推动制度化协商，签署多项协议，从紧张对立到和平发展，成效有目共睹"。吴敦义的复函对于习近平贺文中提及的期待，要么打折扣，要么回避不谈，甚至提出语意不明、可能预留伏笔的表述。吴敦义在竞选期间一再强调"一中各表"，甚至提到"主张统一者，可以搬到大陆去住"的话，其两岸论述不得不引人担忧与关注。

吴敦义一再强调坚持"九二共识、一中各表"，绝不会表成"两个中国"或"一中一台"。只是"一中各表"近年来被绿营误导宣传变了调，加上吴的失言，吴有必要在就任党主席前后为他的两岸主张提出较完整的说明。然而，吴敦义 7 月 28 日与国民党籍"立委"座谈时却再次强调，要重建和平稳定的两岸，就是"九二共识、一中各表"，你表你的、我表我的，这是 1992 年的历史事实，不是单一个人或单方可去抹杀的。

从吴敦义的种种言论来看，其两岸论述过于强调"各表"，忽视"一中"。而大陆方面自始至终从未接受过"一中各表"，日前新华社更明令媒体禁用"一中各表"，其意味不言而喻。吴敦义的"一中各表"实际上就是要维持目前两岸分治的现状。然而，不向"一中"靠拢的"各表"实际上就是一种"独台"路线，是变相的"台独"。全国政协主席俞正声指出，任何企图改变"九二共识"所表述的反对"台独"政治立场的行为都是不可接受的，任何"变相台独"最终也会失败的。谁是"变相台独者",其实不难对号入座。谁搞"变相台独",谁是"蓝皮绿骨",瞒不了人。"变相台独"是对吴敦义的一种警告,吴敦义若不及时调整其两岸论述,在"一中各表"上越走越远,则国民党的两岸优势将丧失殆尽,甚至远不如柯文哲的"两岸一家亲,命运共同体"。

（三）党内重要人士接连遭政治清算

国民党主席选举刚刚落幕,时任国民党副秘书长兼组发会主委张雅屏就因选举诽谤案件遭判处两年10个月刑期,三审定谳必须入狱服刑。曾辅选过马英九的张雅屏在屏东县党部主委任内,2014年屏东县长选举时文宣涉及诽谤民进党籍县长潘孟安而遭被告。

但张雅屏却是第一个选举文宣内容经过查证仍遭判刑定谳有罪、且未获缓刑处分的重要党政人士。国民党文传会副主委胡文琦指出,这是一个政治迫害事件,国民党深表遗憾。政策会执行长蔡正元也在脸书上质疑"法院是谁开的?"为张打抱不平。然而谁也不曾料到,仅仅时隔不到两月,蔡正元就因其涉担任台湾中影董事长期间,透过股东会减资,并将减资款汇入自己开设的阿波罗投资公司,以五鬼搬运、假买卖真掏空的手法,侵吞共计3.7亿元新台币。台北地检署认为蔡涉犯侵占、背信罪,并有串证及逃亡之虞,于7月18日依背信等罪声请羁押禁见,台北地方法院开庭审理长达35小时,当日深夜裁定蔡正元羁押禁见。蔡正元不服提出抗告,台湾高等法院认定抗告无效予以驳回。蔡正元的委任律师魏忆龙表示,这就是政治清算、政治迫害、政治报复。

蔡正元事涉司法遭羁押禁见,但蓝营却冷漠以对,除了洪秀柱之外,没有大咖声援。专研民国史作家王丰表示,国民党只有"洁癖"没有"道义",对外人"温良恭俭让",对待自己党员冷漠如鲨鱼。反观陈水扁案,那些铁杆扁迷支持者,十年来始终不弃不离。国民党如一盘散沙,会在蓝绿政治斗争的擂台上落败,国民党输得一点都不冤枉。而更有外界指出,北检追查蔡正元,剑指马英九。

马英九自卸任以来,官司缠身。马英九在其任内八年被告案件高达300件,检方已签结200多件,还有20余件未侦结,包括"教唆涉密案"、侵占国民党党产案、"国发院"土地弊案,以及"习马会"演讲泄密案等。8月4日,台湾高等法院合议庭开庭审理民进党"立委"柯建铭自诉控告马英九涉教唆泄密罪上诉案。柯建铭表示,他有信心马英九二审会被判有罪。"行政院不当党产委员会"8月10日公布多达35页的"中影股份有限公司是否为社团法人中国国民党之附随组织"调查报告，指出在 2006 年 4 月 27 日中投公司以每股 65 元出售中影公司 82.56% 股权给庄婉均、罗玉珍，是严重低估股价。据了解，党产会的调查意在指涉时任国民党主席的马英九有图利之嫌。而也在同一天，曾参与 2007 年 7 月 28 日前"立委"蔡正元南港服务处遭开枪恐吓的枪手翁炳尧向台北地检署告发，当年因"中影交易案"，受到马英九、台湾中影董事长郭台强、郭妻罗玉珍及庄婉均等人指使，马、郭等人涉嫌教唆杀人。

马英九身负多案，在可预见的未来，马将继续深陷案件审理纷争之中，面对民进党步步打压清算，马被判有罪的可能性增大。蓝绿恶斗，政治追杀如家常便饭。马英九何时有事，主动权握在民进党当局手上。

（四）"前瞻"放水失民心

台当局"前瞻基础建设计划"由"行政院"编列 8 年 8824 亿元（新台币）投入基础建设，但"前瞻基础建设计划"的可行性却在台湾引发质疑。国民党"立法院"党团认为，前瞻计划毫无前瞻性，也无法带动台湾经济成长，更是债留子孙，沦为政治分赃的拼装计划，要求退回"行政院"的前瞻计划，重新拟定。但民进党依仗"立院"人数优势，欲强行通过。国民党则配合民众呼声强力杯葛，多次在"立法院"与民进党发生混战。台湾民众及蓝营支持者对国民党抵挡前瞻计划予以厚望，结果 7 月 5 日"立法院"三读通过前瞻基础建设特别条例草案，砍半为 4 年新台币 4200 亿元，但可追加。消息一出，台湾民众大失所望，蓝营支持者则认为国民党"立法院"党团放水，"打假戏"骂声一片，扬言不再支持国民党。事实证明民进党果然草草编列预算，把国民党当猴耍。"行政院"在短短三天就完成前瞻基础建设第一期特别预算案送"立法院"审议，八项建设规模共新台币 1089 亿元，其中轨道项目几乎原封不动，真正"前瞻性"的少子化、食品安全及人才建设部分仅占 65 亿。国民党这才跳脚惊呼"民进党一意孤行"。国民党事先呛声，事后妥协，发现被卖了再来发声明跳脚，落得满脸豆花。不仅朱立伦呼吁"重拟前瞻计划，当局不做我们来做"沦为空话，王金平和吴敦义对前瞻审查结果的肯定，也到处被嘲讽。

（五）"党产会"进一步打压清算国民党

"行政院不当党产处理委员会"自成立以来，便竭尽全力残酷追杀清算国民党。国民党党产被冻结，并不断遭受"党产会"蛮横的违法处分，致使国民党陷于"无米之炊"的境地，毫无招架之力。"党产会"6 月认定国民党土地转账拨用案为不当党产，继续对国民党开出达 8.6 亿多元的追征款，并限令国民党在 7 月 17 日前缴清款项。很明显，国民党现在根本无力支付如此巨大的追征款。其结果就是，民进党进一步的绑住国民党的手脚，国民党的法定代理人可能会随时被限制"出境"。这样一来，蓝营支持者希望的"习吴会"的可能性将进一步降低。民进党当局欲通过"党产会"对国民党的清算，使得在与国民党的竞争中能在各方面上占据主导权。

（六）国民党持续面临党工薪酬困境

国民党自被"党产会"冻结资产后，持续面临无力支付党工薪酬的困境。前主席洪秀柱推行党内人事精简、砍薪、党公职人员募款责任额制度等方法仍无法解决薪酬危机。国民党党工 6 月薪酬直到 7 月初才领。7 月薪酬也是在准主席吴敦义要求透过各种方式调度方式，在最后两天，才很勉强发出，但 8 月份的薪资尚无着落，目前还在筹募。国民党几乎每月面临党工薪酬发不出的局面，基层党工感到人心惶惶。

（七）孙文学校风波

台"行政院院会"7 月 6 日通过"两岸关系条例"修正草案，紧缩退将赴大陆。而国民党准主席吴敦义仅表示，若以假设方式订定非常严酷标准，"我觉得是不宜"。挺前主席洪秀柱的孙文学校总校长、台湾大学政治系教授张亚中痛批吴敦义的回应太过软弱，令吴敦义大表不满。吴敦义反驳说，台湾退役的将官去出席大陆阅兵就是不宜的，所以没有什么太软弱。张亚中的两岸观点是什么，大家都很清楚，所以他的批评没有办法接受。而对于吴敦义的反驳，张亚中回击指责吴敦义爱自己胜于爱党爱"国"，不仅是软弱，更是心里的懦弱。

由此，吴系中常委姚江临在 7 月 12 日中常会提出多达 25 位中常委连署提案，要求免除孙文学校全部人的职务。孙文学校的直属上级"国发院长"林忠山单刀反击，引发吴、洪两派人马激辩，代理主席林政则最后裁示暂停孙文学校所有运作，张亚中不得以总校长身份对外发言，并严令党中央不再出借场地，孙文学校因此宣布暂停。国民党中常会 7 月 19 日在听取"国发院长"林忠山报告前主席洪秀柱任内主导成立的孙文学校运作后，决定维持原议，孙文学校继续暂停运作，直到吴敦义 8 月 20 日就任党主席后再做定夺。而张亚中 7 月 19 日以"莫听不进忠言，容不下义士"为题，透过孙文学校脸书发表声明，强调孙文学校将一如既往，积极任事，不做任何休息，更不会暂停运作，而是努力前进！

（八）国民党通过新政纲

中国国民党中常会 8 月 9 日讨论通过了准主席吴敦义在 8 月 20 日第 20 次全党代表大会就职后的新政纲。不同于前主席洪秀柱任内的两岸政纲提及，在"宪法"的基础上，深化"九二共识"，积极探讨以"和平协议"结束两岸敌对状态的可能性。这款吴敦义版两岸政纲，在内容上大幅修改，在"九二共识"上增列"一中各表"。最受外界瞩目的"和平协议"内容几近全遭删除，改增列的内容包括"不统、不独、不武"，即"新三不政策"以及"透过两岸经贸文化与和平论坛及各类交流平台与会议，维持二轨对话，增进彼此了解并深入研讨两岸和平愿景"等。

国民党新政纲果然没有"洪规吴随"，在推进两岸关系上后退了数步，回到马英九、朱立伦任党主席时的路线。

二、国民党未来态势展望

（一）吴敦义两岸论述或难有突破

吴敦义就任台湾地区副领导人期间，深受马英九的两岸政策影响，其两岸论述与马英九趋同，但吴敦义的两岸论述与马英九比来则显得更"本土化"。其更强调"各表"忽视"一中"，对"九二共识"的认知为"你表你的，我表我的"。吴敦义的两岸论述在选举期间就显露无遗，甚至放话"想统一的人，可以回大陆去住"之类的言论，引来巨大争议，被认为是"蓝皮绿骨"。大陆对吴敦义的两岸论述也深感疑虑，不管是习近平的四点期待，还是俞正声的"变相台独"其实都是对吴敦义的警示。但吴敦义对比并不领情，继续其两岸论述的坚持，声称国共论坛的继续前提是要恢复到马英九任期的模式、"九二共识，你表你的，我表我的"，目前更在最新通过的国民党新政纲把"一中各表"加入"九二共识"，强调新"三不"政策，即"不统、不独、不武"，并将前主席洪秀柱和平协议部分几近全部删除。种种迹象表明吴敦义的两岸路线正在偏离"一中"轨道，吴敦义口口声声强调"一中各表"，不会将两岸表成"两个中国"或"一中一台"。但事实上，缺乏"一中"意涵的"各表"，却在不断的拉大两岸间的隔阂，将成国共交流的阻碍。吴敦义版两岸政纲的通过，标志着吴敦义对其两岸论述的坚持，在可预见的未来吴敦义的两岸论述或难有突破。

（二）国民党内权力斗争将继续存在

自国民党主席选举结束后，国民党内也就一直在传言国民党现"两个太阳"，先是洪吴之间就国民党中央委员、中常委提名选举办法等僵持不下，洪吴竞先表态要登陆参会，引起外界质疑国民党现吴敦义和洪秀柱"两个太阳"。而日前又传出新北市市长朱立伦大动作宴请国民党"立委"及泛蓝县市首长餐叙，提到未来要由各县市长轮流做东，建立联谊机制。朱在吴敦义正式接任前大宴党内要角，争抢主导权。党主席当选人吴敦义未受邀，外界质疑国民党又有"两个太阳"。事实上，国民党内的权力斗争、派系斗争就从未停止过，这就是国民党的"酱缸文化"。国民党主席选举六强争霸可以说也是一种权力的斗争。随着民进党执政的失败，国民党感觉有再起机会。党内各个派系都想在这个过程中分得一份羹。未来国民党内"深蓝""浅蓝"和"本土派"间的权力斗争也将持续存在。

（三）党内经费紧缺仍是困扰国民党重要因素

国民党在"党产会"的追杀下，资产被冻结，无力支付党工薪酬。虽然已经开展降薪、减员、募款责任制等措施，仍无法解决问题。国民党党内经费紧缺成为困扰其的重大问题，而党内经费紧缺事关重大，其关系着国民党一系列事务的正常运行。国民党近几月来为党工薪酬焦头烂额，党工薪酬上顿不接下顿，基层党工人心惶惶。但国民党向来依仗党产、又过惯了"钱淹脚目"的时代，如今党产被冻结后，其资金来源被掐死。国民在未来的一段时间内获得较大资金来源可能性低，党内经费紧缺、党工薪酬等问题将持续困扰着国民党。

（四）国民党仍将继续面临"党产会"的打击和掣肘

"党产会"目前已经成为民进党当局打压国民党的"忠诚"打手。"党产会"想要打击和掣制国民党的手段和方法还有很多，可以肯定的是其不会放过任何打压国民党的机会。"党产会"视整垮国民党为己任，尽管党产会很多方式"违宪""违法"，民进党当局也是睁一只眼闭一只，不闻不问。从以往"党产会"斗争国民党的经验来看，只要民进党还当政，未来国民党仍将面临"党产会"的进一步打压和清算。

（五）国民党推泛蓝整合前景暗淡

吴敦义当选国民党主席后，就有意拉拢亲民党，欲重推泛蓝整合。然而国民党几次要在"立法院"提出"释宪案"，需要亲民党"立法院"的三席支持，却都遭拒绝。亲民党反而针尖对麦芒，提出自己的"释宪案"要国民党连署。事实上，早就有传言亲民党早已"泛蓝变橘，橘又变绿"。亲民党近年来，不乏与民进党合作来打击国民党，有时呛声国民党甚至比绿营还厉害。国民党未来想要整合亲民党，恐怕需要面临不少挑战。目前，国民党因年金改革的抗争不力，让军公教大失所望，"公务人员协会"理事长李来希表示，他们欲筹措组政党，并派人参选下届县市议员、"立委"。若军公教另组政党，则蓝营又将流失。而新党向来不认同现在国民党的理念，尤其吴敦义当选后，更加不认同吴敦义的论述。可以说，国民党欲推泛蓝整合，前景暗淡。

（六）国民党将全力奋战 2018 县市长选举

2018 县市长选举对国民党来说至关重要，是国民党问鼎 2020 "大选"的前哨战，国民党只有打赢 2018 县市长选举，士气才能大振，2020 大选才有赢面。国民党目前已经逐步开展 2018 县市长选举的布局工作，吴敦义也做出指示，"重中之重是双北"，执政县市要保住，非执政县市也要有斩获，目标守住新北、夺回台北，台中、桃园至少拿一都。

2018 县市长选举是国民党再起的重生之战，国民党上下对此报以重望，希望吴敦义带领国民党打赢 2018 县市长选战，真正做个可以"抗衡民进党的人"。未来到 2018 县市长选举结束，国民党上下将主要围绕选举展开工作，全力奋战 2018 县市长选举。

三、国民党欲重返执政的几点建议

（一）深化"九二共识"，强调"一中"

两岸关系一向是国民党在选举中的优势牌，国民党想要重返执政，少不了对两岸关系论述的巩固和深化。前主席洪秀柱卸任前夕登陆参加海峡论坛，其目的就是要继续巩固国民党的两岸优势。实际上，决定台湾"大选"胜败的往往是绝大多数的中间选民。而谁对民众好、谁对民众负责、谁执政有利台湾民生经济的发展，中间选民往往就投谁。在民进党当局，拒不承认"九二共识"下，两岸关系急转直下，陆客来台人数大减，台湾观光业遭受寒冬；台湾的国际空间也受到严重限缩；蔡当局的"反商"政策，也让台湾经济萎靡不振，台资外流。在蔡英文当局所谓"维持现状"执政失败之际，国民党应当大举"九二共识"的大旗，与民进党当局形成鲜明对比，打出国民党两岸的优势牌。此时此刻，国民党坚持"九二共识"，更应强调"一中"，而不是"各表"。强调"一中"，可以消除大陆当前对国民党的疑虑，有利于国共开展合作与对话，从而形成两岸交流二轨，促进两岸关系的发展，从而让台湾民众，让中间选民看到国民党在两岸关系上的重要作用，看到国民党给台湾人民带来的和平红利。

国民党唯有继续深化"九二共识"、强调"一中",巩固其两岸优势牌,才是其重返执政的康庄大道。

(二)注重教育问题,阻止民进党当局进一步"去中国化"

民进党当局欲通过种种"去中国化"的行为来切割与中国大陆的联系,培养"天然独"的一代,为自己注入源源不断的继任者、支持者。国民党在这种情况下,要成为反对民进党进一步"去中国化"的坚定力量。国民党应当注重台湾的教育问题,注重与青年的连结。国民党无法承受任由民进党扭曲历史,搞乱教育。民进党的教育政策就是为了培养"天然独"的下一代,让国民党成为无源之水、无本之木。国民党应当警惕地看到民进党的用心,在台湾教育的问题上,不退缩、不让步,阻止民进党当局进一步"去中国化"。

(三)凝聚党内共识,进行制度层面改革

国民党内向来派系林立,党内权力斗争激烈,各个派系的诉求不同,很多时候党内无法形成共识,久而久之就形成了"内斗内行,外斗外行"的"酱缸文化"。国民党目前还处于风雨飘零的阶段,经不住党内的再次分裂和恶斗。国民党想要重返执政,必须要寻求建立能够凝聚党内共识的新机制,进行制度层面的改革,破除"酱缸文化"。另一方面,国民党当前最立即的重大难关就是钱与人,国民党已有零党产觉悟,可是如何找钱却是难题,当外界看不到国民党的曙光,募款就很难。国民党要根据当前自身的实际情况尽快建立健全财务制度,解决目前的资金困境。

(四)加强与民进党的区隔度,避免与民进党趋同

国民党自"本土派"掌权以来,党的理念与政策论述愈来愈向民进党靠拢,可以说,国民党当前最大的危机就是路线危机,就是越来越与民进党趋同。而国民党无法承受与民进党趋同的结果,趋同的最后就是国民党既丢失蓝营选票,又无法获得绿营支持,最后遭人唾弃。但是,国民党至今仍在抱残守缺,强调"一中各表"。可事实上,"各表"表到最后与民进党的"台独"路线,并无太大差异。是一种"独台"和"变相台独"的路线。现如今,两岸"维持现状"也已被蔡英文"玩坏了"。国民党此刻在民进党执政失利的情况下,更应当加大与民进党的区隔度,坚决反对民进党当局的不恰当政策,承担起民众反对当局的中坚力量,与民众站在一起,向民众宣传自己的政策理念,与民进党形成鲜明对比,避免与民进党趋同,从而寻求民众认同与支持。

（五）合理布局 2018 县市长选举，打赢 2018 选战

国民党此番诉求重新执政，而 2018 选战则是国民党 2020 再起的前哨战，打赢这场选站对国民党至关重要。国民党应当抛弃个人因素，从整个大局出发，根据各个县市及党内表态参选人物的具体情况，审慎提名和征召各县市选举的候选人，汲取前几次选战失败的经验教训，避免候选人被"抹黑"、"抹红"、造谣、诽谤等影响选情。国民党应当将民进党当局上台来的执政失利与地方县市长选举结合起来，在地方与"中央"之间寻找打击对方选情的突破口，并做好自身候选人执政理念的论述和宣传工作，优化选举工作模式和内容，给民众一个新的形象。随着 2018 县市长选举的临近，国民党应该集中精力，合理布局 2018 县市长选举，力争打赢这场攸关国民党 2020 再起的前哨战。

（原载《福建社科情报》2017 年第 4 期）

台北市长柯文哲声势看涨

程　光

一、台北市长选举民调柯文哲领先

2017 年 7 月底，台湾"美丽岛电子报"针对"2018 台北市长选举"所做的最新民调，出现三个重要信息。第一，柯文哲已明显拉开与可能竞争对手的差距；尤其是赖清德，落后幅度已逾 10%。第二，在各项评比中，年轻选民是一面倒的支持柯文哲。第三，尽管绿营政治人物对柯文哲在"双城论坛"的表现是批判连连，但民调证实，20 至 29 岁年轻人有逾七成满意柯此行的表现，连民进党支持者也是"满意大于不满意"。虽然民调的起伏，不会仅以单一或少数因子而产生显著影响，但从此次民调的几项数据来看，"双城论坛"的举办，确实已让柯文哲重新站稳脚步，对争取 2018 市长连任有其重要意义。

民调显示，柯文哲与三位国民党可能人选的对决结果得见，不论国民党由朱立伦、丁守中、李鸿源参选，坚定支持柯文哲的受访者占台北市整体选民 33.5%，信任且支持其连任的比率占台北市整体选民 37.3% 至 42.0%，满意且支持其连任的比率则占台北市整体选民 33.6% 至 38.2%，显见台北市民对柯文哲的言行、施政风格与表现虽各有褒贬且看法分歧，但在任期过半时有超过半数台北市民众对其表示信任并高度期待，也反映出目前其他可能竞争者皆尚不足以挑战甚至撼动柯文哲的连任之路。

此前备受争议的大巨蛋问题，民众对于台北市政府和远雄公司签约兴建的大巨蛋已停工超过两年的看法，42.5% 认为柯文哲重视公共安全问题严格把关以致，38.6% 认为柯没有能力解决问题继续完成，另 18.9% 未明确回答，显见台北市民对此议题看法分歧。经交叉分析 20 至 49 岁民众多认为是柯文哲重视公安把关以致，然而 50 岁以上民众却多持相反看法，此外泛绿民众 67.8% 认为是柯文哲重视公安，泛蓝民众 69.8% 认为是没有能力解决，中立民众 43.3% 认为重视公安、29.6% 没能力解决。

民调显示，台北市民众 46.7% 满意柯文哲的整体施政表现，42.6% 不满意、10.8% 未明确回答。对照"美丽岛电子报"2017 年 4 月台北市长选举民调结果，对柯施政满意的比率增加 5.5 个百分点、不满意比率减少 5.0 个百分点，显见台北市民对柯文哲的施政评价仍然意见分歧。

让蓝营必须拉警报的数字是，若从"户籍"交叉分析会发现，以往传统被认为是蓝营铁票仓的信义、大安、中正、文山区，柯文哲却也都能赢过朱立伦等其他蓝营竞争者，显示蓝军若要拿回北市，如何化解生锈的票仓恐是当务之急。

另外，若以"政党倾向"来看，值得注意的是，尽管近期陆续有绿营政治人物对柯文哲表示不满，民进党支持者对于柯文哲与赖清德谁适合当北市长，比例相差无几，分别是 62.0%、67.0%，仅差 5 个百分点。在"中立 / 看人不看党"的选民部分，有 48.4% 认为柯文哲适合，领先赖清德的 34.2%、朱立伦的 32.3%。

当民调逐一将柯文哲与可能的竞争者进行"一对一"对决，并询问民众会把票投给谁时，其结果显示，柯文哲 VS. 赖清德为"柯 40.7%、赖 29.2%"，双方差距 11.5%。柯文哲 VS. 朱立伦为"柯 43.3%、朱 36.1%"，双方差距 7.2%。柯文哲 VS. 丁守中为"柯 47.2%、丁 31.3%"，双方差距 15.9%。柯文哲 VS. 李鸿源为"柯 51.0%、李 23.4%"，双方差距 27.6%。

由于柯文哲在"双城论坛"中主张"两岸一家亲""命运共同体"，惨遭绿营强烈抨击，姚文智等绿营政治人物也纷纷呼吁民进党应和柯文哲分手。当民众被问到"您对台北市长柯文哲这次去上海参加双城论坛的言行表现，整体来讲是满不满意？"结果显示，44.9% 表示"满意"，24.3% 表示"不满意"，30.7% 未明确回答。若以"年龄"进行交叉分析，更发现在"20—29 岁"的族群，"满意"柯文哲双城论坛表现的比例高达 71.1%，"不满意"仅 11.3%；而59 岁以下的族群，"满意"的比例也都超过四成，"不满意"则在三成以下。若再以"政党倾向"交叉分析，也发现无论是国民党、亲民党、民进党或"中立 / 看人不看党"的选民，都是"满意"高于"不满意"。即便是民进党支持者，满意的比例也有 43.7%，不满意为 30.7%，数据与国民党支持者相近。换言之，从民调来看，被民进党骂翻的"两岸一家亲""命运共同体"，不仅深获年轻选民认同，也获得蓝、绿支持者相对多数的认同。

"美丽岛电子报"指出，这项数据除了显示年轻人对"赖神"兴趣缺缺之外，这恐怕也是"年轻选民逐渐远离民进党"的另一种迹象。在"政治倾向"方面会发现，民进党即便推派赖清德角逐北市，在"泛绿"选民部分，仍是有33.8%选择票投柯文哲，会投给赖清德的则为56.3%，不到六成。而"中立／看人不看党"选民部分，柯、赖获得的比例分别为41.1%、21.3%，相差近二成。

民进党秘书长洪耀福分析2018年民进党党内选举情势时指出，过去民进党对柯乱讲话，觉得还好就是乱讲，只要政治立场上与民进党一致，其它都可以容忍，但是现在会质疑柯的两岸议题是否与民进党一致？这是柯要严肃面对的问题。民进党基层会质疑柯是不是自己人，这才是未来是否继续合作的核心问题，柯要自己拿出诚意解决民进党基层的质疑，柯要展现态度让基层觉得柯还是自己人。

曾任台北市长柯文哲竞选总干事的姚立明爆料指，柯文哲近来对台当局开炮，是想切割民进党，甚至为直攻"总统"大位做准备。亲绿政治评论员陈淞山在"美丽岛电子报"发表评论文章指出，对直攻2020的传闻，柯只能够见招拆招消极以对，不能显露可能意图，但也不能够完全全盘加以否认！一方面可以保有与民进党的政治结盟与合作空间，另一方面也可迫使民进党在台北市长选举不敢盲动地推人参选角逐。柯文哲也会与大陆保有若即若离的暧昧弹性空间，让大陆方面投鼠忌器，不便在2018的市长连任过程当中，全力押宝国民党所推出的候选人。

二、大运会后柯文哲声势大涨

2017台北世界大学运动会圆满闭幕。回顾2016年因世大运场地大巨蛋工程停摆，到2017年整个筹办过程一波三折最终还是顺利完成，这不仅是无党籍台北市长柯文哲任内目前最显著的政绩，更为他2018年台北市长选举打下漂亮起手势。

世大运是柯文哲首届市长任内，到目前为止最显著的政绩，因为在这之前，多数台北市民几乎想不到柯文哲到底有什么可以拿来说嘴的政绩，除了心直口快有话直说，失言频频让人印象深刻，被问到市政成绩，有时候甚至连市府团队都说不出所以然。

不过，回顾整个世大运筹办可说是一路大逆转，2016年一度因为世大运场地大巨蛋盖一半却因未符合相关规定被勒令停工，北市府紧急寻觅合适场地；宣传活动几乎场场有柯文哲，被誉为只见市长不见选手的宣传，再到参赛名称中华台北引发"独派"不满、年改团体闹场等，种种负面消息被中华队在赛场上一次次创下佳绩所掩盖。

这次台北市举办世大运，柯文哲算是安全下桩，从柯闭幕致辞，先感谢前市长郝龙斌成功申办世大运，再感谢蔡英文、"行政院"各"部会"、场馆所在各县市政府的鼎力支持，就可看出来柯文哲已经松了一口气，才会一改活动前多次遇筹办瓶颈，就以并非他任内决定为由说明，反倒感谢这个让他有机会可以办世大运的郝前市长。

9月24日民进党全代会将讨论2018年地方选举布局，外界关注，之前扬言要自推候选人的民进党是否会如预期再度和柯文哲整合，其实答案已经很明显，不论是民进党或柯文哲都已做好整合准备，除了目前不可能赢过柯文哲的民进党"立委"姚文智，民进党根本没有其他人表态出现，现在柯文哲声势随着世大运的圆满落幕看涨，等于也进一步加速了柯绿整合的脚步。

据台湾《苹果日报》报道，柯市府主办世大运风光落幕，北市府与柯表现都广受好评，该报针对北市民众最新民调，73.7%对柯在世大运表现满意，57.39%支持柯连任，相对蔡英文在世大运表现仅获44.53%满意度。而柯就任北市长后，该报曾做的四次施政民调中，以其上任百日满意度75%最高，之后就一路下滑，2016年底就职两周年时跌到35%。

柯文哲坦言，离连任选举还有15个月，不用想太多。但被媒体问及声势可直攻"总统"大位，柯回答"那不可能"；民进党秘书长洪耀福对同样问题回"太多虑了"。洪说，世大运办得好，不只对柯文哲，对台湾整体都加分，对民进党"怎么会有威胁呢？"。但对找柯谈市长选举，洪指"不用那么急"。有意角逐台北市长的绿委姚文智则不回应。

但吕秀莲说，大家都说体育归体育，政治归政治，"错了，要有敏感"，台湾能赢得世大运主办，"是因为中国大陆支持马英九，而现在中国大陆支持柯P了"。国民党议员徐弘庭则说，柯未来挑战仍多，若处理不好民调仍会下滑。熟悉北市的绿营人士则说，世大运选手成绩好，跟柯施政是两回事；民进党支持者仍期待党能推自己的台北市长候选人。

《时报周刊》民调也指出，民众对台北市主办世大运满意度高达八成，不满意度为11.5%；针对柯文哲个人的施政满意度为55.1%、不满意度30.3%。当初在台北市长选战礼让柯文哲的民进党在 2016 年取得全面执政权后,与柯文哲在两岸政策等方面时有不同意见,柯的民调滑落后,民进党强势欲推出自己的人选,但世大运后情势不变,该党低调以对。

亲绿的三立电视台公布的民调也显示,有 44.4% 的民众非常满意,44.8% 的民众还算满意,即有 89.2% 的民众满意台北市政府在世大运的表现;而且,如果明天投票,柯文哲将有 47.6% 的支持度,原本挑战台北市长呼声很高的民进党籍台南市长赖清德、国民党"立委"蒋万安等五人加起来都输给柯文哲。三立也针对民进党 2018 年底选举时是否要派人与柯文哲对决进行调查,结果主张应推出自己人选的有 29.9%,不需要的有 41.5%;民进党支持者认为不需要推出自己人选的由 7 月的 40.5% 上升至 53.6%,认为需要推自己人参选的也从上个月的 47.3% 下降至 31.4%。

(一)蔡视柯文哲为 2020 强劲对手

2017 年世界大学运动会在台北举行,成功与否,不只是柯文哲连任的关键,也是民进党观察 2018 台北市长选举是否继续与柯合作因素之一。世大运开幕当天,因反年改团体抗争,选手一度无法顺利进场,事后一篇报道盛赞蔡英文非常沉稳在场指挥调度,柯文哲铁青又瘫软,很显然就是蔡幕僚的描述,目的是为了塑造蔡的领导能力比柯好。

接着台湾选手拿下亮丽成绩,多项比赛都破纪录,世大运人气转强,连带肯定柯文哲与市府团队。因此,蔡当局在世大运闭幕前,要求"中华文化总会"来主导协调各个单位,在闭幕后一天,让这些选手从"总统府"游行到台北市政府,带有收割意味,不想光芒都让柯文哲占尽。

蔡英文上台后民调一路往下掉,但柯文哲日前在记者会上痛骂扰乱世大运的人是"王八蛋",非但没有让柯民调下降,反而因其直白发言,支持度更高。这可能让一般政治人物难以理解。

不只是柯文哲直白发言获得一般民众认可,柯也把握机会推两岸交流。国台办交流局长黄文涛以大陆代表团团长顾问身份率领选手来台。不可讳言在两岸官方交流中断的此时,柯能够如此推动两岸交流,也能争取一些中性选民,甚至是泛蓝支持。也会让若干选民质疑蔡当局在两岸事务上的无可奈何。

"柯文哲效应"蔓延,让柯人气不坠,若柯 2018 连任台北市长成功,柯的下一步愿意只停留在市长吗?柯支持度若再上升,未来到底如何走?这也不是现在就可以预判。因此蔡把柯视为连任的可能竞争对手,也算是提早应对。

（二）柯绿有竞争也有合作

2018"九合一"选举脚步逼近，外界关注民进党是否再度礼让现任柯文哲。民主进步党副秘书长卓荣泰将柯绿关系比喻为 2017 世界大学运动会，有竞争也有合作。他愿意将柯文哲在很多议题上和民进党中央有不同意件视为良性互动、竞争，但世大运办得好坏和市长选举应该切割看待。民进党最后是否和柯整合将在 9 月 24 日全代会后有明确方向。

曾在 2014 年帮柯文哲操刀台北市长选举的"中华文化总会"秘书长林锦昌表示，柯的风格是事前刻意把事情预期值降低，然后再做个漂亮转身，就会有很大加分。柯对于蓝绿政治人物来说是"新物种"，让沉闷的台湾政治，注入一股新活水。

新潮流系民进党台北市议员梁文杰表示，民进党长期最高战略就是不要让国民党把台北市拿回去，不论自推人选还是支持柯文哲，都是要在这个战略下做考虑。如果柯文哲现在的支持度非常高并有把握能够赢的话，泛绿群众会乐观其成。

（三）柯式"新政治"蓝绿橘焦虑

台湾联合报评论指出，台北市主办世大运开低走高，市长柯文哲政治行情随之攀升，民进党吃味、国民党无策，亲民党更是想要合组一个不分党派的务实民主大联盟。柯文哲声势愈上涨，也愈凸显传统政党的焦虑感。

尽管常说错话，但相对于令人厌倦的传统政治，柯文哲不落窠臼的真性情，反而更受欢迎。曾助柯文哲操盘市长选战的"中华文化总会"秘书长林锦昌形容得传神，柯就像一个"新物种"，为已经"优养化"的政治池塘注入了新活水。

不过，连柯文哲也承认目前民调只是"短期行情"，未来要拼连任或更上层楼，都还要累积实绩。只是，柯文哲声势上扬，让民进党在竞合间少了讨价还价的筹码，也压缩了国民党收复台北市的选战布局；亲民党虽想依附柯文哲的高人气，但柯文哲四两拨千斤，也不愿"白色力量"靠政党太近。

从柯文哲当选台北市长后，"柯文哲现象"是政坛热门话题。透过世大运来检验，不外就是率直、认真，传统政党若不能洞察这股"新政治"的趋势，仍用旧思维搞政治，难怪柯文哲谈笑用兵，蓝绿橘都紧张兮兮。

三、蓝重守台北形势不乐观

2018 年台湾"九合一"选举的话题越来越热，尤以"双北"市长选举讨论最多。

在指标性的台北市，2014 年由于民进党与柯文哲联手，国民党痛失"首善之区"。2018 年，国民党将会派谁出战"收复失土"？与现任市长柯文哲渐行渐远的民进党，2018 年是否会推出自己的实力战将？而柯文哲谋求连任的前景又将如何？

由于蔡英文和民进党执政一年多来民调一直不见起色，国民党对 2018 年底的"九合一"选举有了些许的企图心，其中对于向来被认为基本盘蓝大于绿的台北更是有所期待，党内有意参选或被点名的战将名单也陆续爆出：丁守中、罗智强、葛永光、钟小平、朱立伦、张善政、江宜桦、蒋万安……然而根据近两个月的民调，即使国民党和民进党分别推出最强棒朱立伦和赖清德都难与柯文哲一较高下。在目前两岸关系僵局下，2017 年"双城论坛"的成功举行替现任台北市长柯文哲"加分"不少。随着 2018 年选战越来越近，柯文哲也开始制造话题为争取连任"预热"，他左酸国民党，右打民进党和蔡英文。8 月 5 日受邀到台大演讲时，更主动提及 2018 年市长选举主轴已确定是"进步价值"。而日前大运会的成功举办，更让柯的气势如日中天，甚至连民进党都开始担心若柯有意竞选，2020 年柯蔡对决蔡英文未必能赢。

柯文哲近期在"前瞻计划"等议题上频频攻击民进党，岛内舆论质疑双方关系渐行渐远。"从来没在一起，怎么分手？""在一起也不一定是朋友，分开也不一定是敌人。"民进党秘书长洪耀福的一番话引发更多猜测。2018，台北市长选举民进党与柯文哲是继续结盟，还是彻底决裂？根据目前的情况看，民进党 2018 年估计不会派人参加台北市长选举，而是继续寻求与柯文哲合作。否则，无论最终台北市长花落谁家，都只会逼着柯文哲参加 2020 年台湾地区领导人选举。如果柯文哲参选 2020，必定造成绿营分裂，这将对民进党和谋求连任的蔡英文造成极大的被动与不利。这就是为什么柯文哲当下敢肆无忌惮批评蔡英文的原因所在，因为他吃定民进党 2018 年不敢派人参选台北市长。所以，目前民进党内部争论谁出来参选台北市长，都只是嚷嚷，最后都会被强压下来。

815 全台大停电后，"美丽岛电子报"公布最新民调，28.3% 民众对民进党有好感、47.6% 反感，24.5% 对国民党有好感、47.4% 反感。交叉分析得见对民进党好感大于反感的是小学以下教育程度或倾泛绿与民进党支持者，对国民党好感大于反感的仅该党支持者。值得注意的是，国民党在六都唯一执政的新北市，反感度破五成，而大学以上对国民党反感比例也超过五成，年龄在 30～39 岁与 40～49 岁的民众当中，对国民党的反感度也过半。

民调显示，国民党的好感度较上次民调上升了 1.1%，在反感度部分则上升了 1.9%，此次民调是在 815 全台大停电后所做，国民党的好感度并没有因为发生 815 大停电事件而大幅上升，反感度反而还上升 1.9%，表示民众对国民党的反感并不会因为单一事件而改变，国民党必须做出彻底的改变，才有办法挽回民众对国民党的信心与好感，这也显示出国民党的警讯。

台北市被认为基本盘蓝大于绿，然而这份民调的数据显示，台北市民对国民党的好感度仅 23.7%，而反感度则高达 45.4%。民调数据也显示，有多达 30.9% 的台北民众未明确表示是否支持国民党。如果是蓝绿对决，台北市或许还有机会重回蓝天。但若对上柯文哲，恐怕国民党仍是凶多吉少。

（原载《福建社科情报》2017 年第 4 期）

对赖清德公开主张"台独"之思考

程　光

一、赖清德公开表态主张"台独"

台湾新任"行政院长"赖清德9月26日首度到"立法院"接受质询时，直言："我是个主张'台湾独立'的政治工作者，曾提过的'亲中爱台'是以台湾为核心，向中国大陆伸出友谊的手、表达亲善态度。""台湾地区是'独立国家'，两岸是互不隶属的关系。""依蔡英文指示，两岸互助、互惠、善意不变、承诺不变、不在压力屈服下，推动各种工作。"对于他过去提出的"亲中爱台"，赖清德称，"以台湾为核心，向中国大陆伸出友谊的手、表达亲善态度，希望借交流增进彼此了解、理解、和解、谅解，并和平发展，就是'亲中爱台'的根本意思。"他还说，两岸有共同目标与共同敌人，应互相合作，"共同敌人包括台风、地震与艾滋病等，增进两岸人民福祉是共同目标"。

赖清德"台独"言论一出，台"总统府"赶紧澄清赖的台湾"独立"说为"中华民国主权独立"。而针对赖清德和"总统府"的不同说法，绿营的多位"立委"认为，赖的立场与蔡英文没有不同，与蔡当局的两岸政策一致，还有人声称赖清德的"台独"言论表达台湾人的心声。

蓝营的观点则认为，赖清德的言论是在推动"台独"，并已吹响前奏，撕破了蔡当局两岸关系的最后一层谎言。

在赖清德"台独"言论发表后，国台办9月27日回应强调"台湾从来就不是个国家，永远不可能成为国家，搞'台独'分裂必将自食恶果"。美国国务院9月27日重申美国的"一中"政策，"鼓励两岸对话，以双方人民都可接受的方式，和平解决分歧"。

赖清德"台独"言论引发了轩然大波，慑于岛内外各方的压力，蔡英文和陈菊联手压制，赖清德 9 月 29 日到"立法院"备询时没有再提"台独"。

赖清德的言论挑战了大陆底线，也是朝两岸关系的伤口洒了一把盐。民进党重返执政一年多来，蔡英文及其他主责大陆事务的高官均未曾如此公开主张"台独"，赖清德是第一位，而且是以"行政院长"身份、在"立法院"答询时公开提出的。赖清德无视各方的劝告，不改"台独"本色，满足了"独派"的要求，轻忽了对两岸关系的伤害，也低估了大陆将会做出的反应。台湾"总统府"特别针对赖清德的"台湾独立说"作澄清，强调"中华民国"是"主权独立国家"，蔡当局这个立场从来没有动摇。其实，台湾"总统府"澄清与否，都无法消弭赖清德在"立法院"发表"台独"言论的影响，大陆看得清楚，在拒绝"九二共识"，推动"台独"问题上，蔡赖并没有实质不同。

赖清德的言论挑战了大陆底线，挑动了两岸民间对立情绪。在可预见的将来，两岸交流将进一步紧缩，两岸"冷对抗"将持续下去。一旦蔡当局推动"法理台独"，如"修宪改国号"，也就到了摊牌的时候，大陆除了摊牌，别无选择。

二、赖清德公开表态"台独"的目的

（一）政治生涯规划

赖清德针对近来台湾政媒界对他的政治态度的揣测，亮出了他的政治立场，一是正式宣布他的"台独"立场，二是屈从于政治现实，不再与蔡英文竞争 2020 的出线权，而是改为争取实现"蔡赖配"，到 2024 年才争取代表民进党参加"总统大选"。如果说赖清德过去就被视为强硬的"独派"人士，甚至在到上海参访并演说时，都坚持"台独"立场，因为他当时还是地方官员，而尚未形成"身份宣示"的话，那么，他在贵为"行政院长"后，仍然亮出他的"台独"立场，那就已经是"盖棺定论"的了。实际上，民进党前后两次执政时期的"行政院长"，包括后来在党主席任上推出"正常国家决议文"的游锡堃，担心会进一步恶化两岸关系，都不敢如此坦率直白地表露其"台独"立场，多是以模糊手法应对以过。因此，赖清德的"台独"立场已暴露无遗，抵消了蔡英文在民进党全代会上宣示走"第三条路"所做出的努力。

赖清德可能已经计算过，既然在 2020 年无法夺蔡英文的权，在 2024 年蔡英文因已经两任按规定不能再参选取连任时，赖清德就将会在党内初选中遇到郑文灿、林佳龙的强力竞争，而届时自己也没有了年龄优势。因而不如退一步，乖乖地向蔡英文输诚,争取在2020年做蔡英文的搭档,以"蔡赖配"出战,成功当选后,以四年"副总统"的声望,到2024年直接参选"总统",加大保险系数,以击退郑文灿、林佳龙的挑战。因此可以说,赖清德担任"行政院长"后在"立法院"的首次亮相,是他对自己的政治立场及未来政治生涯前景规划的正式表态。

(二)试探大陆底线

中共十九大会议召开在即,赖清德选择在这个敏感时机公开宣示"台独",有可能在试探主张"台独"到底能够走多远。过去谢长廷也曾抛出"宪法一中"概念,试探大陆能够接受的范围。赖清德此举既有再次向始终支持他的"独派"表衷心,也在试探大陆对其"台独"主张的底线。但赖清德身为台当局行政主管负责人,身份敏感,而且自蔡英文上台执政以来,由于民进党当局拒不承认"九二共识",两岸关系陷入冰点,因此此番言论才会在岛内外激起这么大反应。

(三)叫板蔡英文

两岸政策原是"总统"的职责范围,赖清德公开就此发表看法,颇有挟高民意向蔡英文叫板之意图。

第一,赖清德不隐藏"台独"基本教义派立场。比较蔡赖两人,如果蔡英文被认为是铁杆"台独",那么赖清德则是铁杆中的铁杆。从赖清德9月26日在"立法院"的发言看,他并非不了解如何以"暗独"话术回应"立院"答询,而是铁心把心里的话讲出来。这完全可以看出赖坚持"台独"毫无妥协的一面。

第二,赖清德虽当了蔡英文的"阁揆",但并未被收服。蔡任命赖担任"行政院长",台湾政坛多认为这是一个2020"蔡赖配"的格局。蔡把赖拉到身边,赖2020出来挑战"大位"的可能性已降低,蔡打趴国民党且安内之后,有很高机会可连任成功。从赖在"立院"谈"台独"的态度,可看到赖没把自己当蔡英文的执行长,他要表达自己的主张,把自我放在团队、蔡英文之上。在"立院"公开表态支持"台独"后,赖蔡关系产生新变数。赖都敢大动作宣示主张"台独"了,何况其它政策及人事,在"蔡赖体制"蜜月期过后,赖必然会走自己的路。未来两岸关系若因赖再度恶化,或是蔡赖对政策主张发生冲突,都可能导致两人决裂。赖有没有可能挑战蔡出选2020?目前还没人说得准。

第三,赖清德自认民意基础比蔡英文高。蔡英文执政后民意支持度一路下滑,赖清德与柯文哲则是名列前茅。近期多个民调显示,蔡在任命了赖之后,满意度急升。偏绿的台湾民意基金会日前调查蔡英文领导方式较上月急速蹿升

16.6%，达到 46.4%。这类民调对蔡赖关系无形中产生了挑拨作用。让赖更有信心做自己。

第四，赖清德仗着有"独派"与新潮流做靠山。"蔡赖体制"一方面是蔡英文授予赖清德最高行政首长的位子，另方面也是赖出手来抢救支持度陷困境的蔡。不少"独派"大佬一直主张蔡做一届四年就好，支持赖清德出来选 2020。此外，蔡也不能没有党内最大派系新潮流相挺。因此赖的姿态一直很高，至少和前任林全相比，赖没把自己定位在蔡英文的"执行长"这个角色上。这样的心态使然，赖才敢放手在"立法院"谈"台独"。

三、岛内"台独"现状堪忧

事实上，早在赖清德被传将出任行政机构责任人时，岛内作家王丰就分析称，一个主张"台独"的行政机构负责人，加上一个不承认自己走"台独"路线却放任下属大搞"文化台独"的台湾地区领导人，台湾岂有宁日？蔡英文配赖清德，给人一种符号意涵："明独"与"暗独"的合流。而自赖清德上任以来，多次拜访"台独"大佬李登辉、吕秀莲等，这些人也纷纷力挺他，李登辉对赖清德大加称赞，称其是年轻又有魄力的好人选，"相当坚持'台湾主权独立'价值，请大家一起帮助赖清德协助蔡英文"。吕秀莲也说，赖清德"发表的施政方针铿锵有力、面面俱到。"赖清德则表示要吸取"前辈经验"，其"台独"意识可见一斑。就像王丰所说，赖清德从他说"亲中爱台"那刻起，就在向岛内人士释放他想得"大位"的强烈信息，现在回想起来，他的"亲中爱台"说，只是他向往权力的一种话术。

（一）国民党的两岸立场向民进党靠拢

不久前的国民党中常委选举，49 人参选角逐 32 席票选中常委，代表深蓝、亲陆的洪秀柱系全部落马，无一当选，新当选的中常委几乎都是亲吴敦义的本土派代表人物。自吴敦义当选国民党党主席以来，采取了与洪秀柱完全不同的两岸政策，即抛弃深蓝，疏远大陆。此次赖清德公开宣示"台独"，洪秀柱直批赖"叛国"，新党控告赖"违法违宪"，若在以前国民党肯定炮火连天，穷追猛打。但这次国民党对赖的态度却令人费解，没有第一时间表达严正的立场。虽有国民党政治人物或公职人员表达了对赖清德"台独"言论的不认同，或者反对，或者忧虑，但国民党的反应显得非常冷淡或不以为然：虽然"文传会主委"应询时表示中国国民党坚决捍卫"中华民国"这块招牌、坚决反对任何形式的

"台独",此一立场从来没有动摇过,欢迎其他政党也坚持此一立场,但完全不见对赖清德"台独"言论有直接的批评或评论。由此可见,国民党的两岸政策出现了重大调整,有可能已经抛弃长期以来的反"独"大旗,岛内呈现"明独"和"暗独"合流之势。国民党的未来作用与价值也难免令人存疑,并可能影响国共互信。

（二）和平统一遥遥无期

根据民调数据,从20世纪90年代到2017年9月,认为自己不是中国人的台湾人,从13%上升到72%;认为自己也是中国人的台湾人,从73%下降到12.6%;认为自己就是中国人的台湾人,大体保持在10%。2017年9月17日台湾民意基金会的民调显示,主张"台独"的民进党和"时代力量"在台湾的支持率分别为30.2%和6.4%,而国民党的支持率为18.9%,亲民党2.9%,其余小党支持度均在1%以下。近30年民调数据的变化表明,随着"台独"意识的增强,国民党与民进党的势力必然走向此消彼长,任何力量都无法阻挡。要想实现和平统一,在台湾目前的社会政治制度和选举制度下,需要有一个主张统一的政党,支持统一的选民至少超过半数,并且投票支持这个主张统一的政党。但是,目前台湾支持和平统一的政党没有一个能够在台湾获得超过1%的支持度。而且,任何主张统一的政治人物,在台湾都是票房毒药。因此,从目前的岛内现状看,和平统一遥遥无期。

四、对台研究应有新思维

（一）大陆媒体应客观报道台湾

近年来,囿于信息来源渠道缺乏,大陆无法全面获取岛内的相关信息,对台湾的了解只能从大陆媒体的有关报道中获知。在大陆媒体如抗战神剧般妖魔化民进党、夸大岛内反"台独"力量宣传的引导下,部分普通民众及涉台官员、学者,盲目自信于大陆对台湾政局的影响和掌控。媒体的选择性报道使大陆民众对岛内政治、经济、民生发展状况和社会主流民意缺乏起码的客观了解,更无法了解台湾为何与大陆渐行渐远。因此,大陆媒体必须担负起客观、全面报道台湾的责任,使民众、学者和涉台官员能从中获取更多的有用信息。如果在对台工作中无法知己知彼,何以言胜?

（二）应加强对蔡英文和民进党的研究

从台湾目前情势看,在今后相当长的一段时间,民进党将继续在岛内执政,甚至有可能随着国民党的衰落而出现民进党一党独大的局面。如何因应和面对是我们面临的问题。

首先，要加强对蔡英文的研究。蔡英文在陈水扁贪污入狱之后，挽民进党于既倒，扶"台独大业"于将倾，其能力、境界、水平远在台湾任何政治人物之上。2012 年蔡英文以微弱少数败于马英九之后，提出了向北发展、向下发展、向外省人发展的三大战略。在她的领导下，2014 年民进党在"九合一"选举中拿下多数县市，接着在 2016 年选举中她本人狂胜国民党的候选人朱立伦，民进党在"立法院"取得过半席次。不得不承认，蔡英文担任民进党主席以来，眼观世界，耳听亚洲，胆大心细，遇事不慌，战略坚定，战术灵活，敢于斗争，善于斗争，有理有利有节，行止自如。对大陆而言，蔡英文是一个强大的对手。只有重视和研究这个对手，才不至于对其两岸政策屡屡预测不准，受制于敌。

其次，要加强对民进党的研究。现今的民进党正处在成立以来最强盛时期，经过多年的探索，民进党深谙"台独"理论必须密切联系台湾实际和台湾人民之道，能够及时对错误政策进行修正和反思，其政党支持度远胜岛内其他政党。在蔡英文的领导下，民进党不仅取得了多数台湾民众的支持，也获得多数台湾企业家甚至多数大陆台商的支持。蔡英文担任民进党主席以来，不拘一格培养人才，党内中生代、新生代人才辈出，与国民党的人才凋零形成鲜明对比。现任的民进党"立委"和县市长，老中青比例合理，以形象清新靓丽中青年为主，"台独"化、知识化、年轻化。既形成合理的接班梯队，又能获得台湾民众的认可。对于这样一个深获台湾民众认同、根深叶茂的民进党，我们只有深入研究其理念、战略、战术，深入了解其特点、优势和弱点，才能在对台工作中占据主动。

（原载《福建社科情报》2017 年第 5 期）

岛内外各界评赖清德"台独"言论综述

程　光

9 月 26 日赖清德在台"立法院"公开表明其"台独"立场。赖清德的"台独"言论一出，在岛内外引发了轩然大波。

一、蓝营评赖清德"台独"言论

赖清德发表主张"台独"的言论后，蓝营部分人士对此发表了看法。

（一）吴敦义：蔡新模式是"台独"？

中国国民党主席吴敦义表示，国民党始终坚决反对任何形式的"台独"，此一坚定立场从未动摇。国民党呼吁蔡英文务必对外清楚说明，什么是她所谓的一致性、可持续性、可预测性的两岸关系。吴敦义也质疑，蔡英文所谓新模式是否就包括"台湾独立"？

（二）朱立伦：赖若影响两岸和平是不好的

曾任"行政院副院长"的朱立伦说，"行政院长"的职权不宜对两岸重大政策发表看法，那是"总统"的职权，而如果赖的个人立场，却以"行政院长"的身份影响到两岸未来和平或造成重大影响，都是不好的。

（三）张善政：赖清德说"台独"出发点是什么？

前"行政院长"张善政指出，新"阁揆"赖清德讲"台湾独立"，要看他的出发点是什么，是用怎样的"断句法"，不过已经是"行政院长"，最好还是用"中华民国"比较好。赖清德应该讲"中华民国是主权独立国家"，不要说"台湾（是'主权独立国家'）"，前面那句话，在台湾没有人会反对。现在大家的讲法就是"中华民国在台湾是主权独立国家"，这句话如果不被接受，是很伤我们人民的感情。

（四）张荣恭：赖打破蔡的暧昧两岸陷险境

中国国民党前副秘书长兼大陆事务部主任张荣恭表示，赖清德是打破蔡英文之前的暧昧作法，作为"宪法"上的"最高行政首长"去主张"台独"，对台湾人民是非常不负责任的，会让两岸关系陷于险境，"台独"和大陆遏"独"的对撞，对台湾是灾难性的后果，执政党必须要非常谨慎。包括民进党执政时期，从来都没有"行政院长"在"立法院"公开表露"台独"立场，实际上"行政院长"不应有个人意见，因为他代表整个民进党当局，赖不是不懂这道理，而是其政治选择。这件事情涉及国家基本立场和两岸关系定位，又涉及台海能不能和平稳定。"中华民国是主权国家"，这是"宪法"的概念，所谓"台湾是主权独立国家，国号为中华民国"，这是另外一个概念。按照"'宪法'我们的主权及于大陆，如果有心依据'宪法'来定义'中华民国'，两岸同属各自定义的一个中国，承认'九二共识'就理直气壮。但是，现在蔡英文自己提到'宪法'，却不愿意提到'宪法'中主权及于大陆，所以才没办法去认同'九二共识'"。所以赖清德公开表示"台独"，是把蔡英文这比较暧昧的做法打破了，说"台湾是'主权独立国家'，'国号'为'中华民国'，这就是主权不及于大陆"，两岸关系定位为"国与国关系"，也就是 2017 年 7 月，赖在台南市长任内讲的国际关系，这就是"台独"立场。

观察未来两岸的趋势，在赖清德的谈话后，大陆对于民进党当局的态度会更紧缩，但大陆对于台湾人民的做法会更加深入融合，这种趋势会让当局在两岸交流中被边缘化，相信台当局也看到这点，只是还找不出方法。所以，如果作为"宪法"上的最高行政首长，去主张"台独"，对台湾人民是非常不负责任的，会造成两岸关系陷于险境。

（五）王炳忠：赖清德"急独"是在测中共底线

新党召集人王炳忠表示，民进党现在所作所为，包括李登辉发表言论、包括邱义仁帮蔡英文做诠释，说台湾是"中华民国"，现在赖清德又完全走"急独"路线，要直接用"外交部"跟中国大陆做交流，直接说他就是"台独"，民进党是故意在中共十九大前夕测中共的底线。民进党现在在测大陆会不会也能接受？台湾到底喊"独"喊到什么程度，大陆会做什么样的反应？但是这样一个测底线的做法，让人觉得非常危险。就怕大陆会不会也刻意让你台湾走向"急独"，那大陆就有理由启动《反分裂国家法》？两边互测底线下，最后谁赌输、谁赌赢，我们不知道，但台湾赌的成本和筹码，绝对远远低于大陆，台湾没有筹码去玩这种互相赌博的游戏。

（六）孔文吉：民进党正在推"台独"三部曲

国民党"立委"孔文吉质疑，赖清德在"立法院"主张"台独"的言论是想讨好"台独基本教义派"的言论，因为赖之前说他"亲中爱台"，但"亲中爱台"与"台独"是互相矛盾的，这言论让民众不得不怀疑，民进党是否推"台独"，已吹响"台独"前奏三部曲。一是赖清德主张"台独"时"总统府"否认并强调不乐见；二是看到蔡英文到现在都不承认"九二共识"；三是绿委在推"修宪"，要把"统一前"三个字删除，这三步骤是否就是民进党推"台独"前奏的三部曲？希望"行政院长是中华民国最高的行政首长"，在"国会"的发言不是代表个人，而是代表整个当局，可是将来要执行的政策，因此赖发言要特别谨慎。特别是两岸关系非常敏感，从冷和到冷战的状态下，任何发言都必须慎重，赖的发言对当前两岸关系是提油救火。

（七）刘士州：赖抢在蔡之前论述两岸很严重

国民党台中市议员刘士州表示，从赖清德在"立法院"公开主张"台独"，就可以看到蔡当局高层的角力，"行政院长"抢在"总统"之前，对两岸关系提出论述，这是非常严重的事情，赖必须好好三思"不要再害台湾了！"民进党就是想要用"中华民国"包装"台独""借壳上市"，现在不动"国号"，却实质推动"去蒋""去孙文""去文言文"等"去中化"政策，这是实质"台独"，未来等时机成熟后，直接推动"法理台独"，这就是民进党的"台独"策略。

（八）孙大千：赖撕破蔡在两岸之间最后一层谎言

国民党前"立委"孙大千指出，在两岸关系上，民进党今天就是走到了这样的一个局面，明明说出来的话，连自己都不见得会相信，却还是要一再地鱼目混珠下去。蔡英文也知道，这种策略是无效的，所以，这一年多来反而更被逼着表态。就一个支持"台独"的政治人物的标准来看，赖清德的表态是负责的，也许这个表态，会让他在政治之途止于"行政院长"，但他至少面对了他的选择，与停止用模糊讨好中间选民。然而，就一个"行政院长"的立场来说，赖清德却是狠狠地打了蔡英文一个耳光，更是把台湾送上了火线。赖清德一方面公开撕破了蔡英文长久以来试图维持在两岸之间的最后一层薄薄的谎言，同时又把台湾人民送进了另外一个严重的不稳定状态。

（九）对赖"台独"言论　国民党的态度令人费解

赖清德的"台独"言论引起台湾政坛哗然和大陆朝野的强烈反应，势必对未来的台湾政局和两岸关系发展，造成深远影响。

大陆的持续强烈反应理所当然；美国国务院第一时间重申"一中政策"，表明美国清楚赖清德言论的严重性；台湾许多专家学者和政治人物表达批评、谴责或忧虑，更是必然。新党还拟向"监察院"、高等法院告发赖清德"违宪违法"。

令人不解的是，不见台湾最大的在野党国民党第一时间表达严正的立场。虽有国民党政治人物或公职人员表达了对赖清德"台独"言论的不认同，或者反对，或者忧虑，但国民党的反应显得非常冷淡或不以为然：虽然文传会主委应询时表示中国国民党坚决捍卫"中华民国"这块招牌、坚决反对任何形式的"台独"，此一立场从来没有动摇过，欢迎其他政党也坚持此一立场，但完全不见对赖清德"台独"言论任直接的批评或评论。对于触动国民党核心价值和根本主张的"台独"言论，也是会对两岸关系造成严重冲击和影响的事态，都没强烈的反应和立场表达，令人不解，国民党的未来作用与价值也难免令人存疑，并可能影响国共互信。

二、台当局及绿营对赖清德"台独"言论的看法

（一）蔡英文急澄清切割

赖清德在"立法院"公然宣称"台独"主张后，台"总统府"赶紧澄清赖的"台湾独立"说，转为"中华民国主权独立"，很显然是为避免影响两岸关系，尤其在中共十九大之前，不希望两岸再起波澜。

台"总统府发言人"林鹤明表示，"中华民国是主权独立国家"，当局这个立场从来没有动摇，这也是"2300万台湾人民所共同坚信"。有关两岸关系，当局的立场始终明确且一致，就是致力于区域和平、致力于维持两岸稳定。两岸政策根据就是普遍民意及岛内共识，致力维系两岸和平稳定关系，也本于尊重历史及求同存异的精神，向大陆持续释出善意，期盼透过双方良性互动，逐步化解对立和分歧。

（二）张小月：赖清德谈话精神与两岸政策一致

陆委会主委张小月表示，赖的意思是台湾是"主权独立国家"，根据"宪法"是"中华民国"，这样的精神跟台当局的两岸政策一致。台当局的两岸政策有相当的一致性和一贯性，一向根据"中华民国宪法"和"两岸人民关系条例"等法律来处理，而台当局的两岸业务追求两岸和平稳定，希望有更多沟通对话跟交流，当然交流要在对整尊严下进行，最终都是要求和平稳定。

（三）邱垂正：赖谈话意旨与蔡两岸政策一致

陆委会副主委、发言人邱垂正表示，台当局维持台海现状的两岸政策立场是一贯而不变的，2016 年 5·20 以来，台当局多次强调将在既有的历史事实与政治基础上，根据"中华民国宪法""两岸人民关系条例"及相关"法律"处理两岸事务，维护两岸关系和平稳定的发展。台当局维持现状的两岸政策立场一贯而坚定，并致力于做为维护台海情势、区域安全和平负责任的一方，"中华民国是主权国家，这是毋庸置疑的事实，没有再次宣布'独立'的必要，台湾的未来及两岸关系的发展由台湾 2300 万人共同决定，这是台湾社会最大的共识"。赖清德谈话的相关意旨与"总统"的两岸政策一致，外界不需要过度解读，未来台当局将坚定守护"国家主权"尊严，台湾主体性及维持和平稳定的两岸现状，捍卫"'中华民国'生存发展与台湾人民的福祉权益"，面对变动中的区域跟国际情势，两岸必须维持和平稳定的状态，这也是双方共同的目标与责任。

（四）"绿委"：赖清德立场与蔡没不同

民进党"立委"李俊俋、蔡适应表示，赖清德的立场与"府方"并没有不同。李俊俋说，民进党党纲很清楚，"台湾是主权独立国家"，名称叫"中华民国"。一直以来民进党立场很清楚，赖清德的说法符合他平常主张，对于"台独"比较强化，是第一个公开宣称台湾"独立"的"行政院长"，但"总统府发言人"的说法跟赖并没有冲突，只是重申立场。因为民进党党纲很清楚，"台湾就是主权独立国家"，名称叫"中华民国"；"总统府"是比较官式说法。蔡适应表示，赖与"府"方说法没有冲突，希望跟中国大陆维持友善关系，赖的说法与蔡英文谈话没有太大出入。现在两岸关系就是在"中华民国宪法"规范下的陆委会，以及"两岸人民关系条例"，"赖没有要在法律上更动或修正，尊重现状体制"。

（五）郑运鹏：赖说法就是"台湾前途决议文"

新潮流"立委"郑运鹏说，赖清德的讲法就是民进党"台湾前途决议文"。"台湾前途决议文"是民进党于 1999 年 5 月 8 日召开的第八届全代会第二次全体会议中通过的一项文件。指出台湾"事实上已成为一个'主权独立'的'民主国家'"，"其主权领域仅及于台澎金马与其附属岛屿，以及符合国际法规定之领海与邻接水域。台湾"固然依目前'宪法'称为'中华民国'，但与中华人民共和国互不隶属，既是历史事实，也是现实状态"。"台湾前途决议文"主张，"任何有关'独立'现状的更动都必须经由台湾全体住民以公民投票方式决定"。

（六）蔡其昌：赖清德说出多数台湾人心声

"立法院副院长"蔡其昌表示，赖清德的"台独"很清楚，是"中华民国"作为一个"主权独立国家"，这是事实，除非你不认为"中华民国是一个主权独立国家"，才会反对赖清德的言论。赖只是将多数台湾人的心声说出来，而且赖也释出善意我们不会再宣布"台独"，并没有改变任何现状。

（七）张丰藤：赖清德可能在试探大陆底线

谢系民进党高雄市议员张丰藤表示，中共十九大在即，赖清德可能在试探到底可以走到哪里？过去谢长廷也试图抛出"宪法一中"概念，看大陆能够接受的范围到哪，不试试看怎么会知道？赖清德现在身份敏感，才让中国大陆有这么大反应。美国虽也发声明支持"一中"原则，但这个"一中"是指哪个"一中"，美国没有明说。甚至美中三公报也没承认"台湾是中华人民共和国的一部份"，因此这些用语都有很大的回旋空间。赖所说的这些话，大部分的台湾人都是可以接受的。赖支持怎么样的两岸关系是一回事，但他也非常清楚地表明"中华民国一直以来都是主权独立的国家"，因此根本不需要去推动任何的"台独"运动。

三、学者评赖清德"台独"言论

（一）廖达琪：赖清德说法是"两国论"进阶版

台湾中山大学政治研究所教授廖达琪表示，赖清德的说法是民进党新潮流长期以来两岸政策的呈现，新潮流不是简单的派系，赖的说法应该经过深思熟虑，有其脉络。

赖清德的"三段论"讲法，即"自己是主张台湾独立的政治工作者"、"台湾是'主权独立国家'"、叫作"中华民国""台湾不需推动独立"等，赖清德没有提出"两国论"，只是"陈述一个广为台湾多数人所接受的事实"，因此赖清德的言论比"两国论"更进阶，甚至可以说是一种"不诉诸于言说的两国论"。在两岸政策上赖清德跟蔡英文一个扮黑脸、一个扮白脸，不论是国际舆论或中国大陆都很难在此事件上置喙。"总统府"甚至可以利用一般媒体对赖清德那种刻板的强势印象，或说"府方"已尽善意提醒之责，但无法控制。而蔡英文身为"总统"，"外交"与两岸事务还是由蔡英文一锤定音的。

（二）吴子嘉：赖清德害死蔡英文了

"美丽岛电子报"董事长吴子嘉表示，赖清德讲话非常严重，已经踩到北京红线，挑战蔡英文维持现状的主张，这会影响蔡全代会新论述的提出，这是非常严重的事情。民进党主张"中华民国是一个国家"，本来推测"习特会"台湾是否成为问题，但现在可以确定"习特会"把台湾问题逼上台面。大陆轰-6轰炸机之后应该会频繁绕台，赖清德的说法让蔡英文善意破功。蔡提到民进党会形成新论述，本来存有一些后续的调整空间，但因为赖讲话也破功。赖清德这一次发言，显见对两岸和国际关系的认知严重不足，专业知识严重不足，对两岸知识又贫乏，"偏向无知"，不理解赖怎么会这么鲁莽发言，"这个变化后果他不知道有多严重"，会逼北京向特朗普对反对"台独"表态，对稳健"台独"来说是严重伤害，会逼北京加大力道去处理台湾问题，也逼特朗普对台湾问题表态，会引发后续效应。

赖清德说法会提前引爆与蔡英文两人紧张关系，"害死蔡英文了"。对于蔡英文来说，两岸关系会雪上加霜，蔡英文最后还是要自己收拾，北京一定会有具体行动。

（三）郭正亮：赖清德言论转低调

郭正亮指出，赖清德是非常谨慎的人，会这样发言绝对不是失言，"是经过政治盘算"，赖想抓住"独派"支持者，加上新潮流力挺，以及扁系支持，赖认为他的支持度会超过蔡英文，但赖没想到引起的两岸或是国际后续效应。

蔡英文9月24日民进党全代会才提到要"形成新论述"，过两天赖清德就提到"台独"主张。蔡是第一次在党的场合提到"中国大陆崛起的现实"，就是要跳脱现在的框架，审视"台湾在国际中的战略地位"，"不要亲中或是反中"，"也不要情绪性的仇恨"，"蔡希望坚持主体意识寻找与对岸合作新模式"。新论述有很多可以填空的地方，但是赖清德"台独"论述、逻辑，会把民进党拉到比蔡英文5·20就职论述更激进。加上赖说不管什么职位都一样主张，"未来若是'国家'领导人，也是这样吗？""赖要站在凝聚领导人的身分，寻求'台独'吗？"

蔡英文原本预期9月24到双十演说前，要慢慢"堆砖"，但是赖清德"台独"言论把两岸论述拉到比蔡英文5·20就职更激进的论述，"双十"演说之前都会是赖的新闻。蔡英文身为台湾当局领导人，要兼顾岛内民众、两岸以及国际社会的反应，蔡了解她的论述，都是针对台湾民众、国际社会，最主要是美国，但赖清德只想到针对台湾，希望台湾民众鼓掌，中国大陆连温和派学者都对赖发言采强硬态度，现在不知道中国大陆会拉抬到什么程度，或进逼"总统府"要表态，"府"也必须与赖切割。

在民进党全代会后，原本希望中国大陆对蔡英文有期待感，但现在会被质疑蔡当局玩两手策略，蔡英文要花更大的心力去经营新论述。

（四）王丰："台独"明暗合流

事实上，早在赖清德被传将出任行政机构负责人时，岛内作家王丰就分析称，一个主张"台独"的行政机构负责人，加上一个不承认自己走"台独"路线却放任下属大搞文化"台独"的台湾地区领导人，台湾岂有宁日？蔡英文配赖清德，给人一种符号意涵："明独"与"暗独"的合流。而自赖清德上任以来，多次拜访"台独"大佬李登辉、吕秀莲等，这些人也纷纷力挺他，李登辉对赖清德大加称赞，称其是年轻又有魄力的好人选，"相当坚持'台湾主权独立'价值，请大家一起帮助赖清德协助蔡英文"。吕秀莲也说，"赖清德非常敬老尊贤，发表的施政方针铿锵有力、面面俱到。"赖清德则表示要吸取"前辈经验"，其"台独"意识可见一斑。就如王丰所说，赖清德从他说"亲中爱台"那刻起，就在向岛内人士释放他想得"大位"的强烈信息，现在回想起来，他的"亲中爱台"说，只是他向往权力的一种话术。

四、媒体评赖清德言论

（一）中评网：赖清德朝两岸关系的伤口洒一把盐

赖清德的言论挑战了大陆底线，也是朝两岸关系的伤口洒了一把盐。

看看赖清德说了什么？1. 主张"台独"，不论哪个职务都不变；2. 台湾是"主权独立国家，名字叫中华民国"，不会另行宣布"独立"，"台湾与中国大陆互不隶属"；3. 希望求同存异，以合作取代对抗、不会在压力下屈服，等等。

民进党重返执政一年多来，蔡英文及其他主责大陆事务的高官均未曾如此公开主张"台独"，赖清德是第一位，而且是以"行政院长"身份、在"立法院"答询时公开提出的。赖清德无视各方的劝告，不改"台独"本色，满足了"独派"的要求，轻忽了对两岸关系的伤害，也低估了大陆将会做出的反应。

台湾"总统府"特别针对赖清德的"台湾独立说"作澄清，强调"中华民国是主权独立国家"，蔡当局这个立场从来没有动摇。其实，台湾"总统府"澄清与否，都无法消弭赖清德在"立法院"发表"台独"言论的影响，大陆看得清楚，在拒绝"九二共识"、推动"台独"问题上，蔡赖并没有实质不同。

赖清德的言论挑战了大陆底线，挑动了两岸民间对立情绪。在可预见的将来，两岸交流将进一步紧缩，两岸"冷对抗"将持续下去。一旦蔡当局推动

"法理台独",比如"修宪改国号",也就到了摊牌的时候,大陆除了摊牌,别无选择。

（二）大公网：民进党"独"路走到黑自取灭亡

赖清德散播"独"论,并不令人意外。这固然是其一贯立场,只是他担任"行政院长"后首次表示支持"台独",显然是向"独派"投桃报李。前"行政院长"林全下台,一方面是因为政绩乏善可陈,另一方面是民进党深绿人士认为林全不够"独"。多次公开挺"独"的民进党中生代"政治明星"赖清德因而获得"独派"青睐,如今上位,公然播"独",向"独派"送上大礼。但台当局领导人蔡英文口口声声说"维持两岸现状",赖清德的"独"论不啻是要打破两岸现状。这是在要"一个唱白脸,一个唱黑脸"的两面策略吗?还是民进党内斗正酣,"跛脚"的蔡英文根本无力约束深绿阵营的狼子野心?

众所周知,民进党一直不愿放弃"台独党纲",上台后又拒不承认两岸同属一个中国,还无所不用其极地企图切割两岸在历史、文化及社会方面的联结,大搞"去中国化"。由此可见,民进党根本就是"台独党"。然而,"台独"终归是死路一条。中共中央总书记习近平多次强调,我们绝不允许任何人、任何组织、任何政党、在任何时候、以任何形式、把任何一块中国领土从中国分裂出去,谁都不要指望我们会吞下损害我国主权、安全、发展利益的苦果。这些年大陆国力与日俱增,遏制"台独"手段多样化。这一年来台湾"国际空间"大大缩小:被世卫大会等国际会议拒之门外、连失两个"友邦"、"新南向"受挫、无法融入区域经济。岛内经济发展也因两岸关系恶化、陆客锐减、两会协商暂停而大受影响。

赖清德明知推行"台独"会损害台湾民生福祉,会危害两岸和平,却还一意孤行,挑衅大陆两岸政策的底线。如此罔顾民众安全、罔顾台海和平的政客还有何资格坐在"行政院长"的位置上?当年陈水扁叫嚣"一边一国"、大搞"正名"等"去中国化"运动,致使台湾经济发展空转,最终被老百姓赶下台。现今岛内民众对蔡当局无法处理两岸关系、无力扭转经济困境已是怨声载道。民进党当局却还变本加厉地搞"台独",只会加速自己的灭亡。

（原载《福建社科情报》2017 年第 5 期）

从"批柯风暴"看柯文哲与民进党未来关系

李 超

在 2018 年台湾县市长选举，蓝绿等各阵营即将进入候选人提名布局之际，旨在参选连任的台北市长柯文哲与民进党等深绿团体之间却屡爆交锋，终于在 9 月底引发民进党内形成"批柯风暴"。柯文哲与民进党之间，能否继 2014 年"九合一"选举之后再度展开合作，画上了大大的问号。

一、民进党与柯文哲矛盾由来已久

（一）2014 年"九合一"选举，民进党选择与柯文哲合作是无奈之举

2014 年，在台湾县市长选举中，民进党认识到台北市政治色彩向来蓝大于绿，并未提名本党候选人参与台北市长选举。医生出身的政治素人柯文哲在台湾民众厌倦了蓝绿恶斗的大背景下，通过民进党与"台联党"等蓝营以外势力的支持，成功击败国民党中央委员、连战长子连胜文，书写了"白色力量"的奇迹。国民党丢掉台北市长一职也间接为 2016 年"大选"的溃败埋下了伏笔。

然而，正如外界预测的一样，柯文哲上任渡过短暂的蜜月期以后，由于其对外打造超越蓝绿的形象、坚决不加入民进党，在台湾政坛仍然是蓝绿两大势力主导的情况下，没有政党奥援的柯文哲显得孤军奋战。并且台湾民众对执政者的检验显然要比对选举时激情洋溢的政见要严格得多，当所有力量都回归基本盘，柯文哲苍白的市政业绩注定了他民调高开低走。

（二）民进党内对柯文哲的不满由来已久

早在柯文哲选举市长期间，就已经有民进党员对柯文哲我行我素，既不配合民进党中央规划，又可以与民进党保持距离产生不满。柯文哲当选市长之后，对于民进党市议会党团并没有特别尊重，对民进党市议员的质询，也不是有求

必应，这让民进党市议员十分不满，认为民进党固然帮柯文哲打赢选战，却不能享受胜利的果实，民进党在台北市，固然不算在野党，但也不是真正的执政党。久而久之，民进党内批评柯文哲的声浪则不断增强。民进党台北市议员王世坚甚至成了"打柯"带头人。

在 2016 年"大选"，民进党携巨大优势全面执政以后，取得执政权的民进党信心大增，党内各方势力再不愿对柯文哲忍气吞声。特别是柯文哲上台后，为延续上海台北双城论坛，屡屡讲出"一个中国不是问题""两岸一家亲"等令绿营势力大为光火的话语，双方的矛盾开始台面化。

仅 2017 年以来，民进党与柯文哲双方在台北农产运销公司人事案、"前瞻计划"等议题屡爆口舌。柯文哲在电视节目公开批评台当局"行政院"前瞻计划"只是想花钱，不是想做事"，还找与蔡英文关系不睦的张荣丰出任富邦金独立董事。柯文哲一系列冲着民进党的动作，被民进党批评为欠缺基本政治诚信。

（三）民进党内兴起"批柯"风暴仍为选举考虑

8 月份，台北世大运的成功空前凝聚了台湾社会，柯文哲的形象也得到空前提升。根据世大运后台湾民调机构的调查，柯文哲高举岛内所有政治人物之首。火爆的柯文哲让民进党看在眼里，急在心里。民进党内人士担心柯文哲收割世大运成果并连任台北市长，还产生进一步争取更高位置的企图。加上 9 月份，柯文哲为了双城论坛演讲稿是否有给"国安会"，及负责世大运维安的台北市警察局长邱丰光被撤换一事与民进党持续交锋，柯文哲和绿营互动降到双方合作以来的冰点。由于恰逢民进党 9 月 24 日举行全代会，讨论2018 年地方选举布局，民进党内各派系着眼于选举考虑，将"批柯"声浪推向高潮。

民进党台北市议员王世坚批评，柯文哲市政荒腔走板、一事无成，却对两岸问题捞过界，碰到"红色中国"就矮半截，温良恭俭让支支吾吾，一讲到蓝绿左批蓝右打绿神威盖世，又把世大运功劳完全收割，再透过网军神话柯文哲，把自己供在神坛，要众人膜拜、进香，根本"政治版的妙禅"。

民进党台北市议员江志铭表示，柯文哲发言要适可而止，不要沉浸在世大运的胜利中，希望柯文哲要坚持初衷，在竞选过程更应审慎思考。柯文哲的支持者很多是民进党员，柯文哲不应该一再刺激民进党，伤害民进党支持者的感情。民进党台北市议员何志伟则不满柯文哲跑行程看到民进党都当成空气，以及近来屡有许多对蔡当局不满言论，习惯把错都推给别人。民进党台北市议会党团总召许淑华也质询"柯文哲可以跟中国大陆两岸一家亲，跟民进党就不行"？她批评柯文哲对民进党中央炮打的一次比一次响。

台北市议会之外，30 多位民进党"立委"连署提案要求党中央自提台北市长候选人。发起人桃园县绿委郑宝清表示，该提案不到 10 分钟就联署完毕，大家的愤怒野火已经燎原。柯文哲如果是盟友，理念要一致、想法也要一致，不能嘴巴讲盟友，却拼命修理民进党。从"总统"到"国安会""交通部"到县市，柯从头批到尾，这不是盟友该做的事情。柯文哲已从深绿变成浅红，比敌人还可怕，七成党员都主张民进党要自己提名北市候选人，不是一路挨打继续礼让。

另外，"独派"团体"台湾国"也在民进党中常会召开前到党中央楼下表达诉求，若民进党不提名自己的台北市长候选人，他们呼吁绿营支持者不要投票。"台湾国"办公室主任陈峻涵批评，柯文哲过去代表白色力量，现在言论却越来越"倾中"，他们无法支持"两岸一家亲""床头吵床尾和""命运共同体"等两岸言论。

陈峻涵表示，柯文哲将近三年执政，市政乏善可陈。但媒体及网路吹捧下柯民调高涨，未来更可能成为中国大陆钦点的新买办，让柯继续玩弄台湾政治，是对台湾人莫大的污辱。他们要求蔡英文这次选举要反击，必须提出民进党自己人选。民进党从街头起家，不怕死不怕关，冲撞体制不怕国民党，现在完全执政了，却反而胆小怕柯文哲，不敢与柯 P 竞选台北市长，几乎成了缩头乌龟，难不成连 2020 年也要礼让柯 P 选"总统"？

二、蔡英文的顾虑

虽然民进党内兴起 2016 年台北市长选举，民进党自提候选人的呼声，但在 9 月 24 日民进党全代会上通过的选举办法，仍设置"2018 年直辖市长暨县市长提名特别条例"，规定非民进党执政"直辖市"如台北市、新北市，将由选举对策委员会评估整体条件后，提单一适当人选；若征询后有两名以上，将协调产生单一适当人选。而当非民进党执政"直辖市"、县市长提名如果有特殊选情考量，得经中执会决议后，另订方案执行。相关条款内容也被各界解读为保留与台北市长柯文哲合作空间的"柯文哲条款"。

面对对民进党已显傲慢的柯文哲，蔡英文及其民进党高层，仍然不顾党内"批柯"呼声，推出"柯文哲条款"。虽然双方最终是否合作仍然成疑，但蔡英文如此之举,已然透漏出民进党对于柯文哲的矛盾心态。

(一)自推候选人,可能面临国民党的重新崛起,更可能激发2020年柯文哲的报复性参选台湾地区领导人

2014年台湾县市长选举,民进党取得对国民党的全面胜利;2016年"大选",蔡英文携巨大优势击败国民党候选人朱立伦,取得全面执政。携胜利之快感,民进党当然希望取得"中央"到地方的执政一条鞭,具有巨大象征意义的台北市自然也不能例外,因此,民进党内部分人士跃跃欲试,觊觎台北市长大位。然而,台北市向来蓝大于绿,年轻人、具有较高文化水平的选民相比于其他县市比例更高。而民进党支持者主要来自39岁以上、中南部群众以及中下阶层选民,民进党在中南部的如鱼得水向来在台北市难以上演。

反观柯文哲,他讲话直白等一些个性特点深得年轻人喜欢。并且,柯文哲团队习惯利用大数据、民意风向等营销包装自己,在选举方面制造议题的能力相比于民进党有过之而无不及。柯文哲已经放出话,不管民进党推不推自己的候选人,自己都要选。面对人气已经超过陈菊、赖清德的柯文哲,民进党真的要硬碰硬推出本党的台北市长候选人,恐怕会弄得两败俱伤,反而使国民党坐收渔翁之利。

走下执政舞台的国民党,犹如丧家之犬,士气低沉。加上民进党假借"转型正义"之名,对国民党的穷追猛击,连党工薪水都难以筹集的国民党已奄奄一息,存在小党化或者亡党的风险。根据民调,国民党任何潜在的台北市长候选人人选,包括虽为无党籍但却心属蓝营的花莲县长傅崐萁都难以匹敌柯文哲。倘若真因民进党与柯文哲相争,分散票源,使得国民党获利收复具有重大战略意义的台北市,将极大振奋国民党及其蓝营士气,甚至根本性扭转国民党的未来走势。这是民进党绝对不愿意看到的。

另一方面,柯文哲如果连任失利,依据其性格,几乎可以确认其像当年连任台北市长失利的陈水扁一样,宣布参加2020年台湾地区领导人选举,民进党将面临一个更加难缠的对手。民进党自推台北市长候选人,属于牵一发而动全身之举。"宁为玉碎,不为瓦全",蔡英文真的会选择这一险棋?

(二)礼让柯文哲,等于给了柯文哲这头无法控制的野马更广阔的空间,民进党也无法向选民交代

观察柯文哲2014年上任后的一些言行,批评民进党及其执政当局的言论确实让民进党较为头大。况且,柯文哲在两岸议题上的如鱼得水也让民进党颇为

妒忌，绿营人士认为柯文哲的两岸发言已经超过其作为地方县市长的范畴。如果民进党继续礼让柯文哲连任台北市长，可以预见柯未来必成脱缰野马，更不会在乎民进党。倘若柯文哲在台北市长一位上维持高人气，变得更加强大，其一定会产生 2020 年"大选"挑战蔡英文的野心。当次要敌人变成主要敌人，那时的民进党如芒刺在背，想要对柯文哲除之而后快将更加困难。

况且，现在已经有深绿人士向民进党抗议，如果继续礼让柯文哲，以后选举将不再投民进党。民进党内有声音指出，如果因为怕选不赢就礼让别人，等于自我放弃耕耘地方的机会，就会步上国民党在南台湾的后尘，民进党又要等到何时才能拿回台北市的执政权呢？民进党内大佬、台湾地区前副领导人吕秀莲也表示，执政党在"首都"市长选举不提名是自贬党格。

面对基层声音的咄咄逼人，民进党高层处于进退两难的窘境。进则民进党多了一个强劲的对手，退则为这个潜在的对手提供了继续壮大实力的政治舞台，民进党对外也失了面子。提名与否，蔡英文恐怕会继续纠结下去。

三、柯文哲下一步的打算

"批柯"风暴之后，民进党全代会仍然推出了"2018 年'直辖市'暨县市长提名特别条例"，这对于柯文哲来说，无疑是成功的。但民进党此番大动作对其群起而攻，应该让柯文哲意识到自己确实触怒了民进党基层。而台北市警界高层人事异动，民进党当局没有与柯文哲进行任何讨论商议就直接换掉与柯文哲交好的台北市警察局长，则可以理解为蔡英文向柯文哲下的警示。

柯文哲心里清楚，没有民进党的支持，自己很难连任，而民进党愿意与自己合作在于不想让国民党东山再起，此一阶段，国民党仍然是民进党的主要敌人。柯文哲也明白，自己的超高民调在于世大运的成功。但政治人物都具有保鲜期，一旦世大运为柯文哲带来的空前荣耀褪去，检验柯文哲的永远是市政。何况拉抬他声势的双城论坛，上海已计划 2018 年停办，届时处理两岸关系，未必再是他的优势，反而可能变成选战中被攻击的话题。如果柯文哲的民调下滑，其随时都有可能会被民进党丢弃。其次，民进党进、退既然都有可能使得柯文哲参选 2020，不如索性满足党内支持者期待，展现政党形象，与柯文哲在台北市长选举中一决雌雄，斩断柯文哲不断壮大的舞台，以绝后患。

显然，柯文哲能否连任、柯绿之间是否再度合作仍然存在较大的变数，相信接下来的时间，柯文哲一定会收敛对民进党的傲慢，回归自己的市政。毕竟，世大运带来的虚高民调是维持不到 2018 年的，柯文哲要想自己的满意度持续在高位运行，需要先从自己荒腔走板的市政做起。

（原载《福建社科情报》2017 年第 5 期）

国民党中常委选举观察

党　俊

被视为国民党权力核心重组的最后一块拼图——第二十届第一任中常委选举完成，标志着持续近一年的党内选举结束。通过选举，吴敦义完成了党内派系清洗，统一了党内思想，夯实了执政基础，国民党彻底进入吴敦义时代。吴敦义领导下的国民党未来能否振衰起敝，能否作为最大反对党有力制衡民进党当局，能否在未来两岸关系发展中继续扮演重要角色，值得观察。

一、国民党中常委选举观察

（一）深蓝被清洗出局

代表深蓝的洪秀柱系统人马，早在中央委员选举中就已遭逢重大挫败，意在角逐中常委的退将吴斯怀与李天铎，在中央委员选举一役就落败。而争取连任的"洪派"中常委柯贞竹及苏清泉最后又双双落马，连任失败。深蓝被彻底清洗意味着吴敦义对洪秀柱过往政绩的否定，急于与洪秀柱进行切割。政党本来就是各方利益的整合与表达，本土蓝对深蓝的清洗，将使党内成为一言堂，这将导致党内不稳定因素增加，不利于团结和凝聚战斗力。更重要的是吴敦义对深蓝的切割，可能加深大陆对其的疑虑，不利于国民党在两岸关系中继续发挥重要作用。吴敦义在当选后多次强调"一中各表"，隐约有将中国国民党改造为台湾国民党的迹象，随着此次权力核心重组完成而愈发明显。国民党中央近期对赖清德"台独"言论的软弱回击和与新党等深蓝势力的裂解，更有将"独台"名声做实之虞。

国民党权力核心更替，出现"吴强洪消"是必然现象，但这不能反映实际党员结构或社会支持度。邱毅认为，吴敦义与洪秀柱相比较，吴没理念但有组织，洪有理念但没组织，从选举结果来看，组织决定了胜负。吴系人马依靠强大的组织动员能力，当选成功，但这也表示国民党未来发展面临非常严峻的现实。国民党前"国发院长"林忠山表示，洪秀柱仍会是国民党内二当家的角色，此次形式上虽是吴大胜，洪大输，但这不能真实反映实际党员支持度，只是形式上让吴敦义在一统国民党的空间扩大了。深蓝在党内依然具有影响力，是不容小觑的力量。

（二）老人老气象

在32席票选中常委中，有20人连任成功，换血率不到四成。而进入党中央权力核心的蒋万安、江启臣、谢典霖、徐弘庭等青壮派，被人关注更多的是其政二代身份。有志改革但没有家世背景的一般青年人士，仍难以进入党的权力中枢。前国民党台中市党部主委蔡锦隆认为，选举最后还是由老派人马来掌握党的机器，令人看不到期待，国民党显然没有受到败选的教训。邱毅则认为，当选的年轻人背后身份不外乎是政治家族、政二代，这样的发展等于握有党内决策权力的人已经固执化、固定化，无法摆脱党内酱缸文化里的阶级化，不能鼓励没背景、没资源但有能力、有理念的年轻人选出来。连胜文表示，国民党存亡关键是要让青壮世代进常会。未来的常委必须要有勇气能够讲真话；同时又能够接地气，真实地掌握社会的脉动；还必须拉下脸皮，协助党中央，肩负起募款的责任；也必须具备与网络世代对话及网络社群经营的能力，才能真正走出同温层，开拓新票源；更重要的是要能够号召群众，在需要的时候扛起大旗，冲上街头。富权认为，有志改革的"立委"或具有社会名望者，难以进入党内权力中枢，反倒是"职业中常委""万年中常委"积极抢进，导致中常委的"换血率"不到四成。国民党靠这班死气沉沉的"旧人"去领导打赢选战，恐怕是难上加难。

吴敦义虽不断宣示要扩大青年参与空间及恢复知青党部，但更多是停留在过去的老路上，没有培养青壮魅力领袖的具体作为，"青力崛起"仍然看不到希望。而已当选的青壮派中常委，受限于自身实力和党内结构性困境，恐将无法挑战吴敦义的意志，沦为"橡皮图章"。国民党在年轻世代中，支持度依旧低迷，难以摆脱老旧的政党形象，无力完成自身的换血再造，在未来的选举中，将被青年世代抛弃，继续与时代脱节。

（三）选风败坏令人失望

这一次的中常委选举，包括之前的党主席、党代表和党中央委员选举，一直被贿选阴影笼罩。这四项选举，几乎都传出贿选、绑桩、换票的传闻。在只有加入"换票联盟"才能胜选的情势下，各参选人相继做出"理性"选择，而那些不愿加入的人则被清洗出局。像具有战斗力及问政理性的原中常委赖士葆就因不"顺应形势"而连任失败。对此党中央继续一贯的消极态度，放任不管，党主席吴敦义更表示"换票联盟很正常"。前"蓝委"蔡锦隆认为，国民党没有吸取败选的教训，依然过着如礼行仪的"大党风范"，这跟领导人的领导统御有关系。吴敦义都说"换票联盟很正常"，只要不涉及"金钱交易"都没关系，视同大开后门，底下的人拿主席的话当令牌，扼杀许多有志人士。

国民党错失了借此次选举重整政党形象的大好机会，继续与社会脱节，与向现代型政党改革的目标上渐行渐远。国民党未来应该摒除形式民主、流弊甚深的传统党内选举，这些党内的"茶壶型"选举，一贯由长官意志主导，充满着人为操作的斧凿，注定选不出真的能接地气、适应民意的党内人员，反而让劣币驱逐良币，要让真正接受过民意洗礼考验的党籍县市长、"立委"、县市议员，分别成为当然中常委、中央委员和党代表。

二、选后国民党走向观察

（一）坚持模糊化的两岸路线

选后，国民党仍将坚持目前的模糊化两岸路线，向民进党靠拢，走隐性"独台"之路。原因有三：一是"本土蓝"全面掌权，"深蓝"被清洗出局失去话语权。"本土蓝"一直坚持国民党的本土化改造，试图为国民党改名，将中国国民党变更为台湾国民党。"本土蓝"认为基于历史事实和现实环境，国民党的"统一"党纲已经名存实亡，必须依托于台湾的政治现实，进行"中兴再造"，才能抗衡民进党，重返执政。二是基于选票考量，走中间路线，不突出意识形态。在李登辉、陈水扁当局不断的"去中国化"政策影响和马英九当局反制"台独"失败的情况下，台湾社会的国族认同发生了巨大翻转，自认是台湾人的比例高达六成，而认同是中国人的比例不到5%。反应在2016台湾地区领导人选举中，首投族大比例倒向民进党，成为民进党胜选的重要因素。在"独"大于统的社会背景下，国民党中央借模糊化的两岸路线，缩小与民进党的意识形态区隔，在巩固基本盘的情况下，抢夺中间选民和吸引年轻选民。三是认为国民党作为除民进党之外的最大政党，执政权必然在两党之间轮替。党内多数人认为，2020只要民进党垮了，就轮到国民党上去了，就像2008年扁下马上的模式，台湾选民别无选择。反映在近期台湾政治实务上，一是对赖清德"台独"言论的软弱回应，二是对民进党"立委"在"立法院"推"两国论""修宪"提案的消极无为。国民党不愿得罪绿营支持者，不愿与民进党路线差太多，期待除了蓝军选票，2020 会有挺绿的"经济选民"票投国民党，把蓝军候选人推上大位。

国民党当下的两岸模糊路线很有可能失败。对内，民调仍在低谷徘徊。从 TVBS 公布的民调来看，台湾主要政治人物声望，在 14 人之中，前三名是柯文哲、陈菊、赖清德，吴敦义排 11 名，蔡英文 12、李登辉 13，"时代力量"主席黄国昌最后。施政不力的蔡英文声望超低，吴敦义只比蔡高一名。被视为国民党另一颗太阳的朱立伦，排到第 6，大幅超越吴敦义；排第 9 的马英九，只比吴敦义稍好，也不如朱立伦。吴敦义的民调仅与蔡英文在伯仲之间，反映出国民党的警讯。当国民党失去自己，俨然变成了绿营的附随组织，就成了人家的尾巴。事实上，所谓民进党倒了，就换国民党也已经不是定数，民进党只怕柯文哲，不怕国民党即可反映这个现象。中国国民党前大陆事务部主任黄清贤认为，国民党与民进党是两个性质完全不同的政党，两者的界线与区别很清楚，最大的区别点在于对两岸关系定位和论述的不同。但现在国民党不是突显自己的传统主张、优势及其与民进党的区隔，而是隐藏自己的优势，采取贴近民进党的政策论述的策略，形成两者的模糊。这是国民党的真正危机。而孙文学校总校长张亚中则认为，从马英九到现在的国民党中央，在"国家"及两岸定位上的思想、逻辑、论述已经完全混乱。"隐性独台"的国民党中央在面对民进党"中华民国独立论"的"显性独台"策略时，已无招架之力，更无反正之论。国民党中央的偏差论述理念，提供给民进党消灭自己的机会，也让台湾陷入危境。

对外，中共对国民党的"隐性独台"路线产生了警惕，国民党在两岸关系上多年累积的利基正快速丧失。习近平总书记在十九大报告中强调，绝不允许任何人、任何组织、任何政党、在任何时候、以任何形式、把任何一块中国领土从中国分裂出去。六个"任何"不只是警告民进党当局，也是对吴敦义治下国民党的敲打。习近平总书记在报告中还提到，承认"九二共识"的历史事实，认同两岸同属一个中国，两岸双方就能开展对话，协商解决两岸同胞关心的问题，台湾任何政党和团体同大陆交往也不会存在障碍。这一方面表明"九二共识"不存在模糊地带，更不是用来对冲一个中国原则的法宝，中共决不容忍借"九二共识"之概念来行"台独"或者"独台"之实。一方面表明，在认同"一中"的前提下，中共欢迎台湾的任何政党同大陆交往，排除了国民党作为两岸交流的唯一选项。

（二）全力备战 2018 县市长选举

国民党想要重生，2018 的县市长选举至关重要。党内近期选举，暴露出种种流弊，令吴敦义倍受批评。只有在 2018 县市长选举中有所斩获，吴敦义才能真正成为党内共主。为此，党中央积极备战，通过党内首次地方党部主委直选，完成选前基层部署，而县市长提名名单也将在 10 月底 11 月初尽快出炉。国民党目前执政的六个县市，苗栗县长徐耀昌、南投县长林明溱、连江县长刘增应寻求连任，而在任期已满的三个县市中，台东已确定共推饶庆铃，新北市副市长侯友宜出线机会最大；但新竹县部分，党部主委陈见贤、副县长杨文科、"立委"林为洲都有意愿，情势复杂。在民进党执政县市中，北部虽是蓝营传统票仓，但基隆市、桃园市和新竹市绿营执政稳定，党内无优势人选，不容乐观；台中市、彰化县则被视为可望一搏，其中台中市提名人选将在"立委"卢秀燕与江启臣中产生。而在艰困选区云嘉南县市中，党内看好由黄敏惠参选嘉义市长，但黄可能会面对嘉义市议长萧淑丽的挑战。剩余县市还没有具体提名人选。至于具高度指标的台北市，前"行政院长"张善政一直被视为热门人选，但张善政明确表达没有参选意愿，反而推荐"立委"蒋万安参选，估计国民党将采取民主的初选机制，选出候选人。

国民党在此次选举备战过程中，暴露出两个问题，一是在此次地方党部主委直选中出现的派系倾轧现象。理想上，国民党的党部主委应该作为党中央在地方的"参谋"，除了募款、协调候选人，也应随时反映地方民情、民意走向，让党中央及党籍民选公职即时了解地方脉动，是沟通地方与中央的重要桥梁。表现在选战中，党部主委在地方候选人初选上作为"裁判"的角色，应该维持公平公正的立场，替党选出最适合的人才。如此重要的岗位，自然引人觊觎，在多个党部中出现派系倾轧互相抹黑的现象。新竹县与花莲县就被比喻成是"县市长前哨战"，角逐者不是自己有意参选，就是派代理人作战。而台东县与屏东县则是"议长卡位战"，谁掌握党部主委大权便有机会接收议长宝座。这些竞选人不是从大局出发，只是将党部主委一职当作个人政治生涯的跳板，把一场党部主委选举的格局做小，变成"某某职位的前哨战"。二是在候选人提名上流于民主形式，缺乏民意基础。在 2018 县市长选举中，国民党是否翻身，关键看能否拿回台北市。夺回台北，不啻赢得半个台湾版图，无论在声势上或实质上，都将产生宏大效应。而且国民党在台北一直有较强的民意基础，虽然现任市长柯文哲借世大运声望大增，国民党参选人仍有很大希望拿回台北。但党中央却将提名权交付初选机制，放任多位准参选人互相牵制拉扯，使得媒体聚焦模糊，也让蓝营选民莫衷一是，支持力度减弱。党内初选机制一直被诟病缺乏公正性与精准度，三年前国民党败选的主因，并非候选人不够优秀，亦非台北市民政治立场急转弯，而是党内决策者对较有潜力一搏的人选丁守中冷淡对待，却任由胜算渺茫的人选连胜文在不恰当的时机去打一场不对称的战斗。指望通过这种经不起现实检验的制度，为国民党选出真正具有竞争力的人选，无异于痴人说梦。国民党只有推出条件最优越、形象最清纯、最具正当性与合于民望的人选，并全力汇整资源创造胜选利基，才能赢下"首都"之战。

（三）改革中常会

党主席吴敦义近日与新当选的中常委举行座谈，讨论未来中央委员及中常会选制，表达改革意愿。现有的中常会在人员结构和功能定位上存在问题，急需革新。表现在人员结构上，这次中常委选举，虽有党籍公职和民意代表当选，但总体结构仍未改变，老人当政，不能反映基层民意，面对现实紧迫问题提不出有效方案应对，缺乏战斗力。未来改革因向民进党学习，修改党章，将地方县市首长及"立院"党团干部列为当然中常委，民意代表也要占结构多数。让中常会充分发挥参谋决策功能，党意与民意充分结合，有利监督制衡民进党当局。表现在功能定位上，中常会应回归党章发挥集体决策的功能，不能再是党主席的"一言堂"，更不能只是党中央决策的"橡皮图章"，或是沦为"国是论坛"的咨询性质。原本按照国民党党章规定，中常会是在全代会和中央委员会闭会期间，国民党的最高权力核心，每周三固定开中常会，对党务运作重要决策进行讨论表决，权力甚大。在蒋经国、李登辉时期，党内或台当局的重大政策都需先经中常会讨论才能通过。但在马英九时期，马英九为了加强个人集权，采取"党政分离"政策，弱化中常会权力，使其实际上成为"国是论坛"，丧失了决策权。遇上执行力及政治谋略偏弱的党主席，就会连累全党整体的战斗力偏弱。未来中常会要重塑核心价值，掌握决策权力，建立权责相符的制度，不再成为党主席的"橡皮图章"。

三、对未来台湾政党政治走向的思考

民进党在2016年台湾地区领导人和立法机构选举中大获全胜，意味着岛内政党生态已经发生"绿大于蓝"的翻转。目前"泛绿"掌握的县市人口数接近全台人口总数的四分之三,"泛蓝"仅拥有台湾 22 个县市中的新北市和 7 个中小县市。国民党的选举大溃败,是否意味着这一百年老党将永远失去作为主要政党的地位,沦为台湾政坛的第三政党,甚至进一步"新党化"或"亲民党化"?台湾的政党生态版图是否从此进入一党霸权制?关于这个问题,岛内外学者看法不一。第一种观点认为,国民党在经历两次选举挫败后,已经元气大伤,难以东山再起。第二种观点认为,政党轮替是政治常态,正如民进党 2008年选举中惨败仍能起死回生一样,国民党也有可能在八年后再起。第三种观点则介于前两种观点之间。国民党在"大选"失败后,并未有明显起色,在民进党借着"转型正义"大力绞杀之下,国民党不是全力应对,而是忙于权力争夺的党内选举,令党内更加分裂,派系倾轧加剧,看不到任何振衰起敝的可能。这一现实似乎有力支持了第一种观点,即 2016 年"大选"应被视为是台湾政党政治中的重要分水岭,通过这次"重组型"选举,台湾选民的政党归属和投票行为将发生重要改变。台湾从此进入民进党的一党霸权制。但是基于对台湾社会的进一步观察,国民党仍会是岛内第二大政治势力,台湾在一段时期内仍将维持两党体系。

(一)国民党在台湾社会中仍有民意基础

分析 2016 年台湾地区"大选",在地域分布上,蔡英文在新北市、台中市、彰化县、云林县等地获得 35% 以上合格选民的支持;民进党拥有 40% 以上支持度的县市仍然是台南市、嘉义县、高雄市和屏东县这四个南部重镇。"北蓝南绿"是否已经成为历史名词尚需更多次选举结果的验证。而根据台湾指标民调公司的调查数据,在 2016 年 1 月选举后,受访者对民进党的认同度首次突破30%,但对国民党的认同度仍然遥遥领先于"时代力量"。回溯更早之前的调查数据,计算 2013 年 10 月至 2016 年 9 月三年间政党认同度的平均值,民众对国民党的认同度持续低于民进党,对"蓝营"的认同度低于"绿营"。与此同时,大约 40% 的受访者没有政党或"蓝绿"偏好。这部分民众是游离于两党体系中的中间选民,其投票意向在很大程度上影响到阶段性政党轮替的发生。这些民调数据,都反映了近年来台湾民意中"蓝消绿长"的总体趋势。但是,小党的生存空间并未因其在 2016 年立法机构选举中有所斩获而发生明显变化。

如果从政党体系的碎片化、对新政党的开放性、政党间的意识形态差距、党际关系的性质(合作还是对抗)等四方面探讨台湾政党体系的演变,会发现,台湾并没有因为在 2016 年选举中有 18 个政党参与竞争 34 个不分区"立委"席次而导致政党体系的碎片化。在 113 个"立委"席次中，民进党和国民党占据了 103 个席次。同时，因为 5% 政党票门槛的制度设计，新的政党不容易获得席次。虽然民进党取得了台湾地区领导人选举中的过半选票和台湾地区立法机构选举中的过半席次，宣称要维持两岸关系现状，但仍维持"台独党纲"，与国民党的两岸关系政策之间存在明显的意识形态差异。民进党在选后推动的"转型正义"，不仅缺乏意识形态的正当性根源，而且带有强烈的清算国民党党产意味。这表明台湾"蓝绿"政党分野将继续延续，改变的只是政党光谱中"蓝绿"所占比例而已。国民党仍是台湾两大政党之一，亲民党、新党、"台联党"和"时代力量"只是作为两大政党的侧翼存在，并无法取代它们。

（二）台湾的选举制度和社会分歧决定了两党政治的现实基础

台湾对抗型两党政治是由选举制度和社会分歧共同形塑的。台湾地区立法机构选举采取单一席位选区为主、政党比例代表为辅的两票制和相对多数当选制。这一选举制度有利于两党体系的形成和延续，甚至有助于政党趋同。支撑两党体系的社会根源是重叠性的分歧，这一社会特征容易导致趋异的政党体系。

当前台湾社会的主要分歧由过去的省籍冲突及对政改的不同态度，转为意识形态上的"国家"认同对立和经济社会政策上的左右分野。统"独"议题与左右问题具有一定的重叠性，而"国家"认同是最具分歧的议题。岛内政党认同在很大程度上受到民众自我认同和统"独"立场的左右，导致了国民党和民进党的意识形态和政策立场分歧。国民党和民进党不但在国家认同问题上存在根本分歧，而且在经济发展、社会分配和环境保护问题上有不同的政策主张。国民党的支持者更关心经济增长和两岸关系发展，民进党的支持者更在意分配正义，担心过于密切的两岸关系将在经济和政治上威胁到台湾的利益。"蓝绿"对立的社会分歧导致台湾政党政治的运作具有明显的对抗性特点。这也决定了与民进党具有高度同质性的"时代力量"无法取代国民党这一代表"泛蓝"的主要政党。

（三）蔡英文的执政不力必然导致政党轮替

蔡英文上任至今，经济不见起色，民生得不到发展，民调持续下滑，只能借处理转型正义等意识形态问题来转移民众注意。台湾经济面对的是根深蒂固、难以解决的问题，如果离开了两岸关系的和平发展和大陆因素的帮助，不可能有根本性转机，而蔡英文拒不接受"九二共识"，想靠"新南向政策"寻求新的奥援，事实证明是行不通的。

随着民意的改变，民进党内的激进派试图通过推动"转型正义条例"和"不当党产处理条例"，进一步清算国民党，转移社会视线，要求蔡英文更换林全行政团队，让民进党籍人士全面掌控行政、安全、防务和涉外系统，回归民进党基本立场及其政策运作。与蔡英文渐行渐远的李登辉也不甘寂寞，试图扶植"时代力量"，形成牵制民进党的政治杠杆。如此，势必加剧台湾社会的"蓝绿"冲突及其势力的新的消长变化。国民党作为"蓝营"主要代表的反对党角色，是"时代力量"等新政党无法取代的。民进党所面临的诸多矛盾，将加剧蔡英文当局的治理困境，进一步释放风水轮流转的政治信号。

总之，虽然 2016 年岛内政党生态发生"绿大于蓝"的逆转，但国民党仍是岛内第二大政治势力，在台湾中北部地区较有基础。台湾对抗性的社会分歧，决定了民进党和国民党各有其存在的客观原因。而台湾发生政党轮替的深层原因是台湾面临的治理问题，即在社会期望值居高不下的情况下，如何兼顾经济增长和收入公平，如何界定和处理两岸关系问题。台湾社会对同一问题的不同思维倾向，将轮番牵动中间选民，包括年轻而尚未确定长期政党认同的选民的投票行为。这将导致政党轮替和政策变更不断发生。换言之，台湾在一段时期内仍将维持两党体系。台湾的政党政治在经历了 20 世纪 90 年代的解组和 21 世纪初的重组之后，两党体系已经伴随 2008 年的选举制度改革而进一步成型，并将通过定期的政党轮替，达成动态性的权力平衡。

（原载《福建社科情报》2017 年第 5 期）

"中国新歌声"台大事件观察

程 光

一、"中国新歌声"台大流血事件

9 月底，在台湾大学租借场地举行的"中国新歌声"，在两三百抗议人士以及学生鸣汽笛、撒冥纸、丢水瓶的行动下被迫取消。占据舞台的"独派"民众与学生高声欢呼，前来观看表演的民众失望而归，周遭为糊口而来的摊商摇头叹气，少数几个爱国同心会人士持五星红旗和拿着"台湾国"旗帜的"独派"人士在入口处对峙一段时间后自动撤离。

闹场抗议不久，传出台大侧门发生数名学生被打的溅血事件。受伤学生直指中华统一促进党（简称统促党）人士施暴。

事后，台"内政部长"叶俊荣宣称"绝不容许帮派暴力染指校园"，并立即针对和统促党关系密切的竹联帮展开扫黑行动。

还原当天溅血事件，亲绿的三立电视台找了受伤学生之一、台北大学的李柏璋和统促党主席张安乐之子张玮当场对质。李柏璋起初表示，他们和数名统派人士相互叫嚣，统促党的胡大刚拿着甩棍打学生。张玮立即追问，是统促党的杨绍锐受伤在先，或胡大刚攻击在先？李坦承是杨先受伤。对照稍早前张安乐在记者会的说法，原来李柏璋等人沿途一直辱骂一名年长妇女"老XX"，杨绍瑞上前劝阻，却被其打掉眼镜，颜面流血，旁边数名学生也上前围殴杨，胡大刚见状才拿出甩棍还击救人，李柏璋等人只将胡打他们的影片放在网上，颠倒是非。

从事发后一星期来媒体陆续访谈和曝光的影片资讯，稍有判断力的人大致已清楚事情的来龙去脉。

包括"中国新歌声"等类似歌唱节目，这几年在全台各大专院校举办数十

145

场，主办单位的宣传海报在学校名称前冠上城市名称并非首例，港星陈奕迅和韩星润娥过去在台大举办的演唱会也印上"台北市台湾大学"，台大学生从未抗议，"独派"也不曾指其矮化台湾"主权"，更何况主办单位当天的活动海报早已应台北市文化局要求更正为"台湾大学"，"独派"仍不依不饶。

有心人士利用台大学生抗议田径场草地受损攻占舞台，阻挠上海和台北两岸城市交流，刻意挑衅扩大事端，既要打击统促党，更要压制因世大运声势高涨的无党籍台北市长柯文哲的"气焰"。

李柏璋何许人也？有"台独机关枪"之称的李柏璋曾为民进党"立委"高志鹏工作，现在是民进党台北市议员颜圣冠的助理。他指控警方对其求救电话置之不理，后来值班警察被记过，罗斯福路派出所长霍建元调整为非主管职务。

事实上，这次被惩处的警察有些无辜，因为早年检警曾进入台湾清华大学抓人，后来台湾"立法"，基于尊重校园自主及自治之精神，警察人员未经校方同意，不得任意进入校园。警方事前接获情资，但台大不同意警方进入校园，冲突发生之际，学生致电也语焉不详，仅称在台大，警察不清楚是在一墙之外的校外管辖区。

柯文哲检视活动流程后认为"迄今未见疏失"，但民进党当局硬塞给柯文哲的新任台北市警察局长陈嘉昌仍作了惩处。

"独派"团体早就视提出"两岸一家亲"的柯文哲为"背骨"（叛徒），此时更指活动协办单位的台北市政府和台北市警方见死不救，指责柯文哲"被统战"了。

"自由台湾党"主席蔡丁贵公开指责柯文哲当台北市长三年，"台湾心就被狗咬了，内裤穿红的"，2018 年底的市长选举一定要把柯文哲拉下来。

执政的民进党"立委"火力更猛，既指控大陆在背后金援统促党，更将矛头对准近来与民进党时有矛盾的柯文哲，称柯为"最大的细菌"，"白里透红"，就是要逼柯文哲就范。

柯文哲感慨，因为抹黑他很困难，只好抹红。但他认为，不应当放任意识形态干扰或阻碍台湾进步，"连柯文哲都要搞成共产党同路人，这太过分了"。

过去发起反扁运动的民进党前主席施明德也曾被昔日同志打成"中共同路人"，抹红柯文哲自非难事。这一波操作下来，三立在事件发生的几日后公布的民调中，柯文哲的支持度立即从世大运后的 66.8% 跌到 51.6%，柯文哲随后果然也低调不少。

经此一役，政坛人士都意识到2018年地方选举已提前吹响号角，连当前最高人气的柯文哲也不得不"谨言慎行"，两岸交流恐怕提前进入冰冻期。

二、"中国新歌声"事件凸显岛内"独派"势力猖獗

（一）"独派"颠倒是非阻碍两岸正常交流

"中国新歌声"是台北与上海交流的活动，2017年稍早前已在世新和文化大学举办两场，第三场在台大的活动事前也依法经过陆委会和台"内政部"的核可。但因主办单位在搭建舞台时损毁部分跑道，且借期一周时间过长影响学生权益，台大学生会要求校方说明。校方起初称不宜借用，后来又改为租借四天半。

据传，主办单位的海报上写着"台北市台湾大学"，虽然台北市文化局已要求更正，正式海报也做了修正，但仍被有心人士夸大渲染，"独派"人士此前已对宣称"两岸一家亲"的柯文哲不满，这下更成了柯文哲"亲共"的"铁证"。

活动因抗议学生占领舞台被迫取消后，同日又发生三名台大学生和一名校外人士在台大侧门口被打溅血事件，学生指控统派团体中华统一促进党施暴，"独派"人士更指责柯文哲和台北市警方见死不救，柯根本是"被统战"了。

台北市议员颜圣冠陪同受伤的学生举行记者会，抨击事发当时学生致电五十通求救，警方置之不理，放任统促党殴打学生。

民进党籍"立法院副院长"蔡其昌在李柏璋的脸书上声援"在台湾岂能让暴力目无法纪！"，民进党"立委"蔡易余也留言称"促统党（应是统促党）这暴力组织一定要好好法办"。

不过，统促党总裁张安乐举行记者会，指责李柏璋是"贼喊抓贼"，赞许被指控持甩棍打伤人的胡大刚"打得好！"。张安乐表示，李柏璋沿途一直以不堪字眼骂一名妇女"老XX"，统促党的杨绍瑞上前劝阻，却被其打掉眼镜，导致他左脸颊受伤流血，旁边数名学生也上前围殴杨，胡大刚见状捡起地上的甩棍还击。但李等人只将胡打他们的影片放在网上，刻意散播不实谣言。该名受辱妇女和受伤的杨绍瑞也出席记者会，并出示验伤单。张安乐强调，学生用违法手段处理合法活动，就像当年的"太阳花学运"一样，"难道是学生就有犯法权力，有绿色标签就能横行无阻，人多势众就能藐视法庭吗？这是台湾可悲之处，统促党不主张暴力，但'台独'暴力欺犯老百姓，我们绝对义无反顾"。

台大学生会和发起抗议"中国新歌声"的学生切割，强调他们只是针对跑

道受损及校方出借场地不当要求校方说明，与冲突事件无关。台大校方表示，日后以教学优先，原则上不再外借场地。

台北市长柯文哲针对此事指出，两岸交流是希望可以增加善意，不希望发生冲突，且双城论坛 2010 就签订备忘录，类似活动已办三年，不是他 2017 年 7 月参加上海双城论坛才开始举行；发生冲突后，警方也立即抓人，市府只是协办单位，到目前为止，没看到什么疏失。

（二）台北家长指有心人动员

"中国新歌声"台大开唱遇学生及政治团体闹场，台北多名家长会长不满，他们指出，如果抗议的都是学生，会让家长感到遗憾，体育归体育、音乐归音乐，和政治不相干，台大一向都是尊重多元声音的地方，不会去闹别人的场。他们认为这次是有心人士动员，这样的行为彰显民主素养不足。家长们表示，他们非常赞成两岸交流，两岸孩子可互相学习，虽然自己的孩子在这次都没参赛，但都有来观赛，家长们相约来参加主要也是对活动内容，包括学生体育竞赛和两岸歌手演出感兴趣，但因为有人闹场，让许多特地赶去要听表演的人都败兴而归。

有家长指出，现场抗议的很多也都不是台大的学生，也有拿着政党旗帜的成年人，尤其有人丢水瓶让大家不开心，质疑是民主倒车，如果真的是学生做的，让家长看了会有点心痛。

该活动的执行单位——台湾幕婕塔企业股份有限公司表示：该活动是纯粹的公益活动，是沪台两地民间进行互动的一个很好平台，不应受到政治因素的干扰。过去两年，"中国新歌声"走遍了全台湾的 20 余个高校、中学和社区，共计超过两万多名两岸青年共享音乐盛宴，获得台湾民众尤其是台湾青年的热烈追捧。透过活动的举办，很多大陆民众也感受到了台湾民众对艺术的热情。主办方对此次活动的被迫终止表示遗憾，同时认为两岸的民间文化交流不会因为少数不理性的行为而中断，希望今后能继续为两岸民众带去更多更好的音乐作品。

三、岛内各界评"中国新歌声"台大流血事件

（一）"蓝委"吁勿意识形态

此次台大的演唱会活动却因统"独"问题而变调，国民党"立委"林为洲指出，这仅是一个演唱会非关政治活动，没有统战意味。另一国民党"立委"

曾铭宗也说,这样的状况并不好,两岸还是要多交流,有交流才能增进了解,不能以意识形态来看每一件事,在目前两岸僵局下,能多交流还是好事,且非常重要。

(二)张小月:"中国新歌声"事件凸显两岸要交流要对话

陆委会主委张小月表示,从近来发生的"中国新歌声"事件,更凸显两岸要交流、要见面、要对话,彼此间要有更多认识,她希望两岸青年能多来往,彼此多认识,不管在台湾或大陆都是一样。

(三)台各界谴责"仇中"斥政治黑手介入

大陆音乐选秀节目"中国新歌声"在台湾大学校园举办音乐节,却因"独派"及学生进场干扰、抗议,使活动被迫临时取消,并爆发冲突。岛内舆论谴责抗议者破坏两岸音乐交流活动,并忧虑长久以来,高擎"反中"大旗者,干任何事都会获得当今执政者的默许,"仇中"无所不在后果堪忧。台北市长柯文哲指出,两岸交流希望增加善意,不是增加冲突。对于抗议者声称音乐节"矮化台湾"和损坏场地,岛内高校表示,学生都很热情参与音乐节,也未涉及政治议题,场地租借则依照标准流程进行。

虽然"中国新歌声"音乐节在台湾大学遭干扰,但在其他高校颇受欢迎,举办过程也很顺利。世新大学表示,"中国好声音"在2015年就到来世新举办校园演唱会,学生都热情参与,节目改版后,"中国新歌声"2016年也再度到世新举办演唱会,基于过去合作经验,也促成2017年合作。

台湾中国文化大学表示,"中国新歌声"9月22日在文大举办校园活动,主要是为了节目宣传,因此邀请曾参与节目的台湾歌手表演,并和学生分享参与的历程,学生都是事先报名,可容纳100多人的演讲厅不只满座,连走道都坐满人,很多对参加选秀有兴趣的学生也热情发问,活动仅约一个小时,也未谈及政治议题。

(四)学者忧台青被误导

有学者指出,这已非单纯的出借场地遭破坏、校方与学生沟通不良事件,显然有针对两岸正常交流的"仇中"政治黑手介入。文化大学社科院院长赵建民指出,台湾年轻一代对本土价值的重视本来无可厚非,但不要被"仇中"的情绪鼓动;当前两岸关系脆弱,执政者本应最理解两岸情况,不该为了选票误导两岸关系发展。

台湾地区前领导人马英九办公室副秘书长罗智强指出,民进党曾经成功地利用"仇中"这只老虎咬跨国民党，但现在失控了！仇恨的老虎被养大时，许多人已忘记如何做人，甚至连最基本的待客之道都做不到。想想台湾歌手在大陆发光发热的时候，大陆民众可没这么粗暴地对待台湾人还有台湾的活动与节目。

四、民进党和"独派"纵容岛内"仇中"

在民进党和"独派"的操弄下，岛内"仇中"情绪弥漫，两岸交流前景堪忧。

（一）民进党当局纵容学生"仇中"

大陆音乐选秀节目"中国新歌声"日前在台湾大学举办音乐会时竟遭到"独派"分子和少数台大学生干扰而被迫中场取消。由于有学生在冲突中受伤，民进党当局叫嚣"不容许帮派暴力对待学生""学生人身安全要被保护""校园场地外借应更严谨"云云，但对"独派"和学生破坏"中国新歌声"音乐会，甚至占领舞台等暴力行径却不置一词，这不是双重标准，什么才是双重标准？

"中国新歌声"远道而来、以歌会友，但抗议者却向舞台乱扔东西、制造刺耳噪音，这难道就是台湾的待客之道？当时现场还有不少观众在欣赏音乐会，抗议者为了自己所谓的主张而肆意妄为，剥夺他人参加活动的权利，这难道就是台湾的民主自由？

发起抗议活动的学生声称，音乐会破坏台大田径场跑道，且封场一周使所有涉及大操场的体育课程无法进行，所以要求取消音乐会。这根本就是借口。音乐会主办方是获得台湾大学校方许可而租借场地，如果台大学生觉得不妥，大可向校方投诉，但抗议者却大张旗鼓地到音乐会现场捣乱，还霸占舞台。可见，当天冲突皆因抗议者冲击音乐会而起。当局说"这些学生的人身安全要被保护"，那表演者和台下观众的人身安全要不要被保护？主办者所受的损失又要不要赔偿？当局只一味追查打伤抗议者的人，却对抗议者的暴力行径视而不见，台湾的"法治"真是让人大开眼界。这不禁让人想起三年前的"太阳花运动"。当年反服贸人士强行占领立法机关长达 23 天，瘫痪运作，影响民生经济，却无须负任何法律责任。2016 年时任"行政院长"林全一上台即撤销了对"太阳花运动"期间占领"行政院"的逾百名被告的提告。这显然是向青年学子发出错误信号：只要为了一己之念，只要"反中仇中"，便可罔顾法纪。俗话说"上梁不正下梁歪"，如今发生"中国新歌声"音乐会遭干扰，也不足为奇了。

"中国新歌声"的前身是"中国好声音"。自开播以来，深受两岸欢迎。尤其岛内不少知名歌星，如周杰伦、张惠妹、庾澄庆、齐秦、王力宏、萧敬腾加盟节目担任导师，使该节目在台湾也颇具人气。2015年"中国好声音"在岛内十所高校展开巡回演出，受到当地青年学子的热烈追捧，所到之处，座无虚席。由此可见，岛内多数青年人对两岸音乐交流和文化交流是相当支持和赞成的。

至于这次"中国新歌声"音乐会在台大遭干扰，不过是一小撮人所为。他们声称"活动矮化台湾"。这真是笑话。不过就是一场公益性音乐会，如何就"矮化"台湾了？这并不是大陆选秀节目首次赴台举行活动，为何以前没有"矮化"，如今却"矮化"了？这显然与当下两岸关系陷入僵局有关。民进党当局上台以来不仅不承认"九二共识"，还纵容一系列"去中国化"行径。在这样的氛围之下，"独派"甚是嚣张。他们见不得两岸有任何的交流活动，企图营造"台湾人不欢迎两岸交流"的错误观感和恐怖气氛。然而，两岸民间交流早已深入台湾社会的方方面面，岂会因少数人的不理性行为而中断。

音乐没有界限，是最能拉近彼此心灵距离的桥梁。"台独"分子或许可以破坏一个音乐会，但却阻挡不了两岸年轻人以歌会友、以歌传情的大潮流。干扰音乐会的抗议者自以为"英勇"，其实不过是破坏台湾形象的小丑罢了。

（二）狭隘意识拆了两岸青年交流舞台

"中国新歌声"代表青春与梦想，到了2017"中国新歌声"上海·台北音乐节，已经全面升级，可以看出大陆努力替年轻人打造一个关于两岸音乐和力量的互动社区。原属两岸青年音乐交流盛会，却因为狭隘的意识形态，拆了两岸青年交流舞台。

从在台大田径场搭建大舞台开始，这活动已经被"独派"视为"文化统战"侵入校园，连蔡丁贵等老"台独"也参一脚，批评"魔鬼就藏在音乐里"。他们完全无视于过去两年，"中国新歌声"曾走进台湾的25所高校和3个社区，受到各地青年学子热情欢迎的事实。

"独派"抗议主轴，是不满主办方搭舞台毁损跑道草皮，逼台大校方与台北市政府要把"中国新歌声"踢出去。当天的活动进行一半，手拿台湾"独立"旗帜标语进场的青年，开始丢掷物品闹场，最后还意外上演喋血事件，互殴冲突流血，让两岸文化音乐交流蒙羞。

这场"音乐节"活动，是台北与上海双城论坛的共同具体目标，现在台大生高举抗议标语旗帜，拆了舞台，却看不到台北市政府出来道歉。倒是看到台大校方与台北市府文化局互推责任，请问谁可以给表演者一个安全保证？

两岸青年交流需要互信与谅解，音乐更是共同语言，甚至可以开创新事业、新舞台。如果凡事用意识形态来看，怀疑音乐节与音乐交流有政治企图，请问还有什么可以交流？

（原载《福建社科情报》2017 年第 5 期）

民进党强推"促转条例"启动政治大清算

陈元勇

一、"促进转型正义条例"主要内容

2017 年 12 月 5 日晚，台湾当局立法机构三读通过"促进转型正义条例"。依照条例规定，"行政院"下设"促进转型正义委员会"，依法为二级独立机关，置委员九人，由"行政院长"提名、"立法院"同意后任命。"行政院长"提名时，应指定一人为"主任委员"，一人为"副主委"，"主委""副主委"及其他委员三人为专任；其余四人为兼任。全体委员中，同一政党人数不得超过三人；同一性别人数不得少于三人。

条例规定，"促转会"有五大任务，分别是：开放政治档案；清除威权象征、保存不义遗址；平复司法不法、还原历史真相，并促进社会和解；不当党产处理及运用；其他转型正义事项。"促转会"应主动调查真相，撰写调查报告，规划人事清查处置及相关救济程序。所谓"威权统治时期"，是指 1945 年8 月 15 日至 1992 年 11 月 6 日止；"政治档案"指由当局机关、政党、附随组织及党营机构保管，于威权统治时期，与二二八事件、动员戡乱体制、戒严体制相关档案或各类记录及文件；已裁撤机关档案也适用。"促转会"应于两年内就五大任务，以书面向"行政院长"提出含完整调查报告、规划方案及具体实施步骤在内的任务总结报告，有制定或修正法律及命令必要者，同时提出相关草案。如果两年内未能完成，得报请"行政院长"延长，每次以 1 年为限。"促转会"完成任务后解散，由"行政院长"公布任务总结报告。

条例规定，为确立自由民主"宪政"秩序，否定威权统治合法性及记取侵害人权事件历史教训，出现于公共建筑或场所纪念或缅怀威权统治者的象征，应移除、改名或以其他方式处置。威权统治时期，统治者大规模侵害人权事件的发生地应保存或重建，并规划为历史遗址。接受调查之有关机关（构）、团体、事业或有关人员，无正当理由不得规避、拒绝或妨碍调查。也不得隐匿相关资料或虚伪陈述。若以毁弃、损坏、隐匿之方式或致令不堪用者，处五年以下有期徒刑。

二、国民党强烈质疑"促转条例"

针对"立法院"通过"促转条例"，国民党发言人洪孟楷表示，国民党感到非常遗憾，执政党挟"立院"多数暴力通过狭隘的"促转条例"，自我设限的正义、不是真正的正义！而如同"党产条例"一般仅限缩时间在1945年到1992年的"促转条例"分明是针对国民党而来，国民党真的要问，转移执政无能的焦点，民进党到底还有没有心执政？再者，"促转条例"有违法"违宪"之虞，"促转会"包含行政权及司法权，是否"违宪"扩权？而促转会设置于"行政院"下，则更破坏五权分立的"宪法"精神，将来的"促转会"将极可能变成"行政院"的小东厂，更会令执政党的手伸入司法检调之处，后果不堪设想。最后，本次修法，国民党党团负责任的提出版本，涵盖日据时代等不同族群的损伤的恢复正义却不被采纳，难道那些为台湾付出的人民不值得正义？这些都是执政党需要面对和回答的！这种清算式的条例，对台湾来说是大开民主倒车，如果只是把目标放在消灭在野党，就无人可以监督，那就小看了台湾人民的智慧，而修恶法的执政党一定会自食恶果。

国民党主席吴敦义针对"促转条例"发表三点声明：一是对于转型正义相关合适的立法国民党不反对，也支持过去曾遭司法、行政等不公平对待的人民平反及恢复名誉，但转型正义的时间应该扩及日据时期，范围也必须纳入"原住民族"、慰安妇及金马地区等；应该在时间及范围上合理放宽。但民进党却明显反对，刻意只针对光复后国民党执政时期，令人遗憾。二是"促转条例"赋予行政机关拥有指挥宪警的司法调查权，而且促转会的组成，完全由执政者全权提名、掌控，恐明显违反"宪法"，破坏五权分立的"宪法"精神，而且侵犯人权。国民党将循"释宪"途径，保障台湾的"民主宪政"成果。三是政党及其所谓的附随组织所持有之政治档案必须主动通报促转会，而且可全部收归公有，这更是侵夺人民团体的合法财产权，违反民主法治原则。

国民党"立委"曾铭宗痛批，民进党在"立法院"是多数，力拼促转三读就是要假转型正义之名行清算斗争之实。现在条例通过了，希望在执行时要更审慎，"不要创造另一波转型不正义"。

国民党"立委"江启臣表示，面对历史事实，我们也认同应该要还原真相，才能有助于和解。但为了转型正义却制造更多对立、分裂、仇恨，反而违背了推动转型正义的初衷。现任当局要推动转型正义，必须要非常谨慎，不要制造社会对立，处理的手段与方式要让民众接受。民进党不要变成下一波被推动转型正义的对象。外界认为"促转条例"有过度授权、与现行法令相冲突、空白授权、侵害人权等争议。国民党中央可能希望申请"释宪"说明，否则会制造更多不愉快以及对立。

"促转条例"被外界认为是针对蒋家而来，蒋经国之曾孙、国民党"立委"蒋万安表示，法案内容夹带了一些具有针对性、清算式的条文在里面，让原本可以促进台湾和谐的法案因此变调，其中，赋予"促转会"跨越检察官及法官的司法调查权，已经严重破坏了"宪法"，这样的条文没办法真正做到还原历史真相，抚平受难者伤痕。至于"促转条例"中的清除威权遗址，对于蒋家是否针对性太强？大家有不同解读，对一些民众来讲，可能认为一些地方是威权遗址，但对部分民众来讲是共同记忆，这部分就让个别委员各自清楚表达。

三、民进党强推"促转条例"的主要原因

民进党强行主导通过"促进转型正义条例"，加上诸多绿委推动的挑衅两岸关系修法，在2018县市长选举的催化下，民进党俨然进入了"宁左勿右"时代，从上到下卖力冲。民进党这波主打意识形态的修法，主要是选举产物，有如陈水扁执政后期的翻版，主因可归纳为以下几点：

第一，蔡当局政绩不佳，要凝聚绿营基本盘。杀气腾腾的"促转条例"目的在重新巩固"独派"、二二八与白色恐怖事件受难者、反国民党的台湾人选票。这些人期待蔡英文对"去中国化"、去蒋，打倒国民党有更大作为。蔡无法以施政表现争取到中间选民，只好回头拥抱基本盘，捆住绿营铁票。

第二，2018地方选举，"时代力量"来势汹汹。崛起于2014"太阳花学运"的"时代力量"，在2016"立委"选举拿到五席，成为"立院"仅次于民进党与国民党的第三大党，2018地方选举是他们的期中选举，会不会泡沫化的关键。前有"台联党"未挣得"立委"席次，几乎退出江湖的前车之鉴，"时代力量"小心翼翼。"时代力量"最近批蔡当局火力超猛，民进党生怕"时代力量"拉走年轻选票，大绿小绿关系渐趋紧张，必须更强化绿营选票，避免流到"时代力量"。

第三，绿委为 2018 选举强表态，尤其是县市长初选激烈的地区。诸如提案修"两岸人民关系条例"，将陆委会改为"中国事务委员会"，还有修"刑法"将"共谍"纳入"外患罪"，核心就是把大陆视为"外国"，落实两岸"一边一国"。绿委以提修法来表态，提了就能大做宣传。最典型的案例是争取参选新北市长的绿委罗致政等，最近准备提出"陆军第一特种兵薪俸补偿特别条例草案"，要弥补 56 万多 1967 至 1987 年间多当一年兵役男的损失，军方 2010 年曾估算过，若要补偿要花新台币 1900 亿元！这也是转型正义的后遗症。

民进党 2016 年县市长选举，从北到南狂胜，22 席拿到 13 席，国民党只拿下 6 席，绿营 2018 县市长选举要保持战果相对困难，所以正加大力度护盘。以现在的两岸氛围，台湾的经济、社会状况，年轻人对于低薪的失落，民进党为了拼 2020 "大选"，用力一定还会更猛。为确保深绿基本盘不会跑掉，蔡当局已不太可能在两岸关系上有所松绑，甚至会随着施政满意度愈低，愈要下猛药绑住独派。2020 "大选"合并"立委"选举更复杂，宁左勿右，宁独勿统，成了未来几年民进党的基调。

四、台学者媒体认为民进党借"促转条例"清算国民党

台湾资深媒体人赵少康表示，"促进转型正义条例"最大的问题有二。一是"促转会"有调查、搜索权，甚至可要求有关机关协助。连检察官要搜索，都需要列明理由请法官同意开搜索票，"促转会"怎么可以有这么大的权力？连在野党提出"由检察官协助指挥"都被民进党否决？二是"刑罚入法"，"毁弃、损坏、隐匿……处 5 年以下有期徒刑"。白色恐怖最为人诟病的就是用政治理由将人关起来，难道现在又要用新的政治理由把人关起来？"促转条例"让民进党集行政、立法、司法大权于一身。

台湾文藻外语大学国际事务系教授顾长永指出，"促转条例"打着转型正义的旗帜，罔顾在日本殖民时期受到迫害的"原住民"及慰安妇，完全针对国民党过去的统治时期，赋予行政机关逾越民主规范的权力及手段，对过去的执政党进行政治报复及斗争。若再论之前通过的"不当党产条例"，民进党假转型之名，行政治斗争清算之实，昭然若揭！蔡英文在执政之初，高喊要"谦卑、谦卑、再谦卑"；可是，执政之后看到的却是"撕裂、清算、再斗争"。民进党当局先以年金改革之名，制造军公教与劳工朋友的对立，撕裂台湾温和、良善的社会；再以转型正义之名，清算过去带领台湾走过经济奇迹的国民党，严重伤

害台湾人民过去努力打拼的成果。台湾在国际社会已经被政治孤立化,经济发展又逐渐被边缘化,未来前景令人堪忧!

台湾孙文学校总校长、台湾大学政治系教授张亚中强调,民进党先用"不当党产委员会"刨掉国民党的"物质力量",然后再用"促转条例"斗臭国民党,摧毁"无形的形象",想让台湾人民认为国民党都对不起台湾人民。国民党曾让台湾人可以在全世界昂首。十大建设、经济发展让台湾成为亚洲四小龙、提倡九年民众教育推动是哪个政党所做的?对待历史必须全貌,不是专门选一个点大肆夸大扭曲以否定全部。任何一个事件都有其时代背景,而背景中的每一个人也都承担着历史的一部分,今天有必要制造分别,挑起社会分裂,挑动仇恨吗?

台湾"中央网路报"社论指出,新威权政治已经在台湾诞生。新威权政治比威权政治还可怕,因为它披上了民主的外衣,拿着认同的利剑。民进党全面执政之后,仗着人数优势,为了贯彻政治清算的目的,践踏程序正义,强行通过各种法律。一年来,民进党通过了"不当党产条例""促进转型正义条例"以及即将通过的"资通安全管理法",都赋予行政权很大的裁量权,不必经过司法程序即可剥夺人民的财产或侵入人民的公司与住宅。有"立委"批评民进党当局犹如设立东厂来清算政敌,这种说法并不为过,因为"不当党产委员会"就是这样的嘴脸。这些几乎可以确定是"违宪"的法律,未来即使打"宪法"官司,我们都不抱太大期望,因为现在的大法官大部分是蔡英文提名。换言之,民进党已布下天罗地网,国民党在其间不论怎么抵抗,都无法成功。台湾在"民主化"的道路上走了几十年,历经三次政党轮替,最后却走上了新威权政治,这真是历史最大的讽刺。在这个时刻,所谓民主人士还保持缄默的话,那都是埋葬台湾民主政治的帮凶。

台湾《联合报》社论指出,"转型正义变成民进党登新威权之梯"。民进党真的在追求转型正义吗?或者只是利用正义之名来整肃异己,并当成自己大权独揽的登天之梯?国民党的惶惴不安,可以想见。民进党2016年取得完全执政,蔡英文才说要"谦卑、谦卑、再谦卑",但转身就肆行政治追杀。"党产条例"是抄家灭产、断粮绝援,"促转条例"更可借调查真相、追究责任、清除权威象征,以及没收党产等手段,无尽地凌迟、抹黑,让国民党无处可逃。事实上,促进转型正义只是借口,消灭政敌才是真正目的。"促转条例"声称要平反威权时期的不法行为,民进党却顺势借此站上威权舞台,以高傲的姿态面对历史、人民和社会，专制姿态毕露。这样的威权走向，并不是悄悄进行，也无意低调从事，而是公然地对既有的民主自由基础进行破坏与挑战。

蔡当局一上台，就力推"保防工作法"，让它指定的保防人员可以进驻单位、调阅、临检、甚至查扣相关人与物，有如"人二复辟"。"保防法"因争议太大暂时喊停，但随后"行政院"推动的"资通安全管理法"，也同样植入威权基因，放任当局官员径自派员进入非公务机关搜查。这法案不仅严重危害人民权益，更利用模糊的定义放任行政扩权，也侵夺司法的独立权。这种放任行政机关得恣意蚀夺司法权的做法，在转型正义的立法工程中处处可见。"党产条例"让"党产会"可以推定不当党产，没收充公，剥夺人民的财产权；"促转条例"则放手让"促转会"可以进入私人处所强制调查、搜索。这些明显侵害人权的强制作为，跟民进党曾经谴责的威权统治、白色恐怖，有何两样？从"保防法"到"资安法"，处处反映了"警察国家"的独裁心态；从"党产条例"到"促转条例"，则显露了专权集中的欲望。在威权幽灵笼罩下，蔡当局以"违宪"的法律设立"违宪"机关，又利用立法的盲目授权和司法的曲意配合，行政滥权而逾越司法界线，最后蔡英文将变成立法、行政、司法权力一把抓的超级大"总统"。

（原载《福建社科情报》2017 年第 6 期）

民进党当局近期"法理台独"动作及其遏制途径分析

陈文杰

民进党当局自 2016 年 5 月上台以来，表面声称"维持现状""释放善意"。实际上，却拒不承认"九二共识"，暗自推行"法理台独"路线。近期，民进党当局"法理台独"动作频频，严重冲击两岸关系，使本已处于冷对抗状态的两岸关系进一步恶化。民进党当局在"法理台独"上的不断动作，值得我们予以高度关注与警惕。

一、民进党当局近期"法理台独"动作

一是提案修改"两岸人民关系条例"。由民进党籍"立委"苏震清、邱议莹 12 月 1 日共同连署提案的"台湾地区与大陆地区人民关系条例"修正草案，对"条例"中第 1 条、第 9 条之二及第 10 条条文提出修正。该草案删除"条例"第一条"国家统一前"词句，并对大陆民众来台设置更加严格的管制。

二是废止"蒙藏委员会组织法"。11 月 28 日，蔡当局通过"立法院"从法律上将"蒙藏委员会组织法"废止。至此，存在了 90 年的"蒙藏委员会"彻底走入历史。"蒙藏委员会"是台当局的"八部二会"之一，其前身是清政府的理藩院。根据目前的台湾"行政院组织法"，"蒙藏委员会"依然在名义上"掌理蒙古、西藏之行政事务"。虽然"蒙藏委员会"在台当局的行政序列中并不起眼，也未承担什么实质性的重要功能，但却有着重要的政治象征意义。

三是推动"国际刑事司法互助法"。台当局"行政院会"11 月 17 日通过"国际刑事司法互助法"草案，明定台湾地区与大陆地区，及台湾地区与香港、澳门地区间的刑事司法互助，"准用""国际刑事司法互助法"规定。

　　四是提案变更陆委会为"中国事务委员会"。民进党"立委"苏巧慧 12 月初正式提出"行政院组织法"部分条文修正草案，变更陆委会为"中国事务委员会"，并且裁撤"侨务委员会"。

　　五是"刑法"修正案将"投共"纳入"外患罪"。卢丽安效应发酵后，绿营风声鹤唳，草木皆兵，开始在"司法"上动手脚，对"亲大陆"人士进行恐吓。继"绿委"苏巧慧提出将陆委会改为"中国事务委员会"后，民进党"立委"王定宇又提出"刑法"部分条文修正草案，"外患罪"部分新增"敌人"，将"投共"也纳入"外患罪"。该提案已通过初审，未来只要完成三读，则台湾人加入解放军，最高可判死刑。

　　六是通过"促进转型正义条例"。台"立法院"12 月 5 日晚间三读通过"促进转型正义条例"。法条规定威权统治象征的建筑物场所应予移除、改名，或以其他方式处置之。因此全台两蒋铜像，中正纪念堂、桃园大溪、头寮两蒋陵寝、两蒋文化园区，都将面临被移除、改名，各县市主要干道如中正路、经国路也恐将面临改名。"促进转型正义条例"要在精神上清除一切与"中华民国正溯"密切相连的蒋介石的痕迹，在"去中国化"又进了一步，为未来的"中华民国"只是及于台澎金马，将之与大陆割裂开来，做好舆论的准备。

　　七是"公投法修正草案"三读通过。台"立法院院会"12 月 12 日三读通过"公民投票法"部分条文修正草案。修正内容包括：提案人数以"最近'总统'、'副总统'选举选举人总数万分之一以上"为准，为 1879 人；另在连署人数规定，应达选举人总数 1.5% 以上，为 281745 人；至于"公投"通过门槛，定为有效同意票多于不同意票，且有效同意票达投票人总额 1 / 4 以上者，即为通过。规定投票年龄降到 18 岁，并废除"公投审议委员会"，未来"公投"主管机关为"中选会"、地方"公投"为地方政府。"公投"提出后放弃或"公投"结果公布后，相同性质的题目由三年内不得再重新提出，改为两年内不得重行提出。

二、民进党当局"法理台独"动作的特征

　　一是"法理台独"动作具有触底操作，徘徊在红线边缘进行修法的特征。民进党当局深知大陆的两岸关系法理红线十分清晰，反对民进党当局公开推动任何所谓的"制宪正名""独立公投"等制造"一中一台""一边一国"的"法理台独"。因而此次修改"两岸人民关系条例"并没有动到台湾"宪法""一国

两区"的整体框架,但是却去掉了"条例"第一条最关键的词句"国家统一前"。同样,三读通过的"公投法"修正草案,也拿掉了"领土"变更、新"宪法"制定等敏感议题。

二是推进"法理台独"动作明目张胆,公然操作。这其中以通过"国际刑事司法互助法"草案、提案变更陆委会为"中国事务委员会"、"刑法"修正案新增"敌人"、废止"蒙藏委员会组织法"等最为明显。"国际刑事司法互助法"草案,将台湾地区与大陆、香港、澳门地区之间的关系,纳入从标题到内容都是以"国际"为标的的法律,严重触犯一个中国原则的底线。"刑法"修正案"外患罪"部分新增"敌人",将"投共"纳入"外患罪",则直接违反台湾"宪法"对两岸"一国二区"的规定。提案变更陆委会为"中国事务委员会"更是赤裸裸的制造"一边一国"。而废除"蒙藏委员会"及其"组织法",则是彻头彻尾的"法理台独"之举。

三是推进"法理台独"具有隐晦性、迂回性与渐进性。在民进党当局最近推动的一列"法理动作"修法动作上,尽管诸多敏感法案都不是由"行政院"发动,也没有"行政院版",但是从参与连署"绿委"的分量、背景不难看出当局高层意志的传达,此为隐晦性;"公投法修正草案"拿掉"领土"变更、新"宪法"制定、"国际刑事司法互助法"采用"准用"二字,此为迂回性;"两岸人民关系条例"删除"国家统一前"、"刑法"修正案将"投共"纳入"外患罪"、"促进转型正义条例""去蒋"、"去中",此为渐进性。

四是推进"法理台独"动作具有延续性。"公投法"修正案大幅降低提案、连署、通过门槛,打破"鸟笼"限制,为"独派"今后在操弄统"独"议题、触及两岸底线议题的操作提供更大可能。民进党籍"立委"黄伟哲针对"两岸关系条例"删除"国家统一前"表示:"不是所有法律都要把'宪法'的这个大帽子带进条文里,任何法律删除这五个字,也没有'违宪'问题。"这代表着"两岸人民关系条例"的修法只是一个开端。其它还有"国家统一前"词句的法律,后续也可能被修掉。此外,"国际刑事司法互助法"采用"准用","促进转型正义条例""去蒋""去中",废止"蒙藏委员会组织法"也同样体现出民进党当局正不断为"法理台独"制造机会、创造经验,并为下一波"法理台独"预留伏笔、创造条件,大开"法理台独"方便之门,以此延续当局的"法理台独"路线。

总之,综合民进党当局近期一系列的"法理台独"动作可以看出,民进党当局正采用"大力迈进法理台独",却又"轻点刹车""演戏给大陆看"的方式,逐步掏空当局"一中宪法",切割台湾地区"政权"与中国大陆的联结,在"法理台独"的路上越走越远。

三、民进党当局不断推进"法理台独"的原因

一是民进党的自身政治理念。民进党的创党理念就是寻求"台湾独立",虽然民进党为了执政,现在假意"维持现状",但民进党的"台独党纲"骗不了人,民进党人士也是实打实的"台独政治工作者"。在民进党"台独党纲"的指引下,岛内"台独工作者"自然会在各个方面推动"台独"工作,而"法理台独"即为其"台独"工作的首选项。

二是安抚"深绿"及"独派"团体。自 2016 年上台以来,民进党当局为实现当初大选"维持现状"的承诺,虽然拒不承认"九二共识",但在两岸议题上也相对谨慎。这引起台湾"深绿"及"独派"团体的不满,并发起一系列的抗议。面对"深绿"及"独派"团体的不满和其在"法理台独"上的强烈诉求,民进党当局惧怕得罪"深绿"及"独派"团体,丢失选票,影响选情,继而做出相应妥协,以此巩固自己的绿营大票仓。

三是民进党完全执政,挟持民意。民进党此次上台实现完全执政,只要民进党铁心要通过的法案,按程序原则上没有不会通过的。这也给了民进党充足的胆量和野心,从民进党上台来的政策推行来看,民进党充分利用在"立法院"大多数的优势,挟持民意,通过了众多令民众"怨声载道"的法案,并且屡试不爽。民进党当局利用完全执政优势,推动系列"法理台独"动作,一方面可以继续打击蓝营,削弱蓝营影响力;另一方面,通过修改相关法案为民进党在未来的选举上制造优势。

四是"台独"成为台湾社会的"政治正确"。当前台湾社会陷入"诡异"氛围。在当局"一中宪法"的框架下,却只准台湾人民说"台独",而不敢说统一。因为一旦有人说统一就会被套上"卖台",有人说自己是"中国人"就会被叫嚣"滚回中国",久而久之,台湾社会就算是抱有两岸"一中"理念的人,也不敢大声说出自己是"中国人"。导致整个社会认同统一或者是持中间态度的人,成为沉默的大多数。当前台湾社会"台独"意识猖獗,"台独逆流"肆意横行,"台独"成为台湾社会的"政治正确"。而这正好给了民进党当局借"台独民意",行所谓"转型正义"之口实,不断推进"法理台独"。

五是美国不断对台发出错误信息。自特朗普上台以来，美国不断加强与台湾的联系和往来，2017 年美国通过了一系列支持台湾的法案。日前，特朗普更签署通过了"2018 财年国防授权法案"。该法案附加条款要求强化美国与台湾地区的合作关系，邀请台湾参加军演，以及考虑美国与台湾地区军舰互停的适当性与可行性。可以说，美国不断对台发出错误信息，助长了民进党当局"法理台独"的嚣张气焰。

四、遏制民进党当局"法理台独"的途径

民进党当局不断推动"法理台独"的动作，严重冲击两岸关系，挑战大陆在两岸关系的红线。基于当前两岸关系的现实，可以通过以下几个途径来遏制民进党当局"法理台独"的企图。

一是寄希望于台湾政党。台湾泛蓝政党是当前岛内能够有效遏制民进党当局"法理台独"的直接力量。而在众多台湾泛蓝政党中，国民党是在野第一大党。因此，国民党应当承担起遏制民进党当局"法理台独"的中坚力量。国民党遏制"法理台独"既是捍卫自身的政治理念，也是其营造良好选情，重返执政的一步。国民党遏制"法理台独"要真正承担起在野党监督当局的责任，做好在野抗争，强化自身在野抗争力量，阻止民进党当局一而再，再而三的"违宪"操作。要积极做好与其他泛蓝政党的联结，尽一切力量避免泛蓝分裂。通过形成泛蓝大团结，针对民进党层出不穷的"法理台独"提出"释宪"，用民进党当局的"一中宪法"击碎民进党当局的"法理台独"企图。同时，岛内其他一些政党包括民进党内部也不是铁板一块，要做好这些政党内部浅绿人士的争取工作，从内部分化瓦解泛绿阵营。

二是寄希望于台湾人民。民进党自上台以来，一方面拒不承认"九二共识"，不断推行"去中国化"，制造台湾族群对立。另一方面一切以政治优先，拼政治不拼经济，利用完全执政优势，强行通过"一例一休""年金改革""劳基法"等一系列让台湾人民"怨声载道"的法案。要让台湾人民看到民进党当局"假民主、真独裁"的本质，看清民进党当局"法理台独"的危险性，看穿其"政治谎言"的真面目，用手中的选票，让民进党在"2018 县市长选举"中丧失执政基础，继而使民进党丢失政权，阻止其不断推进"法理台独"，维护海峡两岸的和平发展。

三是强化对"法理台独"反制措施。面对民进党当局一系列的"法理台独"

动作应予以高度关注与警惕，针对民进党当局采用渐进行、迂回性、隐晦性的"法理台独"路线，偷渡"台独"之实，我们应当对民进党当局"法理台独"划定新红线，防止民进党当局采取切香肠的方式变相推动"法理台独"。我们可以通过设置"法理台独"监测表，对民进党当局可能进行的"法理台独"操作进行分析汇总，并时刻监测民进党当局的动向，若发现有触及"法理台独"选项的操作，我们应当在第一时间予以强烈回应，绝不姑息民进党当局任何的"法理台独"举动。

四是阻止美方不断对台传递错误信息。特朗普上台后，美国官方不断将台湾问题筹码化，并将之作为与大陆谈判的筹码。美国错估大陆对台湾问题的认知，大陆不可能将台湾问题筹码化，台湾问题不是"交易问题"。因此大陆除了发表严正声明立场外，应该积极做好与美方的沟通工作，采取明确有效的措施阻止美国与台湾的官方联系，通过各个渠道与美方达成新共识，让美方正确认识到台湾问题的复杂性与严重性，停止不断对台传递错误信息。

五、结语

总之，民进党当局近来在"法理台独"上的动作不断，更加验证其"维持现状"的"虚情假意"。而台湾"法理台独"必将引发两岸巨大危机。我们应当对民进党当局"法理台独"的动作予以高度关注与警惕，并根据其呈现出的新特征，切实做好反制措施，将两岸关系主动权牢牢把握在我方手上。

（原载《福建社科情报》2017 年第 6 期）

民进党当局侦办新党青年军分析

陈文杰

2017年12月19日清晨，台湾新党发言人王炳忠、新思维中心主任侯汉廷、宣传部副主任林明正及新闻秘书陈斯俊等遭民进党当局"调查局"以违反"国安法"，对其住所进行搜索并拘提。据悉，四人均涉嫌协助"大陆人民刺探台湾情报，并为大陆搜集传递公务秘密"，牵涉周泓旭案。但当日"调查局"以"证人身份"传唤却大动作宛如逮捕重刑犯，全程被王炳忠以手机在脸书上直播，引发台湾社会强烈震撼。

一、打压新党青年军引发台湾社会强烈震撼

民进党当局此番侦办新党青年军，在台湾社会引发"绿色恐怖""威权复辟""警总再现"的恐慌。网友直呼"绿色恐怖开始了！""这样的民主自由，根本让大陆看笑话。""在台湾可以谈独立却不能谈统一？"

当事人新党侯汉廷表示，历经12月19日的无情跟残酷对待，才知道法律对一般人的侵害多严重，只因为他反对"台独"，坚持两岸和平统一就被政治迫害。他对整个过程有绿色恐怖、政治迫害的感觉。陈斯俊则强调，他只是个小职员，什么都不懂，被这样对待他感到很害怕。

国民党"立委"江启臣对外界表示，发生王炳忠事件，已经让人质疑，甚至是让人有所恐惧，到底民进党过去坚持的"人权与民主"，在这件事情上，是否背离长期以来的主张，这是民众在关心的焦点。不论王炳忠的政治主张、支持族群为何，蔡当局必须在"司法"的天平上，公平对待。国民党"立委"费鸿泰也强调，民进党当局用模糊的"国安法"等法条说人有罪就有罪，这将会侵害到每一个人的人权，民众将人人自危。有媒体分析称，蔡当局今日以所谓

的"国安法"抓捕新党青年人，明天可能就将"国安法"滥用到其他与大陆开展公开交流的人士身上，"绿色恐怖"自此笼罩台湾。

二、侦办新党青年军导致台湾社会强烈批评

新党副主席李胜峰表示，目前新党就只剩一条路，那就是"官逼民反、全面参选"，"楚虽三户，亡秦必楚"，誓言要推翻蔡当局。国民党"立法院"党团表示，蔡当局在大搞"绿色恐怖""寒蝉效应"。"立委"王育敏表示，检调大动作搜查王炳忠等人住处家里，让全民真实看到什么是"绿色恐怖""威权复辟"，民进党当局真的非常错乱！国民党文传会前副主委毛嘉庆表示，台湾已经解严30年，民进党还在玩"绿色恐怖"，干脆直接宣布戒严。这种冤错假案，特别是扣"国安"大帽子，蔡当局不要再玩了。国民党前"国发院"院长林忠山表示，蔡当局用这种传统安全概念，假"国安"之名，来行整肃异己、清算斗争，是非常无耻的。蔡当局已公然进入威权、警总复辟、锦衣卫复辟，想利用"绿色恐怖"来造成"寒蝉效应"，假如公权力滥用推到极权化，是会引发武力的革命。前"总统府"副秘书长罗智强表示，执政者高举"国家安全"的大旗，搜索、传唤在野政党人士，一夕之间，台湾好似回到威权时期。严正警告民进党，不要无限上纲你们自己为威权定义的"国家安全"。拿出铁铮铮的证据，否则，崩溃的将不只是台湾的民主。小心人民的怒火也将把民进党的"政权"一并焚去！

实际上，即使是绿营中人，也有人认为，由于王炳忠等人是政治人物，因而检调机关在侦办此案时，更应如履薄冰，因为"国安"案件最困难的就是事实认定，除非有"一枪毙命"的铁证，否则仓促出手，势必遭到非议与批评，"蔡当局不可不慎。"民进党"立委"黄伟哲也指出，王炳忠是公众人物，也有相当的政治性，司法动作应该要对涉案具体的事证，以避免引发政治纷扰。他希望检调在搜索告一段段、案情有一定程度厘清时，对社会做适当说明，以厘清疑虑。

《联合报》发表评论指出，用"国安法"的大帽子，轻易扣在反对党人的身上，检调如无足以说服社会的铁证，就是典型的政治迫害。民进党当局在"传唤证人"的一小步，却像回到三十年前戒严时期的警总手法，真是讽刺至极。台湾终于要进入以民进党为主的"民主"时代。

三、民进党当局侦办新党青年军的原因

一是新党触碰民进党当局两岸红线。新党日前率团访问大陆，表达了反"独"促统的立场，并愿意与大陆建立及时沟通机制，设立服务据点。新党高调动作可能触碰到民进党当局基于目前两岸氛围，不希望台湾出现任何执政党以外力量充当与中国大陆政府传声筒的主张，因而对新党大打出手。台湾《真晨报》评论指出，侦办王炳忠等人，是为了"杀鸡儆猴"，并借此警惕党内异心人士，但手段比"白色恐怖"更吓人！

二是报复大陆。澳门《新华澳报》发表文章认为，检调机关的此举，或许是对大陆司法机关以"颠覆国家政权"的罪名，惩办民进党前党工李明哲的报复。既然大陆司法机关以"颠覆国家政权罪"惩办李明哲，蔡当局就要以"共谍案"来实施"以牙还牙"。民进党是借修理统派向大陆示威，现今的两岸关系犹如进入火车对撞的试胆游戏之局。

三是整肃异己。桃园市议会国民党党团书记长徐玉树表示，当局侦办新党青年军这是民进党为了铲除异己的惯用手法，目的要让对手自动缴械，最后再来一举歼灭。民进党打压新党年轻人是做给全台湾及大陆看，台湾司法已沦为政治服务工具。法国国际广播电台（RFI）中文网也报道称："整肃异己？蔡当局大举逮捕主张统一的新党年轻干部"，并指出，"这项逮捕行动等于在台湾政坛投下了一颗震撼弹"。

四是转移执政失利的焦点。台湾检调机关此项行动，震惊台湾政坛。由于受侦讯者都是新党青年委员会的骨干成员，而且反"独"促统立场鲜明，因而普遍被认为是民进党当局维护其"台独党纲"，对支持统一、反对"台独"的政党及人物实施"绿色恐怖"，并以此来转移人们对蔡当局施政不满的视线。台湾《真晨报》评论指出，新党日前宣布支持柯文哲续选台北市长，新党又最亲中促统，蔡当局上台以来施政无方，民调直落，刚好借此机会拿新党开刀，以博取"独派"欢心，蔡英文在无计可施时，就会挑起统"独"对立，转移台湾民众焦点。

五是为起诉马英九制造氛围。国民党前"立委"蔡正元表示，王炳忠、侯汉廷新党青年军被调查事件，很明显是小案大办，小事大做，民进党当局这样做的目的只有一个，就是要在台湾打击反对党，为起诉马英九制造政治气氛。事实上，绿营中早有人扬言，2018年将拘捕马英九，为民进党的选情"祭旗"。如今当局急着侦办新党青年军，看来并非传言那么简单。

四、民进党当局打压新党青年军的影响分析

一是冲击台湾"民主法治体制"。民进党当局此次侦办新党青年军手段粗劣，备受社会批评。台湾地区前领导人马英九指出，"中华民国是法治国家，必须依法治国"，检调单位对于政治人物如此大动作，已经直接冲击到台湾引以为傲的"民主法治体制"。

二是引发威权复辟的疑虑。国民党台南市议会党团发言人蔡育辉也表示，台湾向来以标榜"民主自由社会"自傲，强调"行政""立法""司法"分立，本诸"司法独立"，有罪证就公布，侦查作为是否符合比例原则？是否侵害言论自由？都有待厘清。若经不起检验，台湾就形同回到威权时代。马英九也提到当前社会上已传出"绿色恐怖""警总再现""法西斯再现"的质疑。希望有关单位尽快出面说明搜索、约谈的法律依据与必要性，以消除民众的疑虑。

三是可能加剧两岸对立。王炳忠等人一返台即被抓、遭搜家，这是蔡当局对台湾统派下手的讯号，也可以说是冲着大陆来的，是赤裸裸对大陆的无视及挑战。蔡当局对统派下手，是为所谓的"国家安全"，还是为着"台独"春梦而整肃异己，压制统派力量，企图杀一儆百，用心昭然若揭。蔡当局抓统派，已然加剧两岸对立、民意对撞。大陆网路民意沸腾，官方媒体敦促大陆政府不仅要就此口头警告，还应有所行动，制裁、通缉一批死硬"台独"分子，促使台湾全社会客观认识岛内以及整个国家真实的政治现状。蓝营人士也表示，两岸关系当前已经处于冰封期，现在又冒出触犯"国安法"之名侦办新党青年军，检警调对案件侦查要禁得起检验，政党不搞统"独"零和游戏以从中获利，才有利于两岸互动，否则将让两岸关系从冰封期进入冰河期，更难融冰。《中国时报》评论也指出，面对这次事件，两岸关系又出现了一道新的阴霾。如果连两岸人民的正常交往都将面临监视、制裁和无情的打击，台湾的未来前景将是阴郁和灰暗的。

四是新党选情或将发生逆转。面对民进党的残酷打压，新党副主席李胜峰已表示，新党只剩一条路，那就是"官逼民反、全面参选"，誓言要推翻蔡当局。表明新党未来将积极参与台湾地区的各项选举。实际上，新党侯汉廷从北检回去后即宣布参选 2018 年的台北市议员，并感谢蔡英文给他做政治犯的机会。王炳忠也表示，未来不排除投身公职人员选举。市议员、市长等都会争取，要为更多民众发声，为台湾同胞发出声音，思考应该面对的问题。台湾资深媒体人黄暐瀚表示，几乎可以预见，这几个本来在 2018 年的议员选举上"不上不

下"的年轻人，如果最后没被关在牢里，那么他们的议员当选将会非常顺利，也许连蔡英文都没有想到，自己发起的这场政治闹剧简直就是在为新党青年变相拉选票。如今新党旗帜鲜明，反"独"促统立场明确，在两岸间的交流上也越来越获得大陆的认可。台湾深蓝及统派人士将更愿意把选票投给新党，其未来的选情或将发生逆转朝向利好。

（原载《福建社科情报》2017 年第 6 期）

扑朔迷离的台北市长选举

程　光

随着 2018 县市长选举逐渐临近，各方政治力量都开始积极为选战进行准备，其中"首善之都"的台北市长选情尤其引人注目。除了台北市长柯文哲笃定将竞选连任外，蓝绿阵营内部关于台北市长的选情也逐渐加温，特别是在蓝营部分，已表态参选者包括前"总统府发言人"罗智强、台北市议员锺小平、前国民党"立委"丁守中、前国民党文传会主委郑丽文，此外国民党籍新北市长朱立伦、前"行政院长"张善政、国民党"立委"蒋万安等则是被点名的热门人选，一时间蓝营台北市长人选成为舆论关注的热点。

一、何人代表蓝营出战？

根据近两月的民调数据，有可能代表蓝营参选台北市长的几位国民党参选人支持度以丁守中和蒋万安分居前两名，而代表泛绿阵营参选市长的支持度，台北市长柯文哲高过"行政院长"赖清德和已表态参选的民进党姚文智。

（一）蒋万安人气急升

蒋万安 1978 年 12 月生，还未到 39 岁，为国民党"立委"、中常委。蒋万安不只有颜值，还有特别的身世，为蒋家第四代。蒋万安 2015 年首次参选"立委"，在党内初选时击败罗淑蕾，被媒体称作"王子复仇"，自此广受瞩目。最近蒋万安由于在"立法院"打下"一例一休"经典一役、被网友封为"新战神"而名声大噪。其实早在这之前，在一份所谓的国民党"六都梦幻名单"上，蒋万安就被规划为代表国民党出战台北市的人选，有传国民党主席吴敦义近日下令，要蒋万安备战。

经"立法院"一役，曾助柯文哲打赢选战的姚立明、以及资深媒体人周玉蔻在电视政论节目中，都大赞蒋万安，称他是国民党未来的希望，会为国民党带来曙光和黎明的力量。姚立明认为，蒋万安现在是在学柯文哲2013年的那一套，拉拢民进党支持者。

众所周知，台北市长选战无疑会是2018台湾县市长选战其中一个最重要战场，目前很多民调评估认为柯文哲连任气势旺，但一旦民进党与柯文哲决裂，自提人选，出现蓝绿及柯三强鼎立局面，则蓝营将有很大机会胜出。民进党"立委"姚文智12月17日正式宣布参选，蓝营的丁守中、郑丽文也已表态参选。尽管蒋万安尚未表态参选，但绿营目前已视蒋万安为头号假想敌。不过因为党内有意参选者众，蒋万安最后能否出战，还须看能否过初选这一关。

在台北市的政党认同度中，国民党超过民进党9个百分点，这给国民党一个启示，就是要早点推出台北市长候选人，有明确的人选，选民比较容易凝聚，国民党不能像之前执政一样总拖到最后，早点确定能增加国民党支持度。

11月的民调结果显示，代表蓝营参选台北市长的支持度以丁守中32.8%和蒋万安20.2%分居前两名，比较发现，丁的支持度男女平衡，蒋的是男性支持者高，但蒋的年轻形象没有争取到年轻族群选票，39岁以下支持度丁高于蒋，显然选民不是以年纪来评估人选，年轻族群出现反权贵现象，蒋万安是不是受家族影响不得而知。另外，分区调查中，中山、松山区的支持度丁还领先蒋，这是蒋自己的选区，其选民服务是否不够？值得深思。

（二）丁守中轰党中央：迷恋自己指定的梦幻名单

被视为2020"大选"滩头堡的2018台北市长之战烽火已被点燃，民进党应会再度与无党籍台北市长柯文哲整合，蓝营因多人表态参选陷入内战危机，已表态参选的丁守中暗示若机制不公不排除参选到底。

丁守中日前在其脸书炮轰国民党高层，国民党已经输到被人抄家灭产了，但躲在暗处放话的所谓党内高层及党务主管竟仍不知民意民主为何物，自行规划指定的梦幻名单，甚至被民进党设局主导议题而不自知。一场应有的公平初选已变调成若干党务主管放话的吹捧造神大会。

被蓝绿视为最大对手的柯文哲，吃定民进党为不让蓝营拿回台北，非与他合作不可，没有攻击国民党与蓝军可能的对手，倒是持续炮打中央、杠上绿营大佬，力拼争取中间选民和蓝营选票。相较于方向明确步伐稳健，且已展开攻势的柯文哲，想攻城略地收复失土的蓝军，有意参选台北市长的人愈来愈多，倘若内战过程闹得大分裂，等于还没对外开打就投降了第五度争取代表国民党参选的前"立委"丁守中，连竞选人马、市政顾问团成员都组好了，包括参选台北市长呼声也很高的前"行政院长"张善政等强大阵容。党内人士透露，丁守中向党内表示，如果党内给他公平初选机制，他就会跟大家团结在一起。言下之意，也不排除参选到底。

蓝营分裂隐忧似乎浮现。蓝军在台北市之战首要任务，需先安内，拟定妥善机制服众，才能团结对外，避免渔翁得利再度上演。

（三）丁守中能否击败柯文哲

11 月的民调结果显示，代表蓝营参选台北市长的支持度以前蓝委丁守中32.8% 和蓝委蒋万安 20.2% 分居前两名，而代表泛绿阵营参选市长的支持度，柯文哲高过"行政院长"赖清德。而若与柯文哲一对一对决，蓝营中以丁守中差距最小，第二是蒋万安，然后是前国民党文传会主委郑丽文、台大兼任教授李锡锟与前"总统府发言人"罗智强。

台北市长柯文哲拥有现任优势，居于领先地位，但是，不是对所有可能的竞争对手都居于压倒性的优势，不可翻转的领先地位。在可能的竞争对手中，丁守中是最有可能打败柯文哲的竞争者。在一对一的竞争中，柯文哲对丁守中的支持率是 42.7%vs.36.9%，两人差距为 5.8%。

在国民党可能的竞争者当中，只有丁守中和柯文哲差距在 10% 内，如果丁守中代表蓝营参选，而蓝营本身足够团结，并非没有击败柯文哲的可能。

值得注意的是，在国民党人选调查中，还有 39.1% 的受访者没有反应，这些人是心中另有人选，还是觉得无所谓，或者都反对，值得观察。至于民进党方面目前看来是找不到人可以和柯文哲匹敌的。民进党虽然推不出可以打败柯文哲取得市长宝座的人选，但如果确定推人选竞逐，当然会对于柯文哲造成影响，有利于蓝营胜出。

在政党支持度方面，台北市蓝天略大于绿地（32.0%vs.30.9%），国民党领先民进党（28.1%vs.19.2%），"时代力量"也有一定支持度（9.8%），比较多的市民采取中立和不表态的立场（37.1%），所以，无论谁参选市长，都得在蓝绿板块之外争取中间选民的支持。

（四）郁慕明：有条件支持柯文哲连任台北市长

在 2018 年台北市长方面，新党主席郁慕明称，假如民进党不推人，新党就推人；假如民进党推人，新党就支持柯文哲，因柯文哲在两岸保持交流议题上，思路与新党相对接近。至于被看好的国民党"立委"蒋万安，郁慕明认为他还年轻，先留住这步棋。郁慕明说，新党对 2018 年地方选举的各地选情会以大局为重，不需要到处烽火，有多少实力，做多少事，全面开战是自找麻烦。

二、绿柯继续合作还是推人参选？

2018 年的县市长选举，台北市是蓝绿必争之地，而争取连任成功的现任市长柯文哲更是当仁不让。离 2018 年底的选举尚有一年时间，各方围绕台北市长的争夺早已展开。各界关注的焦点集中在蓝绿谁将出马代表各自政党与柯文哲一较高下，民进党是推自己人参选还是与柯文哲继续合作。

（一）姚文智宣布参选

2018 县市首长选举即将到来，台北市更是重中之重，为力抗因世大运而支持度高涨的台北市长柯文哲，国民党与民进党使出浑身解数。与柯文哲相对友好的民进党，曾为是否推派自己人而烦恼，但"立委"姚文智不久前已正式宣布参选。有人说民进党是投机取巧，想用姚文智牵制柯文哲。

2014 年礼让柯文哲参选的"立委"姚文智，2018 也不缺席。姚文智正式宣布参选台北市长，并点出台北市四大迫切问题：薪资冻涨、少子化、高龄化和空间危机。他认为，台北市可以更好，除了之前提出第二胎公家养的政策之外，松山机场迁建以及北市建筑"老丑旧危贵"的五大问题都需要解决，而自己的参选政策就是要投直球，要让"地壳震动"，解决空间危机。

据认为，蔡英文宁愿柯文哲被牵制在台北市，免得去选台湾地区领导人；不分区如"立委"段宜康逞口舌之快，动不动骂一下柯文哲自我疗愈；要选议员的小鸡盘算着母鸡行不行；基层焦虑着为何民进党收拾不了柯文哲。

姚文智宣布参选时，到场的台北市议员李建昌说，民进党如果自行提名，议员选票每区都会大量流失。李建昌是资深议员，在议会算是讲话实在。现在的民进党，可以说是处于政治上的精神分裂，一方面同心捧姚文智参选，一方面又担心没有柯文哲加持后选票会锐减。

据民进党规划，台北市属于非民进党"执政"的征召区，但也保留相当弹性，观察台北长柯文哲动向，党内一般预估，要处理台北市长候选人提名时程，可能要在 2018 年 3 月后。

民进党发言人何孟桦表示，台北市长选举时程，尊重民进党选举对策委员会讨论。

至于民进党选对会有关选举作业进展，一名选对会成员透露，尚未讨论到台北市长选举，还要再一段时间看看。

面对姚文智来势汹汹，柯文哲表示，姚文智要参选是个人权利，自己就是做好每天该做的事。

（二）绿柯关系扑朔迷离

随着姚文智宣布投入台北市长选举，让民进党中央不再"礼让"柯文哲的变数更大，若 2018 年的选举形成柯文哲、民进党候选人与国民党候选人的三角战，国民党或将渔翁得利。民进党与台北市长柯文哲的合作关系也因此变得扑朔迷离，姚文智说："我有胜选的决心与信心，就是要努力争取党的提名，不认为党会一面倒挺柯文哲。"

民进党"选举对策委员会"干部表示，柯文哲的状况虽然还算稳定，党内基层要求提名自己人的声浪很大，未来是否和柯文哲合作，大概要等 2018 年 3 月后才会确定。

柯文哲被问及姚文智是否会对他造成威胁时，直说很难回答，"说是也不是，说不是也不是。"并直言"我跟民进党高层关系都很好"，台湾花太多时间在选举，"正事做得不多。"

台湾媒体分析，柯文哲常不按牌理出牌，不小心爆料和失言，行事风格引起民进党基层不满。不过，姚文智本人不受党中央青睐，也早已是公开秘密。

这次姚文智参选获民进党主席、"总统"蔡英文默许，其竞选活动就罕见地得到小英后援会动员捧场，显然经过高层精算，欲借姚文智参选，来安抚"独派"、基层党员不满情绪，同时压制柯文哲气焰，达到一石三鸟的政治目的。

（三）姚文智是民进党的风向球？

2014 年柯文哲当选台北市长后，其两岸主张与民进党渐行渐远，引起民进党内独派的强烈不满，推出自己人参选的声音渐高。因此，在大运会后柯文哲声势如日中天之际，民进党对其不断抹红，意图使其支持度下跌。但就目前而言，在台北市民进党还没有人能对柯文哲形成威胁。与其与柯文哲撕破脸，倒不如与柯继续结盟。

因此，日前姚文智之宣布参选，试探的意味恐怕更多。因为放眼民进党内，虽想参选者众，但欲找出一位具战斗力、胜出可能性较大的候选人却十分困难。如此，又让蔡英文、民进党陷入 2014 年台北市长选举的困境，欲推出本党候选人，蔡英文、民进党将面临巨大风险和压力：是既无胜选把握，还会导致绿营内部相争，极可能让国民党渔翁得利，同时还将严重伤害到与柯文哲之间的关系。现今的民进党与柯文哲之间关系本不融洽，明争暗斗，矛盾纠葛不断，若再在台北市长选举上直接展开较量，双方间的矛盾斗争势将公开化、台面化；结果不仅未必能赢得台北市长，还可能导致柯文哲竞选连任失败，如此民进党将成众矢之的，饱受批评，激起柯文哲支持者及深绿的强烈不满，进而波及蔡英文2020年的连任。

如若不提名本党候选人，继续挺柯竞选连任，也有点说不过去。上届台北市长选举，民进党在野，为争取重新执政的大局考虑，故而弃选，还说得过去。现今已然成为执政党，再度缺席台北市长选举，显然说不过去，无疑是不打自招，显示民进党无人，承认执政不彰；对党内有意参选者、特别是近些年来在台北市积极布局、耕耘的人显得非常不公，会激起他们强烈不满。

可见，台北市长的争夺之于蔡英文、民进党，绝非是一座城市市长选举这么单纯、简单，其中牵涉面既深且广，蔡英文、民进党自是绞尽脑汁，精于算计，以争取自身政治利益的最大化，将对自身的政治冲击降到最小。

因此，姚文智宣布参选，可能更多的是民进党放出的一个试探信息。或者想借此事，把柯文哲拉回到民进党两岸政策的轨道。

三、蓝绿人选均难敌柯文哲

（一）柯文哲施政满意度增长快

三年前，无党籍的柯文哲在选举中获得民进党"礼让"，在民进党不派员参选的情况下，柯文哲以五成七的票数击败国民党候选人连胜文，终结了国民党在台北市的连续执政。

绿营智库"新台湾国策智库"民调指柯文哲是"六都"首长中，满意度增长幅度相当高的一位。民调长期敬陪末座的柯文哲，满意度首次过半达51%，较2017年5月调查成长了6.4%。

（二）蓝绿候选人难敌柯文哲

根据最新的民调数据，国民党候选人中支持度最高的是丁守中和未表态参选的蒋万安，二者的民意支持度与柯文哲都有较大差距。而已表态参选的民进党姚文智既未能对柯文哲造成作保威胁，更发挥不了搅局的作用。

"美丽岛电子报"12月发布的2018台北市长选举民调结果，台北市长柯文哲无论是和民进党与国民党表态或未表态的人竞选，支持度皆胜出。在"担任台北市长适合度"的项目，柯文哲甚至拿下超过五成的支持。民调认为，就这次调查的蓝绿阵营可能人选实力而言，"目前都尚不足以挑战柯文哲的连任之路"。

"美丽岛电子报"针对柯文哲、已经表态参选的民进党"立委"姚文智、前国民党"立委"丁守中和未表态参选的国民党"立委"蒋万安进行民调，在好感度的部分，47.7% 的民众对柯文哲有好感，而蒋万安则是 39.9%、丁守中 39.0%、姚文智 19.5%，越年轻或教育程度愈高的民众对柯文哲有好感的比率愈高，50 岁以上的台北市民众对蒋万安与丁守中较具好感。

民调显示，泛蓝支持者对蒋万安与丁守中最有好感，分别为 66.9% 和 65.1%。60.4% 的泛绿民众对柯文哲最有好感，赢过姚文智的 39.2%，而中立选民则是对柯文哲最有好感。在认为最适合担任台北市长的项目，有 50.6% 的民众认为柯文哲最适合担任台北市长，丁守中居次获 41.8%，接着是蒋万安 27.0%、姚文智 18.8%。

若 2018 年国民党推派蒋万安参选，柯文哲支持率 46.7%、蒋万安 30.0%，若国民党推派丁守中，柯文哲获得 46.0% 民众支持、丁守中则是 32.7%。

绿营姚文智已表态参选，在民进党未礼让、国民党推派丁守中的情况下，柯文哲获 43.1% 支持、丁守中 28.2%、姚文智 11.4%，调查显示姚文智加入成为 3 人竞选并未扭转结果，主因是民进党支持者对柯文哲支持度甚至高于姚文智；若是柯文哲、蒋万安、姚文智三人角逐，有 43% 的民众支持柯文哲，27.1% 支持蒋万安，11.8% 支持姚文智。

就目前态势而言，无论是柯文哲对上国民党的可能参选人，还是国民两党皆派人参选，支持柯文哲连任的泛绿民众介于 54.3% 至 69.6%，其中民进党支持者认同柯连任的介于 50.5% 至 68.1%，"时代力量"支持者认同柯连任的介于 57.2% 至 75.0%，中立民众支持柯文哲连任的介于 43.3% 至 46.6%，至于泛蓝民众支持柯文哲连任的则介于 26.6% 至 30.7%。

（原载《福建社科情报》2017 年第 6 期）

近期台湾民调走势分析

程　光

一、蔡赖满意度下降

（一）蔡英文赖清德 11 月民调双双重挫

根据"美丽岛电子报"11 月 27 日发布最新"国政"民调显示，蔡英文与"行政院长"赖清德的施政满意度与信任度出现双双重挫状况，跌幅较 10 月相比都滑落约 10 个百分点。民众对蔡英文施政满意度，仅 28.1% 表示满意，57.3% 不满意；对蔡英文信任度，33.9% 民众信任，另有 47.7% 不信任。调查显示，44.8% 民众满意赖清德整体施政表现，32.5% 民众表示不满意，其中，赖清德的施政满意度更是首度跌破五成。

"美丽岛电子报"分析指出，蔡英文与赖清德民调快速崩落的原因与"猎雷舰案"及"劳基法"修法有关，使得"泛绿选民"对两人的满意度与信任度大幅下降。最严重的警讯是，蔡、赖民调之所以快速崩落，主要原因是因为"泛绿选民"对两人的满意度与信任度都大幅下降。其中，"泛绿选民"对赖清德的施政满意度，更从上月的 81.6% 掉到现在的 66.0%，狂泻逾 15%。而"泛绿选民"对蔡英文的满意度更糟，从上月的 63.9%，跌到目前只剩 52.3%，代表连最死忠的支持者，都有将近半数无法对蔡英文表示认同，她在泛绿选民心中的崩坏程度，恐怕已超乎想象。

（二）民众对蔡英文的施政满意度

原本因赖神效应而让民调止跌回升的蔡英文，随着赖清德满意度跌破五成后，蔡英文的民调也跟回到 2017 年 8 月时的状态。

在蔡英文的信任度方面，受 33.9% 的受访者表示信任，47.7% 不信任。若与"美丽岛电子报"10 月份的民调结果做比较，当时"信任""不信任"的比例分别为 42.5%、42.4%，显示正向评价在本次是下降了 8.6%，负向评价则是增加了 5.3%。如果以"政治立场"交叉分析，也会发现"泛绿"选民 10 月份时，对蔡英文表示"信任"的比例为 75.7%，但到了 11 月却是跌破 6 成，剩 59.1%，一次掉了 16.6%；"不信任"比例则是从 16.7% 增加到 22.6%，多了 5.9%。

民众对蔡英文执政以来的整体表现有 28.1% 表示满意，57.3% 不满意。若与该报 10 月份的民调结果做比较，当时"满意""不满意"的比例分别为 36.3%、54.3%，显示正向评价在本次是下降了 8.2%，负向评价则是增加了 3%。

同样的，若以"政治立场"交叉分析，在"泛绿"选民部分，对蔡英文的满意度从 10 月的 63.9%，跌到 11 月的 52.3%，掉了 11.6%，等于有将近半数的泛绿选民，无法对蔡英文的表现表示认同。另外，不满意的比例，则是从 30.3% 提高到 36.5%，多了 6.2%。

由于"泛蓝"、"中立／看人不看党"选民，在 10 月与 11 月的满意度及信任度波动幅度，大抵上都在 5% 上下，因此，蔡英文此次民调之所以下降，关键应当也是源自泛绿选民对她的失望。

（三）民众对赖清德的施政满意度

民众对赖清德就任以来的整体施政表现，认为满意的比例，从 10 月的 55.5% 下降成 11 月的 44.8%，一次跌了 10.7%，而这也是他上任后第一次摜破 5 成的防线；不满意比例，则从 10 月的 21.5%，提升到 11 月的 32.5%，增加了 11%。如果以"政治立场"交叉分析，会发现"泛蓝"与"中立／看人不看党"的选民，对赖清德的满意度约莫都下降 5%，不满意度则是上升约 10% 上下。更值得注意的是，在"泛绿选民"部分，满意度从 10 月的 81.6%，跌到 11 月的 66.0%，一次就掉了 15.6%；不满意度则是从 10 月的 8.6%，上升到 17.9%，提高了 9.3%。

由于过去绿营支持者对党是"相对死忠"，即便支持对象表现差强人意，也大多会倾向给予正面评价。但此次赖清德在"泛绿选民"的跌幅，却是超过"泛蓝"与"中立／看人不看党"的选民，这对赖清德而言，无疑是重大警讯。

在信任度方面，民众对赖清德信任的比例，从 10 月的 66.6%，下降成 11 月的 58.1%，跌了 8.5%；不信任的比例则从 10 月的 21.5%，提升为 11 月的 27.0%，增加了 5.5%。如果以"政治立场"交叉分析，会发现"泛蓝"与"中立／看人不看党"的选民，对赖清德的信任度约莫都下降 5% 上下，不信任度则是增加约 5% 左右，波动幅度不算太大。但在"泛绿选民"部分，信任度则是从 10 月的 93.6%，跌到 11 月的 83.9%，一次就掉了 9.7%；不满意度则是从

10 月的 4.6，提升为 10.8%。

（四）台民众对民进党国民党的好感度及主要政治人物的信任度

"美丽岛电子报" 11 月的民调显示，就政治面的朝野两大党好感度评价而言，32.1% 民众对民进党有好感，比 10 月调查骤跌 7.7 个百分点，45.3% 对民进党反感，相较 10 月调查增加 4.1 个百分点。民众对国民党好感的有 26.5%，比 10 月调查降 2.2 个百分点，47.8% 对国民党表示反感，比 10 月调查微增 0.4 个百分点，显见近期 "猎雷舰案" 与 "劳基法" 修法等争议已对该两党造成程度不一的冲击。

此外，此次民调也询问民众对 "行政院长" 赖清德、无党籍台北市长柯文哲、国民党籍新北市长朱立伦等政治人物的信任度评价，以交叉分析并计算 "信任指数"，依序为赖 59.1 点（58.1% 信任、27.0% 不信任），相较 10 月调查跌幅达 5.6 点。台北市长柯文哲的信任指数 57.4 点（54.3% 信任、27.3% 不信任），相较 10 月调查下滑 1.8 点，在各群民众中以台北市民的看法最为分歧。国民党籍新北市长朱立伦的信任指数 49.9 点（42.3% 信任、34.8% 不信任），比 10 月微降 0.5 点。蔡英文的信任指数 42.4 点（33.9% 信任、47.7% 不信任），相较于 10 月调查下跌 4.5 点。"美丽岛" 民调并借由雷达图的呈现方式，同时显示该四位政治人物在不同区域、年龄、教育程度等群民众的信任指数差异，概括而言，各图中的曲线涵盖面积愈大者则代表愈受民众信赖。经交叉分析对照四人信任指数得见，男性、或居住在台北市与云林县以南、或 50 岁以上、或专科以下教育程度、或泛绿民众中皆以赖的信任指数较高。此外女性、或居住在新北市与桃竹苗及中彰投、或 49 岁以下、或大学以上教育程度、或中立民众等群皆是以柯文哲的信任指数较高。居住在基宜花东外岛或泛蓝民众中则以朱立伦的信任指数较高。

二、近期台湾民调数据解读

（一）蔡赖南部基本盘重摔在初选最激烈区

这份民调数据显示，蔡英文和赖清德的满意度跌幅较大的地区，竟是号称民进党大本营的南部县市，台北市满意度反而跌幅不大，信任度两人还上升，究竟这是政策问题造成的，抑或南部党内初选竞争造成的？颇堪玩味。

翻开这次民调数字，10 月份蔡英文拜提名赖清德余韵，满意度 36.3%，但 11 月却又跌回 28.1%，跟前 "行政院长" 林全时代接近，赖也从 10 月 55.5%

的满意度，跌至 44.8%，跌幅达到 10 个百分点以上。

但不满意度，蔡英文已经从 10 月的 54.3% 上升到了 57.3%，接近六成，可说危机重重，赖的不满意度也从 21.5% 上升到 32.5%，增加了 11%。不过，在未明确回答部分，蔡英文只有 14.6% 受访者不回答，但赖仍有 22.7%，将近五分之一的受访者，未明确回答对赖施政是否满意，对赖施政还未定调，因此，赖的满意度仍有上升可能。

而在信任度上，蔡英文上个月的信任度还有 42.5%，这次只有 33.9%，下滑了 8.6%，若换算成信任指数，蔡英文从 10 月 46.9 点，到 11 月 42.4 点，只有下滑了 4.5 点。赖清德信任度，原始数字 10 月是 66.6%，11 月是 58.1%，换成信任度，10 月 64.7 点，11 月是 59.1 点。赖清德与台北市长柯文哲相比，柯文哲信任度是 54.3%，输给赖，若换成信任指数，柯文哲是 57.4 点，比赖少 1.7 点，赖清德还是岛内朝野重要四位政治人物最高者。

不过，此次民调最令人惊讶的是，这次英赖民调的下跌，根源竟是民进党的大本营南部县市，而非北部县市，反而在一向是蓝色大本营的台北市，英赖民调跌幅非常小，以蔡英文来说，10 月，台北市满意度 26.8%，11 月 25.6%；信任指数 10 月台北市是 38.3 点，11 月 42.8 点，原始数字蔡英文 10 月信任度 27.8%，11 月 32.3%，信任度上任 4.5%。赖是在满意度上微幅上扬，10 月台北市对赖清德满意度是 40.3%，11 月则升到了 42.1%。

而南部从云嘉南到高屏，则是一片惨。蔡英文在七个区域新北市、台北市、桃竹苗、中彰投、云嘉南、高屏、基宜花东澎金马中，最高仍是高屏，但满意度却连四成都没有，只有 35.3%，其次是桃竹苗 30.3%，其余都低于三成。10 月，蔡在高屏仍有 40.9%，云嘉南 48.0%，新北 39.4%，但 11 月云嘉南只有 29.9%，新北市也只有 27.4%，中彰投也从 10 月 32.1% 跌到 24.9%，南部真是"惨"一字可形容。

赖清德的满意度在南部还守住五成以上，高屏 50.9%，10 月是 61.5%，在云嘉南，赖清德的故乡是七个区域最高的，11 月满意度是 53.0%，10 月则是 63.0%，下跌了 10%，一度被认为是新北市最大王牌的新北市，11 月赖满意度是 43.2%，10 月高达 61.6%，下跌 18.4%，跟花东下跌 18.2% 差不多，可说是赖下跌最多之处。

令人感到好奇的是，究竟是什么因素造成绿营铁票区的下滑，如果是政策，连最蓝的台北市都不至于浮动到这个地步，即使蔡英文面临处理"猎雷舰案"

危机，民众给了很低的满意度，但台北市对蔡英文的信任度却不降反升，而南部地区却通通下跌，且跌幅很大。

相同的，赖清德面临的"一例一休"的修法问题。"一例一休"的修法，依照"政院"的说法，是为了满足中南部的中小企业，中下阶层的劳工族，可民调却反而不升，而台北市却对赖的满意度上升。

这次南部的大暴跌，真的跟政策或者执政政绩有关吗？真是令人颇为疑惑。

但若循着另一条线索，也就是在各地闹得风风雨雨，内斗丑闻不断的初选地区来看，刚好就是这些民调下跌严重的地区。而为何刚好都是目前民进党党内初选最激烈的地区呢？是不是竞争的手法令选民或者支持者也看不下去了？

高雄和台南的初选竞争早已白热化，新北市的初选也逐步进入热潮，而嘉义县的初选最近也牵动了县政府的角色，登上新闻版面。

这绝不是巧合，也不是一时一刻的事，过去认为民主开放的竞争方式，是不是因为没有敌人而走样了？这些走失的民心目前反应不到候选人身上，却反应到了"中央"执政者身上，就像民进党的形象及好感度也下滑了7.7%，这些失去的民心真的会回来吗？执政者应该只是"站高山看马相踢"？恐怕也会被踢了好几脚，快到跌倒了吧。

（二）赖清德光芒消退中

观察11月的民调结果，不出各界所料，"行政院长"赖清德的满意度仍以44.8%的满意 vs.32.5%不满意，高于蔡英文28.1%满意 vs.57.3%不满意。看似民调仍是一枝独秀的赖，如果对比之前的民调来看，仍有隐忧。

以同份"美丽岛"民调来看，10月份民调，赖的民调满意是55.5%；不满意21.5%。从9月份的民调来看，赖的满意调查显示50.6%满意，15.8%不满意，换句话说，11月赖的满意度不但是三个月以来的最低，不满意也是这三个月以来的最高，满意度甚至还跌破了五成。同时间，TVBS在11月20日所做的民调，赖的满意度也只剩45%，同样破五成。

数字这么快速的下滑，理由当然只有一个，就是有关"一例一休"的修正引发的争议。一向接地气的赖清德，会急于想要修法，当然是来自倾听地方声音及中小企业主的反弹，再加上近六成民意挺修法做后盾，让想拼经济的赖清德快刀斩"一例一休"的这团乱麻，但是躁进的结果，不仅党内"立委"反弹开炮，"时代力量""立委"徐永明，国民党"立委"蒋万安也一"站"成名，成为广大劳工的最佳守护神，姑且不论"时代力量"及国民党在阻挡"劳基法"

修正上的政治动机和盘算，民进党要在"劳基法"审查上强渡关山及未来审查时要依照"党团内规"来处理，在在都让民进党大失分，不但"资进党"的称号出炉，还有执政一年多就有劳团到官邸"政院"喷红漆，甚至要发动大规模抗争。

过去民进党强推"一例一休"时，"立委"吴秉叡曾说过，"反对修法可以不要投民进党"，如今发现"一例一休"窒碍难行，政策转弯的同时，民进党缺乏向全民一句道歉，劳工情感上的"被背叛"，而过去种种进步力量的反噬也都有可能让赖清德民调迅速下神坛。

为什么这么说？其实从赖上任以来的失言争议来看可看出端倪。赖清德出席一场长照活动时，一句："照服员月薪 3 万不划算？就当做功德"。此话一出，网路上骂声一片，不但封赖是"无赖师"，还说是"神当久了"，不体恤人民。虽然事后"政院"、"绿委"都原文刊登赖清德谈话遭曲解，赖也送出照服员 2018 年加薪 3 万以上的利多，但其言论被放大，伤害都已造成：薪资低迷就当作是做功德，民进党不照顾劳工。这样的想法也是来自于外界对"一例一休"政策松绑的反扑。

另外一个失言事件就是，赖清德刚上任时，9 月 22 日接见第 27 届医疗奉献奖得奖人时脱口，"台湾爱滋病感染主要不再由共享针筒引起，而是男男同性恋"，这句话一出又跌破大家眼镜，各界哗然。虽然事后"政院"的解释是失言，语意不精确，但也引发污名化的质疑及同志团体的反弹。

其实从"低薪功德说，同性恋是爱滋病成因"等等，赖的失言，除了可能反映个人的潜在基本价值观外，更重要的是挑战了民进党的核心理念：照顾劳工权益和推动婚姻平权。一旦这些失言或政策推动被放大，民进党与这些进步价值和社运团体矛盾愈深，距离也愈来愈远。

高民调的赖清德，要下神坛虽然不用溜滑梯的速度，光芒却也慢慢消退中，原本是蔡英文的最大助力，短短不到三个月，台当局施政让民众对"总统"的满意度几乎回到 8 月份时 27.2% 差不多的 28.1%，这样的数字警讯显示的，不是赖清德功高震主成为蔡英文的心头之患，而是面对接下来的一连串施政，"劳基法"修正，"军人年改"，"长照政策"，"猎雷弊案"究责等，蔡当局如何在执政现实与价值理念间取得平衡，否则蔡当局终将在人民心中失去机会。

（三）"猎雷弊案"无人负政治责任　重挫蔡赖

"猎雷舰"风暴愈演愈烈，冲击之下，蔡英文、赖清德、民进党声望全面重挫。蔡英文的信任度满意度全部回落到赖清德就职前的谷底原貌，民众不满的关键：只有行政责任没有政治责任。

11月"美丽岛"民调，民众对蔡英文信任度比10月重挫8.6%，满意度降8.2%；赖清德信任度挫8.5%，满意度下跌10.7%；民进党喜好度减7.7%，灾情全面而惨重。

经过这一番折腾，蔡英文的信任度满意度全部回落到赖清德就职前的谷底原貌，赖清德担任"阁揆"对"总统"声望的推升效应完全消失。

8月"国政"民调，"总统"信任度34.6%，满意度飞升到42.9%，11月回到33.9%，而且信任度已经落后不信任度47.7%达13.8%；民众对蔡英文满意度8月27.2%，一度飞升到36.3%，11月回到28.1%。满意度更落后不满意度57.3%高达29.2%。

民进党民众好感度下滑程度稍好，8月28.3%，上升到38.2%，11月32.1%，掉了7.7%。

至于赖清德方面，9月信任度64.9%，10月66.6%，11月剩下58.1%，幸好信任度还大幅超过不信任度27.0%一倍有余；满意度9月50.6%，10月55.5%，11月重挫，剩下44.8%，但是幸而满意度也还超过不满意度12.3%。这样的信任度和满意度大抵和蔡英文刚刚就职的前三个月相当。

执政声望变化这么剧烈，到底一个月来发生了什么事，且回顾一下。

首先，11月2日，"行政院"公布"猎雷舰"调查报告列举"国防部"五大缺失。

其次，11月4日，蔡英文出访后回岛内并宣称成果丰硕，依据和过去历任"总统"受到的美方过境待遇的比较，她宣布台美关系进入史上最好的阶段。很奇怪，但是已经成了惯例，过境待遇的问题，已经几十年都是"总统"和媒体最关注的"外交"议题了。

然后是，11月6日，"行政院长"赖清德拍板"劳动基准法"修法"松绑七休一"方向。

11月初，"行政院"的"猎雷舰"处理，当时大家认为明快；"一例一休"修改案也受到支持。台湾民意调查基金会11月13日～15日调查，60.5%民众赞成劳基法修法方案。同一个调查发现民众对"阁揆"满意度上升2%，来到59.7%。

然而一方面蔡英文非常满意的"外交之旅"显然没为她提升什么支持度；另一方面，在"总统专属权"的"国防部"出了"猎雷舰案"，却不见蔡英文有什么声响。于是，依同一个民调，在赖清德声望上升时"总统"反而大幅下滑了5.1%。

"行政院"公布"国防部"案的五大缺失后先是媒体报道"国防部长"很不

以为然，说要等"总统回国"后向她报告，11 月 16 日原定"国防部"公布惩处名单的前一晚，"国防部"紧急叫停，表示要等全案厘清后再说。

接下来，案件愈滚愈大，高雄市政府也被卷入，一时传闻沸沸扬扬。11 月 20 日 TVBS 公布民调，41% 民众认为马英九当局有违法包庇庆富公司；但是竟然也有 36% 认为蔡当局有违法包庇情况。蔡英文赖清德满意度同步下跌。

终于蔡英文紧急出手，11 月 21 日约见"国防部长"冯世宽，听取简报并做裁示，要求"国防部"应该尽快公布惩处名单，并依法明快处理后续合约事宜。

第二天，22 日"国防部"马上召开记者会公布惩处名册。"海军猎雷舰"有前海军司令陈永康司令等 18 人涉及，预算报告违失部分则有时任海军参谋长梅家树中将等 10 员涉及，分别给了"申诫乙次"至"记过两次"不等的处分。

（四）民众不满关键：只有行政责任没有政治责任

"美丽岛电子报"在这一连串发展之后的 11 月 23 ～ 24 日两天做了民调。发现民众几个非常重要的态度。

首先，对目前台当局处理案子的做法高度不满。不满意度高达 52.6%，满意的只有 19.4%；而且连民进党的民众都只有 38.8% 满意，不满的有 40.9%。

其次，民众对"猎雷舰"的"定性"方面，认为是官商勾结的民众最多，有 40.4%，防务采购弊案的其次是 13.4%，两样都属于牵涉到当局的弊案，合计是 53.8%；至于认为是当局行政疏失的 12.8%；是诈骗贷款案的 6.8%。目前"国防部"的惩处人数虽然多，但是顶多只记小过，无疑是认为这案子的本质只是行政疏失，最重要的是在政治责任上居然一句话都不提，这就和绝大多数民众的认识差太远了，难怪对当局的措施民众一面倒的不满，满意的只有 19.4%。

第三，民众虽然对现在的台当局不满，但是最该责任的，马英九仍然被认为大于蔡英文，是 20.4% 比 13.6%，而"国防部"是 28.4%；至于最近被一些人当作重点，密集点名的高雄市政府则只有 7.7%，而赖清德则是 1.7%。

民众认为在弊案的责任上，过去的当局大于现在的当局；但是对现当局又高度不满，理由显然是民众是把造成弊案的责任和处理弊案和善后处理划分得非常开。民众固然认为弊案太大应该严惩，但是他们也认为现在当局把猎雷舰的建造处理的好的重要性甚至还高过弊案的追究。

这样看起来，案子虽然大得不得了，但是怎样善后，民众似乎不会给台当局太多可以拖延的时间。事实上，这个案子，银行界一开始就纷纷认定"猎雷舰"会出严重问题，以致联贷案连续被拒绝；2016 年 2 月"猎雷舰案"签约，才 3 个月虚伪增资、冒贷、掏空案就接连曝光；2017 年 8 月，公司更开始发不出薪水，公司连和本案无关的其它工程也因为缺少资金陷于停顿，这么长的时间内强烈的警讯层出不穷，台当局却束手无策，一直拖延不做处理，这正是台当局现在难以被民众谅解的关键。

由于一再延宕处理，且处理的内容民众又难以接受，因此在 11 月中旬的台湾民意基金会民调中，蔡英文的声望还只是大幅下降，到了月底蔡英文一旦出手处理，蔡英文民望更加巨幅重挫，一举回到 8 月换"阁揆"前的低迷谷底。本来，10 月，蔡英文的信任度虽然落后柯文哲，但是已经拉到朱立伦相当，但是现在又落后朱将近 10%；10 月民进党的民众喜爱度和国民党拉开超过 10%，现在只剩 5.6%。至于赖清德，信任度本来领先柯文哲将近 10%，现在已经剩下 2.8%，谈不上领先。如果这些民调数据下滑趋势不止稳，民进党前途阴影重重。

有止稳的机会吗？看来还是有。

首先，民众对赖清德的信任度仍然接近六成，是 58.1%，还有一定的施政能量。

其次民众仍然没有对"猎雷舰案"完全失望。支持继续推动的有 15.2%，查清楚再决定的有 61.2%，加起来有 76.4%，主张完全停止推动的只有 7.5%。这组数据说明民众仍然愿意给机会让当局把善后工作做好。

另外，希望撤原案提替代方案的民众有 30.9%，修改原案重新招标的有 26.0%，找其他厂商接手的有 11.9%，甚至由原厂商完成的也有 6.2%，固然显示民众对选择什么解决方案有不同看法，但是四案加起来有 74.9%，也表示多数愿意看到问题的解决。怎么解决，台当局当然只可能选择一个方案，不可能为了讨好所有的人而把四案拼凑在一起，但是只要选择得够好，说服力够，并展现决断力和执行的魄力，也就不是问题，甚至如果台当局找到这四案之外的方法，只要够好都没有关系。

做决断，是过去将近一年半台当局的最难，也是台当局声望雪崩的关键，现在猎雷舰案问题也出在这里；换"阁揆"后，台当局的决断在许多政策上颇令人耳目一新，这是好事，无论如何，民进党当局的未来，就看在决断力怎样进一步强化了。

（原载《福建社科情报》2017 年第 6 期）

两岸关系形势

"习特会"及台湾各界的反应综述

陈元勇

2017年4月6日至7日，应美国总统特朗普邀请，中国国家主席习近平在美国佛罗里达州海湖庄园同特朗普总统举行会晤，这是特朗普就任美国总统以来，中美两国元首的首次会晤。4月7日，王毅向媒体说明"习特会"情况时表示：中美双方宣布建立外交安全对话、全面经济对话、执法及网络安全对话、社会和人文对话四个高级别对话机制。会晤期间，中美双方启动外交安全对话、全面经济对话机制，重点讨论了机制运作方式和工作重点。

"习特会"前，中方重申了在台湾、涉藏问题上的原则立场，希望美方在中美三个联合公报和一个中国政策基础上予以妥善处理，防止中美关系受到干扰，指出两国应遵循不冲突不对抗、相互尊重、合作共赢的原则来处理彼此关心的议题，特朗普政府认可了这些原则，对中美关系来说是积极进展。"习特会"期间及会后的谈话，中美官方和官媒新闻都没有再提及"一中"与台湾等议题，双方会后也没有发表联合声明。这让台湾当局一颗悬着的心终于放下，蔡英文最担心的中美双方"第四个联合公报"的事情并没有发生。

一、"习特会"前台当局的反应

"习特会"前，台湾当局和绿营人士纷纷发声，希望美国信守"与台湾关系法"及"六项保证"，不要把台湾当作与大陆谈判的筹码，损害台湾利益。"总统府发言人"黄重谚表示，蔡当局与美方保持良好联系，美方也持续向台方说明其政策与安排，美国国会与智库等各界友人也不断为台湾发声，强调"与台湾关系法"及"六项保证"之重要性。陆委会副主委兼发言人邱垂正强调，美方多次重申"一中"政策，强调在这议题上不会有任何意外，或有任何议题的

189

交易，也欢迎美方信守"台湾关系法"及"六项保证"的对台承诺。当局也会持续和美方保持密切联系，妥善因应处理可能的发展，以确保"中华民国"的利益及尊严不受影响。陆委会副主委林正义接受英国 BBC 访问时表示，台湾正在密切关注美国新政府的外交政策。"我们需要做好最坏的打算，制订各种应急计划。"如果会谈没有提及台湾，那将是好消息。中美领导人会晤之后，台北希望能够有足够理由相信，台湾"并未被当作是一个棋子或是讨价还价的筹码"。台湾驻美代表高硕泰，"习特会"议题和议程有其优先顺序，任何涉及"中华民国台湾"的利益与台美关系，台方在过去时间都透过不同管道，定期和不定期充分表述立场和诉求，相信美方也都已充分掌握。

民进党"立委"叶宜津表示，蔡当局应呼吁美国遵守对台湾的约定，不要做出伤害台湾的事情。民进党国际事务部主任、"立委"罗致政指出，虽然美国官员在中美元首峰会前强调"一中"政策，但美国对台政策就是三公报以及"与台湾关系法"，白宫说法并没有脱离以往的框架。中美签署第四公报机会不大。"立委"蔡适应表示，"习特会"可稳定区域局势，是有必要，也希望透过沟通化解歧见。台湾应不会成为中美谈判筹码，美国应充分尊重台湾立场，中国是崛起大国，若对台施压过大，只会让台湾反弹。以大陆立场来看应希望维持两岸台海稳定，若在会谈中，大陆片面要求改变，可能会激起台湾更大反弹。民进党"中国事务部"主任、"立委"赵天麟指出，美陆台关系站在相当稳定的架构去进行，不会立刻造成天翻地覆的发展。美方依惯例都会向台湾当局进行说明，目前都没有超出他们的理解。"立委"郭正亮分析，中美峰会应会聚焦"朝鲜议题"。台湾议题重点在于会不会从特朗普口中讲出"一中"政策。

台湾当局的担心不是没有道理。2016 年 12 月，蔡英文与特朗普通电话，祝贺他当选美国总统，这通电话导致一起重大的外交事件。蔡英文与特朗普通话后，特朗普还曾暗示他可能放弃美国的一个中国政策，使中美关系再添变数。后来，为缓和中美之间的紧张关系，特朗普在与习近平通电话时改变了态度，表示支持"一中"政策。这起事件让台湾当局认识到，类似的情况有时很可能会迅速失控。

二、"习特会"后台当局和绿营的反应

"习特会"后，台湾当局和绿营人士对结果表示满意，表示乐见台美关系零意外和区域稳定对话。"总统府发言人"黄重谚表示，这次"习特会"整体而

言，美中关系平顺发展，台美之间零意外，这是当局所乐见；"国安"团队预先做好严整的事前准备，预防各种可能对台湾不利的状况，"习特会"的结果也和台湾的推演一样，没有意外。当局了解，美国高度重视东亚地区的和平稳定，身为区域的一员，台湾期待"习特会"对于东亚区域的情势稳定有所助益，台湾也会持续与各方共同合作，为区域的和平稳定与福祉努力。"行政院长"林全指出，希望美国跟大陆的往来与关系可以维持稳定的状态；也希望台湾与美国、大陆的关系也是稳定的。台湾"外交部"回应表示，"习特会"前美国总统特朗普已重申美方将恪守美国的"一中"政策，符合1979年以来美国政府立场及台美关系"零意外"原则，"外交部"表示欢迎。台湾与美国维持顺畅沟通，乐见"习特会"对区域安全稳定对话，期盼在各方努力下维持区域和平稳定。感谢美国国会、智库和各方努力，及美方一再强调"与台湾关系法"及"六项保证"之重要性。陆委会则针对外交部长王毅讲话，回应表示，"中华民国"是"主权国家"，对岸长期在中美领导人会晤及国际场域单方阐述对台立场，我们认为并不能代表台湾的主张，也没有正视两岸的现实。"台湾的尊严与民主制度"的永续是台湾发展的关键，当局维护台湾人民权益及核心利益的坚定立场与决心，是不会有任何改变。

亲绿的两岸政策协会4月8日就"习特峰会"举办座谈会，认为结果对台湾是好事。中兴大学国际政治研究所蔡明彦认为，两人峰会结果未发表共同声明，未提及台湾对台湾是好的。"习特会"虽然没有非常具体成果也没看到联合声明或记者会，但形式意义大于实质。两位领导人在最短时间内安排峰会，塑造领导人未来关系的友好气氛。这是美国特朗普时代与中国大陆进行经贸外交安全的首部曲。但中美关系结构性争议议题，仍有待磋商。因此，未来双方会建立争议议题管理机制，透过战略与经济对话，聚焦在外交安全、经济司法、网络、社会文化。台湾在两人会面没有失分，表示双方愿意透过对话妥善管理台湾。而台湾可在美方强调的台湾关系法下与美进行对话，另一方面美国也在让大陆慢慢习惯，台美关系还是会在"与台湾关系法"下继续发展。亚太基金会董事长许信良表示，国家主席习近平是最大赢家。虽会面没实质声明，但结果显示特朗普在竞选期间对大陆的激烈态度趋于和缓，这是习近平要的。另外，"一中"问题未被提及，对台湾而言是好事，这显示双方会回到中美关系体制。未来，只要双方领导人有意化解，专注在法律、体制差异，两岸破冰有望。

三、"习特会"后蓝营的反应

中国国民党文传会副主委胡文琦指出，国民党乐见"习特会"能为美国与中国大陆建立稳定的友好关系，相信这将有助于东亚局势的安全与繁荣。但对台湾媒体在会后第一时间均报道"习特会"中并未提及台湾议题，蔡当局随即表示台美之间是"零意外演出"是"自我感觉良好表现"。国民党要提醒蔡英文，"现状"已经被蔡当局改变，面对蔡不承认"九二共识"却又解决不了任何问题，包含面对陆客不来的经济困窘，新台币近 550 亿元的损失、大陆拥有美国近 1.2 兆美元的国债，以及目前台湾有近三四千辆游览车"无客可载"的问题，难道蔡英文还要继续"我们走自己的路"吗？媒体 4 月 9 日的报道显示，除了大陆由外长王毅重申在台湾、涉藏问题上的原则立场外，美方也再度确认自己对美国"一中"政策的承诺，然而蔡当局似乎只想"放屁安狗心"的说是"预期中、零意外"。世界不会因为蔡英文不承认"九二共识"、停止服贸货贸而"暂时停止呼吸、转动"，此次会谈后面对中国大陆与美国"各取所需"的报道情况"不一致"，到底"习特会"如何提及，及定义台湾议题？蔡当局不能没有"好奇心"与"上进心"，只想以"嘴炮式"的"预期中、零意外"来粉饰太平，因为那根本只是欺骗民众，且严重延误了台湾经济发展的关键时机而已。

中国国民党主席参选人郝龙斌认为，"习特会"不谈"一中"原则、台湾问题，但蔡英文不该一声都不吭。当初蔡英文与特朗普通电话，就高兴地对外发布消息，一副就是美国会当台湾后盾，而且特朗普说台湾每年都跟美国军购，好像就是美国向台湾收了保护费，就会保护我们。但当特朗普与习近平打交道后，美国马上回到"一中"原则。蔡英文想的是拉美日对抗中国大陆，美日却把台湾当筹码、棋子，蔡当局执政不只搞得天怒人怨，还让台湾成为美日向大陆叫板的工具。"习特会"从头到尾都不谈"一中"，也没提到"台湾"，因为这些事情习近平都已经搞定了，没有必要在这个时候谈，现在民进党当局安安静静不讲话，不让大家注意到他们过去所作所为，这也是让这么多民众失望的地方。"只要不讲话，台湾就不会变成棋子或筹码，这就是悲哀之处"。

陆委会前副主委张显耀指出，全球格局已是美中两强在主导，美中主宰也影响台湾，所以台湾应乐于见到中美是战略性合作，这有助于美陆台三边关系。美中如果是强烈竞争、冲突，台湾会遭受非常重大且立即性的危险跟利益伤害，所以美中战略性合作，是台湾最有利状况。

新党主席郁慕明在脸书发文表示，绿营认为台湾过关了的阿 Q 心态，充分反映出大陆的"战略"和台湾的"战术",层次已是天壤之别。"习特会"不谈台湾,因为"台湾"根本不够格作为中美两国的"战略"问题。两国领导人见面,只确认"一中"原则,订出四个对话机制,其它细节交给底下人谈。台湾问题不放在台面上,而是台面下,绿营根本不应该得意。因为如此一来,更是时时刻刻都可以"卖台",两大强权暗自磋商,"出卖台湾",无声无息。站在绿营的角度,明明应该希望美国多谈台湾,就像之前特朗普挑战"一中","独派"一阵雀跃一样。但如今竟退为"不谈台湾"就是好事,足见绿营对美国也没有信心,更别提台海生变,是否能靠美国来救台湾。然而一旦美国真不管了,台湾问题就回归到两岸自己解决,"独派"更是不知所措。悲哀的也正在于此,他们喊"台独"喊了半天,根本对台湾前途没有战略规划,有的只是能拖一天是一天的"战术",因此,可预见的将来,蔡当局势必又要"求美国介入"了!

四、"习特会"没提及台湾问题对台湾的启示

虽然此次备受关注的"习特会"没有公开提及台湾问题,但却对台湾有两点重要启示:第一,表明中美在台湾问题上已有共识,台湾问题已不会成为当前中美关系发展的重大障碍,存在的分歧也会在相互尊重的基础上加以管控。美国不但理解并遵循一贯以来的一个中国政策,而且如果台湾挑战"一中"原则及推动"台独"的作为,亦难获美国的公开支持。第二,虽然蔡当局可以因为"习特会"没有提及台湾问题而松一口气,但可能需要重新思考现行亲美远陆的政策思维,因为无论是台湾经济的出路,还是国际空间的维系与扩大,都需要从改善两岸关系上寻求突破。而当前两岸关系若要有所突破,蔡当局必须要有新的两岸政策论述,也就是在两岸关系的性质或两岸同属一中上有比较清晰的论述。

(一)"习特会"后台湾必须冷静思考

台湾"中央网络报"指出,"习特会"对于台湾问题,美方的记者会和声明都只字未提,也没有谈到"一中"政策。显然,"习特会"上,大陆提过台湾问题,而美方并未回应,这当然是因为两国领导人首度会面,旨在摸底和建立关系,台湾问题既没有迫切性,自然无须深谈;另外,台湾问题是美国的筹码,美国在没有换取相当的代价前,不会随便交易。然而,台湾既是大陆的核心利益,不管美方想不想谈,为免美国及台湾误判,大陆还是必须重申表态。可以想见,台湾问题不是现阶段中美两国的矛盾热点,也不是优先议题,双方会在

"相互尊重的基础上管理分歧"。所不同的是，大陆把台湾视为核心利益，绝对不会退让；而美国则将台湾当作谈判筹码，只要代价划算，随时可以交易。

试想，特朗普规划在十年内基础设施投资规模达到 1 兆美元，而大陆光在2016 年前十个月的基础设施投资就已达到 1.4 兆美元，只要有利特朗普落实政见，又能减少中美贸易逆差，活络美国经济，美国有什么理由拒绝？反过来说，面临这种状况，台湾能有什么因应对策？是更加抱紧美国大腿？还是赶紧修好两岸关系？答案难道还不清楚吗？如果要继续走"联美抗中"的路线，势必要加强对美军购，但台湾有能力跟大陆进行军备竞赛吗？再说，台湾即使向美国一面倒，在经贸上同样也要付出沉重的代价，美国贸易代表署已经对台湾点名美猪、转基因食品等，如果台湾再不让步，台美贸易暨投资架构协定就会寸步难行，蔡英文难道还不该冷静三思吗？

（二）台当局该放弃"联美制中"的虚幻期盼

美国鹰派认为，蒂勒森访华时接受了习近平新型大国关系"不冲突、不对抗、相互尊重、合作共赢"的论述，等于承认了中国无可谈判的核心利益，这个姿态放得太低，所以将来应当还会有外交辩论。也有人注意到美国虽然接受"一中"，但强调是美国的"一中"政策，和中国的"一中"原则不尽相同，所以也还有外交回旋的空间。在这样的状况下，美国对台军售案或许照样进行，甚至可能比奥巴马时代项目更多，范围更广，质量也更高，但只要大陆在经贸或其他议题上，能够付出让美国满意的代价，最后也可能发生戏剧性的变化！

不论特朗普政府对中国大陆的贸易政策是软是硬，不论特朗普在朝鲜问题如何对中施压，中美关系在"习特会"后，已有深化发展的势头。台湾可以在"美国的""一中"政策下，呼吁美国信守"与台湾关系法"与对台湾的"六项保证"，但若想"联美制中"是完全不可能的。这就是台湾所必须面对的国际新情势。

（原载《福建社科情报》2017 年第 2 期）

"习特通话"对台湾的影响

程　光

特朗普就任美国总统三周后，美东时间 2 月 9 日，特朗普和中国国家主席习近平终于进行了电话交谈。除了一般性的官方表态外，两位元首谈到了外界关注的一个中国政策。特朗普在通话中强调，他充分理解美国政府奉行一个中国政策的高度重要性，美国政府坚持奉行一个中国政策。特朗普的这一表态在岛内外引起了不少的震撼。

一、"习特通话"后岛内的反应

（一）岛内政界对"习特通话"的回应

针对美国总统特朗普与国家主席习近平通电，并表明美国将奉行一个中国政策，台"总统府发言人"黄重谚说，"美国是台湾在国际上最重要的盟友，台湾清楚了解美国政府高度重视东亚地区的和平稳定，包括持续而良好的台美关系、稳定的东亚区域局势，对于美国的利益至关重要。台湾作为国际社会的一员，也会持续与美方发展更为坚实的合作关系，共同为区域的和平稳定与福祉贡献力量。美国政府多次重申对台湾的支持与对《与台湾关系法》的承诺，我们也表示感谢"。

陆委会回应表示，"'中华民国'是国际社会的一员，与美国有长期友好关系，台当局重视台美及两岸关系均衡发展，并坚定维护台海及区域的和平稳定，此乃符合区域各方的利益。台湾期盼美方在过去台美良好互动的基础上，继续依据《与台湾关系法》及'六项保证'，坚守对台湾的承诺，发展更为坚实的合作关系，共同为区域和平繁荣贡献力量"。台当局维护两岸关系和平稳定发展的政策立场一贯，致力确保"台湾地区自由民主永续发展、积极参与国际社会及提升人民福祉"等核心利益。台当局期盼美方继续支持其和平稳定的两岸政策，同时呼吁中国大陆对台"采取正面态度，务实沟通化解分歧，寻求两岸最大可能的合作空间，回应两岸人民及区域各方对台海和平的共同期待"。

民进党"立委"兼国际事务部主任罗致政认为，"美国的一中政策与中国大陆的一中原则不一样，这是关键；美国总统特朗普的谈话，只是回到原有轨道，未来怎么做才是重点"。特朗普先前说"不知道美国为何要被一中绑住"，让很多人有一些想象，现在只是回到"美国的一中政策"，而且"不是中国的"，实际怎么做，其实还不知道；即便美国回到原有"一中"政策的轨道，但每个美国总统在实际政策的做法都不一样，接下来是"听其言、观其行"的阶段。特朗普只是遵循历任美国总统的"一中"政策，该政策本来就有它的延续性，"这只是美国既有立场的表述，不是遵循北京的一中原则，不会影响未来的台美关系"。

中国国民党主席洪秀柱表示，特朗普还是以美国的利益为取向。特朗普的"一中"原则，要问"一中"是哪个"一中"，我们的"一中"是"中华民国"，特朗普要讲清楚他的"一中"为何？

国民党"立委"江启臣认为特朗普同意奉行"一中"政策应该只是"无关痛痒的外交辞令，避免两人在电话中吵起来"。以特朗普的个性来看，美方的"一中"政策还是充满变数，特朗普仍握有发球权。

（二）台学者认为特朗普政策仍须观察

中兴大学国际政治研究所教授蔡明彦指出，从白宫提到"我们的""一中"政策可以看出，特朗普政府有意凸显美方"一中"政策与大陆"一中"原则的差异性。蔡明彦说："美国的一中政策是认知到中国（大陆）方面认为台湾是中国的一部分，而特朗普就用这种战略模糊，没有直接承认台湾是中国的一部分。"特朗普如今回归到美国处理两岸事务的基本框架，显示特朗普不会采取"联中弃台"或"联台抗中"的极端手法。美国国务卿蒂勒森在其任命听证会上强调"六项保证"为美国对台政策的基础，"这在以前比较没有在讲的"，这或意味美国新政府将对台更加友善，但台湾得"审慎乐观"，毕竟"全世界没有一个国家对特朗普能百分之百地掌握他的政策风向"。

台湾铭传大学公共行政系教授兼两岸研究中心主任杨开煌说："还需要再观察特朗普，因为他可以那么轻易地否定，又轻易地同意，这个可变性蛮多的。"

政治大学国际关系研究中心美欧所研究员严震生则指出，虽然特朗普"从善如流"，不再挑起"一中"政策的战火，"台湾筹码说"未来仍可能浮上台面，因为美国还是会继续卖武器给台湾，而大陆到时一定会抗议，所以"台湾还是可以作为中美之间的谈判筹码"。

二、一个中国政策仍是中美对台框架的核心

（一）美国和台湾都绕不过一个中国政策

一个中国原则是中美关系的政治基础，特朗普虽然在很多方面表现特立独行，也有一些各怀心思的人们，希望特朗普在中美关系上有特立独行的政策和行动，但是，只要细心分析中美关系的现状和世界各种错综复杂的关系，可以看出在中美关系上，大环境并不能给特朗普提供特立独行的可能。

在特朗普上台前与蔡英文通话后，中国政府非常明确地表示了对一个中国原则不容讨论的强硬立场，以及强调中美关系的政治基础是"一个中国"。如果特朗普上台前对一个中国政策的质疑或许是一种未经外交训练的言论，那么上台以后的特朗普，势必要全面评估与中国"翻脸"的全部后果。

习近平在瑞士达沃斯的世界经济论坛上发表演讲，再次承诺中国致力于全球化和自由贸易之后，特朗普肯定感觉到，中国领导人已经开始填补特朗普上台后形成的国际领导真空。很难想象特朗普会放弃美国对世界的领导权，坐视中国成为领导者。人们可以想象特朗普不想美国做世界警察，但不会想象他会放弃"美国例外论"的传统，那种认为美国是上帝的选民，必须拯救和领导世界的"例外"的美国。事实上全球化走到今天，并不是谁可以随便就能扭转的，在这种背景下，美国不可能关起门来"再次伟大"，不可能离开中国处理它在全球的利益，美国和中国在政治经济方面的缠绕，也是特朗普在中美关系中不能特立独行的重要因素。特朗普执政后终于冷静下来，明白无论他想如何和中国打贸易战，打这个那个战，中美关系只能是斗而不破，所以，特朗普的变化不是戏剧性的变化，而是他明智地回归到中美交往的政治基础上，美国要想继续成为世界领袖，要"重新伟大"，一个中国是绕不过去的。

对民进党、蔡英文来说，乐见特朗普将台湾作为对付大陆的筹码，做筹码虽然也有风险，但是能做筹码说明对美国还有用处，有风险也可能有收获，若特朗普在对台问题上和过去四十年背向而行，中美关系恶化，民进党和蔡英文岂不是有机会在"台独"问题上施展一番身手？

可惜特朗普不从民进党、蔡英文之愿。特朗普和习近平通话，表示充分理解美国政府奉行一个中国政策的高度重要性，以及美国政府将坚持奉行一个中

国政策。中美关系一扫之前人们的种种悲观猜测的迷雾，回归正常政治基础。和过去一样，中美关系在未来还会有种种波折，但大方向已定。在"川菜对话"后曾欢呼雀跃的民进党蔡英文，如今不知做何感想。

蔡英文想走出目前两岸关系的困境，只有一条路，就是承认"一个中国"。除此外什么时间说，说什么，说得再多再好听，都无助于两岸关系的维持和发展，更不用说有什么突破了。

中国有古话云：智者顺势而谋，愚者逆理而动。当今世界的"势"和"理"，只要涉及中国，都只能是"一个中国"，一个特朗普和蔡英文都绕不过去的一个中国原则。

（二）习特通话后台湾的"棋子"作用会弱化吗？

与之前高调把"一中"当筹码喊价的姿态相比，特朗普在这通迟来的电话中对"一个中国"做出正面回应，总算回归美国历届政府长期遵守一个中国政策的原点。这个表态不仅能暂时稳住中美关系，也拆除可能引爆陆美台三角关系的炸弹，有助于稳定两岸关系，也让本区域国家和地区松口气。

2016 年 12 月，特朗普胜选之后与台湾地区领导人蔡英文史无前例地通电话，又对"一中"政策提出质疑，相当于触碰了中国大陆的底线。中国虽然对美国保持以静制动的战略定力，但对不明确承认"九二共识"的蔡英文当局却动作不断，包括挖走"邦交国"、压缩台湾的国际空间、大陆空军战机和海军航舰战斗群又绕着台湾走，使台湾面对可能被大陆武统或被美国出卖的焦虑感夹击。

特朗普回归"一中"的表态虽然来得突然，但也不完全让人意外。毕竟"一中"是撑起中美关系最重要的支柱，遵循"一中"政策符合美国自身利益，没有"一中"作为交往前提，中美将难以开展谈判与彼此相互利益攸关的议题。作为世界两大经济体，中美关系千丝万缕，美国若否定"一中"，势必对全球局势造成爆炸性破坏，美国自身也将弄至焦头烂额。

不过，尽管特朗普对"一中"政策做出中国乐见的表态，但能否就此断言特朗普不再打"台湾牌"，中美之间围绕台湾问题的博弈是否告一段落，目前尚言之过早。在特朗普主政下，美国将如何诠释一个中国的政策？美国的"一中"政策意涵是否出现微调？美国对台政策未来将具体执行哪些内容？这些都有待观察。

中国大陆在谈及"一中"原则及反对美国对台军售时，通常紧抓有利于北京的中美三个联合公报不放。美国提及一个中国政策的时候，除三个联合公报外，还外加"与台湾关系法"，这是一部有利于台湾的美国国内法。只要美国不废除"与台湾关系法"，至少能在心理上给台湾一定的安全保障。

2016年5月17日，美国国会还通过共同决议，把里根时代对台湾口头承诺的"六项保证"诉诸文字，列为美国对台政策的基石。美国新任国务卿蒂勒森2017年2月在听证会上书面答复质询时，又强调"六项保证"也是"一中"政策的一部分，这意味着美国的"一中"政策，除"一法三公报"外，还增添对台"六项保证"，包括美国对台军售不设定终止期限、不事先与中国咨商、美国不会修改"与台湾关系法"等。

由于"六项保证"无法律效力，大陆学者一般认为，美国国会将之诉诸文字也无实际意义。但部分台湾舆论判断，这意味着美国的一个中国政策内涵正朝有利于台湾的方向改变。无论未来发展趋势如何，值得留意的是，即便特朗普不否定"一中"，也不能排除他未来可能通过诠释美国的"一个中国政策"意涵的方式，一点一点地改变美国的"一中"政策内容，令中国大陆防不胜防。

不按牌理出牌的特朗普频频用推特放言，先是把北京和东京弄得焦虑难安，此后又以遵循"一个中国"及明确钓鱼岛属于《美日安保条约》第五条适用对象，将美中、美日关系拉回理性正轨，也适当地给予美中、美日关系一定的平衡。

商人不做赔钱生意，特朗普是否用"一中"换取在其他议题上的妥协，外界不得而知。但从中国外交部多个"赞赏"的回应判断，特朗普先攻后守的玩法或能奏效。在涉及中国核心利益问题上先让北京焦虑，之后再通过博弈协商去满足北京的需求，或能在贸易、投资等经济相关议题上争取中国更多帮助。

作为崛起大国和守成大国，中美关系本质上就存在结构性矛盾与分歧，关键在于双方是否有意愿有效管控分歧、化解矛盾。实力最弱的台湾夹在两强之间，在很大程度上难脱"棋子"命运。

蔡英文当局坚拒承认"九二共识"，若要避免沦为两强相争的筹码，就应当思考如何在中美或中美日三方架构中，维持某种程度的战略等距平衡，同时力求以包含"一中"意涵的新表述打破两岸僵局。即要取得大陆的善意，又能得到美国的军售，同时发挥台湾作为第一岛链中枢的战略价值，在多强博弈的夹缝中力求自保。

（三）中美围绕台湾问题的博弈仍将继续

这是特朗普正式就任美国总统以来，首次与习近平通话；也是特朗普在当选美国总统后，曾经质疑一个中国政策之后，首次承诺他将坚持奉行一个中国政策。虽然只是回到此前中美建交后，历任美国总统都坚持一个中国政策的常态，但与其曾经偏离一个中国政策的轨道与蔡英文通电话，及公开质疑一个中国政策的反常行为相比，已经是重大突破。

不过，特朗普在做出这个重大转变之前，已经陆续进行了不少铺垫。大家都注意到，如果说在中国春节的农历初五，特朗普的女儿携同外孙女到中国大使馆参加中华文化活动，其外孙女以中文唱了中国歌曲，是对特朗普打破自中美建交后，历任总统都在春节向中国领导人和人民致以节日祝贺的惯例，没有进行节日祝贺的补救，只有善意而仍未有诚意的话，那么，日前特朗普致函习近平，祝贺中国元宵节，那就是既有善意也有诚意了。

至今仍然认为特朗普比台美"断交"后历任美国总统更值得依赖，因而奉行一条亲美疏陆政策的蔡英文当局，当然感到愕然，并有被出卖的感觉，因而"总统府"和陆委会都发表了既酸溜溜又恨得牙痒痒的谈话。民进党的台美关系研究专家还意图以强调美国的"一中"政策与中国的"一中"原则不一样，来减弱特朗普与习近平通话的震撼效应。

其实，美国的一个中国政策与中国的一个中国原则存在着某些差异并不奇怪。然而，特朗普所提坚持奉行"一中"政策的说法，与此前特朗普公然质疑"一中"政策的所为相比，蔡当局当然高兴不起来。

实际上，自从特朗普与蔡英文通电话，及特朗普的幕僚在蔡英文过境美国时与之会面之后，蔡英文就全面转向亲美，以为找到了抗衡中国大陆的坚强后盾。虽然对特朗普退出 TPP 有所失望，但整体上是向美国倾斜并严重依赖美国的。现在特朗普的突然转向，等于是在蔡英文当局的背后插了一刀。

不过，蔡英文此前即使是采取了亲美疏陆政策，但相对小心谨慎。在与特朗普通电话后，还算得上是比较低调，对大陆不刺激、不挑衅。但也必须注意到，她虽然没有大搞"明独"，但仍有在搞"暗独""柔独"。或许，蔡英文及其"国安团队"的幕僚们也已发觉，其实形势正在悄悄地发生变化，台湾的处境不妙。

但特朗普毕竟仍然是商人心态，而商人的本质除正常投资外，也会进行投机活动。说不好，投机本质未泯的特朗普，日后在遇到某些事态时，又将故态复萌。因此，还须做好两手准备，继续强化正面因素，消弭负面因素，促使美国成为在中国关系尤其是台海局势方面的负责任大国。

总之，美国维持"一中"，台湾只剩一选项，这一选项不是"台独"，而是回到"九二共识"、迈向和平统一。实力决定一切，"台独"无力挑战。美国国务卿蒂勒森的书面表态非常明确，台湾不是国家，而且是中国的一部分。这是台湾无法突破、必须面对的现实。

"习特通话"表明，特朗普政府维持"一中"，是形势使然，不得不然；蔡当局近日传出将在下半年对大陆推出新政策，此说若非空言，也是形势所逼不得已而为之。

（原载《福建社科情报》2017 年第 1 期）

"台独"之路走到尽头就是统一

——张志军讲话在台湾引起的反响综述

陈元勇

2017年3月6日，国台办主任张志军在参加全国人大台湾省代表团全体会议后，接受采访时表示，2017年的两岸关系最大的挑战就是那些"台独"势力蠢蠢欲动。这些分裂行径如果得不到有效遏制，必定对两岸关系和平发展和台海的和平稳定带来非常直接重大的威胁。这也是我们要坚决反对和遏制"台独"的原因，这样做也是对台湾民众一种负责的态度，如果"台独"继续沿着这样分裂的道路走下去，最终结果必定给台湾民众带来巨大伤害。希望台湾各界和大陆一起筑起一个反对和遏制"台独"的铜墙铁壁。"台独"之路走到尽头就是统一。但是那样的统一方式一定会给台湾社会和民众带来伤害，他们会付出巨大的代价。看现在民进党当局的表现，上台后先停止了课纲微调政策，现在又炒作两岸教育界交流问题。这些行为都反映了民进党当局的一些根本理念，讲"一中"有什么不对？必须要强调的是，"台独"之路是走不通的，是一条绝路，希望那些台湾当局认真思考这句话。

张志军的讲话在台湾引发了巨大反响。

一、台湾当局反应强烈

有岛内媒体报道，台湾当局匿名的"决策高层"痛批，张志军"误判台湾政治走向"、误导两岸大局。

3月7日，台湾行政机构负责人林全被媒体询问，张的谈话是否为一种威胁？林全仅简单表示，两岸关系蔡英文过去这段时间做很多说明，我们还是希望在此基础上累积双方善意，不必要做太多无谓，或没必要的猜测跟说法。

陆委会主委张小月表示，"张志军的讲话很不恰当，台湾一向主张和平稳定，并希望双方能够对话，台湾也都释出善意，但是张志军此种言论非常不恰当，他身为一个国台办的主任不应该用这样的话来说话，对两岸关系没有帮助。呼吁对岸，要面对面才能解决问题，希望对岸要注意到，处理两岸问题的时候要务实理性、要沟通对话。两岸问题是非常复杂，需要有很高智慧和耐心，双方共同坐下面对面沟通加以解决，恶言相向完全对于两岸目前状况没有任何帮助"。

陆委会副主委兼发言人邱垂正表示，陆委会在张志军讲话后已表达当局严正立场，对于大陆罕见的强硬论点，"造成台湾方面负面看法，严重伤害台湾民众情感。此一事件凸显出现阶段两岸欠缺互信的事实。为了增加双方的互信，双方务实沟通是必要的，透过沟通对话才能化解分歧，进而求同存异，有这过程两岸才有达到心灵契合的可能"。为了两岸人民福祉及两岸关系和平稳定，呼吁两岸君子相交以和为贵。

前"国安会"咨询委员苏进强分析张志军的谈话指出，张志军谈话是衍生自中共一贯立场。张志军的谈话听在民进党耳里或许有些刺耳，但他只是把底线划出来，也让民进党不要再对"台独"心存幻想。两岸关系是蔡当局所有大政方针里的杠杆，两岸若稳了，经济就稳了，国际问题可以解决一大半。"为何在国民党执政时代，大陆对很多问题可以放水，但蔡执政后就不放水，蔡英文要自我检讨。两岸最大问题就是没有互信，马执政时代至少有互信，所以他做什么大陆也就算了，现在完全没有互信，你做什么就统统都是'台独'，这是很大的问题。两岸若有互信机制，很多问题都可以解决"。

二、蓝营认为大陆强化"反独遏独"

前"国安会"秘书长、台北论坛董事长苏起表示，张志军的谈话代表大陆官方，不适合把张志军跟北京政府和习近平区隔来看，这么敏感的政策，大陆都是经过商量的。台湾内部目前意见很多，两岸这样你骂一句、我骂一句不是好事，对台湾经济不好，让两岸现状慢慢被破坏，对台湾伤害尤其大。因为台湾是较脆弱的一方，当局应采取审慎态度。苏起分析，大陆方面还不到文攻武吓的程度，但有那味道出来，跟1995、1996年的状况还有一段差距。蔡当局为了台湾人民安全跟经济发展，应更审慎处理两岸关系，不应意气用事。

前国民党"立委"蔡锦隆表示，张志军讲"台独"到尽头就是统一，这么重的话，代表大陆对蔡当局忍耐已经到了一个限度，蔡当局要积极面对，为改善两岸关系提出具体措施。两岸还是以和为贵，最好是各自节制，应该多沟通。台湾执政党常常在换，如果大陆因此针对民进党说了重话，而伤害台湾人民的感情，这对未来两岸关系发展也是不利的。

国民党前副秘书长张荣恭指出，张志军应是刻意避免使用武力统一的措辞，但是语意相当清楚，如此言论在 2008 至 2016 年国民党执政期间，是完全不可能出现的。2016 年 5·20 后，大陆原本期待蔡英文做完"尚未完成的答卷"，然而，她和民进党不仅坚拒"九二共识"，还持续进行为"台独"铺路的"去中国化"，所以大陆虽未正式宣布收卷，但已认定 2017 年的两岸关系"趋于复杂严峻"，"不确定因素和挑战、风险明显增加"。尤其大陆强调遏制"台独"，表明除了立场上反对"台独"外，还将在行动上做出遏制，台湾在安全、外事领域的空间就遭到限缩，原来所获的和平红利将快速流失。"急独导致急统"，蔡英文对此应有体认，才会以不挑衅、零意外的原则来因应两岸局势。但是切割两岸政治、历史、文化脐带的"去中国化"仍愈演愈烈，以致未能避免"台独"催促武统的效应。虽然武力统一并非当前大陆的主流思维，却不容否认武统之声逐渐产生，张志军才会就"这种统一方式"发出警语。相信没有人希望看到"台独"列车撞向武统山壁，而所有台湾民众又都在这辆列车上。

三、台学者认为张志军讲话释强信号

淡江大学中国大陆研究所荣誉教授赵春山指出，因为蔡英文对于大陆的答卷并没有作答，大陆看来是没耐心了，张志军的话是希望台湾做一些表态。另外，大陆目前重点是放在反独上，这段时间如课纲问题、去蒋化、陆生交流承诺书等问题，民进党虽说不挑衅、不刺激，但各种动作都让两岸距离愈来愈远，所以大陆现在要做些较强硬的表态。张志军的话绝对是强硬信号。最近很多人讨论到"反独"这问题，网民、人大代表都提出很多强硬意见，所以张身为对台工作负责人怎么可能不讲些话。接下来大陆怎么行动就看台湾回应。他一直建议蔡英文应该在大陆十九大以前做出一点表态，因十九大要定调后五年的政策走向，蔡应把握时间表态，否则大陆定调对台政策后，要扭转两岸僵局就更难了。

资深媒体人赵少康在台湾《苹果日报》撰文表示，以前就有人戏谑说："到统一最短的路是'台独'。"没想到张志军竟然在前几天也说："'台独'走到尽

头，就是统一。"张志军讲的统一，方式一定是用打的武统。两岸一旦开打，一定会死很多人，一旦死人，梁子就结深了，也不必再讲什么"血浓于水""打断骨头连着筋"，"两岸一家亲"立刻变成"两岸两家仇"了。大陆要打台湾不难，台湾也很难长时间抵挡，只是打下来后要如何善后呢？北京不会不懂这个道理，除非到了北京忍无可忍的最后关头，也就是张志军说的"'台独'的尽头"，所以现在不会打，只是北京显然十分焦虑，认为台湾是朝"台独"的方向快走，话才会说得这么重。蔡英文一直说她释出"维持现状"的橄榄枝，但北京认为你不接受"一中"内涵的"九二共识"就是改变现状了，再加上停止课纲微调、斗争国民党党产、切割闽南语与"台语"、追杀大学签不涉政治承诺书、提名"独派""大法官"、提名"独派""监委"、追杀蒋介石……再加上南向取代西向、用 TPP 排斥 RCEP、拉美日抗中，上任短短 10 个月，就干了这么多的事，互换角色，如果蔡英文是习近平，会不会怀疑台湾要搞"台独"？当然，如果蔡英文推的就是不公开"台独"却搞"台独"的策略，管你大陆爽不爽，那台湾就只有等着承受苦果吧。如果蔡英文没有这个意思，那又为什么要净做这些让北京"误会"的事？

台湾竞争力论坛学会理事长庞建国表示，张志军是在向台湾当局示警，虽然蔡英文在两岸关系上言词柔软，但北京认为蔡的行为正往柔性"台独"走，加上不愿接受"九二共识"，大陆不认为台湾想往和的方向走。台湾没有大陆的善意经济好不起来，此状况下台湾被边缘化加剧，闷经济无法改善，民众最终会认知到只有"和"才是未来两岸关系的发展方向。

台湾中国文化大学政治学系讲座教授陈一新在《中国时报》发文指出，张志军此番谈话与以往的和风细雨迥然不同，原因首先是尽管蔡英文在涉两岸事务上堪称自制，但正如张志军所言，民进党上台后先是停止课纲微调政策，现在又炒作两岸教育界交流问题，充分反映民进党当局的一些根本理念，因此，张志军认为 2017 年两岸关系最大的挑战就是"台独"势力蠢蠢欲动。其次，两岸之间基本上仍停留在放话阶段，并无真正有效的高层沟通管道。第三，美国总统特朗普上台以来，有关台湾问题的争议随时可能再起，中美"竞大于和"的局面已形成，张志军自然要对"台独"势力坚壁清野，展现一副要向"台独"宣战的气势。尽管蔡英文面对美陆台事务经常低调因应，但北京显然认定蔡与她的"国安"团队必然会伺机利用特朗普政府中"亲台反中"的官员，制定不利大陆的政策。从最近特朗普政府有意在台部署萨德系统的呼声再起，显示大陆的考量并非完全无的放矢。

四、台湾媒体解读张志军讲话

台湾"中央网路报"评论指出，蔡英文当局不能轻忽张志军的最新措辞，因为这是大陆从未使用过的警告用语，表明大陆虽仍以和平发展为目前对台工作的基调，但已不排除以更强硬的手段来回应蔡当局"形式'台独'的任何作为，包括'去蒋化'或'去中国化'"等政策。当大陆警告"'台独'就是玩火"的同时，蔡英文虽不敢公然高举"台独"大旗挑衅对岸，但仍有民进党"立委"不知轻重地游走"台独"游戏边缘，不禁让人怀疑该党是否在操弄两手策略，还是对国际情势发展无知至极。当美国总统特朗普同意"尊重美国的一个中国政策"时，就等同宣告"台独"的死亡。马英九只是揭穿"台独"的"国王新衣"，民众应该尽早醒悟，施压要求蔡英文尽速回到"中华民国"体制，免遭"台独"祸害。蔡当局对大陆和两岸关系的判断愈加令人没有信心。其因否定"九二共识"，已失去参与两岸关系和平发展的条件，使得台海局势的变数一直在增长中，再加上不断的误判，都置整个台湾于险境。

台湾《中华日报》社论指出，大陆涉台高层从来没有说过的重话，恐已成为大陆一股强势声浪，甚至已成为鹰派共识。就语意逻辑来说，台湾如果由"隐性台独"激越成"显性台独"，"台独"的尽头就是统一，完全符合辩证法的逻辑演绎。蔡当局对大陆好话说尽，但不面对"九二共识"也就难以进行官式交流。相对的，蔡当局视"九二共识"如无物，大陆当然认定蔡当局仍坚守"台独"路线，张志军指称"台独之路走到尽头就是统一"，大陆学者倪永杰遂解为"统一已经在路上"。蔡当局原指望"靠美倚日，反制大陆"，事实证明美日给力既不可期待，来自大陆的挤压反而日益加剧。半载一年之后，台湾势必出现半是"自锁国"半是"被锁国"情境，而新南向又走不出去，届时台湾将陷落为"亚细亚新孤儿"。

台湾《中国时报》短评指出，国台办张志军的说法原本只是一贯立场的重申，且修辞谨慎，刻意避免"武统"这类威胁性用语。不料却引发蔡当局的强烈批判，甚至透过所谓"决策高层"对张志军进行人身攻击，宣称"我方不该对其有不切实际的期待"，不免令人忧心两岸关系未来如何走下去。在此之前，蔡当局内部早已屡屡批评张志军。"决策高层"还质疑张志军错误解读习近平对台思想，仿佛自己更理解。这透露了蔡当局有意绕开国台办直接与习近平互动，这与民进党炒作"蔡习会"议题思路一脉相承。用台湾思维理解大陆决策模式，让人担心蔡当局两岸政策会一路误判情势。

五、切香肠能成"台独"的终极战略？

蔡当局以匿名方式对"'台独'之路走到尽头就是统一"的说法提出强烈回应，表达不满的背后是看到了两岸关系险峻的严重性。反应在施政上，蔡当局现在遇到会触及升高"台独"冲突红线的政策与法律都更加谨慎。但绿执政的调子并没有改变，一路的"去中国化"，加强台湾民众分离主义思维、敌我意识。这是从陈水扁执政时代延续至今的切香肠做法。最近的去蒋、管制退将赴大陆、订定"促进转型正义条例""保防法"，乃至于讨论将闽南语改为"国语"都是一系列的动作等等，在大陆升高反"独"时，民进党当局的动作也更大、更急。日本驻台的交流协会 2017 年元旦已改为"日本台湾交流协会"，台湾驻日的亚东关系协会也预计年内改名为"台湾日本关系协会"。扁当局启动的正名运动，花了 10 多年，从公营事业进展到外国驻台机构和台湾驻外机构。有日本成功案例，"独派"团体最近加大力度要求蔡当局进行外馆改名。

绿营正以这种渐进的方式来"去中国化"，从扁当局到现在，台湾人的"中国意识""本土意识"出现了惊人的消长，"加工独"融合了"天然独"，对年轻一代产生很大影响。以目前国民党的屡弱，民进党推动政策的效率，如果没有外力压制，绿营过去 17 年完成的"去中国化"工程，现在或只要一二年就可数倍。民进党是以积沙成塔的方式来推动分离意识，从扁当局到现在，每次小小个案往前推，头过身就过。随着蔡当局动作加大，大陆现在也升高收紧的动作，政协主席俞正声在全国政协会议开幕的工作报告中即指出，"大陆坚决反对任何形式的'台独'分裂行径"。

对于最近的情势，台湾出现两派意见。蓝营的学者及政治人物普遍忧心忡忡，担心在两岸缺乏沟通管道之下，蔡当局一路冲会很危险。民进党人则认为只要不踩"修宪"改号换旗等红线，守着"中华民国"这块招牌就没事，对美日护台显得很有信心。目前看来，蔡当局可能已经把切香肠式的"台独"作为其"台独建国"的终极战略，这是大陆及两岸有识之士必须引起高度警惕的。

（原载《福建社科情报》2017 年第 2 期）

从"中华台北"到"中国台北"

李 超

  第 23 届亚洲乒乓球赛在江苏无锡举行，有媒体发现，大陆央视在报道比赛时，将台湾地区代表队的名称由原来的"中华台北队"改称"中国台北队"，而新华网等其他大陆官媒也陆续修改称谓。在此之前，国际民航组织（ICAO）网站上每月公布的航空运输监测报告里，台湾标注也由最开始的"台湾台北"（Taipei，TW）改成目前的"中国台北"（Taipei，CN）。从"中华台北"到"中国台北"，虽然只有一字之差，但在两岸关系陷入僵局的大背景下，这种变动显然引起了岛内舆论的不安和揣测。

一、岛内蓝绿阵营的反应

  对于陆媒的做法，台湾陆委会主委张小月表示，对于陆方的单方面"矮化"不能接受，要表达强烈抗议与不满。她还声称"台湾不是中国大陆的一部分，此作法对两岸关系没有帮助"。

  绿营极端派"时代力量""立委"徐永明声称，台湾在国际运动赛事惯以"中华台北"自称，但近来大陆官媒在报道赛事时竟擅自将"中华台北"全改成"中国台北"，对于北京这种"骑到头上"的行为，台当局应除了表达抗议外，更该考虑以"台湾"之名重返国际舞台。徐永明提到，许多日本"友台人士"在积极推动 2020 年东京奥运台湾"正名"运动，希望东京都议会和东京奥委会等组织能协助台湾代表团以"台湾"名称参加东京奥运，台湾方面应更加主动的回应。徐永明还称，台湾受到大陆打压是必然，但台当局"外交部"的反击力道往往比陆委会还弱，呼吁"外交部"加紧努力面对下个月于瑞士召开的 WHA，别让"一中"原则"糟蹋"台湾对国际医疗卫生体系的贡献与付出。

与绿营的跳脚相比，国民党阵营利用此一议题，强力攻击民进党、蔡英文。国民党文传会副主委胡文琦在记者会上表示，理论上所有的体育活动都不该沾惹政治，但这次被改称呼的事件，始作俑者、最该负责的就是蔡英文当局。因为蔡英文一再宣称"维持现状不变"，但不论是 ICAO 或其他各项体育组织、赛事，都已经打破现状。面对大陆、国际组织这样的动作，完全看不到蔡当局有任何具体解决问题的方法，只有一个方法就是"摆着烂"，所以蔡当局对内拼经济无方，一方面宣称台湾要走出去，另方面又还一再宣称"维持现状"的一厢情愿说法，现在很显然已经完全破功。胡文琦强调，现在蔡英文是在"当家"的状态，面对国际参与、民生经济，蔡英文当然应拿出实际解决问题的方法，否则这只是一个开头而已，未来还会面临类似打压的状况，蔡英文及所属的"国安"团队应说明未来如何因应，才是负责的执政党。

相对于蓝绿台湾政客借机发难，岛内有网友讽刺表示，关于台湾体育代表队的称呼，台湾蓝绿媒体在岛内报道时都进行篡改。蓝营媒体一般称呼"中华队"，省略"台北"两字，绿营则一贯直接使用"台湾队"这个称呼，岛内自己都在篡改称呼，怎么有脸指责大陆？针对台湾方面的相互指责，我们不妨理清"中华台北"名称的由来。

二、中华台北"这个词是怎么来的？

台湾在国际组织中的名分，最常用的名称就是"中华台北"（Chinese Taipei），比如参与国际奥委会、亚太经合组织等。除此之外，中国台北（Taipei，China）、台湾（Taiwan）、"中华民国（ROC）"这些称呼也有使用。谈及中华台北的由来，要从 1954 年说起。从中国奥委会官网上的介绍中，我们大概能明白事情的来龙去脉。

中国体育组织早在 1910 年 10 月成立，1922 年即为国际奥委会所承认。新中国成立后，1954 年 5 月在雅典举行的国际奥委会第 49 届会议上通过决议被继续承认。但在 1956 年第 16 届奥运会时，由于国际奥委会某些负责人制造"两个中国"，允许台湾当局也派队参加奥运会，对此中华全国体育总会提出抗议，中国奥委会于 1958 年 8 月宣布与国际奥委会断绝关系。直到 1979 年 11 月 26 日，经国际奥委会全体委员表决形成的《名古屋决议》，又恢复了中国奥委会在国际奥委会中的合法地位。设在台北的奥委会作为中国的一个地方机构，用"中国台北奥林匹克委员会"的名称留在国际奥委会内。

根据台湾《旺报》报道，当时台湾当局是这么考虑的：为了可以让台湾选手参加国际比赛，让台湾在国际政治舞台已经全面退下之际，仍有运动舞台可以参与，最终由当时的地区领导人蒋经国拍板定案，提出"Chinese Taipei"这个"虽不满意但勉强接受"的名称，以及梅花旗及"国旗歌"向国际奥委会同意注册。1981 年 3 月 23 日，台湾当局与国际奥委会签下协议书，确定英文名称及旗歌。中华台北参加奥运时的入场序是 T（TPE；Taipei），中国则是 C（CHN；China），将两者区分开来。至于英文"Chinese Taipei"该如何翻译成中文，海峡两岸有不同的译法。大陆方面译为"中国台北"，台湾方面则译为"中华台北"。

1984 年洛杉矶奥运，台湾首度以"中华台北"（Chinese Taipei；TPE）参加奥运会。1990 年，在两岸关系回暖的大背景下，台湾方面也派队参加了北京亚运会，同时这也是台湾以"中华台北"的名义回归亚奥理事会后，参加的第一届亚运会。由于当时两岸关系融洽，台湾方面也热情高涨，派出了 405 人的强大阵容参加北京亚运会，而大陆作为东道主，更是以台湾歌曲《梅花》作为中华台北代表队入场的背景音乐，彰显两岸和谐关系。

一晃到了 2008 年。台湾地区马英九上台执政，两岸关系逐渐改善，体育交往日渐频繁。从那时起，媒体逐渐使用"中华台北"来指称台湾地区体育代表团，出现了上文所提到的"中国台北"与"中华台北"并用的情况，这样的"默契"到了 2016 年底被打破。蔡英文当局上台之后，两岸关系形势发生了变化，由于民进党当局对外不承认"九二共识"，对内操作"去中国化"，不认同两岸同属一中，单方面破坏了两岸关系的共同政治基础和政治互信，使得两岸关系和平发展的良好局面和成果受到了严重冲击。大陆一改过去对台"国际参与"的宽松态度，开始在国际社会更明确、更严格规范台湾的政治定位。从国际民航组织 (ICAO)、国际刑警组织 (ICPO)，台湾全被拒于门外。2016 年的世界卫生大会 (WHA)，台湾甚至几乎在最后的时间才收到 WHA 标注的附有一个中国原则的邀请函。这无疑表明，两岸关系没有改善，大陆将严格遵循一个中国原则来处理台湾的国际参与，中华台北变成中国台北，也将成为常态。

三、"名分"之争到底争什么？

说到底，台湾的"名分"就是两岸关系的晴雨表，这与台湾当局能否维持"邦交国"关系的道理大致相通。

自 1989 年以来，台湾内部总有一群人，曲解大陆善意，认为"中华台北"是对"台湾"的矮化，认为台湾应当勇于维护自己的"权益"。为此，从台湾官方到台湾媒体，各个"小动作"不断。比如 2004 年，在日本东京举行的世界医学协会年度会议时，台当局对外事务主管部门曾公开宣布，要把台湾会籍名称由原来的"中国（中华）台北医师会"（Chinese Medical Association Taipei），变更为"台湾医师会"（Taiwan Medical Association）。当时台当局还表示，"这项正名成果，旨在让台湾以后名正言顺在国际展开'医界外交'，也避免原名称'中华台北'被误认与矮化为地方团体的尴尬。"同年 8 月，更有台媒"大声疾呼"，"呼吁"在希腊奥运会时，"把'中华（台北）队'正名为'台湾队'"。文章同样认为，"Chinese Taipei"虽然翻译为"中华台北"，但其意思更像"中国的台北"，有"自我矮化与混淆视听"之嫌。

值得注意的是，在台湾为自己"正名"的各种"小动作"里，来自美日部分势力的支持"功不可没"。仅以 2017 年为例。2017 年 1 月，日本方面成立了"2020 东京五轮台湾正名推进协议会"，为台当局以"台湾"名义参加东京奥运会进行积极的民间连署活动。两个月后，据"美国之音"中文网报道，由美国主导的全球创业大会首次用"台湾"而不是过去的"中华台北"来称呼台湾代表团。

而且在岛内，割裂两岸共同认知方面民进党当局也做得如火如荼，去蒋、去孙、去孔运动此起彼伏，打着"转型正义"的旗号大肆进行各种各样的"去中国化"行动，并以"不当党产"的名义对在野的可能会东山再起的的国民党大肆进行各种围剿，都让人无比清楚了解到蔡英文要搞什么？蔡当局的政客们面对大陆不停地呼吁善意，请问蔡当局为什么不照照自己，自己做了什么，还想要大陆的善意？

司马昭之心，路人皆知。但随着大陆综合实力提升，台湾在"外交"上已无任何竞争力。两岸政治基础一旦没有得到确认，大陆自然也不会再预留任何"国际空间"给台湾。国台办于 2016 年 12 月 28 日的例行记者会上曾明确表示，2008 年以来，两岸双方在坚持"九二共识"、反对"台独"的共同政治基础上，推动实现了两岸关系的和平发展，在这一大背景下，两岸双方在涉外事务中避免了不必要的内耗。我们历来以一个中国原则来处理台湾的对外交往问题，任何制造"两个中国""一中一台"的企图都注定会失败。历史的趋势，不可阻挡。正因此，民进党当局上台前后，分别出现了原先"邦交国"冈比亚与北京方面复交，圣多美与普林西比与台湾"断交"与北京复交等情况，台湾在世界卫生大会、国际民航组织、国际刑警组织等的参与接连受挫。

说到底，两岸在台湾国际参与上的"名分"之争其实就是一个中国原则之争。台湾当局秉持"两岸同属一中"，则任何名称都可以被乐观理解；而一味操作"去中国化"，再乐观的名称，大陆必然也会谨慎对待。正如台湾学者所言，台湾通往国际社会的捷径在北京。在没有"两岸同属一个中国"的"压舱石"情况下，台湾当局的国际空间只会被日益压缩。

大陆官媒一夜之间从"中华台北"全部改为"中国台北"恐怕不是"擅作主张"。从 2016 年下半年以来大陆开始紧缩台湾的"国际空间"，一切按"一中"规矩办，这在大陆能得到很强的民意支持。这是一种信号，或者是发出的一种警告，意味着两岸关系打回原点。

台湾方面是知道问题出在哪里的，而所谓"抗议"和"绝不接受"，最后恐怕会敌不过现实——台湾没有可能因为大陆媒体不称中华台北、称呼中国台北，就拒绝参加国际赛事或组织，毕竟因不满而退出组织的代价更大。客观而言，如果未能从改善两岸关系着手，否则台湾的执政者再怎么表达强烈态度，都改变不了大陆媒体的做法。相反，这些"抗议""不接受"等等的制式回应也只是暴露执政者无能为力的表现，完全提升不了台湾的尊严。台湾应正视自己，正视自己的弱势，以及矛盾之处。

四、从更名"中国台北"看大陆对台工作新思路

蔡英文搞"台独"，不承认"九二共识"，同时在国际上还打擦边球，经常在"外交活动"中以"台湾总统"来标榜台湾的"独立特性"，尽量弱化"中华民国"的"国号"。这些动作，其实都是在尽量制造"台独"的国际影响力。中国作为世界性大国，不可能允许自己国家的一个地区在国际上搞"台独"。所以，"中华台北"变成"中国台北"只是大陆进行反制的必然措施，它是大陆中央政府开始逐渐收紧台湾地区脖子上的绳子的一个重大信号。

过去，大陆主张和平统一，希望与台湾当局及其在野党通过谈判解决台湾问题，实现和平统一。但随着蔡英文当局的上台，"台独"活动越发猖獗，"文化台独""教育台独"等一系列"去中国化"措施不断上演。而原本被寄予厚望的国民党在亡党之际却还沉溺在"一中各表"的虚幻中久久走不出来，这种表述已经实质上让国民党往"独台"的方向去发展了。"独台"和"台独"本质上

都是属于分裂主义，不追求两岸统一，只是玩这种文字游戏，国民党的支持群众只能越来越少，指望国民党来带领台湾回到祖国的怀抱恐怕已是痴人说梦。因此，既然和平统一的希望正在逐渐丧失，面对"台独"势力不断推进态势，大陆中央政府必然采取有力措施，包括停止"外交休兵"、减少台湾的所谓"邦交国"、压缩台湾的国际活动空间等等来表明大陆维护国家主权的态度。

事实上，台湾当局是在搞"台独"，试图脱离中国；大陆的反制措施是在反"台独"，推动两岸统一。那么，两岸的两个方向必然会形成越来越强的反方向张力——台湾当局推动"台独"的力量越大，大陆方面推动两岸一统的力度也就越强，此一更名事件，就可以理解为中央政府对蔡英文已经失去了耐心。当"台独"突破大陆的红线后，必然触犯《反分裂国家法》，大陆则将依法实施"武统"。以当前两岸的力量对比，台湾最终不但无法"独立"，却反而走向统一。正如岛内有学者所言，未来"台独"势力推进台湾"独立"的活动越猖獗、越迫切，两岸实现统一的时间会越快。因此蔡英文推进"台独"反而是在促进统一。

从大陆对"台独"势力的亮剑，台湾方面应该可以看到大陆反对"台独"、实现两岸统一的决心。台湾和大陆都是中国神圣领土不可分割的一部分，过去是，现在是，未来是！台湾绿营的政客们，如果忽视这个国际现实，继续大玩文字游戏，只会让台湾的国际空间越走越窄。两岸一统，大势所趋，任何试图阻止的力量都只能是螳臂当车，必然被碾得粉碎！

（原载《福建社科情报》2017年第2期）

蓝绿攻防"两岸协议监督条例草案"

张　帆

台湾"立法院内政委员会"3月22、23日两度审查"两岸协议监督条例草案",因蓝绿未达成共识,协商破局。

综观民进党一直以来对于"两岸协议监督条例"的态度,均是以政治利益为最大考量。因目前两岸僵局,加上蔡英文民调直直落,一例一休等争议不断,此时机点如果真正来检视两岸关系,两岸协议哪些可签,对民进党只有扣分没有加分,也因此让民进党对此法案的态度,虽然是嘴上说列优先法案,却迟迟未付诸实际动作。虽然外界多认为尽速通过"两岸协议监督条例"对目前两岸僵局有正面作用,工商业界则希望此条例能赶紧通过,为两岸经贸交流定下游戏规则,业界才知道朝哪些方向进行努力,加上公民团体也要求尽速审查此条例,但是,一直说要倾听民意的民进党,似乎并不做此想。

"两岸协议监督条例"目前有民进党"立法院"党团版"两岸订定协议监督条例草案"、"时代力量"党团版"'我国'与中华人民共和国缔结协议处理条例草案"、亲民党团"两岸协议监督条例草案"以及民进党"立委"尤美女、国民党"立委"江启臣、黄昭顺等人的提案,共六个版本。

一、蓝绿委火爆上台互杠

国民党不分区"立委"王育敏、许毓仁表示,一旦开始审法案,民进党就必须表态两岸定位,到底是像马当局的"一中各表",还是深绿主张的"一中一台"或"两国论"。民进党不想表态,便技术性杯葛法案。

柯建铭发言说,马英九执政后,两岸政策是往大陆倾斜;他不反对"两岸监督条例"交由"立法院"各个委员会一起联席审查。柯建铭更批排案的国民党召委曾铭宗是在见缝插针，制造大绿小绿的矛盾，消费民进党。两岸现在完全"不开门"，国台办又数度对台呛声，无须现在热脸去贴冷屁股，因此"监督条例"并非两岸问题中最重要的。

"时代力量"党团总召徐永明主张，因本案牵涉"国防外交"、经济等其他委员会，应该举行联席会议审查，甚至以"全院委员会"模式处理。民进党团总召柯建铭随后认为此提议"可以谈"，另一绿委赵天麟也表示，他与其他"绿委"提案，请召委曾铭宗将本案提报请"院会"，与其他有关委员会召开联席会议共同审查。

国民党"立委"蒋万安等抨击"绿委"拖延"监督条例"的立法审查，是打假球；陆委会没有版本，而依照民进党团版本，"行政院长"林全被民进党团绑架了吗？为何不敢为自己推出的政策负责？蓝委痛批，民进党团版本是"两国论"，陆委会应做出说明。亲民党"立委"陈怡洁则强调，亲民党同意交付全"院"审查，她反对审查"两国论"版本。但国民党"立委"曾铭宗对此表示不满，认为此侵害其召委权力，过去法案要退回"院会"，都是大家有共识下才所为，但国民党对"监督条例"的态度是应尽速进入实质审查，如退回"院会"，此法案恐再无法见天日。

"蓝委"王育敏说，这个条例已过了三年，台湾有多少个三年可以拖延；两岸协议今天是启动先立法再审查，各党团不应再拖延了，蔡英文多次公开承诺推动"两岸监督条例"的立法。民进党团不要再拖延法案的审查了。

"蓝委"吕玉玲指出，服贸协议造成"太阳花学运"的发生，2016 年 5·20 民进党执政了，对于"两岸监督条例"之审查却是无声无息。"立法院"八个委员会若要联席一起审查"两岸监督条例"，就是拖延战术。

民进党"立委"姚文智则呛蓝营，过去马当局面对大陆完全没有踩刹车，才会发生冲进"立法院"的"太阳花学运"事件，民进党不承认"九二共识"、"一中"原则，就是对两岸最好的监督。到时候联席委员会审查时，仍是由国民党籍的召委曾铭宗负责排审，其权利并未受损。

亲民党"立委"陈怡洁则批，"监督条例"已变成蓝绿恶斗工具，应该尽快处理此条例，而且真的要改交联席审查，当初在程序委员会排议程时，各党团都有成员，为什么当初不处理？如果要改交联席审查是可以讨论，但应该排除"外交及国防委员会"，也应撤回相关"两国论"的版本。

二、余元杰:"监督条例"交锋国民党缺战略高度

嘉南药理大学社会工作学系副教授兼国际及两岸中心执行长余元杰表示,各党派如何因应这项立法,可以进一步检验是否在"打假球"。三年时间,政党轮替、朝野易位,还有一个"时代力量"新生出来。执政的民进党对这项约束行政部门的法案本来就想要拖延;国民党沦为在野,又迟迟未对在野党监督制衡下功夫;"时代力量"自知短期内不可能执政,左右开弓,形成小绿打大绿的局面,到目前为止,得利的是"时代力量"。

其实所有的执政团队、执政党,都不希望"国会"有太多、太细腻的监督、牵制,否则根本就没办法做事,这在蔡英文担任陆委会主委的时代,"两岸条例"修法时就没有"立法院"监督的规定,在马英九执政时期行政部门主导两岸协议签订等,都已得到证明。但民进党在野时为了凸显"国会"监督,明知道要落实"人民参与、'国会'监督及公开透明",实际上很难做到,仍然呼吁并支持"监督条例"立法。但法案却在"立法院"躺了三年,直至民进党完全执政了,依然还是冷处理,学运团体批民进党勿再拖延,国民党则批绿根本是在"打假球"。

余元杰认为,"两岸协议监督条例草案"的基本目的就是要约束行政部门,要求两岸协议要接受"国会"实质监督,民进党执政了,自然是能拖就拖、态度消极。国民党可选择的做法有二:一是善尽在野党的职责,真正建立"国会"对行政团队的监督制度;二是重申反对"监督条例"立法的立场,不介入审查并在最后投下反对票,由完全执政的民进党负起全部责任。但国民党目前对此事的定位与做法还是模糊不明。至于"时代力量",此时正是其发挥的舞台,左右开弓都可以,也是得利较多的一方。"时代力量"自知在短期几年内没有执政机会,提出"两国论"版的"监督条例草案",给蔡当局出难题,可借此小绿批大绿,继续吸纳公民团体的量能来壮大自己,也是在侵蚀民进党。

三、李中:"两岸监督条例"审查宛如"太阳花"的照妖镜

台中市议会国民党团书记长李中表示,国民党是故意要排"监督条例"审查,结果宛如是一面照妖镜,将"太阳花学运"时的妖孽通通照出来,民进党不顾台湾对服贸的需求,根本就只想打假球。

民进党表态要审"两岸监督条例"草案,本来就是"打假球"。事实上,"两岸监督条例"就是冲着"两岸服贸协议"而来,只是假借先订"监督条例",

再来通过服贸协议,搞得好像服贸通不通过是"台湾要不要",这其实很吊诡。今天是台湾比较需要服贸,还是大陆比较需要服贸,很显然是台湾比较需要,结果一拖拖了三年,受苦的绝对是台湾的民众,受损的大部分也是台湾厂商,到现在还是因为没有监督条例,让服贸整整躺了三年,以目前的态势,台湾要通过服贸的可能性是微乎其微。

蔡当局上台之后,两岸陷入僵局,就算"两岸协议监督条例草案"通过,未来还有可能会有新的两岸协议来"监督"吗?以台湾而言,我们与大陆是命绑在一起,紧紧相依,躲也躲不开,现在大陆正在崛起,就是台湾的运,过去台湾倚靠的美日都已经在走下坡。台湾最聪明的选择就是跟大陆合作,而不是跟大陆搞对抗,更何况台湾需要大陆的市场,也需要大陆支持台湾加入 RCEP 等区域经贸整合组织,如果台湾被排除在外,受到的伤害很大。另外,台湾想参加的国际组织,务实来讲都是需要大陆的默许。

四、刘士州:应订美日协定监督条例防蔡卖台

国民党连任四届的台中市议员刘士州表示,三年前"太阳花学运"时,当时民意要求制定"监督条例",是担心马当局跟大陆交流会卖台。现在蔡当局不跟大陆往来,却跟美日密切往来,难道就不会卖台吗?尤其蔡当局上台后,发生日本核灾食品进口、瘦肉精美猪进口等争议,应该制定对美、对日协定的"监督条例",这样对台湾民意才有保障。

在 2017 年 3 月 18 日晚上,昔日参与"太阳花学运"的青年重返"立法院"。在民进党执政后的首次 318 聚会,参与活动的青年仅 200 多人,与 2014 年的盛况已经无法相比。接连上台的学运领袖侃侃而谈,批判民进党没有落实"两岸协议监督条例"立法。"两岸监督条例"的大前提,无论台湾由民进党、还是国民党执政,两岸在关系正常化的交往上,台湾民意应该要如何来监督当局,让当局得以依循一些制度来推动两岸协议。三年前"太阳花学运"发生时,本来就是希望当局不要漫无目的跟大陆签协议,结果当时青年只是选择性认为国民党会卖台,难道现在执政的蔡当局不会卖台吗?

民众应该要担心蔡当局对外事务会不会因为利益交换,而损害台湾民众的权利,就像台湾担忧美国总统特朗普会因为跟中国大陆谈好条件,就把台湾牺牲。台湾不只需要"两岸监督条例",为何蔡当局跟美国、日本接触这么密切,未来还有可能要签订台美贸易协定、台日贸易协定等,台湾民众都应该要关注

在日本辐射食品进口、瘦肉精美猪美牛进口上，当局会不会牺牲台湾民众的权利。规范蔡当局的"监督条例"，不能有针对性、只针对中国大陆，美国、日本都是为了自己国家的利益，为什么没有制定对美日的监督条例，应该要有一个综合的对外协议监督条例，这样对台湾民众权利才有保障。

五、绿元老谢明源："监督条例"不快过失信"太阳花"

民进党创党元老、曾任两届"立委"的民进党台中市议员谢明源表示，"两岸协议监督条例"不三读通过，对于台湾民间影响很大，因为两岸间频繁往来，有个监督条例，未来两岸签订协议才能"依例可循"。

谢明源表示，"太阳花学运"当初就是以为"反服贸黑箱"兴起，因为达成制定"两岸协议监督条例"共识而落幕，既然当时因为民进党支持"太阳花学运"，让民众对民进党期待很深，所以站在这个立场，"立法院"应该要赶紧审查通过。民进党如果不赶快处理，恐怕会有"失信于太阳花学运"的批评，所以应该要赶快实现承诺，不赶快订定是不行，希望"立法院"民进党团总召柯建铭加把劲来沟通，赶快审查通过，让未来任何执政党都有法律可依循。

六、"中央网路报"：这场烂戏还要演下去吗？

"中央网路报"社评指出，"立法院内政委员会"最近为了"两岸协议监督条例"的审查，各党团吵成一团。国民党批陆委会及民进党根本是玩假的，"时代力量"则要求邀请其它委员会联席审查，尤其是"外交委员会"，民进党则打蛇随棍上，结果只见"立委"口水，不闻政策辩论。这一出烂戏，可以说是从"318 学运"一直延续到今天，人民都看厌了，看透了，只是这些绿色政党还是自己在装疯卖傻般地表演而已。

"318 学运"的诉求包括"反黑箱"、退回服贸及制定"两岸协议监督条例"。但这几项诉求今天看起来有效期限已过，就连当初参与者都已经不在乎了。"318 学运"之后，马英九当局为了回应学运的诉求，陆委会研拟了"两岸协议监督条例"送"立法院"审查，却被民进党团批得体无完肤。事实上，陆委会当初所草拟的条例分成协议签署前中后三个阶段的监督，其规定也比较具可行性。如果民进党聪明的话，借机让这个条例通过，或许现在就没有那么麻烦了。"两岸协议监督条例"审查放在当前显得荒谬可笑。两岸现在根本没有任何有效的沟通管道，人员之间也几乎没有交流。

事实上,两岸过去签署的协议,现在也都碰到了执行上的问题,"两岸共同打击犯罪协议"就是最明显的例子,不仅无法协商处理,甚至于是倒退。在这样的时空情境之下,两岸中短期内根本看不到协商的可能,此时审查"两岸协议监督条例",似乎是多此一举。

当前两岸关系可以用乌云罩顶来形容,尤其是在两会期间,民进党当局用匿名方式批判国台办及张志军主任,更让人看不到前景。两岸关系要改善,民进党无论如何必须做适当的调整,而"两岸协议监督条例"的审查,未必不是一个可以利用的机会,但由目前民进党处理的情况来看,民进党根本没有这个打算。民进党和绿色政党演的是烂戏,现在我们也只能希望它能快一点结束,不要再折磨台湾老百姓了。

(原载《福建社科情报》2017 年第 2 期)

民进党升级两岸对抗

程 光

自 2016 年 5·20 蔡英文上台以来，两岸无论官方还是民间的交流都陷入低谷。近期台当局一些做法更使两岸关系雪上加霜。

一、台当局拟修法限退将登陆　绿视大陆为"准敌国"

3 月初，台行政管理机构公布了新修订的"两岸人民关系条例"修正草案，全面限缩当局各机构退离职人员、高级将领赴大陆交流。

修正草案管控的对象包括文武职高阶退离职人员，曾任当局防务、涉外、两岸事务、安全相关单位政务副负责人，中将以上退离职人员以及情治人员。根据草案，登陆时做出有害当局"尊严"行为者，将面临被剥夺月退俸 30% 至全部、罚锾 50 万元至 300 万元新台币、减少月退俸 10% 至 50%、罚锾 20 万至 200 万元新台币等不同处分。

台当局行政管理部门发言人徐国勇解读，草案增订罚则。未来涉密程度高、政务副首长以上离退人员，或中将以上、含情治人员在内赴大陆管制年限，至少在三年以上。涉密程度高者管制期限届满后仍须终身申报。文武职高阶离退人员赴大陆参加政治活动，且有妨害"国家"尊严行为，最重者剥夺 100% 月退俸，或最重罚款 300 万元。

蔡当局这次修"两岸人民关系条例"，最重要就是增订文武职高阶退职人员赴中国大陆参加政治活动规范，违反者将罚缓、减俸，或是追缴勋奖章。蔡当局修法主要是回应绿营、"独派"要求，特别是把罚责拉高到撤销终身俸，要让退将们不敢再登陆。据媒体报道，在讨论过程中，行政部门曾提出"轻罚"方案，违规赴陆处罚锾 1 至 5 万元，消息传出，绿营气得跳脚，另有一版本是罚

200万。"政院"日前公布的版本，显然是从严从重。

草案条文进一步规范，禁止文武职高阶退职人员参加中国大陆领导人主持的活动，或有妨害"国家"尊严行为。若在大陆参加其它庆典或活动，不得有向象征中国大陆政权的"国旗""国徽""国歌"行礼、唱颂，或是其它有损"国家"尊严的类似行为。

值得注意的是，"两岸人民关系条例"正式法条全名是"台湾地区与大陆地区人民关系条例"，以"宪法"为母法，其定位的两岸关系是"一国两区"，"台湾地区"与"大陆地区"，蔡英文担任陆委会主委时也是如此。但以目前"行政院"版修正草案，不论是条文或精神，却俨然变成了"一边一国"，甚至是"准敌国"。

蔡当局这次修"两岸人民关系条例"争议有三。第一是有侵犯退休军公教人员权益，罚责不符比例原则之虞。第二使该条例的两岸定位从"一国两区"变成"一边一国"之虞。第三，对大陆全面的不友善，升高两岸冲突。

蔡当局最近一连串推动转型正义的作为，皆以"去中国化"为中心操作，"两岸人民关系条例"增订限制文武职高阶退职人员赴中国大陆参加政治活动，更进一步升高两岸分离主张。这与蔡当局言必称希望与大陆坐下来谈，建立新共识完全背道而驰。更要小心这次的"两岸人民关系条例"修法会成为压垮两岸关系的那根稻草。

二、渲染大陆威胁，台研拟"国家保防工作法"草案

据台湾媒体报道，"法务部"研拟"国家保防工作法"草案，完整内容3月9日曝光，因为条文争议太大，挨批绿色恐怖，"行政院"已将草案退回。该"国家保防工作法"草案内容共31条，指为维护"国家安全"及利益，保防工作依适用对象可分为"军中保防""机关、机构保防"与"社会保防"，其中机关保防除当局各级机关、驻外机构，更包含公私立大专院校；而社会保防方面，民间社团、民营事业等团体也都是"被保防对象"。草案计划在各级当局机关设置安全保防处、室，设保防人员，对可疑对象可到家查访、通知到场询问、查验身份、带往指定处所行政调查；替外国势力发展组织者，最高可处七年以下徒刑，首谋加重二分之一。

三、操弄 "去蒋" 意在 "去中"

二二八前夕，台 "文化部" 宣布中正纪念堂将逐步 "去蒋化"，3 月 1 日起中正纪念堂的蒋介石相关商品，全部停售下架。

在蔡当局全力推动下，从中正纪念堂去蒋化，各地都传出蒋介石铜像遭破坏事件，"独派" 团体 "908 台湾国" 成员 3 月初集结在台中市 "中正公园"，准备要拆蒋铜像，却看到公园里都是警员警备，质疑市府要保护 "杀人魔" 的铜像。"独派" 成员也给台中市政府下 "最后通牒"，如果当局不拆，他们将动手拆光。台中教育大学学生也研议要响应辅仁大学学生拆除蒋铜像的诉求。台中市当局回应表示，有许多论述将二二八事件元凶指向蒋介石，在历史厘清的过程中，如果社会还纪念与二二八事件直接有关的统治者并不妥适。经统计台中市境内有 39 座蒋介石铜像，主要在学校与公园中，少部分在区公所前，因为分别归属教育局、建设局及民政局管辖，市政府将在近期内召开跨局处会议，做出蒋铜像 "集中管理" 的统一措施，也希望这件事随铜像的去神格化，让台湾社会走出历史的悲情。

民进党一波波的去蒋，背后是 "去中国化"、去两岸连结，这不是单一事件。民进党去蒋去得荒谬，昔日的是非恩怨都是历史，不同的人有不同的史观，都应被尊重，这已是普世价值，难不成还要搞鞭尸？绿营这波所谓的转型正义主攻中正纪念堂，有 "阁员" 脸书发文主张中正纪念堂改做 "立法院"。

部分民进党执政县市，忙着去蒋的同时却大力歌颂日本殖民史，例如有台版 "靖国神社" 之称的屏东高士村新神社，2015 在日本建好运到屏东组装，并选在当年 5 月 7 日牡丹社事件纪念日落成。发生在 1874 年的牡丹社事件是日本明治维新以来首次向对外用兵，也是清日在近代史上第一次重要外交事件，台湾少数民族战况惨烈，死伤无数。台湾最后竟是以让日本来建神社的方式来诠释、纪念这段历史！

值得注意的是，这波大规模的去蒋运动由 "文化部" 和民进党 "立委" 联手点火，代表蔡当局政策高强度的贯彻，除此之外应还有一波很强的后续动作。而其背后原因应与政绩差、支持度低迷，拉深绿巩固基本盘有关。

两岸关系在蔡英文上任后冰封至今，"一中" 就是那把打开僵局的钥匙。如今，两岸还僵着，只看到蔡当局借 "去蒋去中"，"独派" 全面发动，纪念二二八事件 70 周年竟带动了台湾新一波 "去中国化"，两岸关系可见是愈来愈严峻了。

四、炒作"一中承诺书"阻碍两岸青年学子交流

台湾的世新大学与中国大陆大学进行交流，签署"研修承诺书"，保证课程内容不涉及"台独"等政治敏感活动。

台"教育部长"潘文忠指出，世新大学此项承诺书并未向"教育部"报备核可，违反了"两岸人民关系条例"规定，当局将深入了解并究责。"总统府发言人"黄重谚和大陆委员会发言人邱垂正均表示，学术自由、讲学自由是民主政治的重要环节，也是"国家"政治发展的基石，这是"宪法"的明文规范，不得以任何理由加以限缩、侵害。亲绿的《自由时报》以"邀中生来台，世新竟签一中承诺书"为题，报道大陆学生赴台交流虽持续进行，却传出要求世新大学承诺课程内容不得涉及政治敏感活动，包含有关"一中一台""两个中国""台湾独立"等方面活动，直接干预台湾的学术自由。

绿营人士接连指控世新与新竹清华等公私立大学，为和大陆进行学术交流，签署所谓"一中承诺书"，瞬间各校成"惊弓之鸟"，深怕被政治无辜波及，人人自危，看到深绿及"独派"眼中，乐得鼓掌叫好，但只要懂文字逻辑的人，很快会看出破绽。

台湾读者通常不会细读分辨，习惯文字简化，结果就是，有人说某校跟大陆某大学签"一中承诺书"，就一概抹红，也不细查究竟原文是怎么写的。

这种承诺书，一看就知道是提供来台湾交流或就读的大陆师生的特殊需要，与所谓的"一中承诺书"完全无关。这种文件可追溯到2010年就开始，几乎两岸学术交流学校，各校都会给，现在就等绿营开始"点名"，点名谁，谁就倒霉。

耐人寻味的是，为何是现在才开始"爆发"？

新竹清华大学是公立大学，遭到"开枪"，说冤枉罢了，未来可能依法被罚最高新台币50万元罚锾，不过这些都还其次，现在要问的是，"以后怎么办？"未来大陆师生来台湾，进行学术交流，按照规定，还是要这份承诺书。

台湾"教育部"说，这些文字都不可以，涉及影响学术自由，到底用怎样文字，才能证明"你来跟政治没有关系"？

所谓"不涉及与两岸关系一中一台等政治议题相关言论"，拿掉"两岸关系""一中一台"，剩下"不涉及政治议题"几个字，就能证明什么？短短三行字，懂文字逻辑的人都看出，重点是"欲加之罪何患无辞"，硬说这是承认"一中"，等于"一中承诺书"？学术矮化"国格"？说来又未免太沉重。

大陆师生来台湾进行学术交流，要拿到"不搞政治"的保证书，结果台湾一出拳，这个拳就是"政治"，目的就是逼陆生，最好不要来台湾。

这样谁受伤最大？当然是好不容易建立起来的两岸学术交流。

五、陆生"共谍案"疑云重重

台"调查局"指陆生周泓旭受国台办高层指示，以念书名义来台发展"共谍"组织，长期吸收台"中央部会"级官员。追查发现周男近日想吸收"外交部"一名官员，并以招待旅游方式作为诱饵，要该官员赴日本交付"外交"机密资料，并允诺在境外交付美金作为报酬，手法与镇小江谍案类似。"调查局国家安全维护处"3 月 9 日晚认为时机成熟，以现行犯将周男逮捕，移送台北地检署复讯；检方 3 月 10 日以逃亡串证之虞向法院声请羁押周男获准。

"法务部"政次陈明堂表示，依照两岸共同打击犯罪及司法互助协议规定，对方人民若被限制人身自由，须及时通报对方。因此，"法务部"已于 3 月 10 日下午通知大陆公安部。"法务部"日后会保障周的律师辩护权等诉讼相关权益。

关于国台办发言人马晓光回应，认为这是"台独"势力大肆渲染大陆在台湾情报渗透严重，觉得背后动机令人质疑，认为是干扰校际或是两岸之间的交流。"总统府发言人"黄重谚指出，有关大陆其他部门发言，请向陆委会了解。两岸的交流不会因为这样个案受到影响，也不会因此调整陆生政策，彼此间没关系。对前陆生涉及"共谍"司法个案不做评论，让检调单位进行追查，且还在调查中，应该让检调单位去做责任厘清。

"行政院长"林全表示，这是检方还在侦查中的案件，外界传言没有经过检方证实都不能认为是正确的。台方承认有这个案子，这位周姓的大陆民众应是有被收押。实际状况待案情清楚之后，检方会对外说明。"勿枉勿纵。如果要查明，一定要有事实，并且对外说明。"不应该特别针对对岸来台湾的学生做全面性处理。但台湾应该建立内部自我防卫机制。对岸一定会对于台湾进行渗透，我们每一种情况都要掌握，并加以分析。

陆委会主委张小月表示，陆生来台政策没有改变，还是欢迎陆生来台；对于个案已进入司法程序，不做任何评论。希望陆生来台湾要安心求学，不要做任何违反法令的事情。台湾是一个法治社会，任何危害台湾"国家安全"的事，一定都会依法处理。一切都要依法办理，呼吁陆生不要从事任何不法行为。陆生"共谍案"是单独个案，已在司法程序中，应该不会影响两岸关系。

新党发言人王炳忠表示，具体事证当然要交给司法裁夺，但不该给外界认为，台湾的法律越来越针对性，根本是回到"警总"的年代，"听到这样的事情，感觉到相当离谱"。一个学生能做什么工作，是否蔡英文要执行"绿色恐怖"？是否对陆生不友善？一个陆生想要认识台湾的政治、政党，这样算是情搜吗？王炳忠指出，在"太阳花学运"以后，大家都对台湾前途更加关心，比较有想法的年轻人自然都会讨论政治，这是必然的，也是避不开的，立场也自然会分成正反两派，周同学就是跟我一样属于反对太阳花的立场，会彼此交换意见。不只台湾青年很多会来问我看法，大陆、港澳、海外青年都曾来拜访我们，参加我们的座谈会，希望多了解，我们也都尽可能告诉大家台湾的困境，问题的所在。

台湾"中央网路报"社评说，按照"调查局"的说法，周泓旭五年来至少涉及"国安法"未遂案、在台发展组织案、刺探"国防"之外机密等案。"调查局"言之凿凿，显然掌握若干证据，但恐怕都还有待进一步查证才能确定。表面看来，这是2011年当局开放陆生来台就学，"陆生变共谍"的首例，似乎十分严重。不过，认真说来，其实疑点甚多！

首先，周泓旭虽具有共青团身份，但在大陆读初、高中阶段，除非家庭状况或学习成绩太差，多半都会加入共青团，来台读大学的陆生当然绝大多数都曾是共青团成员，因此，要是拿周泓旭共青团的背景做文章，无异怀疑在台所有陆生都有"共谍"嫌疑。其次，周泓旭2016年8月即已毕业离境，这次是以"投资经营"名义来台。换言之，周泓旭即使确为"共谍"，也不应视为陆生，当然不能相提并论；再说，周泓旭如果在台就学期间就有"共谍"行为，那么民进党当局为何不抓？"调查局"岂不是失职吗？再者，两岸之间至今并未正式终止敌对状态，台方既会派台商至大陆刺探军情，大陆当然也可能派陆生来台湾打听消息！事实上，纵使"调查局"所说属实，相较起来，美国对台湾所做的工作，比起大陆更多，更别说日本还多次派人到台湾各地渔港侦测调查，民进党当局怎么不管？

平心而论，周泓旭的案子既已进入司法程序，究竟是否事实，当然应由检调追查，法院审理。不过，本案非但涉及陆生与两岸，也与"保防法"有关，当然值得研讨。

但"调查局"既宣称周泓旭过去五年涉及多案，却没有任何动作，也从不知会学校，任由周泓旭毕业顺利离境，证明他纵有类似间谍行为，绝对不会太严重，否则一定早就处理，现在才大肆渲染，其谁能信？

重要的是，正值民进党当局强调"大陆在台情报渗透严重之际"，先是爆出"承诺书"风波，现在又传出"陆生共谍案"，其动机与时机，自然都很难让人不联想到民进党当局其实是蓄意造成肃杀氛围，其真实目的，就是让"保防法"通过具有正当性与必要性。

更可怕的是，这一事件是否意味民进党当局"适度反击"大陆的步调加快？层面扩大？从蔡当局"决策高层"透过"中央社"点名痛批国台办主任张志军从中作梗，破坏两岸关系；到绿营媒体披露世新大学签署"一中承诺书"，民进党"立委"接续痛批，"教育部"随即跟进；"文化部"又把矛头对准中正纪念堂，一系列的事件绝不是个别独立，而是有计划的行动。真若如此，无异宣示民进党当局已经要收回"不挑衅"的承诺，准备与大陆"对干"，这才是最让人担心的发展！

（原载《福建社科情报》2017 年第 2 期）

台当局低调处理张向忠事件

程 光

张向忠4月12日跟团来台旅游。到台湾的第二日，张向忠称受到李明哲妻李净瑜"救夫行动"的感召，"跳机"脱团，寻求"政治庇护"。两岸近期因周泓旭、李明哲事件闹得沸沸扬扬，张向忠此举无异于火上浇油，引起各界对台当局相关部门如何处理这一突发事件的种种揣测。在台湾当局权限部门陆委会、"移民署"的冷静务实理性处理下，4月19日张向忠随团返回大陆。此一事件终获圆满解决，妥适地化解了一个棘手的政治问题。

一、张向忠其人

张向忠，男，48岁，他曾因扰乱社会秩序罪于2013年7月被逮捕，直到2016年7月刑满出狱。另据报道，北京市海淀区法院曾于2014年6月以"涉嫌信用卡诈骗"对其进行审判。总之，此人在大陆蹲过监狱，但他肯定不是有点影响的异见人士，大陆舆论场此前几乎没有提过此人。按照台媒的报道，张向忠已经刑满释放，作为山东曲阜一名很基层的人员，应当也不掌握什么国家机密，这样一个人跑到台湾地区，对国家构不成什么威胁。此事就是媒体一时炒作比较热闹，但这样的炒作劲头很快就会过去。

张正常参加赴台旅游团，说明他出境是充分自由的，他要想离开中国大陆，可以走正常的程序。此人如此高调地在台湾寻求"政治庇护"，有可能是他觉得拿到境外居留权不容易，因此搞了这么一出。也有可能他想出出名，过一过被媒体关注的瘾。

为了显示自己的"政见"，张向忠称自己受到李明哲之妻李净瑜行为的鼓舞，"中华民族有骨气的人在哪，我就留在哪"。

张接受台媒采访时，鼓吹由台湾"统一大陆"，视台湾为"中华民族兴旺起来的希望"。他有可能对台湾政治知之甚少，不了解如今在台执政的民进党头面人物根本就不想承认自己是中国人。

二、如何处理张向忠事件考验台当局政治智慧

张向忠是参加大陆国旅（福建）国际旅行社观光团，由台湾捷利旅行社接待，赴台观光 8 天 7 夜；4 月 12 日入境台湾，19 日离台。该旅行团抵台塑日，按原定计划是前往野柳游览。但当天早上旅行团在下榻的新北市万里泊逸饭店集合时，却不见了张向忠的踪影。导游用尽各种方式寻找，但因他的手机关机而联系不上，旅行社只好立即向"交通部观光局"通报，并向派出所报案。而观光局也当即分别通知陆委会和"移民署"。观光局指出，张向忠的入台证效期为 15 天，若效期到期但人未出现，旅行社将被裁罚 10 万元，另也已请组团及出团的大陆旅行社协助找人。

随后，张向忠透过台湾某 NGO 组织主动接受媒体电话采访，声称自己是"大陆异议人士"，是"新公民运动"的成员，曾因参加维权运动而被北京市海淀区人民法院判刑三年，2016 年七月刑满释放出狱。他还声称，他是因为受到民进党前党工李明哲妻子李净瑜救夫行动启发，所以决定脱队跳机向台湾当局寻求"政治庇护"。他在接受媒体专访时说，他"向往自由、认同中华民国"，所以他决定跳出来为改变大陆进一分力，希望靠自己和支持他的同胞，大家一起团结、全力推进大陆的"民主自由"。他透露，他将于今日先与人权团体"台湾关怀中国人权联盟"会面，并将于次日前往陆委会提出"政治庇护"诉求。他还声称，如果台湾当局决定将他遣返回大陆，他就希望能够换回李明哲，亦即交换大陆释放李明哲返台。

而据相关资料显示，2017 年 48 岁的张向忠，曾因"涉嫌信用卡诈骗"获刑三年，是货真价实的诈骗犯。为了获得台湾当局收留，当然也编造了"遭受政治迫害"的理由。而台湾地区目前并无"政治庇护"制度，依"大陆地区人民在台湾地区依亲居留长期居留或定居许可办法"规定，对领导民主运动有杰出表现之具体事实及受迫害之立即危险者，始得基于政治考量予项目许可其长期居留。但是，张向忠可以参加旅游团正常出境，说明他享有充分自由，并非"遭受政治迫害"。

由此，由于"政治庇护"是一个国际法的概念，是国与国关系，如果台湾

当局接纳张向忠的要求，就坐实了"两国论"，让因为蔡英文拒绝承认"九二共识"及其"两岸同属一个中国"核心内涵而陷于冰冻的两岸关系，更是雪上加霜。尤其是对正在作最后努力，争取获得世界卫生大会入门券的台湾当局更为尴尬。

陆委会应当有所警觉。实际上，陆委会在李明哲事件上，较为务实低调，没有跟随李净瑜的高调起舞，算是处理得较为得体掌握分寸。而这个张向忠，却说是因为同情和赞赏李净瑜才跳机的，还说到可以交换李明哲。如果陆委会屈从张向忠和"人权"组织，岂非自废武功？

因此，这就将考验陆委会、"移民署"以及蔡当局的政治智慧。

三、台当局按两岸旅游协议规定处理张向忠问题

"两岸旅游协议"的第七条，就是专门对"逾期停留"进行规范，其全文是："双方同意就旅游者逾期停留问题建立工作机制，及时通报信息，经核实身份后，视不同情况协助旅游者返回。任何一方不得拒绝送回或接受。"

而"两岸旅游协议"的附件二"海峡两岸旅游合作规范"的第八条则规定："旅游者未按规定时间返回，均视为在台逾期停留。因自然灾害、重大疾病、紧急事故、突发事件、社会治安等不可抗力因素在台逾期停留之旅游者，接待社和组团社应安排随其他旅游团返回。无正当理由、情节轻微者，接待社和组团社应负责安排随其他旅游团返回。不以旅游为目的、蓄意逾期停留情节严重者，由台旅会和海旅会与双方有关方面联系，安排从其他渠道送回；须经必要程序者，于程序完成后即时送回。"第九条更进一步规定："旅游者逾期停留期间及送回所需交通等费用，由逾期停留者本人承担。若其无能力支付，由接待社先行垫付，并于逾期停留者送回之日起三十天内，凭相关费用票据向组团社索还。组团社可向逾期停留者追偿。"

海峡两会于2011年6月11日签署的"海峡两岸关于大陆居民赴台湾旅游协议修正文件一"的第七条"逾期停留"则规定："大陆居民赴台湾个人旅游应持规定的证件前往台湾，并在规定时间内返回。因自然灾害、重大疾病等不可抗力因素在台湾逾期停留的旅游者，台旅会应及时将情况通知海旅会，在不可抗力因素消失后，可自行返回。无正当理由在台湾非法逾期停留的旅游者，双方相关部门应及时通知查找，情节轻微者可自行返回，情节严重者安排遣返，相关费用由旅游者自行负担。台湾相关部门遣返非法逾期停留旅游者的同时，

应提供相关资料。"

而从张向忠的情况看，他是持有合法证件，报名参加旅游团前往台湾旅游，但却跳机脱团，声称要寻求"政治庇护"的。然而，他与此前曾有的寻求"政治庇护"者不同，因为这些人因违反大陆地区的法律而遭受大陆地区公安机关或司法机关通缉，而非法出境偷渡进入台湾。而张向忠一是在服刑期满出狱后并没有遭到通缉，二是已经获得公民权利，享有各种自由，因而可以报名参加赴台旅游团。实际上，大陆地区是有边境控制的，现在就有若干正在遭受调查或被怀疑的贪官及其家属，虽然在大陆地区仍然享有行动自由，但却禁止出境，即使是持有合法证件。而张向忠在报名参团后，并未被告知不能出境，而且也确实是顺利地随团出境并进入台湾地区，这就证明了他不但没有遭受"政治迫害"，而且也没有遭受通缉，这就完全不符合所谓"难民"的要件。

何况，台湾地区直到如今，尚未完成"难民法"的立法，也没有法源依据向张向忠提供"政治庇护"。因此，台湾当局处理张向忠的适当方式，还是比照"海峡两岸关于大陆居民赴台湾旅游协议"及其"修正文件一"所指的"逾期停留"，在其所在的旅游团返回大陆后，将其遣返大陆，而且还需向其追收遣返费用。

这一点，台湾当局的相关权限部门还是清醒冷静的，不会因为张向忠控诉大陆政府对他实施政治迫害而见猎心喜。实际上，陆委会主委张小月就指出，"两岸人民关系条例"并无"政治庇护"，大陆人士若因政治立场不同来台，只适用"专案长期居留"。台当局现阶段必须厘清事实状况，张向忠是否适用"专案长期居留"，还言之过早。陆委会副主委邱垂正在被媒体询问最后是否可能遣返张向忠时也表示，不排除这种可能性。

而"移民署"则更是付诸行动，基本上是按照处置"跳机"脱团的方式来处理张向忠的问题。其一，主动启用寻找程序，在 4 月 17 日下午就布置盯梢，监视张向忠藏匿的新北市新店区民居，随后于 17 日晚上派出六七名官员接触收留张向忠的王中义（正在等候台湾当局给予"政治庇护"的大陆"民运人士"），表明身份后，说要跟张向忠聊聊，了解张的诉求，张也可以把资料给"移民署"，建档后就可以回来，从而将张向忠带回"移民署"。其二，"移民署"在向张向忠进行查询后，并没有将其送回王中义的临时居住处所，而是留置在"移民署"的台北专勤队。

这是一个进可攻，退可守的权宜方式。一方面，向大陆方面表达了有遵守

"两岸旅游协议",尤其是其中对跳机脱团人员的处置规定;而且,由于对张向忠实施留置措施,而导致他未能按照原定计划,于4月18日到陆委会上演"寻求政治庇护"的闹剧,免致大陆方面尴尬。另一方面,却又并不完全按照以往处置跳机脱团人士的方式,依法将其送到收容中心等待强制出境,而是由"移民署"询问他,晚上是否有地方可以住?他说"没有"之后,"移民署"则表示,为确保他深夜的人身安全,可以提供他休息的地方,他也可自由进出,而张向忠也表示同意,因而张向忠就被留置在"移民署"的台北专勤队,这并不算是羁押。这样,可以杜绝蓝绿"立委"和NGO的悠悠之口。实际上,曾长期在陆委会任职的"移民署副署长"杨家骏4月18日晚受访时就表示,他们是做出"冲击比较不大的安排"。

而据陆委会4月18日晚发出的新闻稿声称,"移民署"于18日上午邀集相关机关召开研商会议,对张向忠所提供的资料进行审查。至于是否会"长期安置"张向忠,尚无定论。新闻稿还表示,会议所审查的资料都是由张向忠提供,并经过张向忠本人确认。张向忠案如有进一步决定,将会再对外说明。

其实,就是站在台湾当局的立场,收留张向忠弊大于利。其一,可能或导致大陆方面进行报复,趁机以台湾当局违反"两岸旅游协议"为由,宣布暂停执行该协议,中止组团出团,这就导致已经因为大陆游客锐减的台湾旅游业,更加雪上加霜,让蔡英文的政绩更难看。其二,倘台湾当局开了收留张向忠这个口子,就等于是变相鼓励大陆某些不如意人士,借着参团到台湾旅游,就以一个"遭受政治迫害"的理由,寻求"政治庇护",让台湾当局穷于应付。而且,不排除其中会有刑事犯罪分子,在获得"长期安置"后重操旧业,影响公共安全。或有的本来就是凡政府必骂的"政治流氓",到了台湾之后同样痛骂台湾当局,变成自寻烦恼。

四、台当局相关部门冷静回应张向忠事件

针对张向忠欲寻求"政治庇护"。陆委会主委张小月4月17日表示,"两岸人民关系条例"并无"政治庇护",大陆人士若因政治立场与当局不同而来台,只适用"专案长期居留"。不过,因张向忠来台旅游脱队,已违反相关规定,陆委会已依照两岸旅游协议通报对岸。

针对亲民党"立委"陈怡洁质询时指出,张向忠声称受民进党前党工、人权工作者李明哲妻子寻夫一事感召而跳机,时间点相当敏感,是否涉及"阴谋

论"？未来是否会通过张向忠的"政治庇护"申请？张小月回应称，李明哲案原则上仍会持续努力营救，但维护台湾尊严的立场不会变，也不会与张向忠案混为一谈，应"一码归一码"。这起事件主管机关为"内政部移民署"，张向忠正式提出诉求后，台当局会先厘清事实状况，并会同有关部门讨论，至于是否通过"专案长期居留"，"还言之过早"。

据"中央社"称，台"总统府发言人"黄重谚表示，关于来自其他地区的人出入境都有相关法规，会依照法令来处理。当有媒体问及为何带回调查后这么快就决定让其出境，黄重谚回答，具体细节，希望媒体向陆委会或"移民署"做进一步了解，但他相信这都是依照相关法令办理。

陆委会 4 月 19 日表示，张向忠是以观光名义于 4 月 12 日入境，13 日脱团失联，"移民署" 17 日于新店寻获，带回调查并制作笔录后，"移民署" 18 日邀请相关机构就调查情况进行研商。18 日下午，相关机构与张向忠见面厘清其主张与要求，最后审查认定其不符合现行"项目长期居留规定"或相关修正草案的规定，在向张说明后，其同意依照"两岸旅游协议"规定，在旅行结束后，随原旅行团一同离台。陆委会和"移民署"在调查期间发现张向忠此前在大陆服刑是因为涉嫌信用卡诈骗案，并非"社会运动"或"政治异议"等原因坐牢，加上其本人 18 日透露想回大陆的念头，因此"移民署"于 19 日早晨安排其返回大陆。"移民署"还表示，"过程顺利，没有强制"。

五、张向忠事件以最大公约数圆满落幕

一宗可能会引发两岸政治危机的大陆游客张向忠意图向台方寻求"政治庇护"的事件，在台湾当局权限部门陆委会、"移民署"的冷静务实理性处理下，终获圆满解决，妥适地化解了一个棘手的政治问题。4 月 19 日上午，张向忠返回原旅游团，依照该旅游团的时程，在台北松山机场登机返回大陆。从"移民署"发出的照片看，张向忠的神情平和，没有遭到强制押送出境的迹象；而陆委会 19 日上午发出的新闻稿也指出，"内政部移民署"协助他随团离境，"过程顺利，没有强制"。新闻稿还表示，"移民署" 18 日邀集相关机关就书面笔录与张向忠所提资料文件进行研商，并在当天下午与张向忠见面以厘清其主张与诉求。全案经相关机关审认，尚不符现行"专案长期居留"规定或相关修正草案的规定。相关机关向张向忠说明后取得充分理解，张向忠同意依"两岸旅游协议"规定，在旅行期结束随原旅行团一同出境。至此，张向忠事件以符合各方

最大公约数的方式，获得圆满解决。实际上，陆委会、"移民署"所采取的措施及手法，是在面对两岸各方压力之下，最为适当的。

第一、展现台湾方面"依法行事"及遵守"两岸旅游协议"的诚意和善意。实际上，无论是按"两岸旅游协议"，正是台湾自己的"大陆地区人民来台从事观光活动许可办法"的规定，跳机脱团都是非法行为，必须依法处理。尽管张向忠自称受到"政治迫害"，但既然他能参加大陆地区组织的赴台旅游团，也能合法出境，也就不存在所谓"政治迫害"的问题，更没有"受迫害之立即危险"。而且，张向忠只是社会基层人士，并没有掌握重大情资，也不具有重大的影响力和号召力，因而并不符合依据"两岸关系条例"第十七条制定的"大陆地区人民在台湾地区依亲居留长期居留或定居许可办法"第十九条关于"专案许可"的各项要件：对台湾地区安全、国际形象或社会安定有特殊贡献；提供有价值资料，有利台湾地区对大陆地区了解；具有崇高传统政教地位，对其社会有重大影响力；对台湾有特殊贡献，经有关单位举证属实；"领导民主运动有杰出表现之具体事实及受迫害之立即危险"。因此，在张向忠尚未正式向台湾当局提出"政治庇护"要求之前，陆委会和"移民署"就先行进行综合评估，决定不接受其计划提出的"政治庇护"请求。但是，由于对张向忠采取了留置措施，使他不能到处乱走，无法与台湾的各方人士接触，而他更是无法按原定计划到陆委会寻求"政治庇护"。

其二、没有像对待其他跳机脱团人士那样，对张向忠采取羁押措施，也没有强制性地实施遣返措施，而是劝导他按时跟随所在旅游团离境，免却日后许多跟进措施的麻烦。实际上，张向忠虽然是跳机脱团，但他并没有逾期停留，因为其"入台证"的有效期为15天。甚至连他所参加的旅游团8天7夜的日程也没有超逾，而是归队于19日按原定旅程离台。这样，就可避免旅行社被台湾当局按照"大陆地区人民来台从事观光活动许可办法"的规定裁罚十万元，更可避免海峡两岸各相关部门执行"两岸旅游协议"的规定，将其遣返大陆并追收相关费用。

第三、"移民署"向张向忠说明其尚不符现行"专案长期居留"规定，甚至连"立法院"尚未完成立法程序的"难民法"及"两岸关系条例"第十七条修正草案的建议规定，也不相符。因而如果强行留在台湾，只能是当作"逾期停留"处理。张向忠因而同意依"两岸旅游协议"规定，在旅行期结束时随原旅行团一同出境。而"移民署"也协助他随团离境，因而"过程顺利，没有强制"。

张向忠跳机脱团的五天，就当是发了一场"游荡梦"。

实际上，从张向忠的表现及所发表的谈话看，他对台湾政治情势根本不了解，还以为是在过去"国共内战"的时期，不知道台湾地区现在已经是由拒绝承认"九二共识"及其"两岸同属一个中国"核心内涵的民进党执政，因而胡说什么"我觉得哪里有中华民族骨气的人，我就决定留在哪里"。其实这正是哪壶不开提哪壶，因而"中华民族"正是当今蔡当局最忌讳的名词。另外，他所说的甘愿以自己来换回李明哲，也是不知天高地厚。

幸好，张向忠是落在了"移民署"专责此事的杨家骏的手中。祖籍山东的杨家骏，曾长期在陆委会工作，先后出任法政处处长、香港事务局局长、企划处处长、主任秘书兼任发言人、海基会副秘书长，熟悉两岸事务尤其是大陆方面的政情、法律，并具有调查局的背景，具有驾驭复杂事务的能力及政策水平，在接到这个"烫手山芋"时，就给自己定出"冲击比较不大的安排"的标的，因而果然是取得了最大的公约数，既没有得罪北京，也没有让台湾地区的政客及压力团体拿到"相骂本"，更让张向忠心服口服，自愿归队按时离境。而陆委会副主委兼发言人邱垂正也在宣导舆论上做出了密切的配合，主委张小月更是一大早就向公众说明了台湾当局的政策，让台湾地区的政客及压力团体流失了搅事的正当性。否则，如果处理得稍为粗疏些，张向忠就必定会成为"人球"，任由台湾地区的政客及压力团体踢踩揿扔，那才是凄惨。当然，也与台湾地区的民情有关。除了几个 NGO 团体人士之外，没有多少人关心张向忠之事，因为过去"反共义士"变成杀人越货的劫匪的事例，已经让他们对张向忠的寻求"政治庇护"之举无感。

大陆方面的冷静以对，也为顺利解决此问题提供了松动的空间。自张向忠跳机脱团事件发生后，国台办沉着应对，没有高调发声，让陆委会、"移民署"能在没有来自对岸的压力负担之下，冷静处理事件。本来，按照"两岸旅游协议"规定，当遇到类似问题时，是由一个"台旅会"与"海旅会"协商解决的机制，而且这两个"白手套"都有在对岸设立办事处，完全可以就地接触对话。但似乎是"海旅会"驻台办事处按照停摆机制，没有出面与台方人员接触处理此事，任由台湾方面自行搞掂，只是在接到对方询问电话时，按照大陆方面的政策做出回应。这就避免了让台方借机敲开两岸接触协商大门。

（原载《福建社科情报》2017 年第 2 期）

蔡英文两岸关系"三新"主张及相关评论

陈元勇

5·20 就职周年前夕，蔡英文连续接受岛内外媒体专访，大谈两岸关系议题，隔空喊话大陆高层，试图在就职一周年之际获得两岸论述主导权。5 月 3 日，台湾《联合报》刊登蔡英文长篇专访，蔡提出两岸关系互动的所谓"三新"主张，抛出台湾与大陆需要有"结构性的合作关系"，声称两岸要正视新局势的客观现实，共同来思考一个对两岸和平稳定有利，以及对区域安定繁荣有利的架构。

一、蔡英文"三新"论述主要内容

在《联合报》采访中，蔡英文提出的所谓"三新"主张，即新情势、新问卷、新模式。关于新情势，蔡英文声称，"大陆应该本于新的情势需求，重新思考两岸关系。如果仍按照旧的方法、思考来处理，现今两岸关系需要的弹性与善意是不足的。在两岸关系发展方面她一直在讲维持现状，选举期间以及 2016 年 5·20 以来的态度，一直没有变。它代表台湾社会最大的公约数，也是最大的善意"。关于新问卷，蔡英文声称，"如果大陆一直讲'一张没有答完的考卷'，那是一个没有善意的讲法，因为情势已经改变了，现在是一个大家共同维持的局面，共同面对的是一张新的问卷。面对新的问卷，不是任何人可以单独解答的，是大家要共同来解答。所以相互间的善意互动很重要"。关于新模式，蔡英文说，"两岸双方的互动还是要维持一定的善意与弹性，才能够让这个区域和两岸的关系能够稳定。虽然以维持现状作为两岸关系政策上的基石，但现在是一个新的变动中的情势，要在这种变动中共同来维持一个和平稳定的状态。这是双方需要努力的，而且需要有些结构性的合作关系"。

蔡英文的所谓"三新"主张被大陆媒体批评为"旧酒装新瓶",蔡英文幕僚机构发言人林鹤明进一步解释说,蔡英文是呼吁大陆正视新局势的现实,正视在这新局势之下,两岸关系面对的新挑战,并共同思考对两岸和平有利、对区域安全繁荣有利的架构,而这样的论述是新当局上任以来不断维持的说法。在两岸政策上,蔡当局致力于区域和平与维持两岸政策稳定的立场是一致的,并重申新当局上任一年来是根据普遍的民意与岛内共识,致力维系两岸和平稳定的关系。这样的基本立场,包含尊重历史与求同存异的精神及向对岸持续释出善意,期待透过双方良性互动,逐步化解对立和分歧,这样的态度并没有改变。

5 月 4 日下午,陆委会副主委邱垂正在例行记者会上进一步阐述蔡英文"三新"主张。有关新情势,邱垂正说,"面对一个变动中的情势,两岸在处事的视野及角度上要更弹性、更宽广,要能共同思考创造一个对两岸及区域安定繁荣有利的合作关系;这需要大陆采取善意的态度和作为,双方共同努力、合作,让两岸关系在新情势下能找到维持和平稳定的新方向"。新问卷部分,邱垂正说,"两岸关系是相互的,不是任一方可以单向处理或解答,让民众福祉成为双方释放善意的新起点。两岸关系是相互影响下的结果,也是一个双方共同维护的局面;没有任一方可以片面来处理或对待双方的互动,两岸关系要有进展必须双方在善意累积、互信建立的情况下,为未来寻找可能性。因此蔡英文指出,这是两岸共同面对的一个新的问卷,是双方共同解答的,也是回应民意的问卷"。而新模式,邱垂正说,"共同维护两岸关系和平稳定的目标,两岸应沟通对话寻求可能的合作机制。面对变动中的情势,两岸必须维持一个和平稳定的状态,这也是双方努力的共同责任与目标。两岸双方应由沟通对话开始,共同思考在考虑双方原则立场与过去的交流互动成果上,建构'结构性的合作关系',以达到化解分歧、避免误解误判,及寻求健康互惠双赢、和平稳定发展的两岸关系"。

二、台湾蓝绿营人士评蔡英文"三新"主张

民进党高雄市长陈菊表示,两岸交流互动、往来付出、抛出善意都是好事,大陆不该拒绝好的善意与发展。民进党执政期盼两岸关系能有更好的交流,蔡英文也强调在变动的情势中,台湾与中国大陆要共同维持一个和平稳定的状态,这是双方需要努力的,而且需要有一些"结构性的合作关系"。现在整个国际情势不断地变化,台湾情势也在变化。两岸交流若能用新的思维友善互动,让两岸异中求同、寻求共识,这一向都是民进党的主张。大陆对蔡英文提出的"三

新"能够冷静、理性地去思考，让两岸之间能有更好的互通，并借由不同的交流增加善意。

民进党"立委"刘世芳认为，蔡英文提出"三新"主张，是"希望台海两边可以理性和平地讨论两岸关系与和平发展，这是蔡英文对大陆持续释放出来的善意"。蔡英文2016年就职文告之后，大陆一直以这是一份"未完成的答卷"看待蔡英文对两岸关系的处理。但蔡英文其实"展现出高度，也认为这份答卷需要两岸共同填写。两岸关系不应由任何一方单独解答。两岸的局势在变、东亚国际局势也在变动。"大陆如果还抱残守缺，死抱着国民党过去所主张的'九二共识'，对未来台海两岸的发展不见得有利"。

民进党前主席、亚太和平研究基金会董事长许信良表示，新模式可以是两岸领导人直接会谈，既然现在两会已经无法沟通，就由两岸领导人出面解决问题。新情势是两岸共同面对全球化困境，全球化发展如出问题，对两岸都是大灾大难。两岸要共同面对全球化挑战，蔡当局推动南向政策的区域关系，可以帮助大陆的"一带一路"政策，这就是"结构性合作"。至于蔡英文新模式，两岸困境僵局已经是政治上的问题，希望能有两岸新模式出现，就是"两岸领导人出面解决问题"，应该建立固定的解决问题的新模式。

中国国民党主席候选人吴敦义表示，"三新"主张让他听了雾煞煞。蔡英文两次"大选"，一次失败、一次成功，都没改变她用华丽的词藻或自创的名词来试图绕过大家都听得懂的问题；就像她对劳工说的话最为典型，她说"劳工是她心里最软的那块肉"，这是多么华丽、温馨的词藻，劳工听了欣喜若狂，但现在执政快一年了，劳工找她，她要劳工去找老板，还反问为何"公亲变事主"，改变这么多。所以蔡现在还是在玩这一套，用华丽的、很多人都不懂的词藻，试图去解决她没能力、没智慧面对的问题。

国民党"立委"江启臣表示，人民是要蔡英文提出务实、可行、有效的办法来处理两岸僵局，不是口号。"这东西人民已经不耐烦，因为第一，听不懂；第二，这跟问题的解决有什么关联？"

国民党"立委"颜宽恒表示，"如果'三新'说是各自表述一个中国的延伸，我们就能期待这个说法能不能得到对岸的认同。如果还是回避大陆核心的一中问题，这就只是蔡英文一厢情愿的说法，自己说给自己爽。大陆崛起跟两岸关系不对等，这就是国际政治的现实，大家必须要冷静思考，不要一味自欺欺人。日前蔡英文因为特朗普接了她的一次电话，就自以为得到美国的最大支持，现在想要再跟特朗普通话，结果提出不到半天，就被美国'打枪'，这就是国际政治的现实"。

国民党高雄市党部主委、市议员黄柏霖表示，两岸目前最缺乏的就是信任，在彼此信任不足的情况下，蔡提到的"三新"对当前两岸关系无法产生任何效益，大陆不接受就是无效的沟通。台湾内部面临产业转型与升级瓶颈，需要庞大的市场进行更好的连结。蔡英文若为2300万台湾人民幸福着想，应该抛去一些僵化的意识形态，回到深化"九二共识"的前提。

国民党前副秘书长张荣恭表示，蔡英文对两岸关系表达的话语，不太容易让人看得出来她里面实质的内容，讲的蛮玄、蛮虚的，甚至有脱离现实的情况，希望她不要误判情势。若她想从过去这一年台湾"反中""去中"而达到"非中"的结构，用这种结构与大陆建立新的互动，大陆无法接受的可能性是更高的。所谓的"三新"，如果说两岸有一个共同的基础来推动，确实有无限发展的空间，现在问题是没有共同的基础，一下子要进入共同来回答新问卷、面对新情势与建立新模式。以蔡英文最近接受路透社及《联合报》的访问，她不仅没有往前走，而且还倒退。她的想法还是说"维持两岸的协商，不预设前提"，这话她过去讲得很多，目的还是在拒绝"九二共识"，而且希望大陆与她共同处理这个问题。但从两岸学者专家所了解的大陆对台政策与两岸关系的经验来说，这种期待其实不存在可能性。

三、岛内学者和媒体评蔡英文"三新"主张

台湾世新大学口传系教授游梓翔在脸书批评，"三新"不知道新在哪，蔡英文真认为这样的空话能打开两岸僵局？两岸问题是民进党的"三心二意"所致："联美制中"的心、"联日制中"的心、"台湾独立"的心；对大陆的敌意，以及"有事没事来段空话、应付一下的虚情假意"。连矛盾很多的中美关系，特朗普都懂得用尊重"一中"政策来促进合作，两岸要打破僵局，答卷既不新、也很简单，要的是"一心一意"，即认知"一中"原则的心，和两岸一家亲的善意。

台湾铭传大学两岸研究中心主任兼教授杨开煌认为，蔡英文在就职周年前夕，透过媒体就两岸关系两次发声，以内容来看，她对两岸关系的主要看法就是，"情势已变，所以中共领导人也需要改变过去坚持的原则"，以使两岸致力于"结构性合作关系"的新关系。这是一个新名词，具体内容不得知，应是希望透过创造一种良性互动的结构来重塑两岸关系。但所谓"结构性合作关系"

应该是在结构内去强化既存的结构，展现双方的合作，来强化彼此的关系。不论蔡对两岸情势的理解是否是事实，看起来蔡的结构性合作关系，以否定北京的基本原则为基础，所以对北京而言，蔡的"结构性合作关系"恰恰是"解构性合作关系"的要求。蔡英文必须回归到真正的"结构性"合作关系，两岸关系才有稳定长久的和平，而"解构性合作关系"的企图不可能有效。对大陆而言，蔡的想法只是绑架大陆的两岸和平发展政策而已。情势改变了，台湾在思考两岸关系时很难假设台湾与大陆是完全对等，不能假设台湾在两岸关系的结构中是"自变项"，更不可能假设大陆是两岸关系恶化中受害、受损会大于台湾，这才是情势改变了之后，蔡英文必须诚实告诉民众的事。

台湾东海大学政治系助理教授林子立分析，蔡英文"三新"主张是要解决民进党的责任，因为执政党对两岸不能毫无作为，也要对于世界各国传达民进党有在努力，要让国际知道台湾不断释放善意。但大陆对两岸关系发展已经不寄望在民进党身上，两岸问题不是大陆领导人立刻要解决的议题，所以大陆不会在此时给民进党开绿灯。两岸"结构性合作关系"是学术性的说法，代表蔡没有脱离学者性格，结构性是指对国际环境对两岸关系的一些限制，两岸能够合作是对大家都好。但蔡英文的两岸结构性的合作关系，有个盲点，就是缺少了一个北京"九二共识"的前提。北京的考卷是蔡当局要不要接受"九二共识"，但是在"三新"里没有要接受九二关系的字眼或意图。所以对于蔡英文的"三新说"应该是死路一题。

台湾交通大学通识教育中心副教授刘河北表示，蔡英文抛"三新"主张不如直接说"承认九二共识"六个字。蔡英文确实发现台湾经济开始出现问题，要跟大陆进行和解，趁就职将满周年抛出三新政策，心想顺着这个机会，但回避"九二共识"，绝对没有想象中的简单。大陆最在乎公开承认"九二共识"，不管是透过海基会或陆委会，蔡英文不论怎样迂回或漂亮词汇，讲了六千字，不如"承认九二共识"这六个字。蔡英文现在打的算盘应该是，2017年内先把所有改革问题、两岸问题都处理，2018年开始拼建设拼地方选举，只不过大陆没有这么笨，大陆对台湾研究更透彻，知道怎样采取最佳的对台政策。

台湾中国文化大学政治学系讲座教授陈一新分析，蔡英文提出"三新"后，"砖头"是抛了出来，却未能在国际社会引出什么玉来。首先，国际情势的微妙变化，蔡英文与她的安全团队竟然无感，甚至还自我感觉良好，仍在路透社访问中提出要与特朗普再来一次"英特通话"，岂不贻笑大方？如此不识时务的"国安"团队，又有何资格再提新情势？其次，如果是华府同意再度"英特通话"或是对台军售 F-35B 垂直起降战机，蔡提出"三新"或可称之为乘胜追击。但若在遭到特朗普打脸后，仍抛出"新问卷"，则恐怕连狗尾续貂都谈不上了。《联合报》的专访内容显然无助于两岸关系的改善，只会让两岸之间的敌意更升高而已。两岸的内行人都知道，这正是蔡英文所期盼的。在两岸误会未消、互疑未释、尚未建立高层沟通管道，以及美国未支持台湾的情形下，蔡英文任何新论述的抛出都是徒托空言，反而增加误会与互疑。

台湾《联合报》发表《蔡英文"三新论"期待什么响应？》的社论指出，蔡英文"三新论"，指 2016 年北京要她作答的考卷是没有善意的讲法，转而敦促大陆要采取善意态度来面对新情势。蔡英文更主张两岸需要"结构性"的合作关系，共同维持一个和平稳定的状态。这个说法在她接受路透社专访时即已出现。两次专访皆显示人们原期待蔡英文在 5·20 就职周年时对两岸关系的僵局释出一些善意，或提出一些解方，但这期待恐将落空。蔡英文非仅无意改变现行路线，反而将走向更强硬。尽管她的民意支持度已大幅下滑，但她不准备就两岸关系做出调整，而是要求对方调整。蔡英文心目中所谓"不一样的世界"，可能就是正在全球蔓延的以"去中心化"为特征的民粹主义。但认为西方民粹主义的兴起反映的是民主的衰落，而东方精英有效领导的执政集团却更能解决问题。的确，全球面对的是一个不一样的世界，蔡英文必须拉高她的眼界，重新评估她要把台湾带向哪里。"三新论"在言辞或有新说法，但实际仍未解决两岸根本问题，答案仍在虚无缥缈中。

四、"三新"说法只是回避两岸实质问题

蔡英文就职届满一年，根据"美丽岛电子报"公布的最近民调，20 到 29 岁的年轻人中，对蔡英文不满者高达 63%，可谓触目惊心。面对这样的情势，蔡英文的压力可想而知，因此透过媒体专访来为自己澄清，也是自然的事。

蔡英文已先后接受了路透社和联合报的专访，对于两岸关系，她提出了所谓"新情势、新问卷、新模式"的"三新"说法。从蔡英文的专访中可以看出，她还是一贯地想要用一些空洞的语言文字来回避实质的问题，或者说来推卸自己的责任。

什么是新情势？她只提到现在是变动中的情势，并没有具体说明指出新在何处。但从其语境中可以推测，她的新情势就是现在民进党执政了，大陆必须

思考如何与民进党当局互动。然而，蔡英文只看到民进党执政了，却没有看到大陆的崛起与在国际上的影响力日增。美国特朗普总统对中国大陆态度的转变，说明了美国不论在处理经济与国际安全问题上，都需要大陆的合作。蔡英文的新情势对大陆来说就是新问题，而蔡英文不承认"九二共识"，就是新问题的制造者。蔡英文希望大陆与其共同面对新情势，但大陆则希望蔡英文要处理自己制造出来的新问题。双方的认知差距如此之大，又如何可能建立互信，更别谈合作了。

在两次专访中，蔡英文一直强调大陆的旧思维与官僚体制对两岸关系的阻碍。蔡英文的想法与民进党长期以来的"台独"思维是连贯的，而且从她自己在陆委会主委任内，就否定"九二共识"的存在，从这个角度来看，这是不是蔡英文与民进党的旧思维呢？蔡英文自己也说了，2016 年 5·20 就职演说，代表了台湾社会最大的公约数，也是最大的善意。换句话说，2017 年也别期待会有什么新的说法。如果双方都只从自己的立场来指责对方旧思维，而不反躬自省，那双方就永远不会有交集。

必须指出，蔡英文从官僚体制与旧思维来批判大陆，其目的根本就不是想要展开两岸新页，而只是在为自己找卸责的借口而已。从这个角度下手，只会有反效果，对两岸关系的改善毫无帮助可言。两岸之间的关键不在于思维的新旧与官僚体制，而在于双方毫无互信。尤其是民进党当局，言行不一，前后矛盾，又如何取信于大陆？

（原载《福建社科情报》2017 年第 3 期）

蔡英文上任周年两岸关系倒退

程　光

　　自蔡英文上台至今，面对最大的问题是由于她坚持不接受"九二共识"，两岸关系无法"走下去"，其中最直接的后果是导致大陆旅客大幅急降。2017年以来陆客更是以50%幅度减退，每月人数减少十几万甚至二十几万人次，台湾旅游业无论住宿、餐饮、礼品店、观光大巴、导游、旅行社统统受影响，业界"叫苦连天"。过去一年，台湾观光旅游业景况之恶化，可说是史上最惨。

　　针对蔡英文上任一周年，多家民调公司公布的民调数字显示，蔡英文的执政满意度低。正当外界期待蔡英文在就职一周年对两岸关系如何答卷之际，台"总统府"发言人5月17日宣布，取消预定在19日举行的媒体茶叙，5·20当天也没有记者会或演讲，给了大家一个小意外。蔡英文过去一个多月来频频接受媒体采访，抛出了两岸关系"新答卷"等课题，颇有为一年政绩定调的含义。一些媒体因此猜想，她会借着就职周年演讲，完整阐述她的"两岸新论述"。没想到原来她那一系列的专访就是政绩总结了，蔡英文暂时已经没有太多的话要说。

　　蔡英文虽然没有"新答卷"，陆委会却在5·20之际就两岸关系发表了看法，声称台湾不接受"一中"原则，使本已冰冷的两岸关系更雪上加霜。

一、陆委会主委声称绝不接受"一中"原则

　　陆委会主委张小月在蔡英文5·20执政周年前夕，亲自召开记者会表示，这一年来大陆坚持对台设置政治前提，紧缩两岸官方互动及交流，阻碍两岸关系良性发展。面对大陆的负面作为，台湾坚持维持现状的政策，秉持不挑衅、无意外的态度，持续释出善意，让两岸关系在既有的基础与轨道上平稳推动，对

台海和平与区域稳定发挥了正面的意义。

张小月强调，台湾主流民意肯定当局维护两岸和平现状的政策，期待中国大陆展现善意与我们共同合作。台湾是绝对不会接受"一中"原则这样的一件事情，因为"台湾不是中国大陆的一部分，中华民国是一个主权独立的国家"。

张小月表示，"大陆对台湾的外交打压始终存在，不是从现在才开始，从1949 年到现在，外交打压永远存在，包括夺台湾'邦交国'，'无邦交国家'会想办法破坏，台湾参加的国际组织或活动都希望从中干扰，像 2017 年的WHA，台湾没法收到邀请函，都是大陆对台湾外交上的破坏。中国大陆是完全否认"中华民国"的存在，其实"中华民国"存在这是个客观事实，不能否定，但大陆就是假装没看到没听到，这样的做法，其实让台湾民众非常反感、非常不满，这种不满情绪一直在累积，这跟大陆自己所说的心灵契合背道而驰，会让两岸关系走向一个渐行渐远状况"。

"台湾认为大陆要改善两岸关系，要得到台湾民众对大陆的好感，就要务实面对'中华民国'存在的现实，让台湾能参与国际社会，让台湾声音被看见、被听到，这样对两岸关系才有正面帮助"。

（一）陆委会公布民调　吁大陆展现善意与弹性

张小月在陆委会例行记者会上公布陆委会的一项民调结果，其中，有八成以上民众赞成维护两岸良性互动是双方共同的责任，不应有非和平或恫吓性的言论或作为（83.9%），认为面对两岸新情势，中国大陆应有新思考，展现善意及弹性，共同维护两岸关系和平稳定（83%）；也应跳脱既有思维，为未来寻找共同合作的可能性（71.8%）。有七成以上民众赞成"总统"主张两岸关系并非单方可以主导，双方应相互累积善意推动两岸关系进展（77.9%）。

针对台湾未获邀参与 2017 年世界卫生大会（WHA），有七成民众支持当局对中国大陆以政治因素阻挠台湾参与，表达强烈不满与抗议的做法（70.7%），有八成以上民众认为中国大陆的作为无助两岸关系（81.7%），及赞成台当局面对中国大陆压力，未来仍继续争取国际社会支持台湾参与国际组织和活动（82.2%）。

张小月声称，和平互利的两岸关系是建构台海及区域安全稳定的重要一环，为两岸人民及国际社会所期待。本次调查结果显示，逾七成以上民众支持当局积极维持两岸现有沟通联系机制,呼吁对岸展开互动对话解决双方分歧（75.5%）等作法，并有八成以上民众认为两岸官方应透过协商及落实协议，才能真正保障民众权益（83.8%）。这一年来，台当局维护两岸和平稳定、台湾尊严和民众福祉的政策方向一贯且明确，在处理两岸关系上，始终秉持不挑衅、不对抗的态度，已展现最大的善意与弹性，对岸应该认真体会及善意回应，停止采取负面作为，并严肃正视国际社会及台湾民意对两岸关系发展的主张。台当局认为，面对变动中的情势，双方应该运用智慧与创新思维，让民众福祉成为彼此释放善意的新起点，共同思考创造一个对两岸及区域安定繁荣有利的合作关系。

但是，与陆委会民调形成对比的是，根据《TVBS》针对蔡英文就职满一周年的最新民调显示，对于蔡英文就任一年来的施政表现，民众满意度为28%，不满意度为56%。这份民调也提到蔡英文信任度，有44%民众表示信任，45%不信任。52%民众对蔡未来施政表现没有信心，首度超过五成，有信心比例降至40%低点。

二、绿营对蔡英文两岸政策有分歧

蔡英文的两岸政策，不仅台湾民众越来越不满意，在绿营内部也出现了分歧。绿营的两岸政策协会和台湾民意基金会的民调给出了迥然不同的答案。

（一）英系民调：蔡英文"两岸新主张"获大部分台湾民众认同

在5·20蔡英文就职周年前夕，两岸政策协会公布民调，指出蔡当局两岸政策获逾五成支持，七成二认为不应该让步接受"一中"原则"九二共识"。这份民调明显在预告蔡接下来的两岸作为。

陆委会副主委林正义在"立法院"备询时透露，蔡当局虽未接获WHA邀请函，但会经一段时间观察才调整两岸政策。英系基金会此时抛出民调，超过五成民众可以接受蔡英文目前提出的"新情势、新问卷、新模式"两岸新主张，具明显政策风向。

两岸关系议题部分，67.7%民众认同蔡英文提出的"两岸新主张"，不同意的比例占22.1%。自2016年5·20以来的两岸互动过程中，认为中国大陆有较多挑衅行为的比例占58.4%。对于蔡当局目前的两岸政策，有63.2%的受访者认为是正确的方向。

这份甚受瞩目的民调除了蔡英文满意度偏低，两岸政策都一面倒有超过五成挺蔡。英系营造出来的气氛是，多数受访者认同，蔡当局在参与世界卫生大会上被刁难，接下来两岸论述并不是再对中国大陆让步，而是要更强硬对大陆。

在红绿交锋的"九二共识"上，英系公布的民调有一题问到，是否应该让步接受"一中"原则"九二共识"，结果有 71.9% 的民众认为不应该接受，认为应该接受的只有 16.4%。这份民调给予蔡英文的两岸论述有很高的分数，并且都认为责任在中国大陆方面。微妙的是，在台湾一般以是否主张"九二共识"作为蓝绿的区隔，该民调显示，有七成二民众认为不应该接"一中"原则的"九二共识"，这已超过民进党历次"大选"的得票率。蔡英文 2016"大选"得票率也才 56%。

以绿营的政治氛围，该民调反映出的这股强硬的基本教义派声音，如果两岸情势依旧没改变，蔡当局很可能因应"独派"的要求，在一些做法上更强调"台湾主体性"。

（二）台湾民意基金会民调：蔡处理两岸关系五成六不满创新高

同属绿营的台湾民意基金会最新公布的"民进党重返执政暨蔡英文执政满一周年"民调显示，关于蔡英文处理两岸关系的表现有五成六不满，创历史新高。

针对蔡英文 5·20 当天提到她不是为民调做事，基金会董事长游盈隆说，"民选'总统'就是为民意做事，蔡可能讲错了，难道她以为民调归民调，民意归民意吗？"

对于蔡英文就认一年来两岸关系的表现，台湾民意基金会的民调结果显示，7.4% 非常满意；30.7% 还算满意；28.9% 不太满意；27.2% 非常不满意；5.8% 不知道或是没意见。换言之，有 38% 的人满意，但有 56% 不满意，两者相差 18 个百分点，而且强烈不满意者达到 27%；这显示连蔡当局及其团队自认最擅长、最有把握的两岸事务也宣告失守，又一个明显多数的民意站在蔡英文的对立面。

游盈隆提到，蔡英文 2016 年 5·20 就职演说主张维持台海两岸和平稳定的现状，不提"九二共识"，两岸关系从此明显倒退，官方协商大门迅及关闭，两岸两会民间正式协商机制停摆；两岸经贸交流看似依旧，暗地里问题丛生；大陆观光客锐减，台湾部分旅游业叫苦连天；两岸"外交"及相关部门不时摩擦碰撞，教育文化等各界交流渐趋冷却；不时还有两岸高层官员言辞交锋，火药味浓厚等等。加上 2017 年 3 月"李明哲事件"引起岛内外人权团体高度关注，但事件发展迄今李明哲依然下落不明，何时获释更是扑朔迷离，台湾当局也因此颇受民众指责。

此外，2017 年世界卫生大会（WHA）的召开，因中国大陆否决，台湾没接获大会邀请函，吃了闭门羹；蔡当局努力周旋，包括蔡英文的推特攻势，有如泥牛入海，不起涟漪；两岸关系陷入新的紧张状态。近期蔡公开提出"三新"的观点，惜言词空洞，早已成形的两岸僵局，不为所动。

三、两岸关系进入冷对抗状态

由于蔡当局拒不承认"九二共识"，两岸关系不可能回暖。从蔡当局执政一年两岸关系发展的轨迹看，两岸已进入冷对抗状态。

（一）两岸关系撞墙期蔡当局缺新解方

台湾联合新闻网指出，就职届满一周年，蔡英文在政治上，无论两岸、"外交"或者内政，似乎都遇到"撞墙期"，也因此施政成果反应在民调的全面下滑。因此展望未来，在两岸外交方面，倘若蔡当局无法提出新的解方，缓和两岸气氛，将难以打破政经困局。

刚上任的这一年，蔡当局似乎"什么都想做"但"什么都没做好"。其中问题最重大的，当属两岸关系，蔡英文未上任前就说要"维持现状"，而且乐观评估中共面对台湾民意的改变，将不得不与民进党当局打交道。结果证实，都是一厢情愿。

台湾学者认为，蔡英文不可能像过去陈水扁时代一样"走向激进化"，但以目前的发展态势看，两岸将进入一个恶性螺旋，走向不稳定的状态。

蔡当局必须要问的问题是：假如放任两岸关系持续恶化，"台湾与其它国家连结"是不是反成了"恶性循环"的一个重要因素。因此，当务之急，应该是先与对岸重新建立起沟通的管道，重新建立互信，不让彼此误判，才可能有蔡英文期待的"结构性合作关系"。

（二）蔡当局铁心抛出倒退的两岸新答卷

在执政一周年的日子，蔡英文没开记者会，也没有就职周年演说。陆委会主委张小月 5 月 18 日傍晚在记者会上斩钉截铁说："中华民国是主权独立国家"，"台湾绝对不会接受一中原则，台湾不是中国大陆的一部分"。这可算是一张代答的答卷。蔡当局就这么毫无悬念地铁心要让两岸关系崩裂瓦解？

蔡当局周年面临内外夹击。蔡英文是李登辉以降台湾四位民选领导人之中，执政一周年满意度最低的一位。由亲绿团体组成的民主平台公布的网路民调，蔡施政满意度仅剩 18.4%，《联合报》5 月 17 日公布的满意度民调也只有三成。她的民怨主要来自两部分，第一是改革的战场开得太大、太猛、太剧烈；第二是两岸冰封拖累经济，过去八年荣景的庞大的陆客产业链被毁，影响业者与从业人员家庭无数。

张小月在 5·20 前夕说"我们绝对不会接受一中原则，台湾不是中国大陆的一部分"。表达蔡当局的立场。这是对"中华民国宪法"、两岸关系似是而非的表述方式，不是善意的模糊。让已冰封一年的两岸关系非但看不到春天来临百花奔放的转机，且可能因蔡当局新端出的坚决对抗路线看到暴雪寒冬的足迹。

就"中华民国宪法"，"中华民国包括台湾地区、大陆地区"。蔡当局说，"台湾不是中国大陆的一部分"，就"宪法"，没错。这让"台独"和"独台"派听得很高兴。

但蔡当局回避了关键问题："台湾是不是中国的一部分"？在"中华民国宪法"，中国是一个屋顶，底下有大陆和台湾，两者都是中国的一部分。蔡当局若大声说"台湾不是中国的一部分"，这就抵触了"宪法"。但蔡当局又拒承认"台湾是中国的一部分"，便以"台湾不是中国大陆的一部分"来打模糊仗。

张小月所说的"我们绝对不会接受一中原则"也是同样的逻辑。何谓蔡当局的"一中"？"中华民国宪法的疆域既是大陆、台湾两区"，谈"一中"大可理直气壮。蔡当局说不接受"一中"原则，意即"一中"就是中国大陆，也就是中国大陆等于中国。等于是说，"台湾与中国大陆无关，台湾就是台湾"，以"一台"来对"一中"。"绝不接受一中原则"就是"两国论"的表述，与"中华民国宪法"是有距离的。

（原载《福建社科情报》2017 年第 3 期）

岛内各界热议"一带一路"

程　光

5月14—15日，"一带一路"国际合作高峰论坛在北京举行，29国的元首和领导人，92个国家的9名副总理、7名外长、190名部级官员，以及61个国际组织的89名代表出席此次峰会。对于此次如此高规格大声势的论坛，岛内各界反响热烈。

一、台政界评"一带一路"

陆委会对于大陆推动"一带一路"报告指出，"新南向政策"与"一带一路"是完全不同的模式，两岸在区域发展上存在共同利益及不同优势，未来不排除在适当时机，和大陆就相关议题及合作事项，展开协商和对话，促使新南向政策和两岸关系相辅相成，创造区域合作新典范。陆委会报告提到，蔡当局自2016年5·20以来，持续向大陆释放善意，并依"中华民国宪法""两岸人民关系条例"及相关法令处理两岸事务，希望大陆可考虑新情势，展现弹性与善意，以增进民众福祉作为改善两岸关系新起点，思考双方互动的新模式，让两岸累积互信，为未来两岸经贸互利双赢、互荣发展寻找可能性。

台"外交部次长"吴志中表示，"新南向政策"与"一带一路"，这是共荣。"我们希望寻求跟中国大陆的合作"。中越签署公报强调"一中"原则，"不是对于我们有敌意的做法。我们与越南的实质关系，仍是非常密切。我们是越南的第四大投资国。我们与越南的实质投资贸易等各项关系，没有改变。"越南可以同时与中国大陆、台湾，保持良好关系，这是一个很好的发展，这也是共荣的现状，也符合21世纪经济发展与人类福祉的做法。

民进党籍"立法院副院长"蔡其昌指出，"中国大陆一向对于台湾与其它国家往来都是采取打压的态度，因此，大陆对新南向政策的影响是定数，不是变数。大陆应该要用更平和、务实及稳定的两岸关系，才会有助于'一带一路'的推动。大陆如果对台湾人民友善，两岸关系会更稳定，不需要花大笔钱去统战。现在新南向政策打压，台湾参与世界卫生大会也打压，这样对待台湾人民，点滴在心头，把台湾人民往外推可惜了。中国大陆与美国、日本间的恩怨情仇，甚至整体亚洲的情势，恐怕都会影响'一带一路'的推行。若大陆能够更务实的处理两岸关系，两岸和平发展，亚洲情势稳定，美日对中国大陆的印象分数会提升，'一带一路'就会比较容易成功；否则中国大陆持续打压台湾，造成台湾人民的负面观感，整体亚洲情势与国际政治的关系产生连结，恐怕未来'一带一路'面对的挑战会很大"。

民进党"立委"蔡适应指出，"中国大陆打压台湾国际空间不是新鲜事，越南与中国大陆本来就有邦交关系，中越建交公报也都提及这些原则，但台越还是签订很多双边的投资保障协议等，这不会影响新南向政策。这些国家实际上根本就没有和台湾'建交'，但是与台湾维持非官方往来"，"他们知道中国大陆与台湾属于不同政治实体"。他们也与中国大陆外交上有签订公报，但是也与台湾签订"双边协定"等。他们理解中国大陆对越南施压，但是对"新南向"不会有太大影响。

民进党"立委"李俊俋说，中国大陆推动"一带一路"动作非常大，但是否成效如预期，这是另一回事，他们也观察到，印度可能成为"一带一路"的破口，相关发展他们非常关注。至于中国大陆与越南签定两岸同属一中的公报，这不意外，越南态度一向如此。但是不代表不与台湾往来。至于印度是否成为台湾推动"新南向"关键，外贸协会董事长黄志芳日前在中常会有提到，印度可能成为中国大陆推动"一带一路"的破口，加上各迹象显示，印度公开拒绝"一带一路"，而印度的位置在"一带一路"上又扮演重要角色，台湾要怎么加强印度之间关系，这很重要，而这几年接洽也蛮频繁。

国民党主席参选人洪秀柱表示，"一带一路国际合作高峰论坛"在北京举行，但民进党当局几乎无感。从民进党对这起事件的态度与影响上就可以知道有这么多国家都想去参与大陆的"一带一路"，但台湾却因两岸互信基础受到了侵蚀跟影响，使得台湾没法在这个时机点搭上便车，让台湾乘势而起进而有所收获，这实在是很可惜的一件事情。假如这次国民党主席能顺利地选完，两岸的互信基础存在。"九二共识"的真相、互信基础的实质内容为何都可以深化确定，未来由国民党协助并开辟参与"一带一路"的这条道路，那台湾还有一点点希望，否则被边缘化，这对台湾的伤害太大。

台中资深民代、台中市议会无党联盟党团召集人张立杰表示，世界经济主流发展趋势，台湾没有跟上是大隐忧，台积电、台塑、鸿海等有全球竞争力的企业，都可能会到海外投资设厂，这将影响多少下游工厂出走，绝对是台湾的警讯。这些大企业为何不继续在台湾扩大投资，除了有缺水缺电的隐忧，还有缓慢的环评过程，加上台当局发展经济用政治挂帅，这对台湾经济是一种伤害。蔡当局推行的"一例一休"，对资本经营成本大为增加，很多老板干脆就把工厂关起来，就不会担心被政府开罚或是高涨的加班费。尤其蔡当局执政后，台湾参与各种国际经济组织都受限，不管 TPP(跨太平洋伙伴协定)、RCEP(东南亚区域全面经济伙伴协定)都不能参加，光是关税问题就让台商的竞争力消减，让厂商又回到过去单打独斗的时代。

二、台商界谈"一带一路"

台湾海基会董事、台湾土地开发股份有限公司董事长邱复生表示，台湾不能参与"一带一路"跟亚投行对台湾会有部分影响，等同是"一带一路"的局外人。这会部分影响台湾经贸发展，因为在亚洲的国际金融机构，就是亚投行与亚洲开发银行。台湾是亚洲开发银行的会员，对于开发中国家会比较有帮助，因为基础建设需要资金。对于两岸官方接触停摆，未来台湾企业要如何借由民间力量参与"一带一路"。邱复生认为，想参与"一带一路"的台湾企业就要认同"一中"，无论是承认"九二共识"，还是支持"一中"原则，现在都要"经过认定"，所以当然不比两岸政府达成共识还有保障，但这就是现状。

新光合成纤维董事长吴东升表示，中国大陆经济持续成长，对于台湾与世界经济都是好事，"一带一路"当然是可以发展的地区，中国大陆从外销市场，慢慢转向内需市场发展，是正确发展，只要转型成功，对于台湾企业有正面影响。两岸必须有智慧合作，需要双方领导者的技巧，很期待双方领导者发挥更好的力量，不只是帮助两岸经济，也是全球经济更大助力。发展总是有前进，也有后退，希望加起来是"正"，不用看短期成长，当然希望能够参加最好，事实上，现在是有困难，经济没有国界，虽然正式场合没有参加，不过会有溢出效应，溢出效益大家都可以分享。

台湾工业总会理事长、金仁宝集团负责人许胜雄表示，"一带一路"成功率与运作力度很高，应该可以被期待，台湾在大陆的企业家也正在努力，要参与这方面投资。"一带一路"展现两个不同的期待与目的，首先是，大陆把产量过剩的传统产业，透过"一带一路"可以延伸，另外就是亚投行的运作，让中国大陆在其它国家和地区产生更大影响力，得到想要的价值与利益。

三、岛内媒体议"一带一路"

"中时电子报"发表题为"一带一路 + 互联网引领 21 世纪"的社评时表示，"一带一路倡议"已得到 100 多个国家的回应，三年多来已为各参与国创造了数以兆计（美元）的经济效益，亚投行意向创始成员国目前已多达 57 个，参加论坛的国家更是超出最初设计的沿线范围，包括英、德、澳、日等国均派重量级代表出席。"一带一路"三年有成，正要由量而质进行全面升级。这些真金白银的实效积累，令"一带一路"的巨大潜力逐渐显现。该文表示，之所以有如此巨大的效益和潜力，根本在于"一带一路"引领了国际社会 21 世纪的发展理念。观察"一带一路"，不难发现其"共商、共建、共享"的原则及"平等、开放、相容、公益"的理念，正与当今互联网发展的大趋势有着共通的内在逻辑。

《旺报》5 月 14 日头条新闻指出，2013 年习近平抛出"一带一路"倡议后，来自各国的质疑不断，但三年多来，"一带一路"在建设中前进。向来对中国大陆在全球活动的报道，总是持比较负面的美国有线电视新闻网（CNN），近日推出《中国的新世界秩序》专题，发现中国大陆的影响力，早已从投资、教育、基础设施建设、旅游和军事五个领域渗透。

"联合新闻网"5 月 15 日刊文表示，习近平昨在讲话中又提到"和平共处五项原则"，这五原则是"互相尊重主权和领土完整、互不侵犯、互不干涉内政、平等互利、和平共处"。这是大陆历代领导人遵循的外交大政方针，把这个最高外交原则注入了"一带一路"，且习近平强调一带一路是"和平之路"。当美国总统特朗普主张"美国优先"路线，习近平反而高举"经济全球化"的大旗，此举赢得欧洲国家的掌声，如今趁着这个势头把"一带一路"包装在"经济全球化"概念下，几乎无所不包地跨越地缘藩篱，但究竟能够走多远多久，就看未来是否有欧洲国家埋单了。

《旺报》5 月 15 日刊文这样表示，大陆"一带一路"倡议提出才三年多，就有 29 个国家的元首出席在北京举行的带路高峰论坛；世界银行、联合国、国际货币基金等三大国际组织，甚至连美国、日本也都放下以往对"一带一路"、亚投行不屑一顾的姿态参与，而偏偏这里面只有台湾缺席。5 月 14 日在北京举办的"一带一路国际合作高峰论坛"，连因半岛局势紧张的朝韩都参与，简直就是个小型的联合国会议。这样一个全球盛会，台湾当局却因为意识形态而无法参与，这是把台湾自我孤立于世界潮流之外。

《联合报》5 月 14 日在《一带一路少了九二共识　庞建国：台湾成了世界岛孤儿》一文中引用了文化大学国家发展与中国大陆研究教授庞建国讲话：台湾和大陆地理距离邻近，运输成本和交易成本较低，两岸优势互补携手赚全世界的钱，本是顺理成章之事，但少了"九二共识"的通关密语，"一带一路"的宝库很难对台湾敞开大门，台湾势必成为"世界岛"外的孤儿。

"中时电子报"5 月 14 日在《世界正聚焦一带一路　台湾在哪里？》一文中表示，在马当局时期，曾主张要参与跟周边区域的经济整合，虽未提及一带一路，但也积极争取加入亚投行，2015 年在新加坡的"马习会"上，习近平则表示愿意讨论，也乐于欢迎台湾能参加"亚投行""一带一路"。但在蔡英文上任以来，对"一带一路"冷眼旁观，连"亚投行"都不提，只关注"新南向政策"，让这次受全球瞩目的高峰论坛，只有台湾被排除在外。该文提到，蔡英文在 5 月 5 日接受东南亚及印度六国媒体联访，强调新南向政策与中国大陆推动的"一带一路"完全不同。蔡英文指出，台湾拥有的是强大的民间企业及医疗、教育、人力资源开发、技术创新、农业、防灾等各种软实力，这些都不是金钱或政治力可以取代或阻挡的。不过，"一带一路"计划有地缘战略考虑，那么政府是否有进行研究与评估？台湾是否要参与区域经济整合？这都是蔡当局当下必须面对的严峻课题。

（原载《福建社科情报》2017 年第 3 期）

中巴建交对两岸关系的后续影响观察

程 光

一、台当局对中巴建交反应强烈

由于巴拿马宣布与中国建交，台湾的"国际空间"进一步受压，目前只剩下 20 个"邦交国"，数量为历史最低。巴拿马"断交"是蔡英文上台以来，台对外关系上最重大打击，台当局对此反应强烈。

（一）蔡英文声明突出"两国论"定位

对于巴拿马与中国大陆建交，比起 2016 年圣多美普林西比与中国大陆建交，蔡当局在两个国家正视程度上有所差异，也可以观察到蔡英文对于巴拿马的重视。2016 年底圣国与中国大陆建交时，蔡英文并未亲上火线，只由发言人发表声明；但这一次巴拿马"断交"，一早先是"总统府秘书长"吴钊燮，接着下午蔡英文亲上火线宣读声明。

吴钊燮的声明提到"中华人民共和国"取代过去称呼的中国大陆；而蔡英文声明稿中，也提及"对于巴拿马宣布和'中华民国''断交'，并且与中华人民共和国建交"。点出两岸关系的定位为"中华民国与中华人民共和国"。

圣多美普林西比是蔡当局上台后，第一个"断交"的"邦交国"，但当时蔡当局基调几乎都指向是圣国对于金援的狮子大开口，并未直接指向中国大陆，但这一次巴拿马"断交"，蔡当局将矛头指向北京操作"一中"原则，打压台湾"国际空间"，表达严厉谴责，对中国大陆发言强度稍强。

（二）蔡当局重话要重新评估两岸情势

吴钊燮宣读"总统府"声明称："对于北京当局过去这段期间，持续透过各种手段，操作所谓'一中原则'，打压台湾国际空间，这样的做法不仅是对台湾人民生存权利的公然威胁，更是对台海以及区域间和平稳定的公然挑衅。对此，我们表达严厉的谴责。""作为国际社会一员,'我国政府'善尽国际责任,全力维持台海和平与区域稳定的立场坚定并且一致,而北京当局的做法,是冲击现状,是将两岸由和平推向对抗的错误做法。因此,'政府'将重新评估两岸情势。""我们也要正告北京当局,做一个有责任感的区域大国,应立即停止任何继续伤害区域稳定,伤害台湾人民的行动,将两岸关系带回正确的轨道。"

（三）李大维指巴拿马欺蒙台湾到最后一刻

台"外交部长"李大维指责巴拿马屈服于大陆的经济利益,欺蒙台湾到最后一刻,表达强烈愤怒和遗憾,重申不会与北京从事"金钱外交"的竞逐,并宣布终止和巴拿马"外交"关系,全面停止援助,撤离"大使馆"和技术团。李大维表示,台湾一直努力到最后一刻,也动用相关国家协助,但无力回天。外界认为,所谓的"相关国家"指的应是美国。

巴拿马早在 1910 年就和"中华民国"建交,随着两岸局势发展,在李登辉、陈水扁时期屡传"邦交"不稳,台湾以金钱稳住,马英九任内因两岸"外交休兵"较为安稳,而蔡英文 2016 年 6 月才访问巴拿马,参加巴拿马运河拓宽竣工仪式,媒体报道,台湾上个月才给巴拿马 9000 万新台币的金援,巴拿马仍宣布与大陆建交,让台湾很难堪。

（四）邱垂正"严厉警告"大陆不要步步进逼

陆委会副主委兼发言人邱垂正表示,中国大陆封杀台湾的"国际空间",阻挠台湾的国际参与,以及诱迫"我邦交国与我断交",这些一直都存在没有间断,要严厉警告中国大陆,不要步步进逼,将两岸关系推向危险边缘,造成不可回复的后果。

邱垂正说,长期以来台当局努力维护两岸关系和平稳定现状,这一年来台当局释出了善意,做出承诺,坚定维护台海和平稳定的做法,大家应该是有目共睹,这些努力不该轻易被抹杀。但也不排除检讨相关政策,采取必要因应措施,不排除任何的可能性,其中当然包括两岸政策。

（五）林全声称大陆挖台湾"友邦"墙脚　让两岸关系恶化

台"行政院长"林全表示,大陆如果认为挖台湾"友邦"墙脚,实现它的"一中"原则,这做法是没有效果,事实上会更坏、更糟糕,适得其反,让两岸关系恶化、两岸过去的和谐受到破坏,伤害人民感情,他呼吁台湾民众团结一致对外,不应该要有任何政党、个人恩怨放在里面考虑。

（六）民进党：大陆是两岸现状的破坏者和挑衅者

民进党表示，巴拿马是台在中美洲最大，也相当重要的"邦交国"。长期以来，中国大陆对巴拿马频频出手，台当局已积极维持和巩固"邦交关系"。惟最后巴拿马仍罔顾长期"邦谊"，选择和中国大陆建交，对此，民进党深表强烈遗憾和不满。大陆一再以"一中"原则压缩台湾的"国际空间"、挖脚"邦交国"，刻意让台湾在国际社会被忽略和矮化。此举只会换来台湾人民的不平和愤怒，显示大陆才是两岸现状的破坏者和挑衅者，令原本严峻的两岸关系更加雪上加霜，民进党予以强烈谴责及抗议。

二、台当局提出限制两岸交流的反制措施

（一）台当局拟限缩两岸交流反制中巴建交

针对台巴"断交"后，蔡英文当局是否调整两岸政策？陆委会副主委兼发言人邱垂正表示，面对中国大陆过去一年对台采取单方面限缩作为，造成两岸交流不对称失衡，不利两岸健康永续交流，台当局将重新评估两岸形势，并全面检视两岸事务各面向相关政策、措施与法规，采取必要因应作为，不排除任何可能性，以确保"国家主权"尊严及利益不受影响。相关政策措施调整一旦确定，也会对外说明。对于大陆一方面打压台湾生存空间，另一方面又假借空泛不实、且仅有大陆片面获益的惠台措施，台湾人民有智慧认识这种"打一手、拉一手"的手法是否有利于台湾民众在陆权益。他呼吁民众赴陆前应谨慎评估，当局也会密切关注。

（二）蓝营反对限缩两岸交流

台巴"断交"后，民进党拟对大陆人士来台进行严审限缩。对此，国民党"立委"许毓仁及江启臣都认为，这样的做法无助于两岸关系改善，只是让两岸关系更加对立，台当局应思考如何找到一个比较好的处理方式，真正对症下药解决问题。许毓仁认为，民进党没必要这样做，因为两岸关系已非常紧张，甚至有点降至冰点，如果限缩这样的交流没什么意义，毕竟问题不在于民间或相互交流，而是在比较高层级的政治上，在政治上能否找一个比较好的方式去处理，是执政党应该去思考的。江启臣则说，这样的做法就是让两岸更加对立，两岸交流限缩对两岸关系来说，根本没有什么帮助。

国民党"立委"林丽蝉表示，蔡当局甫上任届满一年，接连与2个"邦交国""断交"，剩下20个"邦交国"中，"外交"关系岌岌可危的也不在少数，

蔡当局的"外交"政策很明显出了大问题，当年陈水扁执政八年期间，共丢失九个"邦交国"，蔡英文不要重蹈覆辙。针对"外交"危机，台当局不思考如何将"外交"政策导回务实层面，而是透过"府"、党不断放话，表示要严审中国大陆官员入台；陆生纳保政策也要再评估，甚至说出"不管怎样要让对方有感，不能让对方觉得台方软弱"这种情绪化用语。陆生是否纳入健保，考虑的应该是人权保障问题，而不是意气之争，不是小孩儿吵架的赌气之举。

中国国民党台南市议员蔡育辉表示，蔡当局与民进党现在该重新调整的是赶快修正、冻结"台独党纲"，不是阻碍两岸交流。蔡当局指中巴建交、北京已冲击两岸稳定的现状的说法，恐怕国际社会不会认同。只有执政者喊"制宪公投""台独"与台海发生战争，才是改变现状，中巴建交并没有改变两岸现状。陆委会与民进党中央呼应要严审大陆来台官员、甚至媒体，这种做法只会自曝其短。蔡当局说要重新评估、检讨两岸政策确有必要，但要修的、要调整的是去冻结民进党的"台独党纲"，不是限缩两岸交流。在两岸现状没有改变之下，蔡当局现在却要严审大陆官员来台交流，岂不是背道而驰？蔡英文应认清事实，"九二共识、一中各表"才是对台湾最有利的，要恢复两岸的交流才是正途，而不是不理性的去阻碍两岸交流。

国民党"立委"赖士葆认为，依民进党逻辑，那海基会、陆委会组织直接改制，民进党如此操作可以得到"仇中反中"选票，但和大陆对撞，两岸硬碰硬、热对抗，受害的只是台湾人民。民进党如果要塑造更"仇中""反中"来获取选票，这是人民所要唾弃的，台湾小、大陆大，那就要有智慧的处理两岸关系，民进党要想想，马执政八年可维持平稳的两岸关系，也没有损害台湾尊严，但为何现在两岸这么紧张对抗，台湾"邦交国"持续"断交"，马执政八年几乎没断过"邦交国"，这就是智慧的展现。

国民党"立委"王育敏说，官方层级互动有助于政策沟通，两岸交流在两岸关系和平稳定上发挥很大作用，依洪耀福说法，难道民进党主张两岸最好不要交流吗？难道之前说"亲中爱台"，现在就马上变脸？民进党执政，政策上反复，前后主张不一致，让人民不知该相信什么，而此做法只是让两岸产生更大不信任感，这对两岸长期发展有帮助吗？

（八）绿营支持两岸限缩交流

民进党秘书长洪耀福说，马英九过去执政八年对于大陆人士来台太宽松，各省市不管是搞情治、搞学术的单位，穿门走户如入无人之境，到乡下、"立法院"等实在太离谱，这是很不正常的现象。"我们是'主权国家'，当然有审议权益，为什么要让他们不友善的人来台湾"，"如果他们都发表要武力攻台等这么不友善的言论，我们为什么要让他们来台"。大陆涉台的学术单位也常讲偏激、污辱台湾的话，基于台湾安全与尊严，很多事都该重新检讨，但如果对台湾友好，当然欢迎他们来。对于大陆事务是针对台湾尊严安全去严审，不只是对大陆，对于其它国家和地区也要严审，对于每个来台湾的人，尤其是大陆，对他们有这么大的敌意，连他们去香港都管这么严，基于台湾尊严以及安全，台湾必须这样做。

民进党"立委"蔡易余说，如果中国大陆一直对台湾采取这么大敌意的话，在这期间大陆官员来台背后目的，需要好好地审查，只是加强审查力道，并不是限缩。这并不是"锁国"，而是要审查他们的政治目的，如果有政治目的的部分，他们就要管制。现在两岸关系最大问题在中国大陆并不是台湾作为，这是要修正过去八年的两岸政策？民进党有处理两岸关系的政策，过去马当局过于"倾中"，民进党上台当然不会像过去这样。

（四）商界：不要意气用事

台湾商业总会理事长赖正镒建议台当局能够平心静气，两岸彼此不要有心理上不舒服的感觉，那会造成两岸交流或影响到交流频繁度和经贸往来，最好不要去做到这样，建议大家还是能够继续交流，不要意气用事来审查从严，阻挡大陆人士来台湾交流，希望台当局能够继续保持两岸交流，有交流就会减少误会。希望蔡英文能把"九二共识"阐述更清楚，关键还是在"九二共识"，如能阐述更清楚，相信两岸交流不会碰到这些困难跟困境，经贸也能维持良好交流，都只用政治角度来处理，很快会影响到经济，所以建议台当局能将"九二共识"说得更清楚，相信两岸交流就会更好。

（五）学者：硬碰硬不妥当

"国家政策研究基金会"执行长孙立群表示，他不支持民进党拟对大陆人士来台进行严审限缩的做法，在国际关系上不到最后大家是不会硬碰硬的，如果一开始硬干，是非常不妥当的；且现在台当局除了谩骂，也看不到任何作为，如果要谩骂，留给名嘴去做就好。台当局面对大陆给的压力应有两种方式，一种是设法协调，让双方都能向前进，另一种就是所谓的硬碰硬，站在台湾尊严立场，大家似乎觉得硬碰硬是一件很爽的事情，但环视国际环境，硬碰硬对台湾产生的压力和影响，是否真的对"中华民国"有好处？台当局该做的是让人民看到当局的作为，和有解决问题的能力。

（六）限缩反制陆？蔡英文出"七伤拳"小心自伤

几近"突袭"的台巴"断交"让蔡当局扬言考虑限缩两岸政策。不过，面对各方及党内势力皆不看好的情况下，蔡当局若执意限缩，很可能就像金庸武侠小说中伤人七分、自损三分的"七伤拳"一般，伤敌不成却损己。

于外，现阶段两岸官方交流中断，大陆主推基层民间与青年交流，在"一代一线"战略下，更多措施是操之在我（大陆）。而陆委会所指的不对称交流，主要限于较敏感的智库及相关学术往来，蔡当局若执意限缩两岸政策，恐怕不会有太多实质影响，反而错失相互理解机会。

于内，蔡当局限缩两岸政策，尽管可满足部分对台巴"断交"不满的民意，却也间接坐实了蔡当局内外施政的荒腔走板。尤其民进党内各方大多不太看好，若即若离、亦敌亦友的台北市长柯文哲也认为"毙敌一千、自损八百"。执意限缩是否为明智之举，蔡当局应仔细衡量。

综观目前情势，限缩两岸政策还在研商阶段，面对两岸实力悬殊，既无有效工具与筹码，也无国际奥援的情况下，蔡当局扬言限缩两岸政策，恐怕只是一时气话罢了。

三、两岸关系的后续发展

（一）蔡当局要对两岸政策进行硬着陆？

巴拿马与中国大陆建交，蔡当局先由"秘书长"吴钊燮提到要对了两岸情势进行评估，隔一天蔡英文也在民进党提及要重新评估两岸情势。之后陆委会提到将对中国大陆官员去台进行严审，民进党秘书长洪耀福马上附和，甚至说如果对台湾不友善的涉台言论与媒体，也应要严审。在党内压力下，蔡当局对于两岸政策很可能会往"硬"的方向调整。

巴拿马在台湾的"邦交国"上，算是经济发展能力相当好的国家，大陆与巴拿马建交，确实是对蔡英文当局下很大重手。"总统府"第一时间由吴钊燮提及要重新评估两岸情势，蔡英文则是在民进党以党主席身份发言才提到，并未在"总统府"说此话，还是想要试图区隔党主席与"总统"身份的不同。

但陆委会马上跟进提及不排除要对大陆人士来台进行严格审查。民进党秘书长洪耀福更提到，对于中国大陆人士提及有武力攻台的言论者，这些不友善行为也不能让他们来台。洪的发言透露党的态度，希望对两岸交流范围更紧缩。

但蔡当局一向强调"台湾是民主自由"著称，还要用"民主自由"去影响中国大陆，若强硬限缩大陆人士的发言或是交流，是否会陷入自我矛盾中？

由于巴拿马与中国大陆建交，民进党内"独派"渐渐抬头，游锡堃提到"中华民国"不见，台湾空间就出现，"独派"大佬辜宽敏也建议蔡英文应该要"制宪""公投"。至于原本可能在民进党全代会引发讨论的维持现状党纲提案，或是冻结"台独党纲"等提案，在巴国"断交"的氛围之下，党内还可能有讨论空间吗？这样的党内气势势必会逼迫蔡英文两岸论述往强硬的方向调整。

但中国大陆对蔡当局绝对不会手软，许多学者都评估还会有下一个"邦交国""断交"，蔡当局若确定采取"硬碰硬"，而不是思考另一个软性的解套方案，蔡当局未来的国际空间恐怕只会越来越艰困。

（二）两岸僵局是否还有可能化解？

目前两岸关系处于僵局，主要原因是执政的台湾民进党不愿承认"九二共识"，而大陆则坚持要对方承认。至于僵局的化解，目前来看至少有五种可能，下面具体分析这些可能。

一是大陆方面主动让步，也就是它不再坚持"九二共识"。在当前阶段，这种可能性微乎其微。首先这涉及大陆的原则立场问题，对它而言，坚持多年的"一中"原则无法退让，而"九二共识"的核心意涵正是"一中"原则。其次中国大陆实力远超台湾，因此不愿向对岸让步。再次，涉及大陆与国民党的关系问题，因为目前"九二共识"尚作为"国共共识"而存在。在国民党仍表态坚持"九二共识"的情况下，大陆如果单方面放弃，实在说不过去。

二是民进党方面做出让步，也就是它公开接受"九二共识"，向对岸交出令其满意的"答卷"。民进党的传统立场是不承认"九二共识"，甚至否认其存在，最多承认"九二会谈的历史事实"。而且党内还有主张"台独"的势力，这种势力对"华独"尚且不满，更不用说与"一中"原则相联系的"九二共识"。在民进党于2014年、2016年两次选举获得大胜后，它认为获得了台湾民意支持，更不愿意在此问题上退让。如果蔡英文当局目前在"九二共识"问题上做出原则让步，民进党的基本盘会在相当程度上受到冲击。不过还要指出的是，如果民进党在2018年选举中受到重创，该党内检讨两岸政策的声音或会增多，但目前来看这种可能性很小。

三是大陆与民进党共同寻求并达成不同于"九二共识"的新共识。但做到这点难度相当高，因为双方立场差距相当大。还要指出的是，目前无论大陆还是民进党，都未提出新的两岸论述，新论述应具有更大灵活性，并能适当顾及对方立场，可以作为双方进行新共识谈判的基础。在双方都未提出新论述的情况下，达成新共识的可能性更小。

四是国民党取代民进党重返执政，这样目前国共两党间的"九二共识"又成为两岸共识。但国民党在 2014 年、2016 年两次选举受挫后，党内改革举步艰难，内部整合也不顺利。而且国民党至今仍未深入总结两次选举大败的教训（包括马英九的两岸政策究竟应对该党的失败负多大责任），不排除该党以后错误总结其失败教训的可能。吴敦义当选国民党主席后，党内士气似乎有所恢复，但展望其前途，仍难以乐观。目前来看，国民党重返执政之路依然困难重重，而该党在台湾政坛被边缘化的可能性也未消除。

就目前看来，以上几种可能性均难以成为现实，因此两岸僵局仍难化解，因为大陆方面、民进党方面近期都不会做出原则让步，双方也未真正着手克服困难寻求新共识，而国民党重返执政的可能性现在看来仍较小。不过在 2018 年台湾地方选举后，可以观察情况是否会有所变化。

（原载《福建社科情报》2017 年第 3 期）

冷眼看绿营"亲中爱台"言论

李 超

一、赖清德"亲中爱台"事件回顾

（一）赖清德议会质询时称自己"亲中爱台"，否认"反中"

台南市长赖清德6月5日在台南市议会接受国民党台南市议员张世贤质询时，针对"反中"的说法，赖清德澄清说"我没有'反中'，我是'亲中、爱台'；'台独'不代表'反中'，我是'亲中'、尊敬中国，爱台湾、捍卫台湾。"赖清德"台独"立场鲜明，说出"亲中爱台"的话，成了网路热议话题。

翌日，赖清德针对"亲中爱台"说法受访解释说，台湾本来就要和中国大陆和平相处，互相帮助，共创繁荣，但是因为大陆在对台政策上变得非常严厉，不仅仅封锁台湾的"外交"空间，特别是世界卫生组织这个事情。所以，当我们在表达这种封锁的做法不同意见的时候，其实这是一种"反抗"，不是"反中"。

6月8日的台南市议会，总质询仍然延续"亲中"的话题。市议员张世贤询问赖清德到底是"亲中"较多，还是亲日较多，谢龙介则直指赖清德是两套标准，国民党就是"倾中卖台"，赖就是"亲中爱台"。赖清德表示，"亲中爱台"和"倾中卖台"是不一样的，"亲中爱台"是以台湾为核心，向中国大陆伸出友谊的双手，透过交流，进一步了解、理解、谅解、和解，和平发展，这和他一贯理念及在上海说的话一样，没有发夹弯的问题，这也是社会多数的意见。

赖清德指出，台湾未来的走向，要以追求人民最大的幸福为目标。主张以台湾为核心、即便是未来主张台湾"独立"，根据民进党的"台湾前途决议文"，也是要"由2300万人共同决定"。民进党或他本人不接受"九二共识"，背后最大意义是在保障人民对未来台湾的决定权。

赖清德以往"台独"色彩浓厚，过去曾反陆客来台、反两岸直航，说那些都是木马屠城、解放军来台，甚至曾在答询时也说过他主张"台独"。但赖却说自己是"亲中爱台"，被蓝营人士批评，过去民进党骂国民党"亲中"，但现在却说自己也是"亲中"，堪称是史上最狂的发夹弯。

（二）"总统府"肯定赖清德观点与蔡英文一致

对于赖清德的言论，"总统府发言人"林鹤明表示，赖市长的发言，和我们一直以来的看法一致。健全的两岸交流不应该设置任何政治前提，也不应该有不当的干扰，如此才能真正达成两岸相互理解与认识，并促进双方在各领域有意义的发展及合作。

林鹤明表示，台湾致力区域和平、维持两岸稳定的政策立场明确。两岸政策上，过去几个月以来，台湾当局根据普遍民意及岛内共识，致力维系两岸和平稳定关系，也本于尊重历史及求同存异的精神，向大陆持续释出善意，期盼透过双方良性互动，来逐步化解对立和分歧。

过去民进党在野时期对马英九卖台的批评，是基于对岸打压"中华民国主权"、伤害人民感情，民进党不会客气、会把人民不满表达出来。而马英九当时作为"元首"，表述偏薄弱，没有表明当局或政党应有的态度。

（三）绿营县市长纷纷跟进谈"亲中爱台"

针对赖清德"亲中爱台"引发的热议，同属民进党新潮流系的桃园市长郑文灿解释，赖市长是想要表达"爱台"与"亲中"不冲突。郑文灿认为，保持两岸和平现状，对中国大陆也是有利。两岸应该"共好"，只对一方好不会成功。如果把和平当作最高价值，"和中"是很重要路线，"和中"才能保台、挺台。

而民进党台中市长林佳龙认为，各种简化的口号都不能表达完整的两岸关系，也不能当作前提强迫对方接受，因为若要透过口号或政治领袖搭建关系，两岸关系就会走不出迷宫也无法长久，因此必须另辟道路。两岸的交流必须多点同理心，避免言语上的刺激，并秉持互惠精神，在尊重与对等、兼顾彼此的尊严与利益下，透过实际的交流，累积信任感，存异求同，极大化交流的范围，而透过城市与城市之间的互惠交流，也可搭建由下而上的两岸关系。总之，不管立场是"亲中、和中、反中"，首先都必须"知中"，知道中国大陆在政治、经济、社会、文化上的情况。先知己知彼，才能发展建设性关系，"少说多做比较重要。"

嘉义县长张花冠肯定赖清德的说法，认为符合现状及大多数台湾民意。直言两岸关系必须友善维持，不能中断；稳定和谐的两岸关系，不仅有助于双方的经济与政治发展，更是双方民众所乐见的。

二、蓝绿阵营谈赖清德"亲中说"

（一）民进党籍"立委"多赞同赖清德看法

民进党籍"立法院副院长"蔡其昌表示，"亲中爱台"与民进党党纲没有冲突。民进党本质不是要与中国大陆武力对抗，亲近对岸、两岸维持和平稳定发展的关系，民进党内部没有太多改变或争论，但不容许"中华民国主权"被践踏，不容许大陆打压或伤害台湾人民，这个立场从未改变，没有发夹弯问题。

民进党"立委"郑运鹏表示，赖清德有其清楚的政治定位和看法，而民进党对国民党执政时期所批评的是"倾中"的倾，不是亲近的亲，在台湾的现实上，不管政界或商界都不是"遇中则反"，赖有其智慧，这样的发言没有失言。

民进党"立委"郭正亮指出，赖清德不是会乱讲话的人，如果赖说"友中爱台"可能都还不会引起讨论，但是"亲中爱台"是把"亲中"去污名化。赖清德过去发言倾向"台独"，这次"亲中爱台"的言论透露"虽然我是"独派"，但我愿意与中国大陆友好"，意在消除"亲中""反中"的框架，也去除"亲中""反中"的污名化。

民进党"立委"叶宜津表示，我们没有想跟中国大陆敌对，把中国大陆当成可怕国家，而是当成英美这样"兄弟之邦"。希望大陆也换个角度思考，让台湾也成为国际一分子。英美在国际各种决定都是互相合作、投票，现在有中国大陆一票，加上台湾一票有什么不好？至于赖清德对中国大陆善意是否目标要选2020？叶宜津说，"我觉得没有，他是被质询才回答"，因为人家问才又解释，应该是没有要选2020。

（二）蓝营嘲讽民进党"亲中说"

台南市议会国民党团6月7日发表声明，公开肯定赖清德"亲中爱台"说，党团书记长王家贞指出，蔡英文不承认"九二共识"，用"台独"意识形态来"锁国"，台湾各行各业都直接间接受到影响，台湾人的处境越来越辛苦，现在高喊"台独建国"的赖清德市长能说出"亲中爱台"四个字，真的是跌破所有人眼镜，发夹弯转的真的超大，可是国民党团愿意从正面思考，正面解读赖清德"亲中爱台"的涵义。

王家贞说，相信赖清德这句话是说给蔡英文听的，因为赖发现"台独"是条死路，不承认"九二共识"，只会让台湾陷入万劫不复的困境。蔡英文当局反应也真快，一位六"都"市长的说法，"总统府"立刻发文表示看法一致，是担心两岸这个区块的话语权拱手让人了吗？从好处想，蔡英文当局要谢谢赖清德帮她的不承认"九二共识"找了个台阶下，但赖清德既然开这第一枪，蔡英文要小心了，因为一心想选"总统"的赖清德，借着"亲中爱台"说，为自己下一步打了一个很深的桩。

前"总统府副秘书长"罗智强则嘲讽赖清德说得出"亲中爱台"，不怕大家早餐吐满地？只能说民进党是"从上到下都是龙"的"神龙党"，只不过，这"龙"指的是"政治变色龙"。重点是这群"神龙"，脸皮比龙麟还厚，个个也都是人间极品。

国民党"立委"柯志恩对于民进党一片"亲中"声浪指出，现在政坛好像在比谁比较"爱中"，"这个发夹弯都可以转，人生真的没有什么转不过去"。柯志恩说，"亲中"与中国大陆和好是未来趋势，只是绿营县市首长过去"仇中"、现在"亲中"，要为自己讲话负责。如果能够务实做出更好策略让人民感受到，与中国大陆和好不管在经济或是国际局势这都是好的发展。

国民党"立委"许毓仁指出，民进党的两岸政策是罩门，两岸现在关系陷入僵局，过去骂国民党"倾中卖台"，现在说自己"亲中爱台"，民进党要说明过去骂国民党的立场是什么？

国民党"立委"吕玉玲表示，很多人看到主张"台独"的赖清德口中说出"亲中"两字，"听到都会笑笑"。民进党现在做的就是亲美、亲日，现在改口说"亲中"，怎么"亲中"？民进党蔡英文上台，台湾陆委会、海基会怎样传真大陆，都是"已读不回"，连电话也打不通，公文也没有往返，请问怎么"亲中"？民进党至少要做出来，明明搞"台独"还说"亲中"，国民党只能无奈说"乐观其成"。

国民党"立委"赖士葆表示，无从相信赖清德是一夕之间突然间顿悟想通，因为他过去从政期间透过"仇中、反中、恨中"的操作，取消遥祭南京中山陵、黄帝陵、修改"国史馆"查档规则、拆除故宫南院 12 兽首、禁止贩售有关蒋介石商品、宣布废除课纲微调如"木马屠城记"等做法。赖清德的中心思想向来是要连根铲除与中华文化连结，再讲说要"亲中"是自相矛盾，心口不一的，过去的言行历历在目，可受公评，经不起实质检验，绝不会因为他说了"亲中"

就脱胎换骨，要看他实际做了什么。

对于"总统府"表达与赖清德一样的立场，赖士葆认为，民进党内 2020 年的"总统"选战已经开打，赖清德此举分明是看准蔡英文民调持续低落，要透过争取中间反"独"选票的操作取而代之。当然任何可缓和两岸紧张局势的说辞，台湾人不会反对，但如果"总统府"真的要与赖清德唱"亲中爱台"的同调，请拿出具体做法，修改过去在民进党坚持下的"仇中、反中"的政策。例如陆配六年改四年取得身份证、陆生纳保歧视条款的修正等，都应纳入临时会的讨论案并予与通过，否则"总统府"的发言只是骗选票徒增笑柄而已，资讯泛滥的时代，民智大开，政治人物不要以为自己的智慧特别高超，可以用文字游戏来愚弄百姓。

台中蓝营本土派大佬、前"国策顾问"林敏霖表示，政治人物应当要有诚信，但是台湾民众渐渐发现政治人物的诚信已经荡然无存，大家都认同民进党很会说话，也会说谎话，谁信赖清德不"反中"，而是"亲中"？打死也没有人相信。赖清德讲出"亲中爱台"背后的目的，就是希望让民众感觉赖对两岸关系的立场已经不一样。

中华统一促进党高雄联合服务处主任陆光表示，"亲中爱台"一直是中华统一促进党在做的事情。如果赖清德真的"亲中爱台"，他欢迎赖退出民进党，加入中华统一促进党行列。

陆光认为，赖清德此刻抛出"亲中爱台"，有下列三点盘算。首先，赖清德为饱受勘灾神隐之苦的蔡英文洗媒体风向，让媒体转移对蔡的抨击焦点；其次、赖清德替蔡英文扛下两岸关系中未完成的答卷，让两岸关注度全部转向赖清德；第三、赖清德为双北市长选战或直攻 2020 年"大位"，进行路线中间化与模糊化的战略起手势。赖清德此举看似百利而无一害。但赖清德表面大谈"亲中爱台"，但却可随时回头向深绿选民解释他骨子里实则"一边一国"的论述。因为"亲中"，所以也亲美、亲日，在赖清德心中，中国大陆与美国、日本一样，都处在同一个位阶上，是属国际间的关系，在赖心中，台湾与大陆，就是"一边一国"的"两国论"。

三、如何看"台独"人士的所谓"亲中"？

赖清德"亲中爱台"，"总统府"声明"看法一致"，各路诸侯纷纷跟进。"亲中、友中、和中、知中"……一时之间，中国大陆俨然成为绿营新显学。从

"台独反中"到"亲中爱台",有人骂说谎,有人讥发夹弯,也有人猜要选"总统"了。还有人说,喊"台独"未必真"台独",只看政治形势与政治利益的归趋。那么对于绿营的"亲中国"言论,我们究竟该怎么看?

（一）赖清德"亲中"旨在为取代蔡英文造势

赖清德台南市长任期到 2018 结束,他之前拒绝蔡英文邀请出任"总统府秘书长",带有不愿被蔡收编的意味。自 2014 年 12 月成功连任台南市长后,赖清德便一改之前低调务实的作风,近两年频频发表"出位言论"吸引舆论注意力,制造声望,提高全台知名度。台湾政治观察家早已指出,这是赖清德为了给自己 2018 年卸任台南市长后攀登政治高峰营造个人声势。如此看来,他日前再次"语出惊人",成为媒体焦点,不过又是其造势的伎俩罢了。

台将于 2018 年举行地方选举以及三年后举行台湾地区领导人选举。从赖清德日益显露的政治野心来看,届时挥师北上,角逐台北市长或新北市长,抑或进军台湾地区领导人办公室,皆不无可能。尤其台当局领导人蔡英文上台一年来民望跌跌不休,不仅坊间怨声载道,民进党内也颇有微词。而作为党内中生代明星的赖清德据说是深绿、"独派"加上"新潮流系"等不同的山头都可以接受的台湾地区领导人人选,使赖清德日渐以"蔡英文接班人"自居。不过,南部毕竟不同北部。南部是民进党铁票仓,赖清德可以不费吹灰之力就赢得支持和选举,但北部是国民党的地盘,"台独"立场鲜明显然不利于赖清德讨好选民。他要为自己塑造较为中立的形象,以吸引蓝绿阵营的选票。

然而,值得指出的是,赖清德以"亲中"口号招徕人气,也说明了台湾有相当多的民众支持两岸交流合作、支持"九二共识"、支持两岸关系和平发展,以致赖清德也要以"亲中"的外衣包装其"台独"核心。因此,如果赖清德真的有图大位,今后种种出格的言论,恐怕将是司空见惯。

（二）赖清德"亲中爱台"唱的是"两国论"

两岸路线模糊化向来是民进党志在大位者必经的转型。陈水扁、谢长廷、蔡英文都是如此。深绿的赖清德这番"亲中爱台"说,仔细看他发言前后脉络,并非两岸论述发生了什么改变,而是他开始模仿蔡英文的模糊战术,把"台独"主张做了包装,表面说是"亲中",实际上还是"两国论"的前提。

赖清德宣称,"台湾应该要亲近中国大陆、亲近美国、亲近日本"。由此可见,赖清德把台美、台日关系与两岸关系并列,把台湾与中国大陆视为"两个国家",其"台独"立场根本就没有改变。这与老"独派"辜宽敏鼓吹"两岸兄弟之邦"一样，弹唱的都是不敢打仗流血的"台独"狂想曲。

辜宽敏提出的"兄弟之邦"，就是在此种局面中产生的；向民众催眠说，"台独"之后的两岸关系更为友好、台海局势永保和平。赖清德的"亲中"论调，亦属同样性质，自以为或意图促人以为不必和大陆冲突对抗，也可以实现"台独"。此皆一厢情愿，违反现实，反而暴露出他们唯恐民众洞悉"台独"的代价。

弃绝"台独"才能达成两岸和平，否则所谓"亲近中国"或谋求与之称兄道弟，不仅虚伪，而且适得其反。"独派"以为用非敌对性言词来陈述两岸关系，即可免除两岸统"独"对撞，是很幼稚的。

（三）两岸政策上蓝绿都会往中间靠

在台湾恶质竞争的蓝绿两大政党，主要的区隔在于两岸立场的不同。赖清德、蔡英文的两岸政策若真的出现发夹弯、变成货真价实的"亲中"，当然是好事一桩。两岸如果一直僵下去，受伤最重的会是台湾；台湾内部搅在爱台、卖台的泥淖中，对台湾的发展也没好处。

从内部环境来看，受制于两岸关系冷却影响，陆客来台观光萎缩严重影响台湾旅游业，加之其他行业也停滞不前，岛内各界民众怨声载道。从外部环境来看，美国在台协会主席莫健访台要蔡"缓和"两岸关系、特朗普直接回绝与蔡再度通话、美国对台军售延宕、巴拿马"断交"、台湾国际参与接连受挫，民进党当局深刻体会到与大陆硬碰硬无异于汽车撞火车，两岸政策调整迫在眉睫。而耐人寻味的是，国民党这几年的两岸立场，一直往民进党方向移动，这是国民党优势渐失的重要原因之一。近年来洪秀柱的两岸立场备受党内挑战，吴敦义的两岸路线备受两岸质疑，反映的是同样的问题：国民党的两岸立场，越来越向民进党方向靠拢。

（四）大陆不应理会绿营种种虚伪的"亲中"言论

由于蔡英文民调大幅下滑的主因之一在于两岸关系不佳，因此，"台独"标签很明显、不怕基本教义派跑票的赖清德，决定主攻期待两岸关系改善的中间选民。蔡英文眼看赖清德提前出招，当然要见招拆招，紧急回应。何况，连去大陆都敢喊"台独"的赖清德，现在可以说变就变，"总统府"代表蔡英文说一句"看法一致"，又有何不可？为了权力，赖市长与蔡英文都朝向中间靠拢。对内，他们抢攻期待两岸关系改善的中间选民；对外，他们不让蓝军独享中间选民的优势。

　　但从大陆角度来看，"亲中"不等于认同"一中"，大陆不会接受"台独"人士的"亲中爱台"论调。过去我们不反对马英九提出的"和中、友日、亲美"，因为那是在"九二共识"的大框架之下。现在民进党的赖清德与蔡英文既不接受"九二共识"，却让"亲中爱台"高唱入云，我们又如何不用怀疑的眼光看待此一发展？尽管赖清德与蔡英文表明他们'亲中爱台'，但明眼人都知道这是"独派""两国论"下的"亲中爱台"。柯文哲说了两岸一家亲，再加一个中国不是问题，仍然不是台沪双城论坛的绝对保证；吴敦义原汁原味的"一中各表"，也不确定能否打开国共关系的坦途。台湾政治人物的话语，经常不是话中有话，就是弦外之音，另有所指。两岸交流交往的政治基础，是双方都认同两岸同属一个中国。主张"台独"本身就是最大的"反中"，还谈什么"亲中"？"台独"和"亲中"水火不容，无法兼容并存。所以，民进党"亲中爱台"的本质，不过是一碗迷魂汤而已。因此，当他们冒出"亲中爱台"的奇怪语言时，大陆应不予回应如此充满伎俩的说辞，不去配合"台独"政客的蓄谋演出。正如对待蔡英文抛出"三新"观点一样，大陆应坚定秉承自己的对台思维和政策，让这些"台独"人士自弹自唱、自生自灭就好。

（原载《福建社科情报》2017 年第 4 期）

十九大报告涉台内容及台湾政坛的反应

陈元勇

10 月 18 日，中国共产党第十九次全国代表大会在北京开幕，中共中央总书记习近平代表十八届中央委员会向大会做报告，在报告中详尽论述了今后的对台政策，在台湾政坛引起了强烈的反应。

一、十九大报告涉台内容阐明了对台工作方针

习近平总书记在报告涉台部分开篇明示，解决台湾问题、实现祖国完全统一，是全体中华儿女共同愿望，是中华民族根本利益所在。必须继续坚持"和平统一、一国两制"方针，推动两岸关系和平发展，推进祖国和平统一进程。习总书记在报告中强调，体现一个中国原则的"九二共识"明确界定了两岸关系的根本性质，是确保两岸关系和平发展的关键。承认"九二共识"的历史事实，认同两岸同属一个中国，两岸双方就能开展对话，协商解决两岸同胞关心的问题，台湾任何政党和团体同大陆交往也不会存在障碍。

习近平在报告中说，我们秉持"两岸一家亲"理念，尊重台湾现有的社会制度和台湾同胞生活方式，愿意率先同台湾同胞分享大陆发展的机遇。将扩大两岸经济文化交流合作，实现互利互惠，逐步为台湾同胞在大陆学习、创业、就业、生活提供与大陆同胞同等的待遇，增进台湾同胞福祉。将推动两岸同胞共同弘扬中华文化，促进心灵契合。

报告强调，坚决维护国家主权和领土完整，绝不容忍国家分裂的历史悲剧重演。一切分裂祖国的活动都必将遭到全体中国人坚决反对。我们有坚定的意志、充分的信心、足够的能力挫败任何形式的"台独"分裂图谋。绝不允许任何人、任何组织、任何政党、在任何时候、以任何形式、把任何一块中国领土

从中国分裂出去。

报告最后指出，实现中华民族伟大复兴，是全体中国人共同的梦想。我们坚信，只要包括港澳台同胞在内的全体中华儿女顺应历史大势、共担民族大义，把民族命运牢牢掌握在自己手中，就一定能够共创中华民族伟大复兴的美好未来。

十九大报告涉台部分的表述与十八大报告相衔接，突出表现了中共对台政策的一贯性、延续性特点。另外，尽管因为民进党执政，导致两岸关系由和平发展转为对峙状态，但是，习近平与中共维护和平统一方针政策的决心不变、原则不变、态度不变。如果没有出现意外状况，中共就不会突然改变维护两岸关系的和平方法与方式。也就是说，武力解决台湾问题的策略，至今仍然不处在中共对台的核心政策范畴。和平统一是几代中共领导人都坚持执行的大政方针。

尽管自十八大以来，台湾历经"太阳花学运"及政党轮替，但报告中对台政策仍维持"解决台湾问题、实现祖国完全统一""和平统一、一国两制"大方针不变。然而，中共中央前总书记胡锦涛在十八大报告中提到的"探讨国家尚未统一特殊情况下的两岸政治关系"，商谈建立"两岸军事安全互信机制"，协商达成"两岸和平协议"等字眼，在习近平的报告中却只字未提。不过，报告中也并未如部分人士先前预期地提出所谓的"统一时间表"。

胡、习二人都有提及"九二共识"，但习近平着墨的篇幅比胡锦涛明显增加。习近平说，体现一个中国原则的"九二共识"明确界定两岸关系的根本性质，是确保两岸关系和平发展的关键。承认"九二共识"的历史事实，认同两岸同属一个中国，两岸双方就能开展对话，协商解决两岸民众关心的问题，台湾任何政党、团体同大陆交往也不会存在障碍。

在反对"台独"方面，习近平表示，绝不容忍国家分裂的历史悲剧重演，一切分裂祖国的活动，都必将遭到全体中国人坚决反对，且有坚定的意志、充分的信心、足够的能力，挫败任何形式的"台独"分裂图谋。他并重提先前发表的"六个任何"说，"绝不允许任何人、任何组织、任何政党、在任何时候、以任何形式、把任何一块中国领土从中国分裂出去。"

在两岸交流融合方面，胡锦涛和习近平都在两岸民众属于同胞的前提下，分别提到"命运共同体"及"两岸一家亲"的理念。胡锦涛当时表示，要持续推进两岸交流合作，包括深化经济合作、扩大文化交流、增强民族认同、密切人民往来、促进平等协商。共同推进两岸关系，共同享有发展成果。凡是有利于增进两岸同胞共同福祉的事情，我们都会尽最大努力做好。习近平则进一步提到尊重台湾现有的社会制度和台湾同胞生活方式，愿率先与台湾民众分享大陆发展的机遇。并将扩大两岸经济文化交流合作，实现互利互惠。他引用不久前大陆提出的两岸融合发展理念说，将逐步为台湾民众在大陆学习、创业、就业、生活，提供与大陆同胞同等的待遇，增进台湾民众福祉。还将推动两岸民众共同弘扬中华文化，促进心灵契合。

与十八大报告相比较，十九大报告首次把六个"任何"写进来，突显了当前两岸关系的严峻性，也表达了中共对"台独"等各种形式的分裂活动决不掉以轻心、毫不妥协的决心，并且划出了两岸关系的底线。反对"台独"等分裂活动，是中共今后的重要任务。

中共中央台湾工作办公室、国务院台湾事务办公室主任张志军指出，十九大报告宣示了对台工作的根本目标和主要任务，阐明了对台工作的基本方针和基本原则，提出了对台工作的重要理念和主要措施，更表明了反对"台独"分裂图谋的坚定意志和鲜明态度。其中，"六个任何"在关乎国家主权和领土完整的重大原则问题上清晰划出了红线。

二、台湾当局与绿营回应"软硬不吃"

针对十九大报告，台湾地区领导人蔡英文幕僚机构以"四不"回应。表示在两岸关系上，台湾致力区域和平、维持两岸稳定的政策立场始终明确且一致。过去这段时间，当局根据普遍民意及岛内共识，致力维系两岸和平稳定关系，也向大陆持续释出善意，期盼透过双方良性互动，来逐步化解对立和分歧。关于这点，国际社会也清楚理解，看到台湾的努力。他们再次重申，维持两岸间的和平稳定、确保人民福祉，是两岸双方共同的责任与目标。"我们的善意不变、承诺不变，不会走回对抗的老路，但也不会在压力下屈服"，这是他们处理两岸关系一贯的原则。面对两岸及区域发展的新情势，两岸领导人应该共同努力，展现长年累积而来的圆融政治智慧，以坚定意志和最大耐心，共同寻求两岸互动新模式，为可长可久的两岸和平稳定关系，奠定基础。

台湾当局行政机构负责人赖清德声称"六个决心不会改变"。他回应十九大报告时说，"台湾是主权独立国家"，两岸政策"行政院"服膺蔡英文"善意不变、承诺不变，也不在压力下屈服"的最高指导原则办理。"行政院"一贯立场，是"捍卫台湾'主权'决心不变；维护台湾民众'自由、民主、人权'生活决心不变；发展经济、壮大台湾的决心不变；透过交流、求同存异，深化两岸和平发展决心不变；维护台湾民众对于未来权利的选择权决心不变；也会捍卫区域的和平安全，这个决心也不会改变"。

陆委会书面回应称，"台湾未来是 2300 万人共同选择权"。表示"中华民国"是"主权国家"，"台湾的未来及两岸关系发展绝对是台湾 2300 万人的共同选择权，期盼大陆要以新思维健康面对两岸关系"，才会做到其"勇于创新、永不僵化"的自我期许，真正成为台海及区域和平的维护者。在追求综合实力提升及制度改革的关键新局时刻，应致力于推动"民主和平与公平正义"的政策措施，并以新思维共寻两岸互动新模式。大陆单方强势建构的"一中"原则与"一国两制"方针，"很难跨过争取民心认同的鸿沟；唯有真正尊重、理解台湾，才能在差异中寻求共同交集，谋求和解与合作，而尊重与沟通也正是拉近双方歧异的唯一定律。过去一年多来，蔡英文及当局在两岸关系上展现理性务实的态度、克制没有挑衅；坚定捍卫台湾安全尊严及人民福祉利益，维持台海和平稳定现状、尊重 1992 年两岸会谈的历史事实、加强两岸有序交流的政策立场没有改变，这是善意与耐心，也是维护区域和平的最大保证；当局将与国际社会保持密切联系，积极争取理解与支持。两岸唯有务实沟通，共同寻求两岸互动新模式，两岸关系稳健前进的道路才有可能相向而行"。

民进党发言人张志豪表示，"'中华民国'是一个'主权独立国家'，台湾的前途应由 2300 万人以民主方式共同决定。捍卫'国家主权'和维护自由民主是执政党的责任，也是台湾人民面对两岸关系时的坚定信仰，北京必须予以正视和尊重。两岸不应当再走回对抗的老路，也不应让政治前提，沦为两岸打开对话空间的障碍。维护两岸关系的和平发展，是双方的共同责任和努力的目标，这不仅攸关两岸民众福祉，亦涉及区域稳定和安全。因为有政治歧异，两岸才更应以圆融的政治智慧，透过沟通和对话，逐步建构新的互动模式，化解彼此分歧，才是两岸人民之福"。

"时代力量"发表声明，要求大陆"正视现实"，在"一个中国、一个台湾"基础上，与台湾当局展开对话，"建立两岸正常良性互动关系。台湾社会已在 2016 年'总统'选举，借选票清楚表达否定过去中国国民党时代两岸路线及'九二共识'，这是台湾集体意志展现"。

亚太和平研究基金会董事长、前民进党主席许信良表示，蔡当局对涉台报告内容必须客观理解，才会有理性互动。习近平讲话提到要台湾接受"九二共识"的"历史事实"，过去中国共产党文献是没有这四个字的。蔡英文曾呼吁中国大陆尊重九二会谈的"历史事实"，习近平新的措辞是有新意的，中国共产党是非常重视文字，这些都非常值得台湾重视。习近平特别讲"九二共识"的历史事实，按照这个说法，其实与蔡英文的说法距离是很近。十九大报告很理性看待台湾问题，习近平身为领导人是很理性，没有情绪性地看待两岸问题。未来两岸关系发展会受到习近平报告中宏伟目标的牵引，很可能会突破历史格局，但必须要两岸双方都要有这样理解，不能只是单方这样想。蔡当局看习近平时代，必须有客观理解，才会有理性互动。

海基会前董事长、民进党前"立委"洪奇昌指出，习提到"九二共识"的历史事实，这是要创造未来两岸对话的机会。只要蔡当局承认"九二共识"的历史事实，两岸就能展开对话。但大陆对"九二共识"的内涵界定得很清楚，"九二共识"的内涵是一个中国，"这个框架比过去更明确"。大陆实现祖国完全统一的基调不变，对于统一的进程，还是强调和平统一是两岸最好根本利益，是中华民族根本利益所在，因此会坚持和平统一。而"六个任何"是习近平"很高强度的宣示反独"，延续习以前说过的反"独"，促统。但促统的路径，不因为台湾内部形式的改变影响两岸的大政方针，应该会强调交流和合作。习还提到秉持两岸台湾同胞生活方式等，"这是展现高度善意"。习近平愿意和台湾同胞分享机遇，扩大两岸经济交流合作，实现互利互惠，这个是融合的概念。习也提到推动两岸同胞弘扬中华文化、民族复兴。习对台湾在中华民族概念之下，是有同胞感情的。

三、蓝营欢迎和肯定涉台部分内容

中国国民党主席吴敦义表示，"九二共识、一中各表"确保两岸和平稳定。十九大对两岸政策提出其相关政策主张，而过去国民党执政的八年期间，坚持"一中各表的九二共识"，两岸双方进行和平稳定发展的交流，也因此在国际间获得高度尊重及欢迎，是"国民党对中华民国最大的贡献之一"。未来国民党也将持续在"一中各表的九二共识"的基础下，以维护"中华民国主权尊严"，确保两岸和平稳定发展为党的重要使命。"一中各表的九二共识"一方面确保了"中华民国"的"主权"与尊严，一方面也共同确认了海峡两岸都坚持一个中国的原则，这个原则不会表成"两个中国""一中一台"或"台湾独立"；"一中各表的九二共识"维系两岸和平稳定发展的重要历史事实,任何一方均不可将其抹灭或减料。

马英九办公室发言人徐巧芯发表书面响应指出,"九二共识"与"反独"是两岸共同政治基础。马英九肯定过去五年两岸合作的进度,以及大陆在习总书记领导下的建设成果,也呼吁双方继续坚持在"九二共识"与反对"台独"的基础上,推动两岸和平发展,为降低敌意、振兴中华勠力以赴。"一中各表"完全不涉及"两个中国""一中一台"与"台湾独立",因为这是"中华民国宪法"所不容许的。两岸人民同属中华民族,都是炎黄子孙,拥有共同的血缘、历史、与文化。双方应在"九二共识"与反对"台独"的基础上,继续求同存异,共同振兴中华,为两岸人民带来更多的福祉。

国民党前主席吴伯雄希望十九大能为今后两岸关系的继续和平稳定发展,带动中华民族的繁荣昌盛,做出积极性贡献。虽然当前两岸关系陷入僵局,不若 2008 年以来的和平稳定局面。但只要两岸共同坚持共同血缘,共同文化的炎黄子孙共同携手奋斗,两岸融合的前景一定可以到来。大陆改革开放即将届满四十年,各方面的建设出现翻天覆地的变化。相信大陆只要持续朝改革开放方向的道路前进,必可拉近两岸人民的心理距离,两岸的中国人只要同心协力,必可开创中华民族的新盛世。

国民党前主席、新北市长朱立伦表示,期待两岸关系持续的开放,扩大交流,让大家能够在彼此善意的基础上,让下一个世代做更多的交流与合作,共创双赢。要运用这一代的智能为下一代创造和平繁荣的基础。"九二共识"一向是国民党的立场,国民党会持续坚持"九二共识",希望在这个基础之上,让两岸的交流也能够持续进行。两岸持续的交流非常重要,唯有持续不断的交流,两岸才能够互相了解,才能够求同存异,透过交流共创双赢是当前最重要的目标。

国民党"立委"张丽善表示,十九大政治评论必然影响两岸未来政治走向,"朝野"各党都无法忽视,蔡英文和赖清德却都已读不回。蔡、赖如果装聋作哑,人民难以期待两岸关系能够起死回生。蔡英文"双十"演说虽提善意不变,不走回对抗老路,但仍掩盖不了无法找回两岸互信基础及互谈无望的事实,蔡英文如果继续坚持绕过北京是台湾国际化一定要走的路,那么蔡犯的错恐怕不是把"九二共识"曲解为九二会谈。

新任国民党台南市党部主委谢龙介强调,十九大是一个两岸关系的转折点,希望蔡英文务实且重新调整两岸策略、勇敢与大陆接触，如果一再回避，将无益两岸和平发展。面对赖清德"台独"主张，大陆未来是否有所抵制或制裁行动，台湾势必受到相当大的影响，因而他期待蔡英文与习近平有更好的互动，稳定两岸政局，如此对台湾的长治久安才有帮助。

洪秀柱幕僚、国民党前"国发院"院长林忠山表示，涉台报告内容是"分治而不分裂"的宣告。十九大呈现出稳定、坚定的两岸政策，习近平强调两岸的统一不是完全建立在"一个制度之下"，对于尊重台湾社会的生活制度与选择也表达出来。在这样的概念之下，实际上也逐步走上接受"分治不分裂"的策略。习近平基本上并未把蔡英文与赖清德的挑衅言论放在眼里，似乎更表现出主体的主动性。只要两岸都宣告"分治而不分裂"原则，那么两岸就已经进入第一阶段的统一。不分裂就是"主权"完全认同，彼此认同两岸都在"主权"之内，那就是第一步的统一。但这个统一不是"完全的统一"，而是"分治下的统一"。这也是洪秀柱曾经提及中国本身的统一应该分阶段性，这来自对统一的一种认知。只要不分裂就是统一，而"台独"是阻碍统一的终极障碍。

国民党前副秘书长兼大陆事务部主任张荣恭指出，习近平强调"六个任何"比十八大时胡锦涛政治报告的"三个任何"，态度更强，这所代表的意志，值得各方关注。民进党当局无意认同"九二共识"或"一中"原则，会使两岸潜藏危机，"六个任何"因应两岸关系现状，意味着一方表现"以拖造独"，一方不惜"以武遏独"。习近平对于两岸关系的发言有很强的延续性及针对性。延续性是指几十年来大陆对两岸关系的看法，相当一贯，但也针对一年多来民进党执政，而提出必要的应对政策。蔡英文当局要依据"宪法"及"两岸条例"，明确宣布当前两岸关系处于"国家统一前"，双方同属各自定义的一个中国，而且言行一致，停止"去中国化"，才能维护台海局势和平稳定，共谋两岸关系和平发展。

前陆委会特任副主委张显耀表示，"一中各表"是国共关系变数。综观习近平在十九大上的讲话，北京在"反独"上会带给民进党当局更大压力，习把"六个任何"写进政治报告内，未来如果发生"任何军事上的可能性"指的就是在"反独"，届时北京将用最大力量压制"台独"势力；至于在"促统"上，习近平秉持两岸一家亲理念及血浓于水的兄弟之情。在促统上软的更软，甚至"未设置任何时间表"来促统。未来三至四年的促统工作对习近平而言并不着急，因此也未如外界预期设下所谓"促统时间表"，但习近平整体对台工作仍然放在"两岸同属一中"的框架之下。

　　台湾当局前"新闻局长"、公共电视台前董事长邵玉铭表示，民进党当局绝不能再搞"去中国化"。大陆"一中"原则"九二共识"已经定调，不会再收回去，而且大陆这回是"硬中带软"，对台湾人到大陆，不论求学就业都给予国民待遇，这会慢慢显现出吸引力，由量变促成质变。民进党当局若不接受"一中"原则与"九二共识"，就绝不能再搞"去中国化"，而且要认同中华民族、更加发扬中华文化与历史，孙中山受到两岸普遍的尊重，台湾更要重视，也就是台湾人应比大陆人更像中国人，这样才会得到大陆的尊敬，这也才是最后生存的根本，如果这项再没有，就会得不到大陆人民的支持。

　　新党主席郁慕明表示，台湾走"台独"路线如冲撞火车。习近平报告表现大陆对台方针从未改变，一个中国原则、"九二共识"是大陆处理两岸关系的既有轨道，同时也是基本红线。大陆就像开在这条轨道上的大火车，一向尊重台湾自己的生活方式及政经制度，双方可以在"一国两制"下并行不悖。但是，一旦台湾坚持走"台独"路线，那就是主动冲撞，变成"小卡车"撞"大火车"的结局。从习近平的话可以看出，和平统一仍是大陆追求的终极目标，这与新党一贯主张，两岸透过和谈累积互信，逐步走向终极统一是一致的。如果台湾主动碰触红线，撞上平交道，那就是迫使冲突的发生。一旦台湾这台"小卡车"撞上大陆这列"大火车"，各位觉得后果会是如何呢？

　　两岸和平发展论坛召集人、台湾劳动党主席吴荣元表示，在新的时代条件下，反"独"促统、完成国家统一是实现民族伟大复兴的重大历史课题。在统运的岛内局部战场，须从两岸全局的视野，把握中央的对台政策方针，结合岛内社会现实，提出与时俱进的理论创新和运动策略，发展反"独"促统群众队伍。报告中的对台政策尽管面对"台独"执政不友善的政治对抗，仍秉持"两岸一家亲"的理念，坚持"和平统一、一国两制"一贯的对台大政方针，充分体现了既坚定维护领土主权的民族大义，也发挥了展现同胞大爱的包容胸怀。民进党当局应该体会大陆的善意，及时把握调整两岸关系政策，推动两岸和平稳定交流的新局面。

　　中华两岸和平发展联合会会长蓝博洲表示，"推动两岸同胞共同弘扬中华文化，促进心灵契合"就是重要的反"独"举措。面对当前台当局全面推动的"文化台独"，据此一贯的对台方针原则，落实两岸一家亲的理念，让作为台湾社会主体的台湾民众（尤其是青年）重建台湾人的祖国认同，与此同时重建并发扬台湾人的爱国主义光荣历史，应是当前与未来的两岸和平发展阶段中，争取台湾民心，落实"两岸一家亲"的文化政策的重要工作之一。

政治受难人互助会会长蔡裕荣认为，从报告中看到大陆建设的成绩单，相信会有愈来愈多的台湾同胞在大陆社会主义现代化过程中而认同祖国。目前，在岛内推动反"独"促统运动，关键在两方面，一是祖国综合国力的持续发展，二是争取台湾同胞的认同。从报告看到，祖国励精图治，持续发展毋庸置疑，争取台湾同胞的认同才是重中之重。大陆应秉持两岸同属"一中"的政策立场，通过协商、单方面制定政策普惠台湾同胞，体现两岸同属"一中"的国民待遇。

劳动人权协会总干事王武郎指出，习总书记涉台报告内容反映人心、掌握主动。提出"六个任何"，展现了反对任何形式的"台独"分裂活动和实现完成国家统一的意志、决心。而秉持落实"两岸一家亲"理念，尊重台湾现有的社会制度和台湾同胞生活方式，也符合当前推动两岸关系交流合作发展的实际，有利于推进反"独"促统工作的开展，有利于巩固和发展爱国统一战线，推动两岸同胞共同反对一切分裂国家的活动，这也展现了解决台湾问题的信心、耐心。

中华青年发展联合会理事长王正表示，在习总书记讲话的涉台内容中，体现了对台湾乡亲的浓浓之情和同理之心。这代表今后中央对台政策中，推动"两岸经济社会融合发展"与"同等待遇"，将成为争取台湾民心的政策主轴，台湾统派应当把握此一政策，积极引领群众的思想认识，促进台湾老百姓对祖国大陆的认同感。

（原载《福建社科情报》2017 年第 5 期）

台学者媒体对十九大报告涉台内容的解读评述

陈元勇

习近平总书记在十九大报告中针对两岸关系部分一经发布，立即在岛内引起高度关注，台湾学者和媒体对此进行了广泛的关注与评析，认为习总书记报告强调了"坚持一中原则的九二共识"，划定了对台底线，加大了"反独促统"力度，"硬的更硬，软的更软"，为两岸关系发展指明了政策走向。

一、台湾学者解读十九大报告涉台内容

台湾淡江大学大陆研究所副教授张五岳表示，习近平的反"独"力度加强了。习近平的基本立场是"一个中国原则的九二共识"，也就是说凡是不能体认一个中国为原则的说法就不叫"九二共识"，唯有体认一个中国原则说法的"九二共识"才叫"九二共识"。习近平加大了反"独"促统力度，在反"独"方面，从胡锦涛时期的"三个任何"演变成现在的"六个任何"，反"独"力度加强了。在促统方面，他不是用武力来统一，而是以经济社会的融合来促统。所以大陆应该会给予台商、台生更多的优惠措施，让更多的台商、台生前往大陆。

资深媒体人赵少康在台湾《苹果日报》撰文说，两岸弹性空间还在。习近平十九大报告有800多个字说到台湾，台湾方面可喜也可忧，可喜的是习近平的长篇演说32000多个字中谈到台湾的部分实在很少，可忧的也是在习近平眼中，台湾问题似乎没有那么重要。习近平关注的面向很广，从经济发展到分配正义到国际外交到国防军事，大陆面临的严峻挑战非常多，台湾只要不把自己变成大陆要解决的优先事项，大陆要对台湾动武的可能性应该不高，中共如果因为台湾宣布"独立"而出兵打台湾，至少师出有名，如果因为台湾不肯统一而动武，在道理上说不通，应该也不会，至少弹性空间还在。蔡英文"双十演

278

说"完后国台办回应未提"九二共识"，让人以为北京紧缩了"一个中国"的定义及范围，因为"九二共识"是维持了一个起码的弹性空间的，大陆要的是"一中"，台湾讲的是"各表"，各说各话、各取所需也就各得其所。如果因为蔡英文不承认"九二共识"，导致大陆也不接受"九二共识"，变得硬邦邦一点弹性都没有，对台湾反而是大问题，所以当习近平说出"九二共识"的时候，至少表示"空间"还是在的。习近平最硬的话就是"我们有坚定的意志、充分的信心、足够的能力挫败任何形式的'台独'分裂图谋"，他说的"能力"当然包含"武力"，他说的"尊重台湾现有的社会制度和台湾同胞的生活方式"，固然是第一次听到，但也隐含了"一国两制"的味道。

台北大学公共行政及政策系副教授、政治经济研究中心主任郑又平表示，习对台讲话击碎蔡当局痴心妄想。习近平态度很强硬，强调"一中"与"六个任何"，三度提到"九二共识"，强调祖国完全统一是中华民族的根本利益，是中华民族伟大复兴的必然要求，这等于提出进程与潜在的时间表。大陆方面的坚定立场，等于直接击碎蔡当局过去一年对十九大之后大陆会有妥协转折的痴心妄想，也郑重告诉台湾"独派"与美国日本支持"台独"的野心政客，中国在台湾议题上，绝不容许任何讨论与议价空间。

中华青雁和平教育基金会两岸交流委员会副召集人孙扬明表示，国民党不谈致力未来统一很危险。他将十九大对台报告归纳为三大重点：首先，延续2016年"习洪会"之后，坚决反对"台独"分裂势力及其活动。第二，一个融合与"六个任何"。第三，坚决反对和遏制"台独"分裂势力。过去较常说坚决反对"台独"，"反对"是态度，但是用"遏制"两字，恐怕会有更具体行动，遏制就是围堵，无法继续发展，更有主动性，到底下一步怎样动作？就看2018年2月大陆的扩大对台工作会议，会有更正式态度。民进党不承认"九二共识"、不承认一个中国，出了很大纰漏。吴敦义上台，只谈"九二共识"，"一中各表"又抽换，不谈致力于未来的统一，结果可能是处理两岸关系，只以中共自己意见为主，更少考量海峡两岸台湾的人民想法，这样摩擦冲撞势必相对严重，不是必然发生，却潜在与隐藏更多的危机。

台湾中正大学政治学系暨研究所教授廖坤荣表示，台湾该思考如何面对"一国两制"了。十九大工作报告对于重要原则的宣示，一次比一次坚定。港澳台工作报告中提及"一国两制"，提出坚持"一国两制"和推进祖国统一，代表了大陆对制度、进步有更大的自信来面对港澳台。从大陆对重大原则的坚持，要和大陆综合国力提升、国际关系的发展一并来看，台湾的执政者和大陆争主权问题，已明显处于弱势，过去民进党当局处理对大陆关系，一直是情绪多于理性，现在应该务实地面对大陆，从大陆强调两岸和平稳定发展来着眼，推动两岸经贸、文化等各方面的交流。

国民党前"立委"、台湾中国文化大学国家发展与大陆研究所教授庞建国分析，这次大陆扎实的让蔡撞一次墙。十九大报告用更强硬更清晰的表述作为两岸关系和平发展的前提，这是回应蔡英文的说法。过去蔡英文一直呼吁不设前提的展开协商，但大陆就是要求要对两岸同属一中表态。蔡英文一直用实问虚答的方式，不肯回答历史未回答的答卷，这次大陆用大白话说，就是要一个中国原则。本来给一个中国框架还有点空间，这次扎扎实实地让蔡撞一次墙，原因就是跟民进党间没互信，更何况蔡言词上不断释放善意，行为上却不断搞"文化台独"，大陆也很清楚。习近平的六个任何就是想对台湾搞"文化台独"、渐进"台独"的做法，借十九大政治报告重申并给严厉警告。蔡英文未来不见得会有很大魄力和智慧，去接受体现"一个中国原则的九二共识"。未来两岸关系僵持的同时也是两岸发展消长的演进，结果当然不是维持现状，而是大陆继续成长的发展势头非常清楚，台湾闷经济的状态也无法突破，一消一涨间，就是两岸消长的演进。两岸将会呈现一个实力坚强，底气越来越厚实的大陆，对上一个越来越无力的、越来越没有筹码的台湾，而时间的筹码是不断往大陆倾斜，这是台湾无论朝野都要很务实面对的议题。

台湾成功大学政治经济学研究所教授周志杰指出，两岸统合进入了现在进行式。十九大对台报告最大意涵在两岸统合已是现在进行式，而且有明确的路线图，并展现了高度、意志与实践的能力。"九二共识"是台湾各党派、团体建构两岸关系、相处模式的入场券。对台报告已经明确的划分统、"独"定义，对统提"一国两制"，对"独"设定"六个任何"，只要表态认同"一中"、"九二共识"，交流就没有任何障碍，在做法上区分了官与民、分与离。亦即对民进党愈硬、对人民愈软，接受目前分治现实，可以谈如何结束对立，但绝不容许法理上的脱离，也就是只要不主张"台独"的都可交往，以此孤立真"台独"。

台湾铭传大学两岸研究中心主任杨开煌认为，涉台报告显示习近平对解决台湾问题有自信。习近平的谈话表面上看起来，所用的词语都是以前曾经用过的语句，但他认为要从其背后的含义，其所代表的实力与时机来看这次习近平的讲话。习近平讲话代表的是更充满自信来展现其看法。就时机而言，从以前马英九时期到现在的蔡英文时期，两个对象完全不一样，但是却可以讲一样的话，这一方面可以代表着，我就是要这样做，你们拿我没办法，我也不想与台湾商量。这也代表其战略定力与自信，证明习近平有绝对的自信。因为前段时间传出一些"武统"的言论，要在某个时间点之前拿下台湾，感觉大陆会用很强势的手段来解决台湾问题。事实上，大陆要解决两岸问题，可以用的手段很多，但是习近平还是用原来的方法来解决两岸的问题，这代表着习近平充满自信，觉得根本不需要使用这些手段就可以解决台湾问题。蔡当局一直不愿意承认"九二共识"和一个中国的原则，在目标、方向不一样的情况下，这代表着对蔡英文当局没有任何期待，大陆是不会与台湾再做讨论的，也不可能有"蔡习会"。习近平是采取主动式统一模式，不管民进党当局怎么想，我就是要统一，我按照我的步骤来进行统一大业。以前采取让利给台湾人民的方式，就好像在台湾做广告，而现在则是让台湾人到大陆去创业、就业，让台湾人直接融合到大陆社会，然后可以告诉台湾的亲朋好友，这就是像目前社群网站的广告模式，让朋友向朋友推销东西。习近平这种主动式统一模式，强调心灵契合、社会融合、生活一致，来达成统一的和平、统一做法是希望这个统一是不反复，长久的，避免陷入像三国演义所说的"话说天下，合久必分，分久必合。"分分合合，反反复复的局面。这是习近平对于和平统一的做法与以往领导人最大的不同之处。

亚太和平研究基金会、两岸交流远景基金会首席顾问、淡江大学荣誉教授赵春山分析，"一中"或"台独"不容许模糊了。十九大涉台谈话可说是战略清晰，战术灵活。战略目标部分，报告显示对台政策跟中华民族的伟大复兴是连结在一起的。换句话说，对台政策的目标，习近平要追求统一，统一是有利中华民族伟大的复兴。所谓的战术灵活，就是软硬两手都有。硬的方面，有所坚持，没有"九二共识"的共同基础，双方不可能复谈，也提到不容许"台独"，以及六个任何，两岸一中关系的性质不容许模糊，两岸关系要搞清楚，两岸之间的定位，就是两岸同属一个中国。软的部分，习近平提出软性诉求，强调"两岸一家亲"，强调心灵的契合，要扩大两岸经济文化的交流合作，也提到给台湾同胞的惠台措施，享有跟大陆同胞同样的待遇，这些都是释出橄榄枝。就是对民进党当局强硬，对台湾人民柔软，软硬兼施。

台湾成功大学政治经济学研究所教授丁仁方表示，台湾已然面对一个"大国崛起"的新形势。综观十九大讲话，蓝、绿两党高层可针对习讲话所凸显

"大国崛起"的顶层设计及宏观思维,投入更多的关注以把握机遇,不要只是从习的对台工作篇章来回应各自既定的政策立场而已。

英系台湾世代智库基金会执行长洪耀南认为,习谈"九二共识"历史事实与蔡稍微靠近。习近平对台谈话软并没有更软,但硬也没有更硬,整体来看习近平谈话,与过去对台基调没有太大改变,篇幅也差不多。习近平提到承认"九二共识"的历史事实和蔡英文尊重"九二会谈"的历史事实还有落差,但两人谈话比过去接近。提到"九二共识"历史事实是一个变动的过程。两岸现在最需要沟通,并且沟通要由下而上,才能达到习近平讲的"融合",两岸交流不是由上而下的控制,因此两岸人民要扩大交流,不交流会有沟通上的阻碍,不需要政治力量干预交流,呼吁两岸都要开放态度来面对这个问题。

二、台湾媒体评十九大报告涉台内容

台湾《联合报》发表题为"'反独渐统','九二共识'还是定海神针"的社论指出,从两岸关系部分论述内容来说,"反独渐统"为当前对台政策主轴,"九二共识"仍是两岸政治基础,为稳定两岸关系发展定海神针,且硬化为"一中"原则。首先,大陆对台政策有其明确性、一致性、稳定性,"一国两制"仍为对台政策终局安排,"一中"原则、"九二共识"则是两岸对话协商交流的政治基础。其次,展现出有能力挫败任何形式的"台独"分裂图谋,绝不允许"任何人、任何组织、任何政党、在任何时候、以任何形式、把任何一块中国领土从中国分裂出去"。这"六个任何",遏止台湾寻求法理"独立"之路。最后,重申两岸命运共同体、两岸一家亲、心灵相契的民族情感。习表示"两岸同胞是命运与共的骨肉兄弟,是血浓于水的一家人",同时强调扩大两岸经济文化交流合作,及对台胞实施普遍居民待遇,在大陆学习、创业、就业、生活提供与大陆同胞同等的待遇。

《联合报》评论认为,十九大报告两岸关系部分"划定对台底线"。此次报告在对台方面促统与反"独"并进。促统调子偏向和缓,如在"一国两制"部分也提及和平统一。而在"一中"原则部分仍提及"九二共识",代表当前两岸关系在尚未出现新模式或新共识前仍有"九二共识"作为转圜,等于在密不透风的对台施压中,开了一扇窗给民进党当局。然而,在"反独"部分就极为强硬,开宗明义就提及"解决台湾问题";而在末段提及维护国家主权和领土完整时,不仅提及有意志、信心与能力"反独"外,也将"六个任何"放入其中。

在对台策略方面，在对台当局强硬的同时，对民众则是处处释出善意与情感诉求，包括"命运与共的骨肉兄弟""两岸一家亲""分享大陆发展的机遇""同等待遇""心灵契合"等，这与过去一两年，对台湾经济、社会等议题绕过台当局，直接施惠或诉求于民众的"片面措施"一致。

《联合报》评论认为，十九大后的两岸关系将是一场定力与耐力的较量。十九大报告涉台部分体现了习近平的政治理念和领导风格，这将对往后中共对台政策的制定和执行起主导性的作用。中共十九大后的对台政策仍会采取"动之以情，晓之以理，诱之以利，胁之以力"的软硬两手策略。尽管中共仍强调"九二共识"的重要性，但因内外环境的变动，搁置争议已无法成为两岸协商的缓兵之计，这个名词也就无法为双方创造一个模糊的活动空间。因此，两岸关系在中共十九大后将呈现一场定力和耐力竞赛的局面。对北京而言，虽充满战略自信，认为"牢牢掌握了两岸关系的主导权和主动权"，但战略自信能否产生战略定力，则须面临诸多考验。例如，两岸中断协商不但增加双方误判形势的风险，让外力有乘虚而入的机会，也会激化两岸的民粹对抗，这些都将升高两岸关系的紧张。在台湾方面，蔡英文虽多次强调不在压力下低头，但当局必须评估本身拥有多大的耐力足以抗压。蔡英文希望以不挑衅来维持现状，但能否继续采取"以不变应万变"的对策，恐怕需要进一步审慎评估。

《中国时报》社论认为，对台政策部分把"九二共识"瘦身为"一中"，提醒台湾方面必须"坚持一个中国原则的九二共识"，以大量篇幅提到几点重要的政策走向：一是明确界定了体现"一个中国原则的九二共识"是两岸关系的根本性质，告知台湾不会再允许模糊说法版的"九二共识"，是确保两岸关系和平发展的关键。明确宣告了对"台独"活动的遏止，强调习近平2016年提过的"绝不允许任何人、任何组织、任何政党、在任何时候、以任何形式、把任何一块中国领土从中国分裂出去"。三是明确区隔了对台湾当局与台湾民众的对待。两岸同胞是命运与共的骨肉兄弟，是血浓于水的一家人，大陆愿意率先同台湾同胞分享大陆发展的机遇。四是明确强调要坚持"和平统一、一国两制"方针，推动两岸关系和平发展，推进祖国和平统一进程。

《中华日报》评论认为，十九大过后，大陆可能将加重反"台独"力度。习近平总书记在报告中就两岸关系与反对"台独"分成三次表述，对反"台独"的措辞一次比一次强烈，无疑是向全世界宣达反"台独"的坚定立场，更是隔海对始终不放弃"台独"的蔡当局做出严肃宣示。习近平强调有意志、有信心、有能力挫败"台独"，是前所未闻的重话，其严酷意涵不待解读便可分晓。报告中针对反"台独"重申"六个任何"，凸显中共在十九大过后第二任期，应会加重反"台独"的力度。

《工商时报》社论认为，十九报告所表述的对台政策方针加大了反"独"促统力度，但却给台湾民众更多的亲情召唤，堪称是"硬的更硬，软的更软"的代表作。硬的部分是一如既往主张"和平统一，一国两制"、推动两岸关系和平发展，及重提"九二共识"，但却也更加强调反"独"促统。软的部分是"两岸一家亲"写进报告，是历次报告之首见，以更加凸显两岸同胞是命运与共的骨肉兄弟，是血浓于水的一家人。特别是表明"提供台湾同胞与大陆同胞同等的待遇"，即"居民待遇"，更是一大亮点，也特别有利于大陆台商。因此，两岸关系的下一步，政治层面会有激烈攻防，民间交流则更往大陆倾斜。不过，报告并未把两岸机会之窗全堵死。因该报告有强调，只要承认"九二共识"的历史事实，认同两岸同属一个中国，两岸双方就能开展对话，协商解决两岸同胞关心的问题，台湾任何政党和团体同大陆交往也不会存在障碍。这话的意思，是给蔡英文"总统""继续答卷"的机会。蔡英文至今只承认有九二会谈的历史事实，而不承认两岸同属一中，大陆早已评其为"未完成的答卷"。原本外界以为，中共十九大是大陆"收回答卷"的时限，惟习近平并未有这样的表示，而显然是要等着看蔡英文的后续反应。

台湾"中央网络报"评论指出，台湾应"正视中共十九大释放的重要讯息"。十九大报告两岸关系部分明示：一个中国原则是两岸关系的政治基础，体现一个中国原则的"九二共识"明确界定两岸关系的根本性质，是确保两岸关系和平发展的关键。很明显，这是习近平向台湾传递的清楚但坚定的重要信号，那就是不论政治立场是支持统或偏向"独"，只有在"两岸一中"的定海神针之下，两岸关系才能确保无风无雨、永续和平发展。反之，若执意脱离这个"一中"架构，则台湾将面临严峻挑战。令人遗憾的是，蔡英文当局针对习近平谈话的响应仍是老调重弹、摸不着头绪。"总统府"重申"四不"，陆委会则呼吁大陆"以新思维共寻两岸互动新模式"，认为"中共单方强势建构的一中原则与一国两制方针，很难跨过争取民心认同的鸿沟，希望中共正视中华民国存在的事实，扬弃敌意、威吓对抗思维，共同寻求两岸互动新模式"。倘若这样的论调可成立，是否这些人士赞同中共一直拿"两岸一中"，而不是"九二共识"来面对台湾比较好？"对中共而言，一个中国是牢不可破的原则，是所有国家与台海两边往来的政治基础。反观一国两制是处理台湾、香港及澳门事务、实现国土完全统一的政策。这也是为何中共当局会一再重申原则的重要原因。换言之，原则不容妥协，但政策可以修改，蔡当局不从中去推敲中共的对台政策关键，却想鱼目混珠蒙骗台湾民众，现在已陷入进退维谷、前倨后恭的窘境"。

（原载《福建社科情报》2017 年第 5 期）

赖清德任"阁揆"对两岸关系的影响

经过数月的传言和揣测，深受蔡英文倚重的台"行政院长"林全正式请辞，于9月7日率领"内阁"总辞。台南市长赖清德8日正式接任台当局新一任"行政院长"。作为深绿的代表性人物，赖清德一直以来在公开场合宣扬其"台独"立场，此番赖接任台当局"行政院长"，恐将对本以冷对抗的两岸关系，造成进一步的影响。

一、赖清德的"一中一台"意识与深层史观

赖清德的"台独"立场鲜明，以"一中一台"看待两岸关系，尽管台南执政绩效有限，但让多数选民有感。现在，这位"高人气型男""组阁"，会延续其深层的意识形态与政治路线，或有务实的调整作为？对赖清德领导能力的考验才刚要开始。

赖清德，现年57岁，台北万里人，矿工之子，台北市"建国高中"、台湾大学复健医学系学士；学生时代参与反对运动，后来在成大医院、新楼医院任内科医师。1996年，37岁的赖清德当选"国代"，开始他的从政之路。赖清德的统"独"立场在他担任"国代"时，于"国大议场"高举"台湾独立万岁"就已鲜明表态，自此成为"台独"的标杆人物。赖主张"一中一台"，不仅止于政治立场，还在历史认知上自有一套说法，可以一窥赖从史观上建构出的意识形态，有其根深蒂固的一面。

赖曾在台南左镇菜寮化石馆揭幕时说过，"在菜寮溪发现距今2万至3万年前左镇人的头盖骨以及80万年前各种动物遗骸，如早阪犀牛、剑齿象、金丝猴等珍贵化石遗迹，皆证明台湾有自己的历史，自成一个民族"。赖这种推演到几

万年之前的"一中一台"论,前所未见,也让史家咋舌,因为这样的说法,忽略了冰河时期台湾与大陆华南地区数度相连、人类追逐动物而来的考古源流。

至于赖近来对于两岸关系最清楚的陈述,主要集中在 2017 年 6 月间在台南市议会与国民党市议员谢龙介的询答时说出。

一是"台独公投"问题:大家只记得民进党 1991 年的"台独党纲",但都忽略了民进党 1999 年的"台湾前途决议文",主张"台湾已经是一个主权独立的国家,名字叫中华民国,未来台湾的前途由台湾 2300 万人共同决定"。这个意思就是,固然民进党主张"台湾独立",但是,未来台湾到底是统、是"独",是由老百姓来决定的。当由老百姓共同决定的时候,它的手段必然是透过"公民投票",决定未来台湾的前途。

二是对"亲中爱台"的解释:"以台湾为核心,向中国大陆伸出友谊之手,希望能透过交流,进一步了解、理解、谅解、和解,和平发展"。

三是对"台独"立场与"九二共识":无论担任任何职务,主张"台独"立场不变。但赖同时表示,至于如何"台独",要尊重台湾民众的意见与大家团结一致。

针对民进党强调要"维持现状",为何不说"九二共识、一中各表"? 赖清德直截了当的回答"我不可能说"。

赖清德的统"独"立场即明确的"一中一台",其"亲中爱台"也是以此为前提。赖清德曾走访上海,在台南市长任内成立的两岸事务小组也不排斥进行两岸的接触交流,但都因为他的鲜明"台独"言论与立场,在主客观形势下,都无法推展两岸城市交流。

相较于台北市长柯文哲对两岸政策的拿捏,终究是勉力维持住台北上海双城论坛的举办,赖清德面对两岸关系,就显得有其局限性与僵固性。六年多来,台南市在两岸城市交流的成绩几乎是零,前台南县长苏焕智去大陆行销台南农产水果,前台南市长许添财着力于郑成功文化节的两岸文化脐带关系,到赖主政期都戛然而止。但看在"独派"眼里的,却是赖的坚持,赖也一直维持这样的立场而不变。

在对日关系上,赖算得上是鲜明的亲日派。台日城市交流互动热络,无论是赖本人或市府、议会组团参访考察,次数之频繁,堪称民进党执政县市之最,虽然对台南的实质经贸、投资成效有限,日本观光客也没有明显成长。赖在市长任内,最常跑的是日本,前前后后已去了十几次,平均一年访日二至三次,举凡经贸、文化、农产品行销等样样来。日方的高度配合、欢迎虽是主要原因之一，但一位赖的核心幕僚说，日本从中央到地方，重视台日交流的官员与社团，也都看好赖清德的未来政治前景，主动安排会见、交流的比例远大于台南市政府自己的规划。

赖清德六年多市长任内，行事风格上，对政事谨小慎微，在财政纪律、治水工程、地震救灾与重建三方面，是他比较引以自豪的政绩，但台南市的整体都市建设发展、薪资、就业机会、交通建设相对缺乏竞争力，仍是六"都"后段班，却也是不争的事实。

赖的市政绩效排名落后于个人魅力，但从赖清德在 2014 年以 711557 票、72.9% 得票率创造的"赖清德障碍"，证明赖的整体形象还是"让人民有感"。现在，型男"组阁"综理大政方针，拿出政绩才是赖个人与民进党"政权"延续的筹码，从台南到台湾，一局归一局，考验才要开始。

二、赖清德上任面临两岸关系考验

（一）赖清德上位桌面同样有一份考卷

赖清德是一位"铁杆台独"，他的上位意味着"独派"实现了"组阁"目标，两岸关系未来是否更动荡，视赖清德新的两岸立场而定。

赖清德过去的"深绿"言行多不胜数，说他是"铁杆台独"，他自己也不会否认。过去作为地方官，赖的言行对两岸关系的影响毕竟有限，现在身份不同，若再口无遮拦，甚至推动"急独"，一定会搅动台海，掀起恶浪。

蔡英文日前交付赖清德新行政团队的七项任务，全属"内政"，无关两岸与"外交"。这或可理解为赖清德在涉及台湾前途的重大议题上被"禁语"。但是，赖清德是不可能不表述立场的，在野党、媒体不会放过他，"独派"势力也不会放过他。

赖清德上位，桌面上同样有一份考卷，一份大陆给出的是否承认"九二共识"的考卷。对于这份考卷，蔡英文作答不及格，并拒绝再作答。赖清德会否"答卷"，如何"答卷"，各方都会紧盯。

赖清德政治性格特出，作风强势；而"台独"是罩门，"亲中爱台"不能花假。是坚持过去的立场还是"发夹弯"，对赖清德都是考验。少一点嘴炮"台独"，多一点民生经济，对两岸都有利，此刻对赖或许也是好选择。

（二）赖清德"组阁"是否会冲击两岸关系现状？

接替林全担任"行政院长"后，一向自诩坚定支持"台独"的赖清德是否会继续发表挑衅性、刺激性言论，进而更加冲击本就十分脆弱的两岸关系现状，十分令人担忧。

鉴于台湾的"宪政体制"，"行政院长"主要处理台湾"内政"议题，而"总统"主管两岸、"国防"、"外交"等"国安"议题，所以"阁揆"在两岸议题上本来就没有太大发言权。然而，无论是从赖清德本人的立场、主张和一贯言行，还是从赖与蔡英文的关系来看，赖接任"行政院长"后在两岸议题上的言行都很不让人放心。

首先，赖清德长期主张"台独"，甚至在大陆也曾鼓吹"台独"，深受深绿、"独派"团体青睐，其前不久的"亲中爱台"论仍不超出"两国论"框架，他本人以及台南市政府的行文也多使用"中国"称呼大陆，因此，赖清德在接任"行政院长"后是否愿意"屈从"蔡当局5·20以来使用"中国大陆"这一称呼口径，实在是未知数。

其次，蔡英文的两岸策略是在不承认"九二共识"的前提下尽量在表面上"维稳"，作为蔡英文心腹大员的林全在"行政院长"任上尽量配合这一两岸策略，基本做到了不出头，不挑事。但赖清德不仅与蔡英文关系微妙，而且内心可能还有挑战大位、做绿营新共主的"小九九"，再加上"独派"团体早就对蔡英文在"宪改""入联"等问题上"动作迟缓"而心存不满，赖清德接任"行政院长"后若不在两岸议题上"硬一点"，和蔡英文体现出对比度，似乎无法化解内外压力，也不利于自身政治行情。当然，也不排除蔡赖在两岸议题上达成某种默契，蔡在立场不退缩的前提下姿态尽量放软，而赖清德扮演放狠话的"黑脸"角色的可能性。但这种两手策略不仅对改善两岸关系毫无实质意义，反而更体现出民进党处理两岸关系的自相矛盾。

最后，赖任"行政院长"后的当务之急是尽快占据舆论制高点，通过制造话题维持自身热度，以破解十年来历任"行政院长"总是处于舆论弱势地位的魔咒，而两岸议题又是最容易制造舆情旋涡的敏感点，是一个"一点就着"的话题。从另一个角度来看，赖清德任"行政院长"后对于台湾舆论来说也是一个大新闻，各路媒体、朝野政治人物也一定会让赖清德不断回应、评价两岸议题，并从中找到可以炒作的新闻点，所以赖清德有很大可能性在两岸议题上卷起一轮又一轮风波，但这无疑会对两岸关系带来更多不确定因素。

（三）赖未来在两岸议题上势必会受党内外放大检视

赖清德的两岸论述是其接任"阁揆"的重要看点，他一向"独派"色彩鲜明，却在 2017 年 6 月抛出"亲中爱台"，让人雾里开花，也引发一连串两岸论述发酵，外界更赋予各种解读。但赖清德讲完"亲中爱台"隔天又强调自己坚持台湾"独立"。不论这是赖清德为了试水温而抛出的假议题，还是有何种考量。未来赖清德在两岸议题上，势必会受党内外放大检视。

三、关于赖任"阁揆"对两岸关系影响的观点

一种观点认为，赖清德"组阁"两岸关系不会变动太大。

台湾东海大学公共管理暨政策系副教授吕炳宽表示，赖清德"内阁"对两岸关系的影响，要看蔡英文愿意放手到什么程度。"外交部"、"国防部"、陆委会是"行政院"的"部会"，不是隶属"总统府"。当然如果蔡英文还是要控制这三大领域，赖清德当然没有置喙的余地，但赖毕竟是"行政院长"，外界还是重视他的两岸发言，特别是赖之前说"亲中爱台"、过去"台独"的色彩，未来会用来参考检视。赖清德抛出"亲中爱台"的说法，时间巧合是传出"阁揆"换人之际，这是一种表态，但不是什么释放善意的概念。不会因为赖清德"组阁"，两岸关系就会变动太大，赖当台南市长无论讲"台独"、讲"亲中"都不会影响到政策，现在当上"行政院长"，赖未来两岸谈话，立场就不会说这么明显。两岸关系的发展，最重要还是蔡英文的态度，中国大陆也是从蔡的公开谈话观察，除非赖清德获得蔡英文充分授权，否则无论赖清德无论怎么主张，都是看看就好，重点还是蔡英文的态度。

亲绿学者、成功大学工程科学系讲座教授黄吉川表示，新"内阁"的两岸关系相关人事，基本不会动太多。目前，蔡当局里的两岸相关人事布局，马当局时代的沟通者大致上还在，即使"台独"立场鲜明的赖清德"组阁"后，蔡当局在两岸关系这一块不会有大动作，蔡也不会让赖去碰，赖本人也知道两岸关系是件麻烦事，稍有不慎会惹出大问题。

第二种观点认为，赖应该会调整其两岸心态和政策。

台湾华梵大学人文教育研究中心主任张壮熙表示，赖清德过去"独派"色彩明显，如今当上"行政院长"，对于两岸态度应该会调整，毕竟换了位置，就要换脑袋。事实上，绿营常说，台湾经济不能指望大陆，问题是赖清德在处理两岸议题，并没有任何经验能力，也没有特殊的高明方法，可以提振台湾经济。

以赖清德的"独派"色彩来看，接"阁揆"恐怕只会让大陆对蔡英文更加不信任，某种程度看，只能说民进党在换"阁揆"这件事上，没有两岸思维在里面，蔡与民进党思考问题，通常不太会考虑两岸关系。

台湾政治大学外交系教授刘德海认为，虽然赖被认为是"独派"色彩浓厚的民进党人士，但若为了选举利益以及巩固"阁揆"施政的地位，很可能对两岸政策有所调整。赖在6月提出"亲中爱台"，可能已经在为其未来接任"行政院长"铺路，赖也知道跟大陆搞不好，台湾经济也不会好，赖想要往中间路线挪移，但最重要是看他上任怎么做。大陆也会给赖一段时间观察期。未来蔡英文民调支持度若一直不见起色，赖主导政策可能性就会提高。

第三种观点认为，赖"组阁"对两岸关系有负面效应

《中国时报》社论指出，赖清德的性格、作风迥异于林全，赖、蔡都是强势领导，未来"府院"关系恐怕会惊奇连连。看来，台湾的动荡将更严重。赖"组阁"，更多的效应是在政治冲击上！一个由深绿"独派"力拱出来的人选，会给大陆传达怎样的信息？赖清德是深绿，要说当了"阁揆"就"发夹弯"，甭说对岸不相信，他自己想演都可能不自然！这也意味改善两岸关系并不在赖的政治议程上，这个地盘还是牢牢抓在蔡英文手中，要怎么启动下一步，还得是小英说了算！只不过，看在大陆的眼里，一个不接受"九二共识"的"总统"，加上一个深绿的"阁揆"，要说这个组合在两岸政策上会有怎样的突破与创新，大陆大概不会有任何期待吧！赖清德"组阁"对两岸关系的效应是负面的。

《联合报》社论指出，在两岸关系上，赖清德从政以来一直以"铁杆独派"自居；6月间他突然抛出"亲中爱台"论，连"独派"都感意外。其后，他不断地发言修正，才又回到"台独"旗手原位。这样的论调除显示他发言缺乏精准，更根本的原因可能是他在这类高层次敏感事务上的认知掌握有问题。若果真如此的话，他出任"阁揆"，难保不因发言失误而引起种种争议；尤其，他的"台独"倾向也可能把蔡英文的两岸路线带到更僵硬的位置，对台湾也是不利的。

（原载《福建社科情报》2017年第5期）

国民党新政纲与吴敦义两岸关系论述

陈元勇

一、国民党新政纲引发党内争议及评论

8 月 20 日，中国国民党在台中世贸中心举行第 20 届第一次全党代表大会，吴敦义就任主席。吴敦义强调，未来将在"九二共识"的基础上坚决反对"台独"，确保台海稳定与和平。全代会通过的《中国国民党政策纲领案》在两岸政策部分，提出"将持续依据 2005 年'连胡五项愿景'以及马英九八年主政期间的基本方针，勠力推动各项有利于两岸和平稳定发展的工作。而主要工作就是要强化本党处理大陆事务的能力，提升台商服务中心的功能，使两岸经商、就业、求学之民众都可获得保障。同时维护中华文化之发展，重新连结两岸人民情感。坚决反对'台独'，深知唯有在尊重'九二共识、一中各表'的基础上，两岸合作才可互利双赢，也唯有和平稳定发展的两岸关系，才会使两岸人民受惠。"

前主席洪秀柱任内推动的"和平协议"等文字，全部删除，引起党内争议。洪秀柱表示，孙中山曾说思想、信仰、力量，"三民主义"就是中国国民党的圣经。当前的局势我们不能怪罪百姓，反而我们要努力唤醒老百姓。假若不谈统，那就会成为"台独"的温床。看到这"偏安的政纲"内心十分担忧。

国民党"国家发展研究院"前院长林忠山指出，剪除和平政纲谈不上"尊连"。吴敦义的两岸路线是沿袭马英九的，因此不能说吴敦义是"尊连"，如果他真要"尊连"，那么两岸和平协议势必要延续。连胡五项愿景中谈及签署和平协议，但吴敦义的政纲有关"九二共识"只停留在"一中各表"，根本没把签署和平协议放进来，严格说真正"尊连"的反而是洪秀柱，吴不过沿袭马英九过去的两岸路线，是马吴一体现象。

292

孙文学校总校长张亚中认为，过去国民党的强项在两岸关系，因为国民党可以解决两岸的"政治问题"，但任何主张都会产生社会化效应，例如天天讲"不统、不独、不武"后只要有人再提出"和平协议"就会引发很多担心被统的误会。"和平协议"跟"统一"一点关系都没有，它是两岸关系不要再使用武力的协议，是一个终止两岸敌对状态的协议。但"不统、不独、不武"讲久了大家反而不敢谈论这个问题，也间接造成对大陆的认同与断裂。国民党在两岸关系政治上无法跟经济同步，两岸关系政经不同步，结果必然出问题。

黄复兴党部党代表彭桂港强调，国民党要重回执政，扮演两岸和平制度化的角色和确保台湾人民福祉，就应该要正视"和平协议"在"和平政纲"中的重要性，希望让外界看到，国民党在野时，就将主张说明清楚，才能真正得到人民的支持。

（一）新政纲两岸表述的变化值得关注

吴敦义主导通过的国民党新政纲，坚持将"不统、不独、不武"及"九二共识、一中各表"加入，并删除"和平协议"等文字，这与吴敦义一直以来的态度与立场一致，也是吴敦义最受质疑和抨击之处；另一方面，吴敦义在开幕和闭幕讲话中，都没有再讲"三不"和"一中各表"，这是吴敦义两岸关系表述的变化或微调。前述的坚持和微调，有矛盾之处，但却是吴敦义刻意的安排或操作，目的是暂时模糊化处理党内争议和大陆疑虑。如果吴敦义未来能够切实依照就任党主席时所宣示的，坚持"九二共识"及坚决反对"台独"的立场，国共保持沟通对话就有共同的政治基础，双方合作的空间很大，否则，国共关系会有很大的变数和挑战。

（二）吴版"不统政纲"与前几版有较大差距

国民党新政纲与前主席洪秀柱任内通过的政纲相比，在两岸领域政纲方面，少了和平协议，也不提"捍卫'中华民国'固有疆域与主权，坚持维护在钓鱼台列屿及南海 U 型线内各群岛和水域之主权"。吴版政纲特别强调"一中各表"，以及"不统、不独、不武"的"三不"。吴版与洪版政纲的差异，外界已讨论多时，吴敦义强调"一中各表"的政纲被党内深蓝质疑为"独台政纲"后，非但没有调整，经全代会通过的版本，更进一步把"三不"写进政纲，凸出其"不统"的特性。"不统、不独、不武"是马英九 2008"大选"提出的政见，"马规吴随"吴敦义跟着喊。马英九虽被质疑"独台"，但起码他对"中华民国"固有疆域及于大陆等"一中"论述有一定的坚持，当时蓝营内部有人解释马说的不统是"目前不统",不论是不是目前不统,起码对"一中"的想象是在的。相较于吴敦义把不统连结到"中华民国宪法"架构的错置,两者已有相当大的距离。

更值得注意的是,在二十全召开之前政纲草案两岸篇部分,题目同样为"三、增进两岸互信,追求台海稳定",草案的第一节为"以维护'中华民国宪法'架构下,维持台海稳定现状,并且在'九二共识、一中各表'的政治基础上推动两岸交流,积极弘扬中华文化,相互尊重与包容,促进两岸永续发展,以追求台海和平稳定。"草案与定稿版本最显著的改变,就是把台海现状定义明确化,即"不统、不独、不武"。吴敦义政纲这段文字无视"中华民国宪法"的"一中"架构,与"不统"前后矛盾,自行把"中华民国"的疆域缩小到只剩下台澎金马,亦即和民进党一样的"中华民国是台湾"。

二、关于吴敦义两岸关系论述的一些看法

(一)吴应少讲"不统"否则会被简化为"永远不统"

台湾中国文化大学国家发展与中国大陆研究所教授、台湾竞争力论坛理事长庞建国表示,不用认为吴敦义暗藏"台独"心意,或说他是"台湾国民党",吴应不会有这方面问题。吴敦义的两岸论述考量现在台湾政治生态,采取"九二共识、一中各表"较容易争取最大多数支持,大陆方面显然有疑虑。但吴敦义也有做一些调整,比如说在这次全代会,刻意不提"一中各表",特别提"九二共识",这是对两岸关系上吴感受到大陆疑虑所做的调整。如何能在大陆对国民党主流两岸路线有疑虑下,试着沟通、减少不必要误会,是双方都要去做一些努力的。吴敦义提到不统,从字面上来看,好像是两岸永远不要统一的意思,这是一种简化的说法,会造成误会,以后就少讲。在两岸关系上其实是很清楚的,时间的筹码会在大陆那边,大陆会随着时间的演进,逐渐掌握更多的筹码,然后有更高的主导力量,有些事情用时间、用耐心来解决会比较好。

(二)吴敦义的两岸政策不改变两岸政治稳定度

国民党中常委游家富表示,吴敦义的两岸政策就是坚持"九二共识、一中各表"的原则,朝向和平发展的方向,以不改变两岸政治的稳定度为前提。现在党内一致认同,国民党必须要推动两岸和平发展,所以新政纲就是朝这个方向研拟,只是有些党代表事实上不了解两岸关系的架构,听到有些比较耸动的意见,就想要连署来翻案。

国民党黄复兴党部新北市支党部副主委王应文表示,黄复兴党员最注重的

是中心思想，吴敦义并无"独台"思维，日后可观其行、听其言，会再度凝聚团结支持吴敦义。国民党内确实有一部分人仍会继续坚持"和平协议"，吴敦义及其周边的幕僚势必要想办法化解，要花很大的耐心与时间，不容易化解。但他相信吴有足够能力与领导力，可以带领泛蓝重新壮大，只要吴不违背"三民主义"、不违背孙中山遗嘱、国民党的中心思想就可以了，相信吴可以促成泛蓝团结。

（三）吴敦义提"连胡五项愿景"有利蓝团结

台湾东海大学政治学系暨通识教育中心合聘教授潘兆民表示，吴敦义打出尊连牌，新政纲中两次提及"连胡五项愿景"，愿景之中有"促进终止敌对状态，达成和平协议"，有利巩固国民党团结。吴也想利用重提五项愿景，凸显两岸论述的层次比紧谈"和平协议"的洪秀柱还高。吴敦义利用国共有高度共识的"连胡五项愿景"，来对照民进党当局，突显两岸议题只有国民党有能力解决。对于大陆，也利用"连胡五项愿景"来消弭"独台"的疑虑；对于美国，因为五项远景不是协议，美国不能拿台海改变现状来质疑台湾，也让美国放心。国民党必须要更明确、更深化的提出两岸论述，而不是炒冷饭，也不是拿香跟着拜，尤其是有没有办法，引领年轻人对国民党产生看法，这非常重要，而不是"拿旧瓶装旧酒"，至少要装新酒，要有新卖点，才能在台湾扩散深化影响力。

（四）国民党的精神和立场没有改变过

蒋家第四代、国民党"立委"蒋万安认为，吴敦义就是回到原本国民党一贯的立场，就是"九二共识、一中各表"，没有任何增加或减少，就是回归国民党一直以来的两岸路线，国民党的精神和立场没有改变过。吴的论述在国民党二十全上已公开说清楚，就是认同"九二共识"，也在政纲里面阐述非常清楚。两岸关系目前陷入僵局，不是一蹴可及，现在最重要还是在于执政的民进党才有立场能执行两岸政策，国民党身为在野党，就是清楚表明立场，也监督相关政策，最重要是怎么站在民众立场，就目前两岸僵局帮民众化解。

（五）"和平协议"十年后定成主流

国民党二十全党代表蒋权瀚认为，和平协议这次虽然被吴敦义从政纲中拿掉，10年后一定会成为两岸关系主流选项。现在的美国还是全球独强，10年后中国大陆不论在军事战略、经济或国际政治上都出头，已不再是由美国人说了算。吴敦义拿掉洪版政纲中的和平协议恐怕是美国因素。美国对台各方面一直积极着墨，马英九 2012 年争取连任时也做过两岸签订和平协议相关民调，当时台湾有高达 57% 民意支持签署。但后来马不再论述此事，背后原因跟美国息息相关。备战 2020 年"大选"的吴敦义则延续马英九的两岸路线，可能在美方压力下剔除和平协议。只要"深蓝教母"洪秀柱不出走，深蓝势力基本上就不会跟着出走。他认为洪秀柱现在采"长期战略"，她身边 30 至 50 岁出头的中生代，10 年后上来了，这股力量就会开花结果。国民党虽在野，但还是台湾第一大反对党。从两岸历史定位、国共关系或各其他利益上看，国民党还是块招牌。其他统派小党也就是跟着国民党走的。

（六）吴敦义的"一中各表"如何发展两岸关系

台湾《联合报》发文指出，吴敦义未来如何带领国民党，除党内人士关心，大陆方面恐更为关切。自 2005 年以来，与大陆达成和平愿景的国民党，今后在吴敦义带领下对两岸将采取什么政策，以及将用什么心态与大陆交往。核心问题就是吴敦义心中的"一中各表"，究竟是要抱着"独台"心态，带领多数国民党员"披着'中华民国'的外衣"与大陆敷衍的交往，还是在"一中宪法"的框架下真心与大陆共同发展。坦白说，中共对吴敦义的两岸政策一直是有疑虑的，从习近平对吴敦义的贺电称谓，到近来一些学者和媒体的"变相台独"抨击，都可看出大陆对吴敦义的不放心。尤其吴把洪秀柱的和平政纲拿掉，更引起部分大陆人士的不满。

当年的"九二共识"是以模糊的方式解决两岸政治定位的困扰，双方互有坚持，但互不说破。随着台湾自主意识与"台独"声浪日增，这个模糊方案近来不断被挑战，不仅重新执政的民进党全面抛弃；就连大陆也有人检讨是否应关闭国民党在"九二共识"下的"一中各表"回旋空间。因为一直以来有不少大陆涉台学者批评，台湾有人表面上说"中华民国"，要求大陆多给一点空间，但实际上却是在做切割大陆与推进"独台"的动作。

就任国民党主席的吴敦义担子不轻，一方面要团结党内、留住泛蓝，进而打赢选战，重返执政；另一方面还要维系与大陆的交往，解除疑虑。他要延续、扩大国民党的能量；又得照顾历史情感，找出一条符合现况的两岸政策，只是这个使命是否存有模糊的空间，不无疑问。首先是来自前主席洪秀柱与深蓝支持者的声音，包括最近新党主席郁慕明指责国民党跟着民进党在"去中国化"，逼迫吴敦义必须清楚表态，要把国民党带向何方。随着"台独"形势严峻，大陆是否在十九大对台政策改弦易辙，不仅民进党当局关注，吴敦义将如何因应，国共如何进一步交流，都是无形压力。

（七）国民党应在两岸要扮演更积极角色

台湾"中央网路报"社评说，"不统"与"各表"是当前大陆对国民党两岸主张最有异议之处，如果这股质疑声浪逐渐成为大陆主流民意，就无法排除大陆有可能会使用武力来统一台湾，届时不但造成两岸人民生命财产遭受重大损失，也是一个极不人道的双输局面。另一方面，根据历次的民调结果显示，绝大多数台湾民众支持维持现状，只有极少数支持两岸统一或台湾"独立"。所以，吴主席依照过去国民党的两岸政策主张"维持现状""不统、不独、不武""九二共识""一中各表"等，又是赢得选举不得不提出的政策纲领。

因此，建议国民党思考在两岸关系上扮演更积极的角色，即依照"中华民国宪法"增修条文与"两岸人民关系条例"的内容，将主张"不统"改为"不急统"，开放探讨"统一"的相关议题与内容，让"统一"也成为台湾人民的选项之一。除此之外，"和平统一"在台湾内部尚未具备成熟的条件，希望两岸多交流、多合作、多接触、多协商，透过"和平发展"的过程，为"和平统一"创造有利条件。

（原载《福建社科情报》2017年第5期）

台各界看"习特会"对台湾的影响

陈元勇

11 月 8 日到 10 日，美国总统特朗普对中国进行了为期三天的国事访问。这是特朗普就任美国总统后首次访问中国，也是中共十九大后中国接待的首位外国元首或政府首脑，凸显本次"习特会"意义非常。特朗普在访问中重申美国政府坚持一个中国政策，并表示美中两国现在比任何时候都有更好的机遇加强双边关系，改善两国人民的生活，增进双边合作。台湾各界高度关注"习特会"，未来会对台湾产生什么样的影响成为关注的焦点。

一、台湾朝野关注"习特会"

台湾地区领导人办公室发言人表示，台湾当局的立场是，期待双方未来在积极促进区域和平、稳定以及繁荣上持续努力。

陆委会副主委邱垂正声称，大陆应深刻理解并尊重台湾民众对两岸关系发展的意见，台当局也愿意与大陆寻求良性互动的新模式，透过沟通对话来化解分歧，此乃是建构两岸良性和谐关系及相向而行的正确道路。大陆面对新的情势应以新的思维与新的模式，透过沟通对话，共同处理历史及当前的难题，并应该永远消除敌对战争的恐惧，使双方相向而行，共同创造两岸关系发展的新契机。

民进党"立委"罗致政表示，美国对台"六大保证"不会变，因此也不会有美方施压台湾要去和中国大陆谈判的情况发生。不管如何，特朗普的亚洲政策愈明朗，台湾在这里面的角色与定位都会更清楚，所以亚洲行后，特朗普政策会更明朗化。

民进党"立委"黄伟哲分析，许多台商投资利益都在大陆，美中合作会带来很多商机,对台商有帮助,对台湾也会有帮助,应予肯定。因为在很多情形下,台湾与中国大陆的经贸,在一定范围内是有连带关系的。

民进党籍桃园市政顾问蓝胜民表示,可以看到大陆展现诚意,对于来访的特朗普待之以礼,高规格接待,从台湾人也是华人角度来看,与有荣焉,因为向全球展现华人是爱好和平。黄皮肤、黑头发,会讲中文就是华人,新加坡、马来西亚也有很多华人,相信看到大陆有能力且以高规格接待特朗普,对自己是华人更有信心。

国民党籍前"外交部长"程建人认为,"习特会"在中美联合记者会上未谈到台湾议题并不意外,因为双方了解台湾议题很复杂,不是双方元首见面就可解决。尤其在目前两岸僵局状况下更没办法马上解决,但这状况合乎美方利益,短期来讲也合乎中国大陆利益,因为短期改变不了状况,所以大陆一再重申"一中"原则和"九二共识",以及反对"台独"。

国民党前"立委"邱毅表示,特朗普在"习特会"里说"美国政府坚持奉行'一个中国'政策",代表他根本没把台湾放在美中关系的重要位置,且在台湾问题上做出让步,也摆明不支持蔡英文搞"台独"。在这种情况下,台湾未来可以做的,就是站在巨人的肩膀上搭顺风车,才能够富台湾;可是如果一定要切割,就变成富大陆、穷台湾。

国民党"立委"马文君表示,一个中国的政策主张是大陆坚持的立场,美国在台面上虽然也是如此主张,但是在"与台湾关系法"上有美国着墨的地方,不过这次"习特会"令人担心的是台湾会不会被边缘化。如果在美中双方大国利益考量上,一个中国政策被放大,台湾就有可能被牺牲掉很多的利益,包括对外发展的空间,所以蔡当局还是要审慎因应这个可能性。

二、台湾学者媒体评论"习特会"

台湾中华经济研究院第一研究所所长刘孟俊表示,特朗普希望中国大陆更加开放内需市场,平衡中美贸易失衡。大陆出口到美国的商品很多是台湾厂商供应,美国是否采取贸易报复,会连动到台商。此外,很多大陆品牌的背后已是来自全球的知名品牌,大陆厂商代表的是背后庞大的市场,台商应去因应大陆市场的更开放。

台湾中华战略暨兵棋研究协会理事长、淡江大学战略研究所助理教授黄介正认为,这次"习特会"后,对于台湾问题呈现出中美之间的"一中各表"。中方是三项《联合公报》以及历任美国总统所做过的承诺，不支持台湾以"国家"为单位加入国际组织；而美国则会表态依照"与台湾关系法"加上台湾加码的"六项保障"，提出一个中国政策与中国大陆的一个中国原则进行区分。

台湾"中央网络报"发表题为"台湾可能成为随时可弃的选择"的社论指出，"习特会"强调合作是中美的唯一选择，这样的观点值得台湾警惕。固然中美之间的合作不必以牺牲台湾为前提，然而情势的发展如果演变到美国不能不依赖中国大陆的合作，而且只有与大陆合作才能维持其在国际上的政治与经济地位时，台湾就会成了随时可弃的选择。值得注意的是，虽然两人在会谈时有简短提到台湾问题，但公开时两人都未提及，这可能意味着习近平根本认为台湾问题已在其控制范围内，不值得公开再提，而且不愿意把台湾问题再拉高，给其它国家有机可乘。至于特朗普不提台湾问题，则是顺了习近平的意思。

《中国时报》社论指出，"台湾唯一依赖美国会更危险"。当前两岸互动情势僵持不下，出现"官冷民热"现象，但是中美两国总是要朝互利协商的方向发展关系，当中国大陆在世界舞台上日益强大时，台湾若还朝向一个中国不能接受的方向移动时，北京的战略耐心能维持多久？多数亚太国家看好习近平的强国战略，对特朗普能否振兴美国经济，维持国际安全的能量与承诺已信心动摇，甚至还担心特朗普可能在"通俄门"调查案压力下辞职，多在盘算要靠向中国，蔡英文唯一依赖美国的策略非常危险，应在中美间增加战略选择空间。国际大势已经改变，大陆希望实现"心灵契合的统一"，蔡英文与习近平两位领导都应运用"圆融中道"智慧，努力营造两岸一个中国的新共识，在此基础上建立互信关系下的对话平台，维持台海和平稳定。

三、台湾看"习特会"有三大盲点

以目前情势，台湾在观察"习特会"时显然有三大盲点，守着昔日的美陆台架构，忽略了大局势的快速变化。

第一大盲点是，台湾高估自己在中美关系的重要性。特朗普这次浩浩荡荡带着大批企业家访华，在北京签署了高达 2500 亿美金的经贸大单，收获满满；在朝鲜与南海等议题也获得建设性成果。习近平 9 日在共同记者会指出，"太平洋足够大，容得下中美两国"。特朗普则表示，两国现在比任何时候都有更好的机会加强双边关系。"习特会"后的共同记者会完全没提到台湾。台湾对陆美台关系还停留在冷战思维，认为中美是对立、冲突的。自认台湾是美国第一岛链不可缺少的要角、美国可用台湾制衡中国大陆。从这次的"习特会"观察，民进党陈水扁执政时期认为台湾愈闹事，愈有利于美国与中国喊价，从中获得利益的时代已过去了。以现在中国大陆的国力、中美关系，台湾已没什么筹码功能。美国也了解这点，军售台湾的商业考量大于战略意义，尤其是商人背景的特朗普上任后，美中与美台关系偏向是维持在以美国商业利益优先的架构下。台湾过去那种取得好一点出访过境待遇就沾沾自喜，自认为台美关系提升的心态都是空的了。

第二大盲点是，台湾错估大陆要靠美国来解决两岸问题。事实上，大陆非但不必借助美国处理两岸问题，甚而也不必透过台湾当局与台湾的政党来做两岸关系。以目前为例，两岸官方僵持，民共无对话，国共也卡卡，但最近包括两岸企业家峰会、湖北台湾周都办得热腾腾，一批批台湾的企业家、民间人士前往交流，赴大陆就业就学的台青也愈来愈多。

大陆直接面对台湾基层、民众的两岸关系新形态是在 2016 民进党上台，两岸官方中断交流后逐渐发展成形。吴敦义接任国民党主席，紧接着造成国共平台空虚化。大陆的两岸交流连国民党都跳过去了，台湾还认为大陆要靠美国来解决两岸问题就大错特错了。

第三大盲点是，以为美国会为"台湾独立"而战。两岸若发生战争，只有一个原因是"台湾独立"。部分台湾"独派"人士一直心存幻想，如果大陆打台湾，美国、日本会驰援。"独派"因此力挺日本首相安倍晋三"修宪"，让日本自卫队得以出兵海外，保护台湾。美国为了卖武器给台湾，军工体系下的国会议员、学者、军火商不断联手夸大两岸军事冲突的可能，塑造台湾军购的正当性。但美国从未承诺为台湾"台独"而战，美军会不惜一切代价来保护台湾。以目前的国际情势，这也是不可能的事。

（原载《福建社科情报》2017 年第 6 期）

新版"公投法"对台湾社会及两岸关系的影响

党　俊

　　12月12日，台湾"立法院"三读通过"公民投票法"部分条文修正法案。新法案打破之前版本的鸟笼条款，大幅降低"公投"门槛，规定投票年龄降到18岁，并废除"公投审议委员会"，未来台湾"公投"主管机关为"中选会"、地方"公投"为县市政府。提案人数以最近"总统""副总统"选举选举人总数万分之一以上为准，为1879人；连署人数应达选举人总数1.5%以上，为281745人；至于"公投"通过门槛，定为有效同意票多于不同意票，且有效同意票达投票人总额四分之一以上者，即为通过，被台湾朝野视为台湾民主历史的重大里程碑。新"公投法"将对台湾的政治、经济、社会造成持续影响，也给两岸关系的未来发展带来更多不确定性。

一、台湾"公投法"的由来

　　台湾岛内最早出现主张用"公投方式实现台湾独立"的观点，是在1947年"228事件"发生后。当时，主张"台湾独立"的廖文毅在向美国总统派遣来华的特使魏得迈提交的"处理台湾问题意见书"中提出，"台湾的归属问题，必须尊重台湾人的意志，应举行'公投'来决定"。1971年，陈隆志撰写的《台湾的独立与建国》以英文在美国出版。1972年，由彭明敏、黄昭堂合著的《台湾在国际法上的地位》一书在日本东京以日文出版。这些台湾"公投理念"的原初时期建构者，以"台湾地位未定论"为要求台湾"独立"的政治前提，以"住民自决"论为主张"台湾独立"的理论依据，以"公投"为实现"台湾独立"的有效途径。

　　李登辉上台和冷战结束后，纷纷回到岛内的"台独"势力使"公投"问题进入了实际推动阶段。1990 年"台独"势力成立了"台湾公投基金会",主张两岸关系、"外交"政策、"总统"选举方式等等都应该经"全体公民议决"。11 月,民进党籍"立委"蔡同荣在岛内发起成立"公投促进会",着手推动以"公投"形式议决重要政策、重建"宪政体制"、确保"主权国家地位"、"以台湾名义申请加入联合国"等主张。1991 年 3 月,民进党新潮流系"立委"林浊水提出"公投法草案",主张以"公投"方式制定新"宪法",更改"国号"。此后,"公投"议题日益发酵,朝野各党围绕是否制定一部"公投法"展开激烈讨论,各种版本的"公投法"陆续出笼。

1991 年 10 月 13 日,民进党第五届代表大会表决通过了陈水扁在林浊水提案基础上加以修改的"建立主权独立自主的台湾共和国"基本纲领,提出"基于国民主权原理,建立主权独立自主的台湾共和国及制定宪法的主张,应交由台湾全体住民以公投方式选择决定"。这样,以"公投"的方式来实现"台独"明确、正式地进入民进党党纲,成为民进党的奋斗目标。1994 年,民进党"立委"将"公投法"列为"内政委员会"第一优先推动的法案,在"修宪案"中提出了"公投入宪"的要求,但因未获李登辉支持且国民党在"立法院"占据多数优势的情况下,民进党的"公投立法"愿望暂时受挫。

1996 年年底,"大选"中获胜的李登辉主持召开了有各方面人士参加的"国家发展会议"。会议就"公投"问题达成一定的共识。1997 年,"公投法草案"在"立法院"完成一读,进入二读。但是最终在国民党在"立法院"占据优势的情况下,民进党的努力再度失败。

1998 年,为应对克林顿政府的"三不"对台政策这一形势,民进党调整策略,将通过"公投"实现台湾"独立"改为通过"公投"抗拒统一。1999 年 4 月,民进党八届二次会议通过了"台湾前途决议文",其中提出"台湾是一个主权独立的国家,与中华人民共和国互不隶属。任何有关独立现状的更动,都必须经由台湾全体住民以公投的方式决定"。2002 年 8 月,陈水扁不仅抛出了实际是李登辉"两国论"变种的"一边一国论",并说"应承认台湾人民在自身前途问题上拥有决定权",为以后推动"公投"埋下伏笔。

2003 年 5 月,当台湾拉开下一届"大选"序幕后,由于民进党执政两年来政绩不佳,台湾经济滑坡,连战和宋楚瑜又捐弃前嫌携手共战,于是陈水扁以当时林义雄等提出的举行核四"公投"要求为契机,宣布将在 2004 年 3 月 20 日选举时同时举办"咨询性公投"。陈水扁认为这种"公投"绑"大选"的策略既可以抬高自己的选情，又可实现民进党多年来一直为之奋斗但屡屡受挫的通过"公投法"的目标。为制衡陈水扁和民进党，国民党和亲民党携手合作，利用"立法院"人数优势，抢先推出了门槛极高，将会导致所有"公投案"议题都无法获得通过的"公投法"，即"鸟笼公投"。在之后举行的六次全台"公投"，皆因该法案的高门槛，未获通过，因此，民进党就一直决意推翻"公投法"的"鸟笼"部分，亦即降低所有的"门槛"，包括发动和提案的连署人数，实施投票时的投票率和赞同率等的"门槛"。而民进党前主席林义雄，更是以禁食、苦行等手段，迫使民进党尽快修订"公民投票法"，更要将"领土变更"以至是"独立建国"的议题都收纳进"公投法"的适用范畴。

二、新版"公投法"通过原因

台湾"公投法修正法案"在朝野政党的高度认同中，顺利通过。民进党对"台独党纲"的追求、国民党对自身利益的考量、台湾社会民粹主义的盛行和"全民公投"世界范围内的兴起是法案通过的主要原因。

（一）"公投法"是民进党及"独派"推动"台独建国"的工具

"建立全民直接民权的'公投'制度，以落实'主权在民'的原理"，这本来就是民进党的"神主牌"之一。民进党的"台独党纲"更是声称，"基于'国民主权'原理，建立'主权独立自主的台湾共和国'及制定'新宪法'的主张，应交由台湾全体住民以'公民投票'方式选择决定"。民进党在历次的执政和在野中，均不断推动"公投法"修法，构筑"法理台独"的民意基础。

蔡英文上台以来，拒不承认"九二共识"，在历史文化上不断"去中国化"，推行"渐进台独"策略，导致两岸官方交流机制中断，两岸关系不断倒退，陷入危险的对抗之中。然而，蔡英文的这些"台独"举动，仍然不能让"台独基本教义派"满意，"民主前辈"林义雄发起绝食抗争，引发空前社会压力，在"台独基本教义派"的不断进逼中，蔡英文以此作为回应，一是兑现自己的选前承诺，二是希望借机稳固绿营"独派"势力，拉抬自己不断下滑的民调，为长期执政做准备。

（二）国民党利用"公投"议题对抗民进党

历来反对降低"公投"门槛的国民党，在这次"立法院"投票中，一反常态，提出将"公投"门槛降低到五分之一，甚至低于最终成案的四分之一，背后的政治考量十分明显。

国民党在第二次失去政权后，面对民进党借着"转型正义"之名，以追缴"不当党产"等对国民党发起的各种政治清算运动，一直无力抵抗。本想借蔡英文的民调不断下挫获益，但从最近多次的民调结果来看，蔡英文的民意支持度虽然仍在低谷徘徊，但国民党的民意支持度也未显著提升。"美丽岛电子报"日前进行的民调结果显示，对蔡英文满意度42.5%，对民进党好感度是39.8%，对国民党好感度竟然只有29.7%。而在"新台湾国策智库"发布的民调中，在2018年的地方选举部分，显示有19.6%的六都民众会投给民进党候选人，10.7%投给国民党候选人，有高达61.5%无明确意见；而在对主要政治人物的好感度调查中，国民党主席吴敦义垫底，只有16.1%的好感度，大幅落后于蔡英文的34.2%。

这里面原因固然有很多，但其中一个原因，就是民众感到国民党不争气，不能寄以重托。国民党仍然摆脱不了过去执政党的旧思维，远离民众，脱离社会，高高在上。而随着2018地方选举的日益临近，国民党必须有所转变。"公投法修正法案"给国民党带来了机会，国民党今后可以利用"公投议题"，实现自己的政党利益，进而对抗民进党。国民党可以发动对"促转条例"进行"全民复决的公投"，将之否决；也可以学习过去民进党的做法"公投绑大选"，对"劳动基准法""食品安全法""空污法"等提出"复决公投"。由于"一例一休"涉及劳动者的权益，空污问题和核灾食品问题更是涉及全体民众的健康利益，有很大的操作空间。如果通过，不但可以推翻蔡英文当局的荒谬法律，凸显蔡英文当局某些政策缺乏正当性和合理性，更重要的是可以揭穿蔡英文在竞选"总统"的过程中，做出的许多诺言都是谎言，从而削弱民进党执政的群众基础。

国民党今后可以与民间团体合作，共同发动"公投"，走向街头征集连署书及进行投票动员，以增强国民党的草根性，与民众在一起，改变民众对国民党"贵族党"的形象，为国民党东山再起积累民众基础。

（三）台湾的民粹主义形成了"全民公投"的文化温床

台湾自1986年政治转型以后，各种社会矛盾和政治诉求一下子爆发出来。台湾政党制造的省籍冲突和对国家民族统"独"意识形态的操弄，割裂了台湾社会，加剧了不同利益群体的对立，形成了民粹主义。民粹主义表现在台湾民主化的过程中，就是过度强调人民的权利面，而忽略了民主的道德面、机制面以及品质面，以致只要喊出"交给人民决定"，就成了神圣不可侵犯的命题。

近年来，台湾经济不景气，失业率上升，民众对两党常年恶斗的不满，进一步加剧了民粹主义。部分台湾民众认为，台湾的民主化进程需要进一步深化，从目前的代议制民主向直接民主前进，并把直接民主作为解决台湾政治、经济和社会问题的济世良药，而"公投法"就是实现直接民主的必要手段。因为代议政治有时而穷，因此民意未必能反映于政策之上，必须借助"公投"以弥补代议政治的不足。

（四）"全民公投"世界范围内的兴起对"公投法"的通过起到推波助澜的作用

近年，全球仿佛出现了一股公投热潮，从克里米亚入俄公投、苏格兰独立公投到英国"脱欧"公投等多场"全民公投"持续引发国际社会的强烈关注。这些公投常常与"民族自决""民主政治"等原则相挂钩，成为解决地区冲突、民族矛盾的"常规手段"。公投在世界范围内被越来越多地采用，说明今天很多重要的政治议题，由执政者或者少数精英说了算的威权式单边决策模式的支持者越来越少，人们对决策主体、决策模式的理解发生了根本性的变化。

事实上，在这次台湾"公投法"的成案过程中，瑞士的直接民主制度和全民公投方式，一直是台湾"公投主义者"的模板。台湾的"公投主义者"主张学习瑞士，充分发挥"民主精神"，把社会上的大小议题交由民众讨论决定，以为这才是"践行人民当家做主的真正民主内涵"。

三、新版"公投法"将对台湾社会造成深远影响

（一）"公投"容易形成"多数人的暴政"

民主制的一个核心原则是"少数服从多数"，但是这是建立在"对少数权利的保护"这一基础之上。多数决定规则并不意味着多数可以侵犯少数的权利。多数统治并不意味着多数可以就任何事情做出任何决策。多数决定规则是有其明确的边界和范围的。代议制虽然不是最好的制度方式，但却是现阶段可以选择的能够平衡一般大众和精英团体利益的可行制度。

在台湾特殊的政治生态中，正确的价值表达和利益诉求经常会被异化，在新版"公投法"大幅降低"公投"门槛后，建立在毫无理性思辨基础上的"公投"容易成为多数人压制少数人的工具，不但无法化解矛盾，反而进一步撕裂台湾社会。而在"公投"过程中，选民们只能在"同意"或"反对"中挑选，没有任何中间地带选择，选择方式的过度简化更容易变成"多数暴政"。

（二）"公投"成为政党实现自身利益的工具

在政党政治操作下，不管是"公投连署"或"公投投票"，都很容易质变为政党斗争的造势工具，诉诸简化口号的负面情绪动员，往往凌驾公共议题的理性辩论。2018 年是台湾地方选举年，低门槛"公投"势将成为在野党扩大民意动员的超级武器。在野党可透过"公投提案"和连署，展开针锋相对的文宣造势，即使最后未必能够通过四分之一门槛，也可让选民留下深刻印象，不但可强化在野党的政策定位，同时也能进一步扩大争取选民。

国民党可以发动反对瘦肉精美猪进口的"公投提案"，借此争取中间选民，乃至分化泛绿选民，让民进党陷入空前的执政困境。一旦"反对瘦肉精美猪"成为国民党结合社运团体的"公投"提案，进而展开"公投"连署和动员投票，台美关系恐将陷入空前的停摆危机。不管是民进党如何因应选举竞争，或是"农委会"和"卫福部"能否及时强化食安管理，无疑都是一大挑战。

"独派"人士可以发动"泛主权"提案，进一步冲击早已岌岌可危的两岸关系。新版"公投法"尽管涉及"国号"和"领土变更"的"宪法"议题被排除在外，但源自国民党党歌的"中华民国""国歌"，并未列入"宪法"，很可能成为"独派"的首要"公投"挑战目标。对"独派"来说，尽管改"国歌"并未直接变更"国号"或"领土主权"，仍可视为"中华民国"进一步"去中国国民党化"，乃至"去中国化"的里程碑，"独派"也可借此作为统"独"照妖镜，凸显"独派"和民进党的统"独"光谱差异。

（三）制造社会乱源，影响当局施政能力

"公投法"修法后，门槛大幅降低，未来只要台当局执政让外界不满，民众就有可能发起"公投"。当民众一再否决当局的政策，必然导致当局治理能力的下降和合法性的减弱。不管是诉诸反对美猪进口"公投"，或是诉诸改"国歌""公投"，不但可能侵蚀民进党的既有选民基础，同时也将冲击亟待突破的台美贸易谈判，以及岌岌可危的两岸关系。无论何者，对民进党当局都是新灾难的开始。

"行政院"也可以提出"公投案"，让"总统府"和"行政院"的关系充满变数，当"阁揆"与"总统"政策意见不合时，可能借发动"公投"逼宫"总统"。本来在"总统制"下，"行政院长"由"总统"直接任命，不存在忠诚性问题。但赖清德出任"行政院长"，民调高于蔡英文，其本人又怀有"夺权"的野心之下，"行政院"可以提出"公投案"，就极有可能会变成赖清德个人夺权的工具，向蔡英文施以"逼宫"压力。

四、新版"公投法"给两岸关系发展带来更多变数

（一）加剧两岸对抗，不利于两岸稳定

蔡英文上台以来，拒不承认"九二共识"，在文教等各项领域推进"去中国化"，在对外政策上"联美友日抗中"，造成两岸官方交流中断，两岸关系跌入谷底。"公投法"的修订无疑更加剧了两岸的对抗态势，将成为"独派"人士抗拒统一的法理依据。

新版"公投法"虽未将"领土变更"和"'宪法'制定"纳入法案，但是不排除有"独派"人士发动其他泛"主权""公投"提案。新版"公投法"大幅降低门槛，定为有效同意票多于不同意票，且有效同意票达投票人总额 1/4 以上者，即为通过。考察过去六个全台性"公投"案，若依新法门槛，将有四个提案会通过，包括购买反导弹装备、"以台湾名义加入联合国"等。且按新法规定，投票年龄下修到 18 岁，在投票权人增加，同意票门槛下降后，"公投案"通过机率将明显提高。

（二）大陆或将重新思考统一方式，和平统一不再成为唯一选项

以"公投法"通过为时间点，之前的两岸关系总体态势可以概括为谷底徘徊。所谓"谷底徘徊"，可以从两个方面去解读，从坏的角度讲是没有打破僵局，从好的角度讲是保持了基本稳定，没有发生刺激对方的大的事件。这一局面说明双方都有继续绷下去的意识和准备，都不想妥协，同时也都不想让局势恶化，所以比较克制。之后的两岸关系滑向持续对抗的可能性比较大，两岸之间酝酿着更大的危机，新版"公投法"将使两岸问题越发的严峻和复杂。

在 2017 年上半年，大陆方面"武统"声音高涨，值得重视的是一些退休的高级干部、将领以及有影响力的学者都在谈论"时间表"和"武统问题"。十九大报告出来以后，学者们有着不同解读，一种观点认为十九大报告中没有提及"时间表"，还有一种观点则认为"实现祖国完全统一是实现中华民族伟大复兴的必然要求"一句话中就暗含了"时间表"。"公投法"的重新修订无疑将加深两岸之间的不信任，给大陆的"武统派"更多的理由，在"公投法"通过后不久，大陆军机随即再度自巴士海峡经日本宫古海域飞行，绕经台湾东部海域，疑似对台做出重大示警。这表明，大陆或将武力统一纳入议事日程，和平解决两岸问题不再是唯一选项。

五、结语

18 日，台湾"时代力量"宣布提出草拟"新宪法"、"护照移除 ROC"、"正名"参加奥运等六项"公投"题目，邀请"全民票选"。这是台湾"公投法"过关、各项门槛全面调降后，首个政党提出"公投"题目，而且涉及"领土"及"制宪"，挑战两岸红线。相信不久，还会有更多的"独派"团体提出各种操弄"统独"的公投议题，在分离主义的道路上越走越远。新版"公投法"已然成为潘多拉的魔盒，盒子已经打开，两岸恐将陷入危险之中。

（原载《福建社科情报》2017 年第 6 期）

台湾经济情势

台湾经济走出谷底

程　光

蔡英文在竞选 2016 年台湾地区领导人时提出了"点亮台湾"的施政目标。5·20 民进党当局上台后，采取了一些刺激经济发展的措施，再加上国际大环境的影响，年底台湾经济形势有回温迹象，外贸出口与经济增长率上扬，民间投资明显增加，经济增长实现了保 1 的目标。受 2017 年全球经济许多不确定因素影响，台湾经济发展是持续性回温还是"快闪"式回暖还有待时间检验。

一、经济增长实现"保1"目标

2016 年岁末，多个台湾研究机构发布最新统计显示，2016 年下半年以来，台湾经济逐渐走出谷底，预计 2017 年形势更将好于 2017 年，GDP 增速将从 1.5% 起跳。台湾经济研究院更乐观预测，2017 年台湾实质 GDP 增长率为 1.78%，较 2016 年 11 月预测上修 0.13 个百分点。

2017 年 1 月底台湾"主计总处"公布数据显示，2016 年台湾经济增长率概估为 1.4%，较预测数增加 0.05 个百分点。概估 2016 年第四季度经济增长率 2.58%，较 11 月预测数增加 0.21 个百分点，其中消费、投资及进出口均优于预期；经季节调整后，较第三季度增长 0.47%，折算年率为 1.89%。

2016 年上半年，台湾经济持续不景气，还有恶化态势，台湾地区统计主管部门先后两次 (2 月与 5 月) 下调经济增长率至 1.06%。民间机构则普遍对"保1"不抱期待，大多降至 1% 以下。2016 年下半年后台湾经济走出谷底，呈逐渐走强之势。下半年开始，随着美国等外部经济大环境的改善，台湾外贸出口恢复增长，经济增长逐步重新调升。台湾地区统计主管部门于 8 月将经济增长率上调至 1.22%，11 月进一步调升至 1.24%，2016 年第三季度经济增长达 2.06%，创下近六个季度以来新高，第四度更达到了 2.58%，显示 2016 年下半年以来台湾经济在持续回暖。

（一）消费、投资、出口"三驾马车"重回上升轨道

就带动经济增长的三驾马车而言，台湾上半年消费、投资与外贸出口均表现不佳，是上半年整体经济疲弱的重要原因。

相对于出口、投资变化对经济的波动性影响，民间消费不仅对整体经济增长率有贡献，而且也是稳定经济发展的重要因素。2016 年台湾民间消费这项内需动能表现相对平稳，第三季度民间消费增长 2.4%，好于预期，是经济好转的重要原因之一。

其次是投资明显好转。投资是经济增长的另一重要动能，而且是促进就业的重要手段。近年来由于经济不景气，台湾的民间投资一直保持较低增长水平。2016 年上半年民间固定投资仅增长 0.79%，与 2014 年的 3.17%、2015 年的 2.75% 相比有明显下滑。不过，2016 年下半年开始民间投资有明显好转迹象，第三季度固定资本形成增长 3.24%，这是整体经济好转的重要标志之一。

台湾是出口导向型的经济，出口对经济的影响显而易见，出口形势好坏成为台湾经济景气的关键指标：出口好，经济好；出口差，经济差。2016 年前三个季度，台湾外贸出口持续下跌，但跌幅逐步趋于缩小，10 月份开始由负转正，增长 9.4%，创下近 26 个月的新高；11 月的增长率更高达 12.1%。

（二）外贸、外资的表现状况好于预期

外向型经济为主的台湾，对外贸易是经济增长的主要拉动力。外贸形势好，出口增长显著，经济增长就有了基本保障；外贸出口衰退，经济景气就会变差。2016 年这一规律表现更为显著。上半年，台湾外贸进出口持续负增长，自然影响到整体经济，经济呈现低增长。随着外贸尤其是出口形势逐步好转，第四季度更是显著回升。11 月，台湾外贸出口金额 243.4 亿美元，年增长 12.1%，创下 46 个月以来最大增幅。其中，智能手机、光学器材与集成电路等电子产品的国际需求回升是拉动出口主力。其中，电子零组件年增长达 27%，是整体出口速度的 3 倍，也是 2010 年 8 月以来最大增幅。就 10、11 月台湾五大出口市场观察，不论是对大陆及香港出口市场金额还是增长率，均大幅领先其他四个主要市场。其中，对东盟出口额与增长率仅次于大陆及香港，远高于美国、日本与欧洲，美国、欧洲与日本分别居台湾出口市场的第三、四、五位。台湾进口则自 9 月份开始正增长，但起伏甚大，10 月增长近 20%(19.5%)，11 月仅增长

3%，预计 12 月会持续增长。其中，1 月至 11 月，资本与半导体设备年增长率创下近六年来最大增幅。这是经济回温、民间投资趋于积极并带动原材料进口的主要体现。

2016 年外商对台直接投资增长并不显著，但因多个外商大型购并项目，导致外商投资总额有明显增加。据台湾地区经济主管部门统计，1 月至 10 月，外商对台投资项目为 2838 件，年衰退 8.9%，投资金额达到 102.9 亿美元，年增长 178.9%。相对整体经济不佳，台湾对外投资仍呈现较快增长，1 月至 10 月，台湾对外投资项目（不包括大陆）416 个，年增长 10%；投资金额突破 100 亿美元，达 103.5 亿美元，年增长 10.1%。如果加上对大陆投资，则台湾对海外投资项目合计达 604 项，投资金额达 177.9 亿美元。总体观察，台商对海外投资远大于外商对台投资。其中一个特别重要的现象是，台商对大陆投资占有很大比重，而大陆企业对台投资比例甚低。

（三）陆客减少对观光业的冲击

近年来，在台湾经济持续不景气，诸多产业表现相对欠佳，唯有观光业一枝独秀。马英九任内，大力发展观光产业，尤其是开放与鼓励大陆民众赴台旅游，极大地促进了台湾观光产业的发展。赴台观光旅游人数一年一个台阶，并于 2015 年突破千万人次大关，带动旅游等相关产业的发展。2016 年上半年，在蔡英文上台执政之初，赴台观光旅游人数依然保持平稳增长，没有显著变化。下半年开始，两岸关系陷入僵局，加上受大陆旅客重大伤亡事件影响，大陆赴台旅游人数显著减少。以全岛观光旅游为主的大陆游客显著减少，对台湾旅游交通运输、餐饮、酒店与医疗等相关行业产生很大冲击，让这一"黄金产业"顿时变为"惨业"。据统计，2016 年 5 月以来，已有 20 多家游览车公司倒闭，旅馆住房率显著下降，复兴航空公司因往来两岸的旅客减少、亏损增加，不得不于 11 月 22 日宣布停飞解散。台湾医疗界预计，陆客减少使台湾医疗美容业至少损失 2.5 亿元新台币。

二、2017 年台湾经济发展预测

在两岸关系不稳、美国新政府上台和全球贸易保护主义抬头等多重因素影响下，2017 年台湾经济面临的外部不确定性明显增强，预期全年经济仍将维持小幅成长。

根据 2016 年台湾的经济数据走势，有部分评测机构预估 2017 年台湾 GDP

增速在 2% 以上，而具有官方性质的台经院和"主计总处"却将这一数字相对较低地定为 1.65% 和 1.87%。台经院景气预测中心认为，美国新政府的经济主张使得 2017 年国际经济形势的不确定性大增，"保平安"会是 2017 年台湾经济的重心。台湾元大宝华综合经济研究院分析，考虑到资本累积欠佳、人口老化严重、人才缺口扩大、所得分配不均的沉疴尚待解决，加上政治因素的干扰，台湾经济沦为"快闪式复苏"，难以持续。台"主计总处"认为，2017 年仍有不少的不确定因素影响景气形势，除特朗普因素外，大陆的经济结构调整和两岸关系走势对岛内经济会存在较大影响。此外，台湾的消费性电子产品兴衰及科技产业转移对需求的变动，当局的产业政策落实情况等都让经济"回温"程度存疑。

大部分的评测机构预测 2017 年台湾的经济发展状况将好于 2016 年，但也存在着不确定因素。

（一）2017 年台湾经济将好于 2016 年

就年底前后台湾多个经济指标变化观察，均显示台湾经济正在走出谷底或趋好，预示 2017 年台湾经济会好于 2016 年。2016 年 11 月，台湾制造业 PMI 指数达 57.3%，连续 9 个月扩张，达到一年半以来的新高，其中六大产业别 PMI 均呈现扩张态势；12 月初台湾商业研究院公布的 10 月份"商业服务业指数"也显示由"趋向低迷"的黄蓝灯转向"景气稳定"的绿灯；外贸出口连续两个月出现显著增长。8 月以来，台湾银行贷款明显增加，到 10 月底银行贷款余额达到 25.84 万亿元新台币，连续 4 个月大幅增加，企业多为企业周转金与购买不动产贷款，资产需求转旺，也是经济好转的重要指标。台湾当局开始制订扩大内需方案，已提出减税与扩大投资等积极扩张财政政策，涉及地方建设、重大交通、电力与城市改造等。其中，台湾当局 2017 年公共预算超过 2000 亿元新台币；台电公司计划未来 5 年内投资 4000 亿至 5000 亿元新台币，包括投资 3300 亿元新台币在彰化县投资再生能源。另外，年底开始民间与外商投资也有明显趋热之势，均有利支撑经济增长。其中，台湾高科技龙头企业台积电提出"2020 年投资计划"，决定投资 5000 亿元新台币在南部科学园区设立 3—5 纳米集成电路制程。在上述多个利多与积极信号下，2017 年台湾经济应该比 2016 年为佳。联邦快递公司委托研究报告指出，台湾中小企业对 2017 年出口展望表现乐观，预计增长 17%，主要是受电子商务带动（台湾《工商时报》，2016 年 12 月 7 日）。台"国发会副主委"龚明鑫对 2017 年台湾经济景气持"审慎偏乐观"看法，表示经济增长一定会突破 2%。台湾"主计处"于 2016 年 8 月预测，2017 年台湾经济增长 1.87%。标准普尔预估 2017 年台湾经济增长 2%，惠誉预估增长 1.5—2%，星展银行预估增长 2.1%，亚洲银行预估增长 1.6%。就是说，2017 年，台湾经济增长率将维持在 2% 上下。台"国发会"则认为未来台湾经济潜在经济增长率只有 3%，预示了低增长将成为台湾经济发展常态。

不过，台湾经济发展的根本不牢固。台湾经济增长过度依赖出口的好转，出口又高度依赖电子零组件、半导体与光电产业的带动。这既是台湾产业与经济发展的优势，也是劣势，未来不确定性更高，风险更大。至于未来台湾经济是蔡英文在给英国《经济学人》发表的"台湾将再起"一文提出的"让台湾再变成猛虎"还是走向衰落、没有竞争力的"病猫"，尚待实践检验。就台湾经济发展趋势观察，在两岸关系陷入僵化对抗与蔡英文要"告别以往过度依赖单一市场现象"思维的背景下，在国际经济政治形势日益复杂与岛内高度政治争议下，台湾将再起、成为经济上的"猛虎"不大现实，反而可能会持续边缘化、持续衰落，成为经济上"病猫"的可能性更高。

（二）2017 年台湾经济面临的三大风险

历经 2016 年的全球诸多政经震撼后，各界尚未休养生息，又要迎来可能更疯狂且不可预测的 2017 年。其中经济风险最为扰人的有以下三点：一是民粹主义当道；二是美欧同陷体制危机、国际油价飙涨，抑制经济成长动能；三是台湾限电梦魇，重创企业民生常轨。其中，前二点为全球共有，第三点则是台湾特产。

先就民粹问题来说，其在经济层面的原罪就是不均。举例来说，20 世纪 80 年代以来，美国与台湾都出现企业获利持续高过经济成长的现象，显示经济成长果实日益集中在企业身上。而愈发严重的全球性所得分配不均，给民粹运动带来充足的成长养分。2016 年 6 月英国公投退欧、11 月美国总统大选由政治素人特朗普意外胜出，则是近年民粹运动的新高峰。也难怪 IMF 对经济增长类型的期待，会从过往的平衡 (balanced)、可持续的 (sustainable)，转为更包容性 (inclusive) 的成长。

然而，民粹运动撼动国际政局的戏码，才演了上半场。就美国而言，依靠民粹力量当选的特朗普必将回应选民期待，若按其"言出必行"的作风强推竞选时主张的美国优先政治立场、外交孤立、贸易保护理念等，不只将增加国与国间的摩擦，阻碍国际贸易往来，也会导致生产力增长放缓，削弱美国与全球经济增长潜能。

随着美国大选落幕，民粹势力改变政局的风险也移回欧洲。2017 年 3 月英国正式提出退欧申请、4 月法国总统大选、8~10 月德国国会大选，让全球几乎无一刻安宁。除了各界较了解的英国脱欧影响外，法国总统大选期间，留欧派与脱欧势力间的强弱与消长，将时刻牵动欧盟及全球金融市场的敏感神经。若届时凭借民粹势力支持的脱欧派赢得大选，欧盟恐失去法国这个重要的核心成员；至于民意支持度饱受恐怖攻击与难民危机拖累的德国留欧派总理默克尔，又将面临主张脱欧的新选择党的挑战，增添欧盟土崩瓦解，重创金融市场的概率。

2017 年冲击台湾经济的第二个下行风险，就是国际油价意外走高。近年来台湾经济受困于长期结构性问题未解，经济成长动能虽令人失望，却未大幅衰退的原因，就是全球超宽松的货币环境，让厂商营运的利率成本降低，再加上 2014 年 7 月以来国际油价大幅下跌，使厂商的投入成本降低，消费者实质购买力也受惠油料费支出下滑而提高。但 2016 年 11 月底 OPEC 达成减产协议，并协同非 OPEC 产油国在内，将自 2017 年 1 月起展开为期至少 6 个月的减产，使国际油价应声大涨。若 OPEC 及非 OPEC 产油国皆彻底兑现减产承诺，则原油供不应求的情况将提前至 2017 年第 1 季浮现，使国际油价有机会大幅上扬。

油价大涨之所以可怕，在于其不只直接造成投入成本明显上升，还会间接促使物价急速上扬，并大为干扰政府实施财政与货币政策力道，让全球经济扩张动能承受重压。回顾近两次全球经济陷入衰退前，都曾面临油价飙涨。2008 年 7 月雷曼兄弟倒闭前，西德州原油 (WTI) 价格涨至 147 美元 / 桶的历史天价；2011 年 2 月后的 3 个月，WTI 油价 30 美元 / 桶遽升至 114 美元 / 桶，并透过投入成本、贸易收支、物价及政府政策等多重管道影响经济，使 2011 年第 2 季全球经济面临衰退，足可见油价飙涨对经济成长的抑制力道十分显著。

2017 年恐重挫台湾经济的第三个下行风险，便是影响最直接、严重的限电问题。统计资料显示，2013 年以来台电备转容量率低于 6% 的天数日渐增多、备转容量低于 90 万千瓦的天数亦然。若依台电定义来看此两数值，前者代表电力供应系统限电机率已增加，亮出供电警戒的橙灯；后者意味电力供应快要濒临不符需求边缘，亮出限电警戒的红灯，再三显示台湾电力供给吃紧问题不小。

更麻烦是，金融海啸后，台湾经济深受消费、投资、输出等多重结构性沉疴缠身，未来恐怕又必须面临缺限电风险对企业营运与民众日常生活造成的困扰，成长潜能遭受莫大挑战。

2017 年台湾经济很多时候是笼罩在前述三大风险及自身的长期结构性问题下，导致多数预测机构虽将台湾经济成长率 2% 列为可及的目标，却不太看好会达标。因此，面对这般变局与风险，各界应抱持乐观有限、谨慎有余的态度才是。

三、2017 年台湾经济发展的变数

2017 年，台湾经济如何发展，是持续向好、还是面临新的挑战与压力？一切都在不确定之中。虽然美国与亚洲一些经济体经济形势普遍呈现趋好态势，但还是没有把握保证未来发展的光明前景。不确定之一是国际经济形势依旧混沌不明，虽然美国经济增长强劲，但其他地区发展则很不均衡，中国大陆经济基本保持稳定增长，日本经济依然无明显起色，经济增长远不如预期，澳大利亚还在 2016 年第 3 季度出现衰退。不确定之二是美国当选总统特朗普全球经济贸易政策的不确定性。尤其是强烈的贸易保护主义与对外经济政策的强硬姿态，要对中国大陆征收高关税、指责中国大陆操纵汇率等，未来会不会挑起中美经济大战以及会引起何种经济风暴，是不确定的。加上国际政治的不稳定性与国际原油价格的回涨等，这些外部经济环境的高度不确定性，增加了台湾经济持续复苏景气的变数。

（一）参与区域经贸组织的国际空间被压缩

台湾最大压力将来自于参与区域经贸组织的国际空间被高度压缩。由于美国新任总统特朗普采取保守主义并拒绝再推动 TPP，直接冲击台湾参与亚太区域经贸组织的国际空间。另一方面受到两岸关系的影响，日益恶化的冷对抗使台湾欲参与中国大陆 RCEP 的机会更是微乎其微。在失去参与 TPP 与 RCEP 的入场门票后，势必对台湾本土厂商产生巨大的关税压力，并直接削弱台湾对外贸易国际竞争力，可能导致台湾本土企业出走潮危机。蔡英文虽强调台湾必须在亚洲扮演建设性角色，但在可预见的未来一年，台湾若不思考改善与中国大陆的互信与重建经贸正常对话机制，相关部门在推动双边或多边经贸谈判恐怕将面临事倍功半，难以维系的困境。

（二）通货膨胀与就业问题将比 2016 年严重

台湾"一例一休"公共政策加剧本土通膨与失业问题的恶化，此政策推出后可能对台湾经济产生通膨与失业双重打击。中小企业为移转成本压力只好被

迫涨价，又在美元转强而台币长期趋贬的大局下，造成台湾成本推动的通膨隐忧；部分厂商在长期成本考量下，裁减正职员工并转向启用派遣工，将进一步恶化台湾失业问题。

2016 年初，台湾全面实施周休二日制 (每周正常工作 40 小时，有部分企业已于 2011 年率先实施)，目前有 65% 的劳工已有周休二日，劳动者的工作时间或平均工时有所减少。依台湾地区劳动主管部门调查，2016 年 1 月至 9 月，劳工每月平均工时为 169 小时，较 2015 年的 173.5 小时减少了 4.5 个小时；正常工时为 160.8 小时，较上年的 165.1 小时显著减少。民进党执政后，推出首个重大经济改革方案就是劳工休假制度改革，企图在劳工与资方之间取得利益平衡，休假制度改革方案多次反复，结果引起很大争议。尤其是民进党当局坚持取消传统七天法定假日与实施"一例一休"制度，在尚未达成社会普遍共识情况下，于 12 月初依靠在台湾地区立法机构的多数优势强行完成立法，引起劳工强烈不满与社会广泛非议。同时企业也批评此举是"民粹治国"，会增加企业经营成本，不利经济发展。

物价是民众最关心的民生问题。2016 年以来，台湾物价总体表现平稳，1 月至 11 月消费者物价平均上涨 1.66%，但第四季度开始有明显上涨趋势。11 月消费者物价指数上涨 1.97%，创 8 个月以来新高，尤其是年底前台湾水果、蔬菜等民生商品价格显著上涨，普通民众的生活压力增大。可以说，蔡英文执政后，她最关心的民生问题没有解决好，没有亮点，没有赢得人民的信赖，反而民怨更多，这是执政者必须深刻检讨的。

（三）行政执行力有可能拖经济发展的后腿

蔡英文当局欲透过加速推动结构转型及全面扩大基础建设投资，振兴经济的方向，但可能缓不济急。五大创新产业、都市更新、社会住宅等各项攸关民生经济的发展策略，在缺乏强而有力的执行力下，各部会虽可能完成规划、立法到位并能编列年度预算，但以目前台当局的行政执行力评估，任何环节都面临产业结构调整的阻力。而台当局采取所谓前瞻性的财政政策，更可能沦为排挤内需市场的错误政策。全面扩大基础建设的投资，恐将成为更多的豆腐渣工程与蚊子馆建设。

此外，年金改革少领多缴的大原则，将能造成银发族的恐慌，在对未来不确定性的情绪扩散下，使消费带动经济增长的内需引擎瞬间熄火。

（四）两岸关系仍将对台湾经济产生影响

过去 30 年，台湾经济对大陆的依存度越来越高，两岸关系对台湾经济发展的影响越来越明显。

政党轮替后，蔡英文当局所面临的国际经济情势，比原国民党执政时期多出了"英国脱欧"的问题，两岸关系更受到台湾产业界的重视，被认为是影响台湾经济最重要的因素。台湾制造业认为台湾经济发展的三大变数是：国际能源及原物料价格、汇率变动、当局的两岸政策。非制造业所认为的三大变数则是：当局的两岸政策、劳动成本增加、大陆的经济走势。只有两岸关系被制造业和非制造业一致认为是影响经济的重大变数。

在此同时，国际信用评等机构穆迪发表报告指出，两岸中断对话不利于台湾的信评。针对蔡当局意图用来淡化两岸经贸合作的新南向政策，穆迪的报告反而表示，此一政策能否成功，仍是取决于两岸关系，因为当两岸升高紧张关系时，各国更会是优先考量和中国大陆的往来。

台湾的经济前途离不开两岸关系，纵使是蔡当局想用来贬抑两岸关系的新南向政策，还是系于两岸关系。这不仅是蔡当局所不敢承认的，更在"台独"媒体的扭曲和宣扬下，使得事实无法广为台湾民众所知悉，以致迫使台湾必须付出更多代价。

随着陆客赴台人数的持续减少，台湾旅馆业、游览车业、糕饼业、艺品业、夜市，小商贩等，都受到强烈冲击。台湾其他原本获自两岸经贸的利益，也必都会面临影响。蔡当局否定"九二共识"的后果，显然将直接不利于台湾经济，而这是所有民众都须共同承担的损失。

（五）"新南向政策"难挡岛内企业务实西进

蔡当局模糊的两岸维持现状论述，否定"九二共识"基底框架，桎梏目前两岸官方关系，推置互动冰河期。过去海基会因两岸达成"九二共识"而风光，如今也因蔡当局否定"九二共识"如同虚设，进而削弱官方管制民间的角色，民间最后只能靠自己西进寻求出路。

当 2016 年 5·20 新当局还未上任，民间就开始不信任两岸论述，积极布局登陆。2016 年 1—4 月陆委会两岸经济统计数据显示，企业赴大陆投资件数减少 22.8% 与投资金额上减少 0.5%，但反观大陆商务部统计资料，投资件数是大幅增加 44.2%，投资金额却小幅成长 1.3%。

新当局上任后，否定"九二共识"与喊出"新南向政策"，可以预测未来两岸经济合作模式，大型投资登陆更难，加上官方互动冷淡，台当局"经济部"投资审议委员会审查管制密度更高。所以未来小型投资登陆容易，甚至可以绕过第三地，必成为民间经济主流合作方式。

民间小型项目投资，透过参加商业性推介会，自行架接投资。因投资项目金额不大，所以当局也无从干预，加上目前海基会角色削弱，未来海基会更难掌握民间大陆动向，这样新互动模式却加速两岸民间交流更密切，难道这就是蔡当局主张的两岸发展。

两岸民间活络来自两方面，其一归因于台湾社会蓬勃发展成熟，其二来自国台办面对台湾民间愿意采取开放态度。目前国台办为台湾创业者也发大礼，2016 年 10 月 1 日正式推进"五证合一""一照一码"制度改革，大幅增加台湾创业者登陆文件申请上的方便性。国台办帮助了两岸民间交流，绕过传统官方单一对口，接触民间效果上出乎其意料之好。

人民要的只是安居乐业与丰衣足食的未来。民间已经自寻出路，早已主动积极到对岸，互动不靠新当局，积极理解两岸市场形态间差异，积极市场布局。

蔡英文当局的"新南向政策"意欲绕过大陆，转向东南亚开发新市场，然而根据陆委会两岸经济统计数据，大陆输往东盟 10 国产品拥有 20% 市场占有率，蔡当局如何能透过新南向脱离大陆经济体的影响，企业还有出路吗？民间理性投资思维，必会选择最熟悉、风险小的西向取经。

四、结语

综上所述，台湾经济虽然已走出谷底，2017 年经济增幅有可能较 2016 年略有增长，但还存在诸多不确定因素。台湾统计部门预估 2017 年台湾经济成长率为 1.87%；台湾综合研究院估计经济成长率为 1.74%；台湾"中华经济研究院"预期经济成长率为 1.73%；台湾"中研院"经济所则预估经济成长率为 1.68%。以上台湾各大机构预估 2017 年经济成长率均不到 2%，显示台湾经济虽然可能较 2016 年略为成长，但仍未走出低气压。

作为外向型经济体，台湾经济高度依赖出口。2016 年 7 月，台湾出口结束了连续 17 个月的负增长，开始反弹，带动整个经济回暖。美国新政府上台后，特朗普的新政策很可能对大陆和台湾的出口都有不利影响。台湾很多半成品出口到大陆，加工制造之后再输往美国。大陆对美的出口增长如果停滞，间接会减少自台进口。加之英国脱欧对台湾未来出口投下变数，以及全球贸易保护风潮再起，2017 年台湾出口将面临很大的挑战和不确定性。

目前很多信息及通讯技术产品采取台湾接单、大陆或者墨西哥生产的出货模式，特朗普上台后若推动减税、再工业化和贸易保护主义，将鼓励生产基地移回美国，台湾生产及出口的中间零组件，也可能因此考虑转向美国设厂，这会导致资金回流美国、美元进一步走强，对台湾经济、出口及汇率等均带来不利影响。

两岸关系不稳，又使台湾经济雪上加霜。以大陆为腹地是台湾最符合经济理性的发展方向，但民进党当局舍近求远，宁可以"新南向政策"取代西向，这是经济发展史上的荒唐特例。"这有如抛弃手边的花朵，只幻想捉住天边的彩虹，到后来两头落空。这些以政害经的政策，让台湾经济堪忧。"

民进党当局拒不承认"九二共识"，让两岸关系从稳定走向高度不确定性，为台湾经济发展带来了巨大的变数和风险。如果民进党当局在政治上、经济上继续采取"离中""反中"的政策，台湾经济将会持续动能不足、活力缺失。此外，年金改革等争议政策也为 2017 年台湾经济发展增加了不确定因素。"一例一休"推动企业成本增加、物价上涨，其对台湾经济的影响仍需研判。

（原载《福建社科情报》2017 年第 1 期）

"寒风中"的台湾旅游业

林国华

一、大陆赴台人数持续下滑

（一）2016 年大陆赴台游人数下降冲击台湾旅游业

国台办发言人马晓光 1 月 11 日在例行新闻发布会上应询表示，2016 年大陆居民赴台湾 361 万人次，比 2015 年减少近 80 万人次。大陆居民赴台旅游同比减少 14.4%，为八年来首降，陆客锐减对台湾以陆客生意为主的相关业者影响巨大。

——由于陆客大量减少，光是台中机场，立荣、华信等航空公司就有 11 条航线停班；成立了 65 年、资本雄厚、以两岸航线为主的复兴航空，也不堪亏损，在 2016 年 11 月宣布全面停航。

——游览车业者估计，每天营收减少 2000 万元（新台币，下同）以上，4000 多辆专跑陆客团的游览车，现在有八九成在晒太阳，出车量只剩 1/10。

——专做陆客生意的旅行社、饭店、民宿，已有数百家倒闭，歇业的更多，垦丁、花莲饭店的住房率还不到二成。

——第一线导游与领队的接团量减少将近七成，几乎有一半的导游在放无薪假。

——各地夜市生意锐减，以往热闹的士林商圈甚至出现店面退租潮，高雄六合夜市更是空空荡荡，乏人问津。

——阿里山专卖陆客茶叶的店，以往每月有一两千团陆客，现在不到 1/3。

对此情况，台湾"中研院"经济所估算，如果大陆游客赴台人数减少二成，将影响民间消费大约 0.2—0.3 个百分点，一年约折合人民币 54 亿元的损失。餐饮业、酒店业、零售业、游览车业甚至当地农业收益都将大幅减少。据台湾

《旺报》报道，2016 年 5 月换届以来，台湾地区有 20 多家游览车公司关门，专接大陆游客生意的餐厅和华语导游七成打烊或没了工作，并且出现史上首度万名业者上街"陈情"的情况。

（二）台湾业界称 2017 年将是旅游业的"黑暗元年"

据台湾《中国时报》报道，2017 年第一周，陆客赴台旅游人数持续下滑，较 2016 年同期减少一半以上。旅游业说，虽然春节假期陆客会增多，但仍比 2016 年少，因为国民党的"余荫"没有了，新当局得"自食其力"，2017 年将是旅游业的"黑暗元年"。

中国台湾网报道，2016 年春节，台北的中正纪念堂、台北中山纪念馆、台北故宫博物院到台北 101，处处都被一车车的陆客挤爆。景区附近的店家和小贩，纪念品卖得发烧。2017 年的第一周才过去，这些景点全都冷清清，台北中山纪念馆卖帽子纪念品的小贩已失业，不见踪影。

"以前平均每天就算不超过 200 团，至少也有 150 团以上，但现在每个景点团数都不到 100 团。"林姓旅游业者表示，就以 1 月 9 日"观光局"预报的重要景点人数看，全台最多的是日月潭 84 团，第二位是阿里山的 82 团，台北故宫博物院和台北 101 各有 70 多团。而 2016 年此时，这些重量级景点，常是 200 团以上，有时会高到 220 到 240 团，最少也有 150 团，2017 年跌了至少一半。

业者表示，2016 年 1 至 3 月赴台陆客总数为 113 万人次，2017 年若较 2016 年减少 4 成，就会减少 45 万人次；若减少 5 成，就是 56 万人次。这个数字比 2016 年前 3 个月外籍旅客总成长的 39 万人次还多。也就是说，陆客一旦大减 4 至 5 成，就可能吃掉其他各地赴台旅客的总成长，让台湾入境旅客出现负成长。

"2016 年只跌半年多，2017 年却会跌全年。"张姓旅游业者表示，2016 年受国民党当局庇佑，前几个月的陆客总数还略成长；业界都预期 2017 年"会从年初跌到年尾"，将是台湾观光史上最难熬的"黑暗元年"，撑不下去的业者，在春节过后就会出现新一波倒闭潮。

针对 2017 年 1 月到 2 月的陆客来台人数，台陆委会副主委兼发言人邱垂正 2 月 9 日表示，陆客团来台 1 月 1 日到 2 月 7 日比 2016 年同期减少 53.5%，陆客自由行人数则减少 19.5%，总人数较 2016 年同期减少 37.1%。

台湾媒体报道，旅游业传出陆客缩减已经不是大陆中央政策的问题，而是大陆民众自发性不来；专办参访团的旅游业者则透露，国台办已经传出 3 月开始，原限制官方处长级以上不能来台参访的限制，3 月开始会进一步紧缩，与台湾当局针对参访团没有按原定行程走祭出处分，以及从严审核参访团有关。

对此，邱垂正在 2 月 9 日陆委会例行记者会上，针对春节期间陆客来台状况，以及对于陆方参访团将缩减的消息等问题表示，春节期间大陆团客来台是 18480 人，每日平均 3697 人，较 2016 年春节期间，每日 6366 人减少 41.9%，但自由行部分共来了 48228 人，每日平均 9646 人，2016 年每日则是 8981 人，所以增加了 7.4%。推动陆客来台观光是台湾既定政策，除有助于双方旅游产业发展，更能促进两岸人民良性互动，台湾欢迎陆客来台观光立场不变，呼吁大陆以开放态度面对陆客来台，促进两岸民众持续交流。现在两岸民间交流频繁多元，已成为两岸关系和平稳定的重要成分，希望两岸间的正常交流不受影响。

对于大陆参访团将紧缩的消息，邱垂正说，台当局欢迎大陆人士来台交流，包括专业交流人士，还是维持过去正向看待政策，并没有设置任何障碍，同时呼吁对岸不应设置任何政治前提，如此才能客观认识台湾，并深化两岸关系的互动与发展。

二、民进党当局"粉饰太平"，相关从业者叫苦连天

最近民进党当局喜气洋洋，庆贺"2016 年赴台游客数再创新高"，蔡英文还在推特上用九种语言向海外游客表达感谢。由此看来，台湾的旅游业必是一片"歌舞升平"的繁荣景象。然而事实是，在旅行安全频出问题与两岸关系陷入僵局的双重因素打击下，大陆赴台游客数量持续下跌，旅游业掀起降价、倒闭潮，台湾相关从业者叫苦连天。

（一）蔡英文：2016 观光客人数历史新高

台"主计总处"日前发布统计指出，2016 年来台旅客达 1069 万人次，为历史新高，较 2015 年成长 2.4%。

2 月 9 日，蔡英文出席台"交通部观光局"举办的 2017 年观光节庆祝大会。对于 2016 来台观光人数创新高，蔡英文分别用了英文、中国字（简体）、日文、韩文、泰文、印度尼西亚文、菲律宾语、越南文、印度文九种语言，表达感谢。

蔡英文说，新春期间到台湾各地拜年发福袋，看到各个观光区都是人山人海，这都是观光同业的贡献，让台湾观光产业持续向前进，2016 年观光客来台人次高达 1069 万人次是历史新高。观光产业将会是台湾内需产业的最大支柱，台湾也将因观光走向世界，台当局也会给业者最大的支持。

蔡英文表示，2017 年将是充满挑战的一年，也是观光业转型的关键期，她对观光产业的发展有三项期许，首先是要倾全台之力发展观光产业，台湾正在与区域治理的概念推动北、中、南、东观光区域资源整合，要把全台湾光资源统筹分配打造各县市魅力景点与深度观光路线，"中央"地方通力合作并结合民间力量创造最大效益。第二项工作是台当局政策要更贴近业界需求，"观光局"提出的五大策略诸如开拓多元市场、推动民众旅游、推广体验观光等政策要成功，都需要业界的建言与配合；第三就是创造各种发展空间，台湾位于亚太核心区域，拥有多元文化、多国料理与多变景观，这些都是观光发展重要资源，未来会继续致力于市场多元化，未来要以积极取代保守，跟各国合作吸引全球客源为目标。

（二）陆客减少、日韩客增加，消费力降低

陆客减少，取而代之以日韩为主的观光客。机场伴手礼大街店家，过去也习惯陆团，语言通，消费力也不差，现在来台旅客，换了其它国家或地区，对于台湾特色伴手礼，喜爱程度不见得相同，机场店家柜位也有了"调整"。

台"主计总处"统计，2016 年来台旅客人次，按居住地分，仍以来自中国大陆 351 万人次、占 32.9% 为最多，但较 2015 年减少 16.1%。来自其它地区旅客 718 万人次则增加 14.8%，其中日本 190 万人次、占 17.7%，增 16.5%；韩国 88 万人次、占 8.3%，增 34.3%。

对于陆客来台人数减少的冲击，获得台湾观光贡献奖的华语导游莫国强说，陆客减少大环境冲击当然有影响，陆团减少数量多，像他自己虽然不是带观光团，是以参访团为主，但整体数量也从两个月三团，渐少到一个月一团，观光团减少更多，让许多华语导游都转向国旅市场。

据业界说，春节前业界已爆发裁员潮。何以在游客人数增长的情况下，台湾旅游业却不景气？岛内有业者一针见血地指出，那是因为陆客购买力是所有来台旅客中最强的，就算其他地区旅客有所增加，但仍弥补不了失去陆客的巨大损失。

据岛内业者最新调查显示，陆客团在台免税店人均消费约 5000 元（新台币，下同），是泰国和韩国旅客平均 1000 元的 5 倍。自由行陆客更高达 1.5 万元，超过第二名日团的一人 3000 元水准，占所有外来旅客中最高。台湾旅游业估计，光是 2017 年 1 月较 2016 年同期减少的陆客就让台湾外汇收入少 63 亿元。

（三）蔡宗佑：没陆客，台湾旅行社倒闭潮迟早的事

高雄市旅行商业同业公会常务理事、育升国际旅行社董事长蔡宗佑日前表示，2016 年 5·20 政党轮替后，全台观光业界在 6 月份就已经感受到明显落差，往后的每一个月更呈现跳水式下降。高雄市目前各大小饭店早已出现削价式竞争，准备求售的饭店高达 30 多间；至于旅行社因不像饭店还有土地或地上物的资产，观光人数的问题再不解决，未来出现旅行社倒闭潮将是迟早的事。

蔡宗佑忧心地说，台湾过去保留了优良的中国传统文化，再加上国共间的种种历史因素、两蒋元素等，台湾观光对大陆游客才具吸引力，但蔡当局上台后一直在"去中国化""去蒋化"，现在大陆游客已是自发性地不愿意来台观光。他认为，解救台湾观光困境的唯一解药就在"九二共识"。

蔡宗佑表示，现在全世界都抢着跟中国大陆做生意，唯独大有为的台湾当局要搞"新南向政策"。"新南向"不是不好，问题是真正照顾落实到南台湾观光业者的机率几乎是零。"新南向"向越南、印度、马来西亚的观光客招手，但他们会到嘉义以南的台南、高雄、屏东甚至垦丁、台东的机率几乎是零。台当局宣称 2016 年观光人次突破 1069 万人次，但如果扣除外籍劳工、陆配、台商的进出，单纯就申请观光签证的旅客，到底还剩下多少？

蔡宗佑说，2016 年 5·20 之前还是马英九执政，到台湾的陆客还比 2015 年增加 3% 至 5%，可是 2016 年 5·20 以后就急剧下降。2017 年 2017 是民进党蔡英文执政的第一个完整的一年，他预估陆客至少会掉 200 万人次，过去陆客来台可为全台带来 2300 亿元的经济观光效益，如今这些观光效益即将腰斩。东南亚的旅客目前仍不足以弥补，当观光人数大量消失时，台湾观光业界就很凄惨。当局针对来台观光的人数统计要凭良心，有没有超过一千万、有没有实际成长、或实际嘉惠到全台各行各业，大家心里有数。

蔡宗佑分析，大陆观光风景秀丽，什么大山大河的景色没有？大陆同胞就非得来台湾观光旅游？说穿了就是因为有两岸的历史情愫在里头。如果今天台湾执政当局连这个都要舍弃，试问台湾还有哪些值得吸引陆客来这里观光的因素？

（四）行业恶性竞争：降价大战

1. 游览车业首当其冲

台当局玩数字游戏，岛内旅游业界却是哀鸿遍野。首当其冲的游览车业，已经掀起降价大战，杀到刀刀见骨。游览车业者表示，岛内市面上合法登记的

游览车有 1.6 万多辆,其中 6000 多辆是这几年嗅到陆客商机而砸钱陆续添购,每台车耗资六七百万元新台币以上,有些司机每个月还要付好几万元新台币车贷,压力大到无法形容。

台南王姓业者说,陆客团"人多势众"时,天天都有生意,还得想办法调动空车,有些司机因此还会趁机加价。但现在陆客团大减,大型游览车需求量大减,北中南都有业者倒闭退场,苦撑的就是重回岛内旅游市场。

专营岛内市场的邱姓业者表示,"真的很伤",以往租车 1 天行情还有万元以上,现在有人打出"7000 元起跳"的破盘价,打乱市场行情,又不见得真能赚到钱,搞不好全用来付贷款,真的是"做心酸的"!

2. 高雄旅馆业悲歌:杀到见骨、血流成河

依据台"交通部"观光局统计,2016 来台陆客中,来台团客有 134.7 万人次左右,自由行是 130.8 万人次,团客比 2015 年减少 35%,自由行只略减 2%。饭店业者每年都会评估抓出整年度房间销售数量,但 2016 年开始陆客大幅减少,让很多饭店都不敢进行评估。

陆客锐减影响全台,一名不愿具名的饭店业者经理受访时表示,高雄 2017年没有一间饭店敢抓预估量,陆客不来导致观光人口母数大幅减少,同业间竞争几乎可用毫无仁义道德来形容。很多经营许久的旅行社可以为了一个房间降价新台币两百元转向,更有三星级饭店推出高雄住宿一晚只要新台币 800 元优惠,大家已经杀到见骨、血流成河。

高雄市一饭店业者受访表示,他们公司是颇有规模的饭店,房间数约在240 间上下,2014 整年共卖了 4 万间房,营业额约新台币 6600 万元;2015 年业绩 3.6 万间房,营业额还有 5800 万;2016 年上半年业绩还有 3000 万上下,住房率约 4 成 5,但下半年住房率腰斩只剩下 18%。他说,饭店住房率若能维持住 4 成 2 就小有赚头,我们从小看大,2016 年观光账面 1069 万人次,但南部业者想问台当局的是,这 1069 万人次有几成进到南台湾的观光旅馆内?

高雄市饭店旅馆业进入战国时代,台面下已呈现多杀多的削价竞争现状,让不少业者苦不堪言,目前已知有 17 至 22 间饭店求售。一业者表示,17 至 22间是目前台面上已知准备求售的饭店,台面下还有更多。我们去观察有哪些饭店说自己业绩多好,然后又喜欢去参加旅展,或印制住宿券换现金的,那些在经营上恐怕都很危险。

高雄市不少中小型旅馆酝酿抛售潮,这名饭店经理表示,不少饭店正想求

售，但他们不会说自己业绩不好，否则怎有买家敢接手？复兴航空还不是收掉了？兴航收掉前也是大动作参加旅展用低廉的价格贩卖机票，以吸引买家消费。该业者说，高雄市饭店削价竞争，很多住房品质更是全面下降。现在同业为了抢客、为了留住旅行社的团员，只要旅行社开口，饭店几乎都愿意削价，饭店销售房间价位分成平日、假日，但现在几乎都用平常日打七折的价格在兜售，这些情形是高雄旅馆业最真实的现况，如果政府再不重视，高雄市旅馆商业同业公会再不愿意把基层经营者的心声真实反应给台当局知道，不用多久，很多人要准备跳楼了。

（五）胡神贺：全台 213 商圈新春营业额狂跌四成

台湾商圈总会总会长胡神贺表示，台湾整体经济不振，全台商圈 2017 年农历年营业额估算大跌 4 成，但更令商业担忧的是，看不到台当局 2017 年会调整政策。全台目前有 213 个商圈，从 2016 年起就明显感受到顾客消费力衰退、营运成本增加的现象。分析主要原因包括大陆赴台观光客骤减、东南亚客源消费力低，以及 2016 年最后一季的物价上涨，和 2017 年初开始推动的"一例一休"制度。蔡当局上台后，陆客赴台人数骤减，虽然持续开发东南亚市场，但明显缓不济急。据总会掌握的资料，东南亚观光客平均单日消费约台币 800 至 1000 元，大陆观光客约 3000 至 4000 元。东南亚赴台旅游人数、消费能力都远不及陆客。

其次，台湾 2016 年受气候影响，许多农、渔业都减产，原物料也都上涨，相对的也增加上了商圈饮食小吃业的营运成本；第三，"一例一休"新制实施，许多商圈店家因为难以负担例假日加倍的员工加班费，遇到假日干脆休息、闭门不营业。这些因素加乘，使得台湾 2017 年起至农历新年假期，全台商圈的营业状况明显衰退，跌幅估计达到 4 成之多。

胡神贺表示，中小企业与 213 个商圈店家，在台湾产业结构中占比极大，但自蔡当局上台喊着要照顾中小企业，迄今却还有看到有什么积极有效作为，反而是先面对前述的三项冲击，蔡英文民调直直落，这些都是重要原因。两岸政策牵涉了民进党的执政路线，蔡不会轻易改变。对各地商圈业者而言，陆客回不来，东南亚客源开发又需要一段很长的时间、且消费力不足，预期这一年的营业状况不会看好。

胡神贺说，总会目前也没有特别的特效灵丹可以救商机，除了总会会配合台当局"新南向政策"，举办商圈年会国际论坛，配合开发东南亚商机外；两岸交流急冻之下，大陆赴台访问、观光活动又在受限、萎缩，只有靠自己走出去，适时鼓励商家一起去大陆展销，这部分2017年预计会有三次的登陆展售会。

胡神贺表示，蔡当局不调整两岸政策，内政上就要大刀阔斧提出振兴方案，现有执政团队的调整，要重视中小企业与商圈店家的心声，甚至可以向民间企业求才，进用有创新概念的青壮世代进入政府服务，寻求突破困境。政治不稳定，经济就不会好，站在全台商圈60至70万人的生计来看，两岸的问题，大家还是应该保持冷静、和谐。

三、如何争取大陆旅游市场？

（一）台媒：改善两岸关系！

针对台湾岛内旅游业惨淡现状，台湾《中央日报》网络报发表社评说，要想稳固与争取大陆旅游市场，最重要的就是要改善两岸关系，而要改善两岸关系，最根本的就是不要把大陆视为敌人，把中国大陆视为外国，只要有"两岸一家亲"的心态，公开宣示不搞"台独"，认同"两岸同属一个国家"，两岸关系立刻就会从紧张变为和缓，陆客必然会与日俱增，观光旅游业自然也就会生意兴隆。否则再怎么做，还是徒劳无功，只会让台湾越来越没有希望！

（二）减少"仇中"氛围

民进党上台后，绿营人士跟部分媒体塑造"仇中"的气氛，一些台当局官员在电视节目上大放厥词，宣称"1个德国观光客是17个陆客的产值。""来一个澳洲观光客，抵上13个大陆来的。""陆客常常7个人吃一碗蚵仔煎。"……而实际上，大陆游客在台人均购物花费一直是最高的，远胜欧美、日本游客。

还有一些雪上加霜之举，如岛内一些绿色团体也趁机搞事，在网络上贴广告讽刺大陆游客素质低等，所有这些激起两岸民众在网络上相互谩骂，正如台湾东南科技大学休闲事业管理系副教授兼系主任陶翼煌受访所说的，旅游意愿就是兴趣的问题，有绿营人士跟部分媒体塑造"仇中"的气氛，激起两岸民众在网络上相互谩骂，造成一种现象，让台湾已经不是大陆民众旅游最后一块拼图，因为"台湾不喜欢我"，"不是我家园的一部分"，大陆民众对台湾旅游不再有兴趣。出门旅游图的是个好心情，谁又愿意出门找气受呢？大陆游客"自发不去"台湾的背后，是两岸间八年来好不容易积累的善意，已被绿营迅速消磨殆尽的无奈现实。

陶翼煌强调，这是危险现象，他在通讯软件上都跟大陆朋友说"大部分台湾人都很和善，没有想要去中的想法"，但是一则"中国客不来，宁静来了"的文宣就将两岸民众推得更远，有大陆朋友口袋塞得满满要来台湾旅游，结果看到这个文宣，马上感到很寒心。

（三）整顿台湾旅游安全

回顾两岸观光旅游业迈入正常发展轨道的八年多时间里，自 2008 年 7 月以来，大陆旅游团先后在台已经遭遇 12 起重大意外事故，造成至少 83 人死亡、159 人受伤，特别是 2016 年 7 月台湾"火烧车"事件，暴露了台湾旅游业发展的短板，不能不令人提高警觉。

陶翼煌说，影响旅游产业的因素还有"卫生疾病"及"社会安全"，台湾如果成为疫区就不会有外籍旅客来；其次是社会安全，台湾能不能提供一个友善的社会，如果大陆人觉得来台湾不再是安全的事情，当然就不会再来。这两个因素都是政府可以主导，当局必须在意外事件发生时立即做适当管理跟回应，降低议题发酵的可能。

陶翼煌认为，2016 年台湾发生陆客"火烧车"事件，也可以检视蔡当局有没有第一时间采取适当的回应跟危险管理，如果当初蔡英文有开口说"要加强观光建设、车辆管理，提供给陆客一个安全的旅游环境"，再说一句"我们还是很欢迎大陆客！"将想传递的话透过媒体传达给大陆知道，陆客递减的现象可能就能有纾缓的状况。

（原载《福建社科情报》2017 年第 1 期）

怨声载道的"一例一休"

林国华

民进党蔡英文当局不顾劳方、资方反弹，于 2016 年 12 月 6 日强行修法通过"一例一休"、提高加班费等政策，自 2016 年 12 月下旬和 2017 年元旦分批实施以来，企业与劳工哀鸿遍野，至今不但"劳动部"说不清楚实施细节，还造成物价上涨、部分劳工收入减少，并引发地方县市反对和抵制。"一例一休"实施近三个多月以来，负面效应陆续呈现，对此台湾各界纷纷批评、检讨"一例一休"，并要求蔡当局"修法"或是暂缓实施"一例一休"。

一、"一例一休"实施后负面效应陆续呈现

（一）实施"一例一休"后加重了企业负担

"一例一休"的立法旨在于为劳工争取应有的权益，对岛内近 800 万受私人雇用的劳工而言，不啻是一大福音。然而实施一个月之后，各行各业无论雇主或劳工，面临的困境已经逐步显现出来，实是当初立法诸公所始料未及。由于"劳基法"规定中有一日须为例假日，企业为遵守"劳基法"，自然不敢要求劳工上班，新法上路之时，正值年关将届，企业订单无法消化，只得使用派遣工，正职劳工在"劳基法"修法通过，马上得到的礼物是薪资立降一成，再加上部分企业为了因应"一例一休"，纷纷以增加人事成本作为调高售价的理由，在薪资减少、物价上涨的双管冲击下，劳工这个年关是如何度过，恐怕不是坐在办公室里的主管官员所能想象的。

1. 企业负担增加

《台湾时报》4 月 12 日报道，高雄市议会议员黄香菽、黄绍庭、陈玫娟等三人在环卫部门质询指出，"一例一休"实施后造成劳工收入减少、企业负担增

加、万物齐涨、人民生活负担加重，要求当局重视，高市府劳工局长郑素玲表示，会将地方意见尽速反应上面。

黄香菽、黄绍庭、陈玫娟指出，"一例一休"法令尚未上路时，社会大众已争论不停，环保局首当其冲受到冲击，三千多名清洁工清理全市垃圾，"一例一休"实行后，人事加班费增加了多少？环保局原先已编九千多万元，今为了"一例一休"上路，三千多名清洁员的加班，必须增加七千多万元加班费，这笔经费从何而来，是市长第二预备金还是另辟财源？"一例一休"实施后，造成"全民皆输"的情况，首先是资方在人事支出费用增加了，其次是劳工因为无法加班而支领不到加班费，减少收入了，而因"一例一休"关系，物价波动，且调整弧度甚大，连家庭主妇们也抱怨，因"一例一休"实施，造成老公无法加班而收入减少；就连幼稚园也酝酿要涨价，让年轻夫妇不敢生小孩，因为负担太重了。

黄香菽、黄绍庭、陈玫娟强调，"一例一休"政策中有很多不适当之处，劳工局应该积极向当局反应检讨修法，而不是迎合上面政策。要把劳工不满心声向当局反应，赶紧修法，检讨改进"一例一休"不适用的缺失。

2. 营造厂成本增 3%~5%

台《工商时报》认为"一例一休"增加营造厂成本，新亚建、欣陆投控旗下的大陆工程、工信工程等营造厂一年预估会增加 3～5% 的营业成本，直接对毛利只有 3%～5% 的营造业，减少获利。

新亚建指出，依手中承揽的工程，一周连续施工六、七天是正常流程，在新的"劳基法"实施后，加上劳检密集，一定会要求加班，甚至要增加额外人力，以公司目前预估，一年多支出的人力成本约要 1700 万以上，这对毛利率原本就低的营造厂，可说是极大的负担。

以承做公共工程为主的工信工程指出，2016 年，在没有"一例一休"纷扰下，毛利率也只有 6% 上下；在实施"一例一休"后，为配合公共工程进度，确实需增补人力因应，尤其，在现在营造厂都缺工下，要找到专业人工，增加的成本更高。

台湾区营造公会指出，现在仍有 40% 的公共工程采最低标竞标，在景气低迷、预算缩减下，许多营造厂杀价抢标，利润都已低到不能再低，如果持续严格执行"一例一休"、新的"劳基法"，营造厂的利润将会再度往下。

3. "一例一休"让台湾中小企业无法承担

据台湾《联合报》报道，台当局力推的"一例一休"新规由于缺乏产业特性考量，过于僵硬，让部分民进党"立委"也呼吁有修改必要。财经作家狄骧更撰文表示，"一例一休"上路后，朋友圈中已经有十几家小型、微型企业倒闭了，若再不调整，届时引发的骨牌效应，任何一位当局高层恐怕都无法承担。过去常听朋友说，在韩国只有大企业和财团能生存，中小企业根本找不到员工。但现在的台湾当局，似乎就是要把中小企业"韩国化"，苦和死的都是基层的中小微企业，和那些收入减少的基层劳工。

狄骧说，很多大型企业主对"一例一休"不满，倒不是因为要多付加班费或多给员工休假，而是规定过于僵化，使得企业营运空间变窄，间接影响竞争力，甚至有部分劳工开始用尽心机，想贪资方的便宜。"企业主最痛心的是，劳资双方的信任与好感都被这个政策抹杀殆尽，彼此变成对立"。在这个恶法下，大企业还撑得住，但中小企业与微型企业必然血流如注。当局不该管太多，才符合市场经济的运作原则，劳工若想多赚点钱，多兼几份工或同意加班多点加班费，只要在法定工时的红线内，都该尊重劳工的自由选择权。但如果红线划得太多太密，老百姓转个身就踩到红线，长久下来他们不是疯掉，就是会上街头抗议。"如果这恶法再继续乱搞下去，连中型企业或上市柜大公司都受不了时，届时掀起的骨牌效应，是任何一位当局高层都无法收拾和承担的"。

（二）民调："一例一休"致劳工加班费起薪均缩水

多项民调显示，台湾"一例一休"上路三个月，有近六成民众不满意，近四成则表示公司发的加班奖金变少了，超过五成民众更认为"一例一休"已经影响台湾竞争力。有六成民众希望台当局能检讨修正此一"三输"政策，二成民众则要求废除"一例一休"。调查中并指出，有21%民众表示"一例一休"上路后，公司的劳资对立情形反而增加，对物价的影响更是严重。76.3%表示物价明显上涨，对于新任"劳动部长"林美珠的满意度仅17.5%，不满意度高达45.2%。

而另一个人力机构则调查显示，21%劳工感受到加班费变少，企业征才给的平均薪水也减少2593元，当局期望照顾劳工的美意，恐怕沦为空谈。

根据yes123公布"第2季景气暨劳动市场趋势"指出，高达67%劳工不满意"一例一休"，因为多数受薪阶级认为，新制对休息时间没有什么变化。21%劳工因而感受到加班费减少，最惨的是，逾四成劳工感受到每月生活开销增加，日子真是愈来愈难过。调查同时指出，虽然有 75% 企业将于第 2 季展开征才计划，但开出的月薪条件却落在 30461 元，比上季开出的 33054 元月薪，足足少了 2593 元，等于缩水 7.8%。

（三）"一例一休"带来物价上涨

1. 民调：五成六认为物价涨与"一例一休"有关

台湾政策研究基金会于 3 月 9 日上午举行"蔡政府告诉你：物价正在跌"暨民调发布记者会，由基金会执行长孙立群主持，邀台湾政策研究基金会经发财政组召集人林祖嘉、中国国民党籍"立委"王惠美与谈。

根据台湾政策研究基金会公布民调，43.5% 受访民众不满意蔡英文施政表现，36.7% 满意；48.1% 不满意林全"内阁"施政表现，26.9% 满意。

民调显示，62.9% 认为"一例一休"实施，使得台湾中小企业经营变得更加困难，20.9% 不同意这样的看法；57.7% 不同意劳工权益变得更有保障，28.6% 同意。春节过后物价普遍上涨，55.9% 认为是推动"一例一休"的关系，33% 不同意。

林祖嘉表示，衣食住行都涨价，唯独台当局公布的物价指数没有上修；许多涨价的理由是台当局推动"一例一休"，但幅度与劳工成本上涨幅度一致吗？有没有趁机调涨或联合涨价，公平会应该深入了解。

2. 绿"立委"林岱桦促检"一例一休"

据《真晨报》报道，民进党"立委"林岱桦 4 月 13 日表示，"一例一休"衍生出庞大问题，并造成物价上涨，台当局应调查两者间是否相关，如果"一例一休"造成物价上涨，就应拿出改弦更张的魄力。

林岱桦说，"一例一休"的政策初衷在于降低劳工工时及提升劳工加班费，但是更为硬性的工时与加班费规定，却难以一体适用各产业的人力需求，许多产业不堪负荷加班费支出，纷纷变相禁止加班，导致许多劳工只能选择兼差填补财务缺口。林岱桦表示，更严重的是，以"一例一休"为名义而造成的物价上涨，已经遍及庶民生活的各个层面，物价僵固性一旦形成，到时候再怎么调整、怎么修法恐怕都已经无法修补人民的生活痛苦。

林岱桦引用人力银行业者调查指出，上班族每月开销还比 2016 年增加了新台币 4165 元，加上私立幼儿园、长照机构都在酝酿涨价，累积下来增加的额外支出相当惊人。林岱桦呼吁台当局应彻底研究涨价与新制"劳基法"间的关系，如果没有直接关系，应该采取适当行政手段，并向百姓说明；如果涨价与劳基法有关，那就应该拿出勇于面对、改弦更张的魄力。

二、台湾各界纷纷批评、检讨"一例一休"

（一）"一例一休"全民皆骂

台《中国时报》4月12日发表题为"全民皆骂，快认赔杀出"的社论。文章认为"一例一休"轻率上路，造成劳资及社会三输。文章说，随便问一下一般民众，简直找不到任何对"一例一休"没抱怨的人！先不说一般中小企业瞬间增加的成本，许多民众已习惯的生活规划几乎全打乱了！邮局周末不开，医院假日门诊取消，一些周末原本大排长龙的餐饮业与娱乐场所被迫打烊休息，受影响的民众就算嘴巴不抱怨，心中会不骂吗？

中小企业与零售业所受到的波及最严重，不仅人事成本大增，不少业者更面临排班困境。一家零售业集团为控制成本，曾尝试在某些分店试办每周三休业一天，以观察节省人事与水电等营销成本，不过才历经一个月，还是恢复周三营业，但将平日营业时间延后至中午12时才开。一来一往之间，企业管理者、劳工及消费者都陷入一团混乱，其中的苦不堪言，不是一句话可以道得完的。

公务部门本身同样是"一例一休"受害者，高雄市环保局计算"一例一休"后，加班费几乎增加1倍，必须增编加班费7100万元，惹得高市议员在议会质询时，痛批"一例一休"是"夭寿修法"。地方县市普通一个局处的加班费就增加这么多，其他业务量更大的中央与地方部门还会少吗？这也难怪南投县以危及观光产业为由，带头喊反"一例一休"。

"一例一休"当初的立法原旨，不就是在为劳工谋福利吗？但"一例一休"实施到今天，不妨扪心想想，这个法实施下来，广大的劳工群众究竟是受害者还是受益者呢？他们多了七天假，或是多了假日到班加班费，因此有更多的收入，更多的幸福感吗？答案恐怕是否定的！甚至一些企业不愿支付高底薪加班费，开始雇用外派计时工，员工原有的加班收入反而消失，总收入减少。讲得再直白一些，劳工可能是"一例一休"受害最严重的族群！

（二）仅17%民众满意"一例一休"

据台湾"东森新闻云"报道，台当局落实周休二日的"一例一休"上路已超过三个月，国民党文传会副主委唐德明3月14日表示，现在不但全台上下一团乱，各行各业有怨言，物价也因此波动不休。他指出，依据台湾TVBS民调，全台民众有44%不满意"一例一休"，只有17%满意，满意比例远低于民进党基本盘，呼吁台当局"劳动部长"、蔡英文表姐林美珠"别硬撑了"。

唐德明表示，"一例一休"这个议题超越蓝绿意识形态，呼吁台当局千万不要为了硬撑"一例一休"，而想要用开放弹性工时和责任制作为解套的药方，因为弹性工时、责任制都是以前造成劳工血汗过劳的主因。如果为了补"一例一休"的大洞，让目前已经有数百万劳工适用的弹性工时再放宽，"一例一休"等于名存实亡。蔡英文缩短工时照顾劳工的支票，不但彻底跳票，甚至还有玩弄欺骗劳工的嫌疑。

（三）"一例一休"的三大毛病

台湾《工商时报》就发表社论，认为"一例一休"这项政策犯了三个毛病：

第一，政策推得太早。"一例一休"旨在改善工时过长的问题，然而台湾劳工工时过长吗？若与经济合作暨发展组织（OECD）会员相比，我们工时名列第四长，似有过劳的现象，但这显然是一个误解，因为日、韩、美、欧逾20%的劳工是部分工时者，台湾仅3%属部分工时，两者结构不同，若直接平均必然会高估台湾的工时。依"劳动部"估计，排除部分工时者，只算全时劳工的平均每周工时，2015年台湾44.3小时，低于韩国47.7、新加坡47.1、日本45.0小时，也仅比美、欧多出2～4小时而已，这代表台湾工时并未偏高。经济学上有"劳动供给曲线后弯"法则，这是指人们所得达到一定水准之后，宁可减少工时来换取休闲，"一例一休"隐约有此意涵，但台湾如今已符合后弯的条件了吗？应该还没有，因为我们的所得长期停滞甚至下滑，而工时也低于亚洲邻国，此时推"一例一休"，条件显然尚未成熟。

第二，法规订得太硬。周休二日原本已可使劳工多享有休假日，但当局又把这二日分成一个例假日、一个休息日，即所谓"一例一休"，休息日较有弹性可加班，但例假日除非天灾、事变不得加班，"劳动部"说："如为例假，纵使劳工同意，亦不得使劳工在该假日工作。"这项僵化的规定，让企业与劳工备感困扰，当局维护劳工休假的权利是好的，但岂可连人们想加班的自由都要横加剥夺，这实在是匪夷所思。我们这一"例假日"之严苛足可媲美犹太人的"安息日"，然而翻阅新约圣经即可明白，耶稣基督认为享受安息比守安息日更重要，若为了守安息日而让病人得不到医治、穷人得不到食物，他宁可破坏规定也要让人们得到真正的安息，这一思想当可作为日后修法的参考。

第三，推出的时机太急。再好的政策若推出时机不对，也必然要失败，在全球经济充满不确定的今天，各预测机构对台湾2017年的经济成长估计都在

2%以下，这说明台湾景气虽呈扩张，却仍疲弱，"一例一休"此时登场，企业不堪负荷调涨价格者有之，陷入断链者有之、营运前景雪上加霜者也有之，此外，医疗院所减少周六门诊、社福机构也受到冲击。在景气寒意未退的今日，人们想要的是一份安定的工作与所得，而不是更多的休假，此一政策若不悬崖勒马，待景气萧条又至，无薪假卷土重来，劳工的假将放不完，但这是执政当局想要的结果吗？

评论认为，"一例一休"实施以来，民怨之所以和"政院"的预期有这么大的出入，就是因为政策的规划与实现之间，不是以数学方程式联结，而是循人类集体行为联系，既然有人的因素在其间，一切当然会产生变化。例如政策的善意落实到执行面会打折扣，雇主对法规的解释会打折扣，成长的果实还没享受到，市场预期涨价的心理已经浮现，加倍的加班费还没拿到，排班的困扰已经出现，为了因应政府劳检所需资料，企业行政作业更是忙到晕头转向，政策的善意传递至此，竟无一方得利，大家忙成一团也乱成一团，外界之所以评此一政策带来了劳、资及消费者"三输"的局面，并未言过其实。

（四）绿议员轰"一例一休"糟蹋台湾人

民进党蔡英文当局推动通过"劳基法"修法，实施"一例一休"制度，引爆社会动荡不安愈演愈烈，反弹声浪迭起，民进党基层的不满声音，直接冲击民意代表，民进党议员也受不了，4月11日在"议会"质询轮番炮轰。

郑新助"议员"痛骂"一例一休"造成劳资双方都损失，尤其开门七件事"柴、米、油、盐、酱、醋、茶"物资都波动，根本是乱搞一通，是在"糟蹋台湾人民"。郑新助说，"一例一休"几乎大众都搞不清楚，民代也说不清楚，这是在害死他们这些民代。

劳工局长郑素玲答询说明"一例一休"详细内容，郑新助听不下去，批评好像"古早太监在读圣旨"，读半天，没有人听得懂。郑素玲表示，根据当局及各项调查，企业因"一例一休"所增加的成本大约只在3%，没有外界所说的那么多。主持议事的卫生环境委员会召集人周玲妏不满地说，照这种说法，届时若高市府提出职工因"一例一休"而增加加班费预算超过3%的部分，通通退回去。

苏炎城议员也质询说，"一例一休"造成官员、民众、产业，甚至是民代，整体都是负面的呈现，尤其七月一日开始开罚，会带来更大的冲击。

（五）南投花莲抵制"一例一休"

"一例一休"上路后批评声音不断，花莲县、南投县都扬言抵制实施。

民进党"立法院"党团举行记者会呼吁，地方县市首长应该多点沟通，少一点口水。党团书记长李俊俋表示，根据"地方制度法"第 75 条规定，地方政府不能撤销、变更、废止或停止执行"中央"法令。但李俊俋也坦言，各县市实施"一例一休"后有许多意见表达，这都是对实际状况不了解，他们也要求"劳动部"要对各县市清楚说明。"行政院长"林全也提到，现在因为法令刚实施，大家无法配合的地方，之后会再进行调整。至于是否有再修法可能性，李俊俋表示，需要一段时间把问题凸显出来，到现在为止都还没超过宣导和辅导期，这段时间应该要找出问题、面对问题。这些问题需要汇整后，由各部门去协助解决，之后会不会涉及修法再要再看看，现在没有预设立场。

至于"劳动部"主秘提及南投、花莲将不实施"一例一休"，是被雷打到。李俊俋说，"劳动部"最近被问到脸上一片黑，但这不只是"劳动部"的事情，各部门都要动起来。企业与"劳动部"沟通，也不必敌对状态。要重新思考劳基法修法目的是什么？是想让劳工有更好的工作环境，但是现在涨价等问题都推给"一例一休"，他们也不是要指责花莲县长或是南投县长，只是希望多点沟通，少点口水。

（六）江启臣：朝令夕改又何妨

国民党"立委"江启臣 3 月 19 日表示，"一例一休"政策仓促上路，造成状况不断，蔡英文希望"三输变三赢"，但错误的政策不改不修，如何能够呢？错误的政策朝令夕改又何妨？

江启臣指出，回顾 2016 年的"劳动基准法"修法，其本意是让大家享受"周休二日"的好处，修法的重点包括砍掉七天假、实施"一例一休"，修正加班费计算方式，修正特别休假及吹哨子条款。没想到放假经济效应还没产生，僵化的规定已经让劳工、雇主无所适从，社会群起反弹，地方政府也不愿配合。这次"劳基法"新制也带动各类成本支出，以休息日加班费影响最大，特别是"做一给四""做四给八"的算法，让老板不敢轻易请员工加班。非技术性工作不是另外找部分工时劳工，就是以派遣工代替；技术性工作若入不敷出，则干脆减班。目前各地方政府采取消极不配合的手段抵制"劳基法"新制，社会各界莫不期待当局能尽快修正缺失，错误的政策朝令夕改又何妨？呼吁当局尽速研拟配套方案，消弭因恶法引起的社会纷乱，让社会经济之发展重新回复至正常轨道。

（七）强推"一例一休"，台湾经济恐成陪葬品

台当局强推"一例一休"新制，不仅劳工团体毫不领情，资方也急着跳脚，后遗症逐渐浮现。台湾《工商时报》对此发表评论文章指出，如果台当局仍不当一回事，那么，必然的结果是企业将失去对台当局的信任，陪葬的就会是台湾经济。

当企业失去对台当局的信任、信心，还会在台湾投资吗？没有投资又何来薪资提升？台当局"国发会主委"陈添枝日前直言企业不投资台湾是信心问题。此次台湾工业总会、商业总会问卷调查，高达35.9%的企业因"一例一休"打算将生产线外移、转单、歇业及加速自动化。工业总会在调查过程中也发现，绝对多数的受访企业表示将采冻结工资。

"重点是台当局要知道自己在做什么？"这是台湾地区领导人蔡英文常说的"语录"之一。然而，面对"一例一休"引发的诸多问题，台当局真的知道自己做了什么吗？当企业反映"一例一休"将造成万物齐涨、百业受冲击时，台当局做了什么？

政策不是演讲比赛，只要用华丽的辞藻撑过场面就完事，而是要能落实执行。像工总理事长许胜雄曾经说"要能让大家愿意接受，如果所有人都怨声载道，政策再好，也没有用。"

"一例一休"上路以来引发的种种难题与争议，企业界并无心究责，只盼台当局能多倾听社会更多元的声音，特别是真正在基层工作的劳工声音。文章指出，如果台当局仍无法认清事实、不当回事，当企业受创而不愿意投资台湾，最终台湾的整个产业、经济发展将成为陪葬品。

（八）"一例一休"只会苦劳更苦

"一例一休"原是为避免过劳而推动的"修法"，然而自上路以来却是后遗症不断，除了涨价、周末歇业造成民众负担外，许多人内心存有不少疑惑。为何"一例一休"无法扭转苦劳现象？台湾《中国时报》日前发表评论说，问题的根本在"低薪"，然而造成低薪的原因，不就是当局无法把"经济的饼"做大，反而用僵化的劳动条件，框住新兴产业与知识科技的成长。文章认为，只有把"经济饼"做大，才能解决问题，否则，"一例一休"只会苦劳更苦。

（原载《福建社科情报》2017 年第 2 期）

郭台铭百亿投资美国之情况分析

陈元勇

一、郭台铭百亿投资美国

7月26日，鸿海科技集团（富士康）总裁郭台铭与美国总统特朗普在白宫共同宣布，将投资 100 亿美元（新台币 3055 亿元）在美国威斯康星州设立 1 座液晶显示器（LCD）面板工厂，预估初期将创造 3000 个、长期可望创造 1.3 万个工作机会。威斯康星州将为鸿海提供 30 亿美元的优惠措施。

特朗普宣布，富士康计划建厂是郭台铭履行其在美国投资的承诺，这是美国制造业"伟大的一天"。特朗普对郭台铭带领的鸿海集团投资美国表示感谢，并称呼郭台铭是一位"老朋友"。"我感谢你对美国工人的投资，他们永远不会让你失望"，致辞结束后二度和郭握手，时间长达六秒。据悉，郭台铭作为台湾企业家，是和白宫主人同开记者会的第一人，全球企业面对特朗普主政下的美国，在投资美国上郭台铭也积极响应，且拔得头筹，享有白宫专办记者会的高规格待遇。

郭台铭表示，受到美国总统高规格接待他吓一跳，这给世界各国，包括日本，一个很好启示，经济须多做少说。很多人说商人无祖国，但"我觉得市场就是我的祖国"，而"不要忘了我在哪里缴税，我没有赚钱怎么缴税？最主要的结算（缴税）还是都回到台湾"。台湾市场规模有限，鸿海作为跨国企业必须向外开拓市场，而全世界最大的市场就是美国和中国大陆，"我们不去，去哪里"？

该工厂将生产液晶显示器，坐落在众议院议长保罗·瑞安的选区，据彭博社披露，瑞安是来自威斯康星州的共和党人，也正是他亲自游说了特朗普以及白宫幕僚长 Reince Priebus，帮助敲定了郭台铭的投资。据一名白宫官员透露，特朗普的女婿库什纳牵头的白宫创新办公室从中牵线搭桥，促成了这笔100亿美元的投资落地。这名白宫官员因当时计划尚未公布要求匿名。

消息一出，立即在台湾引起强烈的反应。

二、岛内对郭台铭投资美国的反应

台湾当局表示，郭台铭投资美国有助台美经贸关系。"总统府发言人"林鹤明表示，美国是台湾在国际上最重要的经贸伙伴，任何只要有助于台美间经贸关系更为紧密，有助于台湾产业发展的更进一步，相关的投资与合作，他们都乐见。

"经济部常务次长"杨伟甫表示，台企在国际布局投资中不要忘记台湾。鸿海集团这样的投资布局有互补效果，对目前发展乐观其成，也希望促进技术或合作层面双赢。但也期盼，台湾大企业在国际布局投资中不要忘记台湾，"毕竟台湾是我们的根"。

民进党"立委"何欣纯表示，郭台铭赴美投资绝对是台湾危机。郭台铭到美设厂会影响台湾经济发展，也让外资与本土资金投资台湾的信心减少，代表台湾投资环境不够好，才会造成资金外移。这绝对是台湾的危机，但也是转机，必须赶快调整产业政策，"一例一休"等"劳基法"修法也要赶快进行。

"台联党"前"立委"黄宗源表示，蔡当局没用心招商。鸿海集团董事长郭台铭投资100亿美元在美国设厂，蔡当局没有设法争取留下很可惜。半年前媒体披露，郭台铭放话不要投资台湾，蔡当局就要设法挽留，这么大企业，可以用专案留在台湾。蔡当局比较没用心在招商。

前民进党主席、亚太和平发展基金会董事长许信良说，全球化世界、全球经济已是一体的，资金流动到哪里，都有自己选择和考量，台湾不适合100亿美金那种投资，比如说像制造 iphone 的大投资，台湾的环境包括工人是无法配合的，全球化时代资本家会有自己的选择。他个人认为，台湾没什么遗憾，台湾也有自己可以吸引投资的产业。郭台铭那种投资规模，在台湾已不适合，台湾很难承受的，那种规模的投资，大陆才应该关心。如果郭台铭搬走了，会担心的应该是大陆，而不是台湾，而且郭台铭到美国投资，不叫从台湾出走，因为郭台铭本来就不在台湾投资那种生产。

亲民党桃园市服务处处长陈郑权表示，蔡当局无能。看到郭台铭到美国投资美金100亿元，强烈感受到民进党蔡当局的无能，这对台湾冲击很大。之前外界质疑没有企业来台湾投资，蔡当局还笑说"他们都是边骂台湾边投资"，这是什么道理？蔡当局不帮忙解决水电土地劳工就算了，还一旁说风凉话。

国民党前"立委"邱毅表示，台湾被自己搞垮。看到郭台铭在美国宣布百亿美元投资，特朗普亲自站台，称许为伟大的企业家，郭董一定感觉到很安慰。郭台铭之后，台塑、台积电、义联等大企业跟进，再加上斗争军公教以后，消费市场萎缩，企业集体出走，产业空洞化，高失业低工资的冰河期即将来临。然而蔡英文和她的徒众仍不知死活，继续鼓动民粹搞斗争，操弄司法媒体，斗完这个斗那个，把社会整治的乌烟瘴气，所谓乱邦不入危邦不居，看来台湾是要自己搞垮了。也或许是从太阳花之乱以来，这个命运早就被注定了。

国民党主席当选人吴敦义表示，看到鸿海投资美国很震撼。全球布局的企业在国际间适当投资，是企业的本事，但看到郭台铭要在美国投资，心里还是非常震撼。这些对台湾贡献度很大的企业，为何会在同时间远渡重洋到美国？美国总统特朗普大举改善投资环境来争取企业，相对应的，台湾也要更加倍努力改善投资环境，像工商界常提的"五缺、六缺"之说，不论当局在朝或在野都应同心协力，鼓励创新创富，台湾要做的努力跟突破还很多。

三、郭台铭美国投资设厂的原因分析

（一）郭台铭心灰意冷放弃扩大投资高雄

2008 年 6 月，郭台铭曾与高雄软体园区签订投资意向书，但由于郭与国民党的关系密切，处处受到高雄政府的掣肘，使得郭台铭心灰意冷，最后仅投资一栋新台币 19 亿元的云端中心大楼，直到目前决定大手笔投资美国。

回顾 2008 年 6 月，鸿海集团董事长郭台铭与时任"经济部长"尹启铭共同签署投资"经济部"高雄软体科技园区意向书，并邀当时的"副总统"萧万长与高雄市长陈菊见证。当时郭董强调，他会落实对马英九加强投资高雄的承诺，保证会扩大对高雄投资，未来投资将着重于创新、研发和设计能力的培养和提升，初期将以五年内创造三千名软件工程师就业机会为目标。2011 年，郭台铭在"高雄软体园区育成研发大楼暨云端资料中心"动土，马英九也亲自出席。

2014 年 5 月，高雄市长选举开始热了，国民党选将杨秋兴对外表示，郭台铭曾亲口承诺，如果他当选高雄市长，就要在高雄建立电子企业的产业链，从设计开始，制造、成品、软体程式等，将是一个年产值数千亿元的产业链、产业规模足以与竹科相比拟。当时还传出，国民党拜托郭台铭请王金平为杨秋兴

挎刀。

郭台铭与国民党的关系，以及辅选动作，引起民进党与陈菊的不满。事后传出，立场亲蓝的郭台铭 2014 年之前两度南下高雄洽谈路竹科学园区与高雄软体科技园区扩大投资，仅见到高雄市经发局科长级官员。郭台铭最终对高雄市政府的态度深感灰心，而未有进一步的投资项目。

郭台铭投资新台币 19 亿元兴建的"高雄软体园区育成研发大楼暨云端资料中心"已于 2016 年 10 月完工并对外招商。高雄软体园区育成研发大楼暨云端资料中心主体为两栋建物。其中，云端数据汇流中心楼高 5 层、楼地板面积约 6000 平方米；软体育成研发大楼高 14 层楼，地下为 4 楼。目前共有台新银行、KKBOX 等公司进驻。鸿海集团仅剩云高、扬信、鸿佰三家公司进驻，约 500 名员工。这些就业数字与郭台铭当年承诺的 3000 人有不小落差。

对此，高雄市政府经济发展局局长室秘书赵家玮表示，"高雄软体园区育成研发大楼暨云端资料中心"大楼土地是向加工出口区承租，因此各项营运数字、就业人数需向加工出口区询问；但对于鸿海集团投资高雄一事，当时鸿海虽承诺在高雄设置云端研发中心，但后来只有建置云端机房与机柜，并想出租给高雄业者。站在市政府立场，不可能帮鸿海与在地企业做牵线的行为。而高雄市长陈菊避谈鸿海赴美投资一事，声称对这件事情不了解。

（二）台湾投资环境及两岸关系恶化也是郭台铭出走的重要原因

特朗普上台后，为美国本土制造业提供政策红利的同时也大力吸引外来投资，美国的制造业投资环境向好，作为代工大厂的富士康赴美投资设厂当然离不开郭台铭出于自身发展的战略考虑。但是，在郭台铭战略考虑背后，实际上也折射出台湾投资环境越来越艰困。郭台铭曾坦言，台湾行政效率不佳，若非必要不想回台投资。此言一度引发岛内议论纷纷，但不得不说，郭道出了目前台湾经济滑入窘境的一个侧面。而更为重要的，使郭台铭对台湾失去信心的原因，或许是面对目前如此冷淡的两岸关系，原来依靠海峡热络谋求发展壮大的台商们，已经看不到自己再固守台湾的未来。

两岸关系在过去一年经历风云变幻，从马英九时期难得的稳定和平状态到蔡英文上任后陡然降温，不断从"冷和平"向"冷对抗"方向演进，其势头发展不但令民众失望，也成为在两岸穿梭的台商们无法回避的政策议题。作为两岸关系变化最有切身感知的台商，郭台铭的出走只是一个开始。稍早前对台湾GDP 贡献约 4% 的台积电也传出，因南科高雄园区路竹基地环评无法预期完成，

5000 亿新台币的 3 纳米制程投资计划，已经将"美国设厂"纳入考虑。

近日台湾"投审会"公布的 5 月投资数据，也佐证了台商出走背后的整体趋势。数据显示，前 5 个月的外资和陆资来台投资金额，以及台商对外、对陆投资金额全面呈现衰退。这证实了蔡英文当局上台一年来，已经将两岸交好带来的投资预期压到极低的水平。

不可否认，作为台湾本土企业，如果岛内提供足够好的环境，"投资台湾"当然是首选。但显然事与愿违，蔡当局上任以来，"投资台湾"口号震天响，但只顾拼政治、搞内斗，岛内经济出现"空心化"趋势，郭台铭此次的出走也是经过深思熟虑之后的无奈之举。郭台铭出走不是偶然。即连台湾工业总会日前发表《2017 年工总白皮书》也指出，台湾企业的生存挑战日益严峻，稳定的两岸关系才是根本解决之道。

四、郭台铭投资美国对台湾的影响

外界质疑鸿海在美建新厂，未来恐引发台湾产业连带出走效应。其实不仅台商，就连外资对台投资前景也是悲观态度。据深绿媒体曝光，外资法人对台湾不动产市场悲观，2017 年上半年投资挂零，甚至传出有外资有意出脱手中的资产获利了结退场，甚至有新加坡资本欲卖百亿大楼退场。

前"金管会主委"、国民党不分区"立委"曾铭宗认为，鸿海投资美国对台湾影响非常大，一是恐怕会有羊群效应，因鸿海是台湾企业领头羊，加上台塑也宣布要到美国投资，其他相关企业也会跟去；二是鸿海还可能把整个供应链带去美国，例如苹果概念股相关等产业，对台湾创造就业机会，或是增加台湾GDP 等都有重大影响；三是此事件显示台湾投资环境不好，缺水、缺电、缺人、缺工、缺地等工商界所说的"五缺"，台湾当局要花更大力气赶快解决，人家才愿意来台湾投资，其他还有环保问题、结构性问题等都非常严重。外资不去台湾，有部分原因是因为目前两岸关系不稳定所导致，但最重要的，还是台湾总体投资环境不佳。

台积电董事长张忠谋曾表态，其投资首选仍是台湾，然而声称 3 纳米新厂设厂地点原则上会以台湾为主的台积电，都不得不清楚强调电力是设厂的重要考虑因素之一。预估台积电新厂设立后 10 年的用电量将较目前成长 85%。1 秒都不能缺电的不只台积电，但蔡当局有办法应付吗？ 2017 年入夏以来，持续的高温让台湾当局不得不违背"非核"承诺重新开启核一 2 号机组和核二 1 号机组以应付夏季用电高峰。然而，7月底"纳沙"台风吹袭台岛，花莲民营和平电厂输电塔倒塌，彻底暴露了台湾的缺电危机；8月15日下午因"中油"操作气阀失误，导致供应大潭电厂6部机组的天然气供应中断约2分钟，6部机组全部跳机，造成全台多处停电、跳电，影响户数高达668万户。大停电事件随即引爆朝野，也吹破了民进党当局的"非核神话"。台湾《中国时报》社论指出，台湾一旦进入限电阶段，工业用电大户将最先被轮到，这也就破了蔡英文对工商界"不缺电、不缺水"的承诺，对台湾本来就已每下愈况的投资环境来说，犹如再补上一枪。电不够企业就走人，这是很现实的问题，蔡当局别再逃避了！

另一种声音认为，郭台铭投资美国不易出现领头羊效果。台"经济部"加工出口区管理处处长黄文谷指出，鸿海董事长郭台铭赴美投资是呼应美国总统特朗普的封闭型策略，但不易立刻起到领头羊的效果。台湾企业有一定的利基，郭台铭会有这样的做法当然是呼应美国总统特朗普这种封闭型的保护主义策略，当然郭台铭去美国对于全球化的运作与对台湾当然具有一定的警惕作用，但应该不至于这么快发生领头羊效果？台湾加工出口区厂商早年就在这里深耕、付出，不论是土地、技术等基础要很快地外移也不是这么容易的。

台湾《经济日报》社论指出，鸿海投资美国给台湾带来警示。根据台"经济部"投审会最新资料，2017年前6月，核准去台的侨外投资件数为1,558件，金额是37.7亿美元，前者较2016年同期减少4.12%，金额则衰退三成一。衰退中的侨外投资，对照鸿海投资美国的大手笔，蔡当局此刻真的不宜再抱持鸵鸟心态。面对特朗普积极实现"美国制造"，台湾当局有两件事是当局应当在本次鸿海投资美国计划中学到的教训。一是在心态上，当局除了嘴巴说不反商以外，也必须让内外资真正信服当局"拼经济""拼招商"是来真的，而"府院"高层更应积极扮演"营销"台湾的最佳推手，该给出的"关爱眼神"与"温度"，都是必要的。二是持续改善投资环境与行政效能。这一点虽是老生常谈，但是看看鸿海从年初就开始对外披露有可能在美国投资面板厂，短短几个月之间，就有了具体投资眉目。台湾不能不佩服美国的行政效率。而这几年，全台"工总"白皮书频频点名台湾的投资环境，不只缺水、缺电、缺工、缺地、缺人才，蔡当局上台后，还缺了平稳的两岸关系与有弹性的劳动政策。从这两个角度看鸿海投资美国，当局应该有所警示及采取对策。

五、台商唯有跨两岸才能壮大

郭台铭在白宫宣布百亿美金投资案消息传回台湾，各方看法不一。有"绿委"认为，郭台铭到美国设厂会影响台湾经济发展，降低外资与本土资金投资台湾信心，是台湾的危机。这是以管窥天的看法，以台湾的人口、土地、资源绝不可能撑起像鸿海、富士康这样的巨型企业。如果郭台铭从 1974 年开厂到现在还留在台湾，顶多是一家好一点的中型企业，郭董也不可能成为国际性的"代工皇帝"。

郭台铭的例子证明了台湾企业唯有跨足大陆市场，才可能壮大，运用两岸的优势，往跨国性大企业推进。其实不只是鸿海、富士康，台湾排行前面的大企业几乎没有不在大陆投资的。

但台湾当局目前多数政策与企业发展方向背道而驰，除了劳工、土地政策等让企业无法在台湾扩大；对企业要赴大陆投资，寻求壮大机会又是拼命扯后腿。当局非但不是帮忙，且是帮倒忙。

尤其现在卡在蔡当局不承认"九二共识"，两岸冰封，台湾企业完全束手无策。台湾"工业总会"日前发表 2017 年白皮书，洋洋洒洒提出 119 个议题、272 项建议。其中，两岸议题由 2016 年的 25 项大幅减少至 12 项，"工总"直言，这显示了两岸僵局让业者无奈。蔡当局要把企业留在台湾，但企业都明白，当大陆产业急起直追时，不快去卡位，进入供应链，留在台湾最后结果就是萎缩，甚至完蛋挂掉。企业家们最大的无奈是蔡当局的意识形态超越一切。

在全球化时代，蔡当局这种"去哪都没关系就是不要去中国大陆"的态度无异自绝于台湾的发展与繁荣。蔡当局不可能把企业关在牢笼里，会走的终究会走。在两岸僵局下，想进来的却进不来。台湾真正的掏空是出在政策失当。郭台铭生意做得够大，堪称是全台唯一不怕被戴红帽的人，才会被高度期待选台湾地区领导人。他从行走两岸，走入白宫，特朗普绝不会只把他当成一个台湾商人，富士康进入美国，除了是台美经贸关系，更是中美经贸合作的一环。

（原载《福建社科情报》2017 年第 4 期）

台湾军工产业发展观察

陈　萍

军工产业是研制、生产军事装备部门的总称，但台湾标准产业分类规范资料显示，没有任何一种产业分类是属于军工产业。根据台湾当局长久以来的习惯，以及台军部门的归纳，台湾军工产业并不属于单一产业之范畴，其内涵亦非单一产业所可满足之市场。这就导致一个问题：没有足够的工业人口和土地的情况下，台湾地区无法建构起"研发—制造—装备"完整的军工产业链条，以致其发展空间日益萎缩。如今岛内军工产业存在的最主要意义，已经不是为了实现"自主防卫"，而是台湾当局外购先进武器时作为讨价还价的基力。

2016 年 5 月 20 日开始，蔡英文主政的民进党当局将"国防自主"作为其施政的重要主轴之一，所提拟的"国防产业发展策略"，除了以"自主的防务产业"支持台军战力提升之外，也背负军工成长能量挹注民间产业、提升经济动能之期待，当然不可忽视岛内"台独"势力"武力拒统"的企图心。本研究从台湾军工产业的发展概况、军工产业的管理、民进党当局所谓"国防自主"引发的论辩以及所面对的限制因素等，做出肤浅的观察。

一、台湾军工产业发展的历程概析

台湾军工发展史可回溯到日本殖民时期。日据统治者曾积极发展军需工业，使台湾成为支援日本侵略战争的后勤补给基地。当时岛内的军需工业可分三个层次：一是直接提供军品需求，包括兵器、自动车、飞行器的组装/修理及相关精密机械的制造工业、各种电器器具制造及制铁、造船工业等；二是军需的轻工业，如为满足日军需求的纤维、油脂、制革、药品、食粮用的罐头等工业；三是能达到在岛内自给自足的轻工业，如木材加工、制纸、酿造等工业。也就是说，广泛地利用台湾的农业、林业、水产、畜产等可能的原料以及人力资源来强化军工发展，一方面是提供日本对外侵略的需要，另一方面则有利于对台湾实行更加严密的军事控制。

国民党败退台湾后百废待兴，统治当局不具备完整军工科技与研发、管理及整合的能量，当时的军工产业以兵工厂为主体，如联勤兵工厂、空军航空研究院、陆军飞弹营等部门，仅具制造传统火炮、炸药等产能或操作、保养能力。迄至 1969 年台湾"国防部"为了全面提升"国防自制能力"，成立位阶属"国家"层级的"中山科学研究院"（简称"中科院"），其定位是台湾"国防科技"的智库。"中科院"主要从事两方面的军工科技研发：一是战略性武器；二是战术性武器。

（一）对战略性武器的掌控意识。

所谓战略性武器指的是"核子武器、生物武器与化学武器"，都是国际公约禁止的、敏感的武器。虽然受到国际公约和台湾地区所处国际情势的制约，台湾不能发展"核、生、化"战略武器，但台湾当局还是下了很大功夫，在"中科院"瞎下设立"核能研究发展""火箭研究发展""电子研究发展""化学材料科学资源开发研究发展"四个研究所，极具针对性，分析如下：

第一，"核能研究所"就是要研发核武器。1964 年大陆原子弹试爆成功，台湾军方更加强了发展核武的企图心。在美国的干预下，1975 年 9 月 17 日，时任"行政院长"的蒋经国接受美国记者访问时不得不承认台湾"具有制造核子武器的能力与设备，但绝不制造核武器来伤害我们自己的同胞"，宣示"中科院"的核能科技只能用于和平用途。据披露，1976—1989 年间该研究所在武器装备对抗电磁波能力测试方面做了很多实验，得到很多数据资料，后交品保中心 EMI 小组作为环境试验重要的参考。

第二，化学武器以预警、防护、消除、急救等为研究基本任务。"中科院"在青山营区的"化学材料科学资源开发研究发展"研究所即以化学战剂、合成作为其基本研究任务，且与台湾中华医学院、"中央研究院"等合作，完成多种侦检、防护、消除装备的项目，充分掌握针对化武的防护消除能力，成为化学战的智库与资料库。

第三，对生物武器具备防护警觉能力。为简化作业与保密关系，台湾"中科院"在"国防医学院"内成立一个"预防医学研究所"，做到对生物武器具有防护警觉能力之目的。

（二）加速战术性武器研制的始末。

1978 年中美建交，接着美国发表"八一七公报"，限制军售台湾的武器性能，台湾军购更趋困难。为因应未来防务需要，台湾"国防部"提出"防控、制海、反登陆"的战备策略，统合全台之力进行"三弹一机"（即"天弓"、"天剑"、"雄二"飞弹计划与经国号战机（IDF）的"安翔计划"）自力研制计划，"中科院"因此进入另一个黄金时代。当时台湾防务部门进行了扩大组织、统一指挥、增进效率的改革，将军方掌控的"航发中心"改制隶属"中科院"；联勤 44 兵工厂编配"中科院"，改称"飞制中心"（后更名"系统制造中心"）。20 世纪 80 年代后期，"三弹一机"计划的研发任务完成，成果的性能展示及工程发展均符合要求，受到台"国防部"及各军种肯定，陆续建立了生产、部署、整体后勤配合等军需产业。1994 年岛内"汉光十一号演习"的重心就是对"中科院"上述研发成果进行总验收，宣告"中科院"的"三弹一机"研制计划成功。

（三）台湾军工产业的组织转型。

1994 年，美国宣布对台军售松绑，台军武器的来源可以通过直接军售途径获得，因此台军方对"中科院"的依赖降低了。加上当时台湾政坛掀起"主流"（本土派）与"非主流"（非本土派）的争论，且有国防预算紧缩的压力，执政的李登辉当局借由人事、组织、采购、预算制度等相关法规的修订，促进军工产业转型。1996 年，台湾"国防部"着手研究"军工厂国有民营政策"之可行性，并配合台湾行政当局"组织再造"政策推动军工机构转型。1996 年 7 月 1 日，"汉翔航空工业股份有限公司"改制隶属"经济部"；1999 年 4 月召开的"军工厂国有民营化推动工作会议"，选定陆军汽基处、工基处、海军第三、四造船厂、空军第二后勤指挥部、联勤第 302 厂被服厂、第 304 厂等七个后勤基地厂库优先委托民间经营管理；2000 年 3 月 1 日，台"行政院"订立的"国家中山科学研究院设置条例草案"送审，"中科院"之公务机关属性转型为"行政法人化"。简言之，台湾当局运用公权力对军工产业进行组织再造，通过对人事、预算、采购等制度的松绑，并引进民间企业化精神，提升军工产业的营运绩效及科学能力，进而增加防务智库的深度。

二、台湾军工产业发展现状

台湾当局每年均有为数不少的防务资金投入，其要项是支持本土军工研发以及对外"军购"。经过 40 多年的苦心经营，台湾军工产业有了较大发展，包括：各种轻武器基本自给自足，许多重点型号武器问世，较具代表性如勇虎式主战坦克、IDF 战机、天剑系列空空导弹、雄风系列反舰导弹、天弓系列防空导弹等，如今这些武器仍是台军的主力装备，代表其自主防务的水准。用外媒评论的话说："外交"受困、采购军武困难的台湾，由于重工业基础欠佳，在造舰、自制战斗机、战斗车辆上都有很大的障碍，但 40 多年的发展，为自己的防卫披上一层导弹编织出的"盔甲"，即台湾成了"插满导弹的小岛"。2016 年底以来，岛内不断传出台军研发提升"新三弹"（"雄风–3""天弓–3"与"天剑–2"）性能，不但射程更远，而且抗干扰能力增强，并表示随着台湾太空工程的进步，尤其是台湾卫星分辨率逐步提升，可以作为升级版的导弹组件，有助于提升台湾军事技术能量。

随着岛内外战略环境变化，在"组织再造"政策的支持下，台湾当局亦积极地将企业化管理制度注入军工产业。目前台湾军工产业在法制技术运作上大致有三套方式：一是以"国营企业"依据"公司法及国营事业管理相关法规"运作；二是"法律授权的委托经营行为"则依据"政府采购法及行政程序法"运作；三是"行政法人化"则依据"行政法人法"运作。

台湾军工产业主要机构简介如下：

1. "中山科学研究院"（简称"中科院"）。"中科院"是台湾"国防自主"政策的产物，为台军防务科技研发之专责机构，其于 1969 年 7 月 1 日在桃园县龙潭乡正式成立，隶属于台湾"国防部"，目标是服务台军，加速发展"国防科技与军工的自主研制"能量。1982 年 12 月，隶属台空军的"航发中心"改隶"中科院"，在美国的协助下发展新一代战斗机，命名为"IDF"；此后，原联勤兵工生产署的 44 兵工厂赋予飞弹火箭生产任务并编配"中科院"。至此，台湾军工产业的研发与生产得以充分配合，并设立整体后勤单位，进行相关的教导、训练等工作。

岛内主力军工产品如相当数量的防控、制海导弹和军用电子设备，IDF 战机等都由"中科院"担纲自主研制。"中科院"对海军的服务项目最多，除雄一、雄二外，在 20 世纪 70—80 年代（没有二代军舰之前）则通过"武进计划"将二战时期舰艇的战斗系统全部更新，获得的经验用于二代舰的自制（由"中船"造舰、中科院负责战斗系统整合），如"光华计划"（PFG–2 战斗系统）、"长风计划"（EW）、"大成计划"（C31）、"万象计划"（水雷、水下科技）、"龙睛计划"（港防监听）等。对空军最大的研发计划是制造 IDF 的"安翔计划"，经过 10 年的努力完成战备，在此后的 20 年中，由原来的 A、B 型提升到 C、D 型，台湾的航空工业由此迈进一大步，为岛内培养了一大批航太科技人才。据统计，在 20 世纪 90 年代，"中科院"拥有 6000 名科学家和 8000 名技术人员。

1994 年 7 月起，"中科院"配合台防务部门成立的"军民通用科技发展基金"，开始推动"军民通用产合开发计划"；1996 年"龙园研究园区"成立，将研发成果及经验实务转移至军民通用科技的发展上。此后，因台湾获得从美国直接军购 F–16 和幻影 –2000 战机，影响 IDF 生产计划由原先的 250 架锐减至 130 架；当 IDF 生产完成之后，除了组装少量美国直升机外，"汉翔公司"（详见下文）的营运只能依靠飞机翻修与延寿改装、零部件制造、支持台军拖靶训练等业务来苦撑。在这种情况下，大量的专业技术人员对"汉翔"的未来失去信心，离开公司流向民间甚至是海外和大陆。资料显示，到了 2003 年"中科院"拥有的科学家和技术人员分别下降到约 4000 名与 5000 名；为了维持其正常运作，从 2006 年开始的五年时间内，"中科院"又精简人员，近万职缺降剩6000 人。2013 年元旦台防务部门组织调整，将"中科院"改制为"行政法人"机构，命名为"国防部军备局中山科学研究院"。

2. 汉翔航空工业股份有限公司（简称汉翔公司）。汉翔公司的发展历程，应回溯到 1946 年 9 月国民政府在南京成立的"空军航空工业局"；1949 年，"空军航空工业局"与 1939 年在成都成立的"航空研究院"一同随败退的国民党当局迁至台中市，前者改称为"空军技术局"；1954 年 7 月，"航空研究院"并入"空军技术局"；1969 年 3 月，"空军技术局"改制为"空军航空工业发展中心"，仍隶属"空军总司令部"，并在清泉岗基地设分部；1983 年 1 月，"空军航空工业发展中心"改由台湾防务部门的"中科院"管辖，称为"中山科学研究院航空工业发展中心"。1990 年台"行政院"颁布"航太工业发展方案"，将航太工业列为十大新兴工业之一，1992 年 10 月，"航空工业发展中心"改制为公营事业机构。1995 年"立法院"通过"汉翔航空工业股份有限公司设置条例"，1996 年 7 月 1 日"汉翔公司"改制隶属"经济部"。改制后的"汉翔公司"经营策略也从军用航空转型为军民通用，及多角化经营为目标，以配合朝民营化方向转型。该公司是台湾地区的航空器制造商，最著名的产品为 IDF 战机，是目前台空军的二代主力战机之一。具体分工是台中厂区（总部）负责研发测试、飞机零件及零组件制造、航电零组件制造与测试；位于清泉岗空军基地内沙鹿厂区，负责飞机装配与地面测试、飞行测试与服务、航电与飞控工程；

位于阿公店水库山脚下的冈山厂区，负责航空发动机零件制造、航空发动机组装与测试。多年来"汉翔公司"还与海外厂家如贝尔、诺斯洛普、盖瑞特合作生产 UH–1H 直升机 118 架、F–5E/F 喷射战机 308 架以及 T–53 发动机 154 具、TFE–731 发动机 150 具，并制造介寿号 58 架、中兴号 52 架及 AT–3 自强号高级教练/轻攻击机 62 架等各型教练机，对台湾防务工业发展具象征意义。

3. 台湾"工研院"对军工产业的贡献。为了强化台湾的基础性产业技术研发能力，1973 年，台湾当局将经济主管部门下属的联合工业研究所、联合矿业研究所和金属工业研究所合并成立"工业技术研究院"，并以非营利性民间财团法人的组织形态独立经营，创立的宗旨有三：一是接受台湾当局提供的经费及捐款补助，执行各种中长期研究计划，完善研究基础环境；二是以高薪聘请海外优秀人才从事应用研究，开发新的工业技术，然后以多种方式将应用技术推广转让给需要升级的企业，同时提供其他技术服务，辅导岛内中小企业，培训专业技术人员，带动台湾经济结构转型；三是积极配合岛内防务工业的发展。也就是说，台湾军工制造业的发展，"工研院"功不可没。"工研院"以民间科研机构的外衣，比台湾军方更方便引进外国的先进科学技术，并通过吸收、消化，修改为量产制程后技转民间企业。如 1974 年，工研院设立电子研究所，与台湾大学、新竹交大、清华及成功大学的学研结合，通过美国无线电公司引进当时只有美国才拥有的集成电路制造技术，在所内设立集成电路试制工厂；1976 年，在台湾防务部门配合下，征用军方在新竹的土地投资成立联华电子公司，进行集成电路制造，成就了岛内半导体与信息产业聚集形成台湾硅谷——新竹科学工业园区。根据 1980 年 9 月 19 日台湾行政当局提出的施政报告，岛内产学结合参与军工科技发展，若干新型武器已接近生产阶段，"工研院"从军工科技发展中所获得的技术已办妥转让公民营制造者计有 22 项。此后，"工研院"不断发展壮大，现如今已成为大规模、高水平、综合性的技术研究机构：拥有六个研究所（包括电子与光电、资讯与通讯、机械与系统、材料与化学、能源与环境、生技与医药）；五个科技中心（包括影像显示、系统晶片、太阳光电、医疗器材、无线辨识）；七个服务类研究中心（测量、产经、纳米、创意、服务业科技应用、技术移转与服务、国际业务）；还设立了南部分院、产业学院与创新技术移转公司；员工 6000 多人，其中研发人员占比达 77.6%。

回顾 1978 年美国与台湾"断交"之后，台湾"中研院"除了在引进军工科技中扮演先锋角色之外，还主动配合岛内军工开展相关科技研究，如推出遥感探测技术、高速钢铸造刀具、军事工业用铝合金、高铬水泥磨球、微小型电脑与应用软件程序等，还为台军提供各种电子仪器校验检修、产品检验、人才培训及电子工程技术服务等。"工研院"研发的重要军工科技成果：如1981年"工研院"金属工业研究所直接开发出坦克用炮架调整行星齿轮组、搜索雷达用齿轮组，设计出生产子弹底火的在线检验设备；"工研院"精密仪器中心宣称，研制完成坦克用红外线潜望镜、航空用座舱压力高度表、热偶式涡轮发动机尾管温度表，以及响尾蛇飞弹用红外线望远探头等重要光电元件；1984年"工研院"电子所公布支持军工项目，包括集成电路方面（编码器、定时引信、近发引信、特殊专用微处理器、红外线固态电子摄影元件、电晶体管逻辑门阵列等），电脑方面（微电脑的模板测试系统与发展软件工具、军用电脑、电脑视觉系统等），雷达方面（各种微波磁控管等），技术服务方面（建立IIB级电子仪器校验室、环境测试能量资料、半导体光罩及制程服务等）；1987年8月22日"工研院"工业材料研究所宣布，开发完成船舰、潜艇用高分子压电材料，可提升声呐系统的效果，对台湾海军侦搜反潜能力有相当帮助。1989年台湾防务部门宣布，委托"工研院"机械研究所开发改良引擎，延长台军破旧的两吨半军用大卡车的使用寿命，在不影响原有性能的情形下，共有8470辆两吨半军用大卡车（其中4291辆行政车和4179辆战备车）通过换装改良引擎，降低33%的排烟浓度，并符合环保标准，也就是说"工研院"机械研究所的技术水平已可调控军方车辆的动力系统。

4. 台湾海军舰船委商补保的主要机构——台湾国际造船公司（简称"台船"）。"台船"为台湾造船业的旗舰企业，总公司设在高雄，并在高雄、基隆两地建有大型造船工厂，是台湾海军舰船委商建造及支援装备维修保养的重要单位。回溯其发展史：1937年，日本三菱重工业株式会社投资在基隆和平岛成立台湾船渠株式会社，为岛内第一家现代化造船厂；1946年，国民党接收当局将日资企业台湾船渠株式会社与"株式会社台湾铁工所""东光兴业株式会社"合并成立台湾机械造船公司，作为台湾省营事业机构；1948年，台湾机械造船公司分家，改组为台湾机械公司（位于高雄市）与台湾造船公司（位于基隆市和平岛）；1957年，台湾造船公司将造船厂用地租给"美国殷格斯台湾造船及船坞公司"经营，1962年收回自营。1973年11月，"中国造船公司"（简称"中船"）成立，设厂于高雄港，从事各种船舶之设计、制造、安装、修理、销售及代理业务；1977年，"中船"改为公营；1978年，台湾造船公司并入"中船"，设台北总公司、高雄总厂与基隆总厂。从 20 世纪 70 年代开始,"台船"已先后为台湾海军完成发弹快艇、人员运输舰、油弹补给舰、登陆舰、二代舰之成功舰、锦江舰及港勤艇等船舰,累积多项造船工业能量及经验,后续导入"效益后勤"理念,精进台湾海军军舰商委政策的深度,达成军民双赢之目的。

2001 年,由于巨额亏损,"中船"执行"再生计划",重新塑造经营模式:一是 2003 年 7 月,"中船"斥资 11 亿元,与奇异公司合作于 2004 年正式成立"亚太维修中心";二是"中船"设计建造的半潜式重载船获选英国皇家造船协会所举办的全球"性能优异之船型",争得国际订单与知名度;三是扮演产业龙头角色,成为最可能取得台湾当局"潜舰自制"及绿能政策标案的造船厂,但其并不掌握潜舰制造的核心技术与关键部件的制造能力。2007 年,配合民进党陈水扁当局的正名政策,"中国造船公司"更名为"台湾国际造船公司",2008 年股票上市,完成公营事业民营化。

三、蔡英文当局"国防自主"之虚实

（一）关于"国防自主"的研发计划及预期目标

蔡英文主政下的民进党当局,将军工列为"五大"产业创新计划之一,规划以航太、船舶、资安三大领域为核心,厚植台中航太、高雄造舰与台北资安三大聚落产制能量,并以"国机自制、国舰自制"的关键技术与人才培训等作为指标专案,提升军工自主研制能力,降低外购比例,推动岛内关联产业的转型升级并创造新的就业机会。

第一,具体策略与措施。一是成立"防务产业发展小组"。通过跨"部会"专案小组进行政策沟通,创造适合军工发展的产业环境。如检讨采购程序,建立厂商及军工产品分级制度;创建军工产品标准系统验证制度;协助岛内厂商通过国际认证、共同研发、合作生产、策略联盟成为系统件供应商。二是研议成立台湾"DARPA（国防高等研究计划署）"。以"发展突破式创新科技,迅速推向国防应用,带动产业发展"为愿景,推动军事科技产业化,以及藉由产学合作,强化军民互通互用效能,协助提升产业自主性技术。三是由"国防、经济和科技部长"组成"国防科技产业发展委员会"。加强军工产业释商,一方面建立国际合作,拓展海外市场;另一方面希望获得美国等先进国家更多的军售及核心技术援助。

第二,预期目标及效益。一是"飞机自制"。完成新式高教机、先进初教机

及下一代战机相关产业上、中、下游供应链整合。由"中科院"担任高教机承包商，将与汉翔航空工业合作，以 IDF 战机为基础设计开发，预计生产 66 架，总价达 693 亿元。二是"船舰自制"。首先循台湾采购管道办理潜舰自造第一阶段合约设计；其次筹建猎雷舰、高效能舰艇后续量产；再者进行新型两栖船运输舰、快速布雷舰及新一代飞弹巡防舰合约设计。2017 年 3 月 21 日，台湾"国防部""中科院"与"台船"签署合作备忘录，2016—2019 年启动潜舰自制之设计规划，以及水面部分的一系列舰船更新与发展计划。自估 2016—2020 年间可创造 80 亿美元相关产值，加上延伸值可达 120 亿美元。三是"国防"资安。2016 年 8 月 1 日，台湾"立法院"成立"信息安全办公室"以提升信息安全等级。2017 年启动蔡英文当局提出的"信息安全增强计划"，主要内容是完善政府信息安全风险管理体系，并建立网络防御及危机应急响应机制，于 2020 年完成。此外将推动"资安防护专案"：整建专责资电作战部队，计划投入 10 亿资金，组建"网络作战司令部"，人员编制 6000 人；强化资通安全基础建设，提升资通安全实力。应引起关注的是，2016 年 5 月 24 日美台签署一项旨在加强网络安全和商业合作的意向声明，拟加强联合应对网络安全挑战并加大贸易往来，以及加强在网络防御方面的演习。从日前美国宣布的逾 14 亿美元的对台军售，进一步证明美国武装台湾的主要目的，就是将台湾作为可以收钱的保安，为美国对抗大陆站岗。四是重启超声速导弹研发计划。根据美国《国家利益》网 2016 年 10 月 21 日披露，蔡英文当局可能重启增程型"雄风 –3"超声速导弹研发计划，在"神戈计划"和"蟠龙计划"下分别生产 10～60 枚射程超过 300 千米的"雄风 –3"导弹，2017 年中完成测试，2018 年开始批量生产。据称导弹射程可覆盖整个台湾海峡，未来将部署在台北附近的山区。

（二）所谓"国防自主"可能落入"关门自己玩"的死胡同

1.战略的误判和错误的政策抉择。观察蔡英文的政治盘算：即高举"国防自主"以凝聚内部，通过紧抱美、日大腿延揽外援，成功演奏"以武拒统"的交响乐章。引用台湾军方的话说，就是"扬弃传统正面对抗之消耗战，改采创新、不对称方式，创造'以小搏大，以弱敌强'之有利条件与作战效果"。岛内有识人士指出：面对大陆日益强大的国防力量，台湾花再多的钱搞"武备"，带来的将是更大的不安全；如果抱着"美国会为台湾而战"的幻想，恐怕拨错算盘，终落得搬起石头砸自己的脚。当下，"国防自主"的必要性、可行性与妥适性，"机舰自制"的技术能及性与成本效益性等议题，都成为岛内各界论辩与关切的焦点，何况这样的计划需历经台湾好几任领导人，面临许多不确定因素。专业人士则断言，蔡英文所谓的"国防自主"必将落入"关门自己玩"的死胡同，对于蔡英文主政下的民进党当局而言，恐怕不是一般的浮夸，而是不知责任为何物的自欺欺人。

2. 制约台湾军工产业发展的结构性难题。首先，台湾是一个面积狭小、资源贫乏、市场需求有限的孤岛，其经济发展主要依靠两头在外、大进大出的循环过程维持生存和发展，难以创建"研发—制造—装备"这样完整的军工产业体系。此外，人才和技术储备不足、试验手段欠缺，制造先进武器装备的许多核心技术、关键设备和零部件都必须依赖外援，即便是声称已研制成功的武器装备也存在许多数据上的黑洞。譬如被台军方引以为豪的 IDF 战机，60% 的零部件无能"自主"；M-48H 坦克的装甲防护力严重不足；"青蜂"地对地导弹制导系统无法锁定目标，故未能正式投入生产，等等。台军方所谓的"二代武器"也多系外购或引进技术、零部件的组装，战时维修和补充零部件的难度同样影响台湾军工产业支撑战争的能力。可以预期，无法建立自给并获利的军工模式，所谓"机舰自制"并不乐观，就以台湾海军船舰制造为例，无论是"鸿运计划"或"沱江级后续舰"合约设计，都在第二次招标降低条件要求（不受三家合格厂商投标限制）下才勉强完成；再如，海军"潜舰台造"委托规划设计案签约已过去四个多月，"台船"与"中科院"在寻求技术外援上仍处处碰壁。

其次，台湾尚未建立军备武获系统所对应的技术类型资料库。目前台军各军种是以现货系统作为军备需求产生机制，欠缺以技术能力评估的非系统体系，降低了军工产业的成长空间，何况台湾环境特殊，自制武器的核心技术与关键设备必受外人掣肘。再者，由于欠缺"军事采购制度"，外界难以监督。"军购"成为台湾当局玩弄"花钱求保护"的筹码，也让台湾成为美国等外国武器供应商予取予求的凯子。何况，军购是个大肥缺，台军喜好对外军购，除了迷信海外先进武器技术之外，还有一个重要原因就是利益。军火生意"十年不开张，开张吃十年"，而要在岛内"吃"很多事务都得摊在阳光下，"肥水"只有留入外人田才更有"截流"的空间。有限的投入是用于武器"自制"还是直接外购，或者由谁来参与承制军备武器？众多争食者恐怕会乱成一团。如何防杜主事者私相授受或屡屡发生的军购弊案，也是不可忽视的大问题。

3. 砸不出"大钱"则无以成事。军工产业是最敏感也是尖端科技最密集的特殊产业，需要耗费巨资进行特殊规以及高精密度的专属科技研发，同时也需要民间科研和产制单位的共同投入。首先，近20多年来，台湾每年"国防"预算维持在3000亿元上下，占岛内GDP比重越来越低。蔡英文上任以来念兹在兹"国防自主"，但2017年编列的防务预算仅比马英九当局的最后一年多1亿元，即便如"募兵"烂摊都无力收拾，更遑论打造"多层次、全方位的防御阵线和安全防护网"了。其次，蔡英文承诺的"国防自主"犹如"无价吞金兽"。除防务组织再造所需的投入之外，还有如690亿元买高级教练机；4700亿元打造12项"船舰自制"、高达2000亿元购买单价36亿元的F35隐形战机……能否"如预算""如规划"真要打个大问好？估计又将变成一个全民埋单的财政噩梦，推高台湾年度总预算的债务举借流量，直接排挤民生方面的预算支出，且极可能造成社会资源的浪费，岛内纳税的全民能同意吗？何况蔡英文当局防务政策的主要内容仍聚焦于供需结构调整，对于如何创造军工技术移转民间促进产业升级，以及增加就业等广泛性社会目标，均未见相应的政策措施。岛内有识之士指出，若在"要钱没有、想要的武器做不出、要人也没有（台军士气沦丧、不知为谁而战、为何而战）"，有形与无形战力皆无自信的情况下，如何达成"重层吓阻"？面对台海军力失衡已不可逆转之势，试问台湾还有多少金钱与时间再耗下去？奉劝蔡英文当局别再掩耳盗铃，误导台湾民众、损害台湾利益了。

（原载《福建社科情报》2017年第4期）

台湾"新南向政策"对大陆在东南亚利益的影响

李 超

"新南向政策"是蔡英文上台以来,台湾当局极力推动的经济政策。然而,它又不仅仅是一个民进党当局发展经济的战略。由西进转为南向,由东南亚取代大陆,蔡英文鼓吹"鸡蛋不能放在一个篮子里"……从多角度观察,"新南向政策"都像是民进党执政的台湾当局用以摆脱台湾对大陆经济依赖,减少两岸经贸、文化融合交流的"去中国化"策略。然而,"新南向政策"自一推出就面临岛内外诸多的质疑,"新南向"能否如蔡英文所愿,取得其所谓的效果,需要打一个大写的问号。

一、"新南向政策"出台的背景、内容与目的

(一)"新南向政策"出台的背景

2015年9月22日,民进党主席、台湾地区领导人选举参选人蔡英文在"民进党29周年党庆'外交使节'酒会"上宣布,民进党当局将在未来推动"新南向政策",并深化与东南亚及印度的关系,引发岛内外多方关注。在成功当选之后,蔡英文更是在就职演讲中着重强调"经济结构转型",表示要通过推动"新南向政策",提升对外经济的格局及多元性,告别以往"过于依赖单一市场"的现象,增进与东盟、印度的"多元关系"。上台之后,蔡英文也快速推动"新南向政策"的落实。2016年6月中旬"新南向政策办公室"成立,由前"外交部长"黄志芳出任主任,随后又出台了一系列相关文件——"新南向政策纲领""新南向政策推动计划"和"新南向政策服务指南"等;对外则通过与东南亚、南亚各国及澳大利亚与新西兰政经界人士的非官方往来,推销这一政策,并积极寻求与"新南向政策"针对的18个国家签署贸易协定。

（二）"新南向政策"的目的

蔡英文在其就职演说中强调"新南向政策"重在"提升对外经济的格局及多元性"。具体而言就是"要和其他国家共享资源、人才与市场，扩大经济规模，让资源有效利用……在科技、文化与经贸等各层面，和区域成员广泛交流合作，尤其是增进与东协（即东盟，下同）、印度的多元关系"。可见，多元性是"新南向政策"中的一个重要目标，其不仅意味着台湾对外经贸格局的多元化，还包括了增进台湾与东南亚、南亚各国的多元关系的内容，体现蔡英文拓宽"国际生存空间"、避开大陆政治压力和摆脱对大陆依赖局面的三重目的。

2016 年 6 月 15 日，"新南向政策办公室"成立，黄志芳正式走马上任。作为前"外交部长"，黄志芳是陈水扁在"外交"上的得力干将，任内也曾积极推动第三轮"南向政策"，这一人事安排反映出蔡英文对"新南向政策"的高度重视。黄志芳上任后十分活跃，大谈"以人为本""人才培养"，并尽力淡化"新南向政策"中被质疑的"软台独"、疏远大陆等政治色彩。在出席台北教育大学举办的"新南向政策"教育论坛时，他发表题为"'新南向政策'行动的新思维"的演讲，力图点明"新南向政策""新"在何处，以免外界将之同"南向政策"进行简单类比。他表示，过去"南向政策"只是鼓励产商投资，"这次则以人为核心，展现人文与教育精神，以及对族群的重视"，并指出将努力解决到东南亚投资的台商面临的"人才不足"问题。7 月 12 日，黄志芳再次强调，台湾当局积极推动"新南向政策"并不意味着要放弃大陆市场，两岸经营东南亚不但不互斥，还可相辅相成。

（三）"新南向政策"的主要内容

蔡英文上台后的几个月内，关于"新南向政策"的文件陆续出台。8 月 16 日，蔡英文召开"对外经贸战略会谈"，讨论并通过了"新南向政策"的政策纲领。纲领分为目标、行动准则和推动架构三大部分，强调"经济共同体意识""新南向人才培养"和"协商对话机制"等几大要点。此外，纲领中第九条行为准则"两岸善意互动与合作"还表达了与大陆在相关议题上展开合作，使"新南向政策"和两岸关系相辅相成的意愿，以缓和大陆方面对"新南向政策"的疑虑。9 月 5 日，"行政院"公布"新南向政策推动计划"，从"经贸合作""人才交流""资源共享"与"区域连结"四个方面入手，聚焦医疗、文化、观光、科技和农业五大产业，并编列 42 亿新台币（约合 9 亿人民币）作为预算帮助台商拓展市场。"经济部国际贸易局"还发布了"新南向政策服务指南"，就政策、相关服务、区域市场、国家概况等几个方面给出了参考意见。此外，"外交部"在中程施政计划 (2017—2020 年) 中也明确提出要推动"新南向政策"，"研拟东协及南亚各国人民入境签证便利或提升待遇"，并将其列入绩效指标。

（四）蔡英文当局推进"新南向政策"的具体措施：

第一，与东南亚、南亚国家进行非官方对话，宣传推广台湾当局的相关政策，积极寻求与有关国家签署经贸协议。7 月 6 日，台湾与越南签署跨境原产地证明书交换合作计划谅解备忘录。9 月 12 日，台湾与印度签署航空服务协定及农业合作谅解备忘录。值得一提的是，为了避免刺激大陆，台湾与相关国家的协议签署采取的是非官方渠道，比如与印度的两项经贸协议，便是由"印度－台北协会"会长代表印度政府同台湾"驻印代表"签署的。此外，台湾还争取到了东南亚、南亚各国的一系列关税减免优惠。

第二，发力观光产业，积极吸引来自东南亚地区的游客。2016 年 8 月 1 日，台"外交部"发布新闻稿宣布，自当天起至 2017 年 7 月 31 日，试办泰国和文莱两国国民"来台停留 30 天免签证"。9 月 1 日，台"外交部"进一步宣布，在原有的已享有免签证待遇的新加坡、马来西亚及上述两国的基础上，针对东盟其他六国亦采取签证放宽措施。这些措施将有助于吸引东南亚国家旅客赴台，尤其有利于观光业。

第三，培养"新南向"人才，加深台湾与东南亚、南亚等地区的文化交流。这也是"新南向政策"相比以往单纯侧重于促进经贸往来的"南向政策"最引人注目的新特点。为配合"新南向政策"，台湾"教育部"规划了一系列"精进策略"：一是推动台湾与东盟各国及印度的学术合作，规划与上述国家的著名大学或文教机构设立交流据点；二是增加岛内关于东南亚语言及产业的课程，培育熟悉东南亚语言与具专业能力之人才；三是设立多项奖学金，吸引相关国家优秀青年学子赴台留学研修，同时也增设针对岛内学子的"南向公费留学奖学金"，鼓励台湾青年赴东南亚及南亚地区研习交流、创新创业。为了研究相关政策、培养对口人才，蔡英文当局上台后还专门成立了高级别的东盟与南亚研究智库，而"东协人力教育中心"也于 8 月 12 日在台北教育大学揭牌成立。

此外，台湾当局也积极寻求通过谈判加入 TPP、RCEP 等地区自由贸易协定，尤其是东盟牵头的 RCEP，从而在区域经济一体化中扮演更积极的角色，为"新南向政策"助力。

二、新南向政策难以成功的原因

"新南向政策"并不是蔡英文的创举,在过去李登辉、陈水扁时期,为了配合当时他们的政治图谋,也曾先后推出"南向政策",但最后以失败而告终。蔡英文仅仅增加一些人文交流,扩大更多国家作为目标范围难以体现一项政策的"新颖"之处。"新南向政策"想要实现台湾当局建立多元经济格局的目标还有很长的路要走,蔡英文想要摆脱台湾对大陆依赖、拓宽台湾国际生存空间的图谋几乎不可能实现。

（一）政治因素

在当今世界政经很难分离的情况下,两个地方发展合作,首先需要有明确的伙伴关系作为后盾。然而,反观"新南向政策"的目标国家,台湾与东南亚10国及印度、澳大利亚等国均无任何"外交"关系。相反,东南亚的许多国家和地区是否愿意得罪大陆而去与台湾发展更紧密的经贸关系,需要打上一个巨大的问号。

回顾蔡英文上台以来与东南亚国家的交往,见诸报端的是,印尼、马来西亚、越南等国不顾台湾抗议将台籍诈骗嫌犯遣返大陆;柬埔寨首相洪森重申"禁止在柬埔寨境内升起'中华民国国旗',柬埔寨不会做出任何可能影响中国主权与独立的行为;未来台湾想在金边或柬埔寨境内其他地区设立办事处也不会被允许";泰国两拒台湾地区前副领导人吕秀莲赴泰签证;越南在《中越联合公报》中重申"坚定奉行一个中国政策,支持两岸关系和平发展与中国统一大业,坚决反对任何形式的'台独'分裂活动"、菲律宾在杜特尔特担任总统后调整外交政策由美国转向中国……这些信息,无一不使"新南向政策"的前景变得黯淡。并且,台湾与越南、菲律宾等国还有着所谓"领土"与"主权"上的冲突,台湾所称的"太平岛、南海九段线为'中华民国'固有疆域"与越南、菲律宾、印尼等国有着利益上的冲突。"新南向"政策,如果无法突破"外交关系"这一壁垒,很难逃脱"竹篮打水一场空"的结局。

（二）人文因素

台湾与大陆,地缘相近、血缘相亲、文缘相通。两岸同胞同文同种,自两岸"三通"以来,制约台商投资大陆、两岸之间经济合作的交通因素已不复存在。而且,大陆庞大的人口数量为台商合作提供了广阔的市场空间,反观"新南向"国家,东盟10国加上印度等虽然也有着相当的人口,但是这些国家的宗教信仰不同,风俗习惯各异。印度以信仰印度教为主,印尼、巴基斯坦、马来西亚、文莱以信仰伊斯兰教为主，泰国、老挝、柬埔寨、越南等以信仰佛教为主。不同国家之间、同一国家的不同地区之间，常常因为宗教信仰发生武装冲突，"新南向"面临着严峻的安全风险。语言方面，除新加坡、印度、菲律宾、马来医院等国家通用英语外，其他国家均有着自己的语言。这些都是台商经营发展不可忽视的成本。

（三）基础设施与法律、制度因素

东南亚及印度等地区是全球瞩目的新兴经济市场。印度甚至从 2015 年开始，超越中国大陆成为全球经济增长最快的经济体。虽然拥有着广阔的发展潜力，但是这些地区目前仍然处于发展的初级阶段，基础设施建设比较落后。铁路、公路通车里程少，运力严重不足；航运方面，机场密度较低，空管设施及技术、机场及相关配套设施等建设水平较为滞后，安全系数不高；海运方面，东南亚地区虽然拥有广阔的海岸线资源，天然的深水港却比较少，港口的货物吞吐量比较低，许多港口的建设刚刚起步，海运与其他运力的衔接也急需改善。交通物流是经济发展的重要制约因素，东南亚地区功能配套条件的不足，也增加了台商投资该地区的成本

台商在东南亚投资建厂不是一个短期行为，要想获得利润，需要长期的经营。然而东南亚国家政局并不稳定，政府运营缺乏效率并且腐败丛生，执政党与反对派之间、政府与军方之间、不同国家的边境地区，时常爆发冲突。政治力量的更替意味着政策的变革，台商在一个不能持续的政策下经营面临着巨大的风险。

由于法律制度不完善，东南亚某些国家常出现以意识形态治国的现象，台商遭遇当地政府刁难的事件频发。2016 年 7 月，台塑在越南总投资 3400 亿新台币，也是越南最大外资投资项目的河静钢铁厂，经过 10 年规划和兴建，就在正式点火前夕，被越南政府要求"补税"7 千万美元并以"排污不当导致大量鱼群死亡、破坏环境"等由重罚 5 亿美元。台塑集团总裁王文渊与副总裁王瑞华前往越南处理此事时甚至遭到"扣人施压"。由于缺乏完善透明的法律政策维护权益，台塑只能"哑巴吃黄连"，吞下罚单。对于此事件，台湾当局缺乏保护台商的能力，不仅束手无策，还力图淡化事件影响，企图"掩耳盗铃"，继续推进"新南向"。试想，台塑尚且如此，其他企业怎能放心跟随蔡英文"南向"起舞？

（四）"一带一路"倡议的影响

"一带一路"倡议是中国国家主席习近平于 2013 年在哈萨克斯坦和印度尼

西亚提出的旨在"政策沟通、设施联通、贸易畅通、资金融通、民心相同"的国际发展战略。四年来,全球 100 多个国家和国际组织积极支持和参与"一带一路"建设,联合国大会、联合国安理会等重要决议也纳入"一带一路"建设内容。2017 年 5 月在北京举行的"一带一路"国际合作高峰论坛,来自 29 个国家的元首、政府首脑与会,来自 130 多个国家和 70 多个国际组织的 1500 多名代表参会,覆盖了五大洲各大区域。而东南亚是 21 世纪海上丝绸之路的核心区,具有重要的战略位置和发展前景。几乎所有的东南亚国家都愿意积极参与到"一带一路"的倡议中来,分得区域协作发展的一杯羹。并且,"一带一路"不仅仅停留在理念,中国主导的丝路基金、亚洲基础设施投资银行为"一带一路"项目提供了充足的资金支持,在 2017 年的"一带一路"高峰论坛上,习近平宣布向丝路基金新增资金 1000 亿元人民币,鼓励金融机构开展人民币海外基金业务,规模预计约 3000 亿元人民币。中国国家开发银行、进出口银行将分别提供 2500 亿元和 1300 亿元等值人民币专项贷款,用于支持"一带一路"基础设施建设、产能、金融合作。在项目领域,中国支援的瓜达尔港建设、中泰铁路建设等都已如火如荼的开建。在资金、项目的联合推动下,东南亚国家需要从崛起的中国汲取发展动力。

反观"新南向政策"更像是决策者规划的宏观愿景,而对于如何到达这一方向,如何吸引企业、人才的加入,资金和政策怎样配套,却缺乏明确的支持。在经费方面,就连蔡英文所属的民进党人士都质疑"新南向"的 42 亿元新台币预算却想要从 18 个国家的医疗、文化、观光、科技、农业等产业铺展,犹如一粒盐巴投入海水里面。机制层面,"新南向"想要成功,关键要与东南亚国家发起的 RCEP(区域全面经济伙伴关系)相衔接,然而,在 RCEP 的谈判中,中国大陆显然处于至关重要的地位。"新南向"想要绕过大陆取得成功,几乎不可能实现。同时,台湾还要面临经济结构与其相似的韩国"欧亚协议"计划的竞争。蔡英文"南向之路"困难重重。

三、"新南向政策"对大陆在东南亚利益的影响

(一)警惕蔡英文借"新南向"开辟"台独"的东南亚空间

"新南向政策"不单纯是蔡英文实施的经济政策,它是民进党执政后,基于其政治目的而谋划的一项摆脱台湾对大陆经济依赖、实现台湾"去中国化"并追求最终"台独"的一项政治计谋。正如民进党国际部主任黄志芳所述,"新南

向政策"不是以经贸数字为目标的政策，是以人为核心概念。人文、教育，这正与蔡英文上台后所实施的"文化台独"策略一脉相承。在"新南向"总计 42 亿元新台币预算中，蔡英文将一半以上用于教育研究，其用意可见一斑。在具体的举措当中，台湾当局设立多项奖学金，吸引更多东南亚学生来台留学研修，并把其留台工作的法令障碍降到最低，这与民进党对陆生的态度、立场、政策形成巨大反差。同时，台当局在岛内多所大学开设东南亚语言和产业课程，增设针对岛内学子的"南向公费留学奖学金"，鼓励台湾青年赴东南亚及南亚地区研习交流、创新创业。旅游观光方面，蔡当局通过放宽签证等举措，吸引更多东南亚旅客来台。

民进党当局想要通过教育、旅游、医疗等方面的投资、合作，增进台湾与东南亚国家的双边交流，培育台湾在东南亚民众当中的情感认同，进而为"台独"在东南亚寻找市场。面东南亚有许多华人华侨，随着老一代华人华侨逐渐老去，对祖国大陆的感情能否在新一代华人华侨身上得到继承，仍然存在很多可能性。一旦"新南向"政策在东南亚侨胞身上产生效果，这会对我政策主张在海外同胞的支持方面产生不利的影响，必须警惕蔡英文"戒急用忍"的"渐进式台独"策略在国际上上演。

（二）警惕台湾当局在"新南向"推动过程中产生的"主权"退让

蔡英文推动"新南向"计划，非常不利的一点在于台湾与东南亚国家在南海存在着所谓"主权"方面的争议。

如世人所知，中国人民在南海的活动已有 2000 多年历史，最早发现、命名和开发利用南海诸岛及相关海域，并持续、有效行使主权和管辖。中国对南海诸岛的主权和在南海的相关权益，是在漫长的历史过程中确立的，得到国际社会广泛承认，具有充分的历史和法理依据。然而，南海周边国家菲律宾、越南等国，枉顾这一事实，多次非法侵占我国南沙、西沙部分岛屿，并妄称中国对南海大片海域的主权主张违反《联合国海洋法公约》，应该被判无。由于东南亚国家的一个中国政策，越方、菲方与中国的"主权争议"自然适用于台湾。

先来回顾一下台湾当局对于"南海仲裁"的态度。蔡英文上台后，配合美日亚太战略，极力充当美国重返亚太战略的"伙伴"角色。对于美、日势力一手操控的"南海仲裁"不予评论，对于与中国大陆有着相同主张的南海九段线（台湾方面称十一段线），台当局更绝口不提。在南海局势千钧一发之际，台湾甚至以"防台风"为由撤回驻守太平岛的舰艇。岛内有传言指出，只要"南海仲裁"不提太平岛,民进党执政当局将默认仲裁结果。然而,美日在自身利益面前,根本无暇顾及台湾。判决结果出炉,太平岛"降格为礁"。此一结果引起台湾社会强烈不满,岛内爆发新一轮批评蔡英文亲美日的政策。蔡英文当局迫于压力,只好表态对于仲裁结果绝不接受,并且声称坚持 1949 年 U 型线的主张。

尽管台湾当局迫于压力表态对于南海"主权"的态度,但蔡英文奉行的"拉美抗中"的策略也一贯清楚。台当局对于南海"主权"的主张与美国的态度明显相左。自蔡英文上台后,岛内不时传出其将要放弃太平岛或租借太平岛供美国人使用的传言。随着"新南向政策"出台,岛内有绿营学者指出,如果台湾跟大陆站在一起拼命维护南海岛礁主权,过度的举动会引发东南亚国家的不安,这对于未来"新南向政策"有非常消极的影响。因此,为了发展与越南、菲律宾等国关系,不排除台湾当局在 U 型线及南沙、西沙诸岛做出"主权"让步,拿"家产"换取对方筹码的情形。一旦如此,就等于提供美菲攻击和削弱大陆"九段线"主张的借口,对于我维护南海主权产生不利影响。又比如近日发生的中印边境对峙事件,绿营媒体在报道时通篇引用印方说法,从印方角度阐释如何遏制中国大陆。至于引发冲突的原因,则引用印度军方人士的说法,称是大陆军方越境进入印度,导致冲突。对于这种赤裸裸的"反中"行为,绿营的喉舌可以如此明目张胆,而作为"台独"势力共主的民进党当局,怎能排除持相似态度的嫌疑?我们必须防止台湾当局为实现其政治目的,与印度和东南亚等国形成连线,来损害我国主权的行为。

(三)警惕两岸"烽火外交"进入经济领域

东南亚与印度地区,劳动力和原材料充足,生产成本低廉,拥有着尚未开发的人口红利,特别是随着东盟一体化的推进,近些年,东南亚与印度已成为世界经济增长的明星。欧美、中日韩等国纷纷将发展的目光瞄向此一区域。特别是我国提出的"一带一路"倡议,将东南亚、南亚设为重要的节点。而台湾,蔡英文当局刚一上任,就极力推进"以人为本",人文、教育、产业全面铺开,旨在建立东南亚—台湾经济共同体的"新南向政策"。虽然"新南向"在号召力、措施计划、配套资金等方面远不能与"一带一路"倡议相匹敌,但我们仍然要防备民进党当局奉行"烽火外交"将同大陆的恶意竞争,扩展到经济领域。

由于历史和地理位置的原因,台湾作为中国的一部分,与东盟有着悠久的交往历史。20 世纪 50 年代起,台湾开始对东南亚投资,到了 80、90 年代,"亚洲四小龙之首"的台湾曾一度稳坐东盟部分国家最大外资来源地。但随着大陆改革开放的深入,大陆提供的优惠政策以及巨大的成本优势、市场潜力吸引了大批台资转往大陆发展。再加上两次"南向政策"台商在东南亚国家金融危机中损失惨重,台资快速撤离东盟国。而另一方面,随着大陆综合实力的快速提升,越来越多的大陆资本也涌向东南亚,中国大陆已成为东盟重要的外资来源国和最大的贸易伙伴。一升一降之间,台湾在东南亚投资金额与贸易比例骤降。但即使如此,还是有为数不少的第一代投资移民留在当地发展,取得不错的经济成果,也为后续有意前往的台商奠定一定的基础。此外,东南亚也是台湾籍劳工的主要来源,目前有近 49 万名东南亚外籍劳工在台湾工作,而在台湾大专院校就读的侨生亦达 8000 多名,加上在台湾的新住民及其子女约有 70 万人。这些,无疑也是台湾开展"新南向政策"的有利条件。台湾发展相对成熟的产业,恰好在是东盟、南亚地区有着巨大的发展潜力,两者在经济上存在一定的互补性,有进一步发展的空间。

并且,大陆的"一带一路"倡议并未得到东盟、南亚等所有国家的响应,部分国家为吸引外资,会在大国间"玩平衡"。由于政治及历史原因,印度对我国的"一带一路"倡议始终持有敌意。在 2017 年 5 月份北京召开的"一带一路"高峰论坛上,印度成为沿线唯一缺席的大国。印度担心,中国凭借"一带一路"倡议,会将影响力触及自己在印度洋的传统势力范围;另外,中巴经济走廊穿越印巴争议的克什米尔地区。因此,印度转而与日本推出一个从亚太到非洲的基建计划的"自由走廊"计划,来平衡中国的影响力。印度对抗中国意图明显,不排除印方与台湾当局互相勾结,"自由走廊"计划与"新南向政策"联合抵御"一带一路"倡议的情形。

我们必须谨慎对待此一情形的出现,要对"一带一路"保有战略自信,要吸收台湾愿意参与到"一带一路"建设中的积极力量,瓦解蓄意与"一带一路"进行恶性竞争的"新南向"资本力量,避免"烽火外交"在经济领域的上演。

四、结语

虽然台湾当局一再声称,"新南向政策"不针对大陆,不是谁替代谁的问题。但所有的脉络都已证明,"新南向政策"不仅是一项经济计划,它是蔡英文融合"渐进台独""隐性台独"企图的政治伎俩。在世界公认的一个中国政策框架下,任何企图台湾脱离大陆、谋求"台独"国际空间的阴谋都不会取得成功。

正如国台办发言人所言,那种违背经济发展规律、单纯出于政治目考虑的做法,只会损害台湾经济和台商的利益。但我们必须谨慎对待"台独"政客的"新南向"企图,未雨绸缪,制定因应措施,保护我国在东南亚、南亚地区的各项利益不受影响。

(原载《福建社科情报》2017 年第 5 期)

台湾生物技术产业发展情况概述

李　超

一、生技产业定义、范畴与特性

生物技术是由许多不同科学所组成的整合性科技，其中包括了微生物学、免疫学、分子生物学、生物化学、遗传学、化学工程及电子工程学等。包括联合国生物多样性公约、经济合作暨发展组织、美国国家科技委员会以及生物技术产业组织等，对于生物技术各自有明确的定义。综合各种定义，简单来说，生物技术为利用细胞或是生物分子，制作、改良产品，或是解决问题。生物技术产业多元化应用，从药物开发、医疗诊断，到农业、视频、环保等，都可以看到生物技术的影子。至今也已衍生出各类产品，包括疫苗、药品等疾病治疗产品；基因改良木瓜、大豆以及玉米；各种血液诊断方法、家用诊断试剂等；不需使用化学药品的生物性去污染法；犯罪鉴定或亲缘鉴定用的 DNA 图谱等。

台湾对生物技术定义则为"为运用生命科学方法（如基因体学、蛋白质体学、基因重组、细胞融合、细胞培养、发酵工程、酵素转化……）为基础，进行研发或制造产品或提升产品品质，以改善人类生活素质之科学技术"。

台湾生物技术产业包括制药产业、医疗器材产业及应用生技产业三大领域。其中，应用生技产业指应用生物技术从事产品研发及制造的产业，包括农业生技、食品生技、特化生技、环境生技、生技服务业；制药产业以药品为主，包括西药制剂、生物制剂、中药制剂、原料药；医疗器材产业则依其功能、用途，分为诊断与监测用医材、手术与治疗用医材、辅助与弥补用医材、体外诊断用医材、其他类医材，以及预防与健康促进用器材等。

与其他科技产业相比，生技产业具有产品结构复杂且价值链长、专业分工精细、开发期长、投资庞大、风险高的特性。此外，生技产品通常与人类生命及健康有关，需要高度的质量、安全、疗效与法规管制，进入门槛高，需要进行大量的临床试验或田间试验，及工厂设立、产品上市销售的严格查验登记与审查。以医药品为例，其产品从药物探索、先导药物最适化、动物实验等临床前试验，直至向主管部门进行新药临床试验申请，从而执行第一期至第三期临床试验等研发投入，所需时间长且资金耗费庞大，动辄需要七八年甚至十几年。然而一旦获得阶段性成果或专利，即可视为价值产品进行交易，且越接近上市阶段，价值更是以倍数增长，不仅报酬率远高于其他产业，产品生命周期也很长，不易受经济景气影响。

二、台湾生技产业现状

近几年来的台湾生技产业，在食品安全等方面的问题层出不穷，其所带来的边际效应及传染效果，已间接冲击了台湾的内需消费和出口。食品安全问题爆发后，需要花费人力及时间成本才能进行事后的追根溯源，这样往往无法有效地在短时间内控制事件的影响效应。

因此，蔡英文在2016年竞选时，就提出上任后将以六大行动推动生技产业。蔡英文指出，台湾发展生医产业有优势，就欠一个可靠的当局。这个当局，必须有未来的视野、有正确的策略，可以协助企业撑过开发阶段，把研发资源整合起来，并且跟全球市场有更紧密的连结。民进党以六大具体措施包括：第一，生技产业是知识密集的产业，最重要的工作就是要吸引人才。会鼓励研究人才参与新创公司，协助企业到海外寻找人才，合理化外籍人才的税制和居留法规，以各地生技创新聚落作为据点，营造适合研究与生活的环境。第二，打造对生技产业更友善的资本市场。扩大"科学技术基本法"和"生技新药产业发展条例"的适用范围。应该支持研发人才技术入股，临床前试验、和临床试验的补助和奖励必须要加强，帮助企业分摊开发创新风险。第三，保障智慧财产。保障的目的，就是鼓励创新，但同时，也应该让鉴价机制更成熟，并且提高专利技术转移的效率，让研发成果可以既是获得保护，也可以互相分享，加速产品开发的速度。第四，法规环境必须重新整理，要能够接合国际标准。例如，"医疗器材管理法"，就希望可以跟美国法规标准接轨。除此之外，两岸医药协议也必须落实，让台湾新药加快在大陆上市的效率。第五，主题选择要有未来性，而且可以发挥台湾的优势。例如结合ICT产业和物联网的照护产品，或者是针对东亚疾病的预防和治疗，都是有发展性的题目。第六，资源要整合。

不只生物资料库要强化，台湾健康巨量资料库也要建构出来，让资讯可以进一步串联；同时法人平台的功能也要进一步发展，整合各地生医的设施、产业界和 TCTC，也就是临床试验合作联盟的资源，形成一个支持创新以及加速产品开发的环境。蔡英文希望把台湾的生医产业与美国的波士顿、加州湾区、圣地亚哥，欧洲的瑞士、比利时、瑞典、荷兰等国家连结起来，让台湾加入全球主要生医产业链。除了强化台湾连结国际，也希望提高"抓地力"，让当局在制定产业政策时，用创新生态系的观念，与在地产业、研究资源整合，让在地能量发挥到最大。

蔡英文当局上台后，推动"五加二产业创新计划"，把生技产业当作重要的经济成长引擎，北、中、南都有生医聚落，台湾当局希望透过推动生技及健康福祉产业，进一步带动经济成长，也带来更好的医疗照顾服务。在计划中，台行政部门"科技部"为生技创新领域的主要推动单位，成立生医产业创新推动方案执行中心（BIP）。据科技部门表示，生医产业创新推动方案现有四个主轴：一是建立台湾产业的完善生态系，包括法规、资源配套的系统等。二是借交通一日生活圈的便利性，将从北到南串联成产业聚落。三是因应全球化发展，让生医产业连结国际市场是政府推行重点。四是协助如精准医疗等新兴特色产业发展。

台经济部门表示，2016 年，台湾生技产业总营业额达新台币 3150 亿元，较前一年成长 5%，生技产业厂商家数成长至 1918 家，从业人员逾 78000 人，产业投资金额更达新台币 509 亿元，有助于生技医药产业持续发展。台经济部门预测，经政策推动及现有奖励与补助措施，预计 2020 年台湾生技产业营业额将达新台币五千亿元，并催生数家营业额达一百亿元新台币以上的旗舰型生技公司，带领台湾成为亚太生技医药创新研发的核心。

愿景是美好的，但现实终归为另一番模样。因 2016 年浩鼎解盲失败、股价崩跌而引发的连串案外案宣告侦结，"中研院"前"院长"翁启惠因不当收受浩鼎股票，以贪污罪被检方起诉，浩鼎董事长张念慈则是以贪污罪及内线交易被起诉。生技明星一夕翻船，像是为 2016 年的台湾生技股写下注解，这一年，上市柜生技股加总市值从二月高点的 11400 亿新台币缩水至的 9600 亿。短短不到一年的时间，台湾生技股的市值蒸发了 1800 亿新台币。

浩鼎案对台湾生技产业的后遗症也不断涌现。生技业者表示，人才、钱财、题材、智财是发展生技产业的命脉，浩鼎案起诉，预期人才和钱财将断链；讽刺的是国民党执政时的宇昌案不起诉，标榜要扶持生技产业的民进党却起诉浩鼎案。蔡英文上任一年，生技交了白卷，原本对蔡英文当局寄予厚望的生技产业界齐表失望。

业界指出，一年过去，生技市场筹资困难、市值与成交量萎缩，连取得药证的产品要进大医院也重重障碍。其中，新当局上任前柜买生技指数超过180点、单日成交量达到335亿元，而现在却连150点都不到，柜买生技族群单日成交量也仅百亿元，整体市值萎缩上千亿元。其次，岛内自行开发且已经上市的新药，包括智擎的安能得、怀特的血宝、太景的奈诺沙星、中天的化疗漾与贺必容，还有宝龄富锦的拿百磷等，其中，虽然宝龄富锦的慢性肾病药拿百磷获得健保给付，但给付价格却仅新台币2元，相对于海外的60元，相差30倍。尤有甚者，台湾自行开发的新药在岛内大医院的进药也相对困难，如台大、长庚、"荣总"三大医院更难打入，换言之，新药开发的最后一里路根本是"此路不通"。

联亚生技集团董事长王长怡指出，过去陈水扁、马英九对生技业不一定有帮助，但至少没有伤害，如今蔡英文上任后提出"一例一休"且强力执行，对生技产业乃至于创新产业等同扼杀。台微体总经理叶志鸿也坦言，蔡英文上任后，生技政策未有着墨，法规也没有松绑。当局不作为等于给他人机会，现在国际资金、人才都往中国大陆跑，这是台湾的警讯。

2017年5月31日，由台湾生策中心主办的"2017生技医疗经营者会议"上，生策中心董事长王金平表示，生技产业的状态自原先活络急转直下。为全面了解当前发展困难，生策中心盘点了原料药、制药、医材、食品生技、农业生技、生技服务、生技投资等产业领域的台湾上市柜（兴柜）公司、通过生技新药条例审定企业及从事新药、医材及农业与食品生技的相关企业共477家，有189家回复意见，其中70家是上市柜及公发企业。提出了税制、法规等关键困难，亟待政府帮忙。例如，精准医疗趋势下，细胞跟基因的检测治疗，还有近年资通讯（ICT）技术整合的创新医材，因创新走在法规前，企业无法依循；又或新药开发公司上市柜条件严格，券商放弃辅导生技医药公司上兴柜，种种问题，让产业束手无策，亟须仰赖当局。

王金平说，创新产业养成不可能一蹴可及，过程中有相当多试炼，一定也有失败、耗损。需要让资本市场有信心，资金活跃持续投入，企业方能创新发想，但观察台股生技产业一年来的成交量衰退45%、市值蒸发逾千亿，市场氛围如此低迷、许多企业募资困难，生技产业的市场投资信心岌岌可危！

会后汇集专家意见，呼吁当局就市场及通路发展、降低法规屏蔽及人才培育与引进三大方向，给予协助调整。具体发展建议，包括建议行政部门建立单一解决问题的窗口，并建立创新医材的绿色通道，而与会人士最关注的财税、资本与上市筹资问题，则期许放宽天使投资扣除额与对象等限制，并将生技新药条例的投资抵减，扩及个人。

三、台湾生技人才需求及其培养措施

（一）台湾生技人才的需求

台湾生技厂商对人才需求会随着企业成长阶段或产品开发阶段而有所不同。在企业与产品草创初期，着重研发技术人才的需求，其后随着公司规模扩张与产品进入临床试验或查验登记阶段，为协助资金募集、产品授权或执行各项临床试验等专案计划，经营管理、财务、法务、专利人才成为招募的对象。产品上市后，则以量产人才及国际营销等商务人才需求最大。同时，也持续引进研发人才，以满足丰富研发品项的需求，经由周而复始的循环发展，从而成为领导型生技企业，对人才的需求也将由生技专业人才扩展至各领域专业人才。

依据台湾"经济部工业局"开展的"2014～2016年重点产业专业人才需求调查"结果显示，岛内生技产业以生产制造为主要职类需求，约占总体需求40%，显示厂商因应市场需求，积极扩充产能，同时带动营销业务人才需求提升。而作为产品技术精进源头的研发人才，则占需求近20%的高比例，显示生医产业的高知识密集特性，厂商须持续投入大量研发，以维持竞争优势。

从学历需求方面分析，生技产业人才学历需求主要在硕士（含）以下，占总体需求超过90%。其中，应用生技产业由于以传统产业为主，产品多已上市，故学历需求以进行生产制造及业务营销的专科以下及学士人才为主。医疗器材产业近年因体外诊断及隐形眼镜厂商有扩充产能的需求计划，故需求以学士及专科以下学历的生产作业员为主。制药产业相较于应用生技及医疗器材产业，由于自研发至销售皆受法规高度管制，加上近年台当局公告实施 PIC/SGMP 规范，岛内厂商积极提升品质管理作业，需要硕士以上人才。

从科系及专业技能需求方面分析，生技产业由于应用范围广泛，需结合不同专业背景人才。应用生技与制药产业以生医相关科系人才为主要需求，占50% 以上。其中制药产业因生产小分子药品，化工相关科系人才也为其需求要

项。有别于应用生技及制药产业，医疗器材产业基于产品少量多样的特性，人才需求更为多元，在电子、机械、资讯等领域皆有需求。

从人才经验分析，生技产业偏好聘雇有经验人才，其中以 1～3 年经验为主要需求，占总体需求超过 40%，中高级管理方面则普遍偏好聘雇 3～5 年以上经验的人才，显示企业重视知识经验的积累，具有实务经验的人才在应聘时较容易受到厂商青睐。

依据调查结果，生技厂商认为对公司发展最为关键的职类包括生技高级经理人、生物技术／产品研发人员、岛内外生技营销业务人员、生技生产制造人员，以及生技法规人员。由于生技产业高级人才有助于公司整体文化的养成，因此人才的引进与培养，将可望带动公司持续发展与成长。而随着生技医药科技日新月异，不断创新研发是企业维持竞争优势的根本，因此持续有研发人才需求。此外，由于台湾生技产业规模逐渐扩大，技术产品开发能力提升，并与国际市场接轨，近年生技企业积极扩展岛内外市场，需要专业生产制造与品质控管人员，以及具有岛内外业务或通路开发、国际市场开拓等实务经验的业务营销人员。而生技产品受各国和地区医药卫生法规高度管制的特性，对于了解其生技医药相关法规、专利、查验登记申请的人才需求也有所增加。

（二）台湾生技人才培养措施

相对其他传统产业与资通讯产业，台湾生技产业规模目前仍然偏小，产业总从业人数仅 7 万余人。近年生技产业规模逐年扩大，技术产品开发能力提升，并与国际市场接轨，对岛内人才需求逐渐增加。然而，目前产业界对于聘用应届毕业生困难之处，在于毕业生在校学习的经验及专业知识难以与产业界结合，造成产业难以觅得合适人才。此外，部分核心科系毕业生因具有专业证照，另有就业管道，造成投入生技产业意愿较为薄弱。另外，因应国际化需求，产业对于高级经营管理、国际营销及专利和知识产权等商务发展能力及具备跨领域的人才需求殷切，但此具备经验能力的人才较难以单纯经由学校教育培养。

为协助生技人才培养，台当局积极运用各种政策资源，缩短产学落差，2012 年 10 月台湾"行政院科技会报"通过"台湾生技产业起飞行动方案"，实施"生技高级人才培训与就业计划"，预计三年投资三亿元新台币，培育辅导 300 名博士级生技人才，并提供博士后加值培训，通过法人及学术研究机构并结合厂商及医学中心，合作开展人才培训。

2013 年第一期计划启动，已选出 13 家培训机构，联合甄选 100 名博士级生技储训精英，进行为期一年的博士后在职培训，经录取的博士级生技精英，将由培训单位与其合作厂商或医学中心进行职能学习规划，协助其顺利投入生技业界，为产业带来新贡献。

台湾"经济部"也推动"协助应届毕业青年职场研习培训计划"，内容包括研发专业研习、产业分析、实验室研习、工厂诊断与辅导见习等跨产学领域，运用"经济部"督导的研发机构的研发能力与产业经验，带领青年人研习，提升实务职能，并进一步协助青年人就业。此外，配合药学系学制由四年延长至六年，台湾"考试院"研拟将药师考试调整为分阶段考试，2014 年 7 月 1 日起施行，鼓励对产业有兴趣的学子即早投入产业。

台湾"行政院科技会报办公室"自 2013 年起推动"生技高级人才培训与就业计划"，预计三年提供 300 个博士级生技训储精英培训机会，通过岛内重要的法人及学术研究机构担任培训机构，规划一系列药品、医疗器材、医疗管理等在职实务培训，并且提供六个月以上的产业实习机会，以积累博士级生技训储精英的实务经验和核心技能。希望通过培训单位搭桥，让岛内学研产业接轨，来协助更多优秀人才桥接到产业就业或创业，进而促进生技产业发展。

第一期计划（自 2013 年 3 月 18 日起至 2014 年 6 月 30 日止）核定 13 家培训单位及 100 名培训人员数额，吸引 368 位海内外毕业博士人才报名参加甄选，录取率约 27%。合作厂商/医学中心共计有 77 家，提供博士级生技训储精英实习的机会与场合。截至 2014 年 4 月 18 日止，第一期博士级生技训储精英已有 7 名提早至企业就业，1 名自行创业，84 名赴合作厂商/医学中心实习，问卷调查厂商聘雇意愿约 69%。此外，在报名甄选阶段，有 5 位优秀人才被原聘用单位加薪挽留、赴海外深造或企业高薪挖角。该计划预期达成至少三分之二结训的博士级生技训储精英赴产业就业或自行创业。

台湾"教育部"于 2010～2013 年推动"转译医学及农学人才培养先导型计划"，培养具有将医药及农业生物基础研究拓展至产业研发的跨领域、创造力及关键技术的人才，鼓励各大专校院发展校际及产学合作教育，开设转译医学及农学跨领域课程及学程，充实相关重点实验设备，并灌输学员攸关知识产权、产业加值、生技创业、经营与管理的理论与实务经验，以提升生技研发人员投入产业开发行列的兴趣与意愿。

目前该计划推动的重要成效包括成立转译医学及农学计划办公室及七个重点领域教学资源中心，推动干细胞及再生医学、基因体及蛋白质体的临床应用、新药及中草药产业、检验及医材产业、水产养殖产业、作物及花卉产业、畜禽产业等七项重点领域资源整合及区域教学联盟，协助参与计划的33个伙伴学校充实相关特色实验室，形成各校的教学发展特色。

教学资源中心统筹高级生技及跨领域的人才培养，邀请各校法商管理学院教师参与医农生科学院的教学，并聘请产学研知识产权专家到校授课，开设30门跨领域高级课程，除促进校内跨院系师资的交流，并让生命科学领域学生学习攸关产业发展的知识，包括智慧财产权、产业管理、产值评价及相关法规等，计有4200人次参与跨领域课程。伙伴学校开设转译医农讲授课程111门，培养的学生约4700人次，实验课程113门，培养的学生约2500人次。

（三）培养学生实务经验与技能

为加强业界及学校合作，以培养学生实务经验与技能，使正规教育毕业生能迅速投入产业。目前，台湾"教育部"资助学校开设转译医农产业实习课程53门，赴业界实习学生数共667人次。其中有86名学员因修习课程，而获得进入生技产业从事研发相关工作的机会。除提供专业领域知能外，特别着重于产业发展相关知识的传授，并通过聘请业界专家授课及举办产学交流活动，强化转译观念，同时借由办理国际研讨会、技转研习会及产业论坛，提供产学对话管道，激励师生转进生技产业的兴趣；2013年共举办104场，约8600人次参与。

台湾"教育部"还从2014年开始推动"生技产业创新创业人才培养计划"，以生技产业创新创业人才培养为核心，系统性地规划生技产业实务教学课程及高级课程，并以跨校、跨领域学员为对象集中授课，学员能由浅入深获得整体一贯的培训，使其能积极投入生技产业的创业与开发。

规划的生技产业创新创业课程包括生技关键技术、创业精神与启程、市场分析与技术鉴价、团队组成及人才管理、知识产权管理与法规、市场营销与经营策略、财务风险管理、个案实例专讨、计划实务演练等九大方向。通过公开征集，甄选适合的大专院校成立"农业／医药生技产业教学实习推动中心"及"跨领域生技产业精英培训推动中心"，由推动中心邀集相关产学研各界专家整合规划九大方向基础、进阶及高级农业／医药生技关键技术及跨领域课程，并组成跨界教学团队协助授课，招募全台湾硕／博士生、博士后、教师及业界精英组成创业团队，共同参与修习课程。完成高级课程的团队，其创业营运计划将可通过成果展方式观摩分享。优秀团队将被辅导参与相关国际竞赛或转而参与台湾"科技部"或"经济部"相关创业活动方案，也可通过中介与相关产业建立联盟，进行加值合作或选才就业。

（四）与海外大学合作培养人才

为提升岛内医疗器材产业的研发能力，缩短岛内医材产业的学习曲线，台湾"科技部"运用"台湾—斯坦福医疗器材产品设计之人才培训计划"（简称STB计划），通过与美国斯坦福大学合作，连结硅谷社群资源，为台湾培养具创新性医疗器材产品设计及产业化实务能力的"跨领域种子人才"，并致力构建整合生医工程的创新与创业平台。

自2007年至2013年底，共完成12个梯次的斯坦福赴美培训计划的选才活动，吸引了403位来自各领域杰出成就的专家参与，已甄选出34位赴美学者，其中14位为临床医师，20位为工程师（18位为博士），结训学员目前共计24位。而完成培训的学员中有7位已进入创业阶段，合计组成5个创业团队，并皆已获得资金挹注发展为新创公司，包括为治疗睡眠呼吸中止症的创新产品Somincs、可携式导尿管CompactCath、移动医疗照护解决方案iXensor、深层电磁波治疗设备NeuroPrex，以及由时习数位公司所开发的视觉脑部深层同步刺激学习工具。由岛内所开设的临床实务培训，目前已积累培养119位人才，并产生34份医材原型构想书。其中1位学员以体感复健技术创立龙骨王公司，另有6位学员通过此培训平台，顺利申请进入斯坦福赴美培训课程。

台湾"科技部"还通过STBClub和STB-eNET平台举办岛内外创新创业交流活动，建立医疗器材创业合作网络，至2013年底年共办理24场媒合交流活动，以及36场STBClub课程活动。STBClub为运用传递硅谷育成经验来协助研发成果商品化/产业化的新创医疗器材社群网络。STB-eNET（www.stb.org.tw）则是提供国际创新医疗器材技术与产品发展现况与趋势的网上知识传递平台，现在每月订阅《STB创新医疗器材简讯报导》电子报的人数已超过1500人。

为配合生技产业发展需求，台湾"科技部"仿效美国斯坦福大学的卓越研究成果商品化机制SPARKProgram模式，打造SPARKTaiwan"生医与医材转译加值人才培训计划"，通过扶植岛内区域型培养大学成立，以构建符合生医成果商品化需求的本地培养环境为目标。2013年吸引台湾大学和成功大学争取成为培养大学，除投入共计2100万元新台币的配合款与台湾"科技部"共同投入各研发团队前期关键开发导向经费外，还在台湾生技整合育成中心的指导与协助下，通过培养大学选派的技术教练、个案专案管理人员及新药与医材跨领域专家顾问团的积极投入，实质协助培训项目朝向商品化推展，更促使培养大学逐步构建校内整合育成的能力与环境，以形成自发自主性的成果应用开发聚落。SPARKTaiwan 还在岛内首次推动里程碑模式的经费补助，配合扶育案源达成目标里程碑的辅导机制，使培养大学善用有限资源来获得最大效益。至 2013 年底，两所培养大学共甄选出 15 个培训团队，计有 69 位教授、医师及研究人员投入培训课程及产品研发。

迄今，台湾生技整合育成中心共举办了多场大型的交流论坛，邀集超过几十位各领域的岛内外专家讲授与交流，培养大学并配合培训案源的需求，开办超过 100 小时的培训与实作课程。召开多场专家辅导会议，由岛内外专家学者参与并提供个案辅导达近百项，借以增进学研团队的产品开发能力。

鉴于台湾生技产业持续发展，未来将持续通过强化产学合作，增加实习实作机会，以缩短产学落差，并鼓励大专校院发展专业领域及特色科系，以培养各类专业人才。同时，经由跨领域课程与培训，以及延揽岛内外具实务经验的专业人才来台创业及担任培训指导工作，协助培养产品开发、国际营销、通路开发、专利分析、技术转让、国际法规、产品查验申请及产业市场分析等产业专业人才，预期可有效提升台湾生技人才专业水平，促进人才适才适用，加速生技产业发展与成长。

四、台湾生技产业发展面临的问题

生技产业虽列入蔡英文当局 5+2 重点发展项目，然而新当局上任一年多，市场信心仍未恢复、法规与制度滞碍仍存、产业氛围低迷，不利生技产业正向稳健发展！当前全球正全力冲刺发展生技产业，扩大生物经济产业布局，积极卡位顶尖创新技术、吸纳规模资本和全球人才。此刻是台湾转型创新导向经济的重要关键时刻，发展生技更没有停滞、内耗的本钱和时间。过度的简化问题，或是将问题无限上纲，不但不能解决当前产业困境，更将使台湾丧失发展生技产业的重要契机。

（一）台湾政治恶斗阻碍产业发展

台湾地区，蓝绿政治恶斗持续多年，民粹主义泛滥。由于政党理念不同，一个政党执政后，对前任政党的外事、内政等进行颠覆性的调整现象司空见惯。但产业的发展是需要有延续性的，政策没有连续性，产业会走很多弯路。以台湾企业中裕新药（原宇昌生技公司）为例，2007 年成立之时，因募资不顺，由蔡英文家族支持创立。2008 年台湾"大选"，民进党落败，"国发基金"允诺要投资的 40% 变卦，违反投资协议，统一、永丰余等民间资金，也不遵守原先的投资协议，最后由尹衍梁的润泰集团弥补资金水位。等到 2012 年"大选"，"宇昌案"成为竞选话题的论战。民进党候选人蔡英文担任"行政院副院长"时，协助并核准宇昌生技公司 (今中裕新药) 的设立，在卸任后担任该公司董事长，以其家族资金投资宇昌生技。国民党候选人马英九等人，质疑其滥用权力、图利特定人士、贪污，进而成为政治焦点。此案虽以特侦组以查无不法结案，但造成许多政治影响。当年发起创立的人士，都被打成落水狗，可见政治伤害产业有多深。新药开发成功率本来就很低，生技公司能生存就很不容易，如果一再被政治操弄，其发展难上加难。

2017 年，蔡英文指示台湾地区副领导人陈建仁出马主导成立"台湾生技医药产业联盟"，外界就传出是因为由马英九时期行政部门负责人张善政主持的"生技医疗产业策进会"没有发挥沟通平台功能，官方也叫不动。不管传言是否为真，这种政治干预产业的传言，会让岛内生技业界认为当局部门选边站，对生技产业会有莫大的伤害，影响产业对当局的信任与对话。

（二）台湾生物技术产业法规过于落伍

虽然台湾生技产业界每年借助生技展，以及海内外专家群聚献策、引进新思维，期待产业能快速发展，但是，岛内生技主管部门防弊重于兴利观念、新药审核时间缓慢且不专业、金融机构态度保守、临床实验受限等因素，严重阻碍了新药、医材的研发。

生技产业是个专业、高技术门槛的创新产业。近年，台湾司法机关因不明生技产业的内涵，在未经审慎侦办后，即罗织罪名起诉指标性团队或领导人的现象时有发生。从"中研院"院士陈垣崇案到"浩鼎案"，再到近日宣判的林荣锦与东洋间的背信案，都可见司法不懂生技的现象。以"浩鼎案"为例，"浩鼎案"的临床试验已取得 TFDA 和 CDE 的核准文号，却被媒体和司法误导扭曲、炒作为"中研院院长"涉贪而不敢出面说明。生技产业陷入冰河期，这些无谓的司法诉讼案，无疑戳伤产业命脉，让产业发展窒碍难行。

产业要创新发展，司法必须多元、弹性。台湾要发展生医产业，现在最落后的就是法规，不论在新药审查、财税、证券管理、工业政策、司法等。曾是"宇昌案"当事人之一的"中研院"院士陈良博坦言，发展生技产业有很多种策略，最重要的要有基本的环境和条件。2016 年 5·20 后，生技业者原本寄望新当局能够在 620 时，能有比较明确的产业政策方向，相关主管机关可以更宏观，法规、公文来往流程可以更弹性或简化，以欧美先进国家来看，产官沟通只有单一窗口，流程简化，而台湾行政单位官僚，法规烦琐，政治角力口水战不断，限制了产业的发展。他以醣基为例指出，做研究需要血，对很多新药来说，血是很基本的，在美国很多医院都会提供不用的血给新药公司或实验室做研究，但台湾不能合法买血，以前透过学术界合作可拿到一部分，但现在研究的人变多，取得困难，只能靠进口，而在等待进口的过程则因时间拉长，实验研究也会受到影响。

曾是华人圈在美国 FDA（食品药品监督管理局）职务最高的陈绍琛指出，他已经想退出参加多次的"行政院生技产业策略谘议委员会"（BTC），因为每年讲的问题都一样，可以先行政命令去做的就做，该修法的就去修，但整个改变的动作一直很慢，甚至 2016 年 BTC 建议设置一个常设窗口，让产业界在法规上遭遇到的问题，可以有一个沟通管道，现在却一点动静都没有。而好不容易列入蔡英文选举政见的"CDE（药品评审中心）行政法人化"，通过行政部门审查，在立法部门初审时，却招来多方阻挠的声音，台湾部分药界人士因为不愿放弃本位主义，频频拿"弱化 TFDA（台湾食品药物管理署）"、"TFDA 将有责无权"等理由，来反对 CDE 行政法人化。而日本早就在厚生省下设有药物安全局，但是负责药品审查的 PMDA（医药品审查机构），还是觉得药品审查需要专业且有公权力的行政法人；中国大陆也已将药品审查的权力下放到 CDE 去。美国 FDA 的药品审查主导权，就是在旗下的临床医师手上，现在台湾的 CDE 也多是医师在审查药品的上市与否，但重要的药品审查仍须送至 TFDA 的药审会进行复审，因此药界人士反对改变现状，担心 CDE 行政法人化后，原本是药界控制的药政管理会变成医界主导的领域，弱化药界的影响力。

陈绍琛说，台湾的年轻医生对审查药品工作的兴趣有待鼓励，如果能改制成行政法人，有自己的预算，可以招募更多优秀的人才，稳定 CDE 人才的流动。因此唯有改变现状，提升 CDE 的人力素质及能力，台湾生技业才有进步的空间。当局的角色应该是为产业界打造高速公路，要让台湾生技产业跑得更快，当局应尽速修正不合理的法规，加速产业和国际接轨。

（三）生技产业高端人才不足的问题

目前，台当局推出一系列生技人才培育计划或博士就业相关的补贴，产业界可以让员工得到免费或低价的在职培训，或是得到高达每年 100 万元新台币的博士级薪资补助。这一系列的方案，可以缓解目前一部分高级人才毕业即失业的窘困，也同时让主管部门能对目前高速成长的生技产业需才迫切的情况有了着力点。

这些方案确实为生技产业拉近了衔接性人才培育的落差，因为学校所教与企业所用的人才供求往往差异很大，除了研发性的工作以外，大多的其他职能都必须重新培训，如专利、财务、临床试验、法规、鉴价等，也让想加入产业的学生或从业人员，多了取得独立性机构核发的专业证照（如专利师、鉴价师等）的机会。然而，若深入了解产业现况，台湾生技产业人才要能在国际舞台上绽放光芒，这种衔接型人才培育方案真能符合产业的人才需求吗？

台当局虽积极在设法补足产学中间落差的人才，但眼前台湾生技产业要跃进国际舞台的人才鸿沟问题却可能更值得重视。台湾生技公司要想真的拥有国际竞争力，急需能糅合研发，生产、专利、法规、市场及所有外在大环境因素的跨领域人才。

根据统计，过去十多年来，台湾生技产业的市值、营收、公司数量等指标都增长了 10 倍以上，向内衔接的产学人才也增加了许多，但向外衔接的国际型人才却没有等比例的增加，因此在僧多粥少的情况下，生技产业正进入国际型人才的抢人大作战时期。当原本只够 10 家公司的人才要被 50 家公司抢，最容易看到的现象就是这些人的总体酬劳被出得起价的公司哄抬。这可从公开信息中许多高级经理人拥有的股票价值破亿元可窥见一斑，而出不起或不愿意竞标的企业就势必在抢人大作战中屈居下风。

在 2015 年台湾生技健康高峰论坛，就有业者指出，十年来台湾到海外求学人数逐年减少，反观中国大陆有不少人才到海外读生医专业。台湾生技业缺乏转译等研究人才，而人才是生技界最重要的资源，缺乏人才成了业界难题，不少业者都表达延揽大陆人才的意愿，对台湾产业形成强大竞争。

"中研院"院士、醣基董事长陈良博表示，30、40 年前，台湾很多就读化学、农化科系的学生都会外出留学，他们在美国生技产业领域内都有很大的成就，即使没有创业也都是高阶主管。美国成功的生技公司开发的新药或医材，团队成员几乎都有台湾子弟，这群出类拔萃的专家，至少有五千名，他们在这五年内都将陆续退休，而回来台湾贡献在生技产业所学，也是他们的愿望。这一批学子之后，台湾的留学风也断层了，亦即这五千名生技大将就是台湾生技产业能否快速打进世界杯的关键，当局要赶快创造好的环境，吸引他们回台投资，否则五年的退休潮过了，热情和体力也会减退。

五、大陆与台湾在生物技术产业方面的优劣势分析及其合作

大陆生物技术正进入大规模产业化阶段。近年来，大陆采取一系列措施加大对生物技术创新和生物产业发展的支持力度，不仅出台了多项生物产业发展规划，"十三五"规划更是把生技产业列为发展重心。目前，大陆经济发展已进入新常态，战略性新兴产业成为大陆经济发展的支柱性产业之一。据研究机构预测，2020年大陆生技产业市场需求规模将达到3.5万亿～4.3万亿元，未来10至15年，将有望达到6万亿～7万亿元。

大陆不仅在生技产业政策的制定与推动上有优势，而且资源丰富并具有一定规模的技术研发人才。在大陆，化学及中草药原料取得都非常便利。目前，从事生物技术研究与开发的技术人员有3万多人，每年还有大几千名生物技术专业的高校毕业生，在海外的30多万学人中，大约有1/3分布在生物技术及相关领域工作。

当然，大陆发展生技产业仍然存在一些问题。大陆由于市场大，大型生技企业不太积极研发新产品，而中小型企业则缺乏动能，产品多处于低水平仿制，因而，大陆生技产业创新能力不足，且同类产品生产厂家过多，产品结构性矛盾。此外，技术研发资金投入严重不足，企业融资渠道单一，凸显资金不足瓶颈。这些问题的存在，有可能使大陆生物产业与生物产业发达地区的差距迅速拉大。

与大陆相比，台湾生技创新研发和国际化接轨经验丰富，在生技产业方面资金充足，投资意愿高，创投业者参与意愿旺盛。生技产品附加价值高，产品寿命长，产业价值链长，从研究开发至产品营销之间，都有可切入的环节。另外，台湾传统农业技术甚为进步，可作为支持农业生物技术发展的利基。岛内大型医学中心密集，适合发展生物技术研发。但是台湾生技产业也存在着人才欠缺、营销不足等问题。由于岛内市场规模太小，投资者对投资回报缺乏耐心等待，造成研发与创新不易落实，和下游产业脱节。

虽然大陆生技产业市场商机庞大，但是台商进入大陆市场仍有难处。台商到大陆因不熟悉法规，且又多以单打独斗的方式，不易与大陆企业达成合作，因而，需要通过两岸企业对接平台，增加进军大陆市场的成功率。2010年随着

全球经济持续的复苏，中国大陆与台湾签订两岸经济合作架构协议 (ECFA) 及两岸医药卫生合作协议，为两岸生技产业的发展提供了有利的环境。

例如，东莞市推出"莞榕计划"，该计划主要是打造东莞市与台湾进行生物技术产业合作的展业平台，由东莞生技公司通过台湾互贵兴业生技公司的协助与合作，搭建两岸生技产业合作平台，积极引导有潜力的岛内生技业者，前进大陆市场。目前，包括世界上最大的抗体制造商、台湾亚诺法生技股份有限公司（简称亚诺法生技公司）在内的多家台湾生技企业与广东省东莞市生物技术产业发展有限公司（简称东莞生技公司）共同签订"莞榕计划"合作协议，落户东莞市松山湖高新技术产业开发区。

具体产业方面：

在农业生技方面，慕德生技公司积极布局中国大陆猪用饲料添加剂市场，透过与江苏雨润集团合资成立雨润慕德公司，将猪宝壮及猪宝强两项产品销售给中国大陆大型饲料厂及养殖公司。同时，投入猪血浆蛋白开发，用于饲料添加剂，提升产品竞争力。

特化生技方面，台湾兰业公司运用自产兰花作为材料，研发出化妆保养品，与大陆签署经销合约。佳医公司也于两岸同步成立医美营运据点，并与大陆煜嘉投资公司合作，于上海成立医美中心，由煜嘉投资公司负责大陆市场拓展。双美生技公司则已取得大陆核发胶原蛋白注射液药证，并与曼都公司合资开立整形美容诊所。

制药产业，台湾厂商也积极布局。例如，济生制药公司于上海成立济泰生技公司，并进行建厂规划，初期生产血液透析浓缩液等洗肾相关产品；台湾东洋公司于上海成立东曜公司，将建造口服制剂厂及癌症针剂先导厂，并进行口服及特殊剂型药物与抗癌蛋白质单株抗体药物开发；同时，荣港国际公司收购程度蜀裕药业公司，取得大陆 45 个销售据点，成为台湾东阳集团在大陆的药品销售平台。台湾微脂体公司开发的抗癌新药 Lipotecan, 已获大陆国家食品药品监督管理总局认可。美时只要公司于浙江海正公司合作，共同进行肺癌与乳腺癌名药研发，抢进全球市场。生达制药公司于大陆销售第四代抗生素针剂，并提出降血糖口服剂及退化性关节炎用药药证申请。太景生技公司亦将抗生素新药奈诺沙星于大陆市场的制造及销售权利授权浙江医药公司；健亚生技公司将临床前试验阶段的治疗新陈代谢异常的新药，技术授权大陆中奇制药公司，并合作开发，未来健亚公司拥有生产权及销售权，中奇则负责大陆地区临床试验及销售。由健亚、中化制药、永信、台湾东洋、南光化学、信东生技等六家制药公司合作产业联盟，同时与大陆石药集团，共同进行糖尿病新药 GBL-121 开发，以拓展大陆市场；智擎生技公司与广州必贝特医药公司合作，共同设计并委托合成候选新药。

生物制剂方面，国光生技公司与大陆天道医药公司技术合作，结合双方充填技术与医药原料，开发抗凝血药物——依诺肝素钠，以共同取得欧盟 EMA 认证。

原料药方面，台湾神隆公司投资设立江苏常熟工厂，可生产癌症原料药及中间体。中化合成公司则与苏州鹏旭公司合作，从事利基型小分子学名药开发。中草药方面，杏辉集团的杏辉天力（杭州）公司将血管性痴呆治疗药物在中国大陆的原料及制剂药证和专利，转移给江苏康缘药业。

目前，两岸已进入产业竞合时代，生技产业要善于在竞争中实现差异化发展。两岸政府在生技产业方面所拟定的发展策略与推动措施非常相似，因此可以预见，未来两岸在生技产业中的竞争将比较激烈，面对国际经济与产业发展环境快速的变化，并且伴随着优秀人才、技术与资金的争夺，两岸在产业发展若能做到优势互补，产业的竞争会在同质化竞争的基础上实现差异化的良性发展。只有积极构建生技产业彼此分工与相互合作的框架，才有可能在竞争中实现差异化发展，并在全世界生技产业供应链体系占据举足轻重的关键地位。

（原载《福建社科情报》2017 年第 6 期）

饱受争议的"前瞻基础建设计划"

林国华

一、台当局"前瞻基础建设计划"的来龙去脉

"前瞻基础建设计划"是蔡英文上台后提出的第一个重大经济建设计划。早在2017年2月，蔡英文在主持执政决策协调会议时提出"前瞻基础建设计划"。3月底，台"行政院"便提出"前瞻建设草案"，宣称要在八年投入最多8900亿元新台币的资金，推动轨道、水环境、绿色能源、数字化及城乡等五大领域建设，以促进地方整体发展及区域平衡，带动投资机会与经济稳定增长。

2017年4月份，岛内"立法院"审查涉及八年8824亿元（新台币，下同）特别预算的"前瞻基础建设计划草案"（下文简称前瞻计划），并在20分钟的乱哄哄打斗中仓促通过初审。草案包括绿能建设（243亿元）、轨道建设（4241亿元）、水环境建设（2507亿元）、数位转型（460亿元）、城乡建设（1372亿元）。能与"前瞻"拉上关系的只有绿能建设和数位转型，但在计划预算中的比例还不到一成，而较多的资源则集中在轨道建设。岛内学者、媒体纷纷指出，当局的各种轨道工程一方面没有经过环保评估，另一方面也未切实评估当地的实际需要和财政承受能力，草率的行事方式令人咋舌。且8824亿元绝对不是一个小数目，尤其对于财政捉襟见肘的台当局而言，要拿出近万亿元进行投资更应谨慎小心。而所谓"特别预算"其实就是举债。岛内每一届新当局上台后无不推出数千亿元的建设大计，也使得当局财政负债比率节节上升。目前岛内举债空间离相关法规规定的40.6%举债上限还有1.2万亿元，虽然蔡当局推出8824亿元的"前瞻计划"后，还没有突破举债上限，但所余空间已不多，加之岛内不时发生自然天灾，也需要用到特别预算。

"前瞻计划"是民进党当局2016年5·20上台后端出的首个经济大餐，以推

动基础建设的方式带动经济景气，但3月当"行政院"正式公布方案后，各界劣评如潮，批评"前瞻计划"粗制滥造、毫无财务规划，夸大经济效益。国民党"立委"在"立法院经济委员会"审议会议上遂要求当局撤回并修改"前瞻计划草案"，但作为"立法院"第一大党民进党"立委"以人数优势，强行宣布通过草案，双方更爆发激烈肢体冲突。

随后，民进党利用席次优势，在7月4日的临时会继续排审"前瞻建设草案"。为了能够过关，前一天，蔡英文邀集负责人研商，决定将计划缩短至四年。7月5日，这份缩减为四年4200亿元上限的"前瞻建设草案"在"立法院""三读"通过。

8月31日台湾"立法院"第三次临时会院会在混乱中三读通过"前瞻基础建设计划第1期特别预算"，原编列1089亿元，减列18.5392亿元，并冻结108.9247亿元。"立法院""院会"在7月5日三读通过"前瞻基础建设特别条例"，预算从八年8800亿元，改为以四年为期程，预算上限为4200亿元，并有究责规定。

实际上，每位台湾地区领导人上任都会提出建设计划，如陈水扁时期有五年5000亿所谓的"新十大建设"、马英九时期有四年5000亿的所谓"爱台12项建设"。但据台湾媒体报道，这些大型基础建设计划，并未大幅推升台湾经济动能，财政赤字却迅速攀升。陈水扁上台初期，当局负债2.45兆元，卸任时已升至3.7兆元。马英九上台后，除基础建设特别预算加上莫拉克风灾重建，负债飙高到5.3兆元。近些年台湾经济持续低迷，财政状况已不如往昔。

且"前瞻计划"忽视蓝营执政县市，偏重绿营执政县市。因为尽管"行政院长"林全对外表示计划"顾到公平、顾到效率、顾不了蓝绿"，但根据最初提出的方案，多数项目都集中在民进党执政县市。比如，高雄市分到1821亿元，台中市分得1597亿元，台南市分得1400亿元。非绿营县市就差多了，比如，国民党籍市长的新北市只有821亿元，无党籍县市长的花莲县和台北市则挂零。据台媒报道，绿营执政县市占了这个计划预算的86%。这不能不让人联想到，民进党当局试图以"前瞻计划"特别是"轨道建设"的名义趁机把大笔钱财洒到地方尤其是绿营执政县市中去，为2018年的选举撒钱绑桩买票，进一步巩固政权。最经典的故事是：蔡英文4月21日到高雄视察轨道交通，致辞时谈到高雄规划的黄线地铁，对台下的高雄市长陈菊说："菊姐，你应该有的都会有哦！"陈菊马上欠身致谢。满满私相授受的嫌疑，让国民党发言人李明贤质问，8800

多亿是民进党主席蔡英文的私房钱？

台"经济部"前"部长"尹启铭日前指出，成本还是其次，"前瞻计划"多数项目还看不到可行性和效益评估，最大隐忧在于不确定性，即使完工，后期营运和维护才是最大的"财政黑洞"。台湾《联合报》也发文指出，"前瞻计划"许多项目摆明砸钱绑桩，更多科目流于虚编浮滥，"大家都看在眼里"。尽管"前瞻计划"如此多瑕疵、争议，但民进党为了一党之私，罔顾台湾的普遍民意，凭借其执政、主导"立法院"的优势，一股脑儿地推动"前瞻计划"，反映了民进党任性、"鸭霸"的行事风格。对此，台湾各界对民进党当局的"前瞻计划"提出批评和看法。

二、"前瞻计划"遭到台湾各界的批评

（一）国民党"立委"指蔡"前瞻计划"掏空台湾未来

早在 5 月 15 日，民进党以多数暴力，强行通过"前瞻基础建设条例"的初审，16 日国民党团由书记长王育敏和党籍"立委"李彦秀、张丽善，在党团记者室召开"蔡英文'失'政周年 错误政策更甚贪污"记者会。表示国民党不会承认此一会议结果，为了看紧人民荷包，将继续对抗到底，坚决反对这个错误的政策。

王育敏说，"行政院"推出"前瞻"政策一个多月以来，各界严厉批判与反对的声浪一波接一波，最新民调也显示，六成民众希望当局"退回重拟"，但蔡政府依然坚持"一字不改、一毛不拔"，颟顸拒绝各界建言。期间，占比最重高达 4200 亿、也是最受诟病的"轨道建设计划"，竟然荒唐的在条例初审的最后关头，一夕间变出 42 本"可行性评估报告"，让人瞠目结舌。

张丽善则表示，当蔡英文四处在绿营执政县市撒钱、开支票，造成"全民疯轻轨"现象，包括前"内政部长"李鸿源、政大教授徐世荣等无数专家学者，都发出警语说"轨道建设将是无底洞的钱坑"，将制造出更多的"蚊子轨道""蚊子车厢"，新一波的土地炒作风将再起，唯一获利的只有财团，这不是投资台湾未来，而是掏空台湾未来，债留子孙毋庸置疑。高雄捷运与轻轨建设前，厂商膨风营运量的可行性评估以争取经费，最后酿成严重亏损的大灾难，就是眼前最血淋淋的教训，足为借镜。

（二）国民党大佬也纷纷批评"前瞻计划"

国民党副主席郝龙斌表示，民进党当局推出"前瞻基础建设计划"，到底是

"前瞻"还是"钱沾"？他呼吁蔡英文对此进行"公平公开辩论"。郝龙斌指出，2010年民进党反对EFCA（两岸经济合作架构协议），当时身兼国民党主席的台湾地区领导人马英九和民进党主席蔡英文公开辩论，"前瞻"就不能吗？郝龙斌呼吁民进党"放下身段与傲慢"，针对"前瞻计划"进行政策辩论。不论是朝野政党领袖亲自辩论，又或者政党推派专业代表进行政策辩论，应该一起负责任地向人民报告。拍拍手、鼓掌通过是很容易的事，但台湾的财政、人民的未来不能拍拍手、鼓掌就葬送掉。希望民进党不要用蛮横的方式通过，更不需用网军抹黑攻击。

国民党主席当选人吴敦义认为蔡英文举债8800亿元新台币，超越任期做"前瞻"，难免有绑桩质疑，将来不只债留子孙，还可能发生浪费和品德操守上的问题。因此，呼吁蔡英文、民进党不要一意孤行。"前瞻计划"要拿8800亿，完全举债，且超越蔡英文的任期，不符前瞻的理想，现在工商业界都觉得缺工、缺水、缺电，蔡没有设法补充；另外，北部、中部、南部轮流发生水灾，如果做轨道，花4200亿以上，很多专家并不以为然。台当局分配"前瞻基础建设"也不公平，绿营执政县市占很高的比例，这难免让人质疑绑桩，举债这8800亿就是为2018年选举。这不但会留债给子孙，也可能发生浪费、甚至品德操守上的问题。

（三）台学者批蔡英文推"前瞻计划"

台湾竞争力论坛执行长谢明辉认为，民进党在野时使强硬手段杯葛议事政策，执政后蔡当局却以"顺我者生、逆我者亡"的粗暴、霸道态度通过预算、法案，台湾将永无宁日。

台北市商业公会理事长王应杰表示，根据"主计总处"预测，由于上半年经济稳定复苏，台湾2017年全年经济增长率GDP保2应该没有问题，按照凯恩斯学派理论来看，在"前瞻基础建设"加持下，透过扩大公共建设拼经济，带来乘数效果扩大内需，2018的经济成长率应该会有更亮眼表现；因此希望"前瞻"发包要特别注意，别成变相绑桩；希望赖清德接任"行政院长"后，能贯彻"当省则省，当用则用"精神，把"前瞻预算"花在全民真正所需刀口上。

前"行政院青辅会主委"、空中大学公行系教授李允杰认为，"前瞻预算"审查争议不休，朝野最大争点在于，民进党团以多数优势强行变更议事规则、排除其他议案，阻挠其他党派"立委"的提案权，让"前瞻预算"过关，创下破坏"国会"体制恶例。

　　淡江大学财金系教授李沃墙指出，蔡当局的"前瞻建设"第一期特别预算原编列新台币 1089 亿元，最后照民进党团提案通过，减列 18.5392 万元，约占预算的 1.7%，冻结 108.9248 亿元，约占预算的 10%。"前瞻"五大计划所需经费高达 8825 亿台币，有将近 85% 经费花在绿营县市，又超过一半以上的预算于轨道建设；不仅资源分配不均，效益更充满疑虑；令人忧心的是未来将增加财政负担，债留子孙，台湾经济前景却仍一片茫然。

　　淡江大学财金系教授聂建中指出，"前瞻"仅将大把纳税义务人辛苦钱，无智慧的随意挥洒，无法让经济前瞻顺畅，更可能带来巨大债留子孙的负面后患隐忧。蔡当局想仿效 40 年前蒋经国时代的"十大建设"或大陆十多年以来的四纵四横的铁公机捷，但这只是复古计划，因为未来世界，是高智能大数据的人工智慧 AI 及图形辨识 PR 世代，因此蔡当局美其名叫"前瞻计划"的复古思维行动，实际是全面下放沾钱之可疑外，更可见其沾人，即骗取年轻世代未来选票之用心。

　　台湾政治大学地政学系教授徐世荣批评，"前瞻计划"充满威权独裁的色彩、没有民众参与也不重视程序，跟民众的想象有很大的落差。徐世荣痛批"前瞻计划"不重视程序，里面所规划的内容跟民众的想象往往会有很大的落差。"前瞻计划"完全没有公共参与，让人感到不可思议也无法接受，计划质量非常低劣。

　　台湾圣洋科技执行长邱继弘表示，计划有许多地方非常荒谬。例如桃园的铁路高架化工程已经动工，现在停掉改做地下化，"停掉的部分要赔 80 到 100 亿新台币"。

　　贝壳放大创办人林大涵表示，"行政院"说"前瞻"会带动 1 兆多新台币的投资却没有明确的说明，这让人看了非常的紧张。370 页的计划书里面格式都不一样，看不懂还以为自己中文不好。沃草执行长林祖仪则质疑"前瞻计划"的公共参与非常不足，例如现在年轻人所需要的公共托育就没有因为需要而被列入计划。

　　台湾淡江大学大陆研究所教授潘锡堂认为，乍看之下，"前瞻计划"可以激励台湾当前低迷的经济，民众照理应该支持。然而细看内容，整个计划并无宏观蓝图，而是拼凑而成，许多内容都是延续现有计划，"所谓前瞻，徒有其名、空有其表"。值得一提的是，此一快速拼凑又未经仔细评估的建设计划，其中若干项目与大部分经费都独厚绿营县市，明显有为 2018 年县市长选举"绑桩"之嫌，难怪连日来各界批评不断。"台湾钱真好花"。"中时电子报"也称，蔡当局以特别预算推"前瞻基础建设计划"，是拼 2018 年年底"九合一"选举，导致欠缺民众参与、效益评估，恐留下蚊子馆等"钱坑"，让后代子孙承担痛苦。

（四）台媒民调 :62% 民众不支持台当局举债进行"前瞻建设"

据台湾《联合报》报道，台当局"前瞻基础建设"计划公布，但计划内容引发争议。台湾 TVBS 早在 2017 年 6 月进行的一次民调显示，46% 民众不支持推动"前瞻计划"，高于支持的 28%，近 2 成（19%）民众表示不清楚"前瞻计划"。针对计划争议，高达 75% 民众认为"前瞻基础建设"需要重新检讨，仅 11% 觉得不需要。调查显示，有六成（62%）民众不支持台当局举债进行"前瞻基础建设计划"。

经过进一步与年龄交叉分析发现，20—29 岁年轻族群对"前瞻基础建设"的支持度只有 25%，而不支持的比例为 55%，高于其他年龄层。其中，最受争议的轨道建设，调查显示，近半数（47%）民众不支持，高于表示支持的 39%。轨道建设是本次五项建设中，唯一不支持比例高于支持的项目，显示民众对于占"前瞻"半数经费的轨道建设有相当疑虑。

其余四项建设，水环境建设：近 8 成（78%）民众表示支持，仅 12% 不支持。由于近日暴雨导致许多地区淹水，造成农损以及民众生命财产损失，水环境建设也获得最多民众支持。绿能建设（以 200 多亿推动太阳能、风力等发电，以及带动绿能产业发展）：有 75% 民众表示支持，16% 不支持。数字建设（提升政府资安环境、智慧服务，同时普及宽带网络、发展数字文创、落实数字教育环境等）：有 64% 民众支持，高于不支持的 22%。城乡建设（针对城乡生活投入公共建设，改善停车、道路质量、公共环境卫生等问题）：调查显示，有 7 成（70%）民众支持，只有 20% 不支持。

调查显示，对于"前瞻计划"引发争议，高达 75% 民众认为需要重新检讨，仅 11% 觉得不需要。进一步交叉分析发现，有高达八成以上的年轻族群，认为"前瞻基础建设"需要重新检讨，其中 20—29 岁族群，有 84% 认为需要重新检讨，是所有年龄层中比例最高的。

（五）绿营人士批评"前瞻计划"

早在 2017 年 4 月份，台湾地区前副领导人吕秀莲在 Facebook 批评，以台湾目前的发展现况对比财政拮据而言，交通尚非燃眉之急，尤其 4241 亿全部用在轨道建设上，确有审慎评估的必要。轨道运输投资成本高，经济回收效益低，小小的台湾到处有轨道列车，若车厢空荡荡，岂非造就另类的"活动蚊子馆"？呼吁正视台当局财政恶化情况，重新检讨计划，提出周全评估报告，再送"立法院"审议，以免上演抢钱闹剧，却债留子孙，为台湾增添另类蚊子馆。到 7 月份时，吕秀莲在宜兰又说，如果相当大的"前瞻建设预算"放在轨道建设，这并不是很完善，特别是拿后代子孙的钱做建设，更应该是当下所迫切需要的才对。吕秀莲说，她自己也当过地方县市长，因此会感觉到，如果"前瞻计划"有相当大的部分是放在轨道交通，可能不是很完善。吕秀莲说，如今台湾财库中空，台当局拿的是后代子孙的钱来做建设，因此要做的应该是"当下迫切需要的"，如果真的要讲前瞻，像美国、韩国，所规划的是"无人车时代"，如今挂了"前瞻"两个字，会让很多人期待很高，但失望也就比较多。

蔡英文提出要求官员、县市首长要下乡说明"前瞻基础建设计划"，"时代力量"显然也不买单。党主席、"立委"黄国昌在脸书上质疑，"前瞻计划"每年创造的四万至五万就业机会，是怎么推估？每年花新台币一千多亿，按照"国发会"推估是三万多个到四万个工作机会，每一年执行完后，工作机会就没了。

"民进党之友会"首席顾问洪顺五认为，蔡当局对中小企业着力不足，他向蔡英文喊话"Wake up！"，呼吁蔡当局重视中小企业的生存及发展。洪顺五表示，因为认识到台湾中小企业的生存及发展关系着台湾未来的生存和稳定，发起"世界营销计划"，将致力于协助台湾企业的优良产品营销国际。洪顺五呼吁蔡当局重视中小企业的生存及发展。例如中小企业奖励补助办法，那是最重要的核心，因为若没有鼓励，中小企业不会设立据点。蔡当局既然能花几千亿资金从事未来产业，"为什么不能为台湾中小企业补助十亿资金到岛外营销？"与不补助台湾中小企业海外营销形成鲜明对比的是，蔡当局不惜耗资数千亿新台币，实行所谓"前瞻计划"。因此，有台媒分析，蔡当局强力通过"前瞻"，或是挽救日益下滑的民调，抑或改变外界对于台湾"只搞政治不拼经济"的评价，其背后存在蔡英文的政治意图。

（原载《福建社科情报》2017 年第 6 期）

台湾社会历史

台湾少数民族及其政策变迁

陈晓玲

台湾的少数民族经历了漫长的发展阶段，其高山族主要是在文明社会形成之前来自大陆的定居者，他们成为台湾地区最早的居民。在台湾农业社会形成和大规模开发后，随着大陆社会变迁，越来越多的主要由闽粤移民也有为数不多的其他省份移民组成的大陆移民到达台湾。在典型的海岛型社会中，台湾形成了典型的移民社会。到了近代，截至2003年3月，在台湾地区的2242万总人口中，少数民族42.3万人，占总数的1.9%，其中平地少数民族19.8万人，山地少数民族22.5万人。主要居住在花莲县（20.2%）、台东县（18.3%）、屏东县（12.4%），其余分散各地。从总体上看，少数民族居住在农村的占69.2%；都会区的占30.8%。高山族虽说为数不多，但一直受到各界的关注。

一、台湾高山族及文化习俗

历史上，特别是明代以前，并没有高山族这个名称。高山族民族来源是多源性的，但主要来自中国大陆东南沿海古越人的一支。自汉族居民移居台湾后，少数民族分化为两部分：一部分定居平原，与汉族融合，称为平埔人；另一部分仍定居于山区，受汉族影响相对较少，至今保留着少数民族语言、风俗、习惯等特点。现在所说的高山族，一般是指这一部分的少数民族。1954年3月14日，台湾当局规定：高山族包括泰雅、赛夏、布农、曹（1998年11月更名为邹）、鲁凯、排湾、卑南、雅美、阿美9个族群（一说为10个族群，邵人也算一个族群）。这一部分民族，大多分布在中央山脉和东南部的岛屿上，少数散居在福建、上海、北京、武汉等地。总人口约40万人，大陆散居有2909人（1990年第四次人口普查）。

1.有抵抗外国侵略的光荣传统。长期以来高山族和汉族人民共同抵御外国侵略者的侵略，共同开发了台湾。在日本帝国主义侵占台湾 50 年间，反抗斗争尤为激烈，以 1930 年雾社起义规模最大。

2.有传统的民族语言。高山族有自己的语言，属南岛语系印度尼西亚语族。高山族内部语言差别很大，有阿美人、泰雅人、排湾人、布农人等十多个分支。没有自己的文字。居住在台湾的高山族同胞有自己独特的文化艺术，他们口头文学很丰富，有神话、传说和民歌等。高山族人大多数从事农业，少数捕鱼、狩猎。有雕刻和编织等手工艺。

3.有传统的民族食俗。高山族以谷类和薯类为主食。除雅美人和布农人之外，其他几个族群都以稻米为日常主食，以薯类和杂粮为主食的补充。居住在兰屿的雅美人以芋头、小米和鱼为主食，布农人以小米、玉米和薯类（当地称地瓜）为主食。在主食的制作方法上，大部分高山族都喜把稻米煮成饭，或将糯米、玉米面蒸成糕与糍粑。布农人在制作主食时，将锅内小米饭打烂成糊食用，排湾人喜用香蕉叶子卷粘小米，掺花生和兽肉，蒸熟作为节日佳肴，外出狩猎时也可带去。但作为狩猎带去的点小，馅里一般不加盐巴等咸味调料。泰雅人上山打猎时，喜用香蕉做馅裹上糯米，再用香蕉叶子包好，蒸熟后带去。排湾人喜欢将地瓜、木豆、芋头茎等掺和在一块，煮熟后当饭吃。雅美人喜欢将饭或粥与芋头、红薯掺在一起煮熟作为主食。外出劳动或旅行，还常以干芋或煮熟的红薯及类似粽子的糯米制品为干粮。排湾等族狩猎时，不带锅，只带火柴，先将石块垒起，用干柴禾烧热，再在石块底下放芋头、地瓜等，取沙土盖于石块上，熟后食用。高山族蔬菜来源比较广泛，大部分靠种植，少量依靠采集。常见的有南瓜、韭菜、萝卜、白菜、土豆、豆类、辣椒、姜和各种山笋野菜。雅美人食用芥菜时先将正在生长中的叶劈下来，用盐揉好，放两三天后才吃，留在地里的芥菜根继续生长。高山族普遍爱食用姜，有的直接用姜蘸盐当菜；有的用盐加辣椒腌制。肉类的来源主要靠饲养的猪、牛、鸡，在很多地区捕鱼和狩猎也是日常肉食的一种补充，特别是居住在山林里的高山族，捕获的猎物几乎是日常肉类的主要来源。山林里的野生动物很多，如野猪、鹿及猴子等的肉都可入菜。排湾人不吃狗、蛇、猫肉等，吃鱼的方法也很独特，一般都是在捞到鱼后，就地取一块石板烧热，把鱼放在石板上烤成八成熟，撒上盐即可食用。排湾人小孩不许吃鳗鱼，甚至其他鱼的鱼头也不让吃，认为吃了鱼头不吉利。阿美人在做肉菜时，喜把肉切成块，插上竹签，煮好后放在一个大盆里，全家人围在盆边，每个人用藤编小篮盛饭，共用一勺咸菜，一手抓饭，一手取肉吃。在插秧季节，他们喜到水田里捉小青蛙，带回家中用清水洗净，煮熟即吃。阿美、泰雅等族人有的也吃捕来的生鱼。他们还喜欢将打来的猎物杀好去皮，加盐和煮得半熟的小米一起腌存，供几个月食用。保存食品常用腌、晒干和烤干等几种方法，以腌制一两年的猪、鱼肉为上肴。高山族过去一般不喝开水，亦无饮茶的习惯。泰雅人喜用生姜或辣椒泡的凉水作为饮料。据说此种饮料有治腹痛的功能。过去在上山狩猎时，还有饮兽血的习惯。不论男女，都嗜酒，一般都是饮用自家酿制的米酒，如粟酒、米酒和薯酒。

数千年来高山族一直住在高山地区。与平浦族和移民来往不多，直到清代推行"开山抚番政策"后，才开始与平原地区的汉族、平浦族交流，但至今还保持着各自的民族风情、社会风貌和生活习俗。高山族文化为研究台湾的早期发展提供了现存的样板。

二、台湾平埔族及文化习俗

平埔族是闽粤移民到达台湾时就进行交流的早期居民，其定居平原，与汉族融合，称为平埔人，（包括西拉雅人21社，洪安雅人13社，巴布萨人9社，巴则海人4社，拔埔拉人4社，道卡斯人6社，凯达格兰人28社，噶玛兰人34社。）经过长期的历史演变，已经汉化，到日据时代大约还有3至6万人。平埔族的语言、习俗、制度、文化大都已经改变或消失。但是，平埔族和高山族一样，与闽粤移民一起，在台湾的开发、建设过程中，起过十分重要的作用。正是因为平浦族与闽粤移民的合作，才使得最初的开发得以成功。

自明末清初以来，闽粤人大批渡台，平埔族面临汉文化的冲击。外来环境的变迁使得当地平浦族在生活方式与经济发展上向闽粤移民学习。因此双方接触密切，交流往来频繁，在长期的历史发展过程中，已经大都融合。也有一部分平浦族，因为西部平原日益激烈的土地竞争而不得不迁居，另求生存之道。比较大规模的迁徙，发生在清朝嘉庆年间。主要是中部平埔族移居今宜兰和埔里；噶玛兰移居今花莲、台东；西拉雅人移住东部。"平埔番"或"平埔熟番"的字眼出现在志书中，主要是为了和"生番"与"高山番"区别。"平埔熟番"的称呼虽然在18世纪中期以后就出现在清朝的文献中，但主要还是在19世纪中期以后的文献出现得比较多。例如，《噶玛兰厅志》（1851）就有"平埔番"一词。简单地说，18世纪下半叶在文献中出现的"平埔番"、"平埔熟番"，是指居住在屏东平原、宜兰平原、台东平地与恒春平野的土著族群。事实上，我们现在所谓的"平埔族"隐含了两个意涵："平埔"与"熟埔"。"平埔"一词较流行于民间；而"熟番"则是较官方的用语。

三、台湾少数民族及文化习俗

1. 阿美人。人口约 14 万人。居住在花莲北部的奇莱平原至台东、屏东恒春半岛等狭长海岸平原及丘陵地区。阿美人能歌善舞，台湾较受欢迎的职棒、篮球明星有许多是阿美人。社会组织是部落，以男子的年龄大小组成严密等级，部落有头目负责，实施任期制和遴选制。阿美人的宗教信仰为多神教和天主教、基督教，祭拜受到普遍重视。流行男子穿裙子，入赘女方和为女方家庭干活。民族制品有制陶、藤编和织布等。

2. 泰雅人。人口约 9 万人。居住在南投县埔里至花莲连线以北地区。埔里是台湾全岛地理位置中心，以盛产蝴蝶闻名于世。该镇周围既是现存平埔族较为集中的地方，而且该镇以北的南投、台中县、花莲县、宜兰县、台北县的雪山山麓，生活着泰雅人。泰雅人以狩猎及山田烧垦为生，民族性格剽悍勇猛。宗教信仰为超自然神灵。民族颜色是红色，衣服分为七个系列。工艺品以织布、藤编为代表。泰雅文化，成为少数民族文化中保存较好、且有一定代表性的民族文化。

3. 排湾人。人口约 6 万多人。居住在屏东县的八个山地乡与台东县大武太麻里乡。排湾人内等级分明，分为头目、贵族、勇士、平民四个等级，前三个为特殊阶层。宗教信仰为多神教和祖灵信仰。排湾人热爱艺术，尤其是服饰是台湾地区少数民族中最为华丽典雅的，以刺绣宗教信仰神灵为主，刺绣的色彩以橙、黄、绿为主色。雕刻、陶壶、古琉璃珠是受到人们欢迎的珍品，其中陶壶是头目家族权势和财富的象征。手工艺品有藤编、竹编和月桃席等。

4. 布农人。人口约 4 万多人。居住在中央山脉两旁、海拔 1000 至 2000 米的花莲、高雄至台东的山区，是典型的高山族。布农人分为卡社群、郡社群、卓社群、丹社群、峦社群和兰社群。以山田烧垦和游耕为生，对于农作的祭仪复杂和隆重，布农人相信，歌声越和谐、优美，天神越高兴，小米就会丰收。宗教信仰是天神，手工艺品是藤编。只是在布农人的庆典活动中，没有舞蹈动作，只有炫耀武功的跳跃动作。

5. 卑南人。人口约 1 万多人。居住在台东平原的卑南乡一带，祖先包括石生的知本系统和竹生的南王系统，清朝康熙年间曾被册封为"卑南大王"，邻近的阿美人和排湾人都要向其纳贡。卑南人之所以有如此实力，是因为这一民族保持男子训练制度，流行的"少年猴祭、大猎祭"反映的就是这一现实。民族内部设立祭师和头目，信仰传统宗教和天主教。手工艺品是藤编篮子。

6. 鲁凯人。人口约 1 万多人。居住在台东县卑南乡、屏东县雾谷乡、高雄县茂林乡等地。鲁凯人内部制度严谨的部落社会，分为头目、贵族、勇士、平民四个世袭等级，等级可以随着婚姻而改变，社会内部重男轻女。宗教信仰为造物主和祖灵，其中头目家族起源传说的百步蛇，更是族人祭祀和敬重的对象。陶壶、琉璃珠、藤和竹器、刺绣是民族工艺品。

7. 邹人。人口约 7000 多人。1998 年 10 月 28 日由原名"曹族"易名而来。居住在嘉义县阿里山乡和南投县信义乡，称为北邹；南邹则居住在高雄县三民乡和桃源乡。两族语言、服饰和社会组织大同小异，祭典仪式不同。全族分为大社、联族、氏族、亚氏族四个部分。历史上邹人曾经盛行男子集会所，少年必须进入夜宿会所，接受历史、文化、传统技艺和狩猎的训练。宗教信仰为超自然的神。以狩猎为生的邹人，皮衣和皮帽是族人节日时的主要打扮。手工艺品主要是皮革制品和藤编篮子和网袋等。

8. 赛夏人。人口约有 7000 人，在新竹和苗栗县交界的山区。赛夏人又分为南北两支，各有一名头目，各家族的长老地位崇高。族内盛行以动物、植物和自然现象定为姓氏。宗教信仰是超自然神和祖灵、矮灵，两年一次的矮灵祭是主要宗教活动，其它不同的祭祀由不同的姓氏主持。他们在建筑和生活中，大量使用竹制品，形成了鲜明的竹文化。

9. 雅美人。人口约 4000 人左右。居住在距离台东外海 49 海里的兰屿岛。由于地理上的原因，此族与菲律宾巴丹岛时有来往，生活习性、语言相近，古老传说中也有雅美人和巴丹岛来往的故事。雅美是历史唯一没有"猎头"习惯的高山族，由于居住海外，捕鱼业较为发达，全年的岁时祭仪也是由捕鱼活动为主。由于兰屿不仅炎热，而且位于台风的要冲，因此当地盛行地下穴居屋。社会内部没有头目，以各家族长老为主，以血统家庭为主体。在少数民族中，雅美人是唯一具有冶金工业的民族。

10. 邵人。人口约 283 人。居住在日月潭畔的日月村和水里乡顶村的大平林。2001 年 8 月 8 日台湾行政当局将其定为高山族第 10 族。邵人的生活方式是渔猎、农耕和山林采集为生，农业作物主要是板栗、番薯和花生为主。杵音之舞是邵人丰年祭中重要组成部分，"湖上杵声"成为日月潭八景之一。此外还有播种祭、狩猎祭、拜鳗祭、丰年祭等。宗教信仰是祖灵信仰，分为最高祖灵和氏族祖灵。族内流行的手工艺品为自己揉制的皮革和自己纺织的麻布。

四、台湾的少数民族政策

随着台湾社会的变迁，台湾少数民族政策经历着缓慢的变化过程，概括起来大致分为三个时期：台湾日据时期、台湾光复时期、台湾民主化后的台湾少数民族政策。

（一）日据时期的少数民族政策

甲午战争后，台湾被割让给日本。日据时代早期，日本人着重在平地镇压汉人的反抗，对"蕃地"则采取怀柔政策，将少数民族与汉人分隔开来，封锁少数民族聚居地区，设置少数民族保留地，限制汉族人民与少数民族之间的交往。日本的少数民族政策，即从人类学的调查开始。

日据时期初期，日本学者和当局修改清朝时期的二元分类系统（熟番与生番），以平埔族代换之前的熟番，以高砂族代换之前的生番，而高砂族被分为泰雅、布农、邹、赛夏、排湾、卑南和阿美。雅美（后来的达悟）和鲁凯稍后加入，成为台湾少数民族的传统九族。分类依据主要是语言。

为同化"蕃人"，日据当局开始将少数民族儿童送入"蕃童教育所"，并将其中优秀者送入平地的中等学校，招收青年当教师和"巡查"，还送青年人和部落头目到日本参观，接受"文明洗礼"。南投县的雾社地区被视为"模范蕃地"，1930年前后，雾社已成为山地的一个小镇，然而正是这"模范蕃地"，爆发了日据时期台湾少数民族最大规模的武装起义。起义被镇压后，日本当局开始软化其政策，推广教育，继续在少数民族地区广设蕃童教育所。很多新生婴儿都会取一个日本名字。1941年底，太平洋战争爆发，会日语的年轻人被编成"高砂义勇队"参战。由于在教育上的大力投入，日据时期出生的台湾少数民族普遍会说日语，其母语也大量渗入日语。

（二）台湾光复后的少数民族政策

台湾光复后，以平地同胞和山地同胞的二元分类，取代之前日本的九族分类，以图移除日本殖民时期对少数民族的影响。日本人命名的"高砂族"被改为"高山族"，地位与藏族等民族地位相同。官方宣传，高山族也是中华民族，都是"龙的传人"。《阿里山的姑娘》等官方少数民族歌曲便在此时诞生。而大陆将高山族列为 56 个民族之一，亦来源于此。

此后，台湾当局认为平埔族与汉人杂居多年，文化与习俗上与汉人无异，遂除平埔族这个分类，采用了日本的传统九族分类法。虽然台湾当局有意回避日据时代政策，但对"山胞"的分类、法规、政策，实际上很大程度沿袭了日据时期的"抚绥"及"威严压制"并行的少数民族政策。

20 世纪 80 年代以前，国民党当局忙于"反攻大陆"，无暇关注少数民族问题，其"山胞政策"就是同化。台"教育部"1984 年曾经明令禁止山地教会使用山地发音的书刊，台湾"户籍法"也规定：山地妇女嫁汉人，其"山胞"身份消失；而汉族妇女嫁"山胞"，其汉族身份不变。此外，将原来具有民族特色的地名一律改为汉化地名。户籍登记上，以"到府办理"的强迫方式，将归籍户政的台湾少数民族，全部以"任意分配"方式改为汉姓。台湾少数民族姓氏更动，普遍以户政人员及户政单位任意分配为主。由于没有详细规划与订定相关细则，1950 年代期间，台湾少数民族群间大量出现了以"高"（取名依据来自高山族）、汤（河川）、杨（大树）、石（山川）、巫（女神）等姓氏。

在行政区划分上，台湾将少数民族分布地区分为山地乡与平地乡。山地乡依据"地方制度法"的规定，乡长必须为山地少数民族，平地乡的乡长则无类似规定。在土地与资源问题上，台湾当局宣布日据时期规划的"原住民保留地"公有，少数民族拥有使用权，但不能私自交换、买卖或者抵押。台湾当局称，土地与资源公有是因为"山地同胞"尚未发展出充分的"权利能力"，采取暂时性措施，最终仍应将所有权发予"山地同胞"。1974 年，台湾当局修正"台湾省山地保留地管理办法"，放宽公私营企业及个人对保留地的使用。当土地的大门向市场敞开后，投资者看上少数民族保留地，与地方政府上下其手，损害少数民族权益的事件频繁出现。

由于当时居民权益难于主张，尤其是台湾设有"蒙藏委员会"，却没有本地"少数民族"的同样机构。在"立法院"内，台湾当局按"宪法"上"领土"覆盖的人口比例设置民代人数，导致代表大陆蒙藏回等民族的代表，人数反而远多于台湾本地的高山族。

虽然国民党的少数民族政策不断调整，但很少真正能考虑到少数民族利益，少数民族发展陷入结构性劣势地位，并面临空前"民族危机"。1987 年台湾解严前夕，土地流失加上权利意识苏醒，在一些少数民族精英带领下，少数民族权利运动于 20 世纪 80 年代兴起。

1984 年底，"原住民权益促进会"成立，"高山青原住民知青觉醒运动"、"反雏妓迫害运动"、"反国家公园运动（因建公园则圈走了山地保留地）"、"还我土地运动"、"正名运动"、"还我姓氏运动（少数民族在户籍登记时大多取汉字名）"、"反核废料（堆放在兰屿等少数民族聚居地）运动"等先后兴起。当局虽对这些运动未持好感，但并未给予镇压，它唤起了汉族社会对少数民族诉求的普遍关注与支持。

（三）少数民族与民主化后的族群政治

1987 年，台湾解严后，少数民族团体的诉求得到回应。经近十年努力，台湾社会各界承认了"高山族同胞"自己选择的名称——"原住民"与"台湾原住民族"。

1994 年，李登辉首次以"元首"的身份在正式场合中使用"原住民"一词，在随后的"修宪"中，"高山族"改称"原住民族"，并于 1996 年成立"行政院原住民族委员会"，主委由少数民族担任。此后的政治选举中，"原住民才是台湾最早的主人"成为不少政治人物拉选票时的口头禅。但在户籍登记时，官方仍以二元分类法区分山地少数民族和平地少数民族。之所以未按详细族群分类，是为适应选举制度。台湾现今的选举制度，有六席少数民族"立委"保障名额，按山地与平地划分选区选举"立委"。

1995 年，台湾大幅修正"姓名条例"及"姓名条例施行细则"，推出"原住民族回复暨使用传统姓名三年计划""原住民族回复暨用传统姓名单一窗口计划"。除允许台湾少数民族"回复原住民姓名"，不再强制用汉人姓名外，还规定，台湾少数民族姓名译名除汉字外，可以依"传统姓名之罗马拼音"与汉译少数民族传统名字并列登记。

山地少数民族广泛争取权利的运动，激活了无论是日据还是国民党当局迁台后被认为与汉人无异的平埔族。1993 年，早已汉化的平埔族人也开始表明自己的少数民族血统并加入少数民族权利运动。

为因应层出不穷的民族认可呼声，台湾当局"原住民族委员会"制定了一系列民族认可规范。只有达到官方制定的标准，并且待认可的族群必须达到一定数量的署名，并且向"原民会"提出申请书和足以证明为一个族群的证据方能进入认可程序。根据新标准，台湾当局目前承认 14 个少数民族族群，新增的 5 个族群包括 2 个平埔族群。一些族群虽然没有达到"中央"制定的标准，但获得地方政府的承认。如凯达格兰族，虽然非官方认可的 14 个族群之一，但

"总统府"前宽阔的那条马路已被更名为"凯达格兰大道",因为他们的祖先曾经居住在那里。

随着台湾少数民族意识的抬头,台湾走向多元化时代,少数民族要求正名,未来在台湾只会多不会少。这一趋势也让一些学者担心,族群政治会过度走向民粹,"多元化"是否会带来动乱的问题。民主化后,照顾少数民族的法规陆续出台,比如"原住民族基本法"的相关规定,意味着官方考量"公害选址"问题时,将优先考量非少数民族居住地。此外,还明确了少数民族应届联考可享受加分待遇,少数民族保留地也可在少数民族群体内自由买卖。

2002年,陈水扁当局曾推动"原住民族与台湾政府新的伙伴关系条约"。"条约"内容包括:"承认台湾原住民族之自然主权、推动原住民族自治、与台湾原住民族缔结土地条约、恢复原住民族部落及山川传统名称、原住民族'国会议员'回归民族表……"至此,台湾的"少数民族政策"开始走向"原住民政策"。

不过,一些台湾地区学者认为,台湾当局虽致力发展少数民族地区经济,并给予其特殊保护,但仍然没有改变"平地""山地"的二元思维,造成选举制度设计上的缺陷,使人数较少的族群如邹人、邵人、达悟人的意见无法在立法机构发声。

（原载《福建社科情报》2017 年第 1 期）

台湾地区少年儿童福利政策综述

陈晓玲

随着经济的发展，社会的转型，原有的家庭结构受到前所未有的冲击，很多家庭逐渐感受到教育培养儿童的压力，并衍生出许多儿童相关的问题或困境。为让更多在困境中的儿童能得以健康成长，大陆儿童问题的解决亟须一部更为成熟、完整的儿童福利法给予法律上的保障，本文通过了解台湾儿童少年福利政策的发展梗概、特色及其存在的不足之处，提供借鉴。

一、台湾儿童少年福利政策发展简况

在台湾所有的福利政策法规中，儿童福利的立法最早。1963年台湾立法机构通过"儿童福利法"，台湾儿童福利开始获得制度化的推展。少年福利则迟至1989年才正式立法，对于未满18岁者的保护与支持有较为明确的指导方针与政策法规。

1993年台湾通过"儿童福利法"修正案。开启了台湾地区制度化回应儿童保护工作。其后，"儿童及少年性交易防治条例"（1995年）、"家庭暴力防治法"（1998年）立法通过，提供儿童或少年更周全的保护。1999年11月20日台湾"儿童局"正式成立，成为台湾第一个"中央"儿童福利专责机关，使台湾儿童福利的行政制度趋向周全。

其后，由于"少年福利法"一直未修正，加以与"儿童福利法"衔接上的不一致，而有合并修法的考量。2003年，台湾"立法院"正式通过"儿童及少年福利法"将儿童及少年权益的指导与保障充分融入立法精神中。至此，台湾对儿童及少年的保护再进一步，相关的福利制度与规章慢慢趋于周全，台湾儿童及少年福利工作在蹒跚中逐渐展开。

二、台湾儿童少年福利政策的特色

如前所述，在所有的福利法规中，"儿童福利法"（1973 年）是最早完成福利立法的法案，其后历经多次修改，并于 2003 年 5 月 28 日公布实施。自此，"儿童及少年福利法"即成为台湾推动儿童及少年福利相关业务的主要法规。目前"儿童及少年福利法"虽然仍在修正，仍然彰显台湾地区在儿童及少年福利政策的发展特点。其有以下几点特色。

1. 尊重并保障儿童及少年的权益。该法规强调台当局及公私立机构，团体在处理儿童及少年相关事务时，应以儿童及少年的最佳利益为优先考量，并优先处理其保护及救助工作。同时，儿童及少年也被视为一个权利的主体，享有表决权、抗告权、身份隐私保密权等基本权益。

2. 强调父母对儿童及少年的教养应负主要职责。该法规确立儿童及少年教养工作仍是父母应尽的责任，台当局及相关民间团体则是基于儿童及少年的最佳利益，协助父母或监护人，共同促进儿童及少年身心健康发展，如果父母或监护人对儿童及少年有不正当行为或未尽保护责任，违反者处以罚款。

3. 主持以家庭为服务核心的儿童及少年的福利。该法规主张家庭为儿童及少年最佳的成长环境，台当局应实施支持及维护家庭功能的相关福利服务，包括提供家庭咨询辅导服务、亲子职业教育、家庭生活辅助及医疗补助，儿童托与服务等。如家庭无法落实对于儿童及少年的保护工作，也应以稳定家庭为基础，提供家庭必要的协助。如果儿童及少年必须家外安置时也应加强家庭重聚服务，协助安置儿童及少年与原生家庭亲情的连接，并能尽早返家。

4. 明确台当局公权力介入家庭事务的权责。对于危及儿童及少年的权益，致使儿童及少年的生身或自由受到损害，主管机关应积极介入，提供紧急保护，安置或其他必要的处置等，该法规赋予主管机关更多的权责以捍卫儿童及少年的基本权益。

5. 兼顾事后补救性与积极服务等措施。该法规除对儿童及少年的"身份权益"这一章节外，另对预防性服务专设"福利措施"一章加以规范，除积极鼓励各项福利措施的办理外，对于未满十八岁的儿童及少年的医疗照顾，疑似发展迟缓或身心障碍儿童及少年的通报与早期治疗，儿童及孕妇应优先照顾，少年的教育进修机会等均有积极的作为。针对儿童少年的保护则设"保护措施"专条，除昭示父母或监护人的保护责任外，更强调社会整体的照顾责任。

6. 明确跨"部会"跨专业体系的分工与整合。该法除明订主管机关，并列出"中央"及各地方主管机关就其权责范围依职权配合办理的项目列举。就案件整体性而言，儿童及少年权益保障有赖跨"部会"、跨专业体系的分工，包括卫生、教育、劳工、建设事务及消防、警政、交通、新闻、户政及财政等机关，另一方面也凸显儿童及少年权益的维护有赖跨"部会"、跨专业体系的合作，才能发挥其功效。

7. 建立福利多元与责任共担体系。该法规明确列出各级主管机关应鼓励、辅助或委托民间或自行办理儿童及少年福利措施，同时将福利机构分为五类，包括托育机构、早期疗育机构、安置及教养机构、心理辅导或家庭咨询机构以及其他儿童及少年福利机构，同样地，这些福利机构也鼓励或委托民间机构设置，各级主管机关的职务则在制定相关设施标准与成立条件、督促与评鉴等，福利服务的提供者除了传统家庭或家族的支持外，包括公权力部门、民间志愿服务部门以及营利部门。而在资源配置、经费运用与人力投入等也是各个福利提供者必须努力及共担责任的。

三、对台湾儿童及少年福利政策的建议

台湾儿童及少年福利政策经多年实施取得一定成效，但也存在许多不尽人意的地方。进入 21 世纪后，世界进入高度信息化与物质丰富的时代，但也深深影响了正在成长的儿童少年一代。所以原有的儿童少年福利法规也将随着社会的发展需要不断修正完善。对此，台湾的学者提出建议。

1. 对儿童及少年权益的倡导维护。尊重儿童及少年权益，倡导维护儿童及少年权益在世界上最早可追溯到 1924 年的"日内瓦儿童权益宣言"。1989 年联合国通过"儿童权益公约"要求各签约国共同遵守，为国际社会保障儿童及少年权益立下一共通基准。儿童权益公约对而及少年的权益保障是台湾地区推动而及少年福利工作提供依据。为了能尽快与国际社会接轨，台湾当局今后应积极倡导与维护儿童及少年权益，落实对儿童及少年的保护工作，赋予儿童及少年表意权，尊重而及少年的观点、感觉、期望、选择与自由权利。

2. 政策法规的落实。儿童及少年福利政策为满足儿童及少年发展需求，强化儿童及少年福祉、确保儿童及少年权益而有的具体行动方针或准则。从儿童及少年福利政策发展取向来看，由当局或委托民间提供家庭各项支持性服务方案，以确保儿童及少年能在家庭中获得适当的照顾，兼顾父母权益与亲子关系连接，已成为主要的趋势。

台湾自 2003 年将原有"儿童福利法"合并立法为"儿童及少年福利法",因应新法的合并修正,有关身份权益的保障,各项福利措施的推动,儿童及少年保护工作的执行以及福利机构的设置与管理等,需要全面性、系统性的规划与执行,以真正施惠于儿童及少年为本位的服务工作。

3.儿童及少年福利专业人员的培养。无论是预防性服务或是残(偿)补性服务,专业人员在福利输送体系中是相当重要一环。依据"儿童及少年福利法"中的规范,当局及私立机构、团体应培养儿童及少年福利专业人员,并应定期举办职前及在职训练。目前儿童及少年福利专业人员包括教保人员、助理教保人员、保姆人员、早期疗养教保人员、保育人员、生活辅导人员、心理辅导人员、社会工作人员与主管人员等,同时在"儿童及少年福利机构专业人员资格及训练办法"中对于各类专业人员的资格与相关训练均有明确的规范。因此除现有各大专院校毕业培养机制外,未来更应针对各类儿童及少年专业人员及其服务对象的特殊性,办理各项职前、在职训练及适合各专业人员资格的核心课程。

4.幼托整合制度的实施。托儿教育服务一直是家有儿童的家庭主要福利需求之一。过去在政策上透过各种鼓励或辅导方式,鼓励家庭托儿或托儿教育机构的设立,并在专业人员的资格及聘用上具体规范,将托育服务纳入正式的管理机制。在现有的托育设施逐步满足家庭需求的原则下,未来托育服务应朝向"质"的提升方面努力。除了对于专业人员的职前或在职训练应持续加强办理外,有关托育环境的监督,包括安全设备的提供、营养卫生等也应切实督导。至于幼托整合制度的推行已是势在必行,未来台湾"内政部"及"教育部"应依据幼托整合方案规划内容,协助托儿教育界做好功能定位的转型,使得儿童能在学龄前获得良好的照顾与教育,而学龄中的儿童也能接受到适当的课后教育。

5.亲职教育与辅导的落实。"儿童及少年福利法"的第三条指出,父母或监护人对于儿童及少年应负保护教养的责任。而如何让父母或监护人具备适当的保护教养责任,最有效的方法之一便是亲子职业教育辅导的实施。虽然对于儿童及少年照顾者有不适当的情况,地方主管机关得令其接受 8 小时以上 50 小时以下的亲子职业教育辅导,但此举仍是事后补救措施,未来应朝向预防性的措施,由多渠道如演讲、座谈、研习、刊物等方式传递正确亲子职业理念,并能对特殊境遇家庭提供以家庭为基础的协助,包括亲子职业理念与做法的建立,提高潜在需求高的家庭接触正确亲子职业教养的可能性，使得儿童及少年能在最适合成长发展的环境中成长。

6. 特殊境遇家庭儿童及少年的协助与辅导。由于社会变迁快速，家庭结构与功能异于过去，社会家庭成员组成日趋复杂化，在扮演亲子职业与照顾功能上更需要积极的协助与扶持。对于低收入家庭，除应根据"社会救助法"提供所得维系的扶助外，如何增加低收入家庭人力资本及社会参与的积极性服务方案，如"工作福利方案""财产形成方案"等也在部分县市陆续推行，对于避免低收入家庭陷入福利依赖，积极引领朝向独立自主的方向有实质性助益。

在台湾"贫困女性化"现象在女性为户主的单亲家庭中广被讨论，而儿童及少年在成长期经济资源不足情况下，也易形成"贫困儿童少年化"现象。目前有关经济弱势妇女家庭的扶助在"特殊境遇家庭扶助条例"中也针对具有法定特殊境遇妇女身份，如丈夫死亡或失踪者、因丈夫恶意遗弃、或受丈夫不堪同居的虐待经判决离婚确定者等，提供紧急生活扶助、子女生活津贴、子女教育辅助、伤病医疗补助、儿童托育津贴、法律诉讼补助及创业补助等措施，未来仍应针对补助对象性质，检讨放宽补助资格与标准，使更多特殊境遇家庭得到补助。

7. 早期治疗教育工作的开展。在早期治疗教育服务方面，1993 年台湾"儿童福利法"修正中。即纳入相关条文中，主要以 0 到 6 岁儿童的身心障碍与发育迟缓儿童及其家庭为服务对象，提供筛选恢复健康治疗的特殊教育与治疗及相关支持福利服务。早期治疗教育服务的提供不仅可减缓特殊婴幼儿发展迟缓的现象，以预防形成更进一步的障碍，同时透过预防性或早期处置发展婴幼儿潜能，减少未来社会的投入、成本与负担。未来的早期治疗教育工作仍应继续落实早期治疗教育的宣传辅导，培育相关专业人员的专业知识能力，强化相关筛检及通报与专业合作的整合性服务，同时结合资源，建构一个以家庭为基础的治疗教育计划，如此才能达到早期预防的成效。

8. 加强儿童及少年的保护工作。要重视儿童及少年受虐待及性侵害受忽视的事件，并透过立法及相关制度的建立，提供多元化、跨专业的服务。1999 年台湾"立法院"在修正"儿童福利法"时，有关儿童保护的议题成了修法的重点。明订遭遇特定情况的儿童必须受到保护服务，而通报、紧急安置等措施也成为其后儿童保护工作的法律依据。2003 年通过的"儿童及少年福利法"更进一步修正原有儿童保护工作执行上的问题，如何让儿童及少年成长于一个"无暴力"的环境，是未来关心儿童及少年福利工作者有待持续努力的目标。

（原载《福建社科情报》2017 年第 2 期）

引发台湾社会震荡的"年金改革"

林国华

一、台湾"年金改革"的主要内容

台湾岛内"年金改革"一直争议不断，军公教等团体为此发动了多次抗议活动。

台湾的年金制度非常复杂，包括：军人保险、军人退抚、公教人员保险（公务员、公校教职员、私校教职员）、公务人员退休、学校教职员退休、私校退抚、政务人员退职、法官退养金、劳工保险、劳工退休、民众年金、老农津贴、农民健康保险条例等 13 种制度。因制度太复杂、保障差异太大，不同的社会保险与退休金制度的给付条件、资格、财源、保障水平参差不齐。随着民众平均寿命逐渐延长，领取年金人数大幅上升，若维持现有费率和给付水平，各职业别的年金制度都将面临严重收支失衡。

岛内"年金改革"主要争议包括以下几个方面：

（一）退休军公教人员优惠存款（18%）

政策产生背景：过去市场利率较高，军公教人数少、薪资低，台当局为补贴军公教，设立 1985 年以前服务年资订定优惠存款额度，现行军公教优惠存款利率为年息 18%。

主张改革一方认为，军公教旧制年资仍适用 18% 优存，随着退休人数增加，台当局与台湾银行每年负担 18% 利息金额 800 亿（新台币，下同）。过去优存利率随定存利率浮动，近年定存利率持续下降，但优存利率却仍固定在 18%，明显不合理。

反对的一方则主张，台当局不能违反信赖保护原则、法律不能溯及既往。"楼地板"订太低，无法维持退休军公教人员晚年生活保障。

目前改革规划：军公教退休支领月退休金人员与一次性退休金人员，其月退加 18% 或仅领 18% 总额在一定金额以上者，其 18% 逐步调降，在一段期间后，不再续存。18% 优存取消后的原储存本金交还本人。

订定"楼地板条款"，例如：基本工资 25,000 元（年终慰问金发放基准）、低收入户最低生活费 2 倍，或 32,160 元（公务员委任一职等本俸最高级与专业加给合计数额）

（二）降低所得替代率

背景：所得替代率是指员工退休后领取的给付与退休前的薪资所得的比值。用来作为员工个人规划退休后经济生活水平的指标。年金给付所得替代率并非所有受雇者均相同，而是高所得者所得替代率低，低所得者所得替代率高。

支持方认为，年资高的军公教人员的实质薪资所得替代率已逾 100%，若不调降，即使调高费率也无法支应，以致基金财务缺口日益扩大。

反对方提出，所得替代率不宜制定固定数值来刻意调降，并落实不溯及既往。公教团体主张，所得替代率的计算基础应以原任职薪俸所得或维持本俸乘 2 为准。

改革规划：建议合理的所得替代率是 60 至 70%，并采累退原则，高薪者，所得替代率较低。透过地板与天花板原则拉近给付差距，可采平均投保薪资的 1.2 至 1.5 倍。

（三）延后请领年龄至 65 岁

支持方主张，因应人口快速老化与少子女化社会，且民众平均余命已逾 80 岁。若工作年数一样，缴费期间不变，领年金的时间越长，缴交的保费自然就不足给付。

反对方认为，公务人员退休制度刚从 75 制改成 85 制（年资加年龄）不久，现又要延后请领年龄。此外，危劳、性质特殊职务，不宜一体适用 65 岁。如矿工、职业运动员、警消、护理人员、中小学教师等。

目前规划：中小学教师建议 2018 年一步调高到 80 制。往后每年调高一个基数，到 2023 年实施 85 制。2023 年起，每年调高一岁到 2028 年为 60 岁。未来再视职场结构改变调整。现职公务人员依目前进度，至 2021 年为 60 岁（年资 30 年者为 55 岁），建议从 2021 年起，接续采行指标数的渐进延后机制，至 2026 年以后一律为 65 岁。大专以上教师建议比照公务人员。

（四）提升基金经营绩效

支持方认为，各基金财务缺口不断扩大，是因不足额提（拨）、人口老化、给付水平偏高，不能单靠基金投资弥平。年金不改革，可用在投资的基金将逐渐减少，即使投资报酬率再高，对基金挹注仍有限。

反对方主张，退抚基金运作绩效不彰，才是年金亏损主因，不应把财务缺口赖给军公教。岛外退抚基金投资报酬率可达 7% 以上，台湾却仅 2% 到 3%，应由台当局负最终支付责任。

目前规划：改造各基金监管机构，包括机构性质、用人弹性、奖励机制。并参考国际经验，检讨基金投资项目与范围，兼顾老年经济安全与提升投资报酬率的平衡。尽速让基金管理走向专业化，减少政治干预。

二、台湾"年金改革"何以惹众怒

（一）台湾"年金改革"引发军公教等社会团体的极大不满

台湾"年金改革"争议不断，多次引发由军公教团体参与的大规模抗议活动，这在台湾社会运动史上并不多见，台湾的"年金改革"何以引起如此大的民怨？

这还要从军公教人员的福利优惠说起。20 世纪中期，台湾军公教人员待遇偏低，为了获得军公教的支持，当局开始改善军公教待遇，推出军公教特别优惠利息待遇，并不断设立和增加各种慰问金和补贴。

2013 年，台湾传出劳保基金可能破产，民进党籍民意代表管碧玲提出削减军公教福利。当时的国民党当局大幅削减了军公教的年终慰问金。长期享有的福利被大幅削减，引起军公教人士的极大委屈。国民党也因此失掉了大量军公教人士的支持。

民进党当局接过了"年金改革"这块烫手山芋，一上台便"大刀阔斧"地进行"年金改革"，并公布了"年金改革"草案，列出十大项改革重点，进一步削减了军公教人士福利，包括 20 世纪的特别优惠利息待遇等。

而更让军公教人士感到寒心和"受辱"的是，为了给"年金改革"造势，台当局将退休军公教打成"米虫、肥猫、既得利益者、反改革"族群，将莫须有的所谓"潜藏负债"、台湾财政问题的责任全然委之于军公教的退休金。这将本源于台湾发展停滞、财政短绌艰困的年金问题，变成了一场充满歧视，诱引社会阶级分化、世代仇视的"清算斗争"。

随着民众平均寿命逐渐延长，领取年金人数大幅上升，若维持现有费率和给付水平，各职业别的年金制度都将面临严重收支失衡。也许台湾的年金制度需要与时俱进，但具体如何改，以什么样的方式进行，也应该适当考虑一下广大"当事人"的利益和感受。

（二）工人诉求：保障基本生活再谈年改

工人的诉求很简单："老年的基本生活保障，必须等于基本工资。"当局必须以保障基本生活所需为前提，再来思考现行年金制度的财务问题，调升资本税，以平衡台湾全然失衡的经济正义。

工人团体指出，他们奉献了大半辈子在产线上，创造台湾的 GDP、资本的利润，但过去十年来，劳工全体的收入下跌至少 7%，资本的利润却不断地上升。在生产线上，台湾工人低薪、过劳，为了挣微薄的薪水夜以继日地努力拼命；从生产线上退下来，却面临不足以维持生活和尊严的年金。台湾低薪化、少子化的现象，让透过世代支援的劳保基金缩水，因此劳工等到的老年"年金改革"，永远都是"改恶"，为了求领得到，不去谈保障不足的问题。然而，令人感到愤怒的是，执政者从来不思考要如何透过体制来整顿体质出问题的年金制度。

2016 年蔡英文上任后，延续"前朝"政策，利用"立法院"过半的优势，强行砍掉劳工七天法定假日。过劳的台湾，原本以为年度总工时终于可以下降，但从 2017 年第一季的统计数字看来，降低工时仍然只是幻想。更严重的是，修恶的年金政策已经付委，年金改恶近在眼前，台湾社会即将创造出更多"年金弱势"。牵动 900 万劳工的政策，在蔡英文当局的眼中，或许只是读过几条文字，但对劳工来说，生存的条件被剥夺，尊严愈来愈难以维持，是血淋淋活生生的现实。

（三）台湾逾 7 成民众忧蔡英文改革恐致退休金缩水

台当局推动"年金改革"，主轴为多缴、少领、延退。最新调查显示，72%仍在工作的台湾民众担心当局退休金或社会保险金减少。

汇丰集团公布最新调查报告《未来的退休生活：趋势的变革》显示，低利率环境引发退休隐忧，61% 仍在工作年龄的受访台湾民众认为在低利率环境下，他们需要工作更久的时间才能存到足够的退休储蓄。另外，退休后不工作的观念也正在消失，有 55% 仍在工作年龄的台湾受访者表示退休后仍会继续工作。同时，人口老化和不断增加的当局债务，也影响民众对当局年金或社会保险相关补助的看法。仍在工作年龄的台湾民众认为现金、股票以及房地产投资是能够提供退休资金主要来源，仰赖劳工退休保险的比重仅21%。

然而，真正依此比例储备退休基金的人少之又少，研究人员表示，民众想象中的退休金来源与实际执行有明显的落差。调查显示，52%受访者仰赖劳工退休保险金，远高过调查的21%；且高达42%倚靠社会保险福利金；只有11%的台湾民众以房地产投资作为未来的退休资金来源。

（四）过半民众不满

依据旺旺中时民调针对民进党施政进行的调查显示，所有蔡当局所推动的重大政策，包括"一例一休"、司法改革、"年金改革"，不满意度全都远高于满意度，而且没有一项政策的满意度超过四成。过去一年，蔡英文力推的政策改革，包括清算国民党党产、实施"一例一休"、公务人员"年金改革"、司法改革、处理同性婚姻议题、推动长照，及提出8800亿元的"前瞻建设计划"。但民调显示所有政策改革大都不符多数期待。不满意度逾六成的政策，依序为"一例一休"、司法改革、同性婚姻。其中，"一例一休"不满意度甚至达71.8%，满意仅18.4%；司法改革不满意者为64.1%，满意度仅19.1%。蔡当局对同性婚姻的处理，也已陷入得罪自家支持者的矛盾。民调显示，对该政策满意、不满意的比例，分别是23.6%比61%。

此外，"年金改革"、追国民党党产、前瞻计划及长照政策的满意度，大致仅维持三成上下，不满意度则趋近五成。

三、台湾各界对"年金改革"评析

蔡英文当局的"年金改革"自2016年9月份开始到现在，引发军工教等社会团体的强烈抗议。对此，台湾各界纷纷对"年改"提出自己的看法、批评和分析。

（一）企业大佬：不宜、不妥

台《工商时报》报道说，对拒马下的"年金改革"，工总理事长许胜雄直言，作为民意机构的"立法院"不应也不宜竖起这么高的架篱，拉大与民意间的距离；工商协进会理事长林伯丰则呼吁，当局应多听听被改革者意见，好好沟通。"年金改革"是必须要走的路，改革的过程必然会艰辛，因为涉及每一个个人的权益；不过，每一个人在奉献一生后，求一个无后顾之忧的生活，并不为过，也是当局的责任。当局应以开放的心胸，多听听有异见人的说法，而不是设下种种的限制，让有意见的人没办法表达。目前"年金改革"的主要症结点是在是否会溯及既往，这也是军公教最为在意的，如果要溯及既往，当局就应该要好好协商，不能够强制执行，要将心比心。

（二）台《联合报》：勿凌迟一群人以取悦另一群人

台湾"年金改革"的后续震荡可能绵延多年，不会因法案过关而休止。这次"年金改革"，其实举岛皆有共识，认为势在必行，包括多数退休军公教人员也有此认知。事实上，马当局已提过相关改革版本，只要再作斟酌修饰，原不难说服人民。问题是，蔡英文的年改口号落至行动层次，却因操作失当挑起严重的分歧和对立，甚至演成对公教的"过度杀戮"，而年轻世代及其他阶层却未感觉到受惠。如此一来，对军公教的一番凌迟，难道只有台当局获利？

年改若仅止于大砍公教退休金，却说不出造福了谁，其实只是使台湾走向"均贫"。而如果没有造福谁，还撕裂了社会和世代，必将落得苛政之名。拿别人的生计，来为自己的改革匾额镶金，蔡当局不觉得欠军公教一个道歉吗？

（三）一年省80亿所为何来

台"立法院法制委员会"4月19日审查退休公务员年改方案，"铨叙部"也提出"考试院"版的"公务人员退休抚恤法草案"精算报告，估计未来50年，各级"政府"退休给付合计可省下4203亿元，退抚基金破产年限从2031延至2044年。对此，资深媒体人黄创夏在其脸书发文表示，一年才省80亿元，相较每年的绑桩、酬庸、浪费，何其杯水车薪？他质疑，0.4%的改革，这样子的"雷声大雨点小"，这段日子以来的台当局大规模宣传、社会割裂动荡，所为何来？

（四）"年金改革"影响台经济发展

台中央大学台湾经济发展研究中心主任吴大任表示，蔡当局推动的"一例一休"与"年金改革"两大议题，都会影响台湾经济发展。蔡当局想要拼经济，事实上不该让"年金改革"议题过度炒作。台湾已进入老年化社会，退休人口愈来愈多，一旦预期未来所得可能减少，意识到可能领不到退休金，现在就也不敢消费，这跟拼经济是背道而驰。

台湾从2015年第一季开始出口衰退，直到2016下半年出口转正，经济有比较好表现，蔡当局现在要拼经济，仰赖就是出口与扩大内需市场，不过现在台币不断升值，热钱是涌入台湾股汇市，股市逼近万点，但这也让出口厂商获利，瞬间被吃掉。内需市场跟所得有关，实施"一例一休"，造成劳工所得减少，荷包缩水，自然不敢消费，抑制经济成长。加上整天炒作"年金改革"。公务员年金，与一般劳工年金是两回事，但都意识到，将来退休预期未来所得减少，甚至领不到退休金，现在就不敢消费，这与拼经济是背道而驰，炒作"年金改革"是不对。

（五）年改问题多　蓝营吁蔡当局全面停审

洪秀柱在脸书发文，呼吁蔡当局停止目前一厢情愿的"年金改革"方式，盼能倾听民意，"朝野"共同合作，为全民的退休、老年生活保障及年轻世代的未来努力。

吴敦义表示，台当局要砍年金是因执政不顺，如果经济搞好，各种年金投资报酬率好一点，就不需砍年金；现在还要推 8800 亿元绑桩计划，"既无前瞻也不够基础"，债留子孙，应按年度预算，赶快解决攸关生命的水患问题。

（六）学者：把饼做大降低年改冲击

台湾中国文化大学国家发展与中国大陆研究所教授发表题为"把饼做大降低年改冲击"的文章，认为"年金改革"引发民众抗争，蔡英文谴责抗争行动是"脱序行为"，要求警方处理。同样是抗争行动，同样诉求公民不服从，对照"太阳花学运"和反"年金改革"行动，蔡英文和民进党的态度有着 180 度的转变，一个被视为造反有理，一个被当成不公不义，其中转折的道理何在？

由于财政不堪负荷，军公教人员的退休待遇不是不可以调整，但基于信赖保护原则，对于权益将会受损的军公教人员，执政者的态度应该是谦卑的，深怀歉意的。然而，大家看到的，是某些绿营的民意代表和官员，总将"年金改革"的受害者视为不识大体的既得利益群体，该被斗倒斗臭的一群人。

在蔡当局的"年金改革"方案里，台湾看不到一个繁荣的未来，只看到大家必须去分食一个做不大的饼，在"存量改革"中挣扎。文章说，1996 年李登辉宣布"戒急用忍"之后，台湾的动能萎缩，开始往"闷经济"的渊薮沉沦。即使是马英九时期，都不敢做出必要的大开大阖；只想要摆脱以往过于依赖单一经济体现象的蔡当局，当然就更难往"增量改革"之路迈进，只能在"存量改革"中计较得失了。今天的"年金改革"，乃至于台湾的未来前景，就是困在"存量改革"的陷阱中。

（原载《福建社科情报》2017 年第 3 期）

台湾殡葬服务的困境及因应策略

陈晓玲

一、台湾殡葬设施管理服务的现状

1936 年台湾"行政院"颁布了"公墓执行条例",到台湾光复之后,台湾当局本应依上述条例负起规划管理的责任,但是由于当时台湾当局对于公墓管理业务较不重视,因此导致墓地较为杂乱,缺乏规划的情形。到了 1993 年以后才开始办理"墓地改善计划",当时施政重点是墓地的改善与逐步改善各种殡葬设施,以符合实际需求并兼顾环境卫生,满足民众殡葬要求。经过长达四十多年的推动和努力,台湾有关殡葬设施的部分终于有了进一步的改善。无论是殡仪馆,还是火葬场、纳骨堂(塔)与公墓,在质量与数量的方面,都有长足的进步。现分述如下:

1.殡仪馆。早期台湾民众治丧习惯于马路搭棚,不但有碍交通,也会影响公共安宁与环境卫生。当时由于殡仪馆不普及,设备不够现代化,民众使用情形不普遍。如今殡仪馆较为普及,设备已相当现代化、效率化,在殡葬设施一元化的规划的原则下,民众治丧十分便利。因此,在城市马路搭棚的现象逐渐减少,殡仪馆使用率也大大提高。不过,在农村使用殡仪馆治丧的情形仍然不多,有待进一步加强。

2.火葬场。由于台湾工商社会发达,民智渐开,再加上土地资源利用的限制与当局大力推动,城市接受火葬的情形逐步增加,以台北、高雄为例,两大城市火葬率已高达百分之百,台中,新竹,台南,基隆,嘉义五个省辖市的火葬率也都大幅提高。另外,火葬场的设备也从早期的木柴式进步到现代的电气燃油式,不会给空气带来污染,也不会产生噪音的公害。因此,火化时程的缩短与火化遗体的高效能(完全火化),使得民众接受火化意愿也大幅提升。

3.纳骨堂（塔）。早期是以私人寺庙附设为主，宗亲家族自行兴建墓厝为次，后因台湾当局大力推动公墓公园化墓园，采轮葬捡骨入塔做法及在1990年确立以火葬为主的殡葬政策，各地方政府单位也大举兴（修）建纳骨堂（塔），并加以规模化，绿化美化。如今，不但是城市民众使用居多，农村民众使用率也逐渐增多，而民间业者兴建的纳骨堂更是一窝蜂式的促销。

4.公墓。早期官方较为忽视，以致被营葬业者任意营葬形成乱葬岗的景象。地方政府实施公墓公园化才得以改善。实施公墓公园化前存在问题是：大多设置年代久远，密埋叠葬，以致新葬者无墓地可葬。公墓茔冢杂乱，蔓草丛生，扫墓祭拜诸多不便且感觉阴森恐怖。缺乏整体规划，土地无法合理有效使用。公墓周边外滥葬情形严重，蔓延情况难以遏止。水土保护未做完善规划，如遇大风雨常引起泥石流。实施公墓公园化后，有了以下的优点：美化墓地环境，提供民众一处庄严的"慎终追远"的场所，消除阴森恐怖的感觉。实施"墓基轮流使用"，"限定墓基使用面积"有效解决墓地需求，促进土地合理使用。依使用者付费原则，订定收费标准，酌收墓地使用费，以墓养墓，开辟乡镇财源，提高设施服务品质，诱导民众将死者合法入葬，以利墓政管理，减少滥葬发生。

二、台湾殡葬设施管理服务的困境

台湾的殡葬设施无法满足民众的高标准需求，主要原因是法规不健全、当局不重视，加上经费不足以及墓政人员的业务不够专业等因素的影响。

1.殡仪馆。过去殡仪馆由于数量较少，设备老旧，加上使用者不多；如今日殡仪馆数量增加，设备逐渐现代化，使用者增加。然而，部分殡仪馆设备已不能使用，需要淘汰旧更新，提高服务品质。当前最不易解决的问题是殡仪馆用地的取得，建筑法规中建蔽率的限制规定，及法规的不合时宜有碍执行，设施建设过于刻板化，未能主动融入现代生活中，加上服务品质尚未进入专业化、人性化的境地等等。

2.火葬场。过去因土葬盛行，火葬场使用率不高，民众要求也不高；今日在火葬政策，工商生活方式与土葬费用升高的影响下，火葬比例在城市中攀升，火葬场使用频繁。在已设置火葬场的县市也有其困难处，有的是火化炉设备原始，带来空气污染，噪音等等公害外；有的是火化炉设备虽然较为先进，但因使用太过频繁，常常发生故障，无法应付日益增加的使用量。所以，火化炉的更新与增加是件刻不容缓的事。同时，由于环保的要求日益严格，故采用的火化炉必须具有无公害污染的高品质，才能得到民众的认同。此外则是这种以火葬为主的政策是否得到真正的落实，从"坟墓设置管理条例"的立法本身来看，有许多争议之处。因为"坟墓设置管理条例"的说明中，虽然有过"倡导火葬与兴建灵（纳）骨堂（塔）"的主张，但是在落实时，只在第十九条部分规定：骨灰或骨骸安置于灵（纳）骨堂（塔）内者，减免收费，其标准及方式，由省（市）主管机关定。由此可见，当局在推动火葬政策时并没有真正的全盘考虑。之所以会这样，是因为火葬政策的提出，目的不在于推行火葬本身，而是为了解决墓地不足的问题。因此，地方政府在火葬政策的制定上并非很周全。话虽如此，在火葬政策的推展上却仍有不错的绩效。例如台北市至1997年底的火化率约占当年总埋葬数的98%，高雄市约为96%，台湾省约为57%，这是因为采用火葬全部免费或减免收费的结果。但是火葬免费也有其后遗症，因为是免费，申请使用者怕操作火化炉的工人任意不经心火化，而以红包方式巴结火葬场工作人员，造成政府形象受损。而台北高雄两市火葬比例之所以高出台湾省很多，主要是台北高雄两市土葬费用要高出台湾省好几倍的结果。站在经济利益考量的结果，城市民众当然选择较易负担的火葬。如何把目前乡村土葬的墓地移作殡仪馆火葬场用地，是墓政工作重要的挑战。

3. 公墓。现今公墓问题在于邻避设施。因邻避设施往往具有潜在危险性与污染性，一旦发生事故，会对附近居民生命财产造成严重威胁，也会使房地产降价。一般民众都希望邻避设施离住家越远越好，从而产生强烈的抗拒心理，只要听说有殡葬设施要设置在某地，附近的民众必定强烈抵抗不从，这从各地不断报道的抗争事件中可看出端倪，这些都是未来规划设计时必须面对与处理的问题。

三、台湾殡葬设施管理服务困境之因应策略

当前台湾地区民众对于殡葬设施服务的需求量不是靠单一数量可以满足的，而是需要不断更新、兴建，以提升殡葬设施的服务品质。这也是必须努力的方面。台湾学者针对法规政策面、殡葬设施面、殡葬实务面、人员训练与从业者管理面四个方面提出改进的策略。

1. 法规政策方面。(1) 现有丧葬相关的法规规章不够完善，应通盘考虑丧葬相关法规的完整性及一致性，在法规中明确订定政策目标，广征基层实务工作人员的意见，在短期内检讨进行相关法规的修订。(2) 检讨墓政业务人员的编

制，经费的实际需求及健全事权机关，统合丧葬有关业务单位，划分权责，齐头并进，加强政策的推行。(3) 各项殡葬设施，如殡仪馆、火葬场、公墓、纳骨堂 (塔) 的管理办法应有统一规定，达成法规所订立政策目标。在规定费用设计上，寻求合理统一计算方式，并利用减免方式，落实政策目标。(4) 一般私立公墓的墓基面积较大，且没有循环使用的规定，在管理上也相当困难，应考虑从严核定私立公墓的设置，以利公立公墓的政策推行。(5) 公园化公墓"专户基金"设置问题。目前没有明确的设置及管理办法，无法达成"以墓养墓"的目标。宜有统一规定，使乡镇遵行。(6) 立法同意多元化处理遗体方式，除传统葬仪的改善外，也提供一些新的奉厝方式，让台湾民众有更多元的选择。(7) 加强滥葬的处理与防止新滥葬的发生。所谓滥葬，系指未经主管机关核准，擅自在自己或他人土地上营葬之意。滥葬为一种违法的行为，要加以改进。

2.殡葬设施方面。(1) 殡仪馆。一要加强殡仪馆设施利用。殡仪馆设施由平面利用改为立体利用，可增加更多的使用空间，有效的解决殡仪馆设施不足的问题。二要展现殡仪馆设施多元功能。殡仪馆设施用地属稀少资源，建筑规划师必须具有前瞻性的理念，设计出多功能的殡仪馆设施。三要设置殡葬一体专用特区。即殡仪馆可结合火葬场，墓园及纳骨塔 (墙) 集中设置在一处，形成殡葬专用特区。(2) 火葬场。增添火葬炉的设备，改善火葬场设备，淘汰旧设备，按照符合环保要求，租用火葬炉设备满足使用需求量，可改变民众对传统火葬场观念。(3) 公墓。要预计未来需求，妥为编定坟墓用地，并制订公园化公墓的开发计划。要适当规定每人墓地面积及其使用年限，促进坟墓用地的循环利用，以降低坟墓用地的需求，有效的再生利用。要限制墓地使用面积，要促进墓地循环利用及有效使用要强化整体景观功能。要避免污染源的产生，要现代化的观念与设施规划管理。(4) 纳骨堂 (塔)。欲使纳骨堂 (塔) 得以长期正常经营，无论公营或民营，均不准其出售永久使用权或收取永久使用费，以免堂 (塔) 于售完箱位后，即形成无人管理及维护的局面，进而损害使用人的权益。

3.殡葬实务方面。(1) 殡葬礼俗问题。倡导治丧在殡仪馆，以免影响他人，养成良好公共道德。倡导火葬的意义与必要性，减少土地资源的浪费，为后代子孙争取更多的生存空间。改良殡葬礼俗，使之礼仪化、专业化、朴素化、庄重化、环保化、平等化、温馨化，让慎终追远的意义得以得到真正的落实。希望三管齐下的结果，未来能够真正解决殡葬礼俗方面的问题。(2) 经营管理问题。为了因应未来有关殡葬设施经营管理的复杂要求，当局要强调"以现代企业精神，加强殡葬设施的经营管理"，未来有关殡葬设施的兴建、营运，台湾当局打算采用公办民营的方式处理。一方面可以增加公私部门合作的机会，加速推动社会改革的脚步，舒缓财政压力，提高民间投资的意愿。另一方面更可以提高管理服务品质，改善不良的殡葬乱象。(3) 善用义工资源。目前的官方财政增加员额较困难的情况下，可以结合社会善心人士的人力资源担任义工的工作，一方面可以教育民众面对死亡相关的事务不会产生恐惧心理，共同陪丧家人对丧亲的哀痛，以平静的心接受死亡的事实，另一方面也让社会大众了解丧葬事务不再是那么不可接近。(4) 抗争的解决。面对未来建公墓等抗议事件层出不穷，未来在转变殡葬设施为迎毗设施时，应有合理健全的回馈金补偿机制。一般而言，殡葬设施的外部利益由广大地区使用者共享，但外部成本却由设施附近地区居民负担。然因部分地区补偿措施或回馈制度未健全凸显其不公平性，则难免与百姓产生冲突。因邻避设施的设置关系到社会民众福祉，首先由专业科技的评估，举办听证会说明规划理想与民众充分沟通，提供适当的回馈制度化解抗争。以降低其外部负效益，让大众共享完善的设施。

4. 人员的训练与管理。(1) 加强台湾乡镇 (市) 级的墓政组织管理工作，充实基层墓政工作人员的队伍。(2) 加强对基层工作人员培训。召开殡葬政策培训班，讲解政策目标，增进地方政府和基层管理人员实务经验沟通。(3) 为长远墓政法改革成功着想，宜从教育制度，在职训练及研究发展为规划，以充实墓政专业人员，塑造专业形象，提升管理人员的地位。(4) 加强管理殡葬业，并辅导其组织同业工会，发挥自行管理功能。并消除业者之间的恶性竞争及对丧家的无理索求。同时严格规定，殡葬业者不可将尸体代为埋葬于公墓以外的土地，违者依法处罚，诸如罚款或限期停止营业等，并令其改葬于公墓区内，以防止滥葬的继续发生。

综上所述，台湾学者认为，台湾地区未来是否能够满足民众对于殡葬设施质与量的要求，从表面上看是基于殡葬设施本身是否能够提供充分的质与量，深层次反省的结果，则与民众对于殡葬设施的接受度与他 (她) 们的殡葬礼俗观有很密切的关系。而殡葬礼俗观的形成，虽然有相关的文化，社会背景，不过殡葬设施的营运状况也有很大的影响。因为，有关殡葬设施的不良营运状况，会影响民众的殡葬处理意愿。一旦民众认为某种殡葬设施的相关条件无法满足他 (她) 们的需求时，他 (她) 们就会寻找其他的可能替代品。因此，成功的殡葬设施营运状况不但有主导民众殡葬消费习惯可能，也能改造民众的殡葬礼俗观。所以，台湾当局若想真正解决有关殡葬设施管理服务的问题，就必须真正落实现代的企业精神，以企业精神强化殡葬设施的经营管理，落实全民参与的精神，摒弃不合时宜的殡葬礼俗，积极参与殡葬事务，改变抗拒殡葬设施的偏差观念，塑造优质的殡葬文化。

（原载《福建社科情报》2017 年第 3 期）

"通奸除罪化"在台湾岛内外引发的争议

陈晓玲

除伊斯兰国家和美国部分州外，台湾是少数仍处罚通奸的地区。正因如此，"通奸除罪化"议题在台湾岛内讨论很久，但迟迟不能够凝聚民意。2013 年时任"文化部长"的龙应台曾表示，婚姻关系不是靠警察敲门或侦探录像维持，"法务部"应严肃面对"通奸除罪化"问题。她的表态一时间得到很多关注，239 名法律人士联署支持，但仍然未能成功。本文就上述情况并结合有关资料综述如下：

一、台湾岛内民调显示八成台湾民众反对"通奸除罪化"

"通奸除罪化"议题在台湾延烧已久，引发舆论广泛争议，促使台湾当局"法务部"于 2013 年 4、5 月间就此进行了二轮调查。

先从"法务部"2013 年 4 月间委托民意调查看，结果显示，有 82.2% 的民众不赞成废除"通奸罪"，即只有 16.8% 民众赞成"通奸除罪化"。调查结果经媒体披露后，部分学者及民间团体认为调查题目未提供充足信息，使受访者了解目前"民法"对于通奸行为的相关规定时，易于误认为"刑法通奸罪"是维持家庭制度的唯一方式，且未规划"通奸除罪"配套措施，有碍于对"通奸除罪"接受度的了解。因此，台湾"法务部"5 月间再度委托民意调查，参考各界对于前一次民意调查题目的意见，先让民众了解目前"刑法""民法"对通奸行为相关规定，再就赞成或反对"通奸除罪"的主要理由询问民众接受度，并纳入性别平等原则及全球修法趋势的问题。另外，第二次民调也就通奸行为民事责任可能的修正方向（包含增订定额损害赔偿以解决不容易证明损害金额的问题、增订得请求通奸者及相奸者道歉的规定）询问民众对于"通奸除罪"的

423

看法。调查结果显示，仍有 77.3% 民众不赞成废除"通奸罪"，即使在"民法"修正而有配套措施的情形下，仍有将近七成民众反对废除"通奸罪"。台湾当局"法务部"表示，为广纳社会各界意见，以作为是否"修法"的决策参考，将再举办公听会，广纳意见，寻求共识。面对民意，台湾社会议论纷纷。为了进一步了解这个问题，不妨再看看台湾社会各界的评论。

二、台湾舆论界对废除通奸罪的评论

台湾舆论认为，"通奸罪"至今存于台湾"刑法"之中，是个台湾应该慎思改弦易辙之道的问题。台湾当局部门之中，"法务部"对于"通奸除罪化"似乎态度保守，"行政院会"中之讨论，则是莫衷一是。此项议题非自今日始，在不同的民间女性权益团体之间，似也还未形成一致的看法。如今话题重开，反对除罪化者则质疑此事与"文化部"何干，龙应台不该吹皱一池春水。赞成者则以为"通奸除罪化"的时刻到了。

这件事或许与"法务部"的职责关系更大，但是确实也与社会文化密切相关；时至今日，性别平等虽然已成金科玉律，但不要忘记，刑法用来维持人伦秩序是属于男子仍妻妾成群的年代，"通奸罪"原是用来对付女子失贞的律法。到了今天，虽然"通奸罪"适用两性，然而由于"通奸罪"是告诉才论，配偶一旦宽恕，"通奸罪"就不能成案。试问因"通奸罪"受处罚者，男性与女性谁多？丈夫还是妻子出轨受到配偶宽恕的情形居多？丈夫受到宽恕时，配偶仍然以刑罚追诉小三的情形仍属常见，其结果当然不难想象，"通奸罪"处罚的对象，事实上仍以女性为多。此点在相关的实证调查上，也已得到了证明。传统性别文化观念在实施通奸刑罚的差别效应，继续以另一种态势发生作用；不能说"通奸除罪化"的辩论与文化无关。但是，"通奸罪"的适用有性别效益差异的问题，未必是"通奸除罪化"的主要理由。"通奸除罪化"的主要理由，是使用"刑罚权"制裁关系家庭伦理的通奸行为，是对"刑罚权"的误用。其中必须澄清的误解是，"通奸除罪化"并不是要改变通奸行为的道德评价，通奸当然是违反婚姻承诺的不道德行为，台湾"民法"规定通奸构成离婚的事由，也不会因为"通奸除罪化"而要改变；"通奸除罪化"只是要停止动用"刑罚处理"民事上违反婚姻承诺的行为而已。用"刑罚处罚"通奸，问题在于它所制造的问题，远比所能解决的问题多。现行的通奸的行为，本质上不是"刑事政策"公诉的主要对象；配偶出轨，事关私德，为何需要动用"公权力"加以过问？

当然是因为不加区分的陈旧观念使然，才使"刑罚权"介入显得如此理所当然。动用"司法资源"追诉通奸的"刑事责任"，除了满足当事人报复的快感之外，对当事人有什么好处呢？答案是半点也无。"刑法"规定通奸的"处罚"是一年以下有期徒刑；配偶追诉配偶"刑事责任"成功的结果是配偶去坐牢，必然是家庭破碎。（即便是改为处罚金，也不是赔给被害人）如果不想离婚，反而伤害了家庭；如果想要离婚，"刑事处罚"反而影响被告支付赡养费的能力。一旦为了避免牢狱之灾而加宽恕，反而可能不利于民事诉讼请求判决离婚甚至于监护权或赡养费的主张。

现代的刑事政策既不应赞成应报刑的观念，不该鼓励用刑逼民、混淆民刑事务的做法。"通奸罪"却恰恰同时助长了两者。"法务部"是"刑事政策"的主管机关，不能再抱着应报刑的观念不放，放任不谙法律原理的民众"以刑逼民"，误用"司法"资源。真要在法律上为通奸行为的配偶伸张权益，正确的方法不是将通奸的配偶关起来，而是在"民法"中加入通奸行为构成离婚时决定子女监护的重要负数指标，而且明订通奸构成离婚时请求慰抚金或提高赡养费的事由，才是"现代法律制度"上，正确而有效非难通奸行为的途径。"通奸除罪化"，同时将相应"民事救济"的配套措施加载"民法"，应加以"修法"。"法务部"是"刑事政策主管机关"，对此责无旁贷。此事确实事关台湾形象，"法务部"不该继续蹉跎，以不变应万变了！

三、台湾各界对"通奸除罪化"观点

1. 台湾部分政界人士观点。面对此"尴尬"话题，台湾时任"行政院长"江宜桦未直接回应，仅概括回应相关人权讨论，表示当局不能满足于现状，应思考各界意见，有责任突破，加大力道改变既存障碍。台南市副市长颜纯左指出，结婚后身体权究竟属于对方还是属于自己？因"刑法"还有妨害性自主罪，即使夫妻间强迫对方发生性行为仍会触犯强暴罪，若一方没有意愿，另一方不能去外面找吗？若去外面找可能构成通奸罪，法律是否有所抵触，格格不入？台湾地区原"政务委员"罗莹雪表示，先进地区多无通奸罪，但台湾妇女团体对废除通奸罪与否意见两极，一方认为若无通奸罪，一旦另一半外遇，将失去打离婚官司或使另一半"回头"的利器。另一方则指通奸罪多是"女方告女方"，认为"女人何苦为难女人"？此事宜理性讨论，依赖法务部门多与妇女团体沟通、建立共识。对于"通奸除罪化"，台湾内务部门顾虑多。内务部门高层指

出，通奸除罪化与人权接轨完全是两回事，也与身体自主权无关。台湾仍维持"刑法"的通奸罪，是着眼于传统文化对家庭的重视，让夫妻双方都负起家庭的责任。"内政部"高层表示，"刑法"维持通奸罪，在于保护家庭，和通奸除罪化是两回事。

2. 台湾部分法律界人士观点。最常接触通奸案的一位女法官认为，"刑法"介入家庭，是法律落伍的象征；通奸罪只是维护配偶对另一方的身体所有权，最后沦为报复工具。有十年资历的女书记官也认为，感情不能用法律约束，变心不是法律能解决，抓奸和提出被告只是遭背叛者发泄情绪的出口。

3. 台湾一些社团观点。对于龙应台提出"通奸除罪化"，台湾妇女团体普遍赞成。妇女新知基金会秘书长林实芳指出，现行法条已成为惩罚女性的武器，男性反而置身事外；现代妇女基金会董事、律师赖芳玉也表示，婚姻不应用"刑法"惩罚，该用提高民事赔偿来保护受害人。通奸罪原本要保障婚姻双方，但实务上变成只保障男性。励馨基金会执行长纪惠容也赞成通奸除罪化，但强调无法负责承诺的婚姻一方以及介入的"小三"，该处理婚姻中受伤者的情感，可考虑用民事赔偿。

4. 台湾部分学者观点。2013 年 5 月 13 日据台湾地区《中国时报》报道，"立法委员"尤美女正式联署删除"刑法"通奸罪，多位台大法学教授则力挺，质疑"刑法"处罚通奸是采取"性器牢笼"的观念，而且很多人为了抓奸，加速婚姻的破裂，更触犯侵入住宅罪、妨碍秘密罪、伤害罪。台大法律学院举办"婚外性的罪与罚"座谈会。台大法律系教授黄荣坚认为，通奸是否除罪化，已争论 20 年，很多人主张通奸罪是为了维护婚姻，但事实上反而加速婚姻的破裂。台大法律系教授林钰雄说，通奸罪是基于一夫一妻制，夫妻不能跟婚姻外的第三者发生性行为，但台湾的"刑法"处罚婚外"性"，已成为"性器牢笼"，违反身体的自主权。他质疑，很多人为了抓奸，触犯侵入住宅罪、妨碍秘密罪、伤害罪等，尤其在法庭呈上录音、录像等证据，是助长私人的不法取证。台大法律系教授许宗力强调，隐私权要保护的最私密领域，却成为"刑法"处罚的对象，不合逻辑。尤美女说，通奸罪最初的立法目的是要惩罚不忠的女性，后来才逐渐演变成目前的法律条文，但实际上通常受伤害的仍是女性，甚至演变成两个女人的战争，因此，已在立法机构提案修法删除相关法条。不过，现场也有一位律师回应，透过抓奸，有助于女性争取孩子的监护权，或是分财产时的筹码，未必是对女性不利。

四、岛外媒体对"通奸除罪化"的评论

香港《文汇报》评论指出：龙应台"通奸除罪化"的论述犹如一石激起千层浪，震撼台湾社会。一直以来，通奸被列为"刑事罪状"，在岛内是一个具有高度争议的敏感议题，如今龙应台振臂一呼，大唱反调，其知名作家和官员的双重身份，不仅使"通奸除罪化"的主张再次在岛内坊间引起广泛议论和关注，更让各界好奇台湾当局的"铁板"立场是否有软化的迹象。台湾是少数仍将"通奸"列入"刑事犯罪"的地区之一，其"刑法"规定："有配偶而与人通奸者，处 1 年以下有期徒刑。其相奸者亦同。"这是源于 1936 国民党政府制订的《刑法》条文。中华人民共和国成立后，在 20 世纪 80 年代《中华人民共和国刑法》废除了通奸罪，订立了重婚罪和破坏军婚罪。但后来仍有人大代表呼吁应在《中华人民共和国刑法》中列明处罚通奸的条款。可见在两岸，通奸是否涉及刑事罪状，是一个备受争议的热点问题。

岛外有的媒体还认为，孔子曰："万恶淫为首"，自古以来中国人都视"私通"为一种深恶痛绝、万恶不赦的丑恶行为。从秦朝律法开始就已有通奸罪之说，且惩罚手段极为严厉，在秦、元、明、清等朝代对通奸者"人人得以诛之"，即可以不告而杀，私刑亦属合法。到了现代社会，风气开明，人们开始反思"通奸论罪"的弊端，并领悟到通奸是道德范畴的问题，政府充当"道德警察"诸多不宜。俗话说"清官难断家务事"，通奸涉及男女私情，并非法律条文能判断其中是非恩怨。

综上所述，目前两岸及香港中，只有台湾的相关规定保留了"通奸罪"，但在 20 世纪 90 年代末废除了"通奸男女不得结婚"的禁令。进入 21 世纪后，岛内不少思想开通的新时代女性和妇女团体也都主张废除"通奸罪"，除了认为刑罚手段并不足以达到维持婚姻的目的外，更因为在实际生活中，"通奸罪"成了"惩罚"女性的工具。有学者发现：告丈夫"通奸"的妻子中，有逾半人最终撤告，但仍坚持控告第三者（女性）；而告妻子的丈夫中，只有约两成人撤告。结果被定罪的女性多于男性。主要是因为一些女性比较心软，或经济无法独立，较容易原谅出轨的丈夫，把怨恨都发泄在"小三"身上；但不少男人对"戴绿帽"耿耿于怀，唯有坚持提告，才能释怀。此外，"通奸罪"要成立的其中一个要素是须发生在台湾地区岛内。曾有医师与情妇在美国生下孩子，医师妻子告两人通奸，但法官却以奸情发生在"境外"为由，判医师与情妇无罪。当时人们纷纷质疑，既然通奸有罪，为何还有"境外"与"境内"之分？看来"通奸

除罪化"在岛内还要走漫长的道路。

（原载《福建社科情报》2017 年第 4 期）

台湾公园的特色与生态教育综述

陈晓玲

台湾地区的公园（属地方政府直接管辖的）有着令人流连忘返的景色、得天独厚的资源、实力雄厚的人才队伍以及充裕的管理经费，而公园产生的背景、特色、生态保护教育则见证了公园的发展过程，使其成了执行生态保育工作，宣导民众认知公园与水土保持、水源涵养关系的一部活教材，进而让民众了解环境保护、生态教育对促进经济、社会、环境可持续发展有着重要意义。

一、台湾地区公园发展沿革

历史上台湾的公园发展经过四个不同时期：

（一）殖民期（1936—1938 年）

早在日据时代即由当时的台湾地区总督府选定三处"国家公园"预定地，分别为"太鲁阁国立公园"（面积 26 万公顷）、"新高阿里山国立公园"（面积 18 万公顷）、"大屯国立公园"（面积 2.5 万公顷），占全台湾岛面积 13%，于 1938 年宣告成立三个"国立公园"，后因太平洋战争爆发终止相关的建设工作。

（二）立法期（1973 年）

台"观光局"成立"国家公园法拟定小组"，进行相关法规的起草工作，于 1973 年 6 月 13 日颁布"国家公园法"并实施。

（三）开拓期（1978—1982 年）

1978 年 9 月 1 日，时任台"行政院长"的蒋经国巡视恒春垦丁地区时指出："从事建设应顾及天然资源与生态的保护，从恒春到垦丁鹅銮鼻这一区域可依国家公园规划为国家公园，以维护该区优良的自然景观"。于是由台"内政部"优先规划垦丁地区为台湾第一座公园。1980 年 4 月台"行政院"通过"台湾地区综合开发计划"，其中指定玉山、垦丁、雪山、大霸尖山、太鲁阁、苏花公路、东部海岸公路蓝屿、南横纵谷等地区为公园预定区域，责成"内政部"积极规划与建设。"内政部"于 1980 年 9 月成立公园计划委员会，专责有关的审查与监督事宜。

（四）成立期（1982 年迄今）

这一期间岛内公园的推动情况如下：1. 1985 年 1 月 1 日"内政部"公告成立垦丁公园管理处，以管理园区陆域面积 17731 公顷、海域 14900 公顷。2. 玉山公园管理处于 1986 年 4 月 10 日成立，管辖的高山环境面积达 105490 公顷。3. 阳明山公园管理处于 1986 年 9 月 16 日成立，环绕台北都会区面积为 11456 公顷。4. 1987 年 11 月 28 日成立太鲁阁公园管理出处，对于世界闻名的太鲁阁峡谷、合欢山与清水断崖，有了具体的保护。5. 1992 年 7 月 1 日成立雪霸公园管理处，将原是日据时期"太鲁阁国立公园"的西北范围保护下来。6. 1996 年 10 月 18 日成立金门公园管理处，进行各项古迹、战役地及金门独特文化的维护措施。

二、各公园资源与环境特色、生态教育推动情况

（一）垦丁公园

垦丁公园的资源景观，涵盖着恒春半岛地形地质特色、海域生态之美，一些专家将其归类为游憩型的公园。目前的游客数量每年达 400 万人次，除了落山风时期，其造访时期呈平均分布；游憩的据点以小湾为中心，沿着规划的解说路线向鹅銮鼻、南湾、南仁山、猫鼻头、鹅銮鼻等地区参观。垦丁公园的生态教育工作开展主要包括下列项目：1. 展示馆室内解说：石牛溪游客中心、龙銮潭自然中心与小湾研习中心等。初步统计听取简报服务的游客数为每年 10 万人次；户外定点解说：管理处成立初期在猫鼻头、鹅銮鼻等游憩据点提供定点之户外解说。2. 带队知性旅游：管理处提供预约的游憩据点、随车解说员。解说人力除了编制内解说员外，也广为招募教师、学生、退休人员成立义务解说队，在平日、假日或寒暑假期间，根据游客数量与分布状况，进行带队知性之旅。初步统计，在垦丁公园内接受解说服务的游客人次每年达 22 万多人次。3. 出版生态书籍及解说折页，例如：垦丁的珊瑚。4. 每年均办理认识垦丁地形地质及热带植物林等生态研习营活动。目前管理处为了提供游客更深入而有趣的游程所规划的，"与公园有约"活动，用生动而直接的字眼做活动名称，招来

不少的游客，对于公园所要开展的保育观念及民众共同参与管理维护垦丁资源，的确有其功效。活动举办最受欢迎的如：昆虫的世界、探索自然——亲子大地之旅、海天之旅、赏鹰之旅、琅峤寻根——恒春历史之旅等等。

（二）玉山公园

玉山海拔3952公尺，为台湾岛最高峰，也是东北亚地区的第一高峰。玉山公园的资源景观，涵盖台湾脊梁山脉的中央山脉中段、玉山山脉的地形地质特色，以及蕴育其间的高海拔植物相、原始森林，各类珍贵而稀有的野生动物，专家们将其归类为高山型公园，并相当符合于IUCN所公布的公园标准。目前的游客数量每年约400多万人次，其造访时期大多在春夏秋气候较稳定温暖时期；游憩的据点依可及性分别由西侧的塔塔加、东边的南安、南边的梅山等游憩区进入广幅山区环境。玉山公园的生态教育工作主要包含：1.展示馆室内解说：塔塔加、梅山、南安游客中心及管理站。初步统计听取简报服务的游客数为每年15万多人次。2.户外定点解说：玉山因幅员广大，无法提供户外定点解说，仅能在塔塔加、南安或梅山游憩区内的游客中心布置解说人力；或在指定时间内先行预约，并进行带队解说。3.带队知性旅游：管理处所提供的预约带队知性解说，常是攀登玉山或进入原野山区，所需时间较长，因此除了编制内解说员外，也广为招募教师和学生，在平日、假日或寒暑假期间，根据游客数量与分布状况，进行一般型、体力型的带队知性旅游。初步统计，在玉山公园内接受解说服务的游客人次每年约6千多人次。4.出版生态书籍及解说折页：重要者有玉山回首、郁郁苍苍、玉山之美摄影集、布农音乐、四季风情等。5.每年针对不同生态教育对象，办理认识玉山地形地质、玉山植物带分布及野生动物等生态研习营活动。管理处所规划的"与公园有约"活动，其目的为了让游客及喜爱登山的人直接进入园区，用心情、视觉及嗅觉来观察聆听大自然的一草一木与变化，揭开玉山神秘的面纱，真正了解公园生态。该项活动吸引不少游客，据报道已有初步成效。

（三）阳明山公园

阳明山公园因面积较小，资源景观也显得精致有趣，全区属于中低海拔的阔叶林带，以大屯山脉的火山地形地质为景观主轴，周围环绕着乡野人文环境特色，可以利用自然步道进行健行、地质解说与火山生态观察活动，最受到北部游客的欢迎。目前的游客数量包括过路者每年高达12万多人次，几乎是每一个星期假日一个旅游高峰。游憩据点以公园游客中心为中心，沿着规划辟建的解说道路、自然步道迈向七星山、大屯山、小油坑、马槽等地区参观与接受生态教育的机会。阳明山公园管理处成立十多年，所累积的环境教育与解说经验，其方式主要包含：1. 展示馆室内解说：管理处游客中心及菁山自然中心。每年听取简报服务的游客人数为 9 万多人次。2. 户外定点解说：阳明山得地理之便，每逢重要节日 (花季或法定假日)，便派遣义务解说员在小油坑、擎天岗、马槽、大屯自然公园等游憩据点提供定点户外解说；由于游客量日益增多，而管理处编制内所储备的人力有限，此项服务常受到限制。3. 带队知性旅游：管理处提供预约旅游憩据点，随车解说员。随着阳明山游客量急遽成长，亟须大量的解说人力，因此在十多年间广为招募教师、学生、退休人员成立义务解说队，在平日、假日或寒暑假期间，根据游客数量与分布状况，进行带队知性旅游。初步统计，在阳明山公园内已经接受解说服务的游客人次每年达 11 万多人次；管理处培训的专业义务解说队伍，数量达 5 万多人。4. 出版生态书籍及解说折页：阳明春色等。5. 每年针对不同生态教育对象，办理认识阳明山火山地形地质及野生动植物等生态研习营活动。管理处目前所规划的 "与公园有约" 活动，因属于一日游性质且相当便利，吸引不少的都会区游客。重要的活动包括：金包里大路 (鱼路古道) 人文巡礼、路跑活动、花乡之旅等。

（四）太鲁阁公园

"鲁阁幽峡" 为著名的台湾地区八景之一，闻名世界的地形地质景观，也是花莲人的骄傲。地方政府推动隔周休二日措施之后，太鲁阁公园与台湾其他地区似乎没有了距离的隔阂，来自北中南的游客拥向公园内的立雾溪畔观赏大理石峡谷，驱车登上合欢山赏雪景，到清水断崖俯瞰太平洋；并住天祥一夜之后，健行进入白杨瀑布、神秘谷、莲花池等据点从事自然观察、生态解说活动，的确发挥了公园在保育自然生态前提的解说与游憩功能。再从专业的角度看太鲁阁公园，除了前述的地形地质景观外，因其分布从海平面到达海拔 3740 公尺的中央山脉北段南湖大山，使得太鲁阁像一座自然博物馆般，拥有垂直分布的植物林带、动物相分布。太鲁阁公园已经累积了不少环境生态教育与解说经验，其进行方式如下：1. 展示馆室内解说：太鲁阁口游客中心、布洛湾解说馆、绿水解说馆；天祥、新白杨服务站。初步统计听取简报服务的游客数为每年 7 万多人次。2. 户外定点解说：管理处成立初期曾在天祥、白杨瀑布、神秘谷入口提供定点、户外解说由于各项服务日益庞杂，且管理处储备的人力有限，目前所提供的服务以预约带队解说为主。3. 带队知性旅游：提供预约带队知性旅游为管理处重要的工作之一。所需的解说人力除了编制内解说员外，也是广为招募教师、学生、退休人员与专业登山人员成立义务解说队，在平常日、长假日或寒暑假期间，根据游客需求进行带队知性解说旅游。初步统计，曾在太鲁阁公园内接受带队解说服务的游客人次每年达21万人多次。4.出版生态书籍及解说折页：太鲁阁公园、资源解说丛书等。5.太鲁阁每年针对青年、学童、社会人士等不同对象，办理认识高山地形地质、立雾溪流生态及野生动物等生态研习营活动。目前管理处所规划更深度而趣味的"与公园有约"生态教育活动，对于公园所要倡导的峡谷保护、高山生态保育观念已初具功效。包括：太鲁阁的赏雪专车、太鲁夜之颂——观星看虫赏萤旅游、礼赞太鲁阁——因乐旅游。

（五）雪霸公园

雪霸公园的成立，弥补高山生态保育工作遗珠之憾，让台湾地区屋脊的雪山山脉跻身 IUCN 品牌的台湾地区公园行列。综合分析雪霸公园的资源与生态环境，基本上以雪山山脉为景观主轴，依着棱脉、溪流向四侧形成不同的地形地质景观、垂直分布植物林带，其间蕴涵稀有珍贵之樱花钩吻鲑、棣慕华凤仙花及其他物种，成为环境生态解说中有关"孤岛效应"与"洄流鱼类"的重要解说素材。在园区边缘的泰雅人、赛夏人少数民族文化及生活特性，也是解释人与自然相处的好题材。雪霸公园成立六年，初期重点工作为与地方加强协调，积极进行生态教育倡导，也累积不少经验，其进行方式如下：1.展示馆室内解说：武陵游客中心、竹东临时服务站。经统计听取简报服务的游客数为每年1万多人次。2.户外定点解说：由于雪霸园区面积广幅，目前并没有此项服务；但在寒暑假期间，部署具有登山经验的解说员于山区的七卡、三六九山庄，进行类似于点解说的各项信息说明服务。3.带队知性旅游：管理处提供预约的游憩据点解说与山区自然探知解说。而解说人力除了编制内解说员外，也是广为招训教师、学生、退休人员及具有高山向导经验的人员成立义务解说队，进行带队知性旅游。初步统计在雪霸公园内接受解说服务的游客，包括设置于竹东教师研习中心的临时解说站所提供的服务，每年达23万多人次。4.出版生态书籍及解说折页：台湾樱花钩吻鲑专集。5.每年针对不同对象规划研习营活动内容，包括认识台湾樱花钩吻鲑生态、雪山山脉高山地形地质、七家湾溪流域生态等。管理处规划"与公园有约"活动，不离高山环境保护与溪流生态环境的维护，说明如次：观雾巨木林、"国宝鱼之恋"观鱼篇（单车行）、武陵采枫行植物篇。

（六）金门公园

与厦门隔海相望的金门，曾是台湾的防务"前线"。1993年台当局宣布金门解除战地政务后，1996年10月18日成立为公园，针对3780公顷园区内的人文史迹、闽南历史建筑、特殊生活文化等，进行计划性的保存与维护。公园内已有既存的古老村落，以及台海战役后遗留下来的史迹。金门因独特的环海地理位置，从早期一片苍绿森林到民国初年林木砍伐、童山濯濯的景象，再经过距今数十年来官民的合作，种植木麻黄以捍砂，恢复金门森林旧貌。如今的金门公园，有森林有动物，更有令人流连的沙洲候鸟齐飞景观。公园成立四年多，初期重点工作为与地方加强沟通协调、积极进行当地居民保育倡导与青年学子生态教育，进行方式如下：1. 展示馆室内解说：中山纪念林游客中心。初步统计听取简报服务的游客数为每年9万人次。2. 户外定点解说：管理处成立初期曾在中山林、琼林等据点提供定点户外解说；由于游客量日益成长，而管理处储备的人力有限，目前已没有此项服务，并需先行预约，以进行带队解说。3. 带队知性旅游：管理处提供预约旅游憩据点、随车解说员。而解说人力除了编制内解说员外，也招募教师、学生、退休人员成立义务解说队、在平日、假日或寒暑假期间，根据游客数量与分布状况，进行带队知性旅游。4. 出版生态书籍及解说折页：大地上的居所、金门地区赏鸟指南、金门人文采风。5. 针对不同自然资源喜好对象，规划生态研习营活动内容及据点。

三、对公园生态保护的回顾与展望

台湾对于公园与保育工作的推动虽然起步较晚，但进展较快。综合前面所述及的公园在环境生态教育上所采用的方式及成绩，有的学者认为台当局对公园经营管理具有前瞻性，但管理也存在缺失。专家学者认为，公园的解说与教育过于偏重科学性的知识传达，忽略了人本主义所要提倡的生态伦理学与人生哲学的意涵，没有用深入浅出的方式去说明人与自然之间的关系，因此无法真正启发人跟自然相处的态度。有的学者提出对于台湾地区公园生态教育应注意以下问题：1. 公园生态教育应具备科学性与哲学性，并同时重视自然环境知识、生态伦理学、人与自然哲学等。2. 善用已退休而具备专业知识的人力资源为"国家公园"义务解说员。3. 确实进行公园管理处工作人员的专业训练，进行共同科目（公园概论、生态简介、管理法规等）及专业科目（解说实务或巡逻维护或企划管理或取递不法等）的培训课程。4. 注重公园周边小区居民的环境生态教育推广工作，启发其爱乡爱土情操，化阻力为助力，让公园真正扎根于地方及民众心中。5.公园管理处积极出版大量而多元化相乡土教材，并推广至偏远中小学校区及周边小区环境。6.建立有生态知识而内容充实可用的公园。

（原载《福建社科情报》2017 年第 6 期）

台湾文化教育

生态文化视野下的台湾 80 后自然书写

张　帆

自然文学，诠释的是人与自然的关系，通过对自然中景物与动物的观察，来表达人对于自然的关怀、敬畏之情，同时也传达了保护环境，批判人类对于自然环境的破坏与污染的生态理念。70 年代以来西方环保理论传入台湾，激发了台湾社会对于环境污染问题的关注，以环保权益为目标的社会运动开始兴起。80 年代以来，随着环境和生态议题的深入探讨，自然书写逐渐成为台湾战后文学史中的一个重要风景，并出现了一批具有代表性的作家群体，如刘克襄、吴明益、夏曼、蓝波安等。部分大学也开设生态环境系所，一些优秀的学者在大学任教，传递生态保育知识。"自从一九八零年代初期以来，自然保育、野生动物保护、甚至只是单纯的赏鸟团体陆续形成。"台湾 80 后世代的自然书写就是在这个文化场域当中形成，一方面他们通过学校教育、社会舆论、网络影响习得了更完备的生态知识，继承了吴明益等一批作家开创"生态文学"的艺术理念，并结合 80 后世代的美学感受进行了一系列的创作，展露了一批优秀的青年作家。另一方面，80 后世代也积极地介入自然书写的探讨，观察台湾近十年来的博硕士论文，可以发现他们从文化实践、美学意涵、政治象征、社会影响等方面探讨了台湾当代生态文学的内涵和意义，体现了 80 后世代在文化生产中积极地建构生态意识和社会关怀。

一、台湾 80 后自然书写概观

台湾 80 后的自然书写，有着鲜明的世代特点，在创作方法上，他们往往通过青年或者少年的视角来感受自然，少年对于世界的困惑和青春的迷惘也投射在自然之上，自然也因此具有了纯洁无瑕的天真之美，以及活泼忧郁的少年情怀。自然在他们笔下，不再是无人的蛮荒之地，而是充满了故事、传说、历史的原乡，自然深刻地介入人物的生命历程、影响着人类世界的建构。小说往往通过少年和成人的对立关系，来映射人与自然的关系。

在土地伦理上，这些作家展现出对自然的关切和土地的关怀，他们批判资本主义唯利是图的价值取向对自然环境的破坏和对人心的侵蚀，成长即是文明化、被驯化的过程，也是自我被迫工具化、世俗化的过程，他们通过对自然的关注与回归，来重新绘制祖先流传下来的历史与文化，重新发现土地对于人类的价值，重新回归自然与人和谐的状态。

在美学风格上，这些作品多具有浓烈的魔幻现实主义色彩，通过传说、梦境、人、神、鬼等方式，打破线性的时间结构，从在地的空间出发，描绘出自然界广博神秘、不可为理性所掌控的美学特质，传达出人类对自然的敬畏之情。

需要注意的是，台湾 80 后世代的自然书写与 90 年代以后台湾的后乡土思潮结合在一起，自然环境的书写中饱含着乡土意识的觉醒，以及 20 世纪以来全球化浪潮下乡土的再造思考。80 年代以来台湾工业化、城市化的飞速发展，所造成的不仅仅是生态环境的破坏，还有乡村的凋敝，根植于自然生态的传统生活模式、价值体系的崩解和消逝。只有重建传统生态知识与在地文化认同、宇宙观与宗教信仰的紧密联系，才能在全球性的生态危机与文化同质阴影下，发展出独具特色的地方文化。

在书写的形式上，80 后世代的自然书写更加地多元化和市场化，吴明益在《以书写解放自然：台湾现代自然书写的探索》，及《台湾自然写作选》中对自然书写进行了严格的界定，都强调了非虚构性、客观性、知识性。但 80 后世代的自然书写已经溢出这个定义的范畴，生态知识融入了更多时尚、消费的元素，如旅行、饮食、自然摄影、生态观察等，创造出一种自然与生活相结合的闲适的、轻松的生活美学，这种生活美学的核心就是通过与自然的亲近和回归，来对当下物欲化的价值体系和生活方式进行批判，转向更重视社群、亲近自然生活的风格。自然书写一定程度上脱离了精英化的专业视角，进入日常的生活当中，如《岛内出走》是一群新世代的年轻人以单车环岛，沿途摄影，记录了岛内的各种景观、生态、人文现象等。这些新颖的自然创作，既丰富了台湾的自然书写，同时也呈现出新世代对于空间、自然与人的关系的新的文化想象和价值追求。

二、80 后自然书写中的环保运动

台湾 80 后世代的自然书写必须放置在当代风起云涌的环保运动当中去考察，"自从八十年代中期以来，台湾的社会力勃然兴起，激烈地冲撞当时的威权体制，形成一股沛然莫之能御的风潮，经过了十年的集体亢奋……九十年代中期的社会运动已经走上了穷途末路。……环境整治的参与越来越受到'组织逻辑'的影响，抗争行动逐渐转化为专业的参与，草根与开始让位给专家。"可以看出，台湾的自然书写和环保运动是不可分割的，台湾当代自然书写也正是在这一股社会浪潮中激进出的文学类型。新世纪以后，80 后世代积极投入环保运动，"2005 年起，因兴建台北捷运而面临拆迁的乐生疗养院，意外地引发了大批青年投身保育运动，自发组织青年乐生联盟，加入抢救古迹。这些八零后甚至九零后的社运青年，近年又发起了反对兴建苏花高（苏澳至花莲高速公路）、以及提出土地正义的台湾农村阵线等多场运动，以创新的文化艺术行动、社交网络动员、以及超越蓝绿的新世代姿态，为环运补充了面向未来的新血"。"此后这几年的社会运动都可以看到一批批积极的年轻人投入，尤其是这几年火热的农村议题和环境议题，如反对'农业再生条例'、反对中部科学园区、反对'国光石化'、反对暴力都市更新。这批青年行动者已经成为这些运动的街头前锋或深耕社区的草根工作者。"这些环保运动提升了年轻世代的政治与公民意识，凝聚了世代认同和环保意识，并在作品中大量涉及对这些事件的反思和批判，积极明确地在作品中传达环保理念，从而使他们的自然书写既具有鲜明的抗争性，也体现了台湾政治环境的转型。

朱宥勋的《倒数》以"反国光石化"等环保事件为题材，描绘了台湾反污染抗争的地方动员，以土地认同、宗族情感为纽带，批判当局的经济行为对环境和土地的破坏。"这里本来都是一片绿色的水田，比现在土里面那些断草还要更绿，也比课本里面更绿。有一天晚上，她从睡梦里惊醒，先是感觉到地在微微地震动……这时候外面传来了闷闷的声音，像是火车经过，但又不太一样……天亮之后，村子里面的地就没有绿过了……经她这么一说，还真的觉得这片乱糟糟的田地像是曾被火车碾过一样。或许不是火车，是什么更大的，巨人或者金刚一类。再过去更远，是一片灰白色的山壁，一株草也没有，露出凹凸不平的表面。"环境被破坏，无法再继续种植，居民失去了土地和家园，面对强权，两位老人选择和自己的土地一起死去，惨烈的抗争在少年的心里种下爱护土地的种子，"我"和小梅画了加路兰的地图，和家乡的植物、砂石等物品一同烧化

给外婆，只有维护环境才能维护自己生存的家园。

三、魔幻的原乡和桃花源

邱长婷是台湾 80 后世代中自然书写最具有代表性的青年作家，她以台东太麻里为叙述对象，作者通过大量的实地考察，"参与了排湾族、阿美族的祭奠，访问猎人、猎犬驯养者、农民、耆老，甚至是地方上的公务人员。她甚至随着猎人上山，体验狩猎"。因此她的作品中既有对当地自然环境的描写，也有大量少数民族历史、文化、习俗的呈现，透过森林、河流、动物、气候等自然环境的描绘展现了人类与自然相互依存的状态。邱长婷的自然书写最突出的特点就是"情"，自然万物在她的笔下皆有情，自然界不是冰冷的生物数据，而是祖辈流传下来的传说与神奇，是孩童的思念和幻想，承载着爱情与亲情，是人类的桃花源与最终的归属。

作者笔下的自然不仅仅是人物成长的环境、故乡，更是构成人物命运的一个因素，自然并不是隔绝于人类的荒蛮之地，而是人类知觉与生命的延伸，在《山鬼》中，父亲在山中生长、劳作、成家，"这座山乃至于他的农园、农舍，形如延伸的躯干，多年来他早已习惯。"人和自然的命运互相融合、互相幻化、互为镜像，自然可以拥有人性般的自主意志，自然可以缓慢地生长和移动，人类也同样在自然的环境中获得人性的解放，催生出早已被现代文明所驯化、扭曲的原始的力量和纯真浓烈的情感，如父亲在夜晚宛如野兽般的哭号，幻化成非人的模样在森林中疯狂夜奔，寻找已逝母亲的踪迹，宣泄内心的悔恨和痛楚，这些强烈的情感仿佛只有在原始的自然界里才得以现出原形。森林中的牛樟木和鹿也是母亲的化身，牛樟木的香气一如母亲身上的气息，紧紧地围绕在父子身边，唤起他们内心深处的记忆和怀念。在自然界当中，人类所谓的文明、理性、规则被瓦解，剩下的只有直觉和知觉。

自然里的山、雾、树、水、风，皆是万物有灵，"那是一处终年云雨缠绕的山间河谷，父亲的农田坐落于此，每过午后，山陵背面的阴影潜伏向下，带来雾的幽魂，幼时我爱好对其吐气，山林的雾遇上生人来自胸腔的气息，总如兽崽弹出湿漉漉的鼻端，仅是轻轻一触，便惊摄后退，须臾间，又好奇地伸展小手，以其独有的湿冷气息与我唇吻相依"。自然既充满了神秘的色彩，更充满了原始的生命力和创造力，身处荒野之中，面对自然界壮丽的景色与伟大、不可测的力量，人类感到恐惧和敬畏，认识到自我的渺小与狭隘，人与自然界的关系不再是主宰与被宰制的关系，自然才是真正的神与造物者。"我追随父亲的脚步来到象征母亲的牛樟木林，抬眼仰望，须四人环抱的牛樟木，暗时是黑阒矗目，真正与山鬼山神无异。其中那最巨硕高昂的千年牛樟正从枝叶扶疏中，以千颗星眼俯视我。我虚软无力，自觉在如此肃穆庄严的气氛中形衰如蚁。""我膝旁腐朽的枯枝倏地僵直站立，围绕出令人费解的圆圈跳起群舞，猿猴与鸥鸦的叫喊不同以往，是喜悦，是悲凉而喜悦；萤火虫翩然旋飞，黑暗微光中映照出孩子的脸，此外，就像母亲曾对我说过，山在成长，缓缓的，人类肉眼不可得见。"

书中以代际传承的方式传达了许多朴素的生态观，这些生态观最核心的思想就是对自然的敬畏，不可随意的侵犯自然，"'山就是山，河就是河。'老人说：'小女孩子，你要记住，不管我们如何更改溪水的走向、山脉的位置，每隔数十年、数百年，它依然会记得自己原本的样子。'"人类在与自然、土地相依相存的过程中，衍化出许多朴素的生命哲学，这些口口相传的关于自然的知识和训诫与家族的传承联系结合在一起，成为承载家族记忆和情感的纽带。同时，家族乃至民族的繁衍历史也通过这些传说记录下来，自然与人类的文化历史和集体经验相联系，使自然不再是隔绝于人类的荒野，或是被改造之物，而具有了厚重的历史意涵。

自然成为孩童想象中的种种神怪志异，山中有会吃老师的怪兽，有会"山中菟丝幻化为人的形貌，藤缠树缠死，台风过后在河谷间纵走的腐木，以及数丈高的巨树如古生物般在白雾飘荡的山巅缓慢移动，据说，它们横跨谷与谷之间的一步费时千年，根部入的深严，动静间是拔山的，只不过太慢太慢，人类肉眼不可见"。这些自然的传说构成了"我"成长的乐趣，和生命体验交织在一起，共同塑造出"我"对世界的感知和认同。

"我"作为一个从小在森林里长大，途中离开森林去往城市，最终又回归森林的青年，自然对我而言是一个既陌生又熟悉的存在，我对世界的感知源于自然，但经过城市的洗礼，我已经不复那个纯粹的"雾之子"，因此，这一离开又回归的路线，既是我重新认识自我与外在世界关系的过程，也是我重建情感认同、回归精神家园的过程。自然与城市是两个完全不同的体系，两个空间界线分明，城市是对人性压抑和束缚的空间，"仿佛每个人与我都是一样的，看不清面孔，却拥有相同的腔调与衣着"。少年时的我对城市充满了恐惧，"我害怕离开山谷中的农田，离开到一个非我族类的群体，那时坐在交通车上的我，红肿的双眼迎向海滨公路初升的太阳，满心觉得那是一个景色如此优美，却也如此残暴的世界"。我在城市与自然之间往返，在文明与原始之间挣扎，在被迫成长的过程中不断回望曾经远离的桃花源，并试图褪去世俗的工具化、理性化的价值理念，重回纯粹本真的自我。

作品中用大量的梦境与现实形成双线索的叙事，梦境展现了我隐藏在现实之下的焦虑与欲望，以潜意识的方式书写无法诉说的记忆与伤痛，体现了人与人、人与自然之间复杂的关系。通过梦境我与父亲重返母亲离去的记忆，以父子们猎杀怀孕母鹿的贪婪行为，象征母亲／母土被自私贪婪的人类造成不可弥补的伤害，而父子俩在梦中不断接近却永远到达不了的天空，也象征了他们渴望被救赎的愿望。

四、寓言性的动物书写

刘克襄早期曾给予动物小说如下的定义："拟人化、虚构性，有寓言特性，透过动物明志。"这一自然书写的理念也体现在台湾 80 后作家的动物小说当中。

朱宥勳的《竹鸡》通过对一只竹鸡的救助所引发的家庭成员之间的冲突，揭示出亲情的冷漠和缺失，代际的隔阂和矛盾。父母对竹鸡的救助只是出于一时的怜悯，却并没有真正从它的生存需求去考虑，自以为是地将竹鸡带离它的栖息地之后，又不耐烦地想要将它在陌生的牧场放生，完全没有考虑到受伤的它在都是人群的地方如何生存，这种作秀式的救助其实是将竹鸡置于更危险的境地。小说通过人与动物的关系隐喻人与人之间的关系，父母的救助和弟弟的冷漠本质上都体现了人类中心主义的自私和自大，自认为是救世主的人类对弱势的动物／孩子缺乏对生命的尊重和平等意识，在看似美满和谐的家庭外表之下，成员之间却缺乏沟通和理解，而敏感内向的少年犹如那只恐惧的竹鸡，孤独地躲在自己的世界里，"他们知道不必等他，因为他是没有办法引起任何注意力的透明体"。小说以胆小内向的竹鸡象征少年的成长困境，"竹鸡是非常胆小的鸟。人们总是认为凡鸟类都是胆小的，但事实上，大部分的鸟都是因为受过人类的欺负才怕人。但是，竹鸡即使在同类面前都不太能安心，甚至常被自己的叫声吓到"。篇末竹鸡回归森林，少年也跟随竹鸡走向森林，在无人的自然之中他们终于回归自我、自由起飞，体现了作家对自然在主体性建构上的作用与意义的思考，无疑为小说赋予了存在主义的哲学色彩。

吴睿哲的《龙蝨的眼睛》是对吴明益自然书写理念的诠释，"吴明益曾引洛夫洛克（JamsLoveLock）著名的'盖娅假说'，说明地球的生物共同参与了地球生境的创造与改变：'洛夫洛克创造了一种生态学的角度，思考人类与生境共存的奇妙语言。地球是活着的想法，曾是许多文化神化中共有的朴素想象，这个想象暗示我们，人类与其他所有生物都是巨大存在的一部份，且互为伙伴。洛夫洛克的论点就是指出这个巨大存在的整体，具有维护地球，并使地球成为适合生命存在的栖息环境的能力'"。

散文以一种水生鞘翅目昆虫龙虱的生存困境来警示台湾的环境污染，龙虱这种看似微小的生物，以腐肉为食，是环境的清道夫，居于食物链中的底层，没有让人喜爱的外表，也常常被人误认为螳螂。小说以这种毫不起眼的生物为切入对象，与一个刚刚结束高考的正处于学业的压抑与人生的彷徨时期的青年人互相映照，以二者的形象和心境对既有的行为和秩序提出质疑和反抗。

散文以严谨的田野调查的方式来叙述龙虱的生活习性与外形特征，具有吴明益所主张的客观性与科学化的特点，同时又从龙虱的生活习性与外形上延伸出美学特质，以其复眼来反讽人类的现代化虽带来进步的表象，却"遗失了某种轻巧的记忆。在那个巨大的阴影背后，我们都拥有一双龙虱的眼睛，却瞎了"。

散文以一个刚刚高考结束的年轻人来到三芝小镇去寻找龙虱为题材，转而以龙虱进行拟人化的自述，阐述自己面对人类的垃圾、尾气、城市改造，逐渐地失去了自己的身份与空间。小说通过昆虫之眼来观察世界，并在人与昆虫中互相切换视角，看似居于食物链顶层的人类与微小的昆虫的命运产生了共鸣，在同一片场域中生存的生物实际上都无法逃脱环境的惩罚。一如罗尔斯顿所言："人们不可能脱离他们的环境而自由，而只能在他们的环境中获得自由。除非人们能时时地遵循大自然，否则他们将失去大自然的许多精美绝伦的价值。他们将无法知晓自己是谁，身在何方。"

龙虱的生存困境也隐喻了高三学子面对环境污染、工业化、城市化、消费主义的盛行所产生的失根感与身份危机，应该如何在工厂、高楼、电器、商场、夜市中寻回被文明掩盖的家园？同为微小的边缘群体，他们无人关注、失去自由生存的快乐，"我想飞远，却被风吹了回来，在这个无限回圈来回碰撞，却无法碰撞出什么奇迹"。"也许屈服于现实会让生活更丰富。"这些质问已经超越了环保议题的范畴，而进入人应该如何生存的反思，是降低道德的标准与自私庸俗的生活随波逐流，不再批判人类对环境的破坏从而获得更多的朋友？还是默默付出，为环保尽一份微薄之力，却只能在角落里擦抹孤寂？这是青年人在环保乃至人生道路上所面临的迷惘和困境。

文末鼓励大家走入台湾的山林，发现全新的台湾，摆脱逐利的阴影，用龙蝨的眼睛重新认识土地，重视自然的根本目的是将自然与土地相结合，以自然为基础来建构根植于自然生态的独特的文化系统，在全球化、都市化的危机下重建身份认同。

五、80 后自然书写的文化政治意涵

台湾的 80 后世代基本成长于中产阶级家庭，他们的自然书写体现出台湾环境保护运动在高度城市化的情况下的深入发展与多元化，他们的自然书写不仅涉及人与自然，还扩展到社区营造、都市空间、生态旅游、生活方式等，体现了台湾 80 后世代更加注重自我情感的特点，他们通过对自然空间来拓展人类情感的表达，寻求都市与自然的平衡共存。他们对自然的观察和理解，以及他们参与组织的环保实践和环保运动，投射出台湾社会在新世纪的文化转型。

在全球生态危机的威胁下，自然书写在传递环保理念等方面具有正面的意义，但自然书写不能仅仅简化为以环境保护为目的的文本，其中还蕴含着阶级、党派、族群等文化政治意涵，何明修在《绿色民主：台湾环境运动的研究》中指出台湾的环境运动具有高度政治化的倾向，"一方面，政治反对派将环境议题视为一个可以开拓选票的领域，许多政治任务积极介入地方环境抗争；另一方面，运动者也乐于利用反对党的政治资源，壮大运动的声势。因此，自从八十年代末期以来，我们可以看到这些政治化的现象：许多运动份子以民进党名义参选、环境运动采取政治民主的论述，例如'环境解严'、'反核即是反独裁'，甚至直接套用政治民主的抗争戏码，例如'公投'。"这在 80 后的自然书写中同样可以看到这样的问题，自然书写在现实主义的理念之下，往往会过于工具化，而且在探究环保的现实问题时，会陷入"政府－民间"、"外来－本土"的简单的二元对立，甚至走向封闭的"本土"，缺乏对环境问题背后复杂因素的审视和探索。

（原载《福建社科情报》2017 年第 1 期）

台湾公立中小学校长的培训与选拔

陈晓玲

唯有高质量的校长，才能培养高质量的教师和学生。尤其在快速变迁的社会中，校长角色的重要性更不容忽视。校长职位在台湾的角色期望较高，吸引了许多有理想、有抱负的教师投入校长的行列，成为学校教育制度中教师升迁的主要渠道。

一、台湾地区中小学校长培训制度

近年来，台湾中小学校长的培训制度虽然已有创新，但不容讳言地仍存在缺失及面临一些挑战。如在培训过程中，有关课程设计、授课方式需在既有的基础上，进一步结合校长未来在工作职场上的需求，落实校长的在职进修，使其进行持续的专业训练。在中小学校长培训理念上，较强调建立教学领导的观念、培养校长从事教学领导的专业知能，尤其可结合认知教练的模式，进一步透过计划会谈、教学观察、反思会谈等过程，引导与支持个体进行自我省思，借以改变个体的认知与思考。以上这些问题成了中小学校长培训中引起关注的具有挑战性的问题，需要具体地去面对解决。

具体以台北市立教育大学校长培训工作为例，中小学校长培训要求是提升校长专业技能，促进校长与社会群体和网络平台的联系，进一步加强对校长的绩效、校务发展与评定。培训课程的设置分理论、实务、实习三个内容。师资的选派聘请的主要人员的来源应是：台北教育评鉴研究所教授、校内外公私立大学教授、台北市中小学绩优资深的校长、成功的企业经营者、政府决策人员、中小学专业人员。

通过这几年中小学校长培训工作的总结，明确所存在的问题主要有：一是储训与培育观念的混淆，二是校长培育政策不明确，三是培育课程仍待提升，四是校长的培育与资格的取得连接链需要进一步的强化，五是培育制度配套措施未完成。

针对培训过程存在问题提出未来改进方向：要明确本土化校长培训政策；发展最适用的校长培育课程；建构校长专业发展机制；重视校长课程教学领导；异地培育与一流卓越学校参访；提升校长甄试效度与鉴别力；实行校长培育制度长期追踪研究。

二、台湾地区中小学校长选拔任用制度

台湾中小学校长选拔制度经历了派任期、甄选期、遴选期三个阶段：

（一）校长派任期

早期台湾地区公立中小学校长任用采用的是派任制。首先由督学通过视察，将表现优异的主任名单呈报教育局长审核，再由其转呈县市长，由后者从中决定校长人选。所以当主任的老师不需经过甄选考试，直接就被派任为校长。因为县市长握有绝对的人事实权，所以当时很多人为争当校长而大送红包、托关系。而许多服务优秀、默默耕耘的主任，常常没有机会出头。一旦成为校长，不论好坏，就一直当校长到退休，因而当时有"万年校长"的说法。

（二）校长甄选储训期

20 世纪 70 年代末建立了"甄选储训"（即通过考核甄选后作为校长后备力量进行培训）的制度，根据教育人员任用条例，其历程为：教师→主任→校长，而每一个阶段都经过审查资格（资格业绩计分）→公开甄选→储训考核（及格后）→列册候用→正式分发任用的程序。政策实行之初，公开公正的原则吸引了许多有理想和抱负的优秀中小学教师积极投入准备晋升校长的行列，为台湾公立中小学考出许多优秀的校长。选出的校长也大都能全心全力奉献教育，对学校经营有正面积极的贡献。

然而，随着时间的推移，一些弊端逐渐暴露出来。因该制度过于强调积分制度，导致许多有新当校长的主任，为争取记功嘉奖机会，争功诿过，把持研习进修的机会，甚至在科展、各项比赛中以学生为争取积分的工具，引起许多质疑与批评。由于校长的迁调派用权依然掌握在教育局与行政首长手中，那些长袖善舞、喜爱吃喝玩乐、逢迎拍马的校长比较容易获得长官的青睐，往往能够如愿以偿地调派到自己想去的学校，而默默耕耘、不喜交际应酬的校长却常

常成为长官上下其手、挟怨报复的对象，这种黑箱作业引起不少批评。

（三）校长遴选期

2000年2月台湾教育当局在中小学校长的选拔标准、方式、程序和任期等方面实施了系列改革。根据重新修订的台湾地区"国民教育法"第九条，"'国民教育阶段'校长采用遴选制，得连任一次，届满得回任教师"，明确建立公立中小学校长回流机制，校长不再是万年校长了。第九条同时还规定"县（市）立'国民'中小学校长，由县（市）政府组织遴选委员会……遴选后聘任之"，由此校长任用制度已由派任制变为遴选制，比甄选储训模式又多了一道遴选的环节。遴选是指通过搜集资料，认真评价以及多方面的讨论，来选择优秀人才。遴选是教育权力下放至地方的分权概念的产物。遴选方式由学校所在地的教育主管行政机关制定，不需要再由"教育部"统一规定，也不用报"教育部"核准备案。遴选制度对落实校园民主参与有其时代意义，对整个校园权力运作的冲击相当大。改革以来，各县市做法不尽相同，结果褒贬不一。

三、台湾中小学校长选拔工作规范与资格

（一）校长遴选工作规范

一是发掘卓越的校长，以贯彻教改政策并激活学校教育改革的枢纽。二是从众多校长候选人当中，找出最适合某一学校需求的人选，以强化学校优点、减少学校弱点，使学校能在动机最强、阻力最小的情况下，发展学校特色。三是强调遴选过程的公平性，杜绝一切游说、私心。四是在遴选过程中，有效辨识校长候选人所具备的知能与潜力，以选拔出最适合学校的最优秀人才。五是在最短时间之内，完成遴用程序，以利于校务尽快地开展。

（二）校长候选人参试资格

台湾各县市对校长候选人都有一定的基本要求。以台北市为例，要成为台北市中小学校长，则校长候选人必须具有以下基本资格：凡现任台北市政府教育局暨所属机构（含台北市教师研习中心）、台北市立各级学校教育人员以及现任台北市境内公立师范校、院或其他公立学校、院附设实验初中、小学教师，在台北市境内学校连续服务满两年以上，最近三年内未受记过以上之行政处分及惩戒处分，具有下列资格之一，且经资格业绩评分七十八分以上者，可以参加遴选：其一，师范大学、师范学院、教育学院、大学教育系毕业，或其他院系毕业，曾修习规定的教育学科及学分，并曾任小学主任两年以上，成绩优良

者。其二，师范专科学校或大学、独立学院教育专修科毕业，并曾任小学主任三年以上，成绩优良者。其三，具有前两种学历之一，并曾任小学教师两年及荐任第七职等或与其相当之荐任文教行政职务三年以上，成绩优良者。

（三）台湾中小学校长遴选程序。目前台湾的公立中小学校长的任用，各县市略有出入，但大致可以分为甄别、培养、遴选三个阶段。

第一，甄别阶段。符合教育人员任用条例所规定资格者，都可以参加甄别考试。考试由地方教育行政机关全面负责或由其委托大学承办。考试方式分两种：一是参考者直接参加口试、笔试，分数高者即入围；另外一种则以台北市做法为代表，即甄试包含资格审查（业绩计分）、笔试和口试，各有其分数比重。业绩计分部分有学历，经历，考核，奖惩，进修研习，共占甄选总分的一半，笔试占 30%，口试占 20%，成绩好的入围。

确定入围者名额也有两种方式：第一种是"考录合一"，即按照岗位空缺数量等额或差额确定入围者名额；二是根据岗位空缺数量定出两倍或三倍的额度。采用第一种方式时入围者出任校长的几率很高，遇缺即补。而一旦用人单位采用第二种方式，入围者虽都取得候选校长资格，对结果也不能乐观，因为竞争激烈，有些人可能还是没机会出任校长。

第二，培养阶段。各县市政府都对候选校长实施校长专业课程培养。培养方式根据区域不同分两种：一种是地方教育行政机关组织入围者实施一段时间的集中培训或分散进修。在台北，校长储训课程采用八周集中式的研习，其中两周到学校现场实习，落实理论与实务经验结合，此为迈向校长之路的重要过程，在现任校长引导下，学习发现问题，立即进行切磋、研讨、深入探究，寻求解决方案，建构经营学校的计划；其余六周课程在中心实施，配合学习目标与学习的韵律，每周设定一个探讨的主题，兼顾理论与实务，课程进行中鼓励学员自发性的学习、主动发现问题、勇于面对问题，透过师生与同事之间的互动，进行探究、省思与建构能付诸实现的理想目标。后一种是由地方教育行政机关组织入围者参加大学研究所级别的课程班，要在一年内修满 24 学分。学分修满成绩合格者还要参加学科认证、口试、笔试，通过后还要再经历两周的集训。

四、结语

校长对学校的领导是思想上的领导，一所学校的文化传承要靠校长。在台湾地区，校长已实现了专业化。在学校做满六年主任才有资格去考校长执照，要成为一所学校的校长，还要参加校长的遴选，遴选委员会一般有行政主管部门、教师代表、家长代表、校长代表，专家组成。要竞选这所学校校长，当然就要对这所学校的文化，理念要有深入地了解，才能去扬弃。校长任期一般四年，能否连任教师说了算，最多连任两届，就必须换所学校再做了。很多交流的校长都在说，这种遴选制之下的校长不好做，学校的领导与行政虽然有一些可为之处，但却有更多的不可为与难为之处。面对这些校务经营中的难为之处，有的校长选择了急流勇退，但也有些校长抱着理想与使命感渐入佳境。据介绍，台北市28所高中（含完中）25位校长为硕士，3位是博士，从这些校长从身上均能感受到强烈的教育家的情怀和教育智慧，这是值得感佩的。

（原载《福建社科情报》2017年第5期）

台湾 80 后世代的历史书写与文化认同

——以台湾 80 后小说文本为例

张　帆

　　台湾的 80 后世代成长于台湾解严之后急遽变化的时期，也历经台湾"本土化"、"去中国化"浪潮的兴起对台湾整体意识形态的改写，他们的历史想象与身份认同与前行世代有了很大的区别，这些都反映在他们的文学创作之上，他们对历史的反思和诠释，既是对台湾当代社会思潮和社会变化的回应，也是对台湾 80 年代所产生的"历史书写"热潮的继承与反思。台湾 80 年代引入的后现代思潮，在理论上对宏大历史叙事进行了彻底的颠覆，这股思潮虽然在 90 年代因为台湾"本土思潮"确立主体性的意识形态需求而有所式微，在新世纪与青年的文化反抗再度结合在一起，继续解构着年轻世代的历史意识。历史书写对于他们来说，不仅是对历史的重新梳理和历史认同的表达，也是文化反抗的一种重要形式，80 后世代作家以边缘的姿态来回避"国族宏大叙事"以及"革命""历史"等巨型话语，以个人化私人经验的强调和对于公众经验的远离，来展现自我生存方式的独特性，呈现出更多的历史断裂，"文学只能从复原'小的真实'重新出发"。历史的深度感消失了，历史的意义、影响不再重要，历史的情节、事件被消解成为一种关于过去的感知形象，"形象这一现象带来的是一种新的时间体验，那种从过去通向未来的连续性的感觉已经崩溃了，新的时间体验只集中在现时上，除了现时以外，什么也没有"。过去那种纵深的时间意识消失了，取而代之的是对时间意识的一种新的表达。

　　台湾 80 后世代并没有经历过从戒严到解严之后那种价值观的撕扯、族群的激烈冲突，他们成长的环境主要是政党轮替的常态化导致的政治冲突狂热；两岸关系和平发展与岛内"本土意识"抬头冲突之下的统"独"意识的消长；消费文化的流行与网络媒介的无孔不入带来的全民娱乐化现象；都市化形成的右翼中产阶级趣味对左翼批判力量的消解，而以性别、族群、生态为目标的非政治社会运动逐渐取代了以阶级运动为代表的传统左派政治运动。这意味着他们不可能有关于过去的强烈的使命感和价值感，相对于前行世代对社会现实积极的批判与介入，他们对社会现实保持着敏感与疏离的态度，对大叙事的反叛和对自我实现的追求使得他们更加关注自己的生活，而较少体现代际历史认同之间的冲突，20 世纪 40 年代在台湾历史叙述中建构起来的孤儿意识在他们作品中也逐渐淡化。

在经历历史的重重解构之后，他们逐步走向历史虚无主义，出现了去历史化的倾向，表现在主题上，他们对历史议题的理解和视野，被认为过于狭隘或不存在，许多批评家认为他们是无责任感、无历史深度的一代，如陈芳明在《台湾新文学史》的最末章论及台湾一部分七年级作家，认为他们是轻文学的一代，没有过去世代的历史意识或政治意识，精神上所承担的使命感也相对缩减。技巧上，大量的虚构、拼贴、后设等后现代技巧的应用，消解了历史的真实性。美学上，"'呈现'的美学取代了'阐释'的美学，'感受'的美学取代了'评判'的美学，'模糊'、'混沌'的美学取代了'清晰'的美学，'人性'的美学取代了'政治'的美学，'形而下'的美学取代了'形而上'的美学。而从'无我'到'有我'、从'集体'到'私人'、从'大叙事'到'小叙事'、从'时间性'到'空间性'，正是新生代作家实现其经验叙事美学的基本路径"。历史观上，这些作家大多深受福柯等后现代历史学家的影响，强调台湾历史上存在的断裂和缝隙，但也因此忽略了历史脉络。作为国民党退台以来的第三代群体，他们的历史整体视野较前行世代薄弱许多，而长期"本土化"教育与文化宣导，使得他们的历史观更加的狭隘与封闭，他们的历史想象往往局限在岛屿之内，但在追溯历史的文化脉络时，这些作家又会溢出既有的意识形态框架，呈现出对中华跨越政治的文化认同。

20 世纪后半叶全球化时代所带来的时空压缩、网络与各种通讯、传播、交通科技的高度发达等，同样也改变和影响着 80 后世代的时间意识与历史感，强化了他们觉得时代瞬息万变的主观感受，时间的转瞬即逝使他们陷入历史的焦虑当中，试图通过历史想象来重新认识自我、社会与时代，在"不断逝去的时间洪流中寻找生活的定位与存在的意义"。80 后世代的作品中充满了自我与他者、个体与集体、边缘与中心的对立与矛盾，空间的流动与越界，时间的不断变更与重写，让他们既悲观于时空的意义，又试图寻求符号遮蔽下的本源，记忆和遗忘依然是他们探讨历史主题的一个重要途径。

一、历史意识的瓦解与重构

考察 80 后的历史想象，必须回归到台湾 80 年代的历史脉络中去考察。随着 1987 年的解严，80、90 年代出现了历史书写的热潮，试图颠覆原有单一的、正统的大历史叙事，来重写台湾的历史，这些历史书写在一定程度上质疑了历史的真实性，揭示了历史叙事中包含的权力运作，但这些重返历史现场的努力实际上还是强调历史的总体性，体现了不同身份认同在历史中寻求合法性和必然性的阐释。这一时期对历史经典叙事进行的反思与颠覆，还是没有超越原来的历史框架。而行至 21 世纪，历史在不断地改写过程中被复数化、虚构化、碎片化，80 后作家对"文本能够呈现历史"的命题更加悲观，他们有意地疏离开历史的热潮，以历史为题材的作品数量远不如前行世代。但细读他们的作品就会发现，他们往往将成长所经历的身份认同与历史叙事的冲突融合在作品当中，他们质疑不断重写的历史不仅没有使人们在时间中获得自我认同，反而强化了人们失根的主观感受，也使人们更加快速地遗忘过去。他们以更加边缘化的姿态来呈现各种意识形态主导的叙事冲突之下，台湾社会的错置与荒芜的心灵景象，并试图反叛 / 擦除已有的历史叙事，以个人化的经验化解历史化的压力，寻求对整体性的逃脱和质疑，他们的历史叙事已经溢出 20 世纪文学历史化所建构起来的现代性逻辑。阿尔都塞说历史是缺席的原因，而这些 80 后作家却拆解了这一历史与现实的经典运作逻辑，他们通过改变时间、运用转喻、象征、后设、互文等后现代艺术手法来将历史寓言化，不再追求历史的本真面貌，历史成为一座现代性的心灵废墟，他们的目标就是在"历史废墟以外，让我们的思维、想象解放，投射到未来不同的时空坐标中。"

朱宥勳的《垩观》就创造了一个没有历史的空间——垩观，不同阶层、年龄、性别的人物都在这个场域中被洗去"所有的符号和意义"，被重新定义，重新书写。而政府试图医治这些被异化的垩人，唤起他们的记忆，重新书写垩观历史的实验也遭到了垩观自身力量的反抗，彻底失败。

《垩观》上卷从《垩观》中的"我"追寻失踪朋友 C 进入垩观开始，以旁观者的视角，通过不同事件、人物来形绘出垩观这个传说中的空间，这些旁观者并没有真正进入亚观,被亚观所异化。下卷的叙述者则从治疗者的视角来观察亚观对身体的影响——失语、纹身、失忆,并试图医治、恢复被异化的"亚人"。这些故事互相指涉,互为镜像,互为表里,统合成一个丰富的意义场域。小说中的出场人物众多:有孩子、将军、作家、学生、教师、心理治疗师、棋手、房东、病人,他们都是受过创伤的畸零人,《亚观》中的 C 一直在追寻缺失的母亲(故土 / 情感);《黑色格子》里的叔叔因政治获罪自囚于陋室中数十年;《标准病人的免疫病史》中被严重烧伤的"他"通过扮演各种病人来获得对病痛的心理"免疫";《白蚁》里的阿勤是个只能在网络中沟通生活的御宅族。他们的命运都被亚观所左右,他们因创伤想要进入亚观,渴望通过亚观遗忘记忆、语言、时间,即便从亚观里面逃了出来,也最终还是会回到亚观当中。亚观成为一个异界,它既空洞又无所不包、既虚构又无处不在,它是对现实世界的反叛,是现代性之下人类精神危机的写照,它的封闭、荒凉、空无反衬出现实世界不断循环和上演的对情感的漠视、对人性的桎梏、精神家园的失落、存在的无所归依。它是毫无历史的空间,切断了过去,也失去了未来,它是对现代性知识论追寻的质疑,是对历史狂热的质疑,历史是依赖记忆建构起来的,而记忆可能是谎言,语言可能产生误读,真相 / 真理永远无法达到,如同掌握了大量记忆资料的"我"与 C,永远找不到代表过去美好的挚友和至亲,他们对自我主体性的认知永远只能处于沉默和追寻的压抑状态。"我们对一些事物必须保持沉默的真正原因是,在捕捉语言中事物秩序的任何具体努力之中,我们始终对那种秩序某一方面的含混性予以诘难。……任何特定的话语形态不是通过它允许意识言说世界而是通过它禁止意识言说世界,即语言行为本身切断了语言中再现的经验领域,来进行辨别的。说话是一种压抑性行为,无语的经验领域把它辨别为一种具体的压抑形式。"

小说探讨了记忆与历史的关系,因为长期以来的"历史决定未来"的线性历史观的存在,导致人们对于历史充满了狂热,没有历史,就失去了未来,因此,没有历史的亚观,就是对这一线性历史观的逃逸与反抗,"拉康认为学习语言就是暴力、隐抑和异化的开端"。因此,人们失去语言和记忆才能获得自由。小说行进至最后,失忆席卷了整个人类世界,人们从大沉睡中醒过来,发现自己对过去一无所知,只能通过电脑资料来认识过去。"他们没有任何记忆,记不起自己是谁,他们只是存在于现时,也不知道自己为什么而行动。失去历史感就是失去自己的时间和身份,你的身份完全失去了,你被零散化了,自我已经没有过去了。"于是人们爆发了"命名热"和"考古热",吊诡的是,专家们据以研究历史的文本是各种虚构类的小说——郭松芬、黄锦树、黄碧云、白先勇,小说将台湾社会的每一次社会大变革比作"大沉睡",大沉睡象征着台湾历史的一次次断裂,而大沉睡之后所爆发的考古热无疑是意识形态主导下的历史重写,"记忆是小写的历史;我们的历史,'大沉睡',也是从集体失去记忆开始的"。但这样充满了误用和误读的历史能否接近真实,能否获得对未来的想象?"《垩观》的作者说:有那么一座垩观,我们对未来的想象……不,我们对未来根本无法想象,即使我们充满着记忆。……我们能走到最远的地方就是垩观,就是大沉睡,再远,是连电脑资料都无法记住的地方了。"这部小说将真正的历史隐匿在这些虚构的小说之中,"将'泛记忆'的主题和台湾的历史、台湾社会广泛的精神状态连接在一起。"具有书写台湾历史乃至人类文明史的野心。

二、个人化的时间体验

历史的客观性在 80 后作家笔下解体,历史被"置换为一种个体主观化的时间体验",历史作为过去发生的事件已经不再重要或者说不再起决定性作用,而时间才是历史的本质,被整体性历史所遮蔽的个体,通过个人化的时间通达历史性。时间作为历史与现代性的核心,成为这个世代作家不停与之对话并试图解决的命题。他们打破线性的、单一的、进步的时间观,以时间为出发点,对大历史进行解构。在他们笔下,时间呈现多重的形式,经典的历史时间被分解成为一个个或快或慢的片段,在不同的轴线上演绎着个人化的时间体验,它们从整体的时间框架中挣脱出来,打破了均质化空洞化的时间,历史因此也具有多重的面貌,主体的存在也具有了多种的可能。如同海德格尔所说,"历史是从个体的存在中推导出来的,作为个体生存可能性之展开的历史,这种历史无关乎进步,它只关乎此在之本己可能性的展开与重演,即此在本真而自由的存在。历史之所以可能,就在于此在的时间性要求此在通过历时性来建立一种生命联系并从而能够将此在作为整体的存在来把握,历史性是此在存在之整体性的完成与见证"。

黄崇凯的《玻璃时光》《比冥王星更远的地方》皆是以时间为意象来呈现个体对历史的理解和定位,作者将个体封印成时钟,隐隐作响地牵动历史与记忆、个体与集体、自我与他者的对弈辩证结构,主体经验通过不同的时间来表达,时间形式内在地构成了现代人的主体性,以个体时间与现实时间之间的矛盾与落差，来为那些如同被太阳系除名的冥王星的边缘者另创纪元。通过不断否认已经发生的历史事实（如人类不曾登录过月球），或者"捏造不曾发生（甚至，不可能发生）的情境"（如尚未出生的女儿），来隐喻个体试图改写时间与历史的徒劳与悲痛。"那些历史，真的'过去'了吗？所谓时间流动的感受、时间如箭矢地指向未来的方向，是不是因为我们自小被教导如何归纳经验的习惯所导致？"小说将过去、现在、未来的时间融汇在一起，以虚实相间的叙事，创造出一个记忆的真空区，从而达到将记忆封存的目的，"有没有可能只记得未来发生的事……如果置换记忆的对焦角度，从此时此刻遗忘所有先前的往事，将所有的过去都化为可能发生的未来，我该怎样重新生活？"

陈柏青的《小城市》里借人物之口，直陈人类最焦虑的就是时间，人们最需要做的，就是改变时间。记忆构成了集体意识，集体意识推动着整个城市和人类的行动与发展，所以记忆成为权力的争夺对象，当权者通过对时间的掌控来随意地修改和塑造记忆，试图通过塑造 80 后的记忆来控制这一世代的认同和历史意识，甚至让最后一届大学联考的考生们都消失。作者通过个体在城市中不断翻找历史、赎回罪恶、检索时间的过程，描绘出台湾 80 后所具有的新的感觉结构和世代记忆，象征着 80 后世代面对庞大的伦理秩序逐渐确立主体性的过程。

三、历史想象的空间化

面对时间的焦虑，80 后作家试图通过批判的空间开辟和重组历史想象的范畴，现代性的时间命题化为这些作家笔下的个人化的空间体验。80 后小说中呈现出大量的空间流动与空间拼贴，大量的移民潮和旅游潮使他们享有多重的空间地域经验，改变了他们的空间意识，但都市空间的日趋广阔、网络空间的无远弗届、求职求学空间的不断变更，这些都与家乡空间的衰败停滞和私人空间的日益狭小形成了对抗与撕裂。他们在日常生活的空间之上建构出并时的、多重编码的空间结构，"一切历史的、曾经被时间界定的事物在多重空间中再现、变形、隐匿、互相结合或者撞击"。历史记忆在他们的文本中被转译成为空间的符号，他们试图通过空间的差异来考证权力的生产和历史的变更，占有差异空间对寻求同一性的历史进行颠覆，正如福柯所说，"一种完整的历史，需要描述诸种空间，因为各种空间在同时又是各种权力的历史。"朱宥勳的神秘垩观、杨富闵的热闹大内、黄崇凯的寂静医院、赖志颖的阴性岛屿，神小风的封闭房间，在在都是他们面对不断变动的后现代空间，如何定位身份的位置，如何阐述身份的空间原型的思考与回应。

赖志颖在《海盗·白浪·契》中以一幅《康熙台湾舆图》展开对台湾历史的想象，通过对地图上台湾地域空间的古今对比，将历史想象推进到清代时期的台湾，暗指移民对台湾空间形态的影响，以空间的变化隐喻台湾"由一座原住民母系氏部落居住的阴性之岛，成为一个被汉人统治的'失根之岛'"——"父系祖先失去自己的性别，母系祖先失去自己的土地"。地图是一个重要的象征符号，地图形绘出地理的真实，但它同时也是一种想象的空间与权力的视野。对于个体而言，地图是统治者的一种政策陈述，具有政治的意涵，反映出绘制地图的统治精英阶层对空间秩序的行政设定，从而形绘出知识与权力交错的空间图像。地图的变化意味着台湾政权的更迭与变迁，是历史记忆在空间上的具体呈现。董启章认为，"地图不单是权力的描绘、记录或是象征，它就是权力的行使本身。以绘图这种文献制作方式来争夺地方的领属性，往往是国家与国家、权力实体与权力实体之间在兴师动武之外的另一场战场"。"地图的内在驱动力是驾驭大地，甚至是塑造大地，取代大地成为真正发生人力交互作用的场域，……最终的目的并不是反映大地的真相，而是宣示对大地行使的拥有权、剥削权和解释权。"《康熙台湾舆图》是中央政权对台湾进行规划的开始，也象征着台湾现代化的开端，作者并不引用任何的历史记载，却通过一副地图来切入台湾的历史主脉，将历史在空间上展开，在中央与地方、统治与反抗、"外来与本土"的空间斗争中建构个人化的历史想象。

"你"不满足于族谱中所记载的"二十余代祖先之安稳，从小即爱追本溯源，知道开基祖从莆田横渡黑水沟，疑惑离开妈祖的故乡如何求得安稳即使在此打拼后为何不回去"。追问在遭到亲族长辈的呵斥后，"你"开始编织自己的家族史，将祖先的身份想象成一个海盗的契子，他来自莆田的贫困家庭，被海盗们收养用作船上女人的替代品，他被双重阉割，失去了自己的性别和故土，成为海盗们播撒在台湾土地上的一个种子，他乃至他的后代，始终都是无根的海上游牧民族。海洋和陆地是一个相对应的空间，海洋象征着漂泊、无根、掠夺、父性，陆地象征着稳定、归属、接纳、母性，作者通过这种对应的空间关系，塑造出台湾离散的历史经验和身份认同。

《垩观》中的空间也极具历史象征意义，垩观具有和文明世界完全不同的外貌和特质："垩地灰质、寸草不生的土壁垂直下切，正与油绿的稻田相接，仿佛有什么力量在那山脚处画了一条线，生命在此终止，不得向前。就在那灰绿冲撞的线上，一幢红柱金檐，既像是寺又像是观的建筑物突兀地立在那儿。"那是一个会侵蚀、毁圮所有表意能力与意愿的地方。"可见垩观是一个外围的、边缘的和异己的"第三空间"，如同索亚所说，"它具有潜意识的神秘性和有限的可知性，它彻底开放并且充满了想象"，但就是这么一个荒芜、空白、贫瘠的空间，作者却赋予了它强大的生命力和归属感，"我第一次走进垩山里。绕过观。总觉得脚下的土地在流动，我往山上走了几步便屈下身来，四肢并用地爬着。它像一头白色的巨兽，我贴着它，仿佛贴着你的身体，有温度徐徐传来。有些地方是真的湿软，富含水分一如汗黏的人体。"垩观的土地一如 C 失踪的母亲的身体，充满了创伤，但也隐含着强大的自愈能力，既是对已有的现代性理性体系的反叛与破坏，也蕴含着再生与重建的力量。将土地与母亲做类比，这在文学史上并不少见，但垩观这一心灵原乡的"空与无"却极具佛教哲学的色彩，佛学中认为时间空间都是不存在的，我们所见所闻所想的世间万物都是流变而虚妄的，《金刚经》说道："一切有为法，如梦幻泡影，如露亦如电，应作如是观。"世间的一切事物都在不断地变化之中，没有事物能够永久存在。所以要放下对事物的执着，不要执迷于短暂的东西，而要追求永恒的真理。小说中的永恒，显然是代表母土的垩观——"母亲，你已是你所蒐集的神祇的一份子了。你毫无特征——唯一可能描述你的人，是渐渐在这座观里失去符号能力的我——你毫无历史，你毫无神迹，全无征象，遂你是垩观里信徒拜祀的中心。因为你比沉默更先验地在那儿，你在一切之先，让所有的人追寻，所有的人迟到"。

垩观也是一个反抗统治秩序的空间，在《自白：加路兰简史》当中，政府在垩观上面建了一座类似监狱一样封闭、隔绝的研究所，试图重新训练垩人语言、记忆与书写的能力，这座研究所和福柯笔下的圆形监狱有太多相似的地方。但当研究略有成果的时候，那些恢复的垩人又重新回到研究所，倒下长眠，而研究所的研究人员也受到失眠的困扰，并相继长眠，这场权力机构试图对历史重新书写、重新规训的实验遭到失败，"这块土地有自己的意志，……这块土地在夺回属于它的一切"。

四、历史书写的意识形态建构

詹京斯认为，"历史建构是一种修辞、隐喻、文本的实践，其由特殊但绝非同质的程序所影响，通过这些程序，并藉由公共的历史领域以使过去的维系/

转化成为常规；藉由这种方式，历史建构可被视为全然发生于现在"，从历史书写的脉络来看，台湾的社会文化经过了几次重要的转型，都与历史认同议题紧密地结合在一起。历史书写往往与时代的社会思潮相结合，参与到台湾统"独"意识形态的建构当中，具有强烈的意识形态色彩。因此，台湾80后的历史书写，既是对历史的重新建构，也是当下台湾文化政治的折射隐喻，体现着这个世代群体对历史的回应和意识形态的立场，他们以历史为桥梁，跨越文化的线索，勾勒出对中国的文化想象。

赖志颖在《红蜻蜓》中借光复初期一段禁忌的青春暗恋，来控诉国民党对左翼知识分子的残酷血洗和镇压所造成的骨肉相离、爱人永别的悲剧，"我"以一个医学生的身份在解剖课上亲手解剖失踪多年的表哥的尸体，从而确认了爱人的死亡，"我"在小说中不停地向尸体倾诉无法吐露的爱恋，长期被大历史所忽略和压抑的情感诉求喷薄而出，解剖既是摧毁也是重建，通过每一处朽坏器官、肌肤的裂解来重建表哥生前的音容笑貌，以现在的腐朽、灰暗、死亡来反衬过去的生机、美好、活力，具有强烈的视觉冲击。贯穿小说的日本歌曲《红蜻蜓》和小说篇首所引用的吕赫若的《清秋》片段，代表了台湾的两个历史线索：日据和左翼，表哥是个左翼进步青年，具有社会主义思想，他的好友吕桑显然是影射吕赫若等一批无法用中文写作的左翼作家，"你告诉我吕桑和内地一些作家，像鲁迅和郭沫若，都是属于一流的，我们要在那天来临前帮他把以前写的日文小说翻译好，让祖国的人都认识他。你说的口沫横飞，还要我像'清秋'中的医师学习悲天悯人的精神"。小说描绘出这些进步青年在光复初期所遭遇的身份认同困境——怀抱着对祖国的向往和热爱，却因为无法使用中文而遭到国民党政权的质疑和排斥，并进一步因为社会主义的理想遭到血洗，表哥是中华文化的继承者和传播者，而他的死，也代表了台湾左翼思潮进入历史的暗影，以及中国历史认同在台湾本省人当中的断裂。

包冠涵的《耳与耳》，以少年的经历讲述了印尼五六十年代发生的"排华"悲剧，国族的冲突早已隐身在主人公对中华的想象和姐姐偷偷阅读的鲁迅、"禁书"，以及父亲的富有当中，文化冲突和阶级矛盾最终演变成为种族之间的屠杀，背井离乡的移民者应该如何寻求归宿和家园？是否该坚持自己民族的文化和历史叙事？小说通过少年独有的敏锐的听觉、触觉，创造了一个朦胧、诗意的美好世界，这个世界里有对祖国原乡的乡愁和中华文化的向往、有恩师与社会主义信念的指引、有亲情和家族的温暖、也有对自我身份认同的质疑与困惑，这些构筑了一个从中国渡海去印尼的华人家族的情感谱系和文化结构，这些文化认同也赋予主人公抵御历史血腥和暴力的能力，减缓了伤痛的腐蚀。作者借此反思同样也是移民者的台湾的历史处境和未来，具有深厚的人文关怀和广阔的历史视野。

五、结语

克罗齐说，"一切历史都是当代史"，历史书写虽然受到台湾当代政治语境的影响，但是作家在思考历史的时候又会溢出这个既有的框架，传达了现代人所面临的精神困境，超越了以文学来宣传政治理念的狭隘目的，而具有了文化重建的意涵。"巴赫金曾提出关于'文化转型期'的概念，文化转型期的前提是'语言语义中意识形态中心的解体'，由此导致各种社会利益、价值体系的话语所形成的离心力量向语言单一的中心神话、中心意识形态的向心力量提出强有力的挑战。"80 后的作家的历史叙事，呈现出这一世代的历史观，具有强烈的世代标签和青年反抗精神，代表着文化转型期价值体系的转向，他们的历史书写呈现出虚构性、去历史化、空间化的特征，他们不再追寻真实，而是通过刻意的虚构，来追问历史对于人的存在的哲学意义，以时间切入历史的肌理，传达出孤独、失序、隔绝、失根、混乱的感受，他们以时代的反叛者、革命者自居，青春和记忆构成历史独特的底色，这也是台湾新世纪普遍的感觉结构。

但这种对一切整体、宏大的历史叙事的回避和反叛，必然会带来历史视野的狭隘和断裂，赵刚认为台湾目前的知识界存在着"历史的无关"的状态，"受限于自身的长期知识惯习，倾向于将构成现实的历史纵深（以及经常连带着的——空间广度），进行一种'经验主义'式切割，将现象／议题的历史源流以及空间尺度高度压缩，如此一来，空间就是'我们台湾'，而时间则是'最近'、'近几年来'，而最远似乎也不过是'解严以来'，等'立即过往'。"这种历史观表现在 80 后书写当中，就是对历史的拒斥，在解构主义、后现代主义的政治正确的大旗下，缺乏对已有历史的反思和对照，如朱宥勋的《垩观》把未来的信念寄托在垩观这个毫无历史记忆的地方，但这样孤立的、断裂的、小写的历史想象能否接近真实，能否获得对未来的想象？这不仅仅是目前台湾青年的文化问题，也是造成整个台湾社会历史认同混乱的根源。

（原载《福建社科情报》2017 年第 5 期）

台湾 80 后世代的后现代精神及现代性反思

张　帆

吉登斯曾对现代性做了一个简单的定义："现代性指的是十七世纪出现于欧洲，其后影响几乎遍及全世界的，关乎社会生活和社会组织的特定模式。"战后台湾经历了快速的现代化，急遽变化的经济、社会、文化状况对台湾的传统社会造成强烈的冲击，这种现代性的震撼被敏锐的作家们捕捉下来，展开对现代性的反思。早期作家对现代性的关注主要还是集中于都市景观的日新月异、大众消费文化的流行、媒体资讯的无孔不入、市场体系下商品的极大丰富以及随之而来的物质主义的盛行、跨国资本主义对于本土经济和价值体系的摧毁。60年代现代主义作家对于西方现代主义美学的吸收和对现代性之下人性异化的刻画，70年代乡土文学对于现代化神话和资本主义生产关系掩盖下的剥削和压迫关系的揭露，80年代林耀德等作家对于都市感觉和高度工业文明的形绘，90年代朱天文等作家在世纪末之交建构起以感官为基础的新世界。这些作品虽然理念、技巧、题材各异，但都伴随着台湾现代化的发展脉络，描述了战后台湾社会遭逢现代化以来的现代性经验，反映了现代性对台湾文化思潮的影响以及人对于现代性反思的逐步深入，这其中既有西方现代主义批评研究已有结论的影响，也有西方现代性在第三世界台湾在地演绎的特殊现象和问题。

台湾学术界自80年代开始就宣布后现代主义已然到来，80年代一大批西方后现代主义论著被翻译引进台湾理论场域，罗青认为台湾的后现代状况早已出现且十分普遍，"我们如果从资讯学的角度来看，台湾的后现代状况，从1960年初期，就开始断断续续地出现了，一直到近几年来，可谓达到了高潮。举凡政治、军事、经济、社会以及一般大众的食、衣、住、行、娱乐、医药……等等，都出现了后现代的现象，而且范围之广，波及之大，涵盖了所有居住在都市与农村的士、农、工、商、教⋯⋯等各个阶层。如果 1960 年代初期所流行的现代主义及存在主义，只是在上层结构的小部分知识分子的话，那后现代状况，便是从金字塔的底部，从一般人民大众的生活中蔓延开来。而位居上层结构的知识分子，则是后知后觉，直到 1980 年代以后，方才对此一现象，有所省察及了解。"孟樊和林耀德在《世纪末偏航——八十年代台湾文学论》中指出，80 年代是"后现代主义或多元主义文学的时期"这已经是公认的论断。台湾学者王国安在《台湾"80 后"小说初探——以黄崇凯、神小风、朱宥勳的小说为观察文本》中认为"80 后世代的小说是接续八十年代以来后现代小说的脉络，而取消了边缘族群小叙事向官方大叙事的挑战，从情感层面出发，以更为私我的、破碎的小叙事来反映所身处的世代环境"。本文认为 80 后的创作虽然在美学风格、创作技巧、理论视野上对早期后现代主义有所继承，但是二者的感觉结构、价值观、伦理观已经有所不同。一方面 80 年代的后现代作品大都还是婴儿潮时期的作家所创作，他们依然恪守精英文化和大众文化的区别，实际上还带有浓厚的现代主义色彩。另一方面，行至 21 世纪，台湾已经身处晚期资本主义的全球化网络体系之中，都市的标准化和乡村的城市化取代了过去城乡之间的矛盾，新兴电子网络科技对于社会的彻底渗透和全面控制，跨国资本构建起庞大的文化网络，经典文化和大众文化已经完全融合在商品社会的规律之下。作为 80 年代富裕社会的继承人，但又在成年之后陷入全球资本主义的困境当中——经济衰退、人口老龄化、贫富差距扩大，台湾 80 后青年小说展现了不同于早期的现代性经验。因此台湾 80 后作家的书写既延续了后现代主义思潮的脉络，同时又体现了台湾社会从现代主义向后现代主义转型的美学特征，从世代的角度体现着现代性或者说后现代性与人类之间的紧张关系，标志着 80 后世代作家对于现代性转变的积极介入。

台湾 80 后作家对现代性的反思依然不脱都市这个重要的空间场域，台湾 80 后是都市中成长的一代，60 年代以来的经济腾飞，带来了都市的繁荣和发展，80 年代的都市更新计划，更是进一步促使了都市的扩张和乡村的凋零。可以说，80 后的生活经验主要都是从都市中获得的，都市的街景、商场、咖啡馆、学校，构成了他们的空间体验和空间想象，也孕育了他们独特的美学感受和世代经验。在他们的小说当中，典型地体现了詹姆逊所说的"晚期资本主义"的特征——物质的过盛已经被知识的过盛所取代，由商业化造成的消费主义和大众文化被青年吸纳进自身的文化当中，塑造了一种以流行音乐、电影、电视节目、服饰等流行文化建构起来的"现实"镜像,"把生活中无数卑微的细碎一一混进他们切身所处的文化经验里,使那破碎的生活片段成为后现代文化的基本材料,成为后现代经验不可分割的部分"。这一方面提供青年反抗主导文化的文化资源,另一方面,去中心化和精英化的文化体系,以及对"进步"、理性这一现代主义核心观的抛弃,导致了"一切坚固的东西都烟消云散了,一切神圣的东西都被亵渎了"(《共产党宣言》)。现代性被商品逻辑所取代的时候,在 21 世纪再无震撼性的体验,取而代之的是琐碎的、物质化的、平庸化的体验。同时他们的小说中呈现着主体分裂的状态——传统和现代、个体和集体、本土和全球的分裂反映出台湾在资本主义全球扩张的情况下所产生的经济、文化上的困境,正如詹姆逊所说,前现代那种"'中心的主体'和统一的自我特征"已经成为幻影。在新的时代背景之下,如何解决这个分裂的困境? 80 后的青年作家试图在后现代的台湾找到答案。

一、后现代社会的精神危机

知识是同现代性紧密联系在一起的,自启蒙运动时代开始,现代主义的哲学家就坚信知识的进步和解放作用,知识的积累和科学的进步促使人们从野蛮、愚昧的非理性中解放出来,促使人类获得对自然力的控制并摆脱疾病、贫困,促使人类打破专制黑暗的封建制度并获得自由。现代性也主张进步的历史观,赞美人类的创造性和个人的杰出贡献,推崇不断地革新和变化,"在知识和生产标准化的各种条件之下,对于'线性进步、绝对真理和理想社会秩序的理性规划'的信念变得尤为强烈"。

但是在 21 世纪的台湾社会,进步、理性、知识这一开启现代性的钥匙正遭受着强烈的挑战和质疑,80 后的青年作家认为现代性对于知识、经验、能力等方面的贪婪追求,已经"摧毁我们以往的自然和社会途径,摧毁我们与那些失去了的世界的感情联系"。他们批判现代性的工具理性思想对于人性的桎梏和异化,知识的膨胀并无助于拓展他们对于当下生活的感受和联系,不断累积的历史知识也弱化了现实的存在感,使得现代人无能处理时间和历史,"我们现在似乎不能逼视我们自己的现在,似乎已经变得无能获得我们自己的当下经验的审美表现。"现代性永不停歇的变化状态使他们的生活处于混乱和无序当中,促使他们不得不处于这样一种生存的悖论当中——即试图使用理性的知识来对抗非理性的状态,却最终还是被那个巨大的"铁笼"所困住。时间被割裂成一连串永恒的当下，历史的深度丧失了，"避开了进步的观念，抛弃了历史连续性和记忆的一切意义，同时又发展出一种惊人的能力去劫掠历史，把它所发现的现存的某些方面全部吸收。"

黄崇凯《坏掉的人》可以说是这种后现代症候的典型，它标志了台湾当代青年的世代情绪，而"这种现代情绪的披露，不仅是现代生活焦虑感的'具体表现'"，也是晚期资本主义深层精神危机的体现。小说构建了一个被过量的知识所慢慢腐蚀的现代社会，展现了在庞大的理性知识体系中哺育成长起来的现代人的混乱、无序的精神状态，三个受过高等教育的知识青年，在知识的生产场域默默地展开一场存在主义式的追问，他们一方面"没命地买书，没命地读书"，却又对知识的作用产生了无尽的怀疑，"读那些旁人越来越难理解的民国遗事（知道晚清民初的无政府主义风潮有什么用？知道严复翻译的《天演论》根本不是达尔文写得《物种原始》有什么用？）为的就是合理推测某些当时的思想气候或趋势"。一方面掌握着知识的生产和阐释的权力，却强调过量的知识使他们不断地朽坏，"我的身体正在烂掉，脑子也因为塞了太多这些东西慢慢在烂掉哦……""又因为读的东西太密集，脑子就像泡在瓶子里，虚浮又多杂讯。"一方面对博士毕业以后的生活充满绝望，"抱怨以后毕业就是流浪博士，却还是继续待在学院里"。一方面厌恶一成不变的生活模式，却不知该如何去改变。一方面恐惧独居的幽暗，却继续陷入孤独和疏离。但这场悖论式的追问和努力并没有诞生西西弗斯式的悲剧英雄，反而导向了荒诞的后现代喜剧，知识并没有带给他们启蒙和理性，他们的行动也越发偏离正常的伦理规范，女博士崔妮蒂满腹经纶，却对自己的研究生涯的意义越发感到怀疑，暑期时去乡下做妓女。爱慕崔妮蒂的男博士阿威成了跟踪她的痴汉，甚至戴上奥巴马的面具试图绑架她。尼奥硕士肄业，整天宅在家里，对未来没有任何计划，终日浑浑噩噩地过日子，从事小朋友的全职家教勉强糊口，他没办法建立正常稳固的情感关系，终日与一个情趣娃娃一起生活。依靠知识和理性建立起来的现代社会，在进入后现代的时候愈发面临精神枯竭的状态，马克思·韦伯认为，"启蒙运动的遗产却是有目的的——工具理性……的胜利。理性的这种形式影响并浸染了社会生活与文化生活的整个领域，包括经济结构、法律、官僚机构，乃至艺术。（有目的的—工具理性）的发展并没有导致普遍自由的具体实现，却导致了造成一个官僚理性的'铁笼'，没有什么东西能从中逃逸出来"。如果说现代性使人处于极度丰富的可能性之中，但是到了晚期资本主义，这种丰富的可能性已经被扼杀了。小说中人人都过着死水一般的生活，"她认为以她的平庸本质，不管去哪里都只能过着平庸的日子。即使一开始有激情、有冒险、有不安和疑惧，而觉得生活不凡，最后都会走上直线一样的平稳，而尽头等着的就是平庸"。陈又津的《少女忽必烈》当中也有这样的领悟，"因为你在一个普通的环境下成长，只谈过普通的恋爱，不但接收普通的教育，还被普通的教授指导，所以只能用普通的观点看待事情，写出这样普通的作品，叫他不要要求什么有深度还有社会关怀的东西，现在时代不一样了，普通才是真正的现实"。历史、现在以及未来都是不可认知的，于是台湾80后青年干脆放弃了现代性所具有的改造现实的自信和努力，放弃了启蒙时代以来的个人主义的旗帜，而把自我放逐到巨大的空虚和庸常之中，"尼采指出，存在着大量的'小杰克•霍纳'，他们解决现代生活之混乱的办法无非是，企图根本就不生活，对他们来说，'成为平庸是唯一讲得通的道德'"。

人在后现代社会当中已经无法统一成一个完整的主体，正如詹姆逊所说，在后现代美学中，"主体的疏离和异化已经由主体的分裂和瓦解所取代"，身份被不同的阶级、空间、职业所割裂，崔妮蒂平时在城里做一个勤奋刻苦的女博士，暑期时又在乡下做一个妓女，网络上她又成为拯救世界、对抗母体的崔妮蒂，她在各个空间、身份之间不停地转换，身份之间似乎毫无关系，平行存在，每个身份都是一个抽掉内涵的符号，行动之间毫无逻辑联系，根本无法建构起完整的人，"她在城里过着妈妈一家和亲戚们不了解的博士生活，又同时在城里过着跟那些散落在各乡镇水泥盒子截然相异的日子。一层两层三层，她不断后退研究者的心，解构之后再解构。接着就停住了"。"如果个人的身份是通过在我之前存在的过去和未来在时间上的某种一致铸就的"，那么后现代社会，"就表示了一种与统一我们自己的个人经历或精神生活的过去、现在与未来相似的无能"。小说中的三个主人公，虽然学贯古今，却对于自我和外部世界丧失了整体性的把握，世界不再是一个统一的、有联系的整体，而是断裂成不断游移的片段，"清楚的表达和行动不是压迫性的就是幻觉般的（因而注定是自我消解和自我废弃的）"，他们拒绝建立起全局性、前瞻性的规划，也无力通过实践来获得更多的可能性，只能通过介入、窥视他人的生活来打破这一封闭的状态，小说中三个年轻人各自过着单数的生活，在偶然交织在一起时，才获得了复数的时空，"他突然觉得跟这两个家伙住在一个屋檐下，他拥有了前所未有的可能性（至少多了两种）——他们被编派去执行属于他别样的人生，而他可以待在这里旁观那些可能的自己。如果把时间拉得更长，他将可以亲眼目睹那些可能的自己会变成什么模样"。高度模式化的现代生活导致现代人的经验高度趋同，他们的知识和经验不再是通过个人实践获得的，而是修补、引用他人的经验和知识，也就是说，他们不再有能力生产经验，也很难有什么独特的个人经验。

二、后现代都市中的微观政治

80 后青年作家批判了启蒙现代性宏大、理性、解放的话语体系对主体的压抑和异化，转向福柯式的微观政治话语，他们选择了游民、罪犯、宅男、精神病患者、女性等边缘群体身份，在家庭、学校、巷弄等都市生活空间和饮食、服饰、影视等微观场域展开对抗知识、技术和权力网络的斗争。这些基于日常经验的抗争具有鲜明的世代特征，凸显了台湾 80 后崇尚多元性、片段性、边缘性的世代精神和世代意识，体现了青年在全球化的晚期资本主义时期，遭遇到阶级冲突、文化认同的困境。正如福柯所说，"用后现代微观政治概念取代了现代的宏观政治概念，因为在现代宏观政治概念中，冲突力量之间争夺的是对扎根于经济和国家中的中心化权力之源的控制权，而在后现代微观政治概念中，无数的局部群体争夺的是散布于政治社会中的分散的、非中性化的权力形式"。

叶覆鹿的《小城市》即塑造了一个多元抗争的城市，小说借多年前一场轰动全城的绑架案，引导出不同主人公在城市各地的抗争行动——叶妈妈想要替儿子报仇，杜若也想要替自己赎罪，韩欢追寻自己的身世，而这些杂乱无章的个人行动汇聚在一起，引导出一场七年级生的狂欢，小说中的人物不停地在追寻真相，最后却发现并没有真相，只有被创建的记忆和被修改的真实，每个人的复仇行为都是重塑城市记忆的程序的一部分而已。小说揭示出后现代都市的恐怖内核，媒体对娱乐效益的追逐导致公众话语变得散乱无序，使人们丧失历史的视角；人人沉浸于自恋的情绪当中而缺乏对外界的感知和联系；现代社会中的制度化风险威胁着每一个人；城市是由记忆构成的，所以它的历史可以随意修改和控制；现代社会中的个体毫无自主性可言，每个人的生存和发展都是由巨大的集体和他者来决定。"正因为城市里，人们的生活如此紧密，每一个人提供一点记忆，这才能构成你。……你其实是由众人构成的。越多人记得你，你被创造，不，制约的限制就越多。因为你的出现，要符合这么多人的记忆。……世界是按照别人的记忆存在的。连你也是。你就永远没有主控权。"面对多元和庞大的现代社会世界，"个体会感到被外部的侵蚀力量所支配，而他却又无法反抗或超越。他感到或被一种剥夺了所有行动自主性的强大力量所困扰，或陷入一个事件的大漩涡中而无力挣扎。"

面对总体化的权力网络，唯一的方法就是创造记忆，在总体化的话语中重新塑造自我形象和确认自我的意义。小说借 80 后世代共同拥有的动漫、电视节目、音乐、麦当劳、联考等经历和记忆，试图为 80 后塑像，"七年级生是我们这座岛，记忆与创造之间的冲突造物。"80 后既是代际的缝隙又是历史的连接，犹如小说中的红衣女孩，她既是象征恐怖的受害者和鬼魅，又是制造城市混乱的 80 后莽撞少女，又是影响城市运作程序的一个病毒式的存在，他们无法被定义和束缚，只有直面城市的"恐怖"本质，不信奉任何虚幻的偶像，个体才能获得真正的解放。

值得注意的是，80 后青年笔下呈现出的都市，已经与 80、90 年代的都市文学大不相同，在他们笔下，都市里五光十色的现代性景观已经不再重要，后现代都市成为一个高度抽象的体系，它被设计于尽善尽美地实现现代性，而人就是嵌入这个体系中的一个原子，《坏掉的人》也把都市比作《骇客帝国》电影中的电脑母体，人是被机器幻境饲养起来的动物，毫无自由与自主性可言，人在这个抽象体系中游走，陷入失序的状态，正如书中尼奥所说，"其实我们现在所遇到的所有生命难题都是资本主义害的。这里面有个东西叫做现代性，……现代性让我们全部都异化变成一颗碱性电池"。小说在微观的知识场域对现代性进行了嘲讽和反抗，将权威的学术理论介入日常生活，如用萨义德的"理论的旅行"和"东方主义"理论来解释日本的痴汉文化，为反伦理的、非理性的痴汉形象填充进知性的、正当的理论依据，这种误读的嫁接方式无疑是对知识体系一种颠覆。

陈又津的《少女忽必烈》将目光投向了大街，一如波德莱尔将大街上游荡的底层大众视为资产阶级社会的救世主，这部 80 后的小说以漫画式的语言，将城市游民想象成浪漫的骑士和守卫者，甚至召唤了神来加入他们的行列——幻化成男孩的夜游神，幻化成美男子的树精，关公变成了骑白马的白马王子，他们携手在后现代城市这个追求变化和破坏的空间展开对土地和传统的守护。小说一开场就是一个游民少女在夜市游荡，她聪明狡黠，不走寻常路，普通人"大学毕业。在求职网页上搜寻不可能适合自己的工作：业务、行政、公职、技术员……对于职业的想象发散在不断分歧的网页上，却没有一项自己能嵌合进取，而是陷入更广大迷茫的可能性——然后当兵，朝九晚五，偶尔喝喝啤酒，看看村上春树的小说，结婚或者不结婚，可以的话就卖房地产，暗恋来公司做员工训练的日语老师……咯啦咯啦，少女的木屐敲碎了这种想象，她会走出一条我们所不知道的路径，我知道，她拥有把修罗场变成游乐场的超能力。"女孩命名自己为开疆辟土的忽必烈，册封"我"为将军，在等级森严、规范林立的城市体系中冒险，拯救世界。城市成了他们的游乐场，星座、生命能量、水地火风四大元素等漫画中的世界观被用来定义世界，电子游戏、影视场景、骑士等符号成为作者表达日常生活经验的载体，关公和刘备在电子游戏里决斗，教授在校园里施展魔法。宏观历史被微观政治所取代，历史上惊心动魄的变革成为孩童之间的角色扮演游戏，或是服装、语言和空间的演变。

"微观政治关注日常生活实践，主张在生活风格、话语、躯体、性、交往等方面进行革命，以此为新社会提供先决条件，并将个人从社会压迫和统治下解放出来。"80 后青年作家通过流行文化符号表达出他们独特的生活经验和感觉结构，这与他们在微观政治领域展开的抗争实践相结合，体现了 80 后世代的青年的"价值观与伦理观在微观层面的张力性冲突，以及他们在这种冲突中试图重塑自我的努力"。

三、结语

台湾 80 后青年对于个体经验的描述，对于微观政治抗争的呼唤，对于宏大理性体系的批判，对于后现代都市文化空间的重构，都是这一代青年所具有的后现代症候，他们立足在当代台湾的现实生活之上，捕捉到晚期现代性对人类心灵、情感、存在方式的影响，他们的创作，不仅仅体现了 80 后世代的世代意识，更塑造了当代台湾的精神内核，他们在微观领域的反抗，也孕育着新世代台湾总体思潮的转折，这已经不能仅仅用一些表层的"寂寞、消失与崩坏"等后现代词汇来概括了，还应该深入他们精神的内在肌理，在冲突中看到新的文化力量的崛起。

（原载《福建社科情报》2017 年第 6 期）

闽台交流形势

拓展平潭对外开放新空间的路径选择

张元钊

平潭作为中央战略布局的经济特区，在构建国际经贸竞争合作平台、对外开放以及国际旅游岛建设等方面具有独特的优势。2014 年 11 月 1 日，习近平总书记到平潭视察时指出，平潭是"闽台合作的窗口，是国家对外开放的窗口"，"要好好保护旅游资源，建设国际旅游岛"。一方面，平潭独特的海岛优势——东临台湾海峡乃至太平洋，北向日韩，南朝东南亚国家，西连内陆腹地，以及综合实验区、自贸区、国际旅游岛等"多区叠加"政策优势，使平潭具备了对外开放的先天条件，有利于新时期对外开放新空间的扩展。另一方面，从现实来看，平潭要拓展对外开放新空间，仍面临着产业基础不牢、基础设施不完善、对外开放水平较低等许多短板。

一、平潭扩展对外开放新空间的可行性

一是综合实力不断提升，基础设施建设持续改善。实验区成立以来，平潭可以说经历了跨越式发展，在"十二五"期间地区生产总值年均增长率 13.7%，人均地区生产总值年均增长率 9.9%，2016 年地区生产总值 205.72 亿元，比 2011 年翻了近一番。经济增长的同时，平潭基础设施建设也在不断完善，五年来共实施重点项目 358 个，完成投资 1476 亿元。2017 年平潭计划实施省重点项目 51 个，总投资 1028 亿元，年度计划投资 239 亿元；区重点项目 273 个，总投资 2158 亿元。目前，平潭已先后建成平潭海峡大桥及副桥，跨海公铁大桥、岛外引调水工程、电力设施、污水处理工程等正在全面推进。

二是具备对台交流合作的独特优势。平潭位于台湾海峡中北部，距台湾新竹仅 68 海里，是祖国大陆距台湾本岛最近的地区，是两岸交流合作的重要前沿

平台，具有对台前沿区位优势，能够发挥沟通两岸的重要桥梁和纽带作用，具有对台交流合作的独特优势。2011 年 3 月国务院批复的《海峡西岸经济区发展规划》提出设立平潭综合实验区，开展两岸区域合作综合实验，把平潭建设成为两岸同胞合作建设、先行先试、科学发展的共同家园。2011 年 11 月国务院批复同意了《平潭综合实验区总体发展规划》，明确要求要推动平潭在对台交流合作中先行先试。

三是具备发展"短平快"贸易的现实基础。其一，平潭拥有"海峡号"和"丽娜轮"两艘高速客滚船，最快 2.5 小时到达台中、3 小时到达台北，既丰富了两岸往来人员的交通出行方式，同时克服了飞机及其他货船的装卸及仓储保鲜等问题，特别是针对 ECFA 早收清单里以农产品为主的情况，高速客滚船的优势脱颖而出，可兼具有保鲜、快速、批量较大以及港区装卸方便等好处。另外，平潭优越的地理位置，也为未来开展远洋小额贸易创造可能性。其二，平潭具有发展对台小额贸易的历史渊源。早在 70 年代，平潭民间就通过东澳渔港开展岚台小额贸易。平潭综合实验区开放后，更是依托台湾免税市场，取得六大品类获得免税资格，对台贸易更是得到迅速发展。截至 2017 年 3 月底，平潭对台小额贸易市场累计进口台湾商品 17.3 亿元。其三，平潭具有发展跨境电子商务的后发优势。平潭现在正在大规模投入保税物流园区建设，包括澳前保税物流园区、金井湾保税物流园区，跨境电子商务发展已经具有较成功的运作案例。

四是具备国际旅游岛独有的政策优势。2016 年 8 月，国务院批复同意《平潭国际旅游岛建设方案》，开放平潭全域实行国际旅游岛，使平潭成为全国继海南之后的第二个国际旅游岛。《方案》赋予了平潭国际旅游岛发展国际知名旅游目的地、海岛生态旅游示范区、两岸同胞共同家园、对外开放重要窗口的四个定位，提出加大相关财税、投融资、对外开放、金融、土地海域等政策支持力度。2016 年平潭共接待游客 289.56 万人次，旅游收入 10.96 亿元，同比增长 66.31%。平潭目前正在按照国务院《平潭国际旅游岛建设方案》要求，加快构建"一廊两环五区"的国际旅游岛发展格局，培育特色旅游产品，努力打造国际化的旅游公共服务体系。

五是具备自由贸易区体制机制创新发展的巨大潜力。一是推动机构整合。按照"大综合、扁平化、高效率"的原则，进一步推进行政管理机构改革，形成目前"三办两部九局"的格局，成立了金井湾、澳前、岚城、流水四个片区，统筹区域内规划实施、项目建设、产业发展等。整合全区城建、国土、环保、安全生产等具有行政处罚权的部门，构建起新的执法格局。二是优化投资服务机制。首推投资审批"四个一"模式，率先落实"并联审查、一口审批"，其中"平潭投资体制改革 2.0 版"入选全国自贸区改革创新八大最佳实践案例，同时平潭还在积极推进企业信用平台、大数据服务平台建设，优化自贸区企业发展环境。三是推进口岸通关便利化。在落实国家赋予的"免、保、退及选择性征税"的优惠政策基础上，平潭正在加快建设国际贸易"单一窗口"，推出"先验放、后报关"的模式。

二、平潭扩展对外开放新空间存在的问题

一是产业优势不够明显。产业优势是形成区域分工以及国际分工的基础，平潭产业基础十分薄弱。从三次产业结构看，2015 年国民生产总值 189.62 亿元，其中第一产业增加值 35.95 亿元，渔业为 31.4 亿元，占第一产业增加值的 87.3%；第二产业增加值 58.47 亿元，建筑业增加值 49.44 亿元，占第二产业增加值的 84.5%；第三产业增加值 95.20 亿元，交通运输、仓储和邮储业 33.86 亿元，其中水上运输业占 31.64 亿元。从数据可以看出，平潭的工业基础十分薄弱，基本在靠房地产支撑发展；第三产业的发展主要是靠交通运输、仓储和邮储业，而在交通运输、仓储和邮储业中，水上运输业是主要部分，占比 93.4%。由此可见，第一产业的渔业、第二产业的建筑业、第三产业的水上运输业是平潭三次产业的主要构成部分。这种产业结构明显不够合理，使得平潭很难与省内、省外以及国外形成优势互补的产业链分工。

二是国际大宗贸易港口禀赋弱。平潭目前有三个主要港口：澳前港、东澳港、吉钓港。按照深水港的标准，只有吉钓港口符合深水港的临界水位，属于深水港。但即便如此，吉钓港口也是刚刚符合标准，而平潭周边的江阴港最大天然水深达 19 米，可满足 20 万吨级以上大型船舶的靠泊和调头需要。在当前集装箱船及万箱位船发展到第六代的情况下，要求吃水至少 14 米，如要进港系泊，要求航道水深和码头前沿水深均在 -15 米以下。因此吉钓港口虽然是深水港，却不具备发展远洋大宗贸易的优势。

三是建设国际化城市的基础设施不够完善。目前，平潭的道路体系越来越完善，已经形成"一环两纵两横"的道路交通体系。在海上客航方面，拥有的"海峡号"和"丽娜轮"使平潭在两岸人员往来上独领风骚。同时平潭还积极连

接内陆地区，两条跨海大桥和正在加速推进的福平铁路，打通了平潭岛与陆地联系的通道。尽管交通体系越来越立体和完善，但与建设国际化城市、国际旅游岛相比，一方面，平潭空运交通仍然空白，目前机场仍在规划，并无实质性进展。另一方面，城市建设标准比较落后。

四是对外开放水平不高。从对外贸易来看，2015年平潭进出口总额为0.7亿美元，同期福州、厦门进出口总额分别为332.22亿美元、832.02亿美元，平潭与福州、厦门差距巨大；从利用外资来看，2015年平潭实际利用外资总额0.87亿美元，同期福州、厦门实际利用外资总额分别为16.78亿美元、20.93亿美元，同样的，平潭利用外资水平也较低。同时，平潭近几年在进出口、利用外资方面有较大程度的下降趋势。整体来看，平潭的对外开放水平仍处于较低层次。

五是企业投融资难度加大。一是投资难度加大。随着征地拆迁问题复杂、国内实体经济发展环境不乐观等因素，部分企业来岚投资的积极性和意愿不高，除基础设施建设外，平潭的产业投资项目难度加大。二是企业融资成本变高。由于产能过剩导致大多数企业盈利较为困难，许多企业的融资成本甚至高于其盈利成本，同时伴随劳动力成本、土地成本的高升，企业难以对平潭所需的主导产业进行大规模投融资行为。三是银行贷款的缩紧。由于平潭的产业发展基础差，许多企业是创业型企业或者规模较小的中小企业，抗风险能力较弱，导致部分银行不愿贷款给这类企业，限制了平潭的中小企业发展。

三、打造平潭升级版对外开放开发的路径选择

（一）完善平潭对外开放产业发展所需"硬件"和"软件"

1.完善产业发展环境，积极吸引外商投资。当前，平潭综合实验区的基础设施已经有了较大改善，但在产业上下游配套、产业投融资支持等诸多方面与其他周边地区仍存在较大差距。一是要加强产业发展科学研究。政府要强化对"5+2"主导产业发展的引导和规划，设立专门的产业发展研究基金，明确政府各主管部门的责任，合理规划布局，建立一批新的产业发展基地和外商投资工业园区。二是打造平潭产业发展的硬环境。争取在平潭"一环两纵两横"城市主干道和口岸设施、澳前客滚码头的硬件设施优化的情况下，进一步修建平潭国际机场和海运航线，开通国际航线，减小来平潭投资建厂外资企业的交通运输成本。三是完善平潭发展的软环境。积极向国家争取更为开放的通关模式、

财政支持、金融保险准入、对外合作等政策支持，完善产业发展的软环境，增强对外资企业的吸引力。

2. 加大政府投入，改善投融资环境。一是要加大工业投资。进一步发挥宸鸿科技、协力科技等龙头企业的产业集聚作用，给部分大型跨国企业更多的财政税收减免和奖励，不断加大政府对高新技术产业投资的支持力度。加大对国外高端制造业企业、科技服务业的引进力度，设立专项的产业发展基金，不断优化投资结构。二是大力引进重大项目。要把项目建设作为推动平潭实现对外开放的支撑点，积极引进世界 500 强、国外大型企业来平潭进行投资，并为其提供税收减免、融资优惠、场地租赁、子女就学等全方位的便利政策。三是设立新兴产业发展基金。对引进的高新技术产业、战略新兴产业以及平潭"5+2"主导产业，在企业发展初期，政府可给予适当的发展资金扶持。四是"筑巢引凤"。在平潭外商投资产业园区内，加强员工宿舍、娱乐设施、医院、幼儿园、公共交通等相关基础配套设施的建设，增强对企业员工的人文关怀，使平潭可以留得住人才、引得进人才。

3. 加强实验区金融创新。实验区的建设和对外开放离不开金融创新的支持，金融创新也有利于未来平潭融入我国"一带一路"建设的大战略中来。一是要打造多元化的立体金融服务体系。利用平潭综合实验区、自贸区"双区叠加"的金融政策优势，整合政府、银行、企业、证券、保险、信贷等各类有效机构，搭建起涵盖政策、项目、信贷、投资基金、担保等多元化的立体金融服务平台，创新企业融资模式，积极对接实验区的大项目企业融资，重点支持科技含量高、发展前景好的中小企业。二是设立"一带一路"专项发展基金。由政府和金融机构共同出资设立"一带一路"发展基金，重点投资平潭有关"一带一路"建设的项目以及"一带一路"区域内的城市基础设施、轨道交通、城市综合开发、并购重组、产业投资等项目。三是注重金融业的对外开放合作。不断优化金融产品结构，针对外商投资企业提供股权融资、进出口信贷等业务品种，搭建起一个能够融资跨境结算、企业跨境兼并重组支付结算等多项业务的全方位对外金融综合服务体系，助推人民币的国际化发展。

（二）发挥政策优势，对接国家"一带一路"倡议

1. 加强与周边国家和地区的互联互通。一是基础设施互联互通。从平潭发展的现实来看，平潭与大多数"一带一路"沿线国家一样，基础设施建设仍面临着巨大缺口。因此，平潭应加强与"海丝"沿线国家港口、航空等交通基础

设施的互联互通，加快国际航运、国际机场的建设，并尽快开通平潭到俄罗斯、哈萨克斯坦、马来西亚、越南、柬埔寨、老挝"一带一路"沿线国家的境外航线，建设好平潭与"一带一路"国家交流的海上和空中桥梁，争取将平潭打造成福建与"海丝"沿线国家交流的一个新的对外平台。二是制度、标准、人才的互联互通。目前，我们与"一带一路"国家在陆路、水路、航空、能源和通信等方面的发展规划和技术标准存在较大差异，部分国家的专业人才供不应求。平潭应加强与"一带一路"沿线国家在制度、标准、人才等方面的互联互通，保证维护双方利益、实现双赢的发展规划能够无缝对接，打造平潭对外开放的新格局。

2. 发挥比较优势，强化与周边国家的产业合作。在国家"一带一路"规划中，福建被定位为"21 世纪海上丝绸之路的核心区"，同时规划还提到要充分发挥福建平潭等开放合作区作用。因此，未来平潭在对外开放进程中，应加大与"一带一路"沿线国家的基础设施相关产业合作和互补，建设海丝服务基地、"台平欧"战略通道，着力壮大物流业发展。整合工程建设、航运物流、远洋渔业等平潭具有比较优势的产业，参与"一带一路"沿线地区的合作建设。同时依托金井湾商务运营中心等，加快发展高端服务业，壮大总部经济，吸引"一带一路"沿线国家跨国公司、大型私营企业以及台湾企业等知名企业落户平潭，设立海丝产业园区、地区总部、运营和研发中心等，加大对服务业限额以上企业的培育作用，扶持一批有条件的服务业企业做大做强，确保平潭的服务业实现高起点、高水平发展。

3. 重视海上平潭，发展对外海洋经济。平潭作为中国第六大岛，海洋资源十分丰富，因此要重视和发展海洋经济。一是筹划建设国际航运中心。推进码头泊位、港区专用通道、集装箱等港口配套设施的建设，为港口物流园区的建设提供用地保障，并积极引进一批"一带一路"沿线国家中国际知名的物流、航运企业，积极规划和建设国际航运中心。二是大力发展海洋产业。加快规划建设平潭"一带一路"海洋产业高新技术园区，引进一批国外先进的海洋生物医药、海洋生物材料、海洋工程装备、国际邮轮母港、海水淡化、海水发电以及游艇产业等一大批海洋高新技术企业落户园区。三是建设海上航运物流中心。充分发挥港口优势，形成以船舶运输和港口服务为核心，以集装箱运输为重点，以信息电子技术为载体，将港口与港口、港口与海关、港口与货主等有机联系起来，大力发展航运、物流等港口服务，努力打造平潭海上航运和物流业的产业集群。

4. 加强与海丝沿线国家人文交流。一是建设平潭对外文化交流基地。福建"海丝"历史悠久，文化底蕴深厚，海上丝绸之路文化既是福建重要的文化品牌，也是海上丝绸之路沿线国家共同的历史记忆。因此平潭要进一步挖掘、整合海上丝绸之路文化资源，通过举办"海丝之路"国际电影节、"海丝青年夏令营"，建设"海丝主题公园"，积极推动互办的文化年、艺术节等一系列活动，促进文化融洽，加快打造平潭为丝绸之路文化交流基地。二是发挥福建侨力资源的作用。侨力资源是福建的一大优势，福建在外的华侨华人数量达1512万人，平潭在海外也有相当一部分华人华侨，这部分华侨华人中有许多经济实力雄厚、社会影响力大的商人和政要，遍布于马来西亚、印尼、菲律宾、新加坡等各个国家，他们将会为平潭加强与海丝沿线国家的人文交流发挥积极的桥梁作用。三是强化与海丝沿线国家教育合作。目前平潭尚没有一所综合性的大学，"一带一路"倡议给平潭教育发展带来了很好的契机，平潭可以加强与沿线国家的教育合作，争取教育发达的海丝沿线国家在平潭设立1—2所大学分校，提升平潭的教育水平。同时，政府应开展与沿线国家人才中介机构、人才培训机构开展全方位的合作，鼓励平潭本土人才接受国际化的教育和培训，加大国外优秀人才的引进，并与周边国家中学开展丰富多彩的暑期交流活动，增强人文交流。

5. 密切与海丝沿线国家人员往来。一是加强民间往来。要以平潭的妈祖文化、海洋文化、海丝文化和宗教文化为载体，加强与不同国家、不同文化之间的对话，鼓励民间学术团体开展学术交流。借助平潭国际旅游岛的优势，加强旅游宣传推广合作，联合海丝沿线国家打造具有丝绸之路特色的国际精品旅游路线和旅游产品，吸引"一带一路"沿线国家游客来平潭观光交流。二是加强官方对话。要与"一带一路"沿线国家建立官方对话机制和联动机制，规划双方共同参与的产业合作项目、人文交流合作项目以及金融合作、资源开发、环境保护等，加快促进投资贸易便利化，积极拓展"海丝"沿线国家经贸合作关系，形成区域合作发展的新格局。通过举办政府官员、国际友城联络员研修班等多种形式，密切平潭与"海丝"沿线国家的官方交流与合作。

（三）建设国际旅游岛，增强平潭的对外知名度

1. 加大旅游政策扶持，建设国际旅游岛。一是积极融入国家"一带一路"建设，深入挖掘与海丝有关的文化资源，大力发展海丝文化旅游，并对相关旅游企业给予不同等级的奖励。二是打造国际旅游会展中心。鼓励本地企业"走

出去"办展,并给予办展企业一定的资金补贴。吸引外地展览机构来平潭设立分支机构,安排专项资金,为其提供场地和资金的扶持,积极引进国外著名会展企业落户平潭。三是对接国际标准,打造东方"夏威夷"。一方面,要力促国际赛马项目的落地,并加强旅游基础设施配套,重点推出和打造一批乡村旅游项目,加快发展海坛古城、坛南湾海滩休闲旅游等富有平潭特色的旅游项目,不断提升平潭的旅游品质和档次。另一方面,要对接国际标准,规范旅游相关住宿业、餐饮业等的运营和服务,并不断通过海外媒体进行宣传,增强平潭国际旅游岛的知名度,提升平潭城市形象。四是争取离岛免税政策落地。积极向中央争取力道免税政策的落地,同时开展实施游客旅游购物退税政策。对于来平潭旅游并且在指定区域购买商品的,可凭相关凭证,获得退税补贴,发挥旅游购物优势。

2. 构建跨境合作机制,加强与国外旅游岛的合作。一是成立平潭"一带一路"海岛旅游产业联盟。借鉴国外海岛旅游产业的先进经验。积极鼓励国外海洋旅游产业、金融产业、海陆空物流产业、邮轮游艇产业、海洋食品产业、海洋运动休闲产业等业内具有广泛影响力的跨国企业参与到平潭国际旅游岛的建设和开发上来,推动一大批海洋旅游重点产业项目落地平潭。二是增强与国外旅游相关机构的交流。定期举办"国际海岛旅游高峰论坛"及国际旅游岛相关的比赛项目(如国际帆船比赛、国际海洋旅游创意大赛等)。加强与国外海岛城市的合作与对话,研究和制定国际标准的旅游服务体系,将平潭打造成"一带一路"生态、人文、智慧型国际旅游岛,推进中国海岛旅游的国际化进程。三是大力发展邮轮旅游。出台邮轮产业发展补贴政策,加速邮轮产业发展,探索开通平潭至越南、菲律宾、马来西亚、泰国以及港澳地区的邮轮航线,以海上丝绸之路为纽带,加大与海丝沿线邮轮港口的交流和学习力度,形成独具特色的邮轮旅游产品。四是推进旅游市场营销。积极在美国、日本等主要国际旅游客源输出国推介平潭国际旅游岛,开展国际性、区域性的大型赛事和旅游文体交流,打造具有国际知名度的旅游节庆活动。

3. 对标国际标准,提升旅游服务水平。一是建立国际同行的旅游服务标准体系。完善旅游相关法规,对标国外著名国际旅游岛,推进旅游业服务规范化、标准化和国际化。二是营造良好的旅游环境。严厉打击旅游市场虚假宣传、欺客宰客以及不正当竞争等违法行为,建立健全旅游投诉处理机制,认真解决游客诉求。同时,要加强对旅游从业者的培训,提升旅游从业人员的服务意识和服务质量。三是加强游客满意度调研。收集分布于饮食、住宿、购物、娱乐等各方面的游客基础信息数据，建立统一的旅游数据库。针对旅游相关内容，开展世界范围内的游客满意度调研，并针对游客建议，采取个性化的解决方案，不断提升游客满意度水平。

（四）先行先试，发挥"特区"体制机制创新优势

1. 发挥自贸区优势，推进体制机制创新。一是完善电子信息平台建设。借鉴全球先进自由港经验，加快建立"单一窗口"，实现平潭海关与政府行政管理部门之间的信息共享和统一管理，进一步提高通关效率，降低企业成本。二是实行更加开放的投资政策。在自贸区范围内实行外商投资项目负面清单管理，推进贸易投资便利化水平。三是加快金融制度创新。允许外资金融机构进入自贸区经营，开展离岸金融业务，取消外汇管制，自贸区内外汇可自由兑换。推动跨境人民币结算业务，加速设立一批从事跨境业务的民营银行和金融机构。引进境外金融机构入驻自贸区，为国内外贸易提供各种融资、贴现、结算等金融服务支持。

2. 简政放权，提升政府服务效率。一是深化投资体制改革。进一步减少和规范平潭审批机构的行政审批，提升行政审批效率，同时要按照市场经济的要求，健全政府投资决策机制，强化政府投资服务水平，保证前来投资的企业享受公平的待遇。二是加快"互联网＋政务服务"发展。完善平潭网络基础设施，同时出台网络政务服务规范性文件，整合和构建平潭综合实验区的电子政务服务平台，加强电子政务服务的线上和线下一体化管理。围绕平潭发展和人民需要，推动平潭政务信息资源的贡献和网络政务体系的标准化建设，打造平潭为国际知名的智慧城市。三是加强行政服务监察和调查回访。利用电子化的行政审批系统，发现和监督超时以及违规办理事项的现象，推进行政审批的公开、公正。同时，要加强对行政服务的调查回访，认真听取人民群众及相关企业的建议及投诉，提升平潭行政窗口的服务质量和服务水平。

3. 强化创新驱动，建立健全人才引进和培养机制。创新是经济增长的内生动力，而科技创新离不开人才的支撑，平潭自贸区发展、国际旅游岛、"一带一路"建设等各方面都需要大量的跨国性人才，因此建立和完善人才培养机制至关重要。一是要大力引进国外"高、精、尖"人才。主要包括熟悉国际投资贸易规则的自贸区发展人才、掌握多种语言的旅游人才、平潭"5+2"产业发展所需的关键人才等。二是建立跨国人才培养机制。积极争取海外知名大学来平潭

设立分校，并为其免费提供土地和部分财政支持。加强与境外人才培养机构的合作，开展跨境人才培训，打造一批熟悉国际法律法规、知识产权保护等相关政策的专门人才。三是加强对本地人才的培养。对平潭所需关键人才与发达国家进行联合培训，加强本地人才储备。

4. 构建一批对外开放所需载体平台。一是积极利用现有平台。充分发挥平潭国际沙雕节、两岸自行车大赛、平潭国际美食节等相关活动的作用，让世界了解平潭，让平潭走向世界。二是建立一批跨国性的交流平台。如"海丝"国家青年影视创作基地、平潭国际帆船比赛等，吸引外国友人来平潭交流。建设一个跨境商业城，依托现有的海丝跨境交易中心，积极发展"互联网＋"跨境电商产业，并争取在保税拍卖、期货保税交割等方面实现较大突破，加快物流体系、电子支付平台的建设，构建一个融合大数据、大物流、大市场的跨境商业城。三是海陆空基础设施建设。加快开展机场、跨国航线以及高速公路、铁路等基础设施的建设，着力打造一个适合百姓居住、旅客游玩的国际旅游港口城市。

5. 打造国际化的营商环境。一是充分发挥"看不见的手"作用。减少行政对市场资源配置基础性作用的干预，推动公共资源的市场化配置改革，建立统一的公共资源交易平台，逐步放开公共事业和部分受管制事业的建设和运营。二是建设公平正义的市场营商环境。建设法制性和服务型政府，制定完善的营商法律法规和知识产权保护条例，加强企业诚信系统建设，加大市场监管重点领域的执法力度。借鉴国内港澳台地区在建设国际化法律体系方面的先进经验，打造平潭成为法制环境、政务环境、市场环境和开放环境均公平正义的国际化城市。三是推进信用系统建设。逐步建立起符合市场经济要求的企业社会信用体系，完善企业和个人征信系统，构建统一的社会信用信息平台，建立信用惩戒联动机制。对于信用记录好、信誉高的企业或个人，给予金融信贷、政府项目的扶持，引导市场诚信风气。四是打造充满活力的人才环境。一方面，要完善本地人才体系建设，对照国际营商环境标准，做好职业教育和人才培训，加强人才的信息化管理，畅通人才流通渠道，完善产学研链条。另一方面，要大力引进海外高层次人才，优化海外人才创新创业环境。完善高端人才的住房、医疗、科研、子女就学等各方面配套政策。

（原载《福建社科情报》2017 年第 3 期）

抓住时机加快引进台湾优秀人才到闽工作的思考

陈文杰

近年来，福建省陆续出台了一系列便利台湾同胞在闽学习、创业、就业、生活的政策措施，积极吸引台湾优秀人才到闽发展，希望通过引进台湾各层次的优秀人才来弥补福建省在相关领域的欠缺，从而加速两岸的交流与融合，持续推进"两岸共同家园"的建设。

10月19日，福建省公布的《关于进一步深化闽台教育交流与合作的若干意见》，宣布将在三年内引进1000名台湾优秀教师到大学任全职教师，还将重点推动闽台高校联办两所二级学院。11月16日，福建省委书记于伟国在省委十届四次全体会议上表示，将率先推动解决台企与大陆企业、台湾居民与大陆居民实现基本相同待遇，切实保障台胞群体合法权益，这是十九大报告提出要给台湾同胞与大陆同胞基本相同待遇之后，大陆首个省份作出这样的宣布，我省在落实"同等待遇"上抢先"开出了第一枪"。于伟国书记同时表示，要吸引台湾人才到福建创业和就业，继续推进便捷往来通道建设，推动两地资金、技术、人才等要素自由流动；坚持社会化、市场化、机制化方向，探索以就业为重点、实习带动就业、就业促进创业的模式，提升台湾青年来闽工作的内生动力。上述举措在台湾社会引起了强烈的反响。

当前，台湾人才供需失衡，"朝野"严重对立和经济前景不佳导致人才外溢，我省应抓住当前的有利时机，加快推动引进台湾优秀人才到闽工作。

一、福建省引进台湾优秀教师政策在台引起强烈反响

我省引进台湾优秀教师政策一经发布，立即在台湾社会引起强烈的反响。台湾当局教育主管部门针对我省发布的引进台湾优秀教师政策，虽然对外

声称会努力优化台湾的教学环境，让优秀人才"把第一选择留在台湾"，说我省引进台湾优秀教师"是好事，也挡不了""是对台湾教育成果的肯定"。但从当前台湾的政治氛围和两岸关系僵局来看，台湾教育主管部门未来可能会订定种种不便的限制措施和规定，阻碍高教西进，尤其是台湾的大学到大陆联合办学。

台北商业大学校长张瑞雄指出，这次福建的举措恐怕会比台当局"新南向政策"对台湾高等教育有更深远的影响。这对于陷入泥沼的台湾高教而言，一则以喜一则以惊，喜的是台湾的高教经验和人才有了新的去处，会发挥新的影响力；惊的是大陆那么多的省份，每一省都依样画葫芦的话，台湾的高教早晚被掏空。如果两岸能够不对高等教育设限，让两岸高教自由交流，百年之后，后代之人将会感激现在的决策。

台湾万能科技大学校长庄畅表示，台湾"流浪博士"太严重，如果大陆有更好的工作机会，未尝不是好事；台湾太多博士毕业生一直找不到工作岂不更惨？大陆如果有良好的高教环境，可以让博士毕业生发挥专业，不用担心人才被吸走。

台湾亚太创意技术学院执行长李允中指出，台湾青年学者赴大陆任教是正常的人才流动，但台湾高教政策失败，当局却难辞其咎。目前两岸交通越来越便捷，加上两岸同文同种，更会促使"台湾是边陲、大陆是中心"的发展趋势。大陆加速网罗台湾人才，台湾将会更快被掏空。

台湾成功大学教育研究所教授汤尧表示，"良禽择木而栖"，人才的西进与国际流动会是常态，但两岸关系与人才的流动，从未来性、经济因素，加上与大陆同文同种，人才用脚决定、持续西进的趋势，台湾只有接受；两岸关系如果迟迟不改善，谁会吃亏？整个形势会愈来愈明显。

台湾嘉南药理大学国际暨两岸事务处国际长余元杰指出，两岸高校交流从过去陆生赴台，到现在转变为大陆积极对台湾师生招手，台湾高校面对大陆的"磁吸效应"及台湾少子化的冲击，期待的是当局有何因应对策。

台南大学行政管理学系教授马群杰认为，当前大陆对台湾人才的"磁吸效应"已经开始，蔡英文当局如果还拿不出有效的相对应策略，台湾人才流失的速度只会更快，而让人忧心的是，台湾面对如此困境，在短期内似乎还看不到转机。

国民党桃园市党部"国民学堂"执行秘书牛煦庭表示，大陆积极争取台湾人才赴大陆交流就业，已经是公开的秘密。大陆对台开出高薪待遇也已经不是统战或不统战的问题，而是台湾人才自己的选择。因此，当前台湾优秀人才不可能不流失。

《中国时报》社论指出，福建这次的延揽看来是有计划、有规模的大量人才引进，对两岸关系的发展将产生显著的影响。如果有大量台湾教师在大陆因教学而长住，对于大陆正确理解台湾人的各种看法，当大有助益；也可以回头让台湾对大陆有更正确的理解，这将会是两岸交流趋向全面且客观的里程碑。特别是当台湾受到少子化冲击，大量受过良好培育的高等教育师资人才，却难以觅得适当教职的时刻，此项政策可以将台湾过量的"供给"适时引到福建，填补当地高教快速发展下对优秀师资的"需求"，让两岸高教师资达到"新均衡"。这不仅可以为台湾剩余的师资找到去路，也可以让台湾优质的教育模式获得充分的发挥，并协助福建训练优质的产业人力，创造两岸合作"互惠双赢"，这应该是两岸都乐见的发展。

台湾《联合报》社论指出，这次福建要引进1000名台湾优秀教师，未来台湾教授出走恐怕会更加严重。尤其台当局教育主管部门推出的"玉山计划"，只帮公立教授每月加新台币5000多元的"学术加给"，副教授以下都没份，加上年金被砍，如今大陆招手，恐有更多年轻学者出走。

台湾"中央网路报"社评指出，目前蔡当局必须要正视人才外流的警讯，尽速制订各项人才优惠政策，吸引人才留在台湾。

二、当前正处于引进台湾优秀人才的有利时机

从上述台湾社会对我省引进台湾优秀教师政策的强烈反响，以及台湾目前的人才状况来看，当前正是引进台湾优秀人才的有利时机。

一是台湾人才供需失调。由于近年来台湾高等教育扩张速度过快，岛内所培养的人才大大超出台湾社会需求，造成台湾人才供需严重失衡。据台湾劳动事务主管部门统计，目前台湾待业、"流浪"的博士就有4000多人，而且还在持续增加中，预计每年增加700多人，到2020年台湾"流浪"、待业的博士将突破5000人；同时，还有1.3万名未具本职的大学教师，大多数是准"流浪"博士，靠着在多所大学兼课谋生，收入微薄。因此，在人才过剩的情况下，台湾人才无法在岛内找到自己的舞台，优秀人才西进大陆将成为一种必然趋势。

二是台湾人才薪资停滞不前。台湾社会人才薪资已长期处于停滞不前的状态，台湾的青年学者，无论是台湾本地大学毕业的博士，还是海外的大学博士，

进到台湾的大学，少数从助理教授起聘，薪资是新台币 6.9 万元；而更多是以"博士后研究员"聘任，薪资就只有新台币 5.5 万元，这是公私立一致的公定价。有些大学对于新进老师还是采"专案教师"，一年一聘、一学期一聘，相当没有保障。此外，因受台当局法令限制以及民意机关监督，岛内对学术、研究单位等高知识人才的待遇有诸多限制且缺乏弹性。岛内或外籍具有关键知识技术的学者在台工作，只要年薪过高就可能被贴上"肥猫"标签。而反观台湾青年学者到大陆任教，行情是一年 20 万元人民币（约新台币 100 万元）以上，还提供住房（至少一房一厅）等生活补助，每年还有两张回台机票，这是对人才最实质的吸引力。可以说，台湾人才薪资长期停滞不前，而大陆开出的待遇则越来越好将进一步吸引台湾人才西进。

三是台湾"朝野"严重对立。民进党当局上台后，推动各项的对立政策，包括："不当党产处理条例"造成"朝野"政党对立、"年金改革"剥夺部分退休人员应有权利、"一例一休"形成劳资纠纷等等。除此之外，民进党执政后还造成"中央"与地方政府的争议、当局与民间的歧见等等，几乎每天都有民众上街头抗议。台湾社会弥漫着一股不安的气氛。这种纷扰与人心浮动成为影响台湾产业、人才竞争力的隐形杀手。台湾人才在"朝野"严重对立的氛围下，无法获得发展的稳定保障。

四是台湾经济前景堪忧。近几年台湾经济表现不佳，2016 年台湾经济增长率为 1.50%，2017 年全年经济增长率预测为 1.92%；2016 年全年民间消费增长率为 2.14%，预测 2017 年全年民间消费增长率 1.75%；2016 年全年固定投资增长率为 2.71%，预测 2017 年全年固定投资增长率为 1.80%，各项指标远低于国际平均数据。在经济前景堪忧的情况下，台湾自然无法吸引大量人才投入经济发展，大量台湾人才在岛内没有用武之地。

五是台当局"去中国化"倒逼人才出走。民进党蔡英文当局上台后，倒行逆施大搞"去中国化"运动，企图逐渐改变中华文化传承的教育体系。许多台湾人才在外发展，成家立业后，想要返回台湾让后代接受优秀中华文化教育，却受当局"去中国化"的影响，进而打消回归台湾的规划，选择再次出走或者来大陆发展。

三、福建省吸引对台优秀人才的优势

一是地理位置优势。福建省与台湾隔海相望，是大陆距离台湾最近的省份和对台交流合作的先行先试区。目前福建省往返台湾交通便利，往来时间短。在吸引台湾人才来闽工作上，占据着地理位置的优势。

二是祖地文化优势。福建与台湾血缘相亲、文缘相承、方言相通。台湾人口 80% 的祖籍地为福建，台湾与福建在生活习俗、民间信仰等方面都极为相似。闽南文化、客家文化、宗教文化、宗族文化等作为福建对台祖地文化在吸引台湾人才上有着充分优势。

三是政策保障优势。目前福建已出台了一系列便利台湾人才在闽学习、创业、就业、生活的政策措施，台湾人才可以享受创业培训、开办补助、租金补贴等政策保障。并且目前福建率先推动实现台湾居民与大陆居民实现基本相同待遇，成为十九大后首个推动相关政策保障的省份。"同等待遇"将切实保障台胞群体合法权益，对台湾人才来闽工作有着巨大便利。

四是薪酬福利优势。当前，台湾人才到闽工作，不仅享受安家补助、提供免费住房、人才补贴、就学社保等政策优惠，还普遍领取高于台湾薪资的月薪。在当前台湾薪资停滞不前，台湾人才长期低薪的状态下。我省对台人才吸引开出的优渥待遇，成为吸引台湾人才来闽工作的重要因素。

四、进一步推进台湾优秀人才到闽工作的建议

一是营造良好人才发展环境。首先应尽快落实于伟国书记在省委十届四次全体会议关于"率先推动解决台企与大陆企业、台湾居民与大陆居民实现基本相同待遇"，"吸引台湾人才到福建创业和就业"的讲话精神，建立健全解决台湾同胞与福建人民同等待遇的相关法律法规及程序。其次要继续因地制宜、有针对性地出台各项惠台人才政策，加大对台湾人才生活、就业、创业等方面的保障和扶持，切实保障台湾人才在闽权益。

二是做好政策宣传与说明。鉴于目前两岸关系僵局未解，福建对台人才政策无法在台湾社会充分宣传，如这次的政策发布虽引起强烈反响，但台湾媒体的舆情反应不大，造成台湾社会对我省人才政策的理解与相关政策的推进力度和进度都不够准确。因此吸引台湾优秀人才到闽工作的政策不应止于政策的发布，更重要的是要做好政策的宣传与说明。相关部门可以通过开展政策说明会等形式向台湾人才和相关媒体解释说明政策的优惠力度和执行进展，将准确信息传递到台湾社会，充分发挥我省惠台人才政策的效应。

三是丰富人才引进形式。探索和拓展人才交流项目和交流渠道，在不断完

善两岸青年创业基地以及高教人才引进的基础上，充分利用台商投资区、平潭综合实验区和各种台湾创业园台湾人才聚集的优势，根据我省行业领域的特点制定相应的台湾人才引进计划和目录清单，拓展在文化创意、电子商务、农业开发、高新技术等行业领域的人才引进项目，全方位、多层次、宽领域地扩大人才引进范围。

四是加强人才引进的地域流通。在吸引台湾优秀人才到闽工作上，在注重满足福州、厦门、平潭三个自贸片区以及沿海城市人才需求外，还应当推动引进台湾优秀人才到闽西、闽北等内地发展，加强人才引进的地域流通，构建均衡的人才发展体系。

五是发挥福建省对台祖地文化优势。借助两岸共同奉祀的"一后二帝三王"（即妈祖、东山关帝、保生大帝、延平郡王郑成功、开漳圣王陈元光、开闽王王审知）等民间信仰人物，支持各地开展相关祭祀、展演、研讨等活动。利用闽南文化、客家文化、民间信仰等闽台两地相亲、相近、相同的事物践行"两岸一家亲"的理念，促进闽台两地人民的心灵契合，营造"共同家园"的心灵氛围。这种在闽台两地人民心灵间建立的契合，将使台湾人才在西进大陆时更愿意选择我省。

六是重视人才在两岸间的融合。过去 20 年台商大量到大陆发展，但两岸却更加疏离，除了与台当局的两岸政策有关，台商的流动主要目的是金钱利益，并没有促进两岸融合也是其中的重要因素。因此，福建省引进台湾人才，要充分发挥台湾人才在促进闽台两地融合上的重要作用，加深闽台两地间人才的认同理解和交流融合。以大量台湾人才到闽创业、就业甚至定居生活的成功事例，在台湾社会形成良好认知与共识，以人带人，不断促进台湾优秀人才到闽发展。

（原载《福建社科情报》2017 年第 6 期）

后　记

　　对台湾政治经济社会情势和两岸关系进展进行动态分析，是研究台湾问题和两岸关系的重要手段，也为对台工作和涉台研究提供了重要的情报信息。为此，福建社会科学院文献信息中心多年来致力于台湾发展情势的跟踪分析和研究，以期为对台工作部门和涉台研究机构提供有价值的参考。

　　2017年，实现全面执政的民进党当局逐步陷入困局，在各项公共政策如年金改革、"劳动基准法"修正案、日本核灾区食品进口、婚姻同权等问题上摇摆不定招来非议不断。9月，面临内外压力的蔡英文被迫对行政机构进行改组，由原台南市长、被称为"赖神"的民进党新潮流系代表人物赖清德接替林全出任负责人。但赖清德的蜜月期仅维持数月，其民调即接近死亡交叉，无法解救蔡英文执政的低迷。在政党政治方面，民进党对国民党持续追杀，台湾政党力量对比快速向泛绿阵营倾斜；国民党在吴敦义出任党主席后仍无法停止党内路线之争，也看不出其带领该党振衰起敝的希望，持续内耗的国民党力量更为分散。在两岸关系方面，民进党对内实施一系列"去中国化"等操弄意识形态、操作"统独"对立的政策，打压统派力量无所不用其极；对外加紧向美国靠拢，而美国国会也陆续通过"友台"法案，美台关系持续升温，两岸关系更加紧张复杂。

　　为了便于各级领导及有关对台工作研究部门了解2017年台湾发展情势及两岸关系进展，我们特将文献信息中心人员2017年度有关台湾发展情势分析文章汇集成册。本书也是福建社会科学院2017年度同名课题的最终成果。书中参考和引用了大量两岸学者分析和媒体报道，这里一并表示感谢。由于编者水平有限，书中错漏在所难免，恳请批评指正。

编　者

2018 年 5 月